中学教师

教育

知识与能力

续润华　梁钊华 ◎ 编著

ZHONGXUE JIAOSHI JIAOYU

ZHISHI YU NENGLI

黑龙江人民出版社

图书在版编目(CIP)数据

中学教师教育知识与能力 / 续润华，梁钊华编著.
— 哈尔滨：黑龙江人民出版社，2018.8
ISBN 978 - 7 - 207 - 11492 - 1

Ⅰ. ①中…　Ⅱ. ①续…②梁…　Ⅲ. ①中学教师—教学能力—研究　Ⅳ. ①G635.1

中国版本图书馆 CIP 数据核字(2018)第 203016 号

责任编辑:孙国志
封面设计:鲲　鹏
责任校对:秋云平

中学教师教育知识与能力

续润华　梁钊华　编著

出版发行　黑龙江人民出版社
地　　址　哈尔滨市南岗区宣庆小区 1 号楼
邮　　编　150008
网　　址　www. longpress. com
电子邮箱　hljrmcbs@ yeah. net
印　　刷　黑龙江艺德印刷有限责任公司
开　　本　787×1092　1/16
印　　张　28
字　　数　650 千字
版　　次　2018 年 9 月第 1 版　2018 年 9 月第 1 次印刷
书　　号　ISBN 978 - 7 - 207 - 11492 - 1
定　　价　72.00 元
版权所有　侵权必究　　　　　举报电话:(0451)82308054
法律顾问：北京市大成律师事务所哈尔滨分所律师赵学利、赵景波

前　言

国内外教育改革的实践充分说明："百年大计,教育为本。教育大计,教师为本。有好的教师,才有好的教育。""教师是教育事业发展的基础,是提高教育质量、办好人民满意教育的关键。""振兴民族的希望在教育,振兴教育的希望在教师。建设一支具有良好政治业务素质、结构合理、相对稳定的教师队伍,是教育改革和发展的根本大计。"随着我国基础教育课程与教学改革的深入开展,对中小学教师教育理论素养和专业能力的要求越来越高,这对我国师范院校教师教育改革提出了新的标准和要求。为了全面落实《中国教育改革与发展纲要》中关于教师教育课程改革的要求,满足我国师范院校学生和在职教师研习教育学、心理学,不断提升中小学教师的教育理论素养,顺利地通过国家教育主管部门组织的中学教师资格证考试,或参加高等院校教育学专业硕士生考试的需要,不断扩充学习者的教育理论视野,提升学习者的教育综合能力,特撰写了《中学教师教育知识与能力》一书。

为了更好地方便学习者全面学习教育学、心理学、中外教育史、教育法学等学科的基础知识,掌握教育科学的基本规律和发展趋势,提升自身的教育教学基本能力,本书在撰写过程中力图在充分领会教育主管部门制定的中学教师专业素养要求的基础上,把新的教育理念和国内外最近的教育理论研究成果纳入本书的内容框架内,切实体现教材内容的系统性、科学性、时代性和趣味性、实用性。希望学习者通过对本书的学习,能全面系统地掌握教育科学的基础知识,把握教育教学的基本规律,提高自身的教育理论素养,为从事未来的教师工作奠定坚实的理论基础。

为了适应学生参加教育学硕士研究生考试、教师资格证书考试、中小学教师招聘考试的需要,本书把国家教育主管部门制定的《中学教师教育知识与能力考试大纲》、《中小学教师职业道德规范》、《中小学班主任工作条例》等附录在本书的内容之后,在书后练习题中添加了大量的教育教学案例,并附录了六套近乎实战的模拟试题,以便让学习者了解各类考试的特点和要求,帮助学习者掌握教育学的知识技能,提高分析和解决实际教育问题的能力,全面提升考试成绩。

教育知识与能力是报考全国硕士生教育学专业、教师资格证的一门综合课程,要想在全国硕士生教育学专业综合考试、中学教师教育知识与能力的考试中获得优异成绩,除要认真学好教育学学科的基础知识外,还要认真地研读心理学(普通心理学、教育心理学、中学心理健康教育等)、中外教育史、中小学教师职业道德与教育法规等学科的知识。这一点希望学习者给予足够的重视。

本书在编写过程中,参考了国内许多学者编写的教育学、中外教育史、教学论、心理学、教育心理学等教材和其他教学参考资料,在此一并感谢。

由于本书的编著者水平有限,本书肯定会存在着不少缺点或不足,敬请各位专家和读者批评指正。

目　　录

第一章　绪论

【本章课程与教学目标】

1. 使学生把握教育规律、教育学的概念；
2. 使学生了解教育学与教育经验汇编、教育方针政策等的联系与区别；
3. 使学生了解教育学的历史发展过程，了解中外教育发展进程中主要教育家的教育思想；
4. 使学生理解教育学的研究方法以及学习教育学的意义。

一、教育学的研究对象

教育学是研究教育现象和教育问题，揭示教育规律，指导教育实践的一门社会科学。

教育现象是学校教育工作中教育者为帮助引导受教育的青少年学生提高素养而进行的教育实践活动及其为探究教育规律而进行的理论探讨，也就是说，教育现象包括教育社会现象和教育认识现象。

一般说来，教育现象是可以被感知、可以认识的古今中外已经存在或正存在于现实的存在物，是教育现实的表现物，是教师的教与学习者的学为主体形式的客观存在。[①]

教育问题是人们在对客观的教育现象的感知、认识的基础上，发现具有积极意义的需要引起重视、利用的现象。[②]

教育是培养人的一种社会实践活动，在培养人的社会实践活动中教师如何教、学习者如何学等有一定的规律可循，这种规律性就是人们说的教育规律，要提高教育质量和教育效率，就必须按照教育规律的要求办教育。教育规律就是教育内部诸因素之间、教育与社会其他事物之间的具有本质性的联系及其发展变化的必然趋势。

各国教育改革与发展的实践证实，教育规律是客观的，但又是可以被人们去认识的，它是教育工作者长期教育经验的概括和总结。教育学就是要通过对教育现象和教

---

① 柳海民.教育原理[M].北京:中国人民大学出版社,1999,P3.
② 陈理宣.教育学原理——理论与实践[M].北京:中国师范大学出版社,2010,P3.

育问题的研究,揭示出教育发展的客观规律,进而为教育实践的顺利进行提供及时有效的理论导航。

有些人还认为,教育学除要研究教育现象和教育问题,探究教育规律外,还要探究教育的价值、教育艺术等问题。如王道俊等人主编的《教育学》认为:"教育学以培养人的教育活动为研究对象,是一门研究教育现象、问题,揭示教育本质、教育规律和探讨教育价值、教育艺术的学科。"①

但教育学主要还是要研究教育现象和教育问题,探究教育规律,为指导教育实践服务的,是研究教育现象和教育问题,揭示教育规律,指导教育实践的一门社会学科。

二、教育学与教育经验汇编、教育方针政策之间的联系与区别

教育学主要探究教育规律及其应用,教育学的创新与发展离不开教育经验的实践支撑,它是教育学发展的源泉。教育经验里面包含着不少符合教育规律的东西,但教育经验汇编不是教育规律,它只是零星地、局部地显示教育教学活动中的一些符合教育规律发展要求的材料,具有明显的地域性和个别差异性,简单地把教育学看作是教育经验汇编就会导致教育学学科价值的降低,陷入对局部的、片面的经验的迷恋,用某些人过去的经验指导现时的教育工作,延误对教育规律的探究,从而使得教育工作者的教育教学活动在缺乏教育规律指导下,依靠过去老经验低水平的基础上盲目进行,势必会极大地影响教育工作的质量和效率。

教育方针政策是国家政府机关依据本国政治经济发展的要求,按照教育规律和当时、当地的具体实际制定的推动教育发展的政策和规定。正确的教育方针政策是教育工作者在教育规律的指导下依据国家政治、经济和社会变革对教育的要求制定的,对教育实践活动具有指导的意义。教育学也会对教育方针政策进行一些必要的探究,但它主要研究教育规律及其应用,如果教育学把主要精力放在研究教育方针政策,就会忽略教育学研究的主要任务,影响教育工作者对教育规律的全面探讨和把握,也会对教育实践活动产生极大的消极影响。

三、学习和研究教育学的意义

(一)学习和研究教育学有助于学习者提高教育理论素养

教育学是研究教育现象和教育问题,揭示教育发展规律和动向的一门社会科学。学习者通过对教育学的学习和研究,可以更好地了解教育学产生与发展的历程,领会教育活动的基本规律,把握教育发展变革的动向和趋势,掌握教育科学的基本知识和方法,树立正确的教育观念,不断提高自身的教育理论素养,为当好合格的人民教师,从事未来的教育工作奠定坚实的理论基础。

---

① 王道俊,郭文安.教育学[M].北京:人民教育出版社,2016,P3.

（二）学习和研究教育学有助于学好其他教育学科

要当好人民教师，就必须具备良好的科学文化知识和教书育人的知识技能。未来的人民教师要具有教书育人的基本知识和技能，就要学习教师的职业道德、学科教材教法和中外教育史、比较教育学、普通心理学、教育心理学等课程，而教育学是教师教育的一门基础入门课程，它阐述的基本知识和教育规律对于其他学科的学习具有重要的指导意义，学习者学好教育学就可以为中外教育史、中小学课程与教学论、教育管理学等等后继课程的学习奠定扎实的基础。

（三）学习和研究教育学有助于提高学习者对教育工作的兴趣

教育是培养人的一种社会实践活动，在培养人的活动中存在着一定的规律和技巧。学习者通过对教育学的学习，可以了解教育现象，学习和掌握教育规律，能利用教育规律认识和处理教育实践中的一些实际问题，掌握教育教学工作的基本技能，逐步形成教育教学的基本能力，增强他们对教育事业的热爱和信心，愿意当一位为教育事业献身的教师，乐于终身从事教育工作。

总之，学习者通过对教育学的学习可以提高自身教育理论素养，提升自身的教育教学技能和能力，逐步养成自身对教育工作的兴趣，为自己今后的教育教学实践奠定坚实的理论基础，为自己的教育教学实践提供强有力的理论导航，使自己的教育教学活动避免长期盲目的探索过程，使自己的教育教学活动建立在高起点的基础之上，确保教育教学活动的优质高效。那种认为学不学教育学无所谓，不学教育学照样能当个好老师，能教好学生的观点在理论上是行不通的，在教育教学实践中也是相当有害的。要想成为未来合格的人民教师必须学好教育学。

四、教育学的产生与发展

教育学是千百年来许多国家教育工作者教育经验的概括和总结，一些国家的教育家运用哲学、伦理学等知识对教育经验教训进行分析和概括，逐步形成了较为系统化的教育学的理论体系。我国学者一般把教育学的发展分成以下四个阶段：

（一）教育学的萌芽阶段

通俗地说，教育学就是研究教育人、培养人的学问。进入人类社会，为了生存和发展的需要，社会成员要把一些生产和生存的技能传递给年轻一代，并在教育年轻一代的过程中积累了一些简单的经验，这些经验通过耳传口授的方式在社会成员中传播，并逐步丰富起来了。

在奴隶社会和封建社会中，教育学还没有成为一门独立的学科，一些思想家、教育家在创办学校的过程中，提出了改进学校教育教学工作的建议或主张，但他们关于教育方面的论述混杂在他们的哲学、伦理学的著作中，形成了教育学说的萌芽。

如《论语》一书就汇集了中国古代著名思想家、教育家孔子和他的弟子关于哲学、社会和教育等方面的言论，他认为教育在教化民众、改变社会风气、促进个体身心发展中具有重要的作用,认为国家统治者在发展经济、增加人口的同时,要大力发展本国的教育事业;他提出了统治阶级要扩大教育对象的范围,做到"有教无类",让富裕起来的平民子弟也能接受教育;教育要培养有理想、德才兼备的仁者或君子,强调教师要学而不厌,诲人不倦,为人师表,要让学生学习"六艺",要启发学生思考,要因材施教,让学生把学习和练习结合,要注重学习者品德的养成和实际工作能力的培养等。孔子被后人称为中国古代最伟大的教育家,他的教育学说对中国乃至世界各国教育的改革与发展产生了重大的影响。

在古希腊,著名的哲学家、教育家苏格拉底提出了"认识你自己"的主张,运用谈话法进行教学,他倡导的方法被称为苏格拉底启发式教学法、苏格拉底问答法,也叫苏格拉底产婆术,他把这种方法进行教学分成三步,即苏格拉底式讽刺、定义和助产术等。苏格拉底由于运用问答法较为成功,因而在西方被誉为世界上最早采用启发式教学方法的教育家,苏格拉底的启发式教学思想被认为是现代启发式教学思想的渊源。

《理想国》则汇集了苏格拉底的弟子古希腊哲学家、思想家柏拉图关于哲学、政治、教育方面的言论,他在继承苏格拉底教育遗产的基础上强调国家统治者要重视本国的教育,让学习者接受德育、智育、体育和美育等,要注意为社会培养身心和谐发展的人。西方教育界认为苏格拉底是世界上最早专门从事教育活动的教育家,柏拉图《理想国》一书的出版发行,对西方乃至世界各国教育的改革与发展产生了重要影响。

在古希腊,柏拉图的弟子哲学家、教育家亚里士多德在《政治学》一书中将人的灵魂分为营养的灵魂、感觉的灵魂和伦理的灵魂,并据此主张实施体育、德育和智育,注重引导学习者通过博雅教育(和谐的教育或自由的教育)来使得身心和谐发展,为社会培养身心和谐发展的全人。亚里士多德的和谐发展理论的创建对西方后世的教育教学改革与发展产生了重大的影响。

在我国,最早专门系统论述教育问题的著作是《学记》,据郭沫若先生考证,该书的作者是儒家学派的学者子思的学生乐正克,全书只有1229字,但对教育的作用与任务进行了全面系统的阐述,提出了启发诱导、长善救失、藏系相辅等教育与教学原则,对教师的作用、教育教学管理等问题进行了全面系统的论述,形成了较为完整的理论体系,是一部学术价值很高的教育学著作,我国一些教育学者认为这是具有"教育学雏形"性质的教育著作。[①]《学记》的出版发行,对儒家学派教育思想在中国的广泛传播发挥了重大的影响。

在古罗马,最早系统专门论述教育问题的著作是古罗马教育家昆体良撰写的《雄辩术原理》。昆体良在广泛继承前人教育遗产的基础上,总结自身教育教学的经验教训,对教育的作用、教育的目的与任务、课程与教学方法、教师等问题进行了系统深入的探究,提出了班级上课制的设想,是一部体系比较完整,学术价值很高的教育学著作。西方教育界一般把古罗马教育家昆体良撰写的《雄辩术原理》当作世界上最早的

---

① 毛礼锐.中国教育史简编[M].北京:教育科学出版社,1985,P30.

教育学著作,昆体良被认为是西方第一位教学法大师。①

这一时期,各国教育家教育学的著作主要是论文的形式,多是经验的描述,缺乏深入系统的理论分析,且混杂在学者关于哲学、伦理学、社会学的著作中,没有形成完整的理论体系。因此说,这一阶段教育学的发展还是比较低下的,属于教育学发展的萌芽阶段。

(二)教育学的独立形态阶段

随着社会的变革与发展,人们对教育学的探究逐渐深入和系统,在教育学的研究中具有了独立的研究对象和独特的研究方法,逐步从哲学、伦理学中分化出来,成为一门独立的学科。

1623年,英国哲学家、教育家培根在《论科学的价值与发展》一文中首次提出把教育学作为一门独立的学科对待,认为教育学是指导学习者阅读和学习的学问。②

1632年,捷克著名的教育家夸美纽斯在广泛继承前人教育遗产的基础上,依据感觉论系统地总结了自身办学的经验,撰写了教育学著作《大教学论》,力图阐明"把一切事物教给一切人的艺术"③。"使得教员可以少教,但是学生可以多学。"④该书依据培根的感觉论,系统地论述了教育的作用和目的、学制、课程与教学、教学原则、班级上课制、德育等问题,使教育学有了独立的研究对象。《大教学论》是西方近代第一部系统论述教育问题的专著,可以说,夸美纽斯《大教学论》的问世,标志着教育学开始从哲学、伦理学中分化出来,向独立形态的教育学过渡。

最早把教育学作为一门课程放到大学里进行讲授的是德国著名的哲学家、教育家康德,他强调教育学必须伦理学化的思想对赫尔巴特等人教育思想的形成产生了重大的影响。

1806年,德国著名教育家赫尔巴特出版了《普通教育学》。他在广泛继承夸美纽斯、裴斯泰洛齐、康德等人教育遗产的基础上,依据伦理学来论证教育的目的,依据心理学来论述教育的内容与方法,使得教育学有了独特的研究内容和研究方法,从而从哲学、伦理学中分化出来,成为一门独立的学科。因此,世人一般把赫尔巴特称作"独立形态教育学之父"或"科学教育学之父"。由于赫尔巴特倡导教学的教育性原则,强调教育教学必须以教师为中心,以课堂教学为中心和以书本知识为中心,不太注重调动学习者的主体精神,忽视学生兴趣和能力的培养,因此西方教育界把他称为科学教育学之父,"传统教育学"的代表人物。⑤

但这一时期的教育学,多采用思辨式的论证,未能采用实验或实证的方式,因而还没有达到真正科学化的程度。

---

① 田本娜.外国教学思想史[M].北京:人民教育出版社,1994,P32.
② 陈埴亘.教育学原理——理论与实践[M].北京:北京师范大学出版社,2016,P9.
③ [捷]夸美纽斯.大教学论[M].傅任敢 译,北京:人民教育出版社,2005,P1.
④ [捷]夸美纽斯.大教学论[M].傅任敢 译,北京:人民教育出版社,2005,P1.
⑤ 田本娜.外国教学思想史[M].北京:人民教育出版社,1994,P185.

（三）教育学的多样化阶段

19世纪下半叶以来，西方国家的心理学、社会学、伦理学等学科逐渐兴起，一些教育家开始从这些新兴的学科中吸收最新的研究成果，运用实验和实证的方法去研究教育学，取得了一系列颇具创新意识的研究成果。如英国教育家洛克撰写的倡导绅士教育，注重学习者理智能力和贵族气质养成的《教育漫话》；法国教育家卢梭撰写的反对封建专制教育思想、倡导自然教育观的《爱弥儿》；西方的"教圣"瑞士教育家裴斯泰洛齐撰写的倡导爱心陶冶和教育心理学化的《林哈德与葛笃德》；被世人誉为"世界学前教育之父"的德国教育家福禄贝尔撰写的注重儿童学前教育的《人的教育》；英国教育家斯宾塞撰写的倡导实质教育论，注重科学教育的《教育论》；俄国教育家乌申斯基撰写的倡导教育的民族性原则，主张教学过程心理学化的《人是教育的对象》；被誉为"德国教师的教师"的德国教育家第斯多惠撰写的《德国教师教育指南》；德国教育家梅伊曼的《实验教育学》；美国教育大家实用主义教育家杜威的《民主主义与教育》；德国文化教育学大师斯斯普朗格的《教育与文化》和利特的《职业陶冶与一般陶冶》等著作的问世，标志着教育学进入了一个多样化的阶段。

由于杜威的教育学说强调教育要以学生为中心，以学习者的兴趣和经验为中心，注重学习者兴趣和能力的培养，且形成了完整的理论体系，因此杜威被称为"儿童中心论"的代表人物，也是现代教育学最重要的代表人物。[①]

俄国十月革命胜利以后，社会主义国家苏联于1939年出版了著名教育家凯洛夫等人主编的《教育学》，这是世界上第一部试图运用马克思列宁主义观点来论述教育问题的教育学著作，该书在广泛继承夸美纽斯、乌申斯基等人教育遗产的基础上，运用马克思列宁主义思想和苏联共产党的指示对教育学重大问题进行了系统的探究，形成了重视教师主导作用发挥，重视智育和课堂教学，重视书本知识传授的教育理论体系。[②]凯洛夫《教育学》的出版发行，促进了社会主义教育学说在苏联等国家的传播，对世界许多国家尤其是中国的教育改革与发展进程产生了重大的影响。[③]

但凯洛夫创立的教育学体系存在着严重的缺陷，如过于注重教师的主导作用，过于重视书本知识的教学，过于注重课堂教学，但忽视学习者的兴趣，忽视学习者智能的养成，忽视学习者个性的培养。正因为如此，凯洛夫的教育学被苏联许多教育家称为传统的、保守的教育学说。

这一时期，苏联人本主义教育家马卡连柯出版了《论共产主义教育》、《教育的诗篇》等教育著作，提出了苏维埃社会主义国家要培养具有良好品德和劳动技能的爱国主义者，教育者要尊重学习者的人格，引导学习者在集体活动中形成良好的品德。马卡连柯的教育学说被称为社会主义人道主义教育学说，该学说对苏联、中国和对世界许多国家的教育改革产生了重要影响。

---

① 田本娜. 外国教学思想史[M]. 北京：人民教育出版社，1994，P368.
② 田本娜. 外国教学思想史[M]. 北京：人民教育出版社，1994，P485—490.
③ 董远骞. 中国教学论史[M]. 北京：人民教育出版社，1998，P61.

1903 年后西方的教育学借道日本传入中国,我国一些学者在翻译出版西方和日本一些教育家的教育著作的同时,尝试着编写具有中国特色的教育学教材,出版了一些影响较大的教育学著作,如中华书局于 1927 年出版的舒新城编写的《教育通论》,中华书局 1928 年出版的由庄泽宣撰写的《教育概论》等。这些教育学著作在我国各地的出版发行,促进了教育学知识在我国的传播,对提高我国教育工作者的素质,推进我国教育改革产生了重大的影响。

1930 年我国学者杨贤江化名李浩吾撰写的《新教育大纲》出版,这是我国第一部试图运用马克思主义观点论述教育问题的教育学著作。

1950 年后凯洛夫等人主编的《教育学》开始成为我国教育领域主导的教育学教材,这一教材在我国师范院校的广泛应用对提升我国中小学教师的教育理论素养和实际工作技能产生了重要的积极影响,但这一学说完全排斥西方国家教育学说,过于强调教师主导作用,过于重视书本知识和课堂教学,忽视学生智能训练和个性培养的弊端对我国教育教学改革带来了严重的消极影响。

1958 年后我国一些教育学者如刘佛年、曹孚、吴杰等人在广泛继承其他国家教育学研究成果的基础上,系统总结我国教育历史和现实经验,结合我国中小学教育教学的实际编写具有中国特色的教育学教材,出版了刘佛年等人编写的《教育学》和一些教育学讲义等,这是我国教育学界试图编写具有中国特色教育学教材的重要尝试。但这一时期我国教育学教材的编写,依然无法跳出凯洛夫教育学体系的框架,难以对我国中小学的教育教学改革提供及时有效的指导。

进入 20 世纪 70 年代中后期,我国教育理论工作者克服各种干扰,在极其艰难的环境中开展教育学的教学与研究,在教育理论研究领域拨乱反正,大胆学习和借鉴国内外教育学研究的成果,编写了不少教育学著作。如人民教育出版社 1980 年出版了王道俊、王汉澜等人编写的《教育学》,1984 年出版了由南京师范大学教育系主编的《教育学》,这有力地推动了我国教育学的教学与改革进程,对我国教育学的发展产生了重大的推动作用。

20 世纪 90 年代以后我国教育学的发展进入了多样化时代,一批教育学的研究成果不断问世,使得教育学的发展呈现出多元化、个性化的局面。

(四)教育学的理论深化阶段

20 世纪 50 年代以后,在信息技术为代表的新技术革命的推动下,世界主要发达国家掀起了大规模的教育教学改革运动,出现了不少影响较大的教育学著作。如掌握学习理论的倡导者美国教育家布卢姆出版的《教育评价》、《教育目标分类学:认知领域》;倡导课程内容现代化,注重让学习者发现学习的美国教育家布鲁纳出版的《教育过程》;倡导教学要走在发展前面,注重学习者智能发展的苏联教育家赞科夫出版的《教学与发展》;倡导范例教学的德国教育家瓦根舍因出版的《范例教学原理》;苏联教育家巴班斯基出版的《教学过程最优化》;苏联教育理论家、教育实践活动家苏霍姆林斯基出版的《给教师的一百条建议》、《帕夫雷什中学》、《把心灵献给孩子》;倡导终身教育,主张用终身教育理念改革传统教育的法国著名教育家保罗·朗格朗出版的《终身教育导论》等著作,使得人们对教育规律的认识达到了一个新的高度。

进入20世纪,随着各国教育改革的深入开展,教育学的发展进入了前所未有的阶段,出现了一些新的动向:

(1)教育学研究的理论基础和研究模式的多样化

20世纪,教育学的理论基础主要是哲学和心理学,人们往往从哲学、伦理学、心理学的视觉研究教育学。进入21世纪,生理学、心理学、社会学、文化学、人类学、经济学、技术学、信息学等学科的研究成果和研究方法被许多教育学者用来研究教育学,社会学、文化学等学科的知识和方法成了人们研究教育学的理论基础。教育学研究理论基础的多样化和不断拓宽,便于人们从不同的角度来审视教育现象,解决教育工作中面临的新问题,从而出现了丰富多样的教育学体系。

20世纪,人们对教育学的研究主要是基础理论研究,进入21世纪,人们对教育学的研究除了基础理论研究外,还广泛地开展应用研究、行动研究、开发研究,使得研究模式多样化,研究成果更加丰富多样。

(2)研究领域的不断拓展

进入21世纪,各国教育学的研究除研究普通中小学教育教学问题外,开始拓展教育学的研究领域,如成人教育学、职业教育学、高等教育学等开始广泛涌现。

进入21世纪,人们在研究教育学的过程中,除继续关注正规学校教育外,开始关注非正规的教育,从单一的学校教育拓展到社会教育和生活教育等,这也促进了教育学的多样化发展。

(3)教育学的研究与教育实践的结合更加紧密

进入21世纪,教育学的研究更加强调为教育实践服务。因此教育学的研究者特别重视在教育实践中寻找研究课题,把研究的成果通过教育实践来验证,切实做到教育学的研究与教育实践紧密结合,全力为教育实践服务。由于教育学的研究与教育实践的结合更加紧密,因而教育学的研究成果更加具有实用的色彩,能更加有效地为教育实践提供及时有效的理论指导。

(4)重视对教育功能和教育学研究本身的反思,形成了批判教育学和教育学的元理论(元教育学)

欧美一些教育学者猛烈批判教育中的副作用,认为它没有为社会的公平和公正服务,只为现实社会中的优势群体服务,为社会培养统治阶层需要的人才,很少考虑到弱势群体的需要,没有消除社会已有的不平等,反而为社会造成了更大的不公平和不公正,影响了社会的改良和发展,也造成了个体的畸形发展,他们把传统教育学称为"被压迫者的教育学"。因此,他们提出了要在批判传统教育学说的基础上,创建一种促进人性解放的能实现社会公平和正义的教育学。

批判教育学的代表人物有德国的拉夫斯基,法国的布扼迪尔,美国的鲍尔斯、阿普尔,巴西的弗莱雷等人。

教育学者在研究教育学的过程中有诸多的经验,也有一些不足或教训,教育学者在研究教育学的过程中,也会对自身研究教育学的不足或教训进行剖析或反思,以便更好地指导自身研究教育学。教育学者对自身研究教育学进程的剖析或反思,就构成了教育学的元理论(或元教育学)。元教育学的出现,对于进一步帮助教育学者探究教育学研究的经验和教训,全面改进教育学的研究工作,提高教育学研究的进程和效果,具有重要的理论价值和重大的现实意义。

五、教育学的研究方法

常用的教育学研究方法主要有历史文献法、谈话法、调查法、实验法和统计法等。

六、如何学习和研究教育学

教育学是一门研究教育现象和教育问题,揭示教育规律的社会科学。任何人要想学习和研究教育学,必须注意以下几个问题:

(一)学习教育学必须坚持以辩证唯物主义和历史唯物主义哲学认识论为指导

历史已经证明,辩证唯物主义和历史唯物主义哲学认识论是唯物的、辩证的、发展的,因而是科学的。学习教育科学的人,坚持以辩证唯物主义和历史唯物主义哲学认识论为指导,就可以用唯物的、辩证的、发展的观点看待教育过程的人物和事件,更好地认识和把握教育规律,避免犯错误、走弯路。

因此,任何想学好教育学的人,就必须努力学好辩证唯物主义和历史唯物主义哲学,把它作为自身学习教育学的指导思想。

(二)要坚持理论与实际结合的原则

在学习教育学的过程中,必须坚持理论与实际相结合的原则。坚持理论与实际结合,有两层含义,首先要求学习者要重视学习和掌握教育学的基础知识,把握教育学领域的基本概念、基本规律,学习者不学习和掌握这些理论知识,肯定没有办法与实际相结合;其次要求学习者学习的教育理论知识必须考虑如何应用于教育教学实际,不知道学习的教育理论知识如何在教育实际中应用是万万不行的。这一原则要求学习教育学的人,既要重视教育学理论知识,又要注重联系教育改革的实际,积极参与教学实践活动,用所学的理论知识分析教育教学活动中的实际问题,并尝试着去解决这些实际问题,切实提高学习者的独立思考能力和勇于实践能力。

(三)要做到继承与批判有机地结合

教育学是古今中外无数教育先哲教育经验的概括和总结,要想学好教育学,就必须虚心地学习先哲们的教育遗产,从中吸收我们需要的教育学精华,离开了对古今中外教育遗产的继承,要想学好教育学只能是无法实现的空想。

需要指出的,先哲教育遗产中既有我们需要的精华,也有不少糟粕,对历史上教育遗产不加分析地继承是极端有害的。因此,学习教育学的人必须注意把批判与继承有机地结合起来,对历史上教育学遗产批判地加以继承,作为我们学好教育学的基础。

（四）要不断丰富学习者的背景知识，充分利用现代信息技术工具学习和研究教育学

教育学是一门社会科学，它与哲学、伦理学、历史学、教育史、课程与教学论、教育心理学、信息传播学等学科的知识有着千丝万缕的联系，仅仅就教育学来研习教育学是行不通的。任何人要想学好教育学，就必须"随便翻翻"[①]，努力学习和研究哲学、历史学、教育史、教育心理学、社会学等相邻学科，不断丰富自身学习教育学的背景知识，为自身教育学的学习奠定宽厚扎实的基础。

现代信息技术工具在当今社会的广泛应用已经极大地改变了人们的生活方式和生存方式，也改变了人们的学习方式。任何想学好教育学的人，必须适应信息技术时代对人们学习方式的新要求，尽可能地运用现代信息技术工具来学习和研究教育学，以便及时了解教育科学的发展动态，加强自己与国内外教育学者的联系与合作，最大限度地提高自己学习和研究教育学的效果。

【本章主要参考文献】

1. 刘佛年.教育学[M].北京:人民教育出版社,1963.

2. 华中师范学院,开封师范学院.教育学[M].北京:人民教育出版社,1980.

3. 南京师范大学教育系.教育学[M].北京:人民教育出版社,1984.

4. 袁振国.当代教育学[M].北京:人民教育出版社,2002.

5. 杨超有.教育学[M].桂林:广西师范大学出版社,2012.

6. 全国十二所重点师范大学编写组.教育学基础[M].北京:教育科学出版社,2002.

7. 瞿葆奎.教育学文集·教育与教育学[M].北京:人民教育出版社,1990.

8. 黄济.教育哲学通论[M].太原:山西教育出版社,2000.

9. 陈理宣.教育学原理——理论与实践[M].北京:北京师范大学出版社,2010.

10. 王策三,黄济.现代教育论[M].北京:人民教育出版社,2004.

11. 余文森.新课程背景下的公共教育学教程[M].北京:高等教育出版社,2005.

12. 黄济.教育哲学[M].北京:北京师范大学出版社,1985.

【本章思考题】

一、名词解释

1. 教育学　　　　　2. 教育规律

二、简答题

1. 简要说明教育学与教育经验汇编、教育方针政策的联系与区别。

2. 简要说明学习和研究教育学的意义。

3. 学习者应如何学习和研究教育学？

4. 教育学产生与发展经历了哪些阶段？简要说明各个阶段的特点有哪些？

---

① 鲁迅.且介亭杂文[M].北京:人民出版社,1973,P241.

三、判断题（判断正误，并说明理由）

1. 有些人说，教师工作是个良心活，只要有热情，肯钻研，掌握了技巧，就能教好学生，学不学教育学无所谓的。你认为上述说法正确吗？简要说明你的看法。

2. 教育学就是教育经验汇编。

3. 教育学就是教育规律。

4. 《论语》一书是孔子关于哲学、政治、文化、教育方面的专著。

5. 《学记》所说的"教学相长"，本义是指教师的教与学生的学互相促进，共同提高。

6. 有人说教育是一门科学，有人说教育是一门艺术。请你谈谈自己对这一问题的看法。

【本题参考答案】

教育是培养人的社会实践活动，要提高教育活动的质量和效果，教育者就必须按照教育规律的要求来开展工作。由于教育环境的复杂性，教育内容的多样性，教育对象的身心的差异性和可变性，这使得教育实践活动没有现成的模式可用。因此，教育者要提高教育质量和教育效率，必须在教育规律的指导下从教育教学活动的实际出发，灵活地选择教育教学的内容和教育方式，这样才能建立充满人性关切的教育环境，切实调动学习者参与教育活动的积极主动性，才能确保教育活动优质高效地进行。从这个意义上来说，教育又是一门艺术。

因此说，教育既是一门科学，又是一门艺术，是科学和艺术的统一体。

四、选择题（从下面四个答案中选择一个正确的答案）

1. 凯洛夫主编的《教育学》曾对我国教育理论与实践产生过重大影响，其教育思想的主要特点是　　　　　　　　　　　　　　　　　　　　（　　）

A. 用心理学解释教育学过程

B. 强调教学过程最优化

C. 强调教师的主导作用和学生系统知识的学习

D. 重视智力发展和创造性培养

2. 我国古代最早的教育学专著是　　　　　　　　　　　　　　　（　　）

A. 《论语》　　　B. 《孟子》　　　C. 《学记》　　　D. 《中庸》

3. 外国古代最早出版的教育学著作是　　　　　　　　　　　　　（　　）

A. 《理想国》　　B. 《政治学原理》　C. 《论雄辩家》　D. 《论演说家的培养》

4. 在近代教育史上，反对思辨，主张用实证方法研究知识价值，提出教育的任务是教导人们为完美生活做准备的教育家是　　　　　　　　　　　　　　（　　）

A. 夸美纽斯　　　B. 赫尔巴特　　　C. 斯宾塞　　　D. 卢梭

5. 认为"庶"与"富"是"教"的先决条件，达到"庶"和"富"后，国家的统治者就要重视教化民众，首次提出这一教育观点的教育家是　　　　　　　　　　　（　　）

A. 孔子　　　　B. 孟子　　　　C. 荀子　　　　D. 墨子

6. 世界教育史上的传统教育派与现代教育派的代表人物分别是　　　（　　）

A. 夸美纽斯和布鲁纳　　　　　B. 夸美纽斯和杜威

C. 赫尔巴特和布鲁纳　　　　　D. 赫尔巴特和杜威

7. 强调调动学习者的学习主动性，引导学习者掌握学科的基本结构，让学习者探究发现学习的教育著作是　　　　　　　　　　　　　　　　　　　（　　）

A. 《教育过程》　　　　　　　B. 《民主主义与教育》

C. 《给教师的一百条建议》　　D. 《和教师的谈话》

8. 在西方教育史上，提出著名的"白板说"和完整的绅士教育理论的学者是（　　）

A. 夸美纽斯　　　　B. 洛克　　　　C. 裴斯泰洛齐　　　　D. 赫尔巴特

9. 只有建立了统一的学校集体,才能在儿童的意识中唤起舆论的强大力量,这种舆论的力量,是支配儿童行为并使它纪律化的一种教育因素。提出这一集体教育主张的教育家是（　　）

A. 加里宁　　　B. 马卡连柯　　　C. 凯洛夫　　　D. 苏霍姆林斯基

10. 提出"只有当教学走在学生发展前面的时候才是最好的教学"这一命题的教育家是（　　）

A. 凯洛夫　　　B. 赞科夫　　　C. 苏霍姆林斯基　　　D. 阿莫纳什维利

11. 下列引语最符合孔子关于教育对象论述的主张是（　　）

A. "唯上智与下愚不移"　　　　　　B. "民可使由之,不可使知之"

C. "仕而优则学"　　　　　　　　　D. "自行束脩以上,吾未尝无悔焉"

12. 古希腊教育家苏格拉底向雅典青年提出的要求和期望是（　　）

A. 了解自然　　　B. 熟悉社会　　　C. 虔信上帝　　　D. 认识你自己

13. 古希腊最早运用谈话法来启发学生思考,获得真理的教育家是（　　）

A. 昆体良　　　B. 苏格拉底　　　C. 柏拉图　　　D. 亚里士多德

14. 我国最早运用马克思主义观点论述教育问题的教育家是（　　）

A. 杨贤江　　　B. 毛泽东　　　C. 鲁迅　　　D. 叶圣陶

15. 苏联第一部运用马克思主义观点论述教育问题的著作是（　　）

A. 凯洛夫的《教育学》　　　　　　B. 赞科夫的《教学与发展》

C. 乌申斯基的《人是教育的对象》　　D. 加里宁的《论共产主义教育》

16. 世界上最早提出教学的教育性原则的教育家是（　　）

A. 柏拉图　　　B. 夸美纽斯　　　C. 乌申斯基　　　D. 赫尔巴特

17. 在西方,最早把教育学作为一门课程在大学里系统地讲授的教育家是（　　）

A. 赫尔巴特　　　B. 杜威　　　C. 康德　　　D. 卢梭

18. 传统教育向现代教育转变的重要标志是（　　）

A. 赫尔巴特《普通教育学》的问世　　B. 夸美纽斯《大教学论》的出版

C. 柏拉图《理想国》的出版　　　　　D. 杜威《民主主义与教育》的问世

19. 苏联十月革命胜利后,专门从事流浪犯罪儿童教育,著有《教育诗》《论共产主义教育》的教育家是（　　）

A. 克鲁普斯卡娅　　　B. 加里宁　　　C. 马卡连柯　　　D. 凯洛夫

20. "天命谓之性,率性谓之道,修道谓之教。"这阐释了教育与人的发展的问题,它出自（　　）

A.《礼记·大学》　　B.《礼记·中庸》　　C.《礼记·学记》　　D.《论语》

21. （　　）是教师的天职。教师必须遵循教育规律,实施素质教育。循循善诱,诲人不倦,因材施教,培养学生良好品行,激发学生创新精神,促进学生全面发展。

A. 爱国守法　　　B. 爱岗敬业　　　C. 教书育人　　　D. 关心集体

22.《学记》指出:"道而弗牵,强而弗抑,开而弗达。"对这句话意思理解不正确的是（　　）

A. 体现了主体教育思想　　　　　B. 强调学生的自主发展

C. 鼓励学生自学成才　　　　　　D. 注重对学生的引导

23. 首次提出把教育学作为一门独立的学科对待,认为教育学是指导学习者阅读和学习的学问的教育家是（　　）

A. 培根　　　B. 夸美纽斯　　　C. 康德　　　D. 斯宾塞

24. 西方近代重视科学教育,强调教育要为学习者未来完美的生活做准备的教育家是（　　）

A. 培根　　　　　　B. 夸美纽斯　　　　　C. 康德　　　　　　D. 斯宾塞

25.被西方教育界誉为西方的教圣,倡导要素教育论和教育教学心理学化的教育家是　（　　）

A. 赫尔巴特　　　　B. 杜威　　　　　　C. 裴斯泰洛齐　　　　D. 卢梭

五、阅读《论语》中孔子和他的弟子对话的择录①,并回答相应的问题

【1】子曰:"学/而时习之,不亦/说乎? 有朋/自远方来,不亦/乐乎? 人不知/而不愠,不亦/君子乎?"

【2】子曰:"温故/而知新,可以/为师矣。"

【3】子曰:"三人行,必有/我师焉;择/其善者/而从之,其不善者/而改之。"

【4】子曰:"学而不思/则罔,思而不学/则殆。"

【5】子曰:"由,诲女/知之乎! 知之/为知之,不知为不知/,是知/也。"

【6】子曰:"见贤/思齐焉,见不贤/而内自省也。"

【7】子曰:"中人以上,可以语上也;中人以下,不可以语上也。"

【8】子曰:"后生可畏,焉知来者之不如今也?"

【9】子曰:"盖有不知而作之者,我无是也。多闻,择其善者而从之,多见而识之,知之次也。"

【10】子曰:"吾十有五而志于学,三十而立,四十而不惑,五十而知天命,六十而耳顺,七十而从心所欲,不逾矩。"

【11】子曰:"不愤不启,不悱不发。举一隅不以三隅反,则不复也。"

【12】子曰:"君子不重则不威;学则不固。主忠信,无友不如己者。过则勿惮改。"

【13】子曰:"其身正,不令而行;其身不正,虽令不从"。

【14】子曰:"爱之,能勿劳乎? 忠焉,能勿诲乎?"

【15】子曰:"学而不思则罔,思而不学则殆。"

【16】叶公问孔子于子路,子路不对。子曰:"女奚不曰,其为人也,发愤忘食,乐以忘忧,不知老之将至云尔。"

【17】子曰:"默而识之,学而不厌,诲人不倦,何有于我哉?"

【18】子曰:"性相近也,习相远也。"

【19】子曰:"射不主皮,为力不同科,古之道也。"

【20】子曰:"君子不器。"

【21】子曰:"十室之邑,必有忠信如丘者焉,不如丘之好学也。"

【22】子曰:"吾有知乎哉? 无知也。有鄙夫问于我,空空如也。我叩其两端而竭焉。"

【23】子曰:"有教无类。"

【24】子曰:"好学近乎知,力行近乎仁,知耻近乎勇。知斯三者,则知所以修身。"

【25】子曰:"君子坦荡荡,小人长戚戚。"

【问题】①你认为孔子提出的教育目标是什么?

②你认为孔子倡导了哪些教学原则和教育原则?

③你认为孔子心目中的教师应该具备哪些素养?

六、据郭沫若先生考证,《学记》是子思的学生乐正克撰写的教育著作,也是我国古代第一部专门论述教育教学问题的著作。阅读《学记》中相关的材料,并简要说明和概括《学记》中倡导了哪些

①　杨伯峻. 论语译注[M].北京:中华书局,1980,P1—64.

教学原则。[①]

发虑宪,求善良,足以谀闻,不足以动众;就贤体远,足以动众,未足以化民。君子如欲化民成俗,其必由学乎!

玉不琢,不成器;人不学,不知道。是故古之王者建国君民,教学为先。《兑命》曰:"念终始典于学"。其此之谓乎!

虽有佳肴,弗食不知其旨也;虽有至道,弗学不知其善也。是故学然后知不足,教然后知困。知不足然后能自反,知困然后能自强也。故曰:教学相长也。《兑命》曰:"学学半"。其此之谓乎!

古之教者,家有塾,党有庠,术有序,国有学。

比年入学,中年考校。一年视离经辨志;三年视敬业乐群;五年视博习亲师;七年视论学取友,谓之小成。九年知类通达,强立而不反,谓之大成。夫然后足以化民易俗,近者说服而远者怀之,此大学之道也。《记》曰:"蛾子时术之"。其此之谓乎!

大学始教,皮弁祭菜,示敬道也。《宵雅》肆三,官其始也。入学鼓箧,孙其业也。夏楚二物,收其威也。未卜禘不视学,游其志也。时观而弗语,存其心也。幼者听而弗问,学不躐等也。此七者,教之大伦也。《记》曰:"凡学,官先事,士先志"。其此之谓乎!

大学之教也,时教必有正业,退息必有居学。不学操缦,不能安弦;不学博依,不能安诗;不学杂服,不能安礼。不兴其艺,不能乐学。故君子之于学也,藏焉修焉,息焉游焉。夫然,故安其学而亲其师,乐其友而信其道,是以虽离师辅而不反也。《兑命》曰"敬孙务时敏,厥修乃来",其此之谓乎!

今之教者,呻其占毕,多其讯,言及于数。进而不顾其安,使人不由其诚,教人不尽其材,其施之也悖,其求之也佛。夫然,故隐其学而疾其师,苦其难而不知其益也。虽终其业,其去之必速,教之不刑,其此之由乎!

大学之法,禁于未发之谓豫;当其可之谓时;不凌节而施之谓孙;相观而善之谓摩。此四者,教之所由兴也。

发然后禁,则扞格而不胜;时过然后学,则勤苦而难成;杂施而不孙,则坏乱而不修;独学而无友,则孤陋而寡闻;燕朋逆其师,燕辟废其学。此六者,教之所由废也。

君子既知教之所由兴,又知教之所由废,然后可以为人师也。故君子之教喻也,道而弗牵,强而弗抑,开而弗达。道而弗牵则和,强而弗抑则易,开而弗达则思。和易以思,可谓善喻矣。

学者有四失,教者必知之。人之学也,或失则多,或失则寡,或失则易,或失则止。此四者心之莫同也。知其心,然后能救其失也。教也者,长善而救其失者也。

善歌者使人继其声;善教者使人继其志。其言也,约而达,微而臧,罕譬而喻,可谓继志矣。

君子知至学之难易,而知其美恶,然后能博喻,能博喻然后能为师,能为师然后能为长,能为长然后能为君。故师也者,所以学为君也,是故择师不可不慎也。《记》曰"三王四代唯其师"。其此之谓乎!

凡学之道,严师为难。师严然后道尊,道尊然后民知敬学。是故君之所不臣于其臣者二:当其为尸,则弗臣也;当其为师,则弗臣也。大学之礼,虽诏于天子无北面,所以尊师也。

善学者师逸而功倍,又从而庸之。不善学者师勤而功半,又从而怨之。善问者如攻坚木;先其易者而后其节目;及其久也,相说以解。不善问者反此。善待问者如撞钟:叩之以小者则小鸣,叩之以大者则大鸣,待其从容,然后尽其声,不善答问者反此。此皆进学之道也。

记问之学,不足以为人师,必也,其听语乎!力不能问,然后语之。语之而不知,虽舍之可也。

---

① 孟宪承. 中国古代教育文选[M],北京:人民教育出版社,1979.

良冶之子,必学为裘;良弓之子,必学为箕;始驾马者反之,车在马前。君子察于此三者,可以有志于学矣。

古之学者,比物丑类。鼓无当于五声,五声弗得不和;水无当于五色,五色弗得不章;学无当于五官,五官弗得不治;师无当于五服,五服弗得不亲。

君子曰:大德不官;大道不器;大信不约;大时不齐。察于此四者,可以有志于本矣。三王之祭川也,皆先河而后海,或源也,或委也。此之谓务本。

【本题参考答案】

从对《学记》的研读和归纳中可以看出,《学记》倡导的教学原则主要有以下几条:①教学相长;②藏息相辅;③长善救失;④预、时、孙、摩;⑤循序渐进;⑥启发性原则。

七、阅读下面的材料,并回答相应的问题

孔子小时候家境贫寒,但非常喜欢利用各种机会学习,到30岁的时候,就已经是远近闻名的老师了。他总觉得自己的知识还不够渊博,三十岁的时候,他离开家乡曲阜,去洛阳拜大思想家老子为师。

曲阜和洛阳相距上千里,孔子风餐露宿,日夜兼程,几个月后,终于走到了洛阳。在洛阳城外,孔子看见一驾马车,车旁站着一位七十多岁的老人,穿着长袍,头发胡子全白了,看上去很有学问。孔子想:这位老人大概就是我要拜访的老师吧!于是上前行礼,问道:"老人家,您就是老聃先生吧?""你是——"老人见这位风尘仆仆的年轻人一眼就认出了自己,有些纳闷。孔子连忙说:"学生孔丘,特地来拜见老师,请收下我这个学生。"老子说:"你就是仲尼啊,听说你要来,我就在这儿迎候。研究学问你不比我差,为什么还要拜我为师呢?"孔子听了再次行礼,说:"多谢老师等候。学习是没有止境的。您的学问渊博,跟您学习,一定会大有长进的。"

从此,孔子每天不离老师左右,随时请教。老子也把自己的学问毫无保留地传授给他。人们佩服孔子和老子的学问,也敬重他们的品行。

【问题】(1)试描述本文体现了孔子和老子的什么品行?

(2)简要说明孔子的教师观。

【本题参考答案】

(1)文中主要展现了孔子和老子学而不厌、诲人不倦的精神,他们热爱学习,终身学习,也愿意把自己的学识毫无保留地教给别人,这正是他们受人敬重的原因所在。

(2)孔子的教师观:①教师要关心与爱护学生;②教师要学而不厌,具有教好学生的本领;③教师要诲人不倦,因材施教,用心地教好学生;④教师要为人师表,言传身教,处处时时做学生良好的表率。

八、案例分析

1.在意大利的高等院校中获得教授任职资格的教师必须具有博士学位和一定的学术素养。但意大利政府和高等院校对大学教授的授课干预较少,大学教师讲什么,如何讲都是大学教师自己的事情,不少在意大利高等学校里任课的教授授课不用讲稿,主要是围绕着某一个题目进行论述,讲线索和关键,其余让学生自己去看书、讨论,教师引导学生在看书和讨论的基础上弄懂问题,提升自身分析问题和解决问题的能力。在我国的高等院校,大学教师讲什么,如何讲,都是教育主管部门和学校规定好的,学生在课堂上必须认真听讲,记好笔记,在考试时按照教材和老师的授课讲义回答问题。你认为哪种授课方式更有利于学生素质的提升?请说明你的理由。

2.一位中国留学生来到了美国纽约居住,他的对门是美国人,这家人有个5岁的小男孩。一天,中国留学生对门的美国夫妇站在门口聊天,他们的孩子则蹲着脚拿着钥匙去开门,开了好久也没有把门打开,而这对夫妇好像没有看见似的,那位热心的中国留学生于是想帮助那个小孩开门,但被那对美国夫妇制止了,那个中国留学生对此疑惑不解。你认为那对美国年轻夫妇做得对吗? 说明你的看法。

3. 湖北省武汉市某小学六年级(3)班学生的差别很大,数学学习上学生的差别尤其大。如果按优秀学生的水平教学,中等以下水平的学生听不懂。如果按中等学生的水平教学,优秀学生会感觉太简单。该班数学老师说,按照素质教育的要求,今后按照班上最低水平进行教学。

请从素质教育思想出发分析该数学老师的观点是否正确。

4. 周末我带学生去郊游,在一片野花丛中,同学们纷纷谈论着自己喜欢的花,这时全校闻名的"调皮大王"小强大声说:"老师,我最喜欢的花是荆棘的花,荆棘虽然全身长满了刺,但它的生命力最旺盛,而且刺丛中还能开出美丽的花儿呢!"他的话遭到了一些同学的反驳。

"你们就看到他的刺了! 你们仔细看看人家刺中也有花,也值得我们去喜欢呀!"

平时从不受欢迎的"调皮大王",见到同学不赞同他,便据理力争。

"刺中有花! 刺中有花! 小强的话如一股电流触动了我的神经,赏花与育人不也同样吗?

我激动地走到小强身边,搂着小强的肩对同学们说:"小强说得有道理,荆棘虽然浑身是刺,但是它刺中也有美丽的花,我们不能只看到它的刺,就看不到它的花 啦。我们对待其他同学也应像赏花一样,特别是对缺点多一些的同学,更应该正确看到他身上闪光点。'花'有千万种,各有优缺点,你们说对不对!"说着,我拍了拍小强的肩。我的话赢得了一片掌声,小强也不好意思低下了头。

活动结束后,我专门找小强一起分析他自身存在的问题及产生的原因,鼓励他改掉缺点,同时安排班里几名学生与小强组成互帮小组,小强渐渐改正了自身的缺点。

请结合材料,从学生观的角度,评析材料中"我"的教育行为。

第二章　教育的本质

【本章课程与教学目标】

1.使学生了解关于教育起源的三种学说；
2.使学生掌握狭义教育和广义教育的概念；
3.使学生了解教育的组成因素及其相互关系；
4.使学生理解古代教育和现代教育的异同。

一、教育的起源

教育是如何来的,也就是说教育是如何起源的,这对于把握教育的特征具有重要的意义。教育的起源一直是教育理论界探讨的热点问题。关于教育的起源,教育史学界主要有三种观点,即生物起源论、心理起源论和劳动起源论三种。

(一)教育的生物起源论

提出教育的生物起源论的代表人物有法国的社会学家、教育家利托尔诺和英国的教育家沛西·能等人,如利托尔诺等人坚持庸俗进化论的观点,企图在动物中,甚至在昆虫中找出教育的起源,英国的社会学家沛西·能在《人民的教育》一文中指出:"教育从它的起源来说,是一个生物学的过程,不仅一切人类社会中有教育,不管这个人类社会如何原始,甚至在高级动物中也有低级形式的教育。我之所以把教育称之为生物学的过程,意思是说,教育是与种族需要相适应的,是种族生活天生的,而不是获得的形式;教育无须周密的考虑使它产生,也无须科学予以指导,它是扎根于本能的不可避免的行为。"①

这种观点强调教育的生物方面本能的作用,把教育看作是生物界自发的和自然的现象,否定了教育的目的性,这显然无法全面说明教育的真谛。

(二)教育的心理起源论

提出这种观点的是美国教育学者孟禄(Paul Monroe),他认为在远古时代里,没有学校和老师,没有正规的教材,但确实存在着教育,年轻一代正是在社会生活中对成人

---

① 【英】沛西·能.教育原理[M].王承绪等译,北京:人民教育出版社,1992,P38.

模仿的过程中获取生存的本领的,其教育的产生都是"最非理性的"和"单纯的无意识的模仿"。① 因此他认为教育起源于儿童对成人无意识的模仿。

在实际生活中,儿童确实在对成人的模仿过程中不断地提高自身的本领,在教育发展的各个阶段,教育过程的内部有模仿的因素,但仅仅把教育活动看作是儿童对成人无意识的模仿,忽视了教育的目的性和计划性,忽视了成人在教育过程中的指导作用,显然是不全面的。

(三)教育起源于生产劳动,产生于人类自身的发展需求

提出这种观点的有苏联教育理论家麦丁斯基、凯洛夫等人。在麦丁斯基等人看来,人能参加生产劳动是区别于其他动物的根本标志,生产劳动使得人的大脑神经系统得到充分的发展,语言的产生为人类文化经验的传递提供了有力的支持。而人类自身具有维系其种族繁衍和生存发展的需求,需要把已有的文化知识和生活经验传递给年幼一代,这样就出现了教育。如苏联教育家凯洛夫认为:"从人类社会开始产生的时候起,人们的生产经验就在劳动活动过程中逐渐积累、变更和发展着,人们的劳动技巧和使用各种生产工具的技能在变更和发展着,他们的思维和语言也在发展中。"② "教育就是这样从人类社会的实际需要里产生的,教育的产生是一种客观必然性。"③ "在劳动过程中,教育也发展了。"④因此,凯洛夫明确地指出,教育起源于生产劳动,是在生产劳动中产生和发展起来的。

有些教育学者认为在探究教育起源的过程中,除考虑生产劳动的作用外,也不能忽视社会需求的影响,认为社会需求在教育产生与发展中也发挥了重要的作用。如我国著名的早期马克思主义教育理论家杨贤江在《新教育大纲》一书中对社会需求在教育产生与发展中的作用给予了高度的评价,他说:"教育的发生就植根于当时当地的人民生活的需要,它是帮助人们营谋社会生活的一种手段……自有人生,便有教育。因为自有人生,便有实际生活的需要。"⑤

这种观点重视生产劳动在教育产生发展过程中的作用,重视人类需求对教育产生的影响。但这种观点无法解释模仿在教育过程的作用,也无法说明动物界的抚育现象,因而也是不全面的。

教育的起源是一个涉及哲学、社会学、生物学等领域的复杂问题,需要用哲学、心理学、生物学等学科的知识和方法进行综合研究,方能得出令人信服的经得起历史考验的结论。

二、广义的教育与狭义的教育

教育是教育者有目的有计划地培养人的一种社会实践活动,它的社会职能就是传

---

① 吴式颖.外国教育史教程[M].北京:人民教育出版社,1992,P4.
② 凯洛夫.教育学[M].陈侠等译,北京:人民教育出版社,1957年,P1.
③ 凯洛夫.教育学[M].陈侠等译,北京:人民教育出版社,1957,P28.
④ 凯洛夫.教育学[M].陈侠等译,北京:人民教育出版社,1957,P1.
⑤ 任钟印.杨贤江全集(第三卷)[M].郑州:河南教育出版社,1995,P226.

递社会生产经验和社会生活经验,促进新生一代的成长和发展。

最早对教育的含义进行解释的是我国古代著名学者许慎,他在《说文解字》一书中指出:"教,上所施,下所效也;育,养子使之做善也。"[①]

在我国,最早把教和育联合起来使用的是我国教育家孟子,他说:"得天下英才而教育之,三乐也。"[②]

为了更好地把握教育的本质,可以把教育分成广义的教育和狭义的教育两种。

广义的教育指的是,凡是有目的地增加人的知识技能,影响人的思想品德,增强人的体质,促进人综合素质提高的活动,不论是有组织的或是无组织的,系统的或者是零碎的,都是教育。广义的教育实际上指的是人所受外界影响的全部,包括学校教育、家庭教育和社会教育。

狭义的教育指的是学校教育,它是教育者根据一定社会现实和未来的需要,遵循青少年身心发展规律的要求,有目的、有计划地引导受教育者积极主动地参与学校组织的文化知识的学习活动,逐步地发展智力和体力,养成健康的人格,以便把他们培养成适应社会发展与变革需要的身心和谐发展人才的一种社会实践活动。

构成教育活动的因素有:教育者、受教育者、教育的内容和教育的方式、手段。

三、学校产生的条件

作为一种正规的系统化的学校教育的出现,是社会生产力发展到一定阶段的产物,需要一定的条件限制。

(一)经济方面的条件

学校是培养人才的机构,多少人参与人才培养的工作,为社会培养哪些人才,必须考虑本国经济发展的实际。原始社会后期,由于奴隶大量增加,生产工具的革新和广泛的应用,促进了国家经济实力的增加,使得一部分人可以不直接参与体力劳动,而去从事智力水平较高的脑力劳动,以满足国家民众对物质生活和文化生活的需要。因此说,经济方面的条件是制约学校产生的基本因素,只有国家的经济实力达到一定水平,国家才有实力去兴办学校。

(二)政治方面的条件

学校是为国家培养人才的机构,只有国家的机构不断扩大,功能不断分化增加,需要各种受过专门训练的人才,这些人才不可能在生产劳动中出现,只能通过学校教育机构去教育培养,因此说国家政权的建立和功能的完善,为学校教育的产生提供了强大的需求。

(三)文化方面的条件

办好学校,除要有经济的条件和国家政治对人才需求外,还要考虑文化方面的因

---

① 王道俊,王汉澜.教育学[M].北京:人民教育出版社,1987,P26.
② 王道俊,王汉澜.教育学[M].北京:人民教育出版社,1987,P26.

素。文字的产生和人类文化经验的积累与日益丰富,使得学校的教师和学生有了必需的学习内容和学习的途径,这就使得学校的产生成为可能。

总之,学校教育是社会发展到一定阶段的产物,只有社会生产力发展到一定的水平,国家政治经济文化生活日益复杂,文字出现和人类文化经验日益丰富的时候,学校教育才会出现。

四、学校教育的形态

教育是培养人的一种社会实践活动,根据培养人的活动的主体的不同,可以把教育分成学校教育、家庭教育和社会教育三种形态。

学校教育、社会教育与家庭教育在个体身心发展中具有不同的作用和特点,不能替代,必须相互配合和支持,才能充分发挥其作用和功能。

五、教育的历史发展

根据人类社会发展形态和教育的发展状况,可以把教育的历史发展分成原始社会的教育、古代社会的教育和现代社会的教育三个阶段。

(一)原始社会的教育

1. 原始社会没有正规的学校和教师

原始社会里,社会生产力发展水平极其低下,所有人必须参加狩猎、种庄稼等生产劳动,当地也没有专门的学校和专职的教师,所有成人都是儿童的老师,生产劳动和生活的场所就是儿童接受教育的地方。

2. 教育对象的全民性

原始社会没有阶级,所有人都是平等的。为了维系氏族的生存与发展,必须把当地人已经掌握的生产技术和生活技能教给氏族的所有人,因此原始社会教育的对象具有全民性。

3. 教育与生产劳动与社会生活紧密结合

原始社会还没有文字,也没有书本,教育内容主要是生产劳动与社会生活的基本知识技能,成人教育者主要在生产劳动和社会生活中把原始公社积累的生产技术和生活技能传递给年轻一代。

(二)古代社会的教育

古代社会包括奴隶社会和封建社会,因此古代社会的教育包括奴隶社会的教育和封建社会的教育。

1. 古代社会开始有了正规的学校和教师

古代社会里,社会生产力发展水平不断提高,一部分人可以脱离体力劳动,专门从事文化艺术和教育活动,这就使得当地出现了专门的学校和专职的教师,因而能保证教育的质量和效率。

中国是最早进入奴隶社会的国家之一,大约在公元前 21 世纪,我国出现了第一个奴隶制国家——夏朝。这一时期,夏朝在发展经济、巩固国家政权的过程中发明了文字,积累了丰富的生活知识,并开设创办一些专门的机构来培养人才,传播文化知识。据史书记载,夏朝设立的教育机构的名称有"庠"、"序"、"校"等,在较为平坦的地方让青少年学生在一些有经验的人的指导下学习文化知识和练习射箭,参加一些重大节日仪式等活动,这就是最早的学校的萌芽。孟子对夏朝、商朝的教育发展状况进行了考察,指出:"夏曰庠,殷曰序,周曰校,学则三代共之。皆所以明人伦也。"①认为这一时期,夏朝、商朝、周朝已经有了"庠"、"序"、"校"等这样的传播文化和射箭、习武等的专门的机构,这就是中国古代学校的萌芽。到了周朝,又出现了辟雍和泮宫等教育机构。② 这充分说明,中国是世界上学校教育机构最早出现的国家。

2. 教育的阶级性和等级性

在古代社会里,奴隶主阶级和封建地主阶级是统治阶级,他们的子女具有受教育的权利,而奴隶和农民的子女是没有权利接受正规学校教育的。

在封建社会里,教育除了阶级性外,还具有鲜明的等级性,统治阶级子弟按照本阶层的等级接受相应的教育,不得随便跨越等级的限制接受其他等级的教育。

欧洲的封建社会中,教育受宗教团体的垄断和控制,具有强烈的宗教性,无论是教育目标还是教育内容都具有浓厚的宗教色彩。

3. 教育与生产劳动相分离

古代社会生产力发展水平低下,古代的教育主要是为统治阶级培养管理人才,不承担为社会培养劳动者的任务,因此古代的学校教育中教育与生产劳动是相分离的,无论是奴隶社会的教育还是封建社会的教育,教育内容都不涉及生产劳动的内容,如中国奴隶社会教育的内容主要是"六艺"(礼、乐、射、御、书、数),在古希腊、雅典的学校强调为社会培养身心和谐发展的管理者和公民,学校的教育内容主要是"七艺"(文法、修辞、辩证法、算术、几何、天文、音乐)和体育等,而古希腊斯巴达的教育强调为国家培养能征善战的武士,因而教育内容不重视文化知识教育,强调以道德教育和军事训练为主。③ 中国封建社会的教育内容主要是"四书五经","四书"即《大学》、《论语》、《孟子》、《中庸》,"五经"即《诗经》、《尚书》、《礼记》、《周易》和《春秋》;④西欧中世纪学校受宗教团体控制,教育的内容主要是"七艺"和宗教教义。

4. 个别教学制和呆读死记、棍棒纪律

这个时期,古代教育中实施的是个别教学制,教师对学生进行个别教学,教育教学效率不高。这一时期古代学校的教学中主要是让学生把教师所讲授的内容死记硬背,体罚非常流行。

① 王炳照. 简明中国教育史[M]. 北京:北京师范大学出版社,1994,P8.
② 教育部人事司,教育部考试中心. 教育学考试大纲[M]. 北京:北京师范大学出版社,2002,P5.
③ 吴式颖. 外国教育史教程[M]. 北京:人民教育出版社,2015,P30—34.
④ 柳海民. 教育原理[M]. 北京:中国人民大学出版社,1999,P45.

(三)现代社会教育的基本特征

1. 教育的全民性

现代社会中生产力的快速发展和社会变革要求所有的人都要接受基本的教育训练,具有一定的文化知识和职业素养,这必然要求教育大发展,要求取消原来身份、等级、民族、性别等对教育的限制,使得社会上所有的人都能够接受基本的教育训练。

2. 教育与生产劳动、社会生活紧密结合

为了使教育培养出来的人才更好地适应经济建设和社会生产劳动变革的需要,现代社会教育的一个重要特征就是大力加强教育与生产劳动与社会生活的联系,让学校教育了解社会生产劳动、社会生活对人才的新要求,按照社会生产力、社会变革的新要求来确定专业设置,全面推进教育的发展和改革。

3. 教育教学内容和方式的现代化

在现代科学技术革命的推动下,现代社会学校教育教学的内容日益丰富多样,与现代生产、生活的联系更加密切;教育教学方式也正在发生着日新月异的变化,力图使学校的教育教学方式建立在现代科学技术最新研究成果的基础之上,教学方式和教学手段现代化程度不断提高,这有力地促进了各国教学质量和教学效率不断改善。

4. 教育的制度化与终身化

现代社会是一个变化迅速的社会,为了适应现代社会对人的需求不断增加的要求,必须让所有的成员接受一定时间的学校教育。为了确保国家未来公民的思想道德素养和教育科学文化素养,各国政府通过法律手段建立了从学前教育、初等教育、中等教育和高等教育为一体的学校教育制度,并努力实现教育管理的制度化、法制化。

现代社会是一个经济建设和社会变革迅猛发展的时代,对人才素质的要求要来越高。各国领导人在发展教育的过程中认识到,学校教育对人的发展是必不可少的,但让所有成员仅仅满足于学校教育阶段的教育是远远不够的,必须活到老,学习到老。终身教育理论的创始人为法国教育家保罗·朗格朗,他的代表作为《终身教育导论》,他认为教育不能局限于学习者在学校受教育的时间内,而应该是个体从出生到死亡持续一生的求生存求发展的过程,必须要活到老,学习到老。① 在联合国教科文组织和各国的大力推动下,终身教育理念在全球广泛传播,各世界强国都开始强调推行教育终身化战略,建设终身学习社会,让全社会的人活到老,学习到老。正如联合国教科文组织在《教育——财富蕴藏其中》中所指出的,未来教育必须是终身教育,必须让学习者掌握21世纪教育的四大支柱,即学会认知、学会做事、学会共同生活和学会生存。

5. 教育的多元化和个性化

现代社会的迅猛发展对人才提出了越来越多的要求,仅仅靠单一的教育模式很难适应社会对人才多方面的要求,因此现代教育开始呈现出多元化的趋势。

现代社会对人才多元化的要求必然要求教育的个性化,使得现代教育更加关注学

---

① 【法】保罗·朗格朗.终身教育导论[M].滕星 等译,北京:华夏出版社,1988,P1.

习者个性的养成,使他们成为具有良好社会责任感和鲜明个性的人才。

6.教育的国际化

现代社会经济的发展和社会的变革使得各个国家之间的联系和交流变得越来越紧密,任何一个国家的教育都不能脱离世界教育发展的大环境,各国在发展教育的进程中的教育交流和教育合作变得非常流行,加强本国教育与其他国家的交流与合作也成为各国发展教育的不二选择,教育的国际化已经成为现代教育改革与发展的重要趋势。

【本章主要参考文献】

1. 刘佛年.教育学[M].北京:人民教育出版社,1963.

2. 华中师范学院,开封师范学院.教育学[M].北京:人民教育出版社,1980.

3. 南京师范大学教育系.教育学[M].北京:人民教育出版社,1984.

4. 袁振国.当代教育学[M].北京:人民教育出版社,2002.

5. 杨超有.教育学[M].桂林:广西师范大学出版社,2010.

6. 王道俊,王汉澜.教育学[M].北京:人民教育出版社,1998.

7. 王道俊,郭文安.教育学[M].北京:人民教育出版社,2016.

8. 王策三,黄济.现代教育论[M].北京:人民教育出版社,2004.

9. 黄济.教育哲学[M].太原:山西教育出版社,1998.

10. 全国十二所重点师范大学教材编写组.教育学[M],北京:教育科学出版社,2002.

【本章思考题目】

一、名词解释

1. 广义的教育;

2. 狭义的教育。

二、简答题

1. 教育的起源有几种学说?简要加以说明。

2. 简要说明教育的含义?说明广义的教育和狭义教育的异同。

3. 简要说明原始社会、古代社会和现代社会教育的特点。

4. 简要说明学校产生的条件。

【本题答案要点】

1. 生产工具的改进以及社会生产水平的提高为学校产生提供了物质基础;

2. 脑力劳动和体力劳动相分离为教育提供了专门从事教育活动的知识分子队伍;

3. 文字的创造与知识的积累为学校教育活动的开展提供了有效的教育手段与充分的教育内容。

三、判断下面论述是否正确,并说明理由

①学校教育是社会发展变革的产物,随着人类社会的出现而出现,随着人类社会的发展而发展。

②一般来说,赫尔巴特和杜威被认为是现代教育学的代表人物。

③教育的生物起源论的代表人物是美国教育家利托尔诺。

④教育的心理起源论的代表人物是美国教育家盂禄。

四、选择题

1. 联合国教科文组织在《教育——财富蕴藏其中》中提出面向21世纪教育的四大支柱是学会认知、学会做事、学会共同生活和 （　　）

　　A. 学会关心　　　　B. 学会生存　　　　C. 学会创造　　　　D. 学会交往

2. 人力资本理论认为,人力资本是经济增长的关键,教育是形成人力资本的重要力量。这一理论的主要缺陷是 （　　）

　　A. 忽视了教育的其他社会功能　　　　　　B. 有教育万能论的倾向

　　C. 忽视了劳动力市场中的其他筛选标准　　D. 夸大了教育对人力资本的作用

3. 教育活动与其他社会活动最根本的区别在于 （　　）

　　A. 是否有目的地培养人　　　　　　　　　B. 是否促进人的发展

　　C. 是否促进社会发展　　　　　　　　　　D. 是否具有组织性和系统性

4. 杜威教育理论成型的标志性著作是 （　　）

　　A.《经验与教育》　　B.《民主主义与教育》　　C.《我的教育信条》　　D.《教育与社会》

5. 如下现象属于教育范畴的是 （　　）

　　A. 爸爸针对小明懦弱的个性设法训练小明如何以牙还牙报复欺侮者

　　B. 妈妈指导小明在与他人冲突中如何保护自己

　　C 老师严格管理以保护小明等弱小学生不再受欺负

　　D. 小明在与同学的多次冲突中逐渐学会了如何与人和睦相处

6. 联合国教科文组织国际教育发展委员会曾对世界各地的教育制度进行调查,发表《学会生存——教育世界的今天和明天》,这份报告指出各国的教育目的存在一些共同倾向,其中包括"走向科学的人道主义""培养创造性""培养承担社会义务的态度"以及 （　　）

　　A."培养完人"　　　　　　　　　　　　　B."培养独立个性"

　　C."培养国际理解"　　　　　　　　　　　D."培养终身学习能力"

7. 赫尔巴特所代表的传统教育思想的核心一般被概括为:教材中心、课堂教学中心和 （　　）

　　A. 教师中心　　　　B. 学校中心　　　　C. 学生中心　　　　D. 活动中心

8. 在西方教育史上,古希腊智者派所确立的"三艺"是 （　　）

　　A. 音乐、修辞学、几何学　　　　　　　　B. 文法、辩证法、几何学

　　C. 文法、修辞学、天文学　　　　　　　　D. 文法、修辞学、辩证法

9. 保加利亚学者洛扎诺夫在20世纪60年代创立的一种利用联想、情境、音乐等强化教学效果的方法是 （　　）

　　A. 纲要信号教学法　　B. 探究发现教学法　　C. 暗示教学法　　D. 范例教学法

10. 马克思主义教育学说认为,个体身心发展的根本动力是 （　　）

　　A. 遗传　　　　　　B. 环境　　　　　　C. 教育　　　　　　D. 社会实践活动

11. "教育是与种族需要、种族生活相适应的、天生的,而不是获得的表现形式;教育既无须周密地考虑使它产生,也无须科学予以指导,它是扎根于本能的不可避免的行为。"这种教育起源说属于 （　　）

　　A. 神话起源说　　　B. 生物起源说　　　C. 心理起源说　　　D. 劳动起源说

12.历史上有各种关于人的发展动因的理论和假设。下列学说中,支持"外铄论"观点的是　　　　　　　(　　)

A.成熟论　　　　　　B.性善论　　　　　C.人本主义心理学　　D.行为主义心理学

13.儿童身心发展具有明显的差异性,这特点决定了教育工作要　　　　　　　　　　　　(　　)

A.循序渐进　　　　B.因材施教　　　　C.教学相长　　　　　D.求同存异

14.关于儿童"最近发展区"的观点,不正确的是　　　　　　　　　　　　　　　　(　　)

A.发展要后于教学,以更好地进行教学

B.教学内容应略高于儿童的现有发展水平

C.教学要走在发展的前面,以更好地促进发展

D.教学应同时考虑儿童现有发展水平和所能达到的水平

15.教学理论著述中,强调教学的高难度、高速度,重视学生智能培养,主张学生在探究中学习的专著是　　　　　　　　　　　　　　　　　　　　　　　　　　　　(　　)

A.《普通教育学》　　B.《大教学论》　　C.《教学过程》　　D.《教学与发展》

16.我国奴隶社会学校教育的主要内容是　　　　　　　　　　　　　　　　(　　)

A.六艺　　　　　　B.四书五经　　　　C.论语　　　　　　D.《学记》

17.我国封建社会学校教育的主要内容是　　　　　　　　　　　　　　　　(　　)

A.六艺　　　　　　B.四书五经　　　　C.论语　　　　　　D.《学记》

18.欧洲中世纪学校教育的主要内容是:　　　　　　　　　　　　　　　　(　　)

A.教会讲义　　　　B.四书五经　　　　C.《圣经》　　　　　D.七艺

19.高度重视游戏在儿童成长中的作用,重视环境对儿童成长的影响,撰写《人的教育》的教育家是　　　　　　　　　　　　　　　　　　　　　　　　　　　　(　　)

A.福禄贝尔　　　　B.蒙台梭利　　　　C.陈鹤琴　　　　　D.卢梭

20.我国早期的马克思主义教育理论家,撰写《新教育大纲》的教育家是　　　　(　　)

A.叶圣陶　　　　　B.陈独秀　　　　　C.李大钊　　　　　D.杨贤江

四、阅读下面的材料,用所学教育学知识回答相应的问题

某班有个名叫张亮的9岁小男孩,患有轻度小儿麻痹症,是全班学生捉弄的对象。他松不开夹克衫拉链,课间休息在操场上做游戏动作不协调,诸如此类的事情常使他遭到同学的取笑,每当张亮遭到嘲笑和捉弄,就会非常伤心,甚至上课时也会哭泣。

有一天,张亮没来上学,班主任华老师抓住这个机会,要求全班学生讨论一下班级里存在的这个严重问题。学生们听到老师说这是一个"问题"时,都感到十分惊讶,但他还是围在一起展开了讨论。

华老师解释说:"有的人得过某些病后,就不能像正常人那样行动自如。我不知道,如果你们自己做不了一些事情,还被其他小朋友取笑,你们会是什么样子?"

教室里一片安静,华老师说话的语气不温不火,充满了关爱。

有个女孩开始说话了:"小明和小刚取笑张亮的时候,我感到非常难过。"

小明马上应道:"我不是想伤害他呀。"

讨论继续进行着,几乎每个学生都发了言。有些学生站在张亮的立场上看问题。冬冬说:"如果有人那样取笑我,我会很生气,很难过。"丽丽提出了"公平"问题:"那不公平——就像我们做游戏时那样,故意跑得那么快,而张亮没有办法跑快,我们是在作弊。"

这是一场充满感情的讨论,但华老师没有作任何总结就结束了。第二天,张亮回到学校,有好

几个学生主动上前帮他拉夹克拉链。课间休息时,张亮和大家玩游戏,竟然赢了三回。日子一天天过去,取笑人的现象在这个班再也没有发生。

【问题】:材料中张老师用了哪些充满人性化的内容和方法去教育学生?张老师在教育中体现了哪些特色?

【本题参考答案】

在此案例中,华老师组织了多方面的内容来教育学生。如:给学生讲解小儿麻痹症患者动作困难的原因,引导学生设身处地地感受残疾人的处境和心情,启发学生改正取笑、捉弄残疾同伴的习惯,学会理解、同情、善待弱小学生。

华老师配合使用了多种方法教育学生。第一,说理教育的方法。她向同学具体解释了张亮动作笨拙的原因,但没有直接对学生采取道德劝诫,而是循循善诱。第二,移情理解的方法。华老师鼓励和启发学生站在张亮的立场看问题。第三,课堂讨论的方法。让学生自由交流各的看法和感受。

课堂中呈现出一种民主、平等的师生关系。这种关系主要体现在:华老师发现班级学生中存在的问题,并没有运用权威教训学生,纠正学生的错误行为,而是运用学生可以理解的知识启发学生,让学生通过独立思考和自由讨论解决问题,帮助学生提升思想认识,改正自身行为中的缺陷。

五、阅读下列材料,判断材料中教育工作者的做法是否正确,用所学的教育知识加以简要的分析

①据《南方都市报》报道,某学校学生小宇趁老师板书时说话,做小动作,该班的那个老师看到后拿起教鞭对着自己的手臂狠狠地抽了一鞭,胳膊肿起血印子,那个老师问小宇,"你还想让老师受到惩罚吗?"小宇连忙含泪摇头,表示以后在课堂上不再犯错误了。

②据《新京报》报道,为感化学生,重新唤回学生的向学意识,海口市某校长,曾经三次跪在讲台上为学生上课。在全校学生上早操的操场上,面对千余名师生,他双手合拢重重地跪下呼喊:"求你们了,不要再闹玩了,好好学习吧。"

【本题参考答案】

材料中两位老师的做法是不正确的,它违反了教育规律的基本要求。道理很简单,教育活动是教师指导下的学习者知识建构活动,教育者是学习者学习活动的指导者和引导者,学习者是真正的学习主体。教育者要提高教育质量和教育效果,关键在于切实调动学习者的主动精神,用知识的新颖性、探究性来吸引学习者,引导他们体验到用所学的知识经验获取新知识的乐趣,增进他们对学校学习的兴趣和向往,帮助他们形成主动求知的态度和习惯。如果学校教育工作者用自残的方式、祈求的方式来让学习者产生兴趣,只能是极其短暂的绝对不会持久的,而且会让学习者对学校教育工作者的做法产生厌恶的欲望,讨厌学习,不利于他们主动求知的态度和学习习惯的养成。

五、论述题

1.现代教育的基本特征有哪些?请简要加以说明。

2.现代教育与古代教育的异同比较。

3.简要说明奴隶社会里中国与古希腊教育的共同特征。

第三章　教育与社会发展

【本章课程与教学目标】

1. 使学生把握教育与生产力、政治经济制度的辩证关系；
2. 使学生了解教育与科学技术的关系，掌握教育与文化的辩证关系；
3. 使学生了解学校文化的含义，把握校园文化的功能。

一、教育与生产力的关系

教育的发展变革必须建立在一定的经济基础之上，生产力的发展水平是教育发展变革的物质基础，而教育的发展则可以为生产力的发展提供智力支持和人才保证。

（一）生产力的发展水平对教育的发展具有决定作用

1. 生产力的发展水平决定着教育发展的规模和速度

办教育需要国家的人力、物力和财力作为保障。一个国家接受教育的人口有多少，多少人担任教师能够满足所有学生接受教育的需求，国家发展教育的规模应该有多大，国家教育发展的速度应该是多少，这都不是可以随便回答的问题，需要国家有关部门根据本国生产力发展水平和经济发展的规模和速度进行综合研究才能得出合理的结论。

总之，生产力的发展水平是教育发展变革的物质基础，生产力的发展水平和规模、速度制约和影响着教育发展的规模和速度。要发展本国的教育事业，就必须首先要大力发展本国的生产力，促进本国经济实力的快速增长，为本国教育的发展提供强有力的物质基础和人力资源保障。

2. 生产力发展水平制约和影响着人才培养的规格和教育结构的变化

教育是为生产力的发展提供人才培养服务的，教育要培养什么样的人，这是由生产力发展水平和国家经济的发展大局决定的，国家是根据经济建设和社会发展的要求来确定教育目的和办学目标的。现代社会经济建设对人才培养规格的要求不断提高，这是由于现代社会生产力发展水平不断提高，对人才的素质要求越来越高，要求学校培养的人才必须掌握更多的现代社会必备的科学文化知识，具备良好的创新意识和实践能力。

生产力的发展水平除影响和制约着人才培养的规格外,还制约和影响着教育结构的变化。生产力的发展引起了国家的产业结构、技术结构、消费结构和分配结构、人口结构等发生急剧变化,这必然要求教育结构发生相应的变化,以更好地适应社会生产力的发展要求。特别是20世纪50年代以来,在生产力快速发展的推动下,民众对教育的需求呈现出多层次化的趋势,各国在继续大力发展基础教育的同时,学前教育、高等教育、职业技术教育和终身教育等获得了长足的发展,以便更好地满足经济发展和民众对教育多方面的需求。

3. 生产力的发展水平制约着教育的内容和手段

学校教育向学生传授哪些知识经验,如何把这些知识经验传递给青少年学生,这都是由社会的生产力发展水平来决定的,生产力发展水平决定着教育内容和教育手段的变革。20世纪以后,各国在技术革命的推动下,生产力发展水平不断提高,这也推动了科学文化知识快速增长,也使得学校教育内容日益丰富和多样化。在生产力发展的推动下,许多新的视听技术手段开始在学校的教育教学中广泛应用,改变了传统学校教育中教师讲、学生听的教育教学模式,促使学生和老师更好地利用多样化的教育资源和现代信息技术手段去自主学习,大幅度地提高了教育教学的效果和效率。

(二)教育对生产力的发展具有推动作用

教育要受生产力发展水平的制约和影响,但教育对生产力的发展也具有巨大的促进作用。

1. 教育是劳动力再生产的重要手段

劳动力是人的劳动能力,是人的品德、智力和体力的总和,在现代社会的物质生产中具有重要的作用。人刚出生,仅仅是一种潜在的生产力,通过系统的教育训练,可以让人系统掌握科学文化技术知识,提升其认知能力,成为一个专门的发达的劳动者,从而形成了一种现实的劳动能力,进而促进社会生产的发展。因此说,教育是劳动力再生产的重要手段。

现代社会中,生产力的发展水平和速度更多地取决于劳动者的素质,而不是劳动者的数量和劳动者劳动的强度、时间。而劳动者素质的高低主要是一个国家教育发展水平所决定的。各国经济发展的实践也充分说明,大力发展本国的教育事业,为本国经济发展提供源源不断的高素质人才队伍是促进本国经济快速持续发展的必由之路。

2. 教育是科学知识再生产的重要手段

科学文化知识的传递是通过教育来实现的。通过教育,可以使得年轻一代掌握人类已有的文化知识,让他们在掌握人类文化知识的基础上探究世界和人生,过上文明幸福的生活。离开了教育,人类文化知识的传递就会中断,社会的发展就只能局限于人类的盲目探究,使人类在低水平的基础上徘徊发展。

所以说,教育是人类科学文化知识再生产的重要手段,通过教育可以使更多的青年学子在短时间内获取大量的科学文化知识,使人类的文明发展得以传承,也使得他们在人类已有文化知识的基础上发展和探究,促进人类社会朝着更高的水平发展。

3.教育是发展科学知识和科学技术的重要手段

教育不仅仅是传递人类社会已有的科学知识和科学技术的重要手段,也是发展科学知识和科学技术的重要阵地。特别是进入21世纪后,许多教育机构(尤其是高等教育机构)在继续重视科学知识和科学技术传承的同时,充分利用学校的人力资源和设备优势,积极投入到发展与传播科学知识和科学技术的活动中去,成了探究与传播新的科学知识和科学技术的重要力量。

由于教育能有效地提高国家民众的思想道德素养和科学文化素养,不断提升劳动者的综合素质,能有效地发展科学技术,为国家的经济建设和社会变革提供强有力的人才支持和智力保障,所以许多国家的领导人都高度重视教育在经济建设中的基础性、先导性作用,强调要把教育当作国家发展的战略重点,要在国家经济发展承受的范围内促使教育优先适度超前发展。

总之,一定时期一个国家生产力发展水平决定和制约着该国教育的发展,同时教育的发展对本国的生产力发展具有重大的推动作用。

二、教育与政治经济制度的关系

(一)政治经济制度决定着教育的发展

1.政治经济制度决定着教育的领导权

在人类社会中,统治阶级掌握着生产资料的所有权,掌握着国家的权力机关,也必然掌握国家精神产品的所有权。他们通过国家专政机关的力量,把握和控制国家对教育的绝对领导权,并且通过颁布教育方针政策、创建学校教育网络,任命学校领导人,聘任教师,分配教育经费,制定教材编写标准等来实现国家对教育的影响和控制。

2.政治经济制度决定着受教育权

一个国家的政治经济制度决定着民众的政治地位和经济地位,因而也决定着国家的受教育权。在阶级社会里,统治阶级总是利用国家的力量颁布政策法令,首先让本阶级的子女优先接受教育,接受更多的优质教育,而对其他阶层民众子女受教育则提出了不少的限制。进入现代社会,许多国家虽然也颁布了"教育机会均等"、"教育民主化"的政策条文,但劳动民众子女由于经济状况的限制,很难享受到经济富裕阶层子女受教育的机会。

3.政治经济制度决定着教育的目的和思想教育的内容

教育是为社会生产力和国家的政治经济制度培养人才的工具。教育要为社会培养什么标准的人,主要是由社会的生产力和国家的政治经济制度来决定的。道理很简单,统治阶级需要教育为国家的经济建设和社会变革培养拥护自身利益的建设者和保卫者,而不能培养反对本国家的政治经济制度,破坏国家经济建设和社会变革的叛逆者。因此说,制定教育目的的时候,尤其要反映统治阶级的利益和意志,使教育更好地为国家的政治经济制度服务。

为了使教育更好地为国家的政治经济制度服务,培养具有一定思想理念的人才,统治阶级对各级学校教育内容的选择尤其重视。统治阶级要按照国家政治经济制度的要求，对各级学校教育内容（尤其是思想教育的内容）进行全面的清理和选择，使之更符合统治阶级的利益和要求。

总之，政治经济制度决定着教育的领导权，决定着受教育权，决定着教育目的的性质和思想教育的内容。一句话，政治经济制度决定着本国教育的发展。

(二) 教育对政治经济制度具有反作用

教育受一定社会政治经济制度的决定和影响，反过来，教育对社会的政治经济制度也产生着一定的影响和作用。

1. 教育为社会的政治经济制度培养所需要的人才

教育是培养人才的阵地，通过教育所培养出来的人才是具有一定文化素养和一定思想品德的人才。这些受过专门训练的人才源源不断地进入到国家经济建设和社会生活的各个部门，为国家的经济建设和社会生活服务。教育主要是通过培养人才来为社会的政治经济服务的，由于这些人才具有良好的品德和专门化的职业素养，因而成了国家经济建设和社会变革的中坚力量。进入 21 世纪以后，由于国家经济建设和社会生活日益专门化，对高素质人才的需求量不断增加，这就对大力发展教育提出了新要求。大力发展本国的各级教育，为国家的经济建设和社会变革提供强有力的人才支持，成为现阶段教育工作的中心任务。

2. 教育是制造社会舆论，影响社会进步的重要力量

学校是青少年学生和知识分子集中的地方，他们系统地学习和接触了最新的科学文化知识和信息，思维敏捷，乐于接受新事物，勇于探究，他们通过他们的教材、言论和刊物等可以制造一定的社会舆论，对社会的发展与变革产生重大的影响。

3. 教育可以促进社会的民主化进程

一个国家的民主化程度主要取决于这个国家的政体，但又间接地取决于这个国家教育事业的发展程度，取决于这个国家民众受教育的人数和受教育的程度。通过发展教育，可以让更多的民众接受系统的科学文化知识，接触到现代文明，认识到自己的权利和责任，从而能够以主人翁的姿态参与国家的政治生活，更多地促进社会的民主化进程。很难想象，在一个文盲充斥、迷信盛行的国度里，会有清明的政治和民主化的生活。

因此说，要想推进国家的民主化进程，就要在重视国家法制建设的同时，大力发展本国的教育事业，让民众在学习和掌握科学文化知识的过程中，接受民主思想的熏陶，成为民主社会的建设者和捍卫者。

由此可见，教育受本国政治经济的制约和影响，同时又对政治经济制度产生积极的影响，这种影响随着国家现代化进程的加快，作为促进社会变革和进步的力量越来越重要。

需要指出的是，教育虽然对国家政治经济制度的变革具有重要的作用和影响，但不是决定社会变革和进步的决定性力量，真正决定社会变革和进步的决定性力量是社

会生产力。夸大教育对政治经济制度的影响和作用,鼓吹教育救国是不对的,也是极其有害的。

三、教育与文化

教育是培养人的一种社会实践活动,这种培养人的社会实践活动要在特定的社会环境中进行,这种特定的社会生活环境实际上就是文化。正如英国人类学家霍华德·泰勒所指出的:"文化是一个复合的整体,其中包括知识、信仰、艺术、道德、法律、风俗以及人作为社会成员而获得的任何能力和习惯。"[①]也就是说,文化包括人类创造的物质文明和精神文明成果的全部。

（一）教育是一种特殊的文化现象

教育是培养人的社会实践活动,这种培养人的社会实践活动是通过文化知识的传递来实现的。从这个意义上来说,教育也是一种特殊的文化现象,它通过对文化知识的传承和开拓、创新来实现对人才的培养的,而人类的文化知识则通过教育进一步在民众中更广泛地得到传播和拓展。

（二）文化与教育相互依存、相互制约

在特定社会中,文化的传播、发展与变革,离不开教育。说到底,文化的传播、发展和变革,都是要通过教育培养的人来实现的,离开了教育所培养的人,文化的传播、发展和变革,只能是一句空话。同样,教育的发展,也离不开文化,因为教育是通过人类知识经验的传递来实现的,人类的知识经验是特定社会经验的概括和总结,无处不受人类文化的影响。

首先,文化对教育具有制约和影响的作用。

1. 文化制约着教育的内容和水平

教育要通过知识的传递来培养人和教育人,用什么样的知识去教育人是办好教育的大问题,而文化则是知识的指南针,是确定如何选择和确定教育内容的指导方针,它是教育内容的魂,使得教育按照文化指引的方向选择和确定教育内容去教育青少年学生。如中国儒家文化强调忠、义,这就使得中国传统教育中重视让学生学习渗透忠义精神的《四书》和《五经》。

2. 文化模式制约着教育环境与教育模式

教育必须在特定的文化环境中进行,文化环境如何直接影响着教育环境的好坏,如强调社会民主、平等,鼓励创新的文化模式可以促使人们创设鼓励探究、鼓励创造的教育环境和教育模式,而强调权威、等级性,主张服从的文化模式则可以促使人们创设重视传统文化知识传授的教育环境和"灌输—接受"的教育模式。

3. 文化传统制约着教育的传统和变革

不同国家的文化传统是有很大差异的,这些差异构成了特定国家文化传统的特

---

① ［英］爱德华·B·泰勒. 原始文化［M］. 蔡江浓 译, 杭州:浙江人民出版社,1988,P2.

质。实践证明,国家的文化传统制约着教育的传统和变革。如美国是个崇尚实用的国家,崇尚实用、鼓励变革的文化传统制约着美国教育的传统,使得美国教育也具有崇尚实用,重视让学生在做中学,也注重根据实际情况的变化对教育进行及时的变革。

其次,教育不仅受社会文化的制约和影响,也对文化具有重要的影响。

1. 传递—保存文化的功能

教育传递着文化知识,它使年轻一代能在较短时间内高效地掌握人类精神财富的精华,把人类已有的文明成果内化为个体的精神财富,迅速成长为具有一定文化素养的文明人。由于教育的作用,人类文化知识的传承得以不断地延续,没有教育,人类文化的传递—保存就会中断。

2. 传播—丰富文化

教育是教育者和受教育者按照一定要求,共同参与的认识活动。在这样的活动中,促进了教育者和受教育者之间、受教育者之间、教育者之间文化多向的传播交流,也使得文化在教育者、受教育者之间的交流中变得更加丰富多彩。

3. 选择—提升文化的功能

文化是一种社会现象,它随着社会的发展变革而发展变革。教育在发展过程中不是对传统文化全盘吸收,而是要根据时代的要求对文化进行筛选,把经过过滤的符合时代要求的进步的文化传递给年轻一代,如教育要选择传统文化中注重人们之间相互关爱、强调男女平等、鼓励探究、在实践中学习等文化理念,把这些理念让学生学习和掌握;而要把极端个人利己主义、崇尚暴力、种族歧视等理念从社会的主流文化中剔除出去,让人类文化更加民主化、人性化和多样化。

4. 创造—更新文化的功能

教育是培养人的一种社会实践活动,在这样的活动中教育者要在引导青少年学生系统学习人类文化知识的同时,还要参与人类文化知识的探究活动,以便培养学生的创新意识和实践能力。由此说,教育不仅具有传递和保存已有文化的功能,还可以对传统文化进行改造,不断创造具有时代特色的新文化。如我国在推进社会主义文化教育改革的过程中,对传统儒家文化进行了大量的改造,创造出体现人性关切,强调民主化、多样化、强调人与人、人与自然的和谐发展,强调共同发展的社会主义新文化。

四、教育与人口之间的关系

一个国家人口的数量和质量状况影响和制约着该国教育发展的规模和速度,而教育的发展则对该国人口数量和质量的变化产生重大影响。

1. 一个国家人口数量和质量直接制约着该国教育发展的规模、结构和速度

教育发展的速度与规模除与社会生产力、政治经济密切相关外,还与本国的人口数量、质量密切相关,它在相当大的程度上影响着教育发展的规模、层次结构和速度。

2. 教育的发展对国家人口的数量和质量具有重大的影响

教育的发展会影响人的素质和生活观念,进而会影响人的生育观念和生育行为,

改变国家的人口政策和人口数量。通过教育,可以让国民掌握更多的科学文化知识,发展智能,促进他们科学文化素质和思想道德修养的提高,进而影响国家人口的质量。

五、教育的相对独立性

教育除受社会生产力、政治经济制度等因素制约和影响外,还具有自身的特点和规律,具有继承性和连续性。

(一)教育是教育者引导青少年学生以掌握间接经验为主的认识活动,具有自身的特点和规律

教育过程既然是教育者引导青少年学生参与的有目的、有计划的以教育人、培养人为目的的认识活动,教育活动就必须遵循青少年身心发展规律和人类认识规律的要求,不能把其他领域的规律和方法套用到教育工作中,这样做的话,必然会影响培养人的质量和效率。

(二)教育具有历史继承性

教育是一种社会历史现象,昨日的教育是今日教育发展的基础和前提,今日的教育是昨日教育的延续和发展,离开了对昨日教育制度和教育思想的学习与继承,今日教育之发展就会成为一句空话。

教育的继承主要包括:教育内容的继承、教育方式的继承、教育思想和教育经验的继承。

(三)教育与社会生产力、政治经济制度的不同步性

教育与社会生产力、政治经济发展之间具有不平衡性,有时超前于社会生产力、政治经济制度,有时会落后于社会生产力、政治经济制度,如在资本主义阶段,马克思、恩格斯就创立了共产主义教育学说,这说明教育超前于社会政治经济制度的发展,而在社会主义阶段,不少地方初等义务教育还没有普及,注入式教学模式在不少地方的学校教学中依然很流行,这说明教育可以滞后于社会生产力、政治经济制度的发展。

认识到教育的相对独立性,对理解教育的作用和规律具有重大的意义。我们在分析和研究教育问题时,不能简单地仅仅从社会的生产力、政治经济制度等方面去考察教育,还必须从教育内在的、特有的规律性去考察,更不能简单地照搬政治、经济领域的方法去解决教育领域的问题。

当然,教育的相对独立性是相对的,不是绝对的,教育最终还要受社会生产力、政治经济制度的制约和影响,随着社会生产力、政治经济制度的变革而发生变革。我们既要反对否认教育相对独立性的形而上学的机械论,又要反对夸大教育相对独立性的作用,鼓吹教育独立论的观点。

六、教育与社会现代化发展

人类历史上已经发生了三次伟大的社会变革,第一次是人类的诞生,第二次是从野蛮到文明的转变,第三次就是现代化。社会现代化是指人们运用近现代的科学知识

和科学技术,全面改变自己的生存条件的社会变革过程。

(一)教育现代化与社会现代化的互动关系

社会现代化对教育的变革与发展提出了新的要求,要求教育必须适应社会现代化的要求,尽可能地为社会现代化培养高素质的人才队伍,为社会现代化的发展提供人才支持和智力保障;同时,社会的现代化为教育的现代化提供了物质条件,也为教育的现代化扫除了制度、观念等领域的各种障碍。

教育现代化是社会现代化的重要组成部分。教育现代化是在社会现代化的进程中逐步实现的,离开了社会的现代化,教育的现代化就失去了根基,也无法真正实现。

(二)教育现代化的基本特征

1.教育的普及化

教育现代化的一个重要指标就是教育的普及化,教育已经成为民众生活中的必需品,而不是少数人生活中的奢侈品,所有具有接受教育能力的青少年学生都能够接受基本的教育。

2.教育的民主化

教育现代化的一个重要指标就是教育的民主化,"教育机会均等"已经不是一个简单的口号,而成为民主国家发展教育的基本纲领和行动,国家通过大力发展教育来满足所有民众接受基本教育的需求;同时,教育的民主化还包括把自由、民主的思想贯穿于学校教育的全过程中,尽可能地尊重学生的个性,强调师生关系的平等,让学生自主学习。

3.教育制度的不断完善

教育的现代化还指国家已经建立了较为完备的学校教育制度,颁布了较为完备的教育法律法规体系,创建了各种教育规章制度,从而保证各项教育工作按照较为完备的法律章程的要求进行,能确保教育工作的质量和效率。

(三)教育现代化的基本内容

1.教育观念的现代化

教育观念的现代化是一个国家教育现代化的先导。要推进国家教育的现代化,关键在于尽可能早地实现教育观念的现代化,用教育的民主化、教育的个性化、教育的终身化、教育的国际化等新理念来指导本国的教育教学改革。

2.课程与教学内容、教学方式的现代化

课程与教学内容的现代化是提高教育质量的关键所在,如何运用现代教育理念指导、推进课程与教学内容的现代化是教育现代化的中心内容。

现代教育在发展过程中还极其重视教学方式的现代化,注意把现代信息技术手段运用于教育教学过程中去,努力实现教育教学方式的现代化,不断提高教育教学工作的效率和效果。

3. 教育管理的现代化

如何运用现代化的手段管理教育工作,做到教育资源利用的最优化,也是教育现代化的一项重要的内容。

4. 教师队伍素质的现代化

振兴民族的希望在教育,振兴教育的希望在教师。建设一支具有良好政治业务素质、结构合理、相对稳定的教师队伍,是国家教育改革和发展的根本大计。实现我国教育的现代化,必须要有一大批具有现代教育理念的高素质的教师队伍做保障。没有教师队伍素质的现代化,教育的现代化只能是一句空话。

六、教育与我国社会主义现代化建设

"百年大计,教育为本"。"教育在我国社会主义现代化建设中具有基础性、先导性和全局性意义。落实科学发展观,实现科教兴国和人才强国战略,就必然要求把教育放在优先发展的战略地位。"①我国政府颁布的《中国教育改革和发展纲要(2010—2020)》高度评价教育在我国社会主义现代化进程中的作用,指出:"教育是民族振兴、社会进步的基石,是提高国民素质,促进人的全面发展的根本途径。强国必须强教,优先发展教育,提高教育现代化水平,对全面实现小康目标,建设富强民主文明和谐的社会主义现代化国家具有决定性的意义。"②"中国未来发展,中华民族伟大复兴,关键靠人才,根本靠教育。"③

教育在我国社会主义现代化建设中具体的作用表现为以下几个方面:

1. 教育是提高我国国民文化素养的基本工具

国民文化素养的提高是和这个国家教育的发展规模、发展速度以及教育的质量息息相关的。通过大力发展教育,不断扩大教育规模和提高教育质量,才能更好地提高我国民众的文化素养,提高我国人口的质量,为我国社会主义现代化建设提供强有力的人力资源支持。

2. 教育是我国人才培养的基本途径

教育是培养人才的基本途径。通过大力发展教育,可以为我国经济建设和社会变革提供源源不断的人才队伍,为我国经济建设和社会变革提供强有力的人才支持和智力保障,全面提高我国经济运行质量和民众社会生活质量,推动我国社会主义现代化建设优质高效地进行。

3. 大力发展教育是建设社会主义文明强国的需要

一个国家的文明建设离不开教育的发展,通过大力发展教育,可以保障我国国民思想道德素质和文化素养的不断提高,能保障我国社会主义文明建设的社会主义方向,为我国社会主义文明建设提供强有力的人才支持和智力保障,全面推动我国社会

---

① 国家中长期教育改革与发展规划纲要(2010—2020)[N].光明日报,2010-7-30.
② 国家中长期教育改革与发展规划纲要(2010—2020)[N].光明日报,2010-7-30.
③ 国家中长期教育改革与发展规划纲要(2010—2020)[N].光明日报,2010-7-30.

主义文明建设健康持续快速发展。

教育应该如何为我国社会主义现代化建设服务呢?

"教育必须为社会主义现代化建设服务,社会主义现代化建设必须依靠教育。"①要有效地发挥教育在我国社会主义现代化建设中的基础性、先导性和全局性作用,首先要求我国政府加大对教育的支持力度,举全国之力来办好我国的教育,使得我国教育真正能够适度超前发展,不断扩大我国教育事业的规模,全面提高我国国民的整体素质,为我国经济建设和社会变革提供强有力的人才支持和智力保障;同时,我国教育部门必须树立为社会主义现代化事业服务的思想,要根据社会主义现代化事业的要求和教育发展规律对教育进行全面及时的改革,不断提高我国的教育质量和教育效率,真正使我国的教育成为人民满意的教育,为我国经济建设和社会变革提供及时有效的智力服务和人才保障。

【本章主要参考文献】

1. 瞿葆奎.教育学文集·教育与社会发展[M].北京:人民教育出版社,1990.
2. 瞿葆奎.教育学文集·教育与教育学[M].北京:人民教育出版社,1990.
3. 黄济.教育哲学[M].太原:山西教育出版社,2000.
4. 全国十二所重点师范大学联合编写组.教育学基础[M].北京:教育科学出版社,2002.
5. 余文森.新课程背景下公共教育学学教程[M].北京:高等教育出版社,2004.
6. 陈理宣.教育学原理[M].北京:北京师范大学出版社,2010.
7. 南京师范大学教育系.教育学原理[M].北京:北京师范大学出版社,2010.
8. 教育部人事司,教育部考试中心.教育心理学考试大纲[M].北京:北京师范大学出版社,2006.
9. 教育部人事司、教育部考试中心.教育学考试大纲[M].北京:北京师范大学出版社,2006.
10. 王道俊,王汉澜.教育学[M].北京:人民教育出版社,1999.
11. 王道俊,郭文安.教育学[M].北京:人民教育出版社,2016.

【本章思考题目】

一、简答题

1.简要说明教育与社会政治经济制度之间的关系。

2.简要说明教育与社会生产力的关系。

3.如何认识和理解教育的相对独立性?

4.简要说明教育与文化的关系。

5.简要说明教育与人口的关系。

二、选择题

1.人力资本理论认为,人力资本是经济增长的关键,教育是形成人力资本的重要力量。这一理

---

① 中共中央关于教育体制改革的决定[N].光明日报,1985－6－30.

论的主要缺陷是 （　　）

  A.忽视了教育的其他社会功能　　　　B.有教育万能论的倾向

  C.忽视了劳动力市场中的其他筛选标准　　D.夸大了教育对人力资本的作用

2.联合国教科文组织在《教育——财富蕴藏其中》中提出面向21世纪教育的四大支柱是学会认知、学会做事、（　　）和学会生存。

  A.学会关心　　　B.学会共同相处　　　C.学会创造　　　D.学会交往

3.提出"把一切事物教给一切人"、"一切儿童都可以教育成人""一切男女青年都应该进学校"的欧洲近代教育家是 （　　）

  A.卢梭　　　　B.夸美纽斯　　　C.乌申斯基　　　D.福禄培尔

4.近代西方首先提出"教育心理学化"主张的学者是 （　　）

  A.裴斯泰洛齐　　B.夸美纽斯　　　C.詹姆斯　　　D.赫尔巴特

5.决定教育性质的根本因素是 （　　）

  A.社会生产力　　　　　　　　B.文化传统

  C.社会政治经济制度　　　　　　D.科学技术

6.罗森塔尔效应强调哪种因素对学生发展具有重要影响？ （　　）

  A.教师的知识　　B.教师的能力　　C.教师的人格　　D.教师的期望

7.我国第一部用历史唯物主义分析世界教育发展进程的教育史领域的专著是 （　　）

  A.《新教育大纲》　B.《教育史ABC》　C.《论语》　　D.《诗经》

8.世界上最早颁布义务教育法的国家是 （　　）

  A.德国　　　　B.法国　　　　C.英国　　　　D.美国

9.最早提出"教育必须为我国社会主义现代化建设服务,社会主义现代化建设必须依靠教育"的文献是 （　　）

  A.《基础教育课程改革纲要》　　　B.《中共中央关于教育体制改革的决定》

  C.《中国教育改革与发展纲要》　　D.《中华人民共和国教育法》

10.西方国家中最早提出教育的自然适应性与文化适应性原则的教育家是 （　　）

  A.第斯多惠　　B.卢梭　　　C.福禄贝尔　　D.欧文

11.古希腊斯巴达教育的目标是培养 （　　）

  A.军人　　　　B.农夫　　　C.手工业者　　　D.合格家长

12.古希腊雅典学校教育的目标是培养 （　　）

  A.军人　　　　B.农夫　　　C.手工业者　　　D.身心和谐发展的人

13.现代教育改革与发展的基本趋势是民主化、个性化和 （　　）

  A.精英化　　　B.义务化　　　C.民众化　　　D.终身化

14.人力资本理论的创始人为 （　　）

  A.美国的布鲁姆　B.美国的舒尔茨　C.中国的于光远　D.美国的凯恩斯

15.一定社会的政治经济制度对该国的教育目的的制定具有 （　　）

  A.定向作用　　B.决定作用　　C.制约作用　　D.促进作用

16.最早倡导改革传统教育体系,主张教育终身化的法国教育家是 （　　）

  A.保罗·郎格朗　B.赞科夫　　C.邓小平　　D.埃德加·富尔

17.教育是培养人的一种社会实践活动,教育除受社会生产力、政治经济制度制约以外,还具有自身的特点与规律,这说明教育具有 （　　）

A. 继承性　　　　B. 历史性　　　　C. 独立性　　　　D. 相对独立性

18."自行束脩以上,吾未尝无诲也",这句话出自 （　　）

A.《学记》　　　　B.《论语》　　　　C.《劝学》　　　　D.《劝学篇》

19.马克思认为,复杂劳动等于倍加的简单劳动,这主要说明教育具有哪种功能 （　　）

A. 经济功能　　　　B. 政治功能　　　　C. 文化功能　　　　D. 人口功能

20.认为现代教育没有促进社会公平发展,不利于学习者个性培养的教育学说是 （　　）

A. 人本主义教育学说　B. 终身教育理论　C. 建构主义教育理论　D. 批判教育学

21.社会成员经由教育的培养、筛选和提高,可以在不同的社会区域、社会层次、职业岗位以及各层组织之间转化和调动。这种教育功能是 （　　）

A. 社会流动功能　　B. 文化传递功能　　C. 社会改造功能　　D. 人口控制功能

三、判断正误,并说明理由

1.教育具有自身的特点和规律,不受社会发展的制约。

2.教育是为社会培养人才的社会实践活动,教育必须按照社会发展变革的要求进行改革,不必过于考虑教育自身的特点与规律。

3.社会变革是教育变革的基础,没有社会的现代化,就没有真正的教育现代化。

4.教育是传播知识和培养人才的机构,通过大力发展教育,可以有效地提升国民的文化水平和道德修养,改变国家原来落后的面貌,挽救国家的命运。

5.教育必须为社会主义现代化建设服务,社会主义现代化建设必须依靠教育。

6.国家的政治经济制度决定着教育的目的的性质,教育必须服从统治阶级的根本利益。

7.大力发展教育事业就可以有效地改变社会的落后面貌。因此,国家的领导人必须重视教育,不要过多地考虑该国经济发展的实际,砸锅卖铁也要大力发展本国的教育事业。

三、阅读下面的材料,并用所学的教育学知识对材料进行分析,并回答相应问题

1.我国著名平民教育家晏阳初在20世纪30年代曾提出过"教育救国"的理论。他认为中国落后的主要原因是因为当时农民存在贫、愚、弱、私四大病害,只要我们的教育工作者、仁人志士深入到广大农村推行相应的四种教育,即生计教育、文艺教育、卫生教育和公民教育,这样就可以克服上述四大病害,中国自然就富强了。但实践证明,这种设想只是善良的愿望,并未成功,正如毛泽东同志所说,"教育救国",唤来唤去还是一句空话。

【问题】(1)教育救国论为什么在中国行不通?

　　　　(2)要发展中国的教育,必须首先改变中国的社会制度,为什么?

2.人力资本理论的创立者、人力资本之父是美国著名经济学家舒尔茨(T·W·Schultz),其代表作为《论人力资本投资》。早在舒尔茨之前,西方经济学家亚当·斯密、萨伊和A·马歇尔等就提出过人力资本的思想,是舒尔茨在1960年美国经济学年会上发表了题为"论人力资本投资"的演说,系统、深刻地论述了人力资本理论,开创了人力资本研究的新领域,并由此而荣获了1979年诺贝尔经济学奖。

舒尔茨的人力资本理论有五个主要观点:

(一)人力资本存在于人的身上,表现为知识、技能、体力(健康状况)价值的总和。一个国家的人力资本可以通过劳动者的数量、质量以及劳动时间来度量。

(二)人力资本是投资形成的。投资渠道有五种,包括营养及医疗保健费用、学校教育费用、在职人员培训费用、择业过程中所发生的人事成本和迁徙费用。

(三)人力资本投资是经济增长的主要源泉。舒尔茨说,人力投资的增长无疑已经明显地提高了投入经济奋飞过程中的工作质量,这些质量上的改进也已成为经济增长的一个重要的源泉,有能力的人民是现代经济丰裕的关键。

(四)人力资本投资是效益最佳的投资。人力投资的目的是为了获得收益。舒尔茨对1929—1957年美国教育投资对经济增长的关系作了定量研究,得出如下结论:各级教育投资的平均收益率为17%;教育投资增长的收益占劳动收入增长的比重为70%;教育投资增长的收益占国民收入增长的比重为33%。也就是说,人力资本投资是回投率最高的投资。

(五)人力资本投资的消费部分的实质是耐用性的,甚至比物质的耐用性消费品更加经久耐用。

舒尔茨的观点震动了经济学家,影响日益深远。有专家认为舒尔茨的人力资本理论与知识经济思想同出一源,学习和研究人力资本理论对于深刻认识和理解已见端倪的知识经济,大有助益。那么,舒尔茨人力资本理论的精华是什么呢?我认为,精华所在是:传统的经济学普遍强调的是物力资本的作用,认为机器、设备、厂房、资金等物力资本的存量规模尤其是积累快慢,是促进或限制经济增长的主要因素。舒尔茨则把这种认识给颠倒过来了。开天辟地第一回,贡献不可谓不大。

(1)用教育与生产力的关系分析舒尔茨的人力资本理论。

(2)用所学的教育学知识说明在中国实施科教兴国战略的重要性。

三、论述题

1.简要说明教育的文化功能。

2.简要说明教育与社会现代化之间的关系。

3.教育在我国社会主义现代化进程中的作用表现在哪些方面?教育应如何为我国社会主义现代化建设服务?

第四章 教育与个体的发展

【本章课程与教学目标】

1.使学生掌握个体发展的基本含义和特点;

2.使学生了解影响个体身心发展的因素及其作用、关系;

3.使学生了解个体身心发展的基本规律;

4.使学生理解教育在个体身心发展中的作用;

5.教育应该如何适应个体身心发展规律的要求;

6.使学生了解中小学学生的特点。

教育从本质上说,就是培养人,促使个体各方面素养发展的过程。教育者要想提高教育的效果和效率,就必须了解个体身心发展的特点和规律。

一、个体身心发展的基本含义

国内教育界普遍认为,个体的发展有广义和狭义之分。广义的发展指的是个体身心从胚胎到死亡且持续一生的非病理性的变化过程;狭义的发展是指个体身心从出生到成人(一般指17岁以前)的非病理的发展变化的过程。①

教育学上所说的个体发展,一般指的是狭义的发展。教育学上所说的个体的发展一般包括三个方面,一是指个体生理结构、机能的发育和完善;二是指个体心理的发展;三是指个体社会经验的增加和知识的不断丰富。②

二、个体发展的基本特征

通过对个体身心发展系统的历史的考察,可以看出其具有以下基本特征:

(一)个体的发展必须在社会实践活动中来进行和完成

个体是社会的个体,个体的发展离不开具体的社会环境,个体只有参与社会实践活动,自身才能得到应有的发展。因此,教育者要想让学习者的身心获得发展,就必须为他们创

---

① 教育部人事司,教育部考试中心.教育心理学考试大纲[M].北京:北京师范大学出版社,2002,P13.
② 教育部人事司,教育部考试中心.教育心理学考试大纲[M].北京:北京师范大学出版社,2002,P13.

造良好的教育环境,引导他们在积极参与的社会实践活动中不断发展和完善自己。

（二）个体的发展具有能动性

个体是具有能动性的人,他不是被动地接受社会环境的影响,而要对周围环境加以选择和改造,使之更好地为自身的发展服务。因此说,个体的发展是他主动参与的过程,因此教育者要注意调动学习者的积极主动性,引导他们积极参与到教育教学过程中。

（三）个体的发展具有长期性

现代教育发展的实践告诉我们,人永远是未完成发展的动物,个体的发展不是一次就能完成的,而是需要长期的努力才能完成的。因为个体周围的环境在不断地变化,周围环境的变化对个体发展的需求在不断地提高,这就要求个体必须及时地调整自己发展的方向、目标、内容和方式,在终身学习中求发展。

三、影响个体身心发展的动因

个体出生后为什么会发展,影响个体身心发展的动因到底应该是什么？国内外教育界对这一问题的探讨有多种观点。

（一）内发论

这种观点认为促使个体身心发展的主要力量来源于个体自身本能的需要,身心发展的顺序也是由自身成熟机制决定的。持这一观点的代表人物有中国的哲学家、教育家孟轲,奥地利的心理学家弗洛伊德,英国的心理学家高尔登,美国的心理学家霍尔、桑代克等人,如英国心理学家霍尔认为:"一两遗传胜过一吨的教育。"[1]

这种观点过分强调人的遗传和本能在发展中的作用,但忽视环境和教育对人身心发展的影响,也忽视了个体主观能动性的作用,招致很多人的反对。

（二）外铄论

这种观点认为,个体的发展主要依靠外在的力量,比如环境的刺激和要求,他人的影响和学校教育的作用等。持这种观点的有中国古代教育家荀况,美国心理学家、教育家华生等人,如美国心理学家华生在《行为主义》一书中写道:"给我一打儿童,一个由我支配的环境,让我在这个环境里养育他们,我可担保,任意选择一个,不论他父母的才干、倾向、爱好如何,他父母的职业及其种族如何,我都可以按照我的意愿把他们训练成任何一种人物——医生、律师、艺术家、大商人,甚至乞丐或强盗。"[2]

这种观点重视外在环境对个体发展的影响,但忽视了个体遗传和本能对人发展的影响,也很难全面地说明个体发展的奥妙。

（三）多因素共同作用论

这种观点认为个体的遗传素质和生理成熟、后天的环境和教育等共同影响和促进

---

[1] 朱智贤.教育心理学[M].北京:人民教育出版社,1979,P76.
[2] 柳海民.教育原理[M].北京:中国人民大学出版社,2009,P161.

着自身的发展。持这种观点的有苏联教育家凯洛夫等人。

1.这种观点充分肯定个体的遗传素质在个体身心发展中的作用,认为遗传素质是个体身心发展的物质前提,为人的发展提供了充分的可能性,影响着个体的发展方向。这种观点还认为生理成熟在个体发展中具有重要作用,因而重视个体生理成熟在发展中的作用(代表人物为美国心理学家格赛尔、瑞士教育家皮亚杰等人)。

这种观点肯定遗传素质和生理成熟在个体发展中的作用,但反对夸大遗传素质作用的遗传决定论(代表人物为美国教育家桑代克等人),认为遗传决定论不能说明个体发展的奥妙。

2.环境在个体的身心发展中起主导性作用

环境是指个体生存于其中,与个体相互作用并深刻影响个体发展的外部世界,包括自然环境和社会环境。环境尤其是社会性环境,在个体的身心发展过程中发挥着重大的作用。

但个体所处的环境具有给定性和选择性,个体不是被动地接受环境的影响,可以对环境做出有目的、有计划的适当的选择,使之更适合自身的需要。

这种观点认为环境虽然在个体身心发展中起重大作用,但认为过于夸大环境的作用,甚至认为环境可以左右或决定人的发展的"环境决定论"(代表人物是美国教育家、心理学家华生等人)是错误的。

这种观点在充分肯定遗传素质、环境在人的发展中作用的同时,还极其重视个体主观能动性的作用。

3.教育在个体身心发展过程中起主导作用

教育是一种经过选择的特殊的社会性环境,在个体的身心发展过程中起主导的作用。

(1)教育是一种经过精心选择的社会环境

教育尤其是学校教育,是教育者经过精心选择为青少年学生挑选的社会性环境,它消除了社会环境的不良因素的影响,让学生在身心发展的关键期内学习继承人类文化优秀遗产,和社会环境的自发性影响相比它更适合和有利于青少年学生的成长与发展。

(2)教育是一种有目的、有计划地培养人的活动

和一般社会性环境相比,教育尤其是学校教育,具有明确的目的性,教育内容和教育方式具有系统性、计划性,这样的环境对青少年学生的发展具有更加全面系统的影响,更有利于学习者身心的全面和谐可持续发展。

(3)教育是在有经验的教育者指导下的一种教育实践活动

和一般社会性环境不同,教育尤其是学校教育是在教育者指导下进行的一种培养人的社会性实践活动,教育者是受过专门训练的教育工作者,具有丰富的专业知识和教育人的技能技巧,因而他能较为准确地把握教育工作的方向,有效地调动学习者的积极主动性,不断地调控教育教学进程,全面提高教育教学活动的效率和效果。

综上所述,教育在个体的身心发展过程中起主导作用。

但要注意,教育虽然在人的身心发展中起主导作用,但它毕竟只是个体身心发展的外因,要想充分发挥教育的主导作用,还必须注意调动个体的主观能动性,引导学生积极主动地参与到教育教学活动中才行。过于夸大教育在人的发展过程中的作用的"教育万能论"(代表人物有德国的康德、英国的爱尔维修、美国的华生等人)也是错误的。

(四)几种有影响力的儿童身心发展理论

1. 维果茨基的儿童心理发展理论

维果茨基是苏联著名的心理学家、教育家,他通过长期研究,创立了注重发挥儿童主体精神,注重儿童后天社会性环境在发展中作用的儿童心理发展理论。

维果茨基认为人类和动物一样最初都具有一些简单的心理机能,这是他们在自然界和人类社会得以生存的基础。但维果茨基认为人是社会的人,是在特定的文化环境中生存的人,人的心理发展是他以低级的心理机能为基础,在社会环境的影响下,通过语言来学习和继承人类已有的文化遗产,在与周围社会环境的交流交往中来朝着高级心理机能发展的,离开了社会生活环境,离开了儿童与周围环境的交往,儿童心理的发展是不可能的。[①]

维果茨基认为在个体的心理发展过程中,教育起着主导的作用,因为教育是一种特殊的经过教育者精心选择的教育环境,且有受过专门训练的教师参与全过程。但他在研究中发现,并非所有的教育教学都能对儿童心理的发展发挥积极的作用,只有实施得当的教育教学才能对儿童心理的发展产生积极的影响。他认为儿童心理发展有两种水平,一种是已有的心理发展水平,表现为在这一阶段完全掌握了某些概念与规则,能独立地处理一些问题;另一种是儿童在未来将要达到的发展水平。他说在儿童已有发展水平与未来发展水平之间,还有一个最近发展区,也就是说,最近发展区是儿童在成人教育者的指导下,借助成人教育者的帮助所能达到的解决面临问题能力的水平。因此,维果茨基强调教育者的教育教学不能仅仅盯着儿童已有发展水平,而应当以学习者最近发展区为依据来确定教育教学的目标、内容和进度,教育教学必须走在发展的前面,为学生心理的发展服务。

维果茨基反对把儿童的心理发展看作是个体的、自然的过程,认为儿童的心理发展是社会环境作用的结果,强调活动与交往在儿童心理发展中的作用,强调教育者要依据儿童的最近发展区来开展教育教学活动,教学要为学习者的发展服务,这为解释儿童心理发展的奥妙提供了新的理论基础,对西方心理学的产生与发展产生了重大的影响,有力地推进了世界各国基础教育课程与教学改革进程。

但这一理论忽视了遗传与生理成熟在儿童心理发展中的作用,过于从认知的角度研究儿童的心理发展是不全面的。

---

① 伍新春. 儿童发展与教育心理学[M]. 北京:高等教育出版社,2004,P25.

2.皮亚杰儿童心理发展理论

皮亚杰是瑞士著名的心理学家、教育家,他长年从事儿童心理发展研究,在他的著作《认识发生论原理》中,系统地说明了儿童心理发展的奥妙,解释了儿童心理发展的阶段及其各个阶段的特点。

皮亚杰在研究中发现,儿童的心理既不是源于先天的生理成熟,也不是来源于社会经验,而是来源于儿童与周围环境的相互作用,他们是通过动作来适应周围环境,促进自身心理发展的。也就是说,儿童通过动作来完成对周围环境的认识,这是儿童心理发展的真正原因。①

皮亚杰认为在儿童做动作的时候,他们头脑中会出现一种图式结构,这是儿童对周围环境刺激做出适应反应的一种认知结构。不同的主体对周围环境做出的反应有很大的差异,因为每个主体的图式有所不同。每个人最初最简单的图式来自遗传,借助于这些图式儿童不断扩大探索周围环境的范围,自身头脑中的图式不断地得到丰富和发展,形成了更多更高级的图式,因而自身的心理得到了多方面的发展。

在皮亚杰看来,儿童在与周围环境的接触中,自身的图式是通过同化与顺应来适应周围环境的。他说同化是个体将周围环境中的一些相关因素纳入到自身已有的图式中,以加强和丰富自身的图式结构。顺应则是个体自身图式无法适应周围环境的要求时,就改变自身原有图式以适应周围环境的变化。

皮亚杰认为同化与顺应并不是仅仅出现在儿童期,而是贯穿于人的整个一生,任何时候,个体都是通过同化与顺应来解决我们所面临的问题,以达到与新环境的平衡。儿童通过与周围环境的接触,自身的心理结构不断地发展变化,心理素养得到发展与完善。

皮亚杰认为个体身心发展是个体认知结构与周围环境不断作用的结果。他通过多年的研究,把儿童身心发展过程分成相互联系的四个阶段:

(1)感觉运动阶段(0—2岁)

他说这一阶段儿童主要依靠感觉和动作适应外部环境,获得动作经验,应付外部世界。

(2)前运算阶段(2—7岁)

他说这一时期儿童的语言素养高度发展,但思维和语言以自我为中心;这一时期儿童凭借自身的表象进行思维,并开始使用符号来表现和理解环境中的事物,他们注意力集中于某一问题的某些方面时,不能将注意力转移到其他方面;这一时期,儿童还不能进行抽象思维,他们的思维不具有可逆性。

(3)具体运算阶段(7—11岁)

他说这一时期儿童的语言和抽象思维素养高度发展,他们已经具有了一些抽象的概念,思维可以逆转,能在头脑中进行一些逻辑思维活动,但他们的思维离不开具体事

---

① 伍新春.儿童发展与教育心理学[M].北京:高等教育出版社,2004,P25.

物的支持。

（4）形式运算阶段（11岁至成人）

他说这一时期儿童的语言和抽象思维素养已经接近成人，能脱离具体事物的支持进行抽象思维，思维具有可逆性和灵活性。

皮亚杰关于儿童心理发展及其儿童心理发展年龄阶段分期理论的创立，为现代心理学的发展奠定了坚实的基础，有力地推动了现代心理学的发展。但皮亚杰的认知发展阶段说很少考虑环境和教育对儿童身心发展阶段的影响，"大量的研究表明，通过适当的教育训练来加快各个认知发展阶段的速度是可能的。只要教学内容和方法得当，系统的学校教学肯定可以起到加速认知发展的作用。"[1]

五、学生的年龄特征及其年龄阶段的划分

（一）学生年龄特征的含义

学生的年龄特征是指青少年学生在一定的社会和教育条件下，不同年龄阶段所形成的一般的、典型的、本质的稳定的生理和心理特征。

（二）青少年学生的年龄分期

根据国内外心理学家的意见，可以把青少年学生身心发展过程分成以下相互联系的几个时期[2]：

（1）婴儿期（先学前期），相当于托儿所阶段（0—3岁）

（2）幼儿期（学龄前期），相当于幼儿园阶段（3—6、7岁）

（3）童年期（学龄初期），相当于小学段（6、7—12、13岁）

（4）少年期（学龄中期），相当于初中阶段（12、13—14、15岁）

（5）青年初期（学龄晚期），相当于高中阶段（14、15—17、18岁）

六、学生生理心理发展变化

（一）儿童期学生生理心理的发展变化

小学生的身高、体重增长较为平稳，骨骼稳固性不断增强，但还不是长时间从事复杂的脑力和体力活动；大脑重量在逐步增加，大脑神经系统的功能在不断地完善，能够在具体事物的支持下从事思维活动，抽象思维能力在逐步增强。

这一时期，小学生的注意范围在不断扩大，但易受外界事件的干扰，注意的稳定性和持续性还有待加强。

（二）初中学生生理心理的发展变化

青春期的学生，进入生理心理的快速发展变化时期，身心开始急剧变化，出现了一

---

① 教育部人事司，教育部考试中心.儿童发展与教育心理学[M].北京：高等教育出版社，2004，P25.
② 教育部人事司，教育部考试中心.儿童发展与教育心理学[M].北京：高等教育出版社，2004，P14.

些典型的心理特征：

1. 身体体型的变化

青春期的学生，身高、体重迅速增长，肌肉、骨骼也迅速发育，肌肉力量逐渐增强，即生长突增。但由于身高、体重急剧增长，身体有时会出现运动与动作的不协调现象，也会出现头痛、头晕和容易疲劳等现象，不能适应持久的或过重的劳动和学习，需要适时休息和加强营养。

2. 性器官的发育和性机能的逐渐成熟

青春期的学生在11、12时，性器官开始发育，并出现第二生理特征，如男生的喉结变大、声音变粗、出现胡须等；而女生则声音变尖，乳腺发育，出现月经初潮等。一般女生从11、12岁进入性成熟期，男生则要晚一年左右。

随着青少年学生性器官的发育和性机能的逐步完善，他们的性心理也在逐步发展。这一时期，青少年学生性心理一般经历对异性的疏离与排斥、对异性的关注与接近、对异性的追求与爱恋等三个阶段。性成熟期的学生性别意识增加，在异性面前出现不自然的羞涩感。青春期的同性学生正常群体活动大量增加，而异性间的群体活动则相对减少了。

3. 大脑神经系统的发育和机能的不断完善

青春期的学生在身体体型快速变化的同时，大脑的重量在增加，大脑神经系统的功能在不断地完善，这主要表现在能在具体事物的支持下进行抽象思维，记忆的数量不断增加，能集中精力从事复杂活动的时间在不断地增加。但这一时期学生的思维还是以具体思维为主，不能完全脱离具体事物的支持。

4. 心理变化大，独立性增强

这一时期，青少年学生的记忆能力和思维能力都有了长足的发展，他们能独立地分析和解决一些实际问题，独立思考和独立判断能力有所增强。但他们的情绪和心理不稳定，容易受外界和他人言行的影响。因此，成人要尊重青春期学生的人格，更多地考虑他们的需求和愿望，在学习和生活上给他们一定的自由，引导他们身心和谐发展。

（三）高中学生生理心理的发展变化

高中学生身高、体重、胸围、肺活量等指标已经接近成人，性器官已经发育成熟，性功能也已经相当完善。这一时期，高中学生的大脑神经系统进一步发展，能进行高度的抽象思维。

高中阶段是学生学习复杂知识，形成高度发达智力的重要时期，也是他们世界观、人生观形成的重要时期，教育者要在引导他们学习文化知识的过程中，帮助他们形成良好的世界观和人生观，学会认知，学会关心，学会共同相处，学会生存。

七、个体身心发展的基本规律与中小学教育教学改革

现代科学实验证明，个体身心发展具有一些共同的规律或特点，教育工作者在教育教学中必须遵循青少年学生身心发展规律的要求，这是提高教育工作质量的基本

要求。

(一)个体身心发展的方向性与顺序性

现代心理学研究充分证明,个体的身心发展具有一定的方向性和先后顺序,既不能逾越,也不会逆向发展。例如个体身体的发展遵循着由上到下,从中间到四肢,从骨骼到肌肉的顺序发展;个体的心理则是从简单到复杂,从具体到抽象发展。[①]

个体身心发展的顺序性要求教育者在教育教学活动中对学生的要求要合理,要循序渐进地促进学生的身心发展,必须按照儿童身心发展的顺序来确定教育的目标、内容和教育的方式,不能超越学生身心发展的可能性,不能揠苗助长,凌节而施,否则只能招致教育工作的失败,影响学生身心的健康发展。

(二)个体身心发展的阶段性

个体在不同的年龄阶段表现出身心发展不同的总体特征和主要矛盾,面临着不同的发展任务,这就是身心发展的阶段性。个体在身心发展的不同阶段特点具有较大的差异。例如婴儿期和幼儿期儿童的身心发展水平和特点就有很大的不同,少年期儿童的思维特点就和童年期儿童有很大的不同。

既然个体身心发展在不同阶段具有不同的水平和特点,不同阶段教育中教育的目标、教育的内容和教育的方式就要有所不同,教育者不能简单粗暴地用同一种教育模式对待所有儿童,要根据学生身心发展的特点和要求确定教育内容和教育方式。例如,童年期的儿童以具体形象思维为主,教师的教育教学必须注意做到形象具体,便于学生理解和接受;而少年期的学生虽然还是以具体形象思维为主,但抽象思维开始迅速发展,因此教师的教育教学就不能仅仅做到形象具体,还必须提高教育教学的理论性,注意做到理论与实际的有机结合,注意学生理论素养的提高。

(三)个体身心发展的不平衡性

个体身心发展不是按照同样的速度发展的,具有不平衡性。这种不平衡性表现在两个方面,一是同一方面的发展速度,在不同年龄阶段是存在着很大差异的,例如身高、体重在出生后的头一年和青春发育期则增长很快,而其他阶段则差异不大。二是个体不同方面发展的不平衡性。个体有些方面在年龄较早的阶段就达到了很高的水平,有些发育成熟的则晚些。例如,个体的神经系统、淋巴系统成熟较早,而生殖系统则发育较晚。个体的心理方面,感知成熟较早,而思维和情感则靠后发展。

个体身心发展存在着不平衡性,这就要求教育工作者注意选择最佳时期对儿童进行教育。例如儿童的品德、语言的能力、智力要在幼儿期及早进行,道德价值观的教育则要在儿童的青春期进行,否则就会影响儿童身心的健康发展。

(四)个体身心发展的个别差异性

尽管个体身心发展要经历共同的阶段,表现出大致相同的特征,但不同的人个别

---

① 林崇德.发展心理学[M].北京:人民教育出版社,2004,P37.

差异还是很大的,个人的发展优势、发展速度和可能达到的高度都有明显的不同,如不同的个体在身材、性格、气质、情感和能力方面的差异就有很多不一样的地方。

既然个体身心发展具有很大的个别差异性,教育者在教育工作中就不能用统一刻板的教育内容和教育模式去教育学生,在教育教学内容的选择和教学模式的采用上充分考虑学习者身心发展的个别差异,切实做到因材施教,让学习者按照自己的需求和实际来确定教育教学的进度,使教育教学能更好地适应每一个学生的实际,更好地培养具有个性的学生。

需要指出的是,教育要适应青少年学生身心发展规律的要求,并不等于教育教学工作中教育者必须迁就学生身心发展的现有水平,这样的话青少年学生的身心发展永远不可能超越他们上一代人的水平,永远不可能有所突破、有所进步和创新发展。教育者在教育工作中既要充分遵循青少年学生身心发展规律的要求,还必须考虑现代社会变革对人才的新要求,从学生身心发展的特点和实际出发善于向他们提出经过自身努力能够完成的目标任务,调动学习者参与教育活动的积极性,促使他们的身心发展水平不断地提高。

【本章主要参考书目】

1. 刘佛年. 教育学[M]. 北京:人民教育出版社,1963.

2. 华中师范学院,开封师范学院. 教育学[M]. 北京:人民教育出版社,1980.

3. 南京师范大学教育系. 教育学[M]. 北京:人民教育出版社,1984.

4. 袁振国. 当代教育学[M]. 北京:人民教育出版社,2002.

5. 杨超有. 教育学[M]. 桂林:广西师范大学出版社,2012.

6. 王道俊,王汉澜. 教育学[M]. 北京:人民教育出版社,1998.

7. 王道俊,郭文安. 教育学[M]. 北京:人民教育出版社,2016.

8. 瞿葆奎. 教育学文集·教育与人的发展[M]. 北京:人民教育出版社,1990.

9. 黄济. 教育哲学[M]. 太原:山西教育出版社,2000.

10. 十二所重点师范大学编写组. 心理学基础[M]. 北京:教育科学出版社,2002.

【本章思考题目】

一、名词解释

1. 个体身心发展

2. 学生的年龄特征

二、简答题

1. 如何把握个体身心发展的含义?

2. 影响个体身心发展的因素有哪些? 各起什么作用?

3. 个体身心发展的基本规律有哪些?

4. 为什么说教育在人的身心发展中起主导作用?

5.教育应如何适应个体身心发展的规律?

三、选择题

1.把教育隐喻为"园艺",把学生比作"祖国的花朵",称教师为"园丁"。持这种观点的人在人的身心发展影响因素问题上倾向于　　　　　　　　　　　　　　　　　　　　　　（　　）

　　A.遗传决定论　　　　　　　　　　　　B.成熟论

　　C.环境决定论　　　　　　　　　　　　D.内因与外因交互作用论

2.人是共性与个性的统一体。教育作为培养人的社会活动,既要坚持统一要求,又要注意　（　　）

　　A.学生自主　　　　B.教师主导　　　　C.教学相关　　　　D.因材施教

3.认为人的发展主要依靠外在的力量的是　　　　　　　　　　　　　　　　　　　　（　　）

　　A.外铄论　　　　　B.内发论　　　　　C.遗传决定论　　　D.多因素相互作用论

4.人的身心发展是由低级到高级、连续的、不可逆的过程。这反映人的身心发展具有　　（　　）

　　A.阶段性　　　　　B.整体性　　　　　C.顺序性　　　　　D.差异性

5."外铄论"的主要代表人物有　　　　　　　　　　　　　　　　　　　　　　　　　（　　）

　　A.弗洛伊德　　　　B.华生　　　　　　C.孟子　　　　　　D.荀子　　　　　E.洛克

6.如果让六个月婴儿学走路,不但徒劳而且无益,同理,让四岁的儿童学高等数学,也难以成功。说明

　　A.遗传素质和生理成熟制约着人的发展过程及其阶段

　　B.遗产素质的差异性对人的发展有一定影响

　　C.遗传素质具有可塑性

　　D.遗传素质是人发展的最终结果

7.蔡元培认为教育的终极目标在于　　　　　　　　　　　　　　　　　　　　　　　（　　）

　　A.涵养道德　　　　B.开发民智　　　　C.发展人的个性　　D.造就完全人格

8.下列现象中,可以说明教育对社会发展起促进作用的是　　　　　　　　　　　　　（　　）

　　A.班级授课制为普及义务教育提供了便利

　　B.普及义务教育在一定程度上满足了机器大生产对劳动力的要求

　　C.僵化的制度化教育导致社会拒绝学校毕业生

　　D.学生发展指导制度促进了学生学业、生涯、个性及社会性的发展

9.在西方近代教育中,依据教育心理学化的理念,提出初等学校教育应该从最简单要素开始,以便循序渐进地促进人的和谐发展的教育家是　　　　　　　　　　　　　　　　　　（　　）

　　A.洛克　　　　　　B.卢梭　　　　　　C.夸美纽斯　　　　D.裴斯泰洛齐

10.提出把儿童身心发展分成八个顺序不变的阶段的教育家是　　　　　　　　　　　（　　）

　　A.皮亚杰　　　　　B.埃里克森　　　　C.布鲁姆　　　　　D.维果茨基

11.根据皮亚杰认知发展阶段论的观点,儿童发现物体在水中受到的浮力与物体排水量的大小有关,而与物体的质地无关,这说明儿童认知发展水平正处于　　　　　　　　　　　（　　）

　　A.感知运动阶段　　B.前运算阶段　　　C.具体运算阶段　　D.形式运算阶段

12.根据埃里克森的理论,3—6、7岁的儿童所要解决的主要矛盾　　　　　　　　　（　　）

　　A.自主感对羞怯感　　　　　　　　　　B.主动感对内疚感

　　C.勤奋感对自卑感　　　　　　　　　　D.自我同一性对角色混乱

13.强调社会性生活环境在儿童心理发展中的作用,主张教学要走在发展前面,为学生发展服务的心理学家是　　　　　　　　　　　　　　　　　　　　　　　　　　　　　　　（　　）

A.皮亚杰　　　　　B.布鲁纳　　　　　C.罗杰斯　　　　　D.维果茨基

14.儿童身心发展存在高速发展期,某一时期某一方面的发展特别迅速而在其他阶段相对平稳。这一现象体现了儿童身心发展的哪一特性?　　　　　　　　　　　　　　　　　　　　(　　　)

A.顺序性　　　　　B.阶段性　　　　　C.个别差异性　　　D.不平衡性

15.夸大环境在人的发展中的作用,认为教育者可以把儿童变成医生、律师,也可以变成盗贼、乞丐的教育家是　　　　　　　　　　　　　　　　　　　　　　　　　　　　　　(　　　)

A.杜威　　　　　　B.斯金纳　　　　　C.华生　　　　　　D.孟录

16.提出"一两遗传胜过一吨的教育"的教育家是　　　　　　　　　　　　　　(　　　)

A.霍尔　　　　　　B.斯金纳　　　　　C.华生　　　　　　D.孟录

17.维果茨基认为评价人类发展应该从四个层面进行,除了微观、个体、社会历史之外,第四个层面是　　　　　　　　　　　　　　　　　　　　　　　　　　　　　　　　　(　　　)

A.文化层面　　　　B.系统层面　　　　C.技术层面　　　　D.规范层面

18.心理学上称之为"危险期"或"心理断乳期"的时期一般发生在　　　　　　　(　　　)

A.0—2岁　　　　B.6、7—11、12岁　　C.11、12—14、15岁　　D.17岁以后

19.否定教育自身的发展规律,割裂教育的历史传承,把教育完全作为政治、经济的附庸。这样的观念违背了教育的特征是　　　　　　　　　　　　　　　　　　　　　　　　(　　　)

A.生产性　　　　　B.阶段性　　　　　C.个别差异性　　　D.相对独立性

20.中学生随着身心的迅速发展,开始积极尝试脱离父母的保护和管理,渴望自己的行为像成人,不愿意被当作孩子看待。这说明中学生心理发展具有　　　　　　　　　　　(　　　)

A.平衡性　　　　　B.独立性　　　　　C.闭锁性　　　　　D.动荡性

四、判断正误,并用所学教育学知识说明理由。

1.人是教育的产物,有什么样的教育,就有什么样的人。

2.给我一打儿童,我可以把他们变成强盗、坏蛋,也可以把他们变成医生、律师。

3.教育在人的身心发展中起主导作用。儿童接受了优质的学校教育,就为他们的发展奠定了牢固的基础。因此,学生家长一定要把儿童送到最好的学校,千万不要让孩子输在起跑线上,否则学习者永远难以获得令人满意的学业成绩。

4.教育发展史上,在个体发展的问题上支持外铄论观点的是人本主义教育家们。

5.孔子说:"生而知之者,上也;学而知之者,次也;困而学之,又其次也;困而不学,民斯为下矣。"

6.教师在学习者的发展中起着重大的作用,学习者只要在好教师的指导下学习,肯定会获得优异的成绩。

第五章　教育目的

【本章课程与教学目标】

1.让学生了解教育方针与教育目的、教育目标的涵义及其关系；

2.使学生了解教育目的的社会制约性；

3.使学生了解关于教育目的确定的几种理论；

4.使学生了解我国教育目的的历史沿革,掌握我国现阶段教育目的的内涵；

5.使学生了解我国全面发展教育的基本组成部分和它们之间的关系,知道全面发展教育的实施要求；

6.使学生了解素质教育的含义,把握我国实施素质教育的要求。

一、教育目的与教育方针的概念

教育目的是教育者把受教育者培养成为一定社会所需要的人才的总的要求,是学校教育所要培养人才的质量规格或标准。教育目标则是教育目的的具体化,它是根据国家制定的教育目的和各级学校的特定任务制定的某一领域的具体的培养人才的质量标准。

教育方针是国家统治者从本国现实和未来需要出发,提出在一定历史时期内本国教育改革与发展的指导思想或行动纲领,对教育工作提出的政策性规定。教育方针一般包括国家教育的性质和指导思想、教育工作的方向、教育的目的等三个方面。[①]

二、教育目的的作用

教育目的是教育活动的出发点和归属,它对教育活动的实施具有指导意义。

1.教育目的的导向和激励作用

教育目的为学校的教育教学活动指明了目标和方向,促使学校的教师和学生朝着预定的目标迈进。教师和学生有了明确的教育目的,教育教学活动就有了前进的方向,就有了不懈的动力。

---

① 朱天利,孙士杰.教育学教程[M].开封:河南大学出版社,1994,P85.

2. 教育目的直接引领着教育内容的选择、教育方法的确定

学校的教育教学活动是要为实现教育目的服务的,学校教育内容的选择和教育方法的确定必须服从于学校的教育目的,必须在教育目的的指导下选择教育内容和确定教育方法。

3. 教育目的的评价作用

教育目的还直接影响着社会和民众对教育活动的评价。人们是根据一定的目的来评价活动的质量和效率的,教育活动的质量和效率是根据教育目的是否实现来评价的,它是评价教育教学活动的质量与效率的主要依据。

三、教育目的的社会制约性

教育目的虽然是政治家、教育家提出来的,但教育目的的确定却不是个人随意的行为,具有社会制约性。

1. 教育目的的确定要受社会生产力发展水平的制约

众所周知,社会生产力发展水平制约着教育的发展,教育要培养什么样的人,归根结底是由社会生产力发展水平来决定的,生产力发展水平是制约教育目的的最终性决定性因素。

2. 教育目的的确定受社会的政治经济制度制约

教育是为社会培养人才的,教育机构培养的人才必须符合统治阶级的利益和要求,培养什么样的人是由统治阶级的根本利益决定的。因此说,教育目的的确定必须受社会的政治经济制度制约,必须为统治阶级的利益和需求服务。

3. 教育目的的确定必须受青少年身心发展规律制约

教育是教育者培养人的一种社会实践活动,要把受教育者培养成什么样的人,不考虑受教育者身心发展的规律和特点是万万不行的。因此教育者在确定教育目的的时候,既要考虑到社会生产力发展和政治经济制度的要求,也必须考虑到青少年身心发展的特点和规律,把它们有机地结合起来。

四、教育目的的价值取向

教育目的的价值取向,是指教育者在提出教育目的的时候需要对教育价值做出必要选择时所持的一种价值取向。

1. 社会本位论

这种观点认为,教育是为社会培养人才的,因此在确定教育目的的时候要更多地考虑国家的利益和社会的需求,至于受教育者的特点和需求则不需要过于关注。持这种观点的教育家有德国教育家赫尔巴特、凯兴斯坦纳和法国教育家涂尔干等人。如法国教育家涂尔干指出:"教育就是一种使年轻一代系统地社会化的过程。……教育的

目的就是在我们每个人身上造就这种社会性。"①"教育对社会而言只是一种手段,只是社会为了在儿童内心形成自身存在所必需的基本条件而采取的手段,因此塑造'社会我',这就是教育的目的。"②

社会本位论者强调教育目的的确定必须符合国家和社会发展的要求,必须为国家的政治经济服务,这是正确的。但这一观点在确定教育目的的时候,过于看重国家和社会集团的利益,但对受教育者身心发展的规律和需求严重忽视,这显然是错误的。

2. 个人本位论

这种观点认为教育是培养人,促进人自身本性和潜能发展的活动,个体才是教育活动的主体,因此确定教育目的必须首先考虑受教育者的特点和需求,不能过多地考虑国家和社会的要求。持这种观点的有法国教育家卢梭、瑞士教育家裴斯泰洛齐、德国教育家福禄贝尔和美国教育家杜威等人。如卢梭指出:"真正自由的人,只做他能够做到的事情,只做他喜欢做的事情,这是我的第一个准则。只要把这个原则应用于儿童,就可源源不断得出各种教育的准则。"③瑞士教育家裴斯泰洛齐指出:"为人在世,可贵者在于发展,在于发展个人的天赋力量,使其经过锻炼,使人尽其才,能在社会上达到他应有的地位。这就是教育的最终目的。"④

个人本位论高度重视受教育者身心发展的特点和需求,强调把受教育者的特点和需求作为确定教育目的的依据,但该理论忽视了国家和社会对培养人才的需求,这也是有缺陷的。

实际上,在确定教育目的的时候,教育者既要考虑国家和社会的需求,又要考虑青少年学生身心发展的特点和需求,要把二者有机地结合起来才行。

五、马克思关于人的全面发展学说

马克思关于人的全面发展学说系统地阐述了人的全面发展的含义、为什么人要全面发展以及如何全面发展等问题,是我国教育目的确定的理论基础。

1. 人的全面发展的含义

马克思所说的人的全面发展,指的是人智力和体力的充分的发展和运用,同时也包括人的思想品德和个性等领域的发展。

马克思所说的人的全面发展,不是指少数人的全面发展,而是全体社会成员的全面发展。

2. 人的全面发展是现代社会发展变革的必然要求

在马克思看来,人的发展是受社会发展水平制约的,现代机器大工业的发展对人的发展提出了新的要求,并为人的全面发展创造了必要的条件,如劳动强度的降低,劳

---

①　王道俊,郭文安. 教育学[M]. 北京:人民教育出版社,2016,P85.
②　博建明. 教育学基础[M]. 北京:高等教育出版社,2011,P131.
③　【法】卢梭. 爱弥儿——论教育[M]. 李平沤 译,北京:商务印书馆,1978,P7.
④　张焕庭. 西方资产阶级教育论著选[M],北京:人民教育出版社,1979,P412.

动者收入的大幅度增长,闲暇时间的增加,学习机会的增多等,这对人的全面发展创造了极为有利的条件。

3．教育与生产劳动相结合是造就全面发展新人的唯一途径

马克思认为要造就身心全面发展的新人,就要对他们实施全面的教育,即德育、智育、体育和劳动技术教育,把青少年学生所受的教育与现代生产和社会生活紧密地结合起来,并认为这是造就全面发展新人的唯一途径。

马克思关于人的全面发展学说科学地解答了现代社会培养什么样的人和如何培养人等重大问题,为现代教育的改革与发展指明了方向,是我国确定教育目的的理论基础。

六、我国教育方针的历史变迁

1957 年,毛泽东同志代表党中央提出了我国的教育方针,指出:"我们的教育方针,应该使受教育者在德育、智育、体育几方面都得到发展,成为有社会主义觉悟的有文化的劳动者。"[1]

1978 年,我国宪法明确了我国新时期的教育方针,即:"我们的教育方针是教育必须为无产阶级政治服务,必须与生产劳动相结合,使受教育者在德育、智育、体育几方面都得到发展,成为有社会主义觉悟的有文化的劳动者。"[2]

2015 年我国政府颁布了新修订的《中华人民共和国教育法》,明确提出了我国现阶段的教育方针,即:"教育必须为社会主义现代化建设服务,为人民服务,必须与生产劳动和社会实践相结合,培养德智体美等全面发展的社会主义事业建设者和接班人。"[3]这是现阶段我国政府对教育目的的最规范的具有法律意义的描述。

通过对我国教育方针历史演变过程的考察,可以看出我国政府制定的教育目的具有以下特点:

(1)培养社会主义国家需要的劳动者或建设者

教育必须为社会主义现代化建设服务,必须为社会主义现代化建设培养热爱社会主义制度的具有一定劳动技能和热爱劳动的建设者,而不是培养不劳而获的人,这是由社会主义国家的性质所决定的,这一点我们在教育工作中必须长期坚持。

(2)必须培养全面发展的人

青少年学生是身心正在发展变化中的人,基础教育要为学生的学习和今后的发展奠定基础,不能过于专门化,这样他们今后的发展才有根基和后劲,才能更好地适应未来社会发展和变革的需要。因此教育工作者必须在基础教育阶段注重学生的全面发展,引导学生成为身心和谐发展的人。

---

① 王道俊,郭文安．教育学[M]．北京:人民教育出版社,2016,P95.
② 王道俊,郭文安．教育学[M]．北京:人民教育出版社,2016,P95.
③ 王道俊,郭文安．教育学[M]．北京:人民教育出版社,2016,P95.

（3）必须注意培养学生的个性

基础教育要注意学生的全面发展，但全面发展不是平均发展，必须考虑学生身心发展的具体实际，要给学生学习上更多的自由和选择，引导他们在全面发展的基础上能够按照自己的兴趣和要求自主地选择教学内容、教学方式和进度，组织他们积极参加各种有教育意义的课外校外活动，促使自身个性的发展，成为具有丰富个性的人才。

（4）必须注意学生未来公民素质的养成

青少年学生是未来社会的建设者和保卫者，青少年学生的思想道德素质和教育科学文化素质的状况直接决定着国家公民素质的高低，因此我国基础教育必须注意在引导学生掌握科学文化知识的过程中，加强教育教学实践环节，注重学生良好社会责任感的培养，引导学生形成良好的品德行为，成为有理想、有道德、有文化、守纪律的一代新人。

六、我国全面发展教育的组成部分

为了把青少年培养成身心全面发展的人，我国社会主义教育必须对学生实施全面的教育。我国全面发展的教育由德育、智育、体育、美育和综合实践活动等五部分组成。

1.德育

德育是教育者引导学生按照一定社会的要求领悟一定的思想观点和道德规范，组织学生参与道德实践活动，逐步获得道德知识，形成道德理念和良好道德行为的教育活动。德育一般包括思想教育、政治教育、品德教育和纪律法制教育等四个部分，而不是简单的思想教育或者是政治教育、品德教育。

2.智育

智育是教育者引导学生获取系统的科学文化基础知识和技能，不断提高学生认知发展水平和能力，养成主动求知、乐于探究、终身学习的习惯，形成良好个性的教育活动。

智育不是简单的知识传授活动，也不是仅仅让学生获取智能，智育除了让学生获取系统的科学文化基础知识，发展智能外，还要引导他们陶冶品德，形成良好的情感、态度、价值观，养成主动求知、乐于探究、勇于创新、勇于实践的技能和习惯。

3.体育

体育是教育者引导学生获得系统的健身知识和技能，增强学生的体质，帮助学生养成热爱体育锻炼和卫生保健的习惯，促进他们身心健康的教育活动。体育，不仅仅是体育锻炼活动，还包括卫生保健等。现在我国中小学的体育课程已经改名为"体育与健康"，这是颇有道理的。

4.美育

美育是教育者引导学生有目的、有计划地接触自然、艺术和社会中美的因素，接受美的陶冶，促使他们获得审美的知识，形成良好的审美观，发展他们鉴赏美和创造美的能力，培养他们高尚情操和文明习惯的教育活动。

美育是全面发展教育的重要组成部分,它在帮助学生净化心灵,激发学生对美好生活的向往和追求,对促使学生身心和谐发展具有极其重大的意义。

(1)美育能丰富学生的精神生活,使学生在鉴赏美的活动中身心受到潜移默化的影响和启迪,促进他们良好品德和世界观的形成。

(2)美育能拓宽学生的认识领域,扩大和加深学生对客观世界的认识,丰富学生的情感,促进学生智力的发展。

(3)美育具有怡情健身的作用,帮助学生端正对体育的态度和认识,丰富学生的精神生活,促使他们在丰富多彩的活动中身心获得全面和谐的发展。

美育应该完成以下任务:

(1)使学生具有正确的审美观和感受美、鉴赏美的知识和能力;

(2)培养学生表现美、创造美的能力和习惯;

(3)引导学生把美的知识应用于社会实践活动中,在社会生活中表现美。

美育的途径主要有以下几个方面:

(1)通过各科教学和课外艺术活动进行美育;

(2)通过大自然进行美育;

(3)通过社会日常生活进行美育。

5.综合实践活动

综合实践活动是在教师指导下,学生有目的、有计划地参加的有利于自身实践能力和创新意识培养的教育活动,它包括信息技术教育、社区服务、研究性学习和劳动技术教育等。我国教育主管部门规定,我国基础教育机构从小学三年级起开设综合实践活动课程,并把它作为一门必修课程来对待,不得随意删减。

开展综合实践活动有利于不断拓宽学生的视野,增强学生的信息技术和职业技术素养,密切学生与社会之间的联系,增进学生的探究意识和实践能力,帮助学生养成勤于学习、主动探究、勇于实践的习惯。

从以上简要的介绍可以看出,我国全面发展教育的五个部分,各有特点、规律和功能,都对学生的身心发展产生着不可缺少的作用;同时,这五个部分又是相互联系、相互影响、共同促进的。因此,我们在基础教育改革的过程中,必须考虑到人的发展的全面性和整体性,坚持五育并举,共同促进学生的全面发展。如果教育者仅仅重视智育,强调让学生把所有的时间和精力都准备升学考试,忽视德育、体育、美育等方面,则只能导致学生身心的片面发展,对学生个人、家庭和社会未来的可持续发展都是极为不利的。

当然,我们重视学生的全面发展,并不是要求学校的所有学生都要平均发展。实际上,全面发展并不排斥个性发展,我们要在引导学生全面发展的基础上,在教育教学中给学生更多的权利和自由,引导他们在丰富多彩的教育活动中不断增长才能,发展个性。

七、实施素质教育是我国教育改革与发展的必然要求

"素质"原本作为生理学范畴的一个名词,是指人的神经系统、感觉器官和运动器官等先天赋予的特征。这种特征是人们获取知识、增长才能的基础,其外在表现为性格、意志等。现在,"素质"已发展演绎成一个更综合的概念,指人在先天生理的基础上受后天环境和教育的影响,通过个体自身的认识和实践,形成的相对稳定的身心发展基本品质。

关于人的素质内涵,现在比较共识的是包含以下五个部分:思想品德素质、文化素质、业务素质、身体素质与心理素质。其中,思想品德素质是人的灵魂与方向,是做人的根本;文化素质是人的发展基础,体现了人对自然和社会的了解;业务素质是人的立业本领,它不仅包括知识技能结构,还包括工作能力;身心素质则是前三项素质的物质与精神的基础,反映了人对自然与社会的承受力。[①]

素质教育是以面向全体学生,为提高学生的创新意识和实践能力等综合素质为目的,促进学生身心和谐发展,为学生未来的学习和生活奠定扎实基础的教育,它是与过于强调让学生掌握应试技巧的应试教育相对立的。

1999 年中共中央颁布了《中共中央关于全面深化教育改革,全面推进素质教育改革的决定》的文件,它是我国基础教育机构推进素质教育的纲领性文件,对我国中小学全面实施素质教育改革提出了具体的目的和要求。[②]

实施素质教育就是要消除中小学教育中过于偏重应试教育,忽视学生综合素质提高的弊端,全面贯彻国家的教育方针,以提高国民素质为根本宗旨,要切实调动学习者参与教育活动的积极主动性,以培养学生的创新精神和实践能力为重点选择教育内容和教育模式,造就"有理想、有道德、有文化、有纪律"的德智体美等全面发展的社会主义事业建设者和接班人。

全面推进素质教育,要面向现代化、面向世界、面向未来,使受教育者坚持学习科学文化与加强思想修养的统一,坚持学习书本知识与投身社会实践的统一,坚持实现自身价值与服务祖国人民的统一,坚持树立远大理想与进行艰苦奋斗的统一。

全面推进素质教育,要坚持面向全体学生,为学生的全面发展创造相应的条件,依法保障适龄儿童和青少年学习的基本权利,尊重学生身心发展特点和教育规律,使学生生动活泼、积极主动地得到发展,成为有理想、有道德、有文化、有纪律,热爱社会主义祖国和社会主义事业,具有为国家富强和民族富裕而艰苦奋斗的献身精神,都应该不断追求新知识,具有实事求是、独立思考、勇于创新、勇于实践的科学精神的一代新人。

实施素质教育,必须注重学生个性的培养,要根据学习者身心发展的特点和需求确定教育的内容和教育的方式,给学习者在教育活动中更多的自由权和选择权,引导

---

① 王道俊,郭文安. 教育学[M]. 北京:人民教育出版社,2009,P101.
② 中共中央关于全面深化教育改革,全面推进素质教育改革的决定[J]. 中国教育报,1999－6－13.

学习者按照自己的特点确定学习的方式和进度,促使自身个性的和谐发展。

【本章主要参考文献】

1.教育部师范教育司.教师专业化的理论与实践[M].北京:人民教育出版社,2003.

2.王道俊,郭文安.教育学[M].北京:人民教育出版社,2016.

3.南京师范大学教育系.教育学[M].北京:人民教育出版社,1984.

4.全国十二所重点师范大学编写组.教育学基础[M].北京:教育科学出版社,2002.

5.瞿葆奎.教育学文集·教育目的[M].北京:人民教育出版社,1990.

6.黄济.教育哲学通论[M].太原:山西教育出版社,2002.

7. 傅维利.师德读本[M].北京:高等教育出版社,2003.

8.王策三,黄济.现代教育论[M].北京:人民教育出版社,2004.

9.陈理宣.教育学原理——理论与实践[M].北京:北京师范大学出版社,2010.

10.余文森.新课程背景下的公共教育学教程[M].北京:高等教育出版社,2005.

【本章思考题】

一、名词解释

1.教育目的

2.教育方针

3.个人本位论

4.社会本位论

5.美育

6.综合实践活动

二、选择题(从以下选择一个正确答案)

1.教师帮助和指导学生学会身份认同和角色定位,使其自觉按照角色要求为人处世。这体现了教育的   (   )

  A.个体社会化功能   B.个体个性化功能

  C.个体谋生性功能   D.个体享用功能

2.马克思主义经典作家认为,实现人的全面发展的基本途径是   (   )

  A.发展生产力   B.消灭社会分工

  C.普及教育   D.教育与生产劳动相结合

3.在古希腊、古罗马教育有雅典教育与斯巴达教育的主要区别是   (   )

  A.重视军事教育   B.重视女子教育

  C.倡导身心和谐发展教育   D.加强国家对教育的管理

4.教育过程应重视学生自己的独立发现、表现和体验,尊重学生发展的差异性,特别强调这一观点的教育学流派是   (   )

  A.实用主义教育学   B.文化教育学   C.实验教育学   D.批判教育学

5.美国教育家帕克认为,"一切教育的真正目的,是人,即人的身体、思想和灵魂的和谐发展"这

种教育目的是属于 （　　）

A. 个体本位论　　　B. 社会本位论　　　C. 文化本位论　　　D. 生活本位论

6. 人的发展总是受到社会的影响与制约,这意味着 （　　）

A. 教育要坚持社会本位的价值取向　　　B. 教育要充分考虑社会发展的需要

C. 教育目的的确定不应从个人出发　　　D. 教育要为社会生活做准备

7. 马克思主义经典作家关于人的全面发展的基本含义是 （　　）

A. 人的劳动能力的全面发展　　　B. 德智体全面发展

C. 人的独立个性全面发展　　　D. 人的身心全面发展

8. 最早把我国现阶段教育方针规定为“教育必须为社会主义现代化建设服务,为人民服务,必须与生产劳动与社会实践相结合,培养德智体美等方面全面发展的社会主义事业的建设者和接班人”的教育文献是 （　　）

A.《中华人民共和国教育法》　　　B.《中华人民共和国义务教育法》

C.《中国教育改革与发展纲要》　　　D.《国务院关于基础教育课程改革的决定》

9. 20世纪50年代末我国的教育方针强调 （　　）

A. 教育必须与生产劳动相结合　　　B. 教育必须与社会实践相结合

C. 教育必须为人民服务　　　D. 教育必须为现代化服务

10. 20世纪60年代初美国课程改革的代表人物布鲁纳的《教育过程》一书问世。下列对该书基本主张的概括中,不正确的是 （　　）

A. 强调学术标准,注重教学内容的现代化

B. 强调学科基本结构的学习和发现教学法的运用

C. 强调中小学教师和课程专家在课程改革中的作用

D. 主张任何学科都能以某种方式教给任何年龄阶段的任何儿童

11. 倾向于废除直接教学,废除考试的教学课程流派是 （　　）

A. 行为主义教学理论　　　B. 认知主义教学理论

C. 人本主义教学理论　　　D. 建构主义教学理论

12. 古代斯巴达人为年轻一代所提供的教育主要是 （　　）

A. 文雅教育　　　B. 文体教育　　　C. 职业教育　　　D. 军事体育训练

13. 在教育目的的价值取向问题上,主张教育是为了使人增长智慧、发展才干、生活更加充实幸福的观点属于 （　　）

A. 个人本位论　　　B. 社会本位论　　　C. 知识本位论　　　D. 能力本位论

14. 我国致力于促进普通高中发展的多样化,一方面是为了满足社会对人才的多元化需求,另一方面是为了适应高中学生发展的 （　　）

A. 顺序性　　　B. 阶段性　　　C. 差异性　　　D. 不平衡性

15.“人有知学,则有力矣。”这句话强调知识作用的话出自 （　　）

A. 荀况　　　B. 王充　　　C. 王安石　　　D. 颜元

【答案解析】“人有知学,则有力矣”,意思是说,人有了知识,就有了力量。出自东汉哲学家王充无神论著作《论衡》。

16. 关于终身教育以下说法不正确的是 （　　）

A. 终身教育是学习社会的基本特征

B. 终身教育是为了发展人的职业能力和素质

C.终身教育涵盖了人的一生,不限于儿童和青少年时期

D.终身教育既包括正规教育,也包括非正规教育和非正式教育

17.现阶段我国高中教育属于 （ ）

A.义务教育　　　　　B.专业教育　　　　C.普通教育　　　　D.基础教育

18.确立我国教育目的的理论基础是 （ ）

A.素质教育理论　　　　　　　　　B.马克思关于人的全面发展理论

C.人本主义教育理论　　　　　　　D.终身教育理论

19.教育目的的制定受到诸多因素的影响,其中决定教育目的的性质、方向和内涵的因素是

（ ）

A.受教育者的身心发展特点　　　　B.哲学思想和教育思想

C.生产力水平和政治经济制度　　　D.文化传统和教育传统

20.（ ）是教育活动的出发点和归宿 （ ）

A.教育方针　　　　　B.教育规律　　　　C.教育目的　　　　D.教育制度

三、简答题

1.简要说明教育目的的作用。

2.如何理解教育目的的社会制约性?

3.我国现阶段的教育方针是什么?

4.简要说明美育的意义与任务。

5.简要说明体育的意义与任务。

6.简要说明我国教育目的的基本精神。

【本题参考答案】我国教育目的的基本精神是:(1)坚持社会主义方向性,培养社会主义国家所需的建设者和劳动者;(2)坚持全面发展;(3)培养独立个性;(4)教育与生产劳动相结合,是实现我国教育目的的根本途径;(5)注重提高全民族的思想道德素质和教育科学文化素质。

四、论述题

1.简要说明我国全面发展教育各部分的关系。

2.我国全面发展教育中那部分最重要? 请说明原因。

3.我国基础教育改革与发展进程中,造成学生身心片面发展、素质不高的原因何在? 应如何解决这些弊端?

五、判断下面的说法是否正确,并简要说明理由

1.我国经济建设和社会变革需要世界一流的专业技术人才,要把我国建成文明幸福的国家,人才尤其是精英人才发挥着主导的作用,我国教育必须集中精力搞好精英人才的培养。因此说,我国基础教育必须把主要精力放在天才学生的教育上,至于其他学生就让他们随便发展吧。

2.农村高中的学生考上了大学,才能学到更多的知识和本领,才能帮助自己摆脱贫困的命运。因此说,农村高中要把主要的力量帮助学生提高学业成绩,考上好大学。至于学校的其他工作,必须为学生考上大学让路,必须为学生考上好的大学服务。

3.教育既然是培养人的活动,教育目的就只能按照人的发展需求确定。

4.素质教育就是要让学生在学校生活中提高对未来社会的适应能力,不注重学习者学业成绩的提高。

5.体育就是身体锻炼的教育。

6.美育就是艺术教育。

六、阅读下面的材料,并回答下面的问题

1. 某学校四(3)班语文老师要求学生用"如果……就……只能……"的句式来谈谈自己的理想。学生甲:"我妈妈常对我说,'如果你不好好学习,就考不上大学,考不上大学,只能去当清洁工。'"学生乙:"我爸爸常教育我,'如果你不好好学习,就考不上大学,考不上大学,只能像我一样去打工。'"学生丙:"老师经常告诉我们……"全班绝大多数学生的理想都是"好好学习,考上大学",像电脑里设置的固定答案一样。

【问题】(1)你如何看待"好好学习,考上大学"成为绝大多数学生唯一理想的现象?

(2)针对这一现象,你应如何对学生进行思想教育?

2. 纽约市里士满区有所教会学校,它是贝钠特牧师在1930年创办的。1983年,一位叫作普热诺夫的法学博士在对该区的居民的社会治安状况的调查中发现,50年来,从这所教会学校毕业的学生中在纽约警察局的犯罪记录最低。

对此,普热诺夫博士在当地做了长时间的调查研究。凡是在该校学习和工作过的人,只要能打听到住址和信箱,他都会给对方寄去一份调查表,询问他们:贝纳特学校教会了你什么?在回收的答卷中,74%的人答道:"母校让我们明白了'一支铅笔有多少种用途'。"

普热诺夫博士专门走访了调查对象之一,纽约市最大的一家皮货商老板。那位老板说:"是的,当年贝纳特牧师教会了我们'一支铅笔有多少种用途',我们入学后的第一篇课文就是这个题目。当初,我认为铅笔只有一种用途——那就是写字。后来逐渐知道了,铅笔不仅能用来写字,必要时还可以用作尺子画直线,能作为礼物送人表示友爱,还能当商品出售获利。铅笔的铅芯磨成粉末后可以当作润滑剂,演出时可以充当化妆品。……一支铅笔按比例可以分成相等的若干份,可以做成一副象棋,可以当作玩具的轮子。在野外遇险时,抽掉铅笔芯还可以当作吸管来吮吸岩石缝的水滴。在遇到坏人时,削尖的铅笔可以当作防身的武器……一支铅笔有无数种用途,并且任何一种用途都足以使我们活下去。我本人原来是个电车司机,后来失业了。现在,你瞧,我是个皮货商人。"

普热诺夫后来又采访了一些贝纳特学校的其他毕业生,发现无论当年他们的成绩是好是坏,智商是高是低,如今都有一份职业,都生活得快乐而满足。

【问题】①贝纳特学校的教育目标是什么?

②你认为我国中小学教育的目标应该是什么?说明你的理由。

【本题参考答案】

①从材料中可以看出,贝纳特学校的教育目标是让学习者在学习知识的过程中提升认知能力,引导学生积极参与社会实践活动,逐步提高适应社会变革的能力,成为社会所需要的多元人才,养成自食其力的能力与习惯,帮助他们过上幸福的生活。②我国中小学教育的目标应该是让学习者在掌握知识技能的过程中,促进他们思想、品德和能力的发展,成为身心和谐发展的人才。原因在于现代社会是个多元社会,经济建设与社会变革对人才的要求是多方面的,只有引导学习者全面发展,培养学习者多方面的素养,才能增强他们对未来社会的适应性,更好地适应未来复杂多变的社会变革,才能成为能够自食其力的劳动者和接班人。

3. 一天,一位老师给学生上科学课,主题是"寻找有生命的物体"。老师安排学生去校园里甚至校外的大自然里寻找有生命的物体,并写好记录。走出课堂的孩子们显得很兴奋,不久一位同学跑过来说:"老师,我捉到一只蚂蚱。"其他同学也围过来看,突然,一个同学说:"这是只公的。"围观的同学哄堂大笑。老师问道:"你怎么知道的?""我观察的,公蚂蚱有劲,跳得高。"他自信地说。这是孩子最直接的推理,确实难能可贵!老师及时表扬道:"你真是一个小生物学家,科学就是提出问题、研究问题、解决问题,希望你能认真研究一番。"孩子认真地点点头,就在这时,一位同学跑过来告状:"一个同学把蚂蚱踩死了。"老师很快意识到这是一个绝好的教育机会,他走过去,几个同学正在气呼呼地责备那个同学。这位老师说:"一个蚂蚱也是一个有生命的物体。我们应该爱护每一个有生命的物体。我相信,这位同学一定是无意踩死的。这样吧,老师提一个建议:不如挖一个坑,把他安葬了吧!"于是,在学校的草地上,同学们举行了一个特殊的"葬礼"。可以说在这潜移默化的活动中,学生对生命的理解和珍惜会比老师在课堂上多少遍说教都来得有效,也能让学生铭记于心。

【问题】试从教师职业理念的角度,评析材料中老师的教学行为。

【本题参考答案】

这是一堂非常成功的科学课。从教师职业理念的角度,该老师的教学行为体现了素质教育的教育观、学生观和教师观。

(1)该教师的教学行为体现了素质教育观的要求。素质教育观认为,教育活动应当指向人的整体的、全面的素质发展,使得人的整体品质、全面素质得到提升。素质教育要以培训学生的创新精神和实践能力为重点。材料中的老师给学生上科学课,安排学生走出课堂,到大自然里寻找有生命的物体,这正是对他们实践能力的锻炼,让他们在活动与交往中提高自身的综合素质。

(2)该老师的教学行为体现了素质教育的学生观。全面发展的学生观,是把学生看作主体需求、能够主动发展;把学生作为一个整体;把学生作为有差异、有个性的人。该老师做到了以上几点,鼓励学生主动地去寻找物体,体现了以学生为主体,把学生当作一个完整的人来看待。当学生给出解答时,该老师还及时表扬学生,并对他提出更高的期望,可见老师把学生当作有发展潜力的人。当有学生踩死蚂蚱的时候,该老师并没有批评学生,而是安慰学生,进而让学生领悟到生命的可贵。

(3)该老师的教学行为体现了素质教育的教师观。教师的角色不只是向学生传授某方面的课本知识,而是要根据学生的发展实际以及教育目标、要求,在特定的环境中采用特定的教学方法,通过特定途径来促进学生的成长,教师角色的性质就在于帮助学生成长。材料中该教师的角色正是学生学习的促进者和引导者。在教学活动中,以学生为主体,引导学生表达自己的观点,最后启发学生对生命的理解和珍惜。

4.某校一年级新生李某,其家长是收废品的,一天来学校上课时脖子没有洗干净,在上课时,老师发现了李某的脖子脏,就叫他站起来给大家看,把他作为典型,教育其他的学生要讲卫生,并当着全班同学的面说"让你那收破烂的父母把你的脖子洗净吧"。老师的这种做法给李某的心灵造成了极大伤害,在这以后,每当上这位老师的课时,李某就感到似乎大家都在盯着他的脖子,同时想起老师说的"让你那收破烂的父母把你的脖子洗净"的话,感到抬不起头。这种心理妨碍了他集中精力听课,所以对老师教的内容学得很差。期末这门课程考试时李某不及格,老师狠狠地批评他,李某终于忍受不住了,他把这件事的来龙去脉告诉了母亲。母亲向学校要求让李某调换班级,学校领导知道这件事后同意了。后来,李某在新的班级与老师、同学相处得非常融洽,在课堂活动中表现出了很高的才能。

【问题】结合案例运用"以人为本"的学生观,分析教师在教育教学活动中应怎样对待学生?

【本题的答案要点】

(1)"以人为本"的学生观要求教师在教育教学活动中应当把学生的利益作为一切工作的出发点和落脚点,公正地对待每一个学生,不因性别、民族、地域、经济状况、家庭背景和身心缺陷等歧视学生,关心爱护全体学生,尊重学生人格,平等公正对待学生。对学生严慈相济,做学生良师益友。保护学生安全,关心学生健康,维护学生权益。不讽刺、挖苦、歧视学生,不体罚或变相体罚学生。

(2)材料中的这位老师的行为违反了"以人为本"的学生观,缺乏应有的职业道德,应切实加强学习和深刻反思。教育者在教育工作中应当把学生的利益作为一切工作的出发点和落脚点,公正地对待每一个学生,不因性别、民族、地域、经济状况、家庭背景和身心缺陷等歧视学生,关心爱护全体学生,尊重学生人格,平等公正对待学生,对学生严慈相济,做学生良师益友,使学生能在校园里幸福地学习与生活。材料中的那个老师批评学生不讲卫生是可以的,但不能因为自己学生的父亲是个捡垃圾的,就去讽刺挖苦学生,导致学生产生严重的消极情绪,最终不喜欢那个老师教的课,学习成绩下降。那个学生小李后来去另一个班学习后,由于摆脱了那个老师歧视的折磨,同另一个班的老师、同学相处得很融洽,学习成绩也提高了,其他方面的发展也相当不错。这也说明良好的师生关系和学习环境直接影响着学习者的学习效果,对孩子的身心和谐发展具有重大的促进作用。

5. 某学校李老师做了一项调查,发现班上多数学生在家几乎从来不干家务活,过着衣来伸手、饭来张口的生活,有些家长对学生劳动也不支持,认为学习才是孩子的主要任务,劳动不仅浪费时间,而且没必要,家长可以完全代劳,在班级开展的一些劳动活动中,李老师也发现,学生不仅仅缺乏一般的劳动技能、习惯,而且缺乏劳动意识,甚至讨厌劳动。

(1)结合材料谈谈在学校教育阶段对学生进行劳动教育的必要性。

(2)如果你是学校的老师,你认为应该如何在班级学生中开展劳动?

【本题的参考答案】

(1)随着社会的进步,教育面临着许多新的课题。在我国全面走向小康时期,一些独生子女,过着饭来张口、衣来伸手的生活。父母代办,缺乏自理能力,导致劳动观念越来越淡薄,使这些独生子女只会读书,不会劳动,这样就会影响一些人将来的素质问题。所以,从小抓好劳动教育相当重要。劳动教育是我国全面发展教育的重要组成部分,加强劳动教育是促进学生身心全面和谐发展,全面实现教育目的,培养具有社会主义觉悟的劳动者的必然要求。

(2)①要引导学生了解学习与劳动的关系,理解劳动的重要意义,使学生知道劳动的好处。

②教育者要尽可能地赢得社会、家庭的配合,形成共管氛围。让学习者热爱劳动,获得劳动的技能,养成热爱劳动的习惯不是学校一个部门能够完成的事情,需要社会和学生家长的全力配合支持。因此,教育者可以结合家访,召开家长会,举办家长学校,向家长宣传科学的育儿知识,介绍成功家教的经验,指出不良家教给孩子带来的负面效应,培养孩子"自己的事自己做,不会的事情学着做"的习惯。

③组织学习者经常参加各种劳动,让学习者在劳动的过程中取得成绩,体验到参加劳动的好处。

④引导学习者对劳动的过程进行总结,不断提升劳动的质量和效果。

第六章　教育制度

【本章课程与教学目标】

1. 使学生了解教育制度和学校教育制度的概念,把握教育制度的特点;

2. 使学生理解教育制度的社会制约性;

3. 使学生了解现代教育制度发展改革的动向与趋势;

4. 使学生了解我国现代学制的历史变迁;

5. 使学生了解义务教育的概念,了解我国实施义务教育的过程中面临的问题和对策。

一、教育制度的含义

所谓教育制度,是指一个国家各级各类实施教育的机构体系及其组织运行的规则,它包括相互联系的两个基本方面,一是指各级各类学校的教育机构与组织;二是指教育机构和教育组织赖以存在和运行的规则,如各种相关的教育法律、规则和条例等。

通过对教育制度概念的分析,可以看出教育制度具有以下特点:

1. 客观性与主观性的统一

教育机构和教育规则是由教育工作者制定的,具有主观性的一面,但教育工作者并不是凭空创立教育机构和确定教育规则的,而是根据社会生产力和政治经济发展变革的要求来通过国家的力量来确定的,所以说,教育制度既是主观的,又是客观的,是国家根据社会生产力和政治经济发展变化的要求确立的。

2. 规范性

教育制度一经确立,就具有较强的规范性,无论是教育机构和组织的培养目标、入学年限、课程设置,还是教育的各种法律规章制度,都具有一定的标准和明确的要求。

3. 社会历史性

教育制度是社会变革发展的产物,它随着社会变革的要求产生,又随着社会变革的进程而发展变化。因此,任何一个国家的教育制度都不是固定不变的,它要随着积极的变革和社会的发展变化而发展变化。

4. 强制性

教育制度一经确定,就对国家的教育者和受教育者具有一定的强制作用,它对人们的教育活动具有指导和规范的作用,要求人们必须适应和遵守,不得违背国家教育制度的要求。

二、教育制度的社会制约性

教育制度是教育家、政治家提出和制定的,但教育制度不是主观的产物,教育制度的确定具有强烈的社会制约性。

1. 教育制度受社会生产力发展水平制约

教育制度的出现是社会发展到一定阶段的产物。生产力的发展,对培养人才的素质提出了一定的要求,对教育制度的创建提出了需求,又为教育制度的创建提供了必要的物质保障。建立什么样的教育制度,让多少人受教育,受多长时间的教育这归根到底是由社会生产力发展水平来决定的,教育制度的创建与发展必然要受社会生产力发展水平的影响和制约。

2. 教育制度受国家的政治经济制度制约

教育是为社会培养人才的,培养的人才必须为社会的政治经济制度服务。建立什么样的教育制度,让什么人受教育,受教育的时间多长,培养什么样的人才必须符合统治阶级的利益和要求,也就是说,教育制度的建立必须受国家的政治经济制度的制约。

3. 教育制度的确立要受青少年学生身心发展规律制约

一个国家确立教育制度的目的是为本国的民众尤其是为青少年学生服务的,因此本国教育制度的制定与完善既要考虑到国家生产力发展水平和政治经济制度的特点与需求,还必须考虑青少年学生身心发展的规律和要求。道理很简单,教育制度的创建是为青少年学生服务的,只有符合青少年学生身心发展规律要求的教育制度才是最具有发展活力的教育制度,不符合青少年学生身心发展规律要求的教育制度必然是没有生命力的教育制度。

4. 教育制度要受本国的文化传统、人口状况和地理环境的影响

教育活动是在一定的文化观念的影响下进行的,它承载着传递和保存文化、整合和创造文化的功能。因此,确定教育制度的时候,还必须考虑到本国文化传统的影响,要选择适合本国文化传统特点的教育制度。

此外,教育制度的确立还必须考虑本国的人口状况和地理环境等因素的影响。

三、教育制度的历史发展

教育制度是社会发展变革的产物,随着社会的发展变革而发展变革。

在古代社会,由于生产力发展水平不高,对人才需求量不大,因此教育发展较为缓慢,也没有形成系统的教育制度,学校数量较少,也没有系统的教育规章制度。

进入现代社会,在生产发展和社会变革的推动下,各国政府对教育的干预力度不

断加大,颁布了不少的政策法令,逐步形成了较为完备的教育制度,使更多的青少年学生接受了基本的教育。

随着社会生产力的发展和社会民主化的推动,教育制度开始从单一的学校教育系统,发展成为以现代学校教育系统为主体,包括学前教育系统、校外教育系统和成人教育系统等为一体的终身教育系统。

终身教育是个体从出生到死亡所接受教育影响的总和,个体要想适应现代社会发展变革的要求,就必须积极参与终身教育,活到老,学习到老。

四、现代学校教育制度的改革与发展

(一)学制的含义

现代教育制度是在工业革命之后逐步形成和完善起来的。现代教育制度的核心是学校教育制度。

学校教育制度简称学制,指的是一个国家的各级各类学校的系统及其管理规则体系,它规定着各级各类学校的性质、任务、入学条件、修业年限以及它们之间的关系。

(二)学制的类型

现代各国学制中有以下三种类型:

1. 双轨制

这一类国家为了使教育有效地服务于统治阶级的利益,让统治阶级子女和劳动民众子女进入不同的学校教育系统,接受不同的教育。现在英国、法国还存在着这样的学校,如英国有钱人子女不在普通学校系统学习,而是在自己的家中接受贵族式的家庭教育,然后进入特殊的私立学校——公学学习,最后进入著名的牛津大学、剑桥大学深造,而劳动民众子女则进入一般小学、一般中学和一般大学(或者职业技术学院)学习,这就是典型的双轨制教育。

2. 单轨制

这一类国家如美国、日本等,在国内采取统一的学校教育制度,让所有学生进入同样类型的学校学习。单轨制学校至少在形式上是民主的,没有政治、经济、民族的歧视。

但有些国家为了更好地满足学生的需求,在中学高级阶段实行分流教学,如英国、法国、德国、中国等,在高级中学让学生选修职业科或学术科等。

3. 分支制

分支制(分支型学制)是 20 世纪上半叶苏联建立的一种学制。这是在初等教育阶段强调共同的基础性教育,到中等教育阶段分成职业教育和普通教育两个分支的学制,这就形成了既有单轨制的特征,又有双轨制的某些因素的混合型学制,也就是说,这一学制在小学和初中阶段是单轨,但初中后学生则分别进入不同的学校体系学习,是属于介于单轨制和双规制之间的分支型学制。

这一学制的实施既有利于基础教育的普及,又有利于让学生尽早地获得职业技能的训练,帮助学习者形成职业技能素养。但这一学制让学生过早职业专门化,不利于

学习者的个性发展。

分支型学制曾对我国教育制度的改革与发展产生了重大的影响。

（三）国外学制改革的动向和趋势

通过对国外学制改革的历史进程的系统考察，可以看出国外学制改革具有以下的动向和趋势：

1. 大力重视学前教育的发展，加强学前教育与小学教育之间的衔接

国外心理学研究的实验表明，5 岁前是儿童智力发展的最佳时期，用布卢姆的话说，儿童 2 岁的时候智力水平达到成人智力的 50%，其余 30% 是在 2—8 岁时获得，最后的 20% 是在 8—17 岁的时候获得的。[①] 他的研究表明，儿童的智力发展与他早期所处的环境紧密相关，儿童在最早的五年内获得的信息，对他今后学业的发展影响极大，在儿童期被剥夺了智力刺激的儿童，永远难以达到他们应该达到的水平。这一研究成果成了世界各国重视儿童早期教育的重要理论依据。[②]

当代许多国家受人力资本理论和早期智力开发理论的影响，高度重视学前儿童的教育，把学前教育纳入到本国初等教育系统内，采取切实有力的措施促进本国学前教育的跨越式发展。许多国家如法国、日本，学前教育已经达到了普及的水平，4—5 岁儿童的入园率已经达到了 99% 以上。

不少国家为了确保初等教育的质量，还采取措施大力加强学前教育机构与小学之间的衔接，如有些国家的学前教育机构直接创办于小学内，还有些学前教育机构经常组织学前教育的儿童到小学参观，使他们能尽早熟悉小学校园的学习和生活。

2. 提早儿童入学年龄，延长义务教育年限

从及早开发儿童智力的愿望出发，各国普遍提早了儿童入学年龄，儿童一般 5—6 岁入学，让儿童尽早接受文化知识的熏陶和智力训练。

为了让学生更好地为未来的学习和生活奠定良好的基础，各国都高度重视本国国民的义务教育，并且开始延长义务年限，如英国、法国等已经把义务教育年限扩展到 10 到 12 年，日本虽然法定义务教育年限还是 9 年，但实际上早已普及了高中教育。

3. 普通教育职业化，职业教育普通化

为了使学生更好地适应未来职业生活的要求，各国在重视普通教育的同时，大力重视发展中等职业技术教育，让学生在掌握普通文化知识的同时，还要接受必要的职业技术训练，掌握一定的职业技能。这就出现了普通教育职业化，职业教育普通化的改革趋势。

4. 高等教育大众化、多样化

美国教育家马丁·特罗多年来致力于各国高等教育比较研究，他认为一个国家接受高等教育的人数占适龄青年的比例低于 15%，这个国家就处于精英高等教育阶段，处于

① 南京师范大学教育系. 教育学[M]. 北京：人民教育出版社，1984，P515—516.
② 南京师范大学教育系. 教育学[M]. 北京：人民教育出版社，1984，P515—516.

15%—50%之间则属于高等教育大众化阶段,超过50%则属于高等教育普及化阶段。[1]

为了更好地满足民众不断增长的接受高等教育的需求,美国、日本等国采取了优先发展高等教育的举措,使高等院校的数量和在校学生人数不断增加,也使得原来的精英型高等教育向大众化高等教育转变。

各国在促进本国高等教育快速发展的过程中,还注意使本国高等教育的多样化。各国在继续重视本科生教育的同时,大力发展专科层次的实用性职业技术教育和研究生教育,尽可能满足民众对高等教育的多样化需求,更好地为国家经济建设与社会变革提供人才支持和智力保障。

5. 大力发展终身教育

终身教育理论的倡导者为法国教育家保罗·朗格朗,其代表作为1965年出版的《终身教育导论》。在保罗·朗格朗和联合国教科文组织的大力推动下,终身教育理论在世界各地广泛传播,形成了影响力颇大的终身教育思潮,并成为许多国家教育改革与发展的指导思想。在现代科学技术快速发展和经济变革的推动下,各国在广泛重视发展正规学校教育的同时,全力发展业余教育,努力创建学校教育与业余教育为一体的终身教育体系,尽可能满足民众对终身教育的需求,使民众能够活到老,学习到老,不断提升国民的综合素养,帮助民众过上和谐幸福的生活。

五、我国学制的改革与发展

我国学校教育制度的建立始于清末,清政府于1902年迫于压力,颁布法令,废除了科举,开始大规模兴办学校。1902年清政府颁布了"壬寅学制",这是我国正式颁布的第一个学制,但该学制还没有真正实施就被废止了。1903年,我国颁布了"癸卯学制",这是我国正式实施的第一个学制,该学制的指导思想是"中学为体,西学为用",借鉴日本学制,保留尊孔读经等封建教育的遗迹,学制极长,学生6岁入学(男女学生不得同校),中学毕业为20岁,读完通儒院则为32岁。

1912年在蔡元培等人的主持下,中华民国政府颁布了"壬子—癸丑学制",该学制允许男女同校,取消了读经等封建教育课程,重视学生身心的陶冶,重视自然科学教育和职业教育课程,反映了中国民族资产阶级对人才培养的要求。但由于这一时期中国国内政局长期持续动荡,这一学制在这一时期中国国内无法完全得到实施。

1922年中国北洋政府在借鉴美国学制改革经验,坚持以学龄儿童和青少年身心发展规律为依据,总结我国学制改革经验的基础上颁布了"壬戌学制",即"六三三学制",小学六年,初级中学三年,高级中学三年。这一学制在国民党统治时期一直沿用,直到1950年被废止。

新中国成立以后,我国政府颁布了一系列的法规,采取一系列的措施全力推进我国的学制改革。

---

① 吴文凯,杨汉清.比较教育学[M].北京:人民教育出版社,1999,P506.

1. 适度超前发展学前教育

我国政府对发展学前教育高度重视,已经把学前教育纳入到我国基础教育的范畴,作为优先发展的对象。但由于我国地域广阔,经济发展极不平衡,造成我国学前教育发展也严重失衡。如何加快我国学前教育的适度超前发展,满足民众对学前教育不断增长的需求,不断提高我国学前教育的办学质量,是我国学前教育改革与发展中亟待解决的热点问题。

2. 全面普及九年制义务教育

义务教育是国家统一实施的所有适龄儿童、少年必须接受的教育,是国家必须予以保障的公益性事业。它是依据宪法规定,适龄儿童和青少年必须接受,国家、社会和家庭必须给予保障的国民教育,义务教育具有强制性、世俗性、公益性和免费性。

1986 年我国政府颁布了《中华人民共和国义务教育法》,这有力地推动了我国义务教育的进程。在我国政府强有力的干预下,我国绝大多数地方已经基本普及了 9 年制义务教育,有些发达地区已经普及了 12 年制的义务教育。

随着我国经济实力的不断增强,我国政府对义务教育的投入不断增大,我国义务教育正在朝着强制性、世俗性和免费性发展,全力提高我国义务教育的质量,努力使我国的义务教育成为人民满意的义务教育。

3. 大力进行中等教育结构改革

为了适应经济建设和社会变革对人才素质不断提高的要求,我国政府既重视发展普通高中,也注意发展中等职业教育,并尽可能加强普通高中和中等职业教育之间的联系,使学生在接触普通文化知识的同时,接受必要的职业教育训练,为他们未来的学习和生活奠定必要的智力和技术基础。

4. 大力发展多样化的高等教育

经过多年的发展,我国已经成为世界上的高等教育大国。但我国高等教育发展不平衡,办学模式单一,办学质量和办学效益不高是我国高等教育改革与发展中亟待解决的问题。近年来,我国政府已经把优先发展高等教育作为我国教育改革与发展的战略重点来优先适度超前发展,这反映了我国经济发展和社会变革的要求,也代表了我国民众的呼声。

加快我国高等教育的改革与发展,关键在于按照经济发展与社会变革的实际适时地调整我国高等院校的布局,专业设置和层次结构,要给高等院校更多的办学自主权,鼓励各高校按照自身的实际和国家政策的要求自主办学,不断提高我国高等院校的办学质量和办学效益,更好地为我国经济建设和社会变革提供强有力的人才支持和智力保障。

5. 不断完善我国的终身教育体系

近年来,我国政府把大力发展终身教育、创建学习化社会作为我国改革与发展的基本国策,在重视学校教育发展的同时,加大了对各级业余教育和学校后教育的投入力度,搭建信息化学习平台,尽可能满足民众对教育的多方面需求,努力构建具有中国特色的终身教育体系,全力建设文明富强的学习化社会,真正让民众活到老,学习到老。

【本章主要参考文献】

1. 刘佛年. 教育学[M]. 北京:人民教育出版社,1963.

2. 华中师范学院,开封师范学院. 教育学[M]. 北京:人民教育出版社,1980.

3. 南京师范大学教育系. 教育学[M]. 北京:人民教育出版社,1984.

4. 袁振国. 当代教育学[M]. 北京:人民教育出版社,2002.

5. 王策三,黄济. 现代教育论[M]. 北京:人民教育出版社,2004.

6. 全国十二所重点师范大学编写组. 教育学基础[M]. 北京:教育科学出版社,2002.

7. 瞿葆奎. 教育学文集·教育制度[M]. 北京:人民教育出版社,1990.

8. 黄济. 教育哲学通论[M]. 太原:山西教育出版社,2002.

9. 马健生. 现代教育制度与思想[M]. 北京:高等教育出版社,2004.

10. 【英】伯兰特·罗素. 教育与美好生活[M]. 保定:河北大学出版社,1998.

【本章思考题目】

一、名词解释

1. 教育制度

2. 学制

3. 义务教育

二、简答题

1. 如何理解教育制度的社会制约性?

2. 当代国外学制改革的动向和趋势有哪些?

三、选择题

1. 我国学制沿革史上,借鉴美国教育体制,初次确立了"六三三制"的学习阶段和年限的学制是 （　　）

A. 壬寅学制　　　　B. 壬戌学制　　　　C. 壬子—癸丑学制　　D. 癸卯学制

2. 在我国历史上,以"中学为体,西体为用"为指导思想,以读经尊孔为教育宗旨,第一次以法律的形式颁布并实施的学制是 （　　）

A. 壬寅学制　　　　B. 癸卯学制　　　　C. 癸丑学制　　　　D. 壬戌学制

3. 我国第一个颁布的学制是 （　　）

A. 壬寅学制　　　　B. 壬戌学制　　　　C. 壬子癸丑学制　　D. 癸卯学制

4. 我国现行学制是 （　　）

A. 单轨制　　　　　B. 双轨制　　　　　C. 三轨制　　　　　D. 分支型学制

5. 2008年,我国高等教育的毛入学率为23.3%。根据美国学者马丁·特罗的观点,我国高等教育处于 （　　）

A. 精英化阶段　　　B. 大众化阶段　　　C. 普及化阶段　　　D. 全民化阶段

6.在西方古代教育史上,提出教育目的在于实现个人的"灵魂转向",主张"寓学习于游戏""学习即回忆"的教育家是 （ ）

A.苏格拉底 　　B.柏拉图 　　C.亚里士多德 　　D.奥古斯丁

7.当前我国九年制义务教育学制年限划分采用的是 （ ）

A.六三制 　　B.五四制 　　C.九年一贯制 　　D.多种形式并存

8.世界各国的学制存在着差异,但在入学年龄,中小学分段等方面却有较高的一致性。这说明学制的建立主要依据 （ ）

A.社会政治经济制度 　　　　　　B.生产力发展水平

C.青少年身心发展规律 　　　　　　D.本民族的文化传统

9."教育的目的在于使个人能够继续他们的教育,或者说,学习的目的和报酬,是继续不断的生长能力。"持这种观点的人,在教育目的上主张属于 （ ）

A.教育准备生活说 　　　　　　B.教育适应生活说

C.教育超越生活说 　　　　　　D.教育改造生活说

10.根据1995年颁布的《中华人民共和国教育法》的规定,我国学校教育制度包括 （ ）

A.家庭教育、学校教育、社会教育、成人教育　　B.普通教育、特殊教育、专业教育、职业教育

B.学前教育、初等教育、中等教育、高等教育　　D.初等教育、中等教育、高等教育、终身教育

11.教育目的可以发挥的作用有 （ ）

A.导向、规范和权威的作用 　　　　B.激励、评价和统一的作用

C.导向、激励与评价的作用 　　　　D.宣传、引导和激励的作用

12.认为"学生对教师必须保持一种被动的状态",提出"教师中心论"观点的教育家是 （ ）

A.赫尔巴特 　　B.杜威 　　C.夸美纽斯 　　D.斯宾塞

13.我国第一部关于实施义务教育的法令始于 （ ）

A.1976 　　B.1986 　　C.1985 　　D.2001

14.我国《义务教育法》的立法宗旨是发展 （ ）

A.专业教育 　　B.基础教育 　　C.中等教育 　　D.职业教育

15.强调"教育即生长""教育即生活""教育即学习者经验的改造"的教育学说被称作是 （ ）

A.实验教育学 　　B.批判教育学 　　C.实用主义教育学 　　D.终身教育学

16.近代教育史上最早研究学前教育,倡导创建幼儿园的教育家是 （ ）

A.卢梭 　　B.洛克 　　C.欧文 　　D.福禄贝尔

17.马克思主义经典作家认为实现人的全面发展的唯一途径是 （ ）

A.脑力劳动与体力劳动相结合 　　　　B.教育与生产劳动相结合

C.知识分子与工人农民相结合 　　　　D.城市与农村相结合

18.我国义务教育的基本特征是强制性、免费性和 （ ）

A.世俗性 　　B.非功利性 　　C.基础性 　　D.宗教性

19.《学记》中所说的"学不躐等"指的是 （ ）

A.因材施教原则 　　B.循序渐进原则 　　C.启发性原则 　　D.巩固性原则

20.强烈抨击封建专制教育,倡导自由,自然的教育观,主张学习者在活动与交往中学习的教育家是 （ ）

A.卢梭 　　B.罗素 　　C.洛克 　　D.福禄贝尔

四、论述题

1.我国实施义务教育过程中面临的困境及其对策。

2.造成我国中小学教育教学中片面追求升学率的根本原因何在？应如何消除这一现象。

四、阅读下面材料,判断其正误,并简单说明理由。

1.非共产党员的中小学教师有宗教信仰的自由,他可以在我国中小学中自由地传教。

2.教育体制改革要总结我们自己历史的和现实的经验,同时也要注意借鉴国外发展教育事业的正反两方面的经验。特别是在新技术革命条件下,一系列新的科学技术成果的产生,新的科学技术领域的开辟,以及新的信息传递手段和认识工具的出现,对教育产生了重大的影响,发达国家在这方面的经验尤其值得注意。要通过各种可能的途径,加强对外交流,使我们的教育事业建立在当代世界文明成果的基础之上。

3.在民主国家里,任何人都有权对是否受教育做出自己的选择,因此基础教育阶段的学习者可以不去学校学习。

4.现代学制改革必须注意学习和借鉴国外的经验教训,不要考虑本国的文化传统和地理环境,否则本国学制的现代化永远不能实现。

5.终身教育主要是对那些没有系统接受过正规高等教育的人而说的,接受完正规高等教育的人们不必要接受终身教育的。

6.终身教育的代表人物是美国著名的教育理论家罗杰斯。

7.我国高等教育的民主化、大众化主要应通过大力创办知名大学,扩大正规大学的招生规模来实现。

8.学前教育是3—6、7岁儿童接受的教育,并不属于基础教育的范畴。

五、阅读以下材料,按要求回答问题:

材料1:我们真的需要学校吗?不是指教育,而是指强调上学:六节课一天,一周五天,一年九个月,十二年,这个死规矩是否真有必要?如果真有必要,原因何在?不要以阅读、写作、算术来搪塞,因为有两百万"在家上学的学生"对这种老生常谈早已置之不理,如果真不算数,有一大批美国名人,从来没有像我们的孩子这样受过十二年一贯制学校的修理,仍然出类拔萃、独领风骚。乔治·华盛顿、本杰明·富兰克林、托马斯·杰斐逊、林肯,没错,的确有人教过他们,可他们绝不是学校制度的产品,其中没有一个人曾经中学毕业。在大部分美国史中,孩子一般不上中学,可是没上过学的人成为海军上将,如结拉格特;成为发明家,如爱迪生;成为工业巨匠,如洛克菲勒;成为作家,如梅尔维尔、马克·吐温;甚至成为学者,如玛格丽特·米德。

材料2:美国学者亚历山大、莫格利斯认为学校教育具有以下六种功能:①调节作用。学校应该建立固定的、反射的服从权威的习惯,这要求完全摒除批评性的判断。有人主张学校应该教授有趣、有用的内容,这当然不会采纳。因为,只有让学生做无聊、愚蠢的事情,才能检验出学生是否具有条件反射式的服从。②整合作用。或许也可称为协调作用,因为它的目的在于使儿童彼此相像。协调一致的人是可以预期,因而容易控制。③分析和指导作用。学校意味着测定学生的社会角色,通过统计数字及事件以达到这个目的。④分拣的作用。一旦社会角色被分析出来,孩子们就会被分类,按照他们对社会机器的价格而加以训练。⑤选拔的作用。这与人的选择无关,而是达尔文式的自然选择,所得的物竞天择。总之,这意味着有意识的改良物种。⑥预备教育的作用。在各种规则限制的社会体系需要一个精心管理集团,为了达到这个目的,只有一部分儿童被传授如何管理这个社会的意识,控制一群被故意愚化的、拔去爪牙的民众。如此这般,政府不会遇到挑战,而公司永远不缺乏听话的劳动力。

(1)结合材料1,分析学校教育日趋制度化带来的影响。

(2)材料2所说的六种学校教育功能中,哪些属于负功能? 哪些属于隐性功能? 这些功能必然存在么? 请举例说明。

(3)针对材料1、材料2所反映的问题,说明现代教育制度应做哪些改进?

【本题参考答案要点】

(1)学校教育,指教育者根据一定社会(或阶级)的要求,有目的、有计划、有组织地对受教育者的身心施加影响,把他们培养成为一定社会(阶级)所需要的人的活动。学校教育能够促进个体的个性化和个体的社会化,在人的身心发展中起着主导地位。目前社会公众对教育的需求日益多样化和个性化,全球各地出现了"在家上学"现象。这种现象其实就是对当前日益制度化的学校教育的不满的表达。学校教育的弊端也暴露出来。

①教育空间的封闭性。孩子被封闭在一个学校,甚至被封闭在小小的教室里,使得学生与实际的社会生活脱节。

②教育目标的狭隘性。在应试教育下,学校的课程设置,往往集中在升学科目上,集中在考试科目上,在这个过程中,学生的创新能力和实践能力得不到提升。③教育评价的机械性。制度化学校教育下更加重视的是教育评价的同质性的选拔性功能,不能够满足社会对于学校教育应呈现多样化和个性化的需求。

(2)负向功能是"损害性"功能,指阻碍个体发展和社会进步的消极影响和作用。

材料中所说的六种功能对于个体来讲,都是负向功能,不论是调节、整合、分析和指导、分拣、选拔和预备教育功能都在一定程度上忽视了儿童的个体差异和主观能动性,不利于儿童的个体发展。

隐性教育功能是伴随显性教育功能所出现的非预期的功能。

由于现代教育过于强调教育为社会生产和社会生活服务,严重忽略了学习者的需求和特点,使得教育走向了制度化、功利化,教育的这些副功能目前在现代教育中依然长期继续存在。

第七章　教师与学生

教师与学生是构成教育活动的主体。了解教师与学生的特点,正确处理教育过程中的师生关系,对于把握教育规律,提高教育教学的质量和效率,具有重要的理论意义和重大的现实意义。

【本章课程与教学目标】

1.使学生了解教师职业的含义和工作的特点;

2.使学生理解教师工作的意义;

3.使学生了解教师职业需要的素养以及职业专门化的途径;

4.使学生理解教学效能感的含义、作用,掌握提升教师教学效能感的策略;

5.使学生了解教师威信的作用,把握提升教师威信的策略;

6.引导学生了解学生的特点、权利和义务;

7.使学生了解师生关系的含义,懂得如何处理教育教学过程中的师生关系。

一、教师职业的性质与特点

教师是教育机构中代表国家和社会的要求,对学生身心发展施加教育影响的专业技术人员。教师职业具有不同于其他行业的性质和特点。

1.教师职业是一种专门的职业,教师是专业技术人员

随着社会分工的不断细化,从事教书育人、培养人才的教师职业成了一种专门化的职业。教师是受过专门训练具备特殊专业知识技能,经过严格考核后获得专门从业证书来从事教育教学活动的专业技术人员,这就决定了教师工作的特殊性和神圣性。《中华人民共和国教师法》明文规定:"教师是履行教育教学职责的专业人员,承担着教书育人,培养社会主义事业建设者和接班人,提高民族素质的使命。"①联合国教科文组织在《关于教师地位的建议》一文中提出:"教育工作应被视为专门职业(profession),这种职业是一种要求教员具备经过严格而持续不断的研究才能获得并维持专业知识及专门技能的公共业务;要求对所辖学生的教育和福利具有个人的及共同的责

---

① 徐建平.教育政策与法规[M].重庆:重庆大学出版社,2013,P80.

任感。"①

2.教师是教育者,教师职业是促进青少年学生社会化的职业

和其他行业不同,教师这一职业不制造人们日常社会生活中需要的物品,而是要和青少年学生打交道,要代表国家和社会的要求对青少年学生的身心施加有目的、有计划的影响,使他们在学校的学习和生活中逐步掌握科学文化基础知识,发展智能,形成良好的品德和社会责任感,成为一定社会的合格公民。离开了教师的劳动,青少年学生的社会化就失去了可能。

因此说,教师是教育机构中代表国家和社会的要求,对学生身心施加影响,促进其社会化的专业技术人员。

二、教师工作的重大意义

教师是代表国家和社会对学生进行教育教学活动,引导学生身心和谐发展,为国家和社会培养人才的专业人员,其工作对于国民素质的提高和社会的发展变革具有极其重大的意义。

1.教师是人类社会经验的传播者和社会进步的引领者

教师从事的是教书育人的教育活动,而这种教育活动离不开人类文化知识的传播,通过教师的劳动,人类文化知识得以继承和传递,不断得到丰富和发展。离开了教师和教育,人类文化的传递和继承就无法实现,社会的变革与发展就失去了智力支持与人才保障。

教师不仅仅传递人类文化知识,他也是具有一定文化知识和道德理念的社会的重要成员,他们在完成自己本职工作的同时,也要与人交往,积极参与社会生活,用自身的言行来影响周围社会,引领社会的变革与发展。

2.教师在教育教学过程中起主导作用

教育活动就其本质来说,就是教师引导下的学生的学习探究活动。由于教师受过系统的专门训练,具有系统的学科知识和专业知识,掌握教书育人的技巧,因而能保障教育教学活动的方向和效果,能最大限度地提高教育工作的效率。离开了教师的劳动,学生的学习活动就会变成盲目自发的探索,教学效率和教学质量必然不高,根本无法达到现代社会对人才的要求。因此,要想提高教育教学的质量和效果,就必须调动教师的工作积极性,充分发挥教师的主导作用,使教育教学活动有序高效地展开。

3.教师是人类灵魂的培育者

教师是受国家和社会委派来对学生进行教育教学工作的专业技术人员,他在引导学生掌握人类文化知识的同时,还要对学生的身心发展施加有目的、有计划的影响,使他们形成良好的品德,成为国家和社会所需要的人才。正因为如此,捷克教育家夸美

---

① [日]竹波大学教育学研究会.现代教育学基础[M].钟启泉 译,上海:上海教育出版社,1986,P442—443.

纽斯称教师的职业是太阳底下最光辉的职业;①苏联教育家加里宁对教师在引领学生人格成长的作用给予了高度的评价,指出:"很多教师常常忘记他们应该是教育家,而教育家也就是人类灵魂的工程师。"②这是对教师工作意义的充分肯定。

但教师的劳动成果是自己多年来花费大量的心血培养出来的学生,教师劳动成果具有中介性和滞后性,需要自己的学生多年后做出成就后才能够体现,这就使得社会上的很多人低估了教师劳动的重大价值,把教师劳动成果给淡忘了,因而很多人对教师在为国家培育人才、改变社会风气、促进社会进步方面的作用严重忽视。

因此,要想有效落实科教兴国的战略,全面建设幸福和谐的学习化社会,就必须重视提高社会各界对教师工作意义的认识,真正把教师的职业看作是高度专门化的复杂的职业,切实贯彻落实《中华人民共和国教育法》、《中华人民共和国教师法》的相关规定,真正把尊师重教的政策落实到国家和民众的实际行动中,不断提高教师的物质生活待遇,切实改善教师的工作生活条件,真正使中小学教师的职业成为社会上令人羡慕的职业,有效吸引有才华的人到中小学教育领域任教,切实调动他们工作的积极性,鼓励他们在高尚平凡的教育工作中继续谱写动人的诗篇。

三、教师的职业角色

教师在教育教学活动中要承担多种不同的责任,扮演多种不同的角色。

1. 传道者的角色

教师是代表国家和社会来教育青少年学生的专业工作者,他要按照国家和社会的要求把特定的社会经验和价值观、道德规范传授给青少年学生,用主流社会的道德价值观去启迪和引导学生的行为,让学生形成统治阶级需要的品德观念和道德行为,成为社会需要的人才。传道是教师的基本职责,教师必须承担起对学生进行品德教育的任务,引导学生形成良好的道德观念,学会适应社会生活,学会做人。

2. 授业、解惑者的角色

教育活动就是教师引导下的学生主动地学习人类文化知识,促使其智能和品德发展的过程,在这一过程中教师的指点尤为关紧,他要把控教育教学的方向,启迪学生思考,解除学生学习和生活中的疑惑,引导学生在主动获取知识的过程中不断提高他们自身的素养。

3. 学者和学习者的角色

教师被认为是智慧的化身,教师要想完成授业和解惑的任务,就必须是一个学者和学习者,他必须利用现有条件,采用多种方式参与终身学习,具有宽厚扎实的基础知识,把握所教学科的基本结构,了解学科的最新发展动态,能及时更新自身的观念,不断完善自身的知识结构,提升自身的教育教学能力,为完成授业解惑任务奠定坚实的基础。

---

① 曹孚.外国教育史[M].北京:人民教育出版社,1962,P97.
② 【苏】加里宁.论共产主义教育[M].陈昌浩 译,北京:中国青年出版社,1953,P53.

4. 示范者的角色

和其他专门的职业不同，教师是用自己的言行来影响青少年身心发展的，教师的一举一动就是学生模仿的榜样，对学生的身心会产生潜移默化的影响。孔子曾说过："其身正，不令而行；其身不正，虽令不从。"①我国西汉思想家杨雄也认为："师者，人之模范也。"②正因为如此，教师要想发挥自身的教育影响，就更应当时刻严格要求自己，处处时时做学生良好的表率。

5. 管理者的角色

教师要代表国家和社会完成教育教学的任务，就必须行使管理者的角色，把学校教育机构的学生和教育资源按照最优化的原则组合起来，对他们进行必要的调配和管控，以便最大限度地调动学生学习的积极性、主动性，发挥各种教育资源的效能，全面提高教育教学活动的质量和效率。

由于教师要代表国家和社会的要求对学生的学习和生活进行必要的管理和干预，这就容易导致教师和学生产生一些矛盾和冲突，学生往往会把对社会、同学和家长的不满发泄到某个教师的身上，使得教师扮演着受害者或者是替罪羊的角色。

6. 朋友的角色

教师工作的对象是身心发展迅速，但社会经验不多、单纯的青少年学生，他们对道德品质好、学识渊博、兴趣广泛的教师非常佩服，也乐于把自己的秘密和趣事与教师共享，也期望教师也能把他们当成知心的朋友来对待。因此，教师要切实尊重学生的人格，平等友善地与学生相处，使学生在与教师的日常交往与交流中感受到欢乐，并能得到启迪和感化。

7. 研究者的角色

教师工作的环境在不断地变化，教师工作的对象是身心不断发展变化，个性差异很大的青少年学生，教育教学活动中的课程内容和教学手段也在不断地更新变化中，这就对教师的工作提出了强有力的挑战，要求教师不能按照原来的老经验去从事教育教学工作，必须用一种发展变化的心态对待自己的工作，经常去参与教育教学研究，要及时了解教育教学规律，把握当今社会和科学技术变化的动态和趋势。总之，教师要想跟上时代的步伐，就不能满足于向学生传授现成的书本知识，要积极参与终身学习，大力探究创新，成为时代需要的学习型、探究型的教师。

教师职业角色的多元化，对教师素质提出了更高的要求，要求教师根据工作的需要及时调整自身角色，以便更好地完成教书育人的任务。

四、教师劳动的基本特点

教师是用自身的身心去影响和教育学生的，教师的劳动具有不同于其他行业的一些特点。

---

① 徐志纲. 论语通译[M]. 北京:人民文学出版社,1997,P74.
② 高欣荣. 课堂教学中教师职业道德现状及对策研究[D]. 2010,P2.

1. 强烈的示范性

教师不是用生产工具来参与劳动的,他的工作对象是青少年学生,他是用自身的身心来影响学生的,而青少年学生处于发展变化的关键期,喜欢模仿成人尤其是教师,这就决定了教师的劳动具有强烈的示范性,要求教师必须注意自身言行的规范性和教育性,要时时处处做学生良好的表率,正如西汉思想家杨雄所说:"师者,人之模范也。"①

2. 独特的创造性

教育是培养人教育人的一种社会实践活动,教师工作的对象是身心不断发展变化的青少年学生,教师工作的环境也处于不断变化之中,这就决定了教师工作没有固定的模式和程序,必须根据学生的特点和教育教学内容、环境的实际来创造性地确定教学的程序和模式,不能简单地套用任何固定的教育教学模式或程序。

3. 空间的广延性和时间的连续性

教师劳动的对象是青少年学生,教育的目的在于促进青少年学生身心的健康发展,教师劳动的空间不仅仅局限于课堂上,还包括学生出现的任何地方;教师劳动的时间也不局限于国家规定的上班时间,而是学生需要教师帮助和指点的任何时刻。这就决定了教师的劳动具有空间的广延性和时间的连续性。

正是由于教师的劳动具有空间的广延性和时间的连续性,对教师的工作提出了更高的要求,要求教师要具有充沛的精力和奉献精神,忘我工作,为国家和社会培养人才。同时,教师工作的这一特点也要求国家、社会和全体国民要理解和体谅教师工作的艰辛,把尊重教师当作一项国家的基本共识,要切实改善教师的工作条件,提高教师的物质生活待遇,吸引教师终身从事教书育人工作。

4. 个体性与群体性的统一

教师要完成教育学生,为国家培养人才的要求,就必须独自为学生讲授课程,指导学生参加各种教育活动,这说明教师的劳动具有个体性的特点。这一特点要求教师必须具有高度的社会责任感,认真完成学校交给自己的各项教育教学任务,为学生的身心和谐发展奠定基础。

教育是培养人的一种社会实践活动,涉及学校教育、家庭教育和社会教育诸多方面。要提高教育教学效果,仅靠教师的独自劳动是根本不行的,必须紧紧依靠教师集体、学生家长和社会等力量的全力支持和配合才行。这一特点要求教师要认识到教育教学过程中合作协调的重要性,要加强与其他教师、学生家长和社会教育机构的协调与合作,共同为提高学生素质服务。

因此说,教师的劳动既具有个体性的特点,也具有群体性的性质,是个体性与群体性的统一。

五、教师的权利与义务

我国教育机构的教师是共和国的公民,也是受过专业训练具有特殊专业素养和技

---

① 高欣荣. 课堂教学中教师职业道德现状及对策研究[D]. 2010,P2.

能的专业工作者,他和其他领域的普通人一样,具有一定的权利和义务。

（一）教师应享受的权利

教师除享受公民应该具有的基本权利外,还应享受到以下权利:①
1.进行教育教学活动,开展教育教学改革和实验;
2.从事科学研究、学术交流,参加专业的学术团体,在学术活动中充分发表意见;
3.指导学生的学习和发展,评定学生的品行和学业成绩;
4.按时获取工资报酬,享受国家规定的福利待遇以及寒暑假期的带薪休假;
5.对学校教育教学、管理工作和教育行政部门的工作提出意见和建议,通过教师职工代表大会或者其他形式,参与学校的民主管理;
6.参加进修或者其他方式的培训。

（二）教师应当履行的义务

我国教育机构的教师,除要履行宪法规定的公民的各项义务外,还必须履行下列义务:②
1.遵守宪法、法律和职业道德,为人师表;
2.贯彻国家的教育方针,遵守规章制度,执行学校的教学计划,履行教师聘约,完成教育教学工作任务;
3.对学生进行宪法所确定的基本原则教育、爱国主义教育、民族团结教育、法制教育以及思想品德、文化、科学技术教育,组织、带领学生开展有益的社会活动;
4.关心、爱护全体学生,尊重学生人格,促进学生在品德、智力、体质等方面全面发展;
5.制止有害于学生的行为或者其他侵犯学生合法权益的行为,批评和抵制有害于学生健康成长的现象;
6.不断提高自身的思想政治觉悟和教育教学业务水平。

六、教师职业的素养

现代社会对人才培养的要求不断提高,这必然对教师的职业素养提出了更高的要求。

（一）对教师品德和人格要求

教师要代表国家和社会的要求,对学生身心发展施加影响,启迪学生智慧,引导学生如何学习和如何做人,这就对从事教育教学活动的教师的品德和人格提出了更高的要求,要求教师要热爱教育工作,树立终身乐于从事平凡教育事业的理想和志向。教育工作还要求教师必须在具备一般人良好品德的同时,还必须具备教师这一职业必须具备的品德,他必须热爱学生,能切实尊重学生的人格,能友善地与学生相处,应当具有合作精神,能够与其他教师友善地相处与合作,教师还应当乐于接受新事物,敢于相

---

① 徐建平.教育政策与法规[M].重庆:重庆大学出版社,2013,P80—81.
② 徐建平.教育政策与法规[M].重庆:重庆大学出版社,2013,P81.

当,勇于探究,勤于学习,勇于创新,勇于实践。

(二)对教师学科知识素养的要求

教师的学科专业素养是教师胜任教育教学工作的基本要求,如果教师的学科专业素养有缺陷,就会对自身的教育教学工作带来严重的影响。

教师的职责是教书育人,因此他要完成启迪学生的智慧,促进学生身心和谐发展的任务,就必须既要有渊博系统扎实的学科知识和相关知识,还必须具有良好的教育专业素养。

1. 良好的知识素养

从中小学教师知识结构的功能出发,可以把教师的知识结构分成四个方面的知识:普通文化知识、本体性知识、条件性知识和实践性知识。[①]

①普通文化知识

中小学教师普通文化知识素养是他们学习教育理论知识,提升教育能力的基础和前提,也是完成教育教学工作的基本条件。中小学教师工作的对象是求知欲望强烈、兴趣广泛的青少年学生,教师丰富渊博的科学文化知识不仅能拓宽学生的认识领域,而且激发学生对未知世界探究的兴趣与欲望,引导他们不懈地攀登科学的高峰。因此,中小学教师必须系统地接受过高等教育的熏陶,努力学习哲学、历史、文学、艺术、体育、科学等领域的知识,成为知识渊博、兴趣广泛的教师,这样才能为提升自己的工作和生活质量奠定宽厚扎实的基础,这对帮助教师完成自身的工作,丰富自己的精神生活,加强教师与学生之间多方位的有效交流,提升教师在学生心目中的威信都是极有好处的。

②本体性知识

这是指中小学教师所具备的教授特定专业、学科的知识素养,是帮助中小学教师完成教学任务、提升教学效果的前提和保证。一个高水平的中小学教师,应该是系统深入地接受过高深专业教育的人,他要勤于学习,勇于钻研,系统全面地掌握所教学科及其相关的知识,及时跟踪现代科学技术发展和社会变革的趋势,了解该学科的最新发展动态和变化趋势,不断提升自身本体性知识的结构和质量。这样的教师才能更好地把握该学科的精髓,从而在教学活动中得心应手地处理教材内容,更好地完成教学工作的任务,不断地提升教书育人的质量和效率。

③条件性知识

这是指中小学教师为完成教育教学任务所需的教育学、心理学,以及课程教材教法等方面的知识,是中小学教师完成教育教学任务的基本工具或条件,因此称为条件性或工具性知识。[②]

各国中小学教育教学改革的实践充分证明,工具性知识在中小学教育教学实践中

① 教育部师范教育司.教师专业化的理论与实践[M].北京:人民教育出版社,2003,P56—58.
② 屈晓兰.小学教育心理学[M].上海:华东师范大学出版社,2016,P32.

具有重要的作用。因此,现代教师必须要系统地学习和掌握现代教育理论知识,要学习和了解教育哲学、中外教育发展史、比较教育学、教育心理学、儿童心理学、课程与教学论、教育管理学、教育科学研究方法等领域的知识和方法,这是具备良好教育素养的理论基础。因此,有志于从事教师职业的人,必须系统、认真地学习和研究教育理论,掌握教育发展的基本规律和发展动向,为自身今后的教师生涯奠定宽厚扎实的理论基础。

④实践性知识

这是中小学教师在教育教学实践中积累的处理教育教学实践中面临实际问题的知识经验,如如何处理教育教学过程中的突发问题,如何管控教育教学进程等方面的知识。

以上四个方面的知识是相互联系,相互促进的。

2. 具备良好的教育能力

教育能力是教师为完成教书育人的任务,必须具备的基本能力。对于教师来讲,具备了良好的教育能力,才能优质高效地完成教育教学的任务。

教师应该具备哪些教育能力,目前还没有定论。但一般来说,一个合格的教师必须具备以下基本教育能力:

①良好的语言表达能力

和其他行业相比,教师更多地要用自己的言语来影响学生,完成自身的教育教学任务。因此教师必须具备良好的语言表达能力(口头表达能力和书面表达能力),这样教师才能用生动、准确、简练的语言去从事教育教学活动,不断提高教育教学的效果和效率。

②良好的组织管理能力

教师只有把学生按照一定的规则组织起来,并加以有效地管理,才能更好地引导学生优质高效地学习,提高教育教学的效果和效率。因此,教师必须注重训练和提高自己的组织管理能力。

③课程开发和运用的能力

课程是教育教学的核心,它决定着教学的进程和效果。因此,教师要想提高课堂教学的效果,就要具备课程开发和利用的能力。教师要切实了解国家制定的课程目标,熟练把握课程内容的精髓和细节,能够充分利用现代信息技术手段对各种课程资源进行必要的加工整理,并能与本校、本地学生的实际结合确定教学活动方案。因此,教师一定要认真研究课程与教学理论,熟悉所教学科的内容变化动向,不断提高自身课程开发和利用的能力。

④教育科研能力

教师工作的对象是身心不断发生变化的青少年学生,课程与教学内容在不断地更新变化中,教育教学的条件和目标任务也在变化之中,这对教育者提出了更高的要求,要求教师必须具备良好的教育科研能力。道理很简单,教育者只有具备了良好的教育科研能力,才能更好地把握教育发展变化的基本规律,才能更好地利用教育规律去指导教育教学活动,不断提高教育教学活动的质量和效率。

因此,现代教师不是简单的知识传授者,也不是简单的教书匠,教师也是研究者,是教育教学活动的探究者。当然,中小学教师的研究和教育研究机构的研究者的研究还是有区别的,中小学教师研究主要的目的在于了解青少年学生身心发展的特点,运用教育教学规律,改进自身的教育教学工作,提升教育教学活动的质量和效率。因此中小学教师要结合自身教育教学的实际进行必要的探究,结合教育教学的实际探究教育教学规律,为自身的教育教学工作提供智力支持和理论导航。

⑤知识更新能力

现代社会是一个信息技术社会,知识总量快速增长,出现了前所未有的"知识爆炸"(knowledge explosion)现象。同时,在科学技术和社会变革的推动下,知识陈旧率大大加快。这一新问题新现象对现代教师提出了更高的要求,要求教师既要注重职前训练,在从事教师工作前就要具备渊博的科学文化知识和精深的专业知识外,还必须具备知识更新能力,能充分了解基础教育课程与教学改革对自身工作的新要求,利用现代信息技术资源积极主动地参与终身学习,在终身学习中及时吸收新知识、新信息,及时更新自己的知识结构,不断提高自身的综合素养。

⑥良好的教育机智

教师工作的对象是身心不断发展变化的青少年学生,在教育教学活动中会面临诸多的问题,要完成教育教学的任务,除了具备渊博的知识和高强的能力外,还必须具备处理突发事件的能力,即良好的教育机智。

教育机智是教师在教育教学活动中,能随机应变地处理教育教学过程中出现的各种问题的能力或本领。教师只有具备了良好的教育机智,才能更灵活地处理教育教学过程中的复杂问题,确保教育教学活动正常运转,不断地提高教育质量和教育效率。

(三)健康的身体和心理素质

教师工作是一项非常复杂、艰苦的工作,需要教师长时间地投入到极具爱心和耐心的事业中去,没有强健的身体和充沛旺盛的精力是很难完成国家赋予自身的使命的。因此,现代教师必须在注意自身营养的同时,切实加强体育锻炼和卫生保健,不断增强自身的身体素质,提高自身的健康水平。

1.中小学教师心理健康的标准

中小学教师工作的对象是青少年学生,教师是用自己的身心去影响学生的,要想培养出身心健康的学生,教师自身必须具有健康的心理素质。教师必须热爱生活,具有良好的人生观和高尚的情操,乐观自信,热爱学生,能平等友善地与学生和他人相处。关于中小学教师心理健康的标准没有统一的要求,但一个心理健康的中小学教师应当达到以下几个方面的要求:

①对教师角色的认同。我国中小学教师要意识到教书育人工作的重大意义,要真心热爱教师工作,乐于从事教师工作,积极投入到教师工作中去,对教师工作具有成就

感和满意感。

②善于处理各种人际关系。中小学教师是专业的教育工作者,也是社会生活中的人,他们要与学生、学生家长、学校领导、同事和社会各种人打交道,需要协调处理各种事件,如果不能妥善地处理人际交往中面临的问题,那么工作、生活的质量与效率就会大大降低。因此,一个心理健康的中小学教师应当是善于处理各种人际关系的楷模,能妥善地处理各种人际交往中的问题,这样才能在学生之间、同事之间、朋友之间建立威信,树立自信,提高工作的效率,找到工作、生活的乐趣。

③能全面客观地认识自我和控制自我。一个心理健康的教师能够全面客观地认识自我,他不过多地抱怨社会,也不过多地抱怨别人,能分清理想与现实,不好高骛远,能脚踏实地地工作,不轻易地发火,善于控制自己的情绪。

④勇于探究,勇于实践。一个心理健康的教师不应该固守已有的知识观念,不能用固有的经验模式去处理教育教学中面临的各种问题,他应该是勤于学习,乐于接受新事物、新变化,在教育教学活动中勇于探究、敢于尝试、勇于实践的教师。

⑤关爱学生,工作作风民主。一个心理健康的教师应该切实做到关爱所有学生,要用对待亲人的方式对待自己的学生,要切实尊重学生人格,平等公正对待学生,不讽刺、挖苦、歧视学生,不体罚或变相体罚学生。一个心理健康的教师还应当有民主的工作作风,能设身处地地为学生着想,要在教育教学活动中给学习者更多的自主权,在教育教学活动中多征求学生的意见,不把自己的想法强加到学生头上,让学生在教育教学活动中感受到关爱与温暖。

⑥心态平和稳定,能有效地控制自己的情绪。中小学教师面临的工作环境复杂,工作强度极大,如果中小学教师心态起伏大,不能有效地控制自己的情绪,则会对自己的工作与生活带来很大的消极影响。因此,一个高明的心理健康的中小学教师,应该用平和的心态看待周围的人和事,不要轻易地被突发事件左右,要能有效地控制自己的情绪,用平和的心态去处理面临的各种问题。不要将不良情绪带到家庭或学校。

2. 全社会要重视维护中小学教师的心理健康

造成中小学教师心理健康出现问题的原因很多,主要是工作压力过大,物质生活待遇低下,自身的职业理想与抱负没有实现,出现了严重的职业懈怠感等。要促进中小学教师的心理健康,就要动员全社会的力量关心和体谅教师。

①构建全社会关心、支持教师成长和发展的网络体系

如果中小学教师在生活与工作中感受不到全社会的关怀与尊重,他们就很难在工作中产生乐趣和自信,心理健康状况则极容易恶化。因此,各级政府和全社会要形成一种尊重知识、尊重人才、尊重劳动、尊重创造的社会风气,要把尊师重教的理念切实落实到各项实际行动中,不断改善中小学教师的工作生活条件,较大幅度地提高教师的物质生活待遇,真正使中小学教师的职业成为社会上令人羡慕的职业,为中小学教师创设一种宽松的充满人性关怀的教育环境,让中小学教师能切实感受到从事教育工作的乐趣和好处,帮助他们在良好的社会环境中心理健康成长与发展。

②教育主管部门和学校领导要鼓励教师大胆创新、勇于实践

中小学教师工作强度和工作压力极大,这对中小学教师心理健康造成了极为不利的消极影响。因此各级教育主管部门和学校领导要帮助中小学教师更新教育理念,完善教育教学能力,采取切实有力的措施建立科学的学校教师的评价机制,淡化学校学生考试的分数和名次,缓解教师的工作和心理压力,建立和完善学习化教师互助共同体,使得中小学教师在愉快的氛围中工作与生活,互相帮助、互相支持,共同和谐发展。

③全面减轻中小学教师的工作强度,鼓励中小学教师带薪参与脱产学习

造成中小学教师教育教学压力过大的一个重要原因就在于各地中小学班级平均学生人数过多,每个教师的平均授课时数过多,使得中小学教师普遍要常年超负荷辛苦工作,无法得到充足的休息。因此,我国各地教育主管部门要想大幅度地提高培养人才的质量,就要全面落实《中华人民共和国教育法》等法律法规的规定,在国家财力允许的范围内适度加大对教师教育的财政投入力度,根据我国中小学课程与教学改革的实际需要不断增加中小学教师的编制数量,适当减少每个班级学生的人数,在教育教学中广泛推广应用现代信息技术手段,全面减轻中小学教师工作的强度,为中小学教师的身心健康创造必要的条件。

为了帮助中小学教师克服职业懈怠感,更新知识,提升能力,我国教育主管部门应当制定鼓励中小学教师带薪参与脱产学习的政策,让中小学教师工作一定年限后脱离中小学教师岗位离职学习一段时间,帮助他们获得积极的休息,积极参与交流与反思,不断更新观念,提升教育素养与能力。

④中小学教师要正确地认识自我,不断提升心理调控能力

中小学教师要正视现实,正视自我,对自身的专业发展、个人发展的规划要合理,心理预期要恰当,不要指望在教师岗位上有特别卓越的成绩,也不要指望在教师岗位上升官发财,要从琐碎的教育教学事务中体验到快乐,要努力完善自身的知识结构和能力结构,不断拓展自身的兴趣范围,切实做到劳逸结合,保持乐观自信的心态,努力提升自身心理调控能力,切实加强与同事、朋友和亲人之间的交流,及时处理和解决生活、工作中遇到的不快问题,缓解自身的心理压力,促进自身心理健康水平的不断提高。

3. 要制定合理的中小学教师压力应对策略

中小学教师工作强度大,工作压力大是不争的事实。中小学教师要提升教育教学工作的质量与效率,就必须采取合理的压力应对策略,尽可能地消减各种压力对中小学教师心理健康的影响。

中小学教师压力应对策略主要包括情绪应对策略、认知应对策略和行为应对策略。采取这些策略主要是为了通过合理地处理中小学教师在情绪方面的焦虑、紧张,在认知方面的偏差,在行为方面的调整来消减教师的压力,促进教师的心理健康。

4. 要采取灵活多样的方式去解决中小学教师的心理问题

要解决中小学教师心理健康方面的问题,除要制定科学的缓解中小学教师心理压

力的策略外,还要采用灵活多样的方式去解决中小学教师的心理问题。

①理性情绪疗法(情绪的 ABC 理论)

这一理论是美国当代心理学家艾里斯提出的。这一理论认为个体的不良情绪是由突发事件引起的,突发事件引起人们对该事件的解释或认知出现了偏差,导致人们的情绪出现了异常。因此,理性情绪疗法的创立者认为,要消除人们的不良情绪,就要把引发不良情绪的突发事件和人们对突发事件的解释、认识一一列举,排除那些对突发事件不客观、不恰当的认识,树立客观的正确的认识,从而消除原来消极悲观的情绪,形成乐观自信的心态。

②注意力转移法

造成中小学教师情绪不佳的一个主要原因,在于中小学教师过于关注工作与生活中某些重大的事件,如果中小学教师把注意力从引起不良情绪的客观刺激转移到其他事物上时,他们的情绪就会好转。因此,当中小学教师出现不良情绪时,可以暂时脱离某一环境,到校园的小树林散散步,听听歌曲,和其他人聊聊天等,这样情绪或许会有所好转。

③宣泄法

中小学教师也是生活中的人,他们在工作中生活中也会遇到很多的烦恼,也会出现心情不好的时候,如果这些苦闷的情绪长期储藏于教师的心中,会对他们的心理健康造成极大的伤害。因此,建议中小学教师要采取适宜的方法及时宣泄自己心中的苦闷,如在没人的地方大声地喊叫,和朋友诉说,喝点酒、打打太极拳等等。

④心态放松法

造成中小学教师情绪不佳的一个直接原因在于情绪过于紧张,因此建议中小学教师在遇到难以抉择的问题时,先让自己闭目休息片刻,换位思考,用平和的心态从多个角度去考虑问题,这在实践中证明是非常有效的。

(四)科学的教育理念

教育理念是教师在教育实践中形成的对教育重大问题,如教育目标、教育过程、课程与教学、师生关系等重大问题较为稳定的观点或看法。教师具有的教育理念如何,直接影响着教师对教育教学的态度,对教育教学工作的质量和效率具有重大的影响。

现代教师应该具有哪些新的教育理念呢?

1. 我国的教育应当培养身心全面和谐发展的新人

我国的教育应当为社会主义现代化建设输送合格公民和培养人才,要增强培养的公民和人才对未来的适应性,就必须把教育工作的重点放在所有学生身上,而不能仅仅关注少数英才学生身上,在学校教育阶段要加强对青少年学生的基础训练,引导他们在德育、智育、体育、美育等方面全面和谐发展,为他们今后的学习和工作奠定宽厚扎实的基础,使他们成为道德高尚、知识渊博、能力高强、兴趣广泛,具有良好社会责任感的全人(the whole person)。

2. 学习者是具有主体精神的正在发展变化的具体的人

在现代教师看来,青少年学生是和成人一样的有血有肉的人,因此现代教师要把青少年学生当作人来平等友善地对待,不能歧视学生,不能用粗暴的方式对待学生,不能伤害学生的身体和人格。

在现代教师看来,青少年学生是教育的对象,也是教育的主体,教育者对青少年学生的教育影响要发挥作用,就必须调动青少年学生的积极主动性,使他们积极主动地参与到教育教学过程中去,让他们在教师有目的、有计划的引导下去获取知识,提高综合素养。因此,现代教师必须把青少年学生当作学习的主体,必须注意调动学生的主体精神,让他们参与到知识的产生与发展的过程中,不断提高他们的知识素养和智能水平。

在现代教师看来,青少年学生是身心不断发展变化的人,因此教师不能用绝对的固定的眼光看待学生,要用发展变化的观点对待学生,相信每一个学生都是具有独特优势发展领域的个体,相信他们经过自己的努力都能变得更好、更完善,并要引导学生在原有基础上不断进步和提高。

现代教师认为,每一个学生都是具体的人,有他自己独特的个性和需求,因此他们强调教师在教育过程中不能忽视每一个学生的特点和需求,要切实了解他们的特点和需要,并能采取切实有力的措施使教学的内容、方式和进度适合每一个学生,促使每一个学生都能在原有的基础上有所进步和发展,成为个性鲜明的人。

3. 教学是教师指导下的学生的知识建构活动

在建构主义者看来,教学活动究其本质来说,就是教师指导下的学生的知识建构活动,也就是学生在教师指导下运用原有知识经验去探究新知识,不断提高综合素质的活动。因此,建构主义者强调教师在教学活动中不能把学生仅仅看作是教学的对象,不能一讲到底,要切实调动学生的积极主动性,为学习者创设良好的教育环境,尽可能地加强所学知识和学习者原有知识经验的联系,引导学习者运用原有知识经验去探究新的知识,不断提高学习者的解决实际问题的能力。

因此,现代教师要把教学活动看作是教师指导下的学生的知识建构活动,要积极引导学生参与知识的探究与发现,让学生在自主学习和合作学习的过程中不断提高自身的综合素养。

4. 现代教师是学生成长的指导者、引导者和顾问

在建构主义者看来,学生的知识经验主要来源于他们对知识的主动建构,而不是来源于他们被动地接受教师所传授的知识。在他们看来,教师在教学中讲授的知识传授固然重要,但仅仅是学生掌握知识的外因,学生知识的学习主要靠学生做主,自己去完成建构。因此他们高度重视学习者在学习过程中的作用,强调学习要靠学生做主,由学生自己确定学习的目标、内容和学习的方式与进度。建构主义者虽然不否认教师在教学过程中的作用,但认为教师只是学生学习的外因,教师也只是学生学习的指导者、引导者和顾问,正如联合国教科文组织负责人在《学会生存——教育世界的今天

与明天》一书中所指出的："教师的职责现在已经越来越少地传递知识,而越来越多地激励思考;除了他的正式职能以外,他将越来越成为一位顾问,一位交换意见的参加者,一位帮助发现矛盾观点而不拿出现成真理的人。他必须集中更多的时间和精力从事哪些有效果和有创造性的活动:相互影响、讨论、了解、鼓舞。如果教师和学生之间的关系不按照这个样子发展,它就不是真正民主的教育。"[①]

因此,现代教师必须转变教育观念,要承认学生的主体地位,要更好地创设有利于发挥学习者主体精神的教育环境,加强学生所学知识和原有知识经验之间的联系,调动学生的积极主动性,引导学生运用原有知识经验去探究新知识,并对学生的学习提供及时有效的服务和指导,切实发挥好指导者和顾问的作用。

5. 教师是终身学习的典范

现代社会是一个急剧变化的社会,对人才培养提出了越来越高的要求,要求学校的教育教学工作必须适应新时期人才培养的新挑战,这必然要求教师要不断更新自身的知识结构、能力结构,完善自身的教育理念。一次接受学校教育就想一辈子适应教育要求的教师教育模式早已过时,教师要想适应社会变革的要求就必须加强自身的在职学习,做一个终身学习的老师,在与周围环境、其他老师和学生的交往与交流中主动地终身学习,不断丰富和完善自身的知识结构,提高自身的能力,更新教育理念,以便实现自己专业的可持续发展,更好地履行自己的职责,完成教育学生的任务。

信息技术时代对中小学教师的知识素养提出了更高的要求,要求中小学教师除具备较为广博的科学文化基础知识的同时,还必须具有系统扎实的本体性的知识(所教学科及其相关学科的知识)、条件性知识(教师为完成规定的教学任务所需的教育学、心理学和教学法等领域的知识)和实践性知识(教师在教学实践活动中积累的处理课程与教学活动所需的技能性知识)。

因此,现代教师必须是一个终身学习的典范,要活到老,学习到老,做一个终身学习型的教师,在终身学习的过程中不断地丰富自身的知识,完善自身的知识结构,为完成教书育人的任务奠定坚实的基础。

七、教师的教学效能感

(一)教师教学效能感的含义

教师的教学效能感(the sense of teaching efficacy),一般是指教师对于影响学习者的学习活动和学习结果能力的一种主观判断。

教师的教学效能感一般包括一般的教学效能感和个人的教学效能感。所谓教师的一般效能感,是指教师对教学的效用,教与学的关系,教育教学在学生发展中的作用

---

① 联合国教科文组织国际教育委员会.学会生存——教育世界的今天与明天[M].华东师范大学比较教育研究所译,北京:教育科学出版社,1996,P108.

等问题的看法;教师的个人教学效能感是指教师对自己的教学效果的认识与评价。①

（二）教师教学效能感的作用

实践证明,教师的教学效能感对教师教学任务的选择、教学中的情绪状态和努力程度具有主要的影响。

1.它影响教师教学任务和目标的确定

具有较强教学效能感的教师,对自己完成教学任务信心更充足,因此一般会选择难度较大的教学任务,制定更具有挑战性的目标;而教学效能感低下的教师,对自己的工作没有充足的信心,往往会选择教学任务难度小的任务,指定的教学目标挑战性不大。

2.它影响教师在教学中的情绪和努力程度

具有较高自我效能感的教师,一般在教学工作中都乐观自信,相信他们在教学中能完成任务,取得成功,即使是遇到困难和挫折的时候,也会主动地想方设法去克服困难,争取获得优异的成绩;而教学效能感不高的教师,总是认为家庭和社会在学习者成长中具有决定性影响,而自己对学生的影响是非常有限的,不管如何努力,学习者在学习中的成效都不会特别显著,他们在教学中往往缺乏必胜的信心,遇到困难和挫折时更容易感到焦虑和苦恼,无心长期从事繁琐的教学,难以很好地完成规定的教学任务。

3.它还会影响教师在教学工作中的经验总结和进一步的努力方向

一般说来,教学效能感的强弱直接影响着教师的教学态度和教学行为,进而影响自身的教学效率和教学的结果。这又会为教师教学生涯增添成功或失败的体验,影响教师教学工作中经验教训的总结,也会对他们今后的努力方向产生重大的影响。

（三）提升教师教学效能感的策略

教师教学效能感是教师在特定的教育环境中通过自身的教育实践形成的。要提升教师的自我效能感,就必须注意解决好以下几个问题:

1.努力构建有利于教师自我发展的外部环境

中小学教师不是生活和工作在真空中,而是生活在具体的社会环境中的。要想提升教师的自我效能感,就必须形成尊重知识、尊重人才、尊重劳动、尊重创造的社会环境,建立有利于调动教师工作积极性,促使教师专业发展的规章制度,切实提升中小学教师的物质生活待遇,调动他们努力工作,积极参与终身学习和专业发展的积极性。只是要求提升教师的教学效能感,不注意帮助他们解决工作和发展中面临的实际问题,会使得中小学教师丧失积极进取的动力,不利于教师教学效能感的提高。

2.中小学教师要热心于终身学习,潜心研究教学规律,大胆进行教学改革

实践证明,中小学教学工作是有规律可循的,中小学教师教学工作中只有遵循教

---

① 张大均.教育心理学[M].北京:人民教育出版社,2000,P332.

学规律,才能提升教学效果和教学效率。因此,中小学教师要胜任教学,提升自身的教学效能感,就要积极参与终身学习,全面学习和掌握教育教学必备的普通科学文化知识、专业知识和教育科学知识,深入探究教育教学规律,积极参与教学改革活动,及时总结教学的经验教训,在实践中反思成长。

八、教师的威信

(一)教师威信的含义

威信是一种社会心理现象,它是指社会上某些成员由于某些特殊的才能和品质,受到社会其他成员的尊重和信任,更容易听从其教导。

教师的威信是教师在日常教育教学活动中、与学生交往的过程中形成的可以使教师对学生施加的影响力,是教师在学生心目中的威望和信誉。教师在学生心目中的威信如何,直接影响着学生对教师教育教学活动的态度,极大地影响着教育教学活动的效果。也就是说,教师的威信是教师成功完成教师的职责,提升教育教学效果的关键所在。

(二)影响教师威信形成的因素

影响教师威信形成的因素是多方面的,既有社会方面的原因,也有教师个人方面的原因,是多种因素共同作用的结果。

实践证明,教师是生活在特定社会环境中的个体,他所处的社会环境对教师威信的形成具有重大的影响。例如,社会上对待人才、知识的态度,学生家长和学生对待学习、知识、教师的态度等会从多方面影响教师的发展,从而对教师威信的形成产生影响。

教师是教育教学活动的参与者,教师自身的条件对教师威信的形成具有决定性的影响。教师具有了良好的思想道德品质,渊博的知识和广泛的兴趣爱好,高强的专业技能,民主的工作方式,得体的仪表等,就容易与教师、学生相处,也容易形成良好的威信。

(三)教师建立威信的途径

教师的威信不是凭空出现的,它是教师在日常教育教学活动中逐步形成的。教师要提升自身的威信,就要特别注意解决好以下几个问题:

1. 不断提升自身的道德修养

教师是受国家和社会的委派来教育学生的专业教育工作者,他是科学文化知识的传递者,也是青少年学生成长的引路人,极容易被正在成长中的青少年学生看作是自身学习和模仿的榜样,对学生的身心发展具有极其重大的影响。因此,教师要想赢得学生的尊重和信任,就要切实加强自身的道德修养,不断提升自身的道德素质。教师良好的道德品质既体现在自身要具有良好的个人道德品质,又要具有良好的职业道德。能充分认识教育教学工作在社会变革和学生发展中的重大作用,能真心热爱祖国的教育事业,兢兢业业,敢当人梯,勇于奉献,对自己的工作和所教学科具有浓厚的兴趣和持续的热情,能出色地完成学校规定的各项任务,使得学生在原有基础上取得进步的教师就会得到学生的尊重,在学生们的心目中的威信就会不断提高。相反,如果教师自身道德素质不高,不热爱教育教学工作,对教育教学工作毫无热情,敷衍了事,工作效率低下,效果很差,就会失去学生的信任和尊重,其在学生心目中的威信会越来越低。

2. 完善教师的知识结构,拓宽教师的兴趣爱好,提升教师的专业能力

完善的知识结构,广泛的兴趣和爱好,高强的专业能力是中小学教师完成教育教学任务,提高教育质量的前提和保证。中小学教师的工作对象是求知欲望极其强烈、乐于上进的青少年学生,他们喜欢知识面宽阔、兴趣广泛、教育教学能力高强的教师,希望从他们的身上获取更多的启迪和教育。因此,教师要想提升自身在学生心目中的威信,就必须积极参与终身学习,努力完善自身的知识结构,拓宽自身的兴趣爱好,提升自身的专业能力,能够对学生的学习和生活给予及时有效的指导,不断提高自身的教育教学效果。正如苏联教育家马卡连柯指出的:"假若你的工作、学问和成绩都非常出色,那你尽管放心:他们全会站在你这一边决不会背弃你。相反的,不论你是多么亲切,你的话说得多么动听,态度多么和蔼,不论你在日常生活中和休息的时候是多么可爱,但是假如你的工作总是一事无成,总是失败,假如处处都可以看出你不通业务,假如你做出来的成绩都是废品和'一场空',一那么除了蔑视之外,你永远不配得到什么。"①

3. 具有良好的性格特征

中小学教师是学生学习的指导者和成长的引路人,教师的性格特征对学生的成长具有极其重大的影响。因此,教师要想提升自身在学生心目中的威信,就必须加强自身心理素质的提升,努力完善自身的性格特征,形成乐观自信、平等待人、作风民主、热情开朗、能友善地与他人相处、关心和体谅学生、勇于创新、积极进取、勇于实践的良好品质。

4. 教师要有良好的仪表、作风和习惯

实践证明,良好的仪表是教师内在精神面貌的反映,也是提升自身在学习者心目中威信的必要条件。教师仪表端庄,衣着整洁美观,举止大方,才能在学生的心目中引起好感和敬重。如果教师在学生面前仪表不整,举止怪异,则容易造成学生的反感,很难获得学生的尊重和信任。

教师的工作作风和生活习惯是指教师在日常工作和生活中表现出来的较为稳定的行为方式,如有些教师对待他人和学生粗暴蛮横,自私,对工作马虎敷衍,生活作风

---

① 傅维利. 师德读本[M]. 北京:高等教育出版社,2006,P92.

不严谨,不注意个人卫生等,都会影响其在学生心目中的形象,损害教师威信的建立。因此,教师要提升自身的威信,就要在工作和生活中时时处处严格要求自己,养成良好的工作作风和严谨的生活习惯。

5.教师要为学生留下良好的第一印象

现代心理学研究证明,两个素不相识的人初次见面或初次接触对方的资料所形成的第一印象在人际认知过程中起着重要的作用,会对新信息的解释和总体印象的形成产生强烈的影响。实践证明,教师第一次和学生接触时给学生留下的印象特别的深刻,会对教师在学生心目中的形象的形成产生重要的影响。因此,教师要高度重视自己与学生最初接触的机会,力争把最美好的一面展现给学生,给学生留下深刻难忘的印象,逐步形成威信。

6.能友善地与学生相处,诚心地做学生的朋友和知己

青少年学生是教师工作的对象,他们渴望在求学期间获得知识,增长才干,也希望与教师平等地交流,获得教师的认可和好感。因此,教师要提升自身在学生心目中的威信,就必须真心关爱学生,能平等友善地与学生相处,及时妥善地处理教育教学中的问题,让学生在与教师的交往中感受到关切和爱,潜移默化地提升自身的素养。

九、教师个体的专业发展

教师职业是一种专门化的职业,教育教学工作是一种专业工作,教育教学工作质量和效率的提高有赖于教师个体的专业发展。

教师获得教师任职资格证书,开始从事教育学生的工作,但这只是教师任职工作的开始,还不能说他是一个成熟的合格的专业教师。随着教师教育教学经验的增加,知识的拓展和丰富深化,教育教学能力的提高,他才能逐步由不成熟的专业工作者转变成为成熟的专业教师。换句话说,"教师个体的专业发展,是教师作为专业人员,从专业思想到专业知识、专业能力、专业心理品质等方面由不成熟到比较成熟,即由一个专业新手发展成为专家型教师的过程。"[1]教师个体的专业发展一般包括教师专业理想的建立、专业知识的拓展、专业能力的发展和专业自我的形成等方面。[2]

有人把教师专业发展分成四个相互联系的时期:

1.专业形成阶段

这一时期,新任教师在教育教学工作中初步了解自身工作的特点和要求,具有了一定的专业技能,并逐步形成了一些简单的朴素的教育理念。

2.专业成长阶段

这一时期,教师的专业知识和专业能力不断丰富,对自身的工作有了较为深入的

① 鲍传友.中小学教育管理[M].北京:高等教育出版社,2014,P131.
② 鲍传友.中小学教育管理[M].北京:高等教育出版社,2014,P131—132.

了解,专业素养在逐步完善。

3.专业成熟阶段

这一时期,教师的专业知识和专业技能高度丰富,能随机应变地处理教育教学过程中的问题,对教育教学的重大问题进行了深入的思考和反思。

4.充分专业化阶段

这一时期,教师已经步入专业高度成熟期,能享受到教师工作的快乐,能形成自己的教育理念,努力追求自我实现。

也有学者把教师专业发展阶段按入职时间进行划分,认为教师的专业发展包括以下几个阶段:

1.求生存的时期(入职后的第一年)。这一时期,新入职的教师努力学习,积极工作,努力适应学校和周围环境的要求,全力完成工作以更好地获得领导、同事和学生们的认同,以更好地求得生存。

2.巩固期(入职后的2—3年)。这一时期,教师对周围环境已经较为熟悉,对所教班级学生的情况也基本了解,开始把注意力集中于班级的特殊学生,尤其是学业成绩较差的和俏皮捣蛋的学生身上,力求整顿班级课堂纪律,不断提高课堂教学效果。

3.更新期(入职后的3—4年)。这一时期,教师已经熟悉了学校的环境,也基本上适应了学校对教学的基本要求,开始关注教学方式的改革,注意寻求适合自己学科特点的新的教学方式,力求提高课堂教学的效果和效率。

4.成熟期(入职后的5—8年)。这一时期,教师的专业知识不断丰富,专业教育技能不断增长,并能对教育目标、教育规律等重大问题进行思考,在反思自身教育工作的过程中形成自身的教育理想和教育理念。

心理学家富勒和布朗根据教师的需要和不同时期所关注的焦点问题,把教师的专业成长分为关注生存、关注情景和关注学生三个阶段:

1.关注生存阶段

这是教师的起始阶段,处在这一阶段的一般是新教师,他们非常关注自己的生存适应性,注重自己在学生、教师和领导心目中的地位,教师更多地要投入教学,小心翼翼地处理好自身与学生、同事和领导的关系。

2.关注情景阶段

这一阶段,教师在学校教育教学岗位上已经站稳脚跟,他们开始把精力放在教育质量的提高上,如关心学生学业成绩的提高,关心班集体的建设,关心自己备课是否充分等。

3.关注学生阶段

这一时期,教师已经具备一定的教育经验和教育能力,开始关注学生的个别差异,能够因材施教。可以说,是否关注学生是衡量一个教师是否在专业上成熟的重要标志。

国外学者亚历山大等人把教师的专业发展按教师对工作适应程度来划分阶段：

1. 专业适应阶段

这是新入职教师必须经历的阶段，是新入职教师由学生向教师转变的阶段，他们在工作中面临着陌生的环境，许多新的知识需要去学习，许多专业技能需要去培养，许多新的习惯需要去养成。这一时期，学校要对新入职教师进行必要的辅导，帮助他们更好更快地适应学校的教育教学工作。

2. 专业胜任阶段

随着时间的推移，新入职的教师经过教育教学实践的磨炼，已经熟悉了校园环境，也具备了教育教学中的知识和技能，能胜任教师的工作，教学质量和教学效率也有了明显的提高。这一时期，教师开始更多地关注教育教学中的重大问题，注意自身教学能力和教学风格的形成。

3. 专业成长阶段

这一时期，教师已经具备了较为渊博的专业知识和熟练的专业技能，具有较强的教育科研能力和知识更新能力，对教育问题有自己独特的理解，开始形成自己的教育理念和教育思想，并逐步地由熟练型教师向专家型教师过渡。

通过对教师个体专业发展理论的介绍，可以看出教师专业发展的特点或规律：

1. 教师的专业发展包括专业知识（普通文化知识、所教学科的知识和教育学科知识）的增长、专业技能的形成与完善、专业情意的发展三个方面。

2. 一般说来，教师个体的专业素养随着自身教学时间的增加而逐步完善，但教师个体的专业发展并不是一个随着教师从教年龄增长而自然发展的过程，它是教师在社会和学校的支持下，自身积极主动地在教育教学实践中勤于学习，勇于探索的过程。教师对自身要求越严格，越善于学习和探索，则自身专业成熟期会较早到来，如果教师对自身要求过低，不思进取，得过且过，在学校混日子，那么其专业成熟期到来的时间会遥遥无期。。

3. 教师个体的专业发展不是在特定时间完成的活动，而是一个持续不断的成长过程，教师要想成为专业素养高度发展的专业人才，就必须勤于学习，勇于探究，终身作一个学习型、探究型的教师。

十、教师个体专业发展的途径

教师个体的专业发展主要是通过加强对新教师的入职辅导、组织教师参加在职培训和学习，引导新教师积极参与教育教学研究，加强教师之间的交流与合作，鼓励新教师对自身的教学活动进行反思等途径来实现。

（一）切实加强新教师的入职辅导

世界各国为了提高教师的专业素养，除了重视提高任职教师的资格要求外，还特别注意对新入职教师的入职辅导，指派经验丰富的教师为新入职教师进行及时的指导,帮助这些新入职的教师尽早了解教师工作的特点和要求,尽早从一个学生向成熟教师的转变。

为了帮助新入职的教师提高自身的教学素养,学校应组织新教师参与观摩和分析优秀教师的教学活动,学习优秀教师驾驭专业知识,进行教学管理,调动学习者积极性等方面的教育机智和教学能力,让他们尽早认识教学规律,按照科学的教学策略来组织教学,不断提高教学质量和教学效率。

为了引导新教师提高自身的教学素养,掌握教学技能,学校主管教学的领导应有计划地组织新教师开展微格教学,让新教师在观摩老教师教学行为、全面深入地分析自身教学行为的过程中,有效地改善自身的教学行为,不断提高新教师驾驭教学活动的能力。各国的教学实践证明,采用微格教学,是帮助新教师在较短时间内了解自身教学中存在的问题,有针对性地改进教学工作,提升教师教学技能的有效手段。

(二)大力加强教师的在职培训

现代社会是一个急剧变化的社会,对培养人才的工作提出了越来越高的要求,这必然要求教师必须能适应这一要求,加强自身的在职培训,做一个终身学习的老师,在与周围环境、其他老师和学生的交往与交流中主动地终身学习,不断丰富和完善自身的知识结构,提高自身的能力,更新教育理念,以便更好地履行自己的职责,完成教育学生的任务。

要提高教师在职学习的效果,就必须调动教师在职学习的积极主动性,要加强在职学习内容与他们工作和生活之间的有机联系,使教师的在职学习能提高教师的综合素养,有利于教师工作质量和效率的提高。听课式的在职学习对提高教师素质作用很小,还会浪费教师的时间和精力,导致教师的极度反感。

(三)引导新教师积极参与教育教学研究活动

教育教学活动是有规律可循的,如青少年学生身心发展的规律是什么? 每个学生的特点是什么? 如何组织课堂教学? 如何与学生在课堂上进行沟通? 如何与其他老师交流与合作,都是需要新教师进行探索和研究的。因此,新教师要想促进自身的专业发展,就不能满足于学习已有的书本知识,要留心观察和思考教育教学现象,通过对教育教学现象的探究,发现教育教学过程中存在的问题,找到解决问题的方法,使得自己的教育教学活动优质高效地进行。总之,新教师不能满足于当一个教书匠,要参与教育教学过程的探究,要做一个探究型的教师,深入探寻教育教学的规律,以便更好地指导自己的教育教学实践。

(四)要加强新任教师与其他教师的交流与合作

真正了解中小学教育教学的问题所在,知道如何去解决这些弊端的人不是远离中小学教育教学工作的大学教授、教育理论专家,而是在中小学长期工作和生活的中小学教师,他们在长期的教育教学工作中积累了丰富的实际经验,知道如何处理教育教学工作中的各种问题,对如何改进中小学教育教学工作有自己独特的见解。因此,新教师要想在教育教学活动中增长才干,就要切实加强与自身领导、同事的交流与合作,虚心向他们求教,学习他们处理教育教学问题的成功经验,使得自身的发展建立在高起点的基础之上,促使他们在较短的时间内适应学校教育教学的要求,让他们在与其他教师的交流与合作中不断提高自身的素养。

（五）新教师要对自身的教育教学行为进行剖析和反思

新教师在教育教学活动中既有成功的经验,也有失败的教训,为什么自己有些教学行为成功了? 为啥有些教学行为效果不佳? 这些都需要新教师进行剖析和反思,以便找到最佳解决当前实际问题的工作方案。美国心理学家、教育家波斯纳认为反思在新教师的成长与发展中具有重大作用,他提出了教师的成长就是教师在教育教学经验不断增加的基础上进行反思的结果,提出"教师成长 = 经验 + 反思",认为善于反思的教师才能知道教学成功与失败的原因,才能深刻地把握教学规律,为自身的可持续发展奠定坚实基础。[①] 因此,新教师要想促进自身的专业发展,就必须是一个善于学习的教师,又是一个善于总结自身教学经验教训,勇于反思,勇于探究和实践的教师。

十一、学生的特征

学生是在特定的学校教育时期内,在受过专门训练的教师有目的、有计划的指导下以系统学习人类文化基础知识,促进自身身心全面发展和社会化进程的青少年。

1. 学生是以系统学习间接经验为主的青少年

人类社会在长期发展的进程中,积累了丰富的经验,他们把这些经验进一步总结归纳为书本知识(或间接经验),这些书本知识或间接经验是人类文化经验的高度概括和智慧结晶,学习这些间接经验成了促使青少年社会化的最佳途径。青少年学生在学校的时间只有短短的十几年,要想使青少年学生适应经济建设和社会变革的步伐,就必须在最短的时间内让他们学习间接经验,掌握人类文化的精华,不可能让他们事事都参与实践。因此说,学生必须以系统学习间接经验为主。

让学生以系统学习间接经验为主,并不否认学生在实践活动中直接获取直接经验的必要性,还应该鼓励学生在学校的学习中积极参与实践活动,在实践活动中学习,引导他们提高自身运用所学知识解决实际问题的能力,养成主动探究、勇于实践的习惯。

2. 学生是具有主体性的人

学生是教师教育的对象,他必须接受教师的教育,按照教师制定的教学方案学习规定的课程内容,但教师的教无论多么重要,只是学生身心发展的外因,学生自己才是发展的内因所在。学生是具有主体性的人,他不是把教师讲授的知识复制在自身的脑海中,因为他具有自己的思维和情感,他有自身的需要和兴趣,他要对教师讲授的内容

---

① 教育部人事司,教育部考试中心.教育学考试大纲[M].北京:北京师范大学出版社,2002,P82.

进行独立的判断和理解,并对这些内容进行必要的挑选,纳入自身的知识结构,形成自身的知识经验体系,逐步提升自身的综合素养。

既然学生是具有主体性的人,教师在教育教学活动中就必须调动学生的主体精神,在课程与教学中给予学生更多的自由和权利,引导学生积极参与教学过程,让他们运用以前所学的知识经验去获取新的知识,不断提高自身的能力素养。

3. 学生是发展中的人

青少年学生是身心正在发展变化中的人,他们的身心有成长发展的需要和潜能,教师必须考虑到青少年学生成长发展的需要,要为青少年学生的发展创造条件,尽可能地促进青少年学生身心的发展与成长。

学生是发展中的人,是发展变化的人。因此,教师在教育教学过程中不能用固定的眼光看待学生,不能因为他们现在不够好就永远不好,教师必须要信任学生,相信他们经过自己的努力能变得更好,并要采取切实有效的措施帮助学生获得最大限度的发展。

4. 学生是具体的人

青少年学生具有他们那个年龄阶段普遍的特点和规律,但每一个学生都是一个具体的人,他有自身的家庭环境,有自身的特点和需求,这是和其他任何人都不一样的。

因此,教师在教育教学中既要了解学生的一般特征,又要了解每一个学生的实际特点和具体需求,这样才能使得自己的教育教学更好地对症下药,因材施教,更好地培养有个性的学生。

5. 学生是整体的人

我们可以把青少年学生的发展分为身体的发展和心理的发展两个部分,我们某一时候可以侧重学生知识的传授,某一时刻则侧重学生智能的培养或品德的形成。但事实上,学生的身心发展是一个相互联系的整体,他们参加的任何一项教育活动,都会对他们身心的发展产生影响,过于强调学生某一领域的发展而忽视其他领域的发展是不对的,会对青少年学生的全面和谐发展产生严重的不良影响。

长期以来,受儒家传统文化等方面的影响,我国各级学校的教育工作中过于注重学生书本知识的传授和理智能力的培养,把提高学生的应试能力放在教育教学的核心地位,但忽视学生品德和社会责任感的养成,造成学生身心片面发展,道德修养不高,社会责任感不强,综合素质低下,难以适应现代社会对人才素质的要求。

因此,我国教育工作者一定要把学生看作是整体的人,并要在教育教学过程中采取切实有力的措施促进学生身心的全面和谐发展,为社会培养整体的身心和谐发展的全人或完人(the whole person)。

十二、学生的权利和义务

(一)学生的权利

青少年学生是正在成长中的年轻一代,他们除在入学、升学和就业方面享受与其

他公民平等的权利外,还享受以下权利:①

1.参加学校教育教学计划安排的各种活动,使用教育教学设施、设备、图书资料;

2.按照国家有关规定获得奖学金、贷学金、助学金;

3.在学业成绩和品行上获得公正评价,完成规定的学业后获得相应的学业证书、学位证书;

4.对学校给予的处分不服向有关部门提出申诉,对学校、教师侵犯其人身权、财产权等合法权益,提出申诉或者依法提起诉讼;

5.法律、法规规定的其他权利。

（二）学生的义务

学生是正在成长中的青少年儿童,是以学习为主要任务的人,他们除要享受我国法律规定的各项权利,履行我国法律法规赋予的各项义务外,还必须履行以下特定的义务:②

1.遵守法律、法规;

2.遵守学生行为规范,尊敬师长,养成良好的思想品德和行为习惯;

3.努力学习,完成规定的学习任务;

4.遵守所在学校或者其他教育机构的管理制度。

十三、师生关系的构建

（一）师生关系的含义

学校的教育活动是在教师和学生的交流与合作中完成的,教师与学生要完成规定的任务,就必须结成一定的关系或联系,否则教育教学活动就无法正常进行。师生关系是指教师和学生在教育教学活动中为完成一定的任务,在学校里的学习和生活中所形成的相互关系,包括彼此所处的地位、作用和相互对待的态度。

（二）良好师生关系的意义或作用

良好的师生关系是学校教育教学工作正常运行的基本条件,对于提高学校教育质量,保证教育教学的优质高效具有重大的作用。

1.良好的师生关系是教育教学活动顺利进行的必要条件

教育教学活动的目的就是要促进学生身心的和谐发展,在这一过程中,教师是学生成长的教育者、指导者和引导者,学生与老师的关系如何,是否愿意接受教师的教育与指点,在教师的指导下自主学习,直接影响着教育教学的进程和效果。现代教育实验表明,师生关系状况与学生的学业成绩高度相关,良好的师生关系有利于学生学业成绩的提高,对于让学生体验到教育教学的乐趣,促进学生学习兴趣的形成和良好人

① 徐建平.教育政策与法规[M].重庆:重庆大学出版社,2013,P71.
② 徐建平.教育政策与法规[M].重庆:重庆大学出版社,2013,P71.

格的培养具有重大的影响。相反,不良的师生关系则容易造成教师与学生之间小心戒备,互不信任,无法正常有效沟通,降低教师的教学热情与学生的学习乐趣,严重影响教育教学工作的质量和效率。

2.师生关系是衡量教师和学生学校生活质量的重要指标

教师和学生在教育教学过程要按照一定的模式和标准来形成一定的师生关系,这种关系的民主化与和谐程度如何是衡量教师和学生在学校里生活质量的重要指标。例如专制型的师生关系更有利于教师知识的传授和道德的说教,学校里学生对教师存在着戒备和敬畏,很少会和教师进行平等的交流,教师和学生在这样的学校里很少能感受到教学的乐趣;而民主型的师生关系更有利于教师与学生的交流与合作,有利于学生在教师的指导下自主学习,让他们感受到学习的欢乐,既有利于学生身心和谐发展,形成良好的人格,也能使教师感受到教育教学工作的乐趣,促进教师的专业发展。

3.师生关系是校园文化的重要内容

师生关系是学校中最基本的、最重要的人际关系,是一个国家、一所学校的社会风气、精神风貌、校风、学风等方面的直观反映。师生关系状况折射出国家和社会对人才、知识、青少年的态度,是校园文化的重要组成部分,对学校精神文化的建设,对教师的专业成长和学生的可持续发展都具有重要的促进作用。

(三) 从教育目标看师生关系的类型差异

师生关系是教育学研究的重要内容,师生之间的关系是不断变化发展的,也可以从哲学、政治学等角度进行全面综合的分析。根据教育教学工作中达成目标的差异,可以把师生之间的关系分成以下几种:

1.以直接促进学生发展为目的的教育关系

教师是受国家和社会的委派来教育青少年学生的专业工作者,教师与学生要完成规定的教育任务,就必须结成一定的教育关系,学生要服从教师的领导和指点,在教师的指导下参与教育教学活动,不断提高自身的身心发展水平。在这样的情况下,教师与学生结成的关系就是为了促进学生的身心发展,是以直接促进学生发展为目的的教育关系。

2.以年轻一代成长为目的的社会关系

教师是受国家和社会委派来教育青少年学生的专业工作者,他们要把国家和社会主流的社会经验、道德规范传递给青少年学生。要促进青少年学生的社会化进程,教师就必须在教育教学过程中扮演"传道者"的角色,利用自身的经验和权威来影响学生,这种关系就是以年轻一代成长为目的的社会关系。

3.以维系教育关系为目的的心理关系

教师要引导学生掌握知识,促进学生的发展,就必须结成一定的教育关系。要结成一定的教育关系,就必须与青少年学生在教育教学活动和日常生活中加强交流合作,使学生形成良好的人格。从这个意义上来说,教师与学生形成的关系是以维系教育关系为目的的心理关系。

（四）当代师生关系的发展动向

1. 教师和学生在教育教学中是指导者与被指导者的关系

教育教学活动究其本质来说，就是教育者根据国家和社会要求有目的、有计划地指导青少年学生接受人类已有的文化遗产，促进自身身心和谐发展的过程。教育者在知识经验、智力发展程度上都先于学生，因此教师在教育教学过程中居于主导地位，是教育教学过程中的领导者和指导者，学生必须在教师的领导下和指导下参与教育教学活动，才能保证教育教学活动的质量和工作效率。

但强调教师在教育教学活动中的主导地位，强调教师对教育教学的领导和指导，并不是要否认学生的主体作用，教师的作用无论如何多么巨大，只是学生身心发展变化的外因，这种外部的力量必须通过调动学生身心发展的内部力量才能有效发挥作用。没有学生的主动参与，仅仅靠教师单方面发挥主导作用，教育教学活动很难保证质量，教学效率也必然不高。

因此，要提高教育教学活动的效果，就必须调动教师和学生双方的积极性，使教育教学过程真正成为教师指导下的学生的自主学习的过程。

2. 教师和学生在人格上是平等的关系

教师和学生都是有血有肉的人，他们都是教育教学活动的参加者，虽然教师闻道在先，术业有专攻，在教育教学过程中负有领导和指导学生的责任，但并不是说教师就可以把自己的观点、情感和意志强加于学生的头上，不考虑学生的特点和需要。教师和学生都是活生生的人，教师和学生在人格上没有贵贱之分，在人格上是平等的，所以教师和学生要相互尊重，相互关心，不应该相互指责和相互拆台，要形成尊师爱生的良好氛围，为教育教学工作的完成创造必要的条件。

3. 教师和学生在知识、智能和道德上是相互促进的关系

教师和学生是组成教育教学活动的主体，教师在知识、智能和道德等领域的状况如何，直接影响着自身教育教学活动的状态和效果，也影响着学生对知识、智能和道德的学习；同样，学生对知识、智能和道德的态度也影响着教师，如果学习者喜欢知识的学习和探究，注意自身道德修养的完善，则会促使教师更加关注自身道德上的完善和知识素养的提高，注意在教育教学中引导学生探究学习。正如联合国教科文组织负责人所指出的："毫无疑问，在未来几十年中，发达国家的师生关系将发生巨大变化。由于学生积极参与自学过程，由于每个学生的创造性都受到重视，指令性和专断的师生关系将难以维持，教师的权威将不再建立在学生的被动与无知的基础上，而是建立在教师借助学生的积极参与以促进其充分发展的能力之上。这样，教师的作用就不会混同于一部百科全书或一个供学生利用的资料库。一个有创造性的教师应能帮助学生在自学的道路上迅速前进，教会学生怎样对付大量的信息，他更多的是一位向导和顾

问,而不是机械传递知识的简单工具。"①

因此说,教师和学生在知识、智能和道德上不是主导者和被主导者、决定和被决定的关系,而是相互促进和相互影响的关系。

(五)如何构建良好的师生关系

1.国家与社会要重视人的价值和尊严,形成尊重人、尊重人才、尊重知识、尊重劳动和创造的良好社会氛围。

良好师生关系的构建需要良好的外部条件,国家和社会形成了重视人的价值和尊严、尊重知识、尊重劳动和创造的良好社会氛围,就会对学校中的教师和学生产生无声的影响,直接推动着良好师生关系的创建。

2.教师要了解和研究学生

造成师生关系紧张的一个重要原因,在于教师对学生了解和研究不够,不掌握学生身心发展的特点,不了解学生的具体需求。因此,教师要想构建良好的师生关系,就要多多了解和研究学生,要切实把握学生身心发展的特点和规律,熟悉所有学生的特点和需求。

3.教育者要平等友善地与学生及时沟通

中小学师生关系出现问题的一个重要原因,在于中小学教师与学生之间的交流少,缺乏及时的沟通,因此,要创建良好的师生关系,教师就要尊重学生的人格,不能随意伤害学生的自尊心,要设身处地地为学生着想,平等友善地与学生相处。教师还要及时发现教育教学中存在的问题或矛盾,加强与学生的沟通,及时消除教师和学生之间的隔阂或误解,使学生感受到教师对自己的关怀和爱护。

4.教师要引导学生积极参加有教育意义的活动

良好的师生关系不是凭空出现的,它是在师生共同参加的有教育意义的活动中形成与发展起来的。因此,教师要根据本班学生的特点和实际,创造性地引导学生开展一系列的有教育意义的活动,让教师和学生在活动与交往中加强了解和理解,进一步促进师生关系朝着平等、友善、民主的方向迈进。

5.教师要及时更新自身的理念,完善自身的素养

现代教育实践证明,教师自身的理念和素养是影响教师的威信和良好师生关系构建的一个重要因素。各国的教育教学实践也充分证明,教师的专业发展是永远无法完成的进行时。因此,教师要创建良好的师生关系,就要切实加强自身的终身学习,紧跟时代变革的步伐,及时更新自己的知识结构和教育理念,努力拓宽自身的视野和兴趣,不断完善自身的素养,这样才能为有效地与学习者沟通,创建良好的师生关系奠定坚实宽厚的基础。

---

① S.拉塞克,G.韦亚努.从现在到2000年教育内容的全球展望[M].北京:教育科学出版社,1996,P105—106.

【本章主要参考文献】

1. 教育部师范教育司. 教师专业化的理论与实践[M]. 北京:人民教育出版社,2003.

2. 王道俊,郭文安. 教育学[M]. 北京:人民教育出版社,2016.

3. 南京师范大学教育系. 教育学[M]. 北京:人民教育出版社,1984.

4. 全国十二所重点师范大学编写组. 教育学基础[M]. 北京:教育科学出版社,2002.

5. 瞿葆奎. 教育学文集·教师[M]. 北京:人民教育出版社,1990.

6. 黄济. 教育哲学通论[M]. 太原:山西教育出版社,2002.

7. 傅维利. 师德读本[M]. 北京:高等教育出版社,2003.

8. 王策三、黄济. 现代教育论[M]. 北京:人民教育出版社,2004.

9. 陈理宣. 教育学原理——理论与实践[M]. 北京:北京师范大学出版社,2010.

10. 余文森. 新课程背景下的公共教育学教程[M]. 北京:高等教育出版社,2005.

11. 金正昆. 教师礼仪规范[M]. 北京:中国人民大学出版社,2010.

12. 张大均. 教育心理学[M]. 北京:人民教育出版社,2004.

13. 邵瑞珍. 教育心理学参考资料选辑[M]. 上海:上海教育出版社,1990.

14. 教育部人事司,教育部考试中心. 教育学考试大纲[M]. 北京:北京师范大学出版社,2006.

15. 教育部人事司,教育部考试中心. 教育心理学考试大纲[M]. 北京:北京师范大学出版社,2006.

16. 瞿葆奎. 教育学文集·教育与人的发展[M]. 北京:人民教育出版社,1990.

【本章思考题目】

一、名词解释

1. 教师

2. 教育机智

3. 教育理念

4. 师生关系

二、选择题

1. 强调教学活动中必须以教师为中心的教育家是　　　　　　　　　　　　　　（　　）

　　A. 赞科夫　　　　　　B. 布鲁纳　　　　　　C. 赫尔巴特　　　　　D. 杜威

2. 一个合格中小学教师的知识结构中,既要有丰富的一般性文化知识、本体性知识、条件性知识,还要有　　　　　　　　　　　　　　　　　　　　　　　　　　　　　　　（　　）

　　A. 道德性知识　　　　B. 教育法规知识　　　C. 心理学知识　　　　D. 实践性知识

3. 把教师称作是人类灵魂工程师的教育家是　　　　　　　　　　　　　　　　（　　）

　　A. 赞科夫　　　　　　B. 夸美纽斯　　　　　C. 赫尔巴特　　　　　D. 加里宁

4. 强调学生是教学的中心,教师要围绕着学生运转的教育家是　　　　　　　　（　　）

　　A. 赞科夫　　　　　　B. 布鲁纳　　　　　　C. 赫尔巴特　　　　　D. 杜威

5. 教师在教育教学活动中必须做到以身作则、为人师表,这体现了教师劳动具有的特点是

　　　　　　　　　　　　　　　　　　　　　　　　　　　　　　　　　　　（　　）

　　A. 复杂性、创造性　　B. 连续性、广延性　　C. 长期性与间接性　　D. 主体性与示范性

6. 教师的学科专业知识又称为　　　　　　　　　　　　　　　　　　　　　　（　　）

　　A. 本体性知识　　　　B. 条件性知识　　　　C. 实践性知识　　　　D. 工具性知识

7.认为教师是学生学习的教育者,是教学工作的组织者和领导者,教学的质量决定于教师工作质量的教育家是 （ ）

    A.赞科夫   B.凯洛夫   C.赫尔巴特   D.加里宁

8.提出反思在教师专业成长中的作用,认为"教师成长 = 经验 + 反思"的教育家是 （ ）

    A.保罗·郎格朗   B.凯洛夫   C.波斯纳   D.加里宁

9.一个新教师把大量的时间用在维护自己和领导、同事的关系上,按照美国学者福勒和布朗的观点,这表明这位新教师处于 （ ）

    A.关注情境阶段   B.关注学生阶段

    C.关注生存阶段   D.关注自我感受阶段

10.在人本主义教育家罗杰斯看来,教师在学生身心发展中起 （ ）

    A.主导作用   B.主体作用   C.学习促进者的作用   D.帮助的作用

11.汪老师开始关注学生的个别差异和不同需要,考虑教学方式是否适应学生需求等问题,这表明汪老师处于专业成长的 （ ）

    A.关注情境阶段   B.关注学生阶段

    C.关注生存阶段   D.关注自我感受阶段

12.人们常说:"做教师的人不要忘记,自己也曾是个孩子。"这句话提醒教师要 （ ）

    A.拓宽知识视野   B.提升自身能力

    C.淡化教师角色   D.善于换位思考

13.认为教师在教育教学活动中起主导作用,强调教师对学生在教学中所提要求具有法律性质的教育家是 （ ）

    A.凯洛夫   B.赞科夫   C.乌申斯基   D.夸美纽斯

14.强调学生是学习的主体,学生的老师是经验,主张让学生在活动与交往中学习的教育家是 （ ）

    A.卢梭   B.赞科夫   C.罗素   D.裴斯泰洛齐

15.提出"师者,人之模范也"的教育家是 （ ）

    A.杨雄   B.朱熹   C.孔子   D.裴斯泰洛齐

16.每学期开学前,王老师总是根据自己所教班级人数,课时量以及备课资料是否充分等来安排自己的教学方式与教学进度,根据布勒与布朗的观点,王老师处于教师成长的哪个阶段 （ ）

    A.关注生存   B.关注情境   C.关注学生   D.关注自我

17.倡导生活教育论,主张让学习者在做中学,长期从事中小学教育教学改革,被毛泽东同志称为"伟大的人民教育家"的教育家是 （ ）

    A.陶行知   B.孔子   C.鲁迅   D.墨子

18.把终生精力奉献给祖国的教育事业,创建要素教育论,主张教育教学必须遵循儿童身心发展规律,被西方教育界称为"教圣"的教育家是 （ ）

    A.赫尔巴特   B.杜威   C.福禄贝尔   D.裴斯泰洛齐

19.撰写《德国教师教育指南》,认为"一个坏的教师奉送真理,一个好的教师则教人发现真理"的教育家是 （ ）

    A.赫尔巴特   B.第斯多惠   C.福禄贝尔   D.康德

20.重视幼儿教育的作用,把培育幼儿的教师看作辛勤的园丁的教育家是 （ ）

    A.赫尔巴特   B.裴斯泰洛齐   C.福禄贝尔   D.康德

21.由于生源存在差异,某中学将学生按入学成绩高低,分为快慢班,该学校的做法 （ ）

A. 正确,有利于因材施教   B. 正确,有利于资源配置

C. 错误,不利于教育公平   D. 错误,不利于均衡发展

22. 为了改变学生从课本中找"标准答案"的习惯,刘老师经常在课堂上设计一些开放性问题,引导学生自由讨论、探索答案。同事马老师对刘老师说:"你这样会使学生思维太发散,也浪费时间,将来考试肯定会吃亏的,我从不这样做!"下列选择中正确的是   ( )。

  A. 马老师的说法合理,有利于提高学生学习成绩

  B. 刘老师的做法得当,有利于培养学生创新意识

  C. 马老师的说法欠妥,不利于维持课堂教学秩序

  D. 刘老师的做法欠妥,不利于保证正常教学进度

23. 进入初三年级后,班主任石老师把每周的综合实践活动课用于补数学,中考时该班的数学成绩名列前茅,石老师的做法   ( )

  A. 正确,是提高学习成绩的有效途径   B. 正确,是提高班级声誉的有力措施

  C. 错误,不利于学生公平竞争   D. 错误,不利于学生全面发展

24. 吴老师把教学中存在的突出问题归纳、提炼为若干主题进行研究,并发表系列论文,这表明吴老师具有   ( )

  A. 良好的教学研究能力   B. 良好的课堂管理能力

  C. 良好的课堂开发能力   D. 良好的校本研修能力

25. 某初中教师李某上课前发现部分学生未完成家庭作业,要求这部分学生完成作业后再进教室听课。李某的做法   ( )

  A. 合法,教师有管理学生的权利   B. 合法,教师有教育学生的职责

  C. 不合法,侵犯了学生受教育权   D. 不合法,侵犯了学生的人身权

26. 晚自习时,高老师发现班上的一位男生在给一位女生递纸条。高老师走上前去对他们说:"你们在干嘛? 是不是在递情书啊? 现在可不是谈恋爱的时候,考上大学后再谈吧。"高老师的声音不大但同学们都听到了,这两位同学顿时羞红了脸。关于高老师的做法,下列说法中正确的是   ( )

  A. 明察秋毫,及时引导学生   B. 有亲和力,巧妙杜绝早恋

  C. 方法粗暴,侵犯学生隐私   D. 工作武断,伤害学生自尊

27. 马老师常对学生说:"先学做人,后学做事,社会需要的是身体健康、和谐发展的建设者和接班人,而不是只会死读书的呆子。"这表明马老师具有   ( )

  A. 开拓创新的理念   B. 素质教育的理念

  C. 自主发展的意识   D. 因材施教的意识

28. 学校邀请专家来做教育理念辅导报告,李老师拒绝参加,他说学那些理论没有用,把自己的课上好才是老师的看家本领。李老师的说法   ( )

  A. 错,教师应该不断提高理论素养

  B. 对,能把课上好就是优秀的中学教师

  C. 错,教师应该把自我提升作为首要目标

  D. 对,教育理念报告对实践教学没有任何帮助

29. 晓茜写小说,想发表,孙老师知道了在班上公开批评:"话都说不利索就想当作家,不称称自己几斤几两!"晓茜当场羞红了脸,孙老师的做法违背的师德规范是   ( )

  A. 保护学生人身   B. 尊重学生人格

  C. 善于探索创新   D. 认真备课上课

30.邱老师经常在课下梳理课堂上遇到的各种问题,并运用教育学、心理学知识分析问题的成因,找寻解决问题的策略。邱老师在这一过程中承担的角色是   (   )

A.教育教学的研究者   B.行为规范的示范者

C.心理健康的维护者   D.学生学习的组织者

31.数学老师小段多才多艺,在文体活动等方面给各个班级学生许多帮助,受到该校领导和同事们的好评。这表明段老师具有   (   )

A.因材施教能力   B.团结协作精神   C.严谨治学意识   D.课堂教学素养

32.在数学课堂上,余老师注重激发学生对所学内容"七嘴八舌"的议论,从中发现他们不懂的问题,然后有针对性地进行讲解,形成了一种"问题导向"教学模式,下面对余老师教学行为的描述不正确的是   (   )

A.余老师善用信息技术   B.余老师注重改革创新

C.余老师善于教学重构   D.余老师勤于教学反思

33.以下是钟老师班主任日志的一段话,这表明钟老师(   )。"一个月了,尽管我对某某给予了更多的关心与鼓励,但依然看不到好转的迹象,是方法不对还是……?看来,我得再找他的父母和原班主任交流,再深入一点,再调整策略。"   (   )

A.善于自我反思   B.缺乏探索精神   C.善于引导学生   D.缺乏问题意识

34.历史课上,教师讲到"楚汉战争"中的项羽自杀时,一个学生突然说道:"项羽真是个大傻瓜",此时教师恰当的处理方式是   (   )

A.批评学生扰乱秩序   B.视而不见,继续上课

C.引导学生展开讨论   D.要求学生不乱说话

35.《学记》中指出:"道而弗牵,强而弗抑,开而弗达。"下列对这句话的理解不正确的是 (   )

A.体现主体教育思想   B.强调学生自主发展

C.鼓励学生自学成才   D.注重对学生的引导

36.青年教师小王每次课后都认真回顾整个教学过程,把成功与失败之处记录下来,并详细探究成功与失败的原因所在,因而教学水平不断提高。这体现了小王老师注重   (   )

A.教学反馈   B.教学反思   C.教学创新   D.情境创设

37.于老师总是根据学生不同的学习基础设计课堂提问和练习。这表明于老师   (   )

A.遵循教学规律,实现学生全面发展   B.关注学生差异,促进全体学生发展

C.注重分层教学,促进学生均衡发展   D.注重循序渐进,实现师生教学相长

38.《国家中长期教育改革和发展规划纲要(2010—2020)》关于加强教师队伍建设提出一系列政策措施,其中不包括   (   )

A.提高教师地位待遇   B.提高教师业务水平

C.健全教师管理制度   D.大力推进依法治校

39.学习一直不好的张同学这次考试考了"59 分"。老师给他评分"59 + 1",并在发试卷时悄悄说"这一分是预支给你的,希望你下次考好些,再把这一分还给老师,好吗?"该老师作法 (   )

A.虽未按常规处理,但有利于激励学生   B.虽缺乏教育技巧,但有利于学生发展

C.虽有违教育原则,但有利于保护学生   D.虽有失教育公正,但有利于教育学生

40.学校中学物理组的匡老师从教30年,每逢他们组有新入职老师,匡老师都会把自己的教案直接提供他们,要求他们严格按照自己的教学设计开展教学,并坚持推门听课,匡老师的做法 (   )

A.有利于与同事搞好关系   B.有利于教学质量提升

C.不利于新教师成长   D.不利于自身的专业发展

三、简答题

1. 如何理解教师这一职业的内涵？

2. 简要说明教师工作的重要性。

3. 联系实际说明现代教师应该具备哪些素养？

4. 现代教师应该如何看待学生？

5. 联系实际说明构建良好师生关系的重要。

6. 简要说明教师劳动的特点。

7.《中学教师专业标准(试行)》中提到了"终身学习"的基本概念,你如何理解终身学习这一概念的含义?

【本题参考答案】

终身学习是指社会每个成员为了主动地适应社会发展变革和实现个体发展的需要,贯穿于人的一生的持续的学习过程,是个体从出生到死亡的持续一生的过程。终身学习的特点包括时间的持续性和终身性、学习对象的全民性、学习内容的广泛性与实用性、学习方式的灵活多样性。

四、判断正误

1. 理想的师生关系必须以学生为中心。

2. 民主的师生关系是现代教育发展的必然趋势。因此,教育工作必须更多地考虑学生的权利,不能过多地考虑社会的需求。

3. 教师是学习者的引路人,教育教学效果主要是由教师教的效果决定的,因此学校师生关系的构建必须以教师为中心,学习者必须绝对听从教师的教育要求,否则教育教学效果很难得到提高。

4. 学校是为社会培养人才的,教师是代表国家和社会来管理和教育学生的教育专业工作者,因此师生关系的构建必须以教师为中心,离开了教师的领导,学校里的师生关系就会失去正确的方向。

5. 教师教学效果主要取决于教师的知识素养和能力水平,与教师的教育理念没有太大的关系。

五、论述题

1. 现代师生关系发展变革的动向和趋势有哪些?

2. 联系实际说明现代教师应该具备哪些素养。

3. 联系实际说明教师应该如何爱护学生。

4. 教师建立良好师生关系的基本要求有哪些?

5. 简要说明提升中学教师威信的策略。

6. 简要说明提升教师教学效能感的策略。

【本题参考答案】

(1)教育者要了解和研究学生;(2)教育者要树立正确的学生观;(3)提高教师自身的素质;(4)教育者要热爱、尊重学生,公平对待学生;(5)发扬教育民主,民主平等是现代师生伦理关系的核心要求;(6)主动与学生沟通,善于与学生交往;(7)正确处理师生矛盾;(8)提高法制意识,保护学生的合法权利;(9)加强师德建设,纯化师生关系。

六、认真阅读以下材料并结合教育学知识的学习回答问题

1. 张老师是某学校的语文老师,在课堂上,她比较严厉和严肃,脸上很少有笑容,以自己讲授为主,学生也很少有表达自己想法和观点的机会。在较短的师生互动中,显现偏爱成绩好的学生的倾向。如果发现学生不认真听讲,她会用教科书或教材敲打该学生的头来警示其要认真听讲。

(1)试从师生关系的角度分析和评价张老师的课堂行为。

(2)从你自身的角度向张老师提出几点改进教育教学工作的建议。

2.一次公开观摩课上,一位有着二十多年教龄的女教师,在课堂上并没有频频去叫那些反应机灵、学懂会用的好学生,而是善于捕捉那些不敢大胆发言、没有勇气回答问题的差生的一闪之念。一位女孩刚把有信心的眼睛抬起,就被老师叫起来回答,结果心理过于紧张,满头大汗不知所措。这时老师让她坐下来,温和地说道:"没关系,老师知道你其实已经会了,只是过于紧张而暂时想不起来,以后经常锻炼就好了。"这席话使人深深感到,女教师用自己的爱在点燃胆怯者的智慧之火,让学生受到"我有被爱的权利"。

(1)为什么说这位教师的爱是公正的,无私的?这个案例给了我们怎样的启示?

(2)教师在课堂上的提问应该注意哪些问题?

3.某女士反映,转学还不到一学期的10岁儿子小雷跟过去比好像换了个人。以往由于喜欢做小动作,小雷没少挨老师的骂,结果看到老师就害怕,不得不转学。到新学校后不久,雷在上课时又忍不住做起了小动作,被老师发现了。新老师什么也没说,只是微笑着轻拍了一下他的背,便继续上课了。以后,每次新老师走过小雷身边,如果小雷没做小动作老师就会对他微笑并点头表示赞许。很快,小雷改掉了坏习惯,还爱上了学习,自信大增。

【问题】从小学生的生理及心理发展特点来分析这位新老师的教育方法。

4.李老师认为,要让孩子树立自信心,就必须让孩子发现自己的优点,在一次课上,李老师组织学生讨论:"你有哪些优点?"同学们讨论的非常激烈,有的说自己乐于助人,有的说自己孝顺父母,有的说自己尊敬老师……大家发现原来自己和小伙伴都有很多优点呢。

这时,一向活泼好动的小明把手举得很高,李老师说:"小明,你说说自己有哪些优点?"小明说:"你为什么总是叫我们说优点呢?我爸爸说,每个人都有缺点,大人有缺点,老师也有缺点,我也有,我想说缺点。"教室里一下安静了,李老师愣了一下,然后说:"是的,我们每个人都有优点和缺点,老师也有缺点,请大家经常帮助我哦!大家围绕小明的观点进行讨论吧!"大家七嘴八舌,最后,李老师总结道:"我们谈自己优点的同时,也要正视自己的缺点,改正了缺点,我们会更强。"

课后李老师在自己的日记里记录了这件事,并打算在合适的时候组织学生举办一次"我的小秘密"讨论活动,让同学们说说自己平时不好意思说出的缺点,并引导他们改掉这些缺点。问题:请结合材料,从教育观的角度,评析李老师的教育行为。

【本题的参考答案】

这位老师的教学行为践行了素质教育观的具体要求,是值得肯定的。

首先,素质教育观要求教育要面向全体学生,促进学生的全面发展。素质教育强调在教育中使每个人都得到发展,而不是只注重一部分人,并且能够促进学生的全面发展。材料中李老师通过集体讨论的方式,分析自己的优点,让每位同学都能认识自己,同时也能正视自己的缺点,促进学生的全面发展。

其次,素质教育观要求促进学生的个性发展,素质教育认为每个学生都是个体,存在差异性,因此在重视人的了面发展以外还应当促进学生的个性发展。材料中李老师承认学生之间存在个性差异,每个人优点缺点不一样。引导他们健康和谐的发展。

最后,素质教育观以培养学生的创新精神和实践能力为重点,促进学生主动地发展。材料中李老师组织学生讨论,改变传统教学方式,调动学生主动性和积极性,让学生在讨论中提升素养。

因此,作为教师要践行素质教育观的要求,以学生为中心,促进学生全面地发展。

5.一天教师A放在讲台上的备课本竟然被人撕烂了两张,教师A火冒三丈。知情人立刻"揭发"出撕本子的人。教师A一看那个学生,心里"咯噔"一下,愣了。教师A思忖良久,对全班同学说:"我先向大家做个检讨。昨天,因这位同学写字潦草,我一气之下,将他的本子撕为两半。我不该这样做,我撕了他一个本子,而他只撕了我两张纸,说明他还是给老师面子的,他比我好。"教室里静静的,几十双眼睛一眨不眨地望着教师A……第二天早上,在教师A的讲台上端端正正地放着一个和他的备课本差不多大的新本子。

【问题】(1)说明教师应如何对待学生的错误?

(2)如何对待教师自己的错误?

(3)为什么说"教育的秘诀是尊重学生"?

【本题的参考答案】

(1)学生是教师教育的对象,自身具有可塑性、依赖性和向师性。因为学生处于长知识、长身体的时期,各方面尚未成熟,所以犯错误是在所难免的。教师应该客观、公正地对待学生的错误,并以一颗宽容的心去接受犯错误的学生。

(2)教师职业是一种专业性职业,它需要教师具有精深的专业知识、广博的文化基础知识以及必备的教育科学知识,教师在平时应该不断提高自己的知识水平和认识能力,以减少自己犯错误的次数。教师的言行、举止是学生学习和模仿的榜样,它会对学生产生潜移默化的影响。教师犯错误后,应该向学生承认自己的错误并及时改正,这样才能赢得学生的尊重。

(3)良好的师生关系是教育教学活动顺利进行的保障,同时能够满足学生的多种需要,最终促使学生社会化水平不断提高。良好的师生关系与"尊重"有很大的关联。首先,我国新型师生关系的一个特点是在人际关系上做到尊师爱生:尊重学生特别要尊重学生的人格,保护学生的自尊心,维护学生的合法权益,避免师生对立。教师处理问题必须公正无私,使学生心悦诚服。只有尊重和关爱学生,教师才能得到学生的尊重,师生关系才能更好地发挥作用。正如材料中学生的表现,教师在课堂上作了检讨,尊重了同学,第二天学生通过一个"新本子"表达了对教师的尊重。其次,良好师生关系的建立主要取决于教师。教师要通过对学生的尊重和关爱换取学生发自内心的尊敬和信赖,而这种尊敬和信赖又可激发教师更加努力地工作,为学生营造良好的心理气氛和学习条件。再次,教师也要学会正确处理师生矛盾。在日常的教育教学过程中,师生之间难免会发生矛盾。这就要求教师善于驾驭自己的情绪,冷静全面地分析矛盾,正视自身的问题,敢于作自我批评,对学生的错误进行耐心的说服教育或必要的等待、解释等。要能与学生心理互换,设身处地地为学生着想,理解学生,帮助学生,满足学生的正当要求,启发学生自省改错。良好的学习氛围及师生间的关系离不开师生间的尊重,特别是教师对学生的尊重。

6.在一次教研活动中,一位中学老师感慨地说:"如今的孩子,虽然年龄小,可脑子里稀奇古怪的想法却不少。他们经常在课上或课下问我一些问题,令我时常怀疑自己是否适合当中学老师。比如,我在讲有关太阳和月亮的知识时,有的孩子就问:'老师,太阳为什么白天出来?月亮为什么晚上出来?'对这样的问题,我还能勉强回答,但是有些问题真的让我难以回答。比如,有的孩子会冷不丁地问:'老师,古代女子都是裹脚的,花木兰替父从军,晚上不洗脚吗?女人什么时候开始裹脚的呢?'我当时就懵了,不知如何回答。有的学生会兴奋地问我:'老师,您想穿越到哪儿呢?'我更茫然了……"

(1)试分析这位老师困惑的原因。

【参考答案】

这位教师的困惑,一方面在于他不能够了解中学生发展的特点:中学生的好奇心和求知欲比较强,会提出各种问题,材料中的老师因自己的知识满足不了学生对知识的需要和追求,才会产生困惑。在当今信息化时代,学生的知识领域日益丰富,对教师各方面的素质提出更高的要求,需要教师树立终身学习的理念,在积极参加的终身学习中拓宽视野,丰富自身的科学文化知识,不断完善教师所应具备的专业素质。总之,材料中的老师在专业化成长上有待进步,必须树立终身学习的理念,让终身学习中更新自身的知识理念,唯有如此才能适应时代变革的要求。

(2)如果你面临这样的情况,你将如何对待?

【参考答案】

新入职的教师要适应教育教学的新要求,要实现教师专业发展,需要切实加强自身的学习,从以下方面入手实现自身的专业素养的提高:

第一,专业理念的更新。教师的专业理念包括专业态度、教育理念和专业道德三个方面的内容。专业态度是教师对自己从事的职业所持有的基本态度。教育理念是指教师对教育事业所持有的理想和信念。专业道德是教师在教育教学活动中处理人际关系时所要遵循的基本准则和职业操守。作为教师首先要从这三个方面入手,与学生积极探讨问题,同时坚持科学性与灵活性相结合的原则,启发学生积极思考,共同探索和研究问题。

第二,专业知识的扩充。教师的专业知识包括本体性知识、条件性知识、实践性知识和文化知识四方面的内容。

除了具备学科专业知识、教育教学的理论知识和学科教学的实践知识之外,教师还要拥有广博的科学文化知识。材料中教师在遇到学生奇怪问题的时候不知所措,一方面因为自己的知识不够充实,另一方面,要注重回答学生问题时,符合学生的认识发展特点,站在学生的角度看世界。因此,教师要不断更新自己的知识内容,并注重与时代生活相联系,跟上时代步伐的发展,不断充实自己,这样才能满足学生各方面的知识需要和追求。

第三,专业能力的提高。教师专业能力主要包含:教学设计的能力、教学语言能力、教育教学交往能力、组织和调控课堂的能力、教育研究能力和创新能力。在遇到学生各种问题的时候,要注意回答学生问题时候的创新,且用符合学生经验发展的语言来表述,这样才能成为一名受学生欢迎的老师。

7.记得有一次,老师让我们用钢笔描红,我的字本来就写得潦草,再加上是初次用钢笔,结果写出来的每个字都没有达到标准,而且还把书面弄得脏兮兮的。这时,我的手突然被一只手握住了,耳边响起了熟悉的声音:"你看,垂露竖垂直写下去,再提起来。它的外表……"王老师指导完我,又微笑着走向其他同学。我的手心里汗津津的,心里却暖烘烘的,细细体会了老师的话后,又重新提起笔,一笔一划写下去……

还有一次,我因在学校表演节目耽搁了时间,放学后就迟出来那么几分钟,天居然下起了倾盆大雨。我没有雨伞,看看雨也没有停的意思,只好冲进雨中……没想到只跑了一小段,雨就打湿了我的一大半衣服。突然,王老师为我撑起了一把雨伞……王老师,一次又一次地滴下辛勤的汗水,为的是把我们培养成才;一次又一次地引导,为的是让我们自己在启示的"灯光"下寻找答案;一次又一次地教诲,为的是让我给同学们做好榜样。我进步了,您告诫我不要骄傲;我失败了,您鼓励我不要气馁;我犯错了,您不是粗暴地打骂,而是耐心地教导……

【问题】请根据材料分析怎样做一个受学生欢迎的老师。

【本题参考答案】

(1)首先,作为一名老师,要想获得学生的欢迎,首先要有良好的职业道德素养。在对待学生上应做到"关爱学生",即关心爱护全体学生,尊重学生人格,平等公正对待学生;对学生严慈相济,做学生的良师益友;保护学生安全,关心学生健康,维护学生权益。要教育好学生,就需要教师做到全面关怀学生,关心学生的学习、生活和身心健康。材料中的王老师,指导学生使用钢笔描红、在雨中为学生打伞的种种做法,都体现了王老师既关心学生的学习,同时也关心学生的身心健康。教师通过对学生的尊重和关爱换取学生发自内心的尊敬和信赖,爱生是尊师的重要前提,尊师是爱生的必然结果。因此,材料中的王老师赢得学生的欢迎和尊重。

(2)其次,教师在对学生进行教育的时候,要遵循"教书育人"这一教师职业道德规范,符合"教书育人"的要求。教师职业劳动行为应当是"耐心"的、"引导"的、充满教育"热情"的,而且能够实施针对每一个学生"量身定做"的教育。材料中的王老师教学生使用钢笔、"一次又一次地引导"的行为都体现了王老师对学生教育的耐心和热情。

8.任教六年的李老师回忆道:读初二时,新来的语文老师以"春游"为题让我们写一篇作文。我写了一次与爸爸上山采杨梅的经历,由于是自己的亲身经历,所以写的有声有色。这个语文老师对班上的情况不了解。并不知道我是班里最差的学生,在批改完作文后,我的作文成了班上唯一的优秀范文。老师拿着我的作文本声情并茂地大声朗读着,我一听是自己的作文,心狂跳起来。语文老师读完以后,就对全班同学说:"请写这篇作文的同学站起来。"我在后排怯生生地站了起来,全班的同学以惊奇的目光注视着我,我感到了一种从未有过的自豪。老师在读完了我的作文后,还分析了作文好在什么地方,并给了我几张空白稿纸让我再誊写一遍,然后在班里墙壁上开辟了一个作文园地。我的作文就是作文园里的第一篇范文。由此,我找到了自信,发现自己原来并不是一无是处,我也有很多闪光点。自从那以后,我开始要求自己坚持写周记和日记,并送给老师批改。老师在看完之后要么写一句评语,要么盖上一个"优秀"字样的图案,我非常满足写日记这个习惯从初二开始一直保留至今。现在我的日记本已多达五十多本了。

【问题】请从学生观的角度,评价材料中语文老师的教学行为。

【答案要点】

语文老师的做法值得认可,符合现代学生观的基本要求。从学生观的角度来说:

(1)学生是发展中的人,要用发展的观点认识学生

①学生具有巨大的发展潜能。

虽然李老师中学时是班里最差的学生,语文老师在课堂上表扬学生、并通过开辟作文园地等活动,使李老师写作文找到了自信,发现了自身的闪光点,激发了学生的潜能。

②学生是处于发展过程中的人。

语文老师在对班级情况不了解时对学生的作文做出了较为客观评价,指出了学习者在学习中的成绩,给予了学生发展的动力,在给学生批改日记和周计时能够给予学生评价,正是体现了将学生作为发展中的人看待,不断帮助学生改进。

(2)学生是发展的主体

学生是发展的主体,李老师承认学生的主体地位,通过各种途径激发学生学习动力,帮助学生激发自身的学习动力,在学习中主动性增强,积极探索,因而能在学习中不断进步。

(3)学生是具体的人

语文老师在教育学生的过程中,能够了解班级每个学生的特点与需求,在教育教学过程中因材施教,因而能调动学生的主体精神,让学生在原有的基础上体验到成功的欢乐,这就为学生的发展提供了源源不断的动力。

(4)学生是整体的人

材料中的那个语文教师在教育学生的过程中,不仅注重学生知识的学习,还重视学生情感的激发和健全人格的培养,这就为学生身心的和谐发展奠定了基础,促使他们在活动与交往中既掌握知识,又提升了综合素养,成为身心和谐发展的人才。

第八章 中学生的认知规律与教育教学改革

【本章课程与教学目标】

1.使学生了解感觉与知觉的概念,掌握感觉与知觉的特点与种类,把握感觉与知觉的规律;掌握学生观察力培养的基本方法;

2.使学生了解注意的含义,掌握注意的分类和品质,把握注意的规律在教学工作中的应用;

3.使学生了解记忆和遗忘的概念,了解记忆的种类、记忆的过程,把握记忆的规律,知道如何培养学习者的记忆力;

4.使学生了解思维和想象的概念、种类,把握影响学习者思维和想象力发展的基本因素,掌握影响问题解决的因素,知道如何培养学习者的思维力和想象力。

一、感觉与知觉

(一)感觉和知觉的含义

感觉是个体对直接作用于自身感觉器官的客观事物的个别属性的反映,知觉是个体对直接作用于感觉器官的客观事物的整体属性的反映。

(二)感觉与知觉的种类

1.感觉的种类

根据个体所接受信息的来源和感觉的位置不同,把个体的感觉分为内部感觉和外部感觉两大类。

个体的外部感觉有视觉、听觉、味觉、嗅觉和皮肤觉等。

个体的内部感觉是个体感受内部刺激,反映机体内部变化的感觉,主要分为机体觉、运动觉和平衡觉。

2.知觉的种类

根据知觉反映的客观对象的不同,可以把知觉分为空间知觉、时间知觉和运动知觉三类。

错觉是个体对客观事物的歪曲的不正确的知觉,它是知觉的一种特殊情况。

幻觉是个体在没有外界刺激物的情况下出现的虚幻的知觉。

（三）感觉与知觉的特性

1. 感觉的特性

（1）感受性与感觉阈限

个体能觉察出作用于自身感觉器官刺激的能力，在心理学上称为绝对感受性；能引起个体产生感觉的最小刺激量，称为绝对感觉阈限。

个体能够感受到两个同类刺激物之间最小差异量的感觉能力，称为差别感受性；能够引起差别感觉的两个同类刺激物的最小差别量，称为差别感觉阈限。心理学的实验证实，感觉阈限与个体的感受性成反比。

（2）感觉的特性

感觉的特性是指个体感觉的相互作用能引起自身感受性发生一些相应的变化。

①感觉适应

在外界刺激的持续作用下个体感受性所发生的变化称为感觉适应，如嗅觉的适应、视觉的适应、温度的适应等。

②感觉对比

不同刺激作用于同一感觉器官，使个体的感受性发生变化的现象叫作感觉对比。

③感觉后象

外界刺激物对感觉器官的刺激消失后，个体暂时保留的感觉称之为感觉后像，或者叫感觉后效。例如，房间的电灯灭了，我们还会暂时看到亮着的灯泡的形状，这是视觉后象，当某一种声音消失后，我们的耳朵里还有这个声音的语音萦绕，这是听觉的后象。

④联觉

一种刺激不仅能使个体产生一种感觉，同时还能引起个体产生另一种感觉，这种现象称为联觉。如红色能使个体产生温暖的感觉，白色能使个体产生洁净的感觉等。

2. 知觉的特性

知觉是个体对作用于感觉器官的客观事物的整体属性的反映。知觉具有不同于感觉的特性。

（1）知觉的选择性

个体感知事物的能力是有一定范围和限度的，不可能在同一时间内对周围所有的事物进行感知，只能有选择地把周围环境中少量的事物作为认知的对象。知觉的这种特性在心理学上称为知觉的选择性。

影响个体知觉选择性的因素有客观因素和主观因素两个方面。从客观因素来说，认识对象与背景的差异性、对象的新颖性、对象的活动性等会影响个体知觉的选择性。从主观因素来说，个体活动的目的与任务是否明确、个体的需要与动机、个体的经验等，都会影响他们对知觉的选择。

教育者要帮助学习者提升认知效果，就要充分利用周围环境的因素，使认识对象更清晰，丰富学习者的知识经验，使学习者具有明确的目的，帮助他们形成清晰的知觉。

（2）知觉的理解性

个体总是利用自身原有经验去感知新的事物,自身原有的知识经验帮助我们理解新的事物,并赋予新的事物一定的含义,用词汇来表达它,并引导个体去完善自身对客观事物的知觉。这就是认知的理解性或意义性。例如,幼儿看一幅画时主要看画的构成,而成人则更关注画所要说明的意义。

（3）知觉的整体性

知觉的对象往往由不同的部分和属性组成,个体在认识事物时,往往是把事物作为一个整体来认识的,这就是知觉的整体性。例如,我们看到有一个戴着礼帽、嘴上叼着烟斗的人的画像,就认定这是男人的画像,而看到身上穿着裙子、脚上穿高跟鞋的人的画像,则认定这是女人的画像。

（4）知觉的恒常性

在知觉条件发生一些变化时,个体知觉的映像依然保持相对不变,这叫作知觉的恒常性。例如,一个方桌,从不同的角度看,它的形状是不同的,但我们主观上认为方桌是方的;我们室内的灯泡,无论是在强光下还是在弱光下,我们视觉中形成的关于灯泡的知觉都是不变的,这都是关于知觉恒常性的例子。

知觉的恒常性,是个体在认知过程中已有知识经验参与的结果,它对于个体准确快速地认识客观事物,有效地适应新的环境具有重要的现实意义。

（四）学习者观察力的培养

观察是个体有目的、有计划地接触客观事物,形成对客观事物感性认识的过程。观察力是个体有目的、有计划地接触客观事物,并能迅速、准确地发现客观事物典型特征的能力,它是学习者的基本能力。因此,教育者要重视学习者观察能力的培养,采取有效的措施经常参加观察活动,帮助学习者逐步形成良好的观察能力。

1.要明确观察的目的与任务

要提升学习者观察效果,就必须让学习者明确观察的目的和任务,这样他们才能明确在观察中具体要观察哪些方面,收集哪些材料和数据,达到什么要求等,这样才能使观察活动更具有目的性和针对性,观察效果和效率才能更好。

因此,教育者在组织学生的观察活动时,一定要让学习者明确观察的目的和任务,使学习者的观察活动具有更强的目的性和针对性。

2.要教给学习者观察的方法和技巧

观察是有目的、有计划的认知过程,它是有规律可循的。教育者在组织学习者参与观察活动时,要教给学习者基本的观察方法和观察技巧,比如要制定较为详尽的观察计划,安排好观察的重点,确定观察的步骤,避免学习者在观察中抓不住重点,顾此失彼。

3.引导学习者在经常参加的观察活动中不断提升自身的观察品质

学习者的观察能力和观察品质是在经常参加的观察活动中形成和完善起来的。因此,教育者要鼓励学习者要有目的、有计划地参加观察活动,不断提高自身的观察能力,使得自身的观察更加精细、准确和敏捷。

4.指导学习者及时做好观察总结

学习者观察活动结束后,教育者要提醒学习者及时做好观察总结,使学习者了解到观察中取得的成绩和问题,便于学习者更好地改进自身的观察活动,提升自身的观察能力。

二、注意

(一)注意的意义

1.注意的含义

个体要认识事物,就必须对事物进行关注,也就是要对事物进行注意。在心理学上,注意是个体在心理活动中对一定对象的指向和集中。

指向和集中是注意的基本品质。注意的指向性,是指在一定的时间内个体的心理活动具有一定的选择性,总是有选择地指向特定的对象。注意的集中性,是指个体的心理活动倾注或保持在所指向的对象上,同时离开一切无关的事物或活动。

注意是心理活动的重要组成部分,虽然注意不属于独立的心理过程,但它是个体心理过程和心理活动顺利进行的必要条件,个体如果不能对一定的事物进行指向和集中,那么任何心理过程和心理活动肯定无法正常开展。

2.注意的功能

注意的功能主要有三个方面,即注意的选择功能(它强调对认识的对象进行选择,使心理活动指向特定的对象)、注意的维持功能(它强调把心理活动集中和保持在特定的对象上,保证个体认识活动的顺利进行)和注意的调节和监督功能(即个体为确保自身心理活动具有一定的指向性和集中性,要对自身的行为进行必要的调控)。

(二)注意的分类

根据个体在产生和保持注意时有无目的和是否需要意志努力,可以对注意分成无意注意和有意注意两种。

1.无意注意

无意注意,又叫不随意注意,是一种无预定目的的,也不需要意志努力的注意。例如,学生正在教室里安静地看书,突然教室外传来一阵吵闹声,学生们不约而同地把目光朝向外面,这种注意就是无意注意。

引起无意注意的条件主要有两类:一是客观刺激物本身的特点(刺激物的强度、刺激物之间对比差异程度、刺激物的运动变化、刺激物的新异性等)和个体的主观状态(知识经验、心情)。

无意注意在个体的学习与生活中具有重要的意义。教育者要提高学习者的学习效果和学习效率,就要尽可能地利用学习者的无意注意,使学习者把精力集中于学习过程中去,并防止出现分心或干扰。

2.有意注意

有意注意,是一种有预定目的的,且需要个体做一定意志努力的注意。例如,教室外有人在说话,但学生们仍能排除干扰认真听课,这属于典型的有意注意,它受个体意识的调节和支配,是人类特有的心理现象。

有意注意还有一种特殊的形态,即有意后注意,它是个体有预定的目的,但不需要特别意志努力的已经形成了习惯的注意。

引起和维持有意注意,必须注意以下几个问题:

(1)明确活动的目的与任务

有意注意是一种目的指向性很明确的注意,要想让学习者产生有意注意,就要让学习者在活动前了解活动的目的和任务,这样才能增强学习者活动的目的性,也有利于学习者为实现目的与任务集中注意。

(2)加强学习者的意志锻炼,排除无关刺激的干扰

学习者要完成一定的认识活动,就必须把注意保持在事物上一段时间,而要把注意保持在认识对象一段时间,就必须克服和排除个体内部和外部因素的干扰,这需要加强学习者的意志锻炼,能使得他们排除无关刺激的干扰,有目的地集中注意去完成一定的工作。

(3)保持健康的心态,培养学习者的间接兴趣

学习者如果心态平和,不急躁,知道参与某种活动对自身的好处,即使这种活动很枯燥,也会慢慢地产生兴趣,也会把注意力集中于该活动中去。

(4)合理地安排和组织学习者的活动

学习者是身心正在成长变化的青少年学生,他们的注意保持在认识对象上的时间有一定的限度,但如果教育者合理地组织学习者的活动,如让学习者把听课与动手操作等结合起来,则可以最大限度地调动学习者的学习积极性,促使他们集中注意去完成规定的需要有意克服困难的任务。

(5)培养学习者良好的习惯

教育者要为学习者创设良好的教育环境,引导他们形成良好的习惯,如按时吃饭,按时作息等,这对于培养学习者的有意注意很有好处。

3.有意后注意

有意后注意又称为随意后注意,它是指个体有预定的目的,但不需要意志努力的注意。

有意后注意既服从于当前的目标与任务,又不需要个体的意志努力,因而对个体完成持久的任务极为有利。在学习者的学习活动中,教育者如果能有目的、有计划地对学习者进行指导,使他们能将自身的有意注意转化为有意后注意,则可以用更小的精力来完成学习的任务。

(三)注意的品质及其培养

现代心理学研究认为,注意具有以下几种品质:

1.注意的广度

注意的广度,也叫作注意的范围,它是指一个人在同一时间内能够清楚地觉察到

注意对象的数量。

个体注意的广度与注意对象的特点有关,与本人的知识经验有关,也与个人的活动的任务有关。

2. 注意的稳定性

注意的稳定性,也叫注意的持久性,它是指个体持续在特定对象上注意的时间。

影响个体注意稳定性的因素主要有注意对象的特点、注意的任务、主体的主观状态等。教育者要引导学习者明确注意的任务,调动个体参与活动的积极主动性,使注意的对象具有鲜明的特色等,来帮助学习者形成注意稳定性的品质。

3. 注意的分配

注意的分配,是指个体在同一时间内,把注意分配到两个或两个以上不同事物或活动上。例如,学习者一边听课,一边记笔记,老师一边讲课,一边观察学生的反应等。

4. 注意的转移

注意的转移,是个体根据活动任务的要求,自觉主动地把注意从一个对象转移到另一个对象上。

注意的分散不同于注意的转移,它是个体在活动中离开了注意的对象,把注意力转到其他对象上去。

(四)教育者如何在注意的规律指导下开展教育教学工作

1. 教育者要尽可能地利用无意注意来促进学习者的学习

无意注意对学习者的学习既有积极的影响,也有消极的影响。教育者要提高课堂教学的效果,就要尽可能地消除外界因素对学习者学习的干扰作用,避免学习者在课堂学习上出现分心;同时,教育者要尽可能地使教学环境优美,教学对象新颖,教学方式灵活多变,教学语言生动幽默,这样就能切实吸引学习者参与到教学过程中去。

2. 教育者要尽可能地利用有意注意来促进学习者的学习

良好的教育环境能使学生具有良好的心态,能使得学习者把更多的精力持续地投入到学习过程中去。因此,教育者要尽可能地为学习者创设安静、整洁的充满人性关切的有利于学习者主动学习的教育环境,让学习者在这样的环境中受到陶冶,愿意主动地投入到主动学习的过程中去。

3. 教育者要让学习者明确学习的目的和任务

学习者明确了学习的目的与任务,就会对学习产生一些兴趣,并能在学习中排除各种干扰,集中精力搞好自己的学习。因此,教育者在引导学习者学习时,首先要让学习者明确本次(节课)学习的目的和任务,使他们在目的任务的导引下从事自身的学习活动。

4. 教育者要激发和培养学习者的间接兴趣

学习活动本身是复杂的、枯燥的,但学习者如果能了解到所学知识对自身未来的生活和工作带来的好处时,他们会对所学的知识产生兴趣,也愿意投入到艰苦的学习过程中去。因此,教育者要让学习者说明课堂学习的重要意义,不断激发和培养学习者的间接兴趣。

5.合理地组织学习者的课堂学习活动

学习者把注意力保持在一定认识对象的时间是有一定限度的,不可能持续太久的时间。因此,教育者要想提高学习者课堂学习的效果,就要合理地组织学习者的课堂学习活动,做到无意注意和有意注意的合理转换,把有意注意和无意注意交融在学习者的认识活动中,使学生在紧张适度的学习中动手、动口、动脑,快乐有序地学习,不断提高学习的效果和效率。

三、记忆

(一)记忆的意义

人类在对事物进行感知的过程中获取对事物的认识,这种认识要在人的头脑中留下印记。一般认为,记忆就是个体经历过的事物在头脑中的反映,即人脑对过去经验的反映。

个体的记忆是通过识记、保持、再认和回忆等三个环节在自身的头脑中积累个体经验的心理过程。从信息论的角度来看,记忆就是人脑对外界传输的信息进行 编码、储存和提取的过程。

个体是在过去经验的基础上认识世界的,没有对过去经验的识记和保持,个体就无法在人类积累经验的基础上探究新世界,个体的发展将永远停留在新生儿的水平上。因此说,记忆在个体的认识过程中具有重大的意义,它是把个体过去、现在和未来联结为一体的纽带,是促进社会进步和个体身心和谐发展的根本保证。

(二)记忆的种类

记忆是个体重要的认知环节,根据不同的标准可以对记忆进行分类。

1.根据识记的信息在个体头脑中保持的时间长短,把记忆分成瞬时记忆、短时记忆和长时记忆。

瞬时记忆也叫感觉记忆或感觉登记,这种识记保持在个体头脑中的时间很短,大约是0、25—2秒,它以感觉痕迹保持在头脑中,稍一分心,瞬间记忆则马上消失。

短时记忆,即个体对信息保持在一分钟左右的记忆,如即席译电员主要用的就是短时记忆。

长时记忆,即对信息保持在一分钟以上乃至终生的记忆。长时记忆,一般按照事物的意义进行编码,并与个体的知识经验与认知结构紧密结合,因而能长久地保持在人脑的记忆中。

2.根据记忆的内容把记忆分为形象记忆、情境记忆、逻辑记忆、情绪记忆和运动记忆。

3.根据记忆的方式可把记忆分成机械记忆和理解记忆两种。

机械记忆是指靠机械性重复和强化来记忆事物的方法,而理解记忆是学习者理解所要学习内容的意义,并把学习的内容与自身原有知识经验联系起来,以巩固所学知识的方法。

4. 根据学习者在记忆过程中有无意识参与把记忆分成内隐记忆和外显记忆两种。

内隐记忆是个体在无意识的情况下,过去经验对当前作业产生的无意识的记忆,也叫无意识记忆。外显记忆是指个体为了完成当前的任务,有目的地对过去的经验进行归纳整理而进行的记忆。

（三）记忆表象（表象）

所谓记忆表象,是指个体过去感知过的事物在头脑中再现出来的形象,简称表象。

记忆表象具有两个特点,即直观性和概括性。表象产生于知觉,但它不是知觉的复制,它是知觉的高水平的抽象与概括。

（四）遗忘及其遗忘规律

1. 遗忘及其产生遗忘的原因

个体曾经识记过的事物经常会出现不能再认或回忆,或者是错误地再认和回忆,这就是遗忘。从信息学的角度,遗忘就是个体曾经认知和存储的记忆信息无法提取或提取出现错误。遗忘分为暂时遗忘和永久遗忘两种。

产生遗忘的原因很多,其中个体识记的材料没有经常强化导致记忆的痕迹逐渐减弱衰退,以致最后消失。此外,个体在记忆中产生遗忘的原因在于识记过程中受到了一定的干扰,一旦消除干扰,个体的记忆就会恢复。例如个体的暂时性遗忘很多是由于干扰所造成的。

个体产生遗忘的抑制有两种,即前摄抑制和倒摄抑制两种。先学习的材料对识记和记忆后学习材料的干扰作用,称为前摄抑制。后学习的材料对先学习材料的识记和记忆产生的干扰作用,简称倒摄抑制。

2. 遗忘的规律

德国心理学家艾宾浩斯对遗忘的特点和规律进行了系统的研究,认为个体的遗忘是在识记过程中就开始进行的,遗忘的进程是先快后慢,因此他认为个体的复习必须及时进行,最好在没有遗忘前就进行必要的强化复习。

个体的遗忘除受时间因素影响外,还与学习材料的性质（材料的数量大小、材料是否有意义等）和学习难度密切相关,也与学习者是否有意识地参与学习有关。

（五）教育者在教学中要利用记忆规律组织教学

1. 教育者要调动学习者学习的积极主动性,让学习者明确识记的目的,培养学生记忆的兴趣。

学习者有了明确的目标,知道要识记材料的重要性,愿意识记所要学习的材料,就容易产生记忆的兴趣,记忆的效果就好。因此,教育者要提高学习者的识记效果,就让学习者明白识记这些材料的意义,使他们产生学习这些材料的兴趣,积极主动参与识记活动。

2. 要让学生参与认知活动,了解和把握识记材料的意义,并且能对识记材料进行必要的加工处理,能与学习者原有的知识经验和认知结构有机地结合起来。

学习者的认识活动是在原有知识经验的指导下进行的,学习者识记的材料只有融合于个体的原有经验中,才能在头脑中长期地保持记忆。因此,教育者要提升学习者的记忆效果,就要引导学习者积极参与识记活动,了解识记材料的意义,对所识记的材料进行加工改造,能与学习者原有的知识经验和认知结构有机地结合起来。

(六)依据学习者认知规律的要求科学地组织复习

1.学习者的复习要及时进行。由于遗忘的特点是先快后慢,所以学习者的复习必须要及时进行,不能等学习者已经把所学知识完全干净地遗忘了再去复习,这样的复习效果必然不好。

2.合理地分配每一次的复习时间。学习者在识记材料结束后,就要对材料进行复习。刚开始时,复习的次数多一些,时间间隔也要短一些。

3.集中复习与分散复习有机地结合。

4.适度的超量学习。心理学实验证明,仅仅满足于个体能记住所学材料的学习效果明显不如适度的超过这个强度的学习,如果学习者学习某一材料的学习次数和学习量达到正常量的150%,则学习者的记忆效果最好。当然,超量学习必须适度,如果无限制地加大学习者的学习强度和延长学习时间,学习者的学习效率则会大大降低。

5.复习的方式多样化,要尽可能地调动多种感官参与认知活动。单一的识记方式会造成学习者身心的疲惫,不利于学习者对材料的识记,而且很容易遗忘。因此,教育者要引导学习者在识记过程中动口、动眼、动手、动脑,全身心参与到识记过程,这样学习者才能学得快,记得也牢固。

四、思维与想象

(一)思维的意义

人类要认识事物,就要对事物进行直接的感知,并要在感知的基础上对事物进行分析,这种分析就是我们所说的思维。所谓思维,就是个体人脑对客观事物间接的和概括的反映,它反映的是事物的共同本质特征和事物之间的内在联系。

和感知一样,思维也是个体认知过程的重要环节。但思维是个体在感知的基础上进行的认识事物的高级环节,它不仅是要求把握事物的个别属性、整体特征和外部联系,还要了解事物之间的内在联系和本质特征。

思维作为个体高级的认识过程,是以原有知识经验为基础,以语言为中介而实现的对客观事物本质特征和内在联系的反映,具有间接性和概括性两个特征。

所谓思维的间接性是指思维总是以一定事物为媒介来间接地反映事物的特征或内在联系的。例如医院的医生是根据对病人症状的检查来判定病人患病的原因的。农民根据对周围环境的观察来判定天气的好坏等。

所谓思维的概括性,是指它反映的不是个别事物或事物的个别特征,而是一类事物的共同的、本质的属性和事物之间的规律性联系。例如人们通过对男人、女人、老人、小孩等具体的人的分析概括,最后得出人的特征。

正是因为思维具有间接性与概括性,才使得人能够在已有经验的基础上,透过现象的变化来了解事物的特点和本质,预测事物的发展动向和趋势。

(二)思维的种类

思维是个体认识世界的重要方式,根据不同的标准,可以把人的思维划分为多种类型。

1. 根据思维的凭借物和解决问题的方式的不同,可以把思维分成直观动作思维、具体形象思维和抽象逻辑思维三种。

(1)直观动作思维

直观动作思维,又称实践思维,是个体凭借直接感知,伴随着实际动作进行的思维活动,实际动作是这种思维的支柱。如幼儿的思维往往是在识记操作中,借助触摸、摆弄物品而产生和进行的。

(2)具体形象思维

具体形象思维是个体运用头脑中已有表象进行的思维活动,表象是这种思维活动的支柱。如儿童在计算 $2+3=5$ 时,不是对抽象数字进行分析和综合,而是在头脑中用 2 个人加 3 个人,或者 2 个手指头加 3 个手指头等实物的表象而计算它们的和的。

当然,成人在分析、计算复杂问题的时候,往往也离不开具体形象思维的支持,鲜明生动的表象会对思维的顺利开展产生积极的影响。

(3)抽象逻辑思维

抽象逻辑思维是以概念、判断、推理的形式对事物的本质特性和内在联系认识的思维,它是思维的最高形式,概念是这一思维的支柱。如毛泽东同志在《论持久战》一书中根据中日抗日战争的特点,两国的政治、经济形势,国际环境等因素的分析,最后得出中国抗日战争的胜利是必然的,速胜论或速亡论都是不对的,抗日战争必然是持久的结论。

小学高年级学生思维过程中已经具有了抽象思维的形态,到初级中学,学生的抽象思维进一步发展,到高中阶段抽象思维已经在学生的思维中占主导地位。

2. 根据思维是以日常经验还是理论指导来划分,把思维分成经验思维和理论思维两种。

(1)经验思维

这是一种以个体日常生活经验为依据,来对日常生活中的问题进行判断、分析的思维,如儿童根据日常所见得出"鸟是会飞的动物",男人一般比女人有劲,男人一般比女人跑得快等结论。

(2)理论思维

这是一种以科学的原理、定律、规律为依据而进行分析、判断的思维。如 1980 年邓小平根据社会的民主化、多元化等理论为依据对国际形势进行分析,得出国际上二十年内不会爆发大规模的世界大战的结论,为我国经济建设和社会变革政策的制定奠定了理论基础。

3.根据思考的步骤和结论的来源把思维分成直觉思维和分析思维。

直觉思维是个体凭借自己的经验和直觉对所面临的问题如何解决做出的猜想、设想的思维。如学习者看到一个问题,未经逐步分析,就对该问题的解决的方式做出大胆的猜测、设想,工程技术人员根据以往经验对当前问题的解决提出自己的方案等,就属于直觉思维。

分析思维是个体在了解事物的特点的基础上,经过逐步分析,最后找到解决问题办法的思维。如医生根据对病人症状的检查分析,最终确定病人的治疗方案,就是这种思维。

4.根据解决问题时的思维方向的不同,可以把思维分成聚合思维和发散思维两种。

(1)聚合思维

聚合思维又叫求同思维,是把问题解决所涉及的各种信息集中起来,最终寻求最佳解决问题方案的一种思维方式。如全班学生讨论如何确定排座位的方案,学生们提出了各种意见,最后经过筛选找到最合理的方案。

(2)发散思维

这种思维又叫求异思维、辐射思维,它是从一个目标出发,沿着不同的途径寻求解决问题方案的思维。如数学中的一题多解就是这种思维。

5.根据思维的创新成分把思维划分为常规思维和创造性思维。

(1)常规思维

这是一种在广泛感知事物,运用已有的知识经验,按照惯常的方式分析问题和解决问题的思维。例如,学习者按照老师的教导和教科书的指引去完成作业,解决问题等。

(2)创造性思维

这是在常规思维的基础上,打破常规,用新颖、独特的方式解决问题的思维方式,如技术革新、生活革命等用到的思维就是创造性思维。

(三)思维的过程

心理学家经过多年的实验研究,认定思维的过程包括分析与综合、比较、抽象与概括等环节。

1.分析与综合

分析是个体在头脑中将认识的对象分解成各个部分,或者把整体的各种属性、特征分解出来的过程。综合则是个体在头脑中将认识对象的各个部分、各种属性结合起来,形成一个整体的过程。

分析与综合是个体思维的基本活动,通过分析与综合活动,个体能有效地了解认识对象的特点与规律。

2.比较

比较是个体在头脑中确定认识对象之间共同点和差异的过程,学习者在分析与综合的基础上,通过对认识对象异同的比较,可以更好地把握认识对象之间的共同点和差异点。

3.抽象与概括

个体在认识过程中,要在充分感知事物,对事物进行分析与综合、比较的基础上,对认识对象进行抽象与概括,找出认识对象发展变化的规律性和发展趋势。

4.系统化和具体化

系统化是学习者在思维的过程中要在抽象与概括的基础上,把对事物的认识纳入到自身已有的知识系统中去,形成条理化、系统化的知识体系。具体化是指学习者要把学习到的系统化知识用到具体的问题环境中去解决面临的实际问题。

以上思维的各个环节是相互联系、相互作用、相互促进的。

(四)思维的形式

1.想象

想象是个体在充分感知事物的基础上,对头脑中已有的表象进行必要的加工改造,形成新形象的过程,这是一种高级的认识活动。

想象是在表象的基础上进行的,它具有形象性与新颖性的特点。

根据学习者的想象的目的性与计划性把想象分成无意想象(不随意想象)和有意想象(随意想象)两种。

根据学习者想象中创造性的程度可把想象分成再造想象、创造想象和幻想等三种。其中幻想是个体在头脑中形成的与自身生活愿望密切相关的并指向未来的一种创造性想象,它是学习者创造性思维能力形成的重要来源。

2.概念

概念是个体在充分感知事物的基础上,头脑中形成的对客观认识对象本质特征的概括化、结构化的认识。

3.推理

推理是个体依据一定的知识或规律从具体事物中归纳出一般规律或结论的思维活动。

4.问题解决

问题解决是指个体在通过对周围事物充分感知的基础上,在问题情景中,为解决面临问题,对原有知识经验进行改组,形成处理面临问题新方案,并把它尝试着去在实际工作中处理实际问题的过程。

(五)个体思维的品质

个体的思维品质反映了每一个个体思维的水平达到程度的差异,主要包括深刻性、灵活性、独创性、批判性、敏捷性和系统性等六个方面。

1.思维的系统全面性与深刻性

思维的系统全面性是个体思维活动的必然要求。个体要想完成思考问题的任务,思维必须要全面,而且要具有系统性和条理性,能按照一定的逻辑顺序思考问题,而不是杂乱无序地思维。

思维的深刻性是指个体思维活动的抽象程度和逻辑水平,涉及思维的广度、深度和难度等方面。思维的深刻性集中体现在个体在思维活动中能深入地思考面临的问题,善于概括和归类,能够透过现象看本质,找到事物发展变化的规律,准确预测事物发展变化的动向和趋势。智力水平高的人往往思维的深刻性强,一般人的思维水平则停留在直观水平上,凭借直觉思维,很难透过现象发现事物的本质规律性。

2.思维的灵活性和敏捷性

这是指个体思维活动的灵活程度。个体思维的灵活性包括思维的角度和方式的灵活,思维的过程灵活,结论多样化。思维灵活性强的人,思维方向灵活多变,善于从不同的角度思考问题,能举一反三,运用自如,而不是拘泥于常规的经验模式,不敢大胆尝试。

思维的敏捷性指个体思维速度快,能根据实际情况的变化收集资料,确定解决问题的方案,并快速地加以实施。

3.思维的批判性与创造性

个体的思维不能没有继承,个体的思维正是在继承前人已有文化成果的基础上进行的。但前人在思考问题和解决问题的过程中是存在着诸多缺陷的,何况前人所处的环境与现在有很大的不同,不能全盘套用前人的观点和方式去解决面临的新问题。个体的思维不能全盘继承他人的东西,必须要对前人的文化成果进行系统的分析批判,不能人云亦云,循规蹈矩,要敢于否定不符合现实需要的东西,要结合实际情况大胆思考,找出适合当前情况的方式去灵活地解决面临的问题。

(六)问题解决

1.何谓问题解决

问题解决是个体为解决面临的问题,运用以前所学的知识经验,对原有知识经验进行改组,形成解决问题方案并把这些方案落实到实际工作中的过程。

2.个体问题解决的过程

个体问题解决的过程一般包括以下几个环节:

(1)明确问题(表征问题)

个体要想解决面临的问题,首要的是要对周围的环境进行分析观察,明确要解决的是什么样的问题,解决这样的问题要达到什么样的具体目标。如果学习者不了解要解决什么样的问题,不知道解决问题要达到什么样的目标,肯定不会顺利地解决问题的。

(2)设计方案

个体在明确要解决问题的基础上要在广泛占有资料的情况下,运用以前所获得知识经验对材料进行分析整理,选择和确定解决问题的方案。

(3)执行方案

学习者要把通过思考确定的方案用于实际问题的解决中,排除方案执行过程中遇到的各种障碍,确保方案在实际工作中不折不扣地实施。

(4)评价结果(验证假设)

学习者确定的方案实施以后,学习者还要了解选定的方案能否有效地解决面临的问题,解决问题的效果如何,效率怎么样等,以便及时地调整问题解决的思路或方案。

以上是个体解决问题的基本顺序或环节,但个体面临的环境和问题是复杂多样化的,因此个体问题解决的顺序或环节可以灵活地加以变通。

3.影响个体问题解决的因素

影响个体问题解决的因素既有客观的因素,也有主观的因素。

(1)问题情境

每一个问题都会出现在特定的环境中,这种特定的环境叫作问题情境。一般来说,学习者面临的问题情境与学习者原有的知识经验联系得越紧密,学习者就容易对问题有透彻的理解,就更容易找到解决问题的方法。

(2)定势的影响

定势是个体重复先前的心理操作所引起的对活动的准备状态,表现为习惯于用熟悉的方式去分析和解决问题的倾向。定势对个体问题解决具有重要的影响,这种影响既有积极的因素,也有消极的因素。

(3)功能固着

每一种事物都有多种功能,但个体往往对某种功能经常使用而成为通用功能,而其他功能则被淡忘。这种现象称作功能固着。要想让学习者找到问题解决的方法,教育者就要克服功能固着的消极影响,加强思维的灵活性和变通性训练,从而找到解决问题的新方法。

(4)原形启发

原形是指对个体解决问题有启发作用的事物或现象,它广泛地存在于自然界和人们的日常生活中。个体要找到解决问题的方法,就要善于观察周围的事物和现象,了解周围的人是如何分析问题和解决问题的,它可以给学习者解决问题提供更多的借鉴,有利于学习者在原形启发的影响下找到解决问题的方案。因此,教育者要引导学习者积极主动地参与到终身学习的过程中去,在广泛地阅读与实践、观察自然与社会、在与周围的人友善交流中积累更多的知识经验,身心受到多方面的启迪和感化,为自身找到问题解决的方案寻找灵感。

(5)动机强度

学习者是否真心希望尽快解决面临的问题,是否具有强烈的解决问题的动机直接影响着个体问题解决的进程与结果。研究表明,学习者问题解决的动机太弱或过强,都不利于问题的解决,适度的问题解决动机更容易激发学习者投入到问题解决的过程中去。

（6）个体的情绪状态

个体遇到问题时,会出现一些情绪,如焦虑、激动、愤怒等状态,这些情绪状态往往会成为影响个体判断和思考的重要因素,影响着个体问题解决的进程与结果。

（7）个性差异

问题解决的进程与方式还与学习者的个性有密切的联系。不同个性的人观察问题和分析问题的思路是不同的,在解决问题的方式上也是有很大差异的。

以上几个因素在学习者问题解决的过程中都发挥着重要的作用,学习者要想解决问题,就要不断丰富自身的知识经验,灵活地考虑影响问题解决的各种因素,创造性地选择解决问题的方案,促进问题优质高效地解决。

（七）学习者创造性思维能力的培养

创造性思维是个体创造性认知品质的核心,它是指个体运用超常规的方式,为解决面临的新问题重新组织已有的知识经验,设计新方案,并把新方案用于解决面临的新问题的心理过程。

创造性思维具有流畅性、灵活性和独创性等三个特征。思维的流畅性体现了创造性思维能够在短时间内迅速地产生许多的新观念、新想法,而不是苦思冥想,毫无办法;创造性思维的灵活性主要表现在思维的角度灵活、方式灵活,能够根据具体情况的变化进行灵活的变通;创造性思维的独创性体现了这种思维的新颖性,能够用别人意想不到的方式去认识问题和解决问题。

创造性思维能力是学习者认识能力的核心,教育者在教育过程中要注重学习者创造性思维能力的培养。

（1）教育者要营造有利于学习者创造性思维能力养成的教育环境

创造性思维能力的养成需要良好的教育环境。一般说来,民主和谐、鼓励思考、对话与参与的教育环境更有利于学习者创造性思维能力的培养。因此,教育者要想培养学习者的创造性思维能力,就要转变教育观念,真正把学习者当作学习的主体,为学习者创设民主和谐的教育环境,让学习者远离分数、人为的权威等陈规戒律等因素的干扰,鼓励学习者在思考、对话与参与的教育环境中主动地学习,激发他们主动探究的精神。

（2）引导学习者形成广泛的兴趣

要想形成良好的创造性思维能力,学习者的学习范围和学习兴趣必须广泛,只有尽可能地了解各个学科、各个领域的知识,并知道这些知识是如何应用于实际生活中的,学习者才能更专心于知识的探究与应用,才能更喜欢探究事物发展变化的奥秘。因此,教育者要引导学习者不能把学习局限于教科书的学习上,要不断拓宽学习的领域,全面拓宽自己的知识视野,为学习者创造性思维的培养奠定坚实的知识基础。

（3）引导学习者积极参与探究学习

教育者要想培养和提高学习者的创造性思维能力,就必须转变教育观念,不能一味地让学习者被动地接受学习,必须调动学习者的主体精神,引导他们积极参与知识的产生与发展的过程,让他们运用以前所学的知识经验去观察问题、思考问题和解决问题,逐步形成主动探究、勇于创新的态度与习惯。

值得注意的是,教育者要想让学习者形成创造性思维的能力与习惯,就要为学习者创设困难的情境,引导学习者在困难的情景中真实地寻找资料,运用以前所学的知识经验去思考问题,制定方案和解决问题,让他们亲身体验克服困难获得成功的快乐,激发他们对探究学习产生兴趣,从而以更大的热情积极主动地投入到创造性学习的过程中去。

(4)教育者要鼓励学习者积极参与各种创造性实践活动

创造性思维能力的形成离不开实践活动,学习者的创造性思维能力是在各种实践活动中逐步形成与发展起来的。因此,教育者要想培养和提高学习者的创造性思维能力,就不能把学习者的学习局限于教室里教科书的学习上,必须引导学习者在学习教科书的基础上积极参与课外校外实践活动,鼓励学习者运用已有的知识经验去分析问题和解决问题,在动手动脑的实践活动中获取新知识,促进其创造性思维能力的形成与提高。

(5)发展学习者的想象力

大胆的想象是创造性思维能力形成与发展的前提和保证,教育者要想培养和提高学习者的创造性思维能力,就必须鼓励学习者积极地参与各种想象活动,敢于想象,在想象的过程中形成新颖的想法并逐步地完善它。

(6)帮助学习者逐步养成良好的心理品质

创造性思维能力的形成是与个体自身的心理品质密切相关的,只有那些具有良好的独立性、探究性、幻想性,自制、不害怕失败和非议,有恒心等心理品质的人才能在创造性活动中有所成就,有所收获。因此,教育者要有计划地对学习者进行心理方面的指导,让学习者逐步形成勤于学习、善于合作、勇于探究、勇于实践的良好心理品质。

(七)表象

1.表象的含义

表象是个体过去感知过的事物在头脑中形成的形象,也就是说,当事物不在个体眼前时,人们头脑中出现的关于事物的形象就是表象。

2.表象的特点

(1)直观形象性。表象是个体在过去感知事物的基础上形成的对事物的认识,它和感知觉一样,具有直观形象性,如过去吃过的水果、用过的东西依然会栩栩如生地出现在自己的眼前。

(2)概括性。表象反映的是同一事物或一类事物在不同条件下所表现出来的一般特征,它比直觉具有更大的概括性。

3.表象的种类

表象是过去感知过的事物在人们头脑中的反映,根据不同的标准可把表象分成不同的类型。

（1）记忆表象和想象表象

根据表象形成的创造性程度,可把表象分成记忆表象和想象表象两种。

记忆表象是过去感知过的事物的形象在个体头脑中的简单重现,想象表象是个体在记忆表象的基础上对原有表象进行重新组合创造出来的新形象。一般说来,记忆表象是想象表象的素材,想象表象是对记忆表象的加工与整理改造。

（2）视觉表象、听觉表象、嗅觉表象、味觉表象与触觉表象

根据表象形成的主要感知通道,把表象分成视觉表象、听觉表象、嗅觉表象、味觉表象与触觉表象等。

（3）遗觉象

当刺激停止作用于个体以后,头脑中继续保持异常清晰、鲜明的表象,这在心理学上称作遗觉象,这在12岁前的儿童表现得尤为突出。

表象是个体从感知到思维的过渡阶段,个体要想认识事物的本质特点,就必须在感知事物的基础上形成良好的表象,为他们全面认识事物奠定坚实的基础。

（八）想象

1. 想象的含义

所谓想象,就是指个体对头脑中已有表象进行加工整理从而形成新形象的心理过程。

人不仅能感知当前直接作用于感官的事物,能回忆过去感知过的事物形象,而且能通过想象对头脑中已有的和过去未感知过的事物进行想象,形成具有形象性和新颖性特点的事物形象。

2. 想象的种类

根据想象是否具有明确的目的性,把想象分成无意想象（不随意想象）和有意想象（随意想象）两大类。

无意想象,又叫不随意想象,是指个体没有预定的目的,不自觉地产生的想象。无意想象,也就是个体在做某事时,不经意产生的想象,它不需要人的意志努力,但可以对人的思维产生一定启迪作用,如人做梦就是个体不随意想象的一种特殊形态。

有意想象,又叫随意想象,是个体根据一定的目的,自觉地进行的想象活动。根据有意想象独立性和创造性的差异,又可以把有意想象分为再造想象、创造想象和幻想三种。

（1）再造想象

再造想象是人们根据别人的语言描述、文字叙述或图形示意,在头脑中形成新的形象的过程。

再造想象对于学习和理解文化知识具有重要的意义,学习者在学习文化知识时,形成关于事物的一些具体、新颖的形象,有助于学习者对新知识的理解与掌握。此外,学习者在感知事物的过程中产生的一些具体、新颖的形象,会对自身的人格形成产生重要的影响。

（2）创造想象

创造想象是个体根据一定的目的与任务,在充分感知事物的基础上,在头脑中独立地创造出事物新形象的认识过程。和再造想象相比,创造想象具有更高的创造性、独立性和新颖性。

要发展学习者的创造想象能力,教育者除要引导学习者勤于学习,善于观察,大量地积累知识经验外,还必须注意激发学习者勇于创造的愿望和动机,有敢为天下先,敢于打破陈规戒律的欲望;同时,教育者要创设有利于学习者探究、思考的环境,不设任何戒规,鼓励学习者进行积极的大胆的思考;此外,教育者要引导学习者经常参与终身学习,在广泛占有国内外已有研究成果,与他人交流的过程中接受新信息、受到启迪和教育,为创造想象提供更多的食粮。

（3）幻想

幻想是个体创造想象的一种特殊形式,它是指向未来的,并与个人愿望密切联系的想象。

幻想包括理想和空想两种。符合自身实际,经过自身努力能够实现的想象就是理想。而空想脱离了自身的实际,根本无法实现。远大的理想是指引人们前进的目标和动力,而空想则会使人脱离现实,把人引向消沉。

3. 想象的意义

想象是人类重要的心理活动,在人们认识世界和改造世界的活动中有着不可替代的作用。正如美国科学家爱因斯坦所指出的:"想象力比知识更重要,因为知识是有限的,而想象力概括着世界上的一切,推动着进步,而且是知识进化的源泉。严格地说,想象力是科学研究的实在因素。"[①]

想象具有强烈的预见功能,它能帮助人们提前预见活动的结果,因而能指导人们活动的进行。

想象能帮助人们学习新知识,认识新世界。由于时空的限制,人们对许多事物无法直接感知,但是想象能帮助人们克服时空的限制去学习知识,认识世界上一些无法直接感知的事物,这对于拓宽人们的认识视野,完善人们的知识结构,发展人们的认识能力具有重要的作用。

想象还能在一定程度上满足人们的需求,丰富人们的物质文化生活。人是具有一定需求的人,但现实生活是残酷的和无情的,无法满足人们所有的需求。但这种在现实中无法得到满足的需求,可以在人们的想象(例如做梦)中得到实现和满足,从而减少生活中的焦虑与不安。

想象还可以促进科学的发展和社会的进步。人们要认识世界和社会,仅仅靠感知、记忆、思维等还是很不够的,必须有想象的参与。只有想象的参与,人们才能够更好地认识世界、改造世界,从而创造出人类更好的未来。离开了想象,人类社会的发展

---

① 刘伟 普通心理学[M].西安:西安交通大学出版社,2014,P114.

就只能停滞不前,甚至出现严重的倒退,根本无法发展与进步。

想象也是促进个体身心和谐发展的重要因素。个体知识的拓展,能力的发展,除了要积极参与感知事物外,还必须有想象的参与。因此,个体要在广泛学习的过程中要增进自身的知识经验,不断丰富和发展自身的想象力,为完善自身的素养和丰富自身的生活提供保障。

4.如何培养学习者的想象力

教育者要帮助学习者形成和发展想象力,就要注意做到以下几点:

(1)要引导学习者积极参与观察活动,不断丰富学习者的表象储备

学习者只有经常参与观察活动,才能不断丰富自身的表象储备,这样自己的想象活动才有材料,才能为自身的想象活动奠定基础。

(2)引导学习者积极参与认识活动,不断提升自身的想象力

教育者要引导学习者积极参与学校的文化课程学习和课外校外活动,不断丰富自身的知识储备,扩大学习者的知识经验,引导学习者大胆思考和想象,不断提升自身的想象力。

(3)教育者要鼓励学习者积极地思考问题,大胆地幻想

教育者要创设宽松的充满人性关怀的教育环境,鼓励学习者大胆思考,大胆提出各种假设,让他们在尝试的过程中不断提升自身的想象力。

【本章主要参考文献】

1.曹日昌.普通心理学(上)[M].北京:人民教育出版社,1987.

2.彭聃龄.普通心理学[M].北京:北京师范大学出版社,2012.

3.姚本先.心理学[M].北京:高等教育出版社,2009.

4.李新旺.心理学[M].北京:科学出版社,2003.

5.马勇琼,杨超有.心理学[M].桂林:广西师范大学出版社,2010.

6.全国十二所重点师范大学编写组.心理学基础[M].北京:教育科学出版社,2002.

7.刘佳、陈克宏.普通心理学[M].西安:西安交通大学出版社,2014.

8.叶一舵.新课程背景下公共心理学教程[M].北京:高等教育出版社,2004.

9.教育部人事司,教育部考试中心.教育心理学[M].北京:北京师范大学出版社,2006.

10.梁宁建.基础心理学[M].北京:高等教育出版社,2004.

【本章思考题目】

一、名词解释

1.知觉

2.注意

3.有意后注意

4.思维

5. 想象

6. 定势

7. 功能固着

8. 记忆

二. 选择题

1. 下列属于外部感觉的是　　　　　　　　　　　　　　　　　　　　　（　　）

A. 运动觉　　　　　B.肤觉　　　　　　C. 味觉　　　　　D. 内脏觉

2. 个体在知觉过程中把对象从背景中分离出来,这是知觉的　　　　　　（　　）

A. 整体性　　　　　B.恒常性　　　　　C.选择性　　　　　D. 理解性

3. 能够觉察两个刺激物之间最小差异的能力叫做　　　　　　　　　　（　　）

A. 绝对感受性　　　　　　　　　　　B. 差别感受性

C. 差别感觉阈限　　　　　　　　　　D. 绝对感觉阈限

4. "一俊遮百丑""一坏百坏",指的是社会知觉的　　　　　　　　　　（　　）

A. 刻板效应　　　　B.首因效应　　　　C.近因效应　　　　D.晕轮效应

5. "入芝兰之室,久而不闻其香,入鲍鱼之肆,久而不觉其臭"这种现象在心理学上称之为

　　　　　　　　　　　　　　　　　　　　　　　　　　　　　　（　　）

A. 感觉补偿　　　　B. 刺激　　　　　　C.感觉对比　　　　D. 感觉适应

6. 某班学生正在教室里听老师讲课,一位迟到的学生突然推门而入,这时引起大家注意的是

　　　　　　　　　　　　　　　　　　　　　　　　　　　　　　（　　）

A.随意注意　　　　B. 不随意注意　　　C. 有意后注意　　　D. 随意后注意

7. 小丹说她听到小刀刮竹子发出的声音时,就会觉得很冷,身体不舒服,这属于感觉的哪种现象　　　　　　　　　　　　　　　　　　　　　　　　　　　　　　（　　）

A. 感觉补偿　　　　B. 联觉　　　　　　C. 感觉对比　　　　D. 感觉适应

8. 王老师播放一首田园乐曲后,同学们便在头脑中产生了关于田园风光的视觉形象,学生的这种心理活动属于　　　　　　　　　　　　　　　　　　　　　　　　（　　）

A. 感觉补偿　　　　B. 联觉　　　　　　C.感觉对比　　　　D. 感觉适应

9. 儿童与成人对一幅画的知觉有明显的差异,幼儿只看到这幅画的主要构成,而成人看到的是这幅画的画面意义。这反映了知觉的特性是　　　　　　　　　　　　（　　）

A. 理解性　　　　　B. 选择性　　　　　C. 恒常性　　　　　D. 整体性

10. 考试卷子上画的一幅关于正方形的图形有些部分不是封闭的,但学习者感知它时还是会把它知觉为完整的图形,这反映了知觉的　　　　　　　　　　　　　　（　　）

A. 理解性　　　　　B. 选择性　　　　　C. 恒常性　　　　　D. 整体性

11. 晓东在记忆英语词汇时,如果不对其加以反复的陈述,这个单词在他的头脑中一般只能保持几十秒,这种记忆属于　　　　　　　　　　　　　　　　　　　　　（　　）

A. 瞬时记忆　　　　B. 短时记忆　　　　C. 长时记忆　　　　D. 内隐记忆

12. 让王萍学习两组内容难度相当、性质相似的材料,随后检查发现,她对前一组材料识记的效果不如后一组好,这是由于受到了　　　　　　　　　　　　　　　　（　　）

A. 倒摄抑制　　　　B. 前摄抑制　　　　C.分化抑制　　　　D. 延缓抑制

13. 王老师在数学教学中注意采用"一题多解",这种方式主要是为了训练学生的　（　　）

A. 直觉思维　　　　B. 发散思维　　　　C. 动作思维　　　　D. 集中思维

14. 危急时刻,为了解救儿童司马光果断砸缸,这反映了哪种思维方式 （　　）

    A. 定量思维   B. 正向思维   C.逆向思维   D. 开放思维

15. 当人们听到一种自己觉得可怕的声音时。往往会感到发冷,甚至起鸡皮疙瘩。这种现象称

为 （　　）

    A 感觉适应   B. 感觉对比   C. 联觉   D. 感觉后像

16. 在一次心理知识测试中,关于短时记忆的容量单位,学生们的答案涉及下列四种,其中正确

的是 （　　）

    A. 比特   B. 组块   C. 字节   D. 词组

17. 小明看书时可以"一目十行",而小华则"一目一行"。这反映了他们在哪种注意品质上存在

差异? （　　）

    A. 注意广度   B. 注意分配   C. 注意稳定   D. 注意转移

18. 小红在解决数学问题时总是从多种途径寻求解决问题的方法,力求一题多解。小红的思维

方式属于 （　　）

    A. 聚合思维   B. 发散思维   C. 常规思维   D. 具体思维

19. 学生学习《望庐山瀑布》这首古诗时,头脑中呈现诗句所描绘的相关景象。这种心理活动属

于 （　　）

    A. 无意记忆   B. 有意记忆   C. 再造想象   D. 创造想象

20. 老师问:"一张桌子四个角,锯掉一个角,还有几个角?"张东不假思索地回答:"三个角。"老师又问:"还有其他答案吗?"张东想了想,没有回答出来,这说明张东在解决问题时受到哪种因素的影响? （　　）

    A. 功能固着   B. 原型启发   C. 心理定式   D. 垂直迁移

三、辨析题(判断下面说法是否正确,并说明理由)

1. 注意的转移即注意分散。

2. 心理定式对个体的问题解决只有消极作用。

3. 幻想对个体的身心发展具有消极影响。

四、简答题

1. 简要说明知觉的特点。

2. 注意的品质有哪些?

3. 影响学习者记忆的主要因素有哪些?

4. 思维的特点有哪些?

5. 何谓问题解决?影响学习者问题解决的因素有哪些?

6. 教育者如何利用注意规律进行教学?

7. 教育者如何促进学习者创造性思维能力的发展?

第九章　情感与意志

【本章课程与教学目标】

1. 使学生了解情绪与情感的概念,能知道二者之间的联系与区别;
2. 了解情感与情绪的分类,掌握情感与情绪的功能;
3. 能联系实际分析情绪与情感的形成过程,知道如何培养学习者良好的情感;
4. 使学生理解意志的概念,了解意志与认知、情感的关系;
5. 使学生了解意志过程的阶段和各个阶段的主要环节;
6. 使学生掌握影响意志形成的因素。

一、情绪

(一)情绪的含义

个体在感知周围世界的过程中,会产生一定的情绪和情感,它们又会对个体的行为产生一定的影响。

情绪是个体在认识周围世界的过程中对认识对象的态度体验和相应的行为反应,是对客观事物是否符合自身需要而产生的态度体验。

(二)情绪与情感的异同

情绪和情感我们可以统称为感情,但二者既有联系,也有差异。

1. 二者之间的不同

① 情绪通常与个体的生理需要紧密联系,这是人类和动物界所共有的。例如个体饥饿的时候,得到食物,渴的时候得到水喝,就会产生愉快的情绪,如果这些生理需要得不到满足,就会焦躁不安。而情感通常与个体的社会需求紧密联系,例如某个学生获得了省里颁发的奖学金,受到了学校的嘉奖,就会内心喜悦;而某些学生违犯学校纪律,受到学校严厉的处罚,就会产生难受的情感。

②情绪与情感的强度不同。情绪一般具有冲动性,并带有一定的外部表现,有时会特别的强烈。而情感则经常以内隐的形式或以微妙的方式流露,并始终处于意识的支配之下。

③二者的稳定性不同。情绪具有鲜明的情境性和短暂性,往往会随着情境的改变

和需要的满足而很快消失或减弱,而情感则具有较大的稳定性、深刻性和持久性。

2.二者之间的联系

情绪和情感既有区别,也有紧密的联系。一方面,情感离不开情绪,稳定的情感是在情绪的基础上逐渐形成的,例如学习者对祖国从好感的情绪逐步形成了对祖国的热爱的情感,离开了情绪,个体的情感很难产生和稳定地表现。另一方面,情绪也离不开情感,情绪的变化受个体的情感支配,情感的深度决定着情绪表现的强度,情绪是情感的外部表现形式。

(三)情绪与情感的外部表现

个体情绪与情感的外部表现主要包括面部表情、姿态表情和语调表情等三大类。

(四)情绪与情感的功能

情绪与情感是个体在认识周围世界时所产生的态度体验,在个体成长与发展中具有重要的意义。

1.信号功能

个体在认识周围事物时所产生的态度体验,会以一定的信息符号表露出来,这会使得周围的人通过对情绪与情感的外部信号的识别,了解别人的内心感受,从而调整自身的行为模式。

2.激励功能(动机功能)

情绪与情感是个体动机系统的重要组成部分,它能激励个体朝着特定的目标前进,为个体的行为提供动力支持,促使他们克服困难,获得行动的成功。当然,情绪与情感的强度必须适宜,适度的紧张与焦虑能激发人们积极思考问题和解决问题,而过度的紧张与放松对学习者解决问题不利。

3.感染功能

人的情绪和情感都具有感染性,人们之间的感情沟通能够得以正常进行,正是由于情绪和情感的感染功能所致。通过一些事件,尤其是言语和艺术作品,可以使得人们的情绪和情感得到感染,激发人们以高度的热情去完成特定的活动。例如,教师在课堂教学中用自身的言行去感染学生,让学生对所学的知识产生强烈的欲望,积极主动地投入到学习过程中去。

4.组织功能

情绪与情感是一个独立的心理过程,同时也对认识过程、意志过程具有一定的组织作用。积极的情绪与情感可以对认识活动、意志活动发挥组织、协调的作用,为认识过程、意志过程提供动力保证,而消极的情绪则会对认识过程、意志过程产生消极的影响。

5.适应功能

情感和情绪是个体认识过程中为满足自身的需要而产生的,它是个体适应自身环境,求得生存的基本工具。个体通过情感、情绪的外露来表达自己的想法,了解他人的意见,进而采取相应的措施来适应周围环境的变化。

（五）情绪、情感的分类

我国古代学者把人的情绪分成喜、怒、哀、乐四种,也有人把人的情绪分成喜、怒、悲、思、忧、恐五种,还有人把人的情绪分成喜、怒、哀、爱、恶、欲等六种。

（1）情绪的分类

1. 基本的情绪

现代心理学认为,人的情绪有快乐、悲伤、愤怒和恐惧四种形式。

①快乐。快乐是个体的盼望得到满足后,继之而来的解除紧张的情绪体验,其程度有满意、愉快到大喜、狂喜等。

②悲哀。悲哀是个体所期盼的目标没有实现,或活动没有达到自身预想的要求所产生的情绪体验,其表现依据其强度有遗憾、失望、难过、悲伤、悲痛等形式。

③愤怒。愤怒是个体由于外界的干扰,导致自身制定的方案无法正常实施,或无法达到预定要求所产生的情绪体验。愤怒的程度依次可以分成不满、生气、微怒、气愤、激愤、大怒、暴怒等。

④恐惧。恐惧是人遭遇突发事件,为摆脱、规避某种危害自身安全行为的过程中所产生的情绪体验。引起个体恐惧的原因在于外在出现的事件的突发性,以及个体缺乏处理突发事件的准备与应付突发事件的能力。

2. 情绪状态的分类

情绪状态是指在某种情境或事件的影响下,个体在一定的时间内所产生的某种情绪。一般把个体的情绪状态分成心境、激情和应激等三种类型。

①心境

心境是一种具有渲染性、比较微弱而持久的情绪状态,也就是平常说的心情,心境从发生的强度来看,是微弱而平稳的,且持续时间较长。如有些乐观自信的人,愉快、喜悦的心情会给他的生活染上快乐的色彩,而心境忧伤的人,其生活往往带有忧愁的、忧伤的色彩。

②激情

激情是人在强烈的欲望和明显的刺激下引起的,一种强烈的、短暂的、爆发性的情绪状态,个体在这种状态下自制力下降,往往有强烈的外部表现,如愤怒时全身肌肉紧张,双目怒视,狂喜时则捧腹大笑等。

③应激

应激是个体由出乎意料的紧张情况或在危机状态下所引起的情绪状态。在应激状态下,个体会调动所有资源去应付紧张的局面。

（2）情感的分类

和情绪不同,情感是与人的社会需求紧密联系的主观体验。一般来说,人的高级情感主要有道德感、理智感和美感。

1. 道德感

道德感是个体在道德实践活动中自身的道德需要是否得到满足而产生的态度体

验,人的道德感是在道德实践活动中产生的,对自身的道德实践活动提供动力,推动自身朝着道德实践预定的目标奋斗。

2.理智感

个体在认识活动中,在认识和评价事物时所产生的情感体验,它与个体的好奇心、求知欲等密切联系着,是个体在认知过程中求知需求满足与否而产生的态度体验,如个人通过完成认知任务而产生的自豪感和幸福感等,就属于这种情感。

3.美感

美感是人们按照一定的审美标准评价事物或事件时所产生的情感体验。个体在认识客观对象时,会按照一定标准来评价事物,对于符合自身标准的事物会产生肯定的态度体验,这种积极的态度体验就是美感,如个体对于自然界的事物、社会生活中的事件和人类自身创造的事物会产生一定的态度体验,形成自然美、社会生活美和艺术美的态度体验等。

不同社会、不同国家的人们在不同时期对美的评价标准既有共同之处,也有一些差异。

(六)情绪与情感的调控

1.情绪和情感调控的内容

情绪和情感的调控,简单地说,就是个体对情绪的调节控制,使之符合个体当前任务的需要。它包括具体情绪的调控、唤醒水平的调控、情绪成分的调控。

2.情绪和情感调控的类型

根据不同的标准,可以把情绪调控分成以下不同的类型

(1)内部调控与外部调控。内部调控是个体自身对生理、心理和行为方面的控制,外部控制是对影响个体情绪的外部环境加以调控,以促进个体情绪发生适度的变化的过程。

(2)原因调控与反应调控

原因调控是个体对产生情绪的原因进行调控,包括对周围环境的调控和认知策略的改变等;反应调控是对个体行为的情绪进行调控或调制。

(3)修正调控、维持调控与增强调控

(七)情商

情绪调控能力简称情商(eq),它是个体在情绪、情感、意志、经受挫折方面的品质。

情商一般包含以下几个方面:

1.了解自我,即监视情绪时刻的变化,观察和审视自己内心的变化。

2.自我管理,即个体不仅要了解自我,还能适时地调控自己的情绪,做情绪的主人,任何时候都不受情绪的左右。

3.自我激励,即个体能够对情绪进行调制,使得自己走出低谷,及时鼓励自身的情绪。

4.善于识别别人的情绪。个体要通过细微的信号变化,感受他人的欲望与变化,识别别人的情绪,为自身行为的调整奠定基础。

5.善于处理与别人的关系。一个具有高情商的人,应当是了解自己的特点和别人需要的人,能妥善地处理与他人的关系,与他人友善地合作。

（八）如何培养个体的情商

实践证明,情商在个体的身心发展中具有重大的作用,教育者要促进学习者的身心发展,就必须注意培养学习者的情商。

1.教育者要引导学习者妥善地管理好自己的情绪

教育者要引导学习者全面及时地体察到自己的情绪变化;同时,教育者要引导学习者适当地表达自己的情绪,以合理的方式宣泄自己的情绪。

2.教育者要引导学习者在学习与活动中获得成功,取得自信

良好的情商不会从天上掉下来的,它是学习者在学习与活动中运用以前的知识经验,克服困难,排除干扰来形成与发展起来的。因此,教育者要创设良好的教育环境,引导学习者在学习与活动中克服困难,排除干扰,取得成绩,使得学习者获得自信,逐步形成乐于探究、勇于创新、善于合作、勇于实践的优良品质。

3.及时与别人沟通,建立良好的人际关系

现代社会是一个和谐共赢的社会,及时与别人沟通,能友善地与他人相处,是现代人生存与发展的基本要求。因此,教育者要教育青少年学生要多从他人的角度考虑问题,要及时与他人沟通,能及时地从言谈举止中察觉别人情绪的变化,及时调整自身的情绪和行为,确保沟通的顺利进行,为自己完成预定的任务服务。

二、意志

（一）意志的概念

意志是指人依据一定的目的与任务,自觉地支配和调节自身的行为,克服困难,以确保预定目的和任务得以完成与实现的心理过程。

意志是人类社会特有的现象,是个体主观能动性的集中表现,有无意志是人和动物的根本区别之一。

意志行动是人在意志的支配下的行为,没有意志人就不会有意志行为,而意志行动则是个体意志的外显表现。

（二）意志的意义

意志是个体重要的心理过程,它在帮助学习者形成健康的人格,完成学习和工作的任务方面具有重大的意义。

1.意志对个体的认知、情感行为具有重要的影响作用

众所周知,个体的认知过程、情感行为不是孤立地进行的,它是在意志行为的调控下进行的,没有意志对个体认知过程、情感过程的干预与调控,个体的认知过程、情感

过程就无法克服各种困难,排除各种障碍,就不可能朝着预定的目标进行,因而很难完成规定的任务,达到预定的目标。因此说,意志是人体认知过程、情感过程的调节器,它能对个体的认知过程、情感过程进行有效的调控,缺乏坚强意志的人,很难有效地调控自身的情感和行为,必然影响预定任务与目标的实现。

2. 意志对学习者的知识学习和品德形成具有重大的影响

学习者的知识学习和品德形成就是他们运用自身原有知识经验,制定计划,克服困难去执行计划的过程,只有具有坚强意志的人,才能有效地排除自身学习和成长中遇到的各种困难和障碍,不断地在学习和品德形成中取得进步和成功,没有坚强的意志的人,遇到困难和挫折就会止步不前,不可能在知识学习和品德形成中取得持久的进步,往往知难而退,半途而废,很难达到预定的目标和要求。

(三)意志行动的基本特征

意志行动是个体在一定目的的指导下对自身行为的调节与控制的过程,它具有以下基本特征:

1. 明确的目的计划性

意志行动是个体在一定的目的指导下的对自身的行为进行的调节与控制的过程,他为了实现完成预定的任务,达到规定的目标,就要对背离目标的行为进行必要的调控,排除各种不利于目标实现的干扰。因此说,明确的目的计划性,是意志行为的显著特征之一。

2. 以随意动作为基础

人的行为有不随意的动作,也有随意的动作。但人的意志行动,基本上是受个体的意识控制的,是一种在意识支配下的随意行为,而不是单纯的本能的行为动作。

3. 与克服困难密切联系

个体的意志行动,如个体知识的获取、品德的形成都不可能是一帆风顺的,而是充满了困难和艰辛,要获取知识,形成良好的品德行为习惯,就要有目的、有计划地克服困难,排除干扰。因此说,个体的意志行动与克服困难密切联系着,不克服面临的困难,排除这些前进道路上的障碍,意志行动肯定无法达到预定的目标。

(四)意志行动的心理过程

意志行动是个体对自身行为进行调节与控制的过程,它包括采取决定阶段和具体执行阶段。

1. 采取决定阶段

个体要采取意志行动,就要经历动机斗争、确定行动的目的,选择行动的方法和制定行动的计划等环节。

(1)动机斗争

个体要采取意志行动,就要有一定的动机作为行动的动力。个体的需求和动机是多方面的 ,要采取意志行动,个体就要对多种动机进行价值权衡并进行选择,进而确定最适合自身需要和任务完成的动机。

动机斗争的方式主要有双趋冲突、双避冲突、趋避冲突和多重趋避冲突等,个体要根据自身的需要,考虑得失利弊,来确定自身的行为动机。

(2)确定意志行动的目的

这一阶段,要求个体在确定意志行动的动机的基础上,确定意志行动应该达到的目标。一般来说,意志目标的制定要明确具体化,并要有切实可行性,不能过于空泛,并要根据实际情况的变化及时进行调整。

(3)制定意志行动的方案

个体要实现意志行动的目标,就必须在调查研究的基础上制定意志行动的方案。意志行动方案的制定要全面具体,切实可行。

2. 执行决定阶段

个体的意志执行阶段就是要落实意志行动的方案,它包括根据制定的方案积极组织行动和克服各种困难和干扰,实现预定目标两个阶段。

(五)个体的意志品质

意志的品质是个体在社会实践中形成的比较稳定的意志特点。良好的意志品质对于保证活动的顺利展开,完成预定的任务具有重要的意义。

(1)自觉性

意志的自觉性是指人对意志行动的目的与意义有较为深刻全面的认识,并能自觉地控制自己的言行,使之更好地服务于预定的任务。具有意志自觉性的人,行为目的明确,不容易受外界影响,有恒心,能坚持到最后。如果个体品德的自觉性差,则容易受到别人的暗示,中途会改变原来的决定,不容易坚持主见,导致半途而废。

(2)果断性

意志的果断性是指个体面对复杂多变的环境,为完成预定的任务,能根据当时具体情况的变化,迅速地制订计划并及时果断地采取行动。如果个体没有意志的果断性,就可能优柔寡断和冒失鲁莽,造成机会的丧失或不慎落入了陷阱,造成不应有的损失。

(3)坚持性

意志的坚持性是指个体在意志的执行阶段要顽强地实施预定方案,遇到挫折不能泄气,要乐观地面对遇到的困难与挫折,不能对方案的正确性和能否达到预定的目标丧失信心,要一心一意地去实施方案,克服面临的各种困难,直到取得最后的成功。如果个体没有意志的坚持性,随便对方案产生怀疑,就不会全力实施方案,必然导致行动的失败。

(4)自制性

意志的自治性是指个体为了有效地完成预定的任务,在行动中自觉地控制自身的言语与行为方式的品质。具有自制性的人,能克服盲目的冲动和不良的情绪,才能全面地控制自身的言行,使得意志行动能按照预定的计划顺利地实施。如果个体的自制能力不强,很容易在行动的过程中出现盲目的冲动或怯懦,导致行为的失败。

意志的这四个品质是相互联系、相互影响的一个整体,它们是个体在长期的实践活动中形成与发展起来的,又对自身的实践活动产生着重大的影响。

(六)青少年学生意志品质的培养

青少年学生的意志品质是在教育者在后天的教育活动与社会实践中有目的地、有计划地培养起来的。

1.教育者要切实加强对学习者的世界观与人生观教育,帮助学习者形成正确的行为目标

青少年学生意志品质的形成与他们的世界观、人生观紧密相关,学习者只有树立了正确的人生观、世界观,才能具有正确的人生目标,才能在人生观、世界观的指导下确定自身的行为目标。因此,教育者要帮助学习者形成良好的意志品质,就要切实加强学习者的世界观、人生观教育,使学习者树立正确的世界观、人生观,并能使学生形成远大的理想,用远大的理想指导他们日常的学习和生活,在社会实践活动中形成良好的意志品质。

2.充分发挥班集体和榜样的教育作用

学习者是在班集体中学习和生活的,班集体和班集体中的榜样对学习者意志品质的形成具有重要的影响。因此,教育者在教育过程中要尽可能创建具有凝聚力的班集体,挑选具有影响力的榜样,让学习者在班集体和榜样的影响下去学习和生活,在班集体和榜样的督促影响下去克服原有的缺点或不足,不断完善自身的意志品质。

3.引导学习者积极参与社会实践活动,在活动与交往中完善自己

个体意志品质的形成与发展,离不开社会实践活动。因此,教育者要创设良好的教育环境,引导学习者积极参与社会实践活动,让他们在社会实践活动中遇到困难,遭遇挫折,并运用自身的力量去克服困难,排除障碍,获得行动的成功,激发他们继续探究的动机,帮助他们形成不畏困难、勇于实践的良好品质。

4.鼓励学习者积极参与自我教育

学习者意志品质的形成与发展过程,是学习者在教育者的指导下积极参与社会实践活动,在外在的影响下促使自身品质不断完善的过程。在这一过程中,学习者不仅是受教育者,也是自我教育的主体。因此,要帮助学习者形成良好的意志品质,关键在于调动学习者的积极主动性,引导他们积极参与自我教育活动,帮助他们运用经验对自身的行为进行剖析与反思,促使他们用高标准来严格要求自己,及时地改正自己的缺点或不足,成为意志品质不断完善的人。

【本章主要参考文献】

1.曹日昌.普通心理学(上)[M].北京:人民教育出版社,1987.

2.彭聃龄.普通心理学[M].北京:北京师范大学出版社,2012.

3.姚本先.心理学[M].北京:高等教育出版社,2009.

4. 李新旺. 心理学[M]. 北京:科学出版社,2003.

5. 马勇琼,杨超有. 心理学[M]. 桂林:广西师范大学出版社,2010.

6. 全国十二所重点师范大学编写组. 心理学基础[M]. 北京:教育科学出版社,2002.

7. 刘佳,陈克宏. 普通心理学[M]. 西安:西安交通大学出版社,2014.

8. 叶一舵. 新课程背景下公共心理学教程[M]. 北京:高等教育出版社,2004.

9. 教育部人事司,教育部考试中心. 教育心理学[M]. 北京:北京师范大学出版社,2006.

10. 梁宁建. 基础心理学[M]. 北京:高等教育出版社,2004.

11. 孟昭兰. 情绪心理学[M]. 北京:北京大学出版社,2005.

12. 张大均. 教育心理学[M]. 北京:人民教育出版社,2004.

【本章思考题目】

一、名词解释

1. 情感

2. 情绪

3. 意志

二、选择题

1. 人的情绪体验与人的(　　)密切相关。　　　　　　　　　　　　　　　　(　　)

　　A. 性格　　　　　　　　B. 意志　　　　　　　　C. 需要　　　　　　　　D. 热情

2. (　　)是具有渲染性的,比较微弱而又持续作用的情绪状态。　　　　　　(　　)

　　A. 心境　　　　　　　　B. 激情　　　　　　　　C. 应激　　　　　　　　D. 热情

3. (　　)是一种介于心境和激情之间的情绪状态。　　　　　　　　　　　　(　　)

　　A. 心境　　　　　　　　B. 激情　　　　　　　　C. 应激　　　　　　　　D. 热情

4. 人们在追求真理、从事智力活动中所产生的心理体验,是人们探求知识、追求真理的需要是否得到满足的情感体验,叫作　　　　　　　　　　　　　　　　　　　　　(　　)

　　A. 道德感　　　　　　　B. 理智感　　　　　　　C. 美感　　　　　　　　D. 情操

5. 正常行驶的汽车意外地遇到了故障,司机紧急刹车,在这种情况下他所产生的一种特殊情绪体验,叫做　　　　　　　　　　　　　　　　　　　　　　　　　　　　(　　)

　　A. 心境　　　　　　　　B. 激情　　　　　　　　C. 应激　　　　　　　　D. 热情

6. 在重大体育比赛中,为祖国增光所激发起来的拼搏精神,会激励运动员克服困难夺取金牌,这体现的情绪状态是　　　　　　　　　　　　　　　　　　　　　　　　(　　)

　　A. 心境　　　　　　　　B. 激情　　　　　　　　C. 应激　　　　　　　　D. 热情

7. 小王在学习中不会主动地安排自己的作业,只是完成教师布置的作业,也不会主动地检查,只会在教师、家长的提醒下才去检查,这说明他意志的(　　)品质还比较差。　　(　　)

　　A. 自觉性　　　　　　　B. 果断性　　　　　　　C. 自制性　　　　　　　D. 坚韧性

8. 从学习程度方面来说,学习者复习的次数并非越多越好,要达到阻止遗忘的最好效果,学习者重复的次数就要达到刚好完全记住材料次数的　　　　　　　　　　　　　(　　)

　　A. 100%　　　　　　　B. 110%　　　　　　　C. 130%　　　　　　　D. 200%

9. 野营的时间过了一大半,小丽为自己还剩半瓶水感到担忧,而晓红则因为自己还有半瓶水感到高兴,这说明情绪具有　　　　　　　　　　　　　　　　　　　　　　　(　　)

A. 主观性   B. 客观性   C. 两级性   D. 感染性

10. 王萍接到高考录取通知书已经一个周了,仍心情愉悦,经常觉得平淡的事情也很有意思,这种情绪状态属于   (   )

A. 心境   B. 激情   C. 应激   D. 热情

11. 晓东解决了困扰他很久的数学难题后出现的喜悦感属于   (   )

A. 道德感   B. 理智感   C. 美感   D. 效能感

12. 小青在班级的数学考试中,是唯一的一个获得满分的学生,当老师宣布这一消息时,她的内心很高兴,但却表现出若无其事的样子,这反映出青少年学生的情绪发展具有   (   )

A. 矛盾性   B. 持久性   C. 掩饰性   D. 短暂性

13. 小平得知自己在物理竞赛中获得了第一名,在家中高兴得手舞足蹈,而在学校则表现得若无其事,这反映了小平的情绪具有   (   )

A. 矛盾性   B. 持久性   C. 掩饰性   D. 短暂性

14. "鱼,我所欲也;熊掌,亦我所欲也,二者不可得兼……"这时候个体面临的冲突属于 (   )

A. 双避式冲突   B. 双趋式冲突   C. 趋避式冲突   D. 多重趋避式冲突

15. "生,吾所欲也,义,吾所欲也,二者不可兼得,……"这时候个体面临的冲突属于 (   )

A. 双避式冲突   B. 双趋式冲突   C. 趋避式冲突   D. 多重趋避式冲突

16. "进退维谷"属于   (   )

A. 双避式冲突   B. 双趋式冲突   C. 趋避式冲突   D. 多重趋避式冲突

17. "与虎谋皮"属于   (   )

A. 双避式冲突   B. 双趋式冲突   C. 趋避式冲突   D. 多重趋避式冲突

18. 王华不想花费时间学习,又不想考试挂科,这种心理冲突属于   (   )

A. 双避式冲突   B. 双趋式冲突   C. 趋避式冲突   D. 多重趋避式冲突

19. "议而不决,决而不行"是一种不好的意志品质,与其相反的意志品质是   (   )

A. 自觉性   B. 独立性   C. 果断性   D. 坚持性

20. "忧者见之则忧,喜者见之则喜。"这说明人的行为受_____影响。   (   )

A. 激情   B. 应激   C. 心境   D. 热情

三、简答题

1. 学习者良好的意志品质包括哪些方面?

2. 如何帮助学习者形成良好的情感?

3. 简要说明良好意志品质的内涵及其培养方法。

第十章　学习与学习理论

【本章课程与教学目标】

1. 使学生理解学习的概念；
2. 使学生了解学习的分类；
3. 使学生了解学习理论的历史变迁，掌握现代学习理论的基本观点。

学习是人和动物都有的行为，它是个体适应环境变化的基本形式。人类为什么要学习，应该如何学习，这对于提升学习者的学习效率和学习效果具有重要的理论意义和重大的现实意义。

一、学习的概述

（一）学习的含义

人是处于不断变化环境中的个体，人要生存和发展，就必须学习。关于学习的定义，从心理学的角度来看，学习是个体在特定的情境下由于练习或反复实践而产生的行为习惯出现的相对持久的变化。

一般说来，学习具有以下特点：

1. 学习是个体在特定的情境下通过练习或实践而发生的行为变化。

学习心理学上认定的学习后所产生的行为改变，是非病理的或生理的变化所引起的，这种变化主要应通过练习或实践来产生。

2. 个体通过学习所产生的行为改变应该是持久的，而不应当是一时的、短暂的变化。

3. 学习是一个很广泛的概念，不仅人类有学习的行为，动物界也有学习的行为。

4. 学习包括知识技能的学习，态度、行为准则的学习，还包括从出生到死亡一直持续终身的日常生活中的学习。

综上所述，学习是个体为了自身的生存与发展，在特定的情境中通过练习或实践活动而出现的行为习惯发生相对持久变化的认识活动。

（二）人类学习和学生的学习

人类的学习和动物的学习有很多的相似之处，但也有本质的区别。人类的学习除了要获取个体的行为经验外,还要掌握人类积累的社会历史经验和科学文化知识;人类的学习是在社会实践中,在与他人的社会交往中,以语言为中介进行的;人类的学习除自发的以外,更多的是有目的、有计划的活动。

学生的学习是人类学习的特殊形式,它是在教师指导下进行的,以有目的、有计划地学习人类积累的科学文化知识和社会生活经验为主,以便更好地增进知识技能,提升综合能力,适应未来社会发展变革对人才的需求。

(三)学习的分类

学习是一种涉及学习的目标、内容和方式等诸多问题的认识活动,从不同的角度来对学习的类型进行划分,可以得出不同的结果。

1. 从学习的目标来划分学习的类型

美国心理学家布卢姆把学习的目标划分为认知领域的目标、情感领域的目标和动作技能领域的目标。他根据学习目标的不同,把学习者的学习分成认知领域的学习、情感领域的学习和动作技能领域的学习三大类。

2. 从学习内容的角度来划分学习的类型

我国心理学家潘菽从学习的内容来划分学习的类型,把学习按照学习的内容分成知识的学习、智力技能的学习、动作技能的学习和社会行为规范的学习等类型。

3. 按照学习的结果来划分学习的类型

美国心理学家加涅依据学习后学习者的学习结果来分析学习的类型,他把学习者学习分成五种类型,即语言信息的学习、智慧技能的学习、认知策略的学习、态度和习惯的学习以及动作技能的学习等。

4. 依据学习者学习方式来划分学习类型

美国心理学家奥苏伯尔根据学习者的学习方式来划分学习的类型。他根据学习者在学习中学习的主动性的差异把学习分成接受学习和发现学习两种类型。他还根据学习者是否对学习材料理解把学习分成机械学习和意义学习两种类型。

二、行为主义学习理论

行为主义的学习理论认为学习的实质就是学习者外在的刺激和行为之间的连接。倡导行为主义学习理论的心理学家有苏联心理学家巴普洛夫,美国的心理学家华生、桑代克和斯金纳等人。

(一)巴普洛夫的经典条件反射理论视域下的学习观

巴普洛夫认为条件反射就是个体刺激和行为之间建立的联系。据此他认为学习就是学习者在一定条件的刺激下,个体大脑神经系统之间建立一定的联系,促使行为发生变化的过程。他在实践中证实,学习是在一定的刺激下个体产生的行为变化,如果学习者遭遇的刺激不够或者刺激减弱,则个体已经出现的行为变化就会逐步消退,甚至消失。

美国心理学家华生将巴普洛夫的条件反射学说用来指导学习理论的构建。他认为学习就是个体刺激与反应之间的连接过程,人类所有的行为都是在一定的刺激下形成的学习活动的结果。

巴甫洛夫和华生把学习看作个体刺激和行为之间的联系,重视用客观的、科学的观点观察学习者行为的变化过程,但这一理论忽视人类学习的内部动力。

（二）桑代克的学习理论

美国心理学家桑代克是现代心理学的重要代表人物,教育心理学的创始人,代表作为《人类的学习》、《教育心理学》等。

在桑代克看来,学习的本质就是个体在刺激和反应之间建立联系的过程,即 S－R,他认为个体行为的变化都可以用这一公式来说明和解释。桑代克还发现,学习者刺激和反应之间的联系不是随意简单地建立的,而是学习者在尝试和犯错的过程中逐步完成的。

桑代克在对动物进行长期广泛实验的基础上,提出了学习的基本定律。

1. 准备律。他认为个体的学习必须在一定的状态下进行,个体在事先有一定的准备状态时,愿意参与学习活动,学习才会产生一定的效果,否则学习活动很难达到预期的效果。

2. 效果律。他认为学习者只有看到学习活动产生的积极效果时,学习者才会更加积极地投入到学习活动中去,如果学习的效果不佳,学习者得到的不是奖励而是惩罚,学习者参与学习的动机就会大大降低。

3. 练习律。桑代克的实验证明,学习的效果与学习者练习的数量密切联系,学习者练习的次数越多,则刺激与反应之间的联系则越紧密,学习的效果就越好。

桑代克学习理论的创建丰富和发展了当代学习理论,促进了现代教育改革。但桑代克的学习理论忽视学习者的动机和目的,这也是有弊端的。

（三）斯金纳的学习理论

美国心理学家斯金纳在继承巴普洛夫条件反射学说成果的基础上,创立了操作性条件反射理论,认为个体行为后果也是引起条件反射的重要因素之一。他认为强化在个体的学习过程中发挥着重要的作用,他提出教育者运用强化手段来促进学习者学习效果的一系列原则。

1. 及时强化原则。斯金纳在试验中发现,及时强化在动物和个体的学习中具有重要的作用,如果教育者让学习者及时了解学习的结果,并对取得成功或进步的行为给予鼓励的话,学习者肯定会积极地投入到学习过程中去。如果教育者对学习者的学习行为不给予及时的强化,则会让学习者失去信心和学习的动力。

斯金纳认为强化有正强化（实施奖励）与负强化（撤销惩罚）两种。例如教师对上课遵守纪律、认真听课的学生进行表扬,家长对考试成绩进步的孩子给予物质奖励等就属于正强化;儿童原来不遵守纪律,学习成绩不好,老师就禁止他与别的孩子玩游戏,但当儿童遵守纪律,学业成绩进步时,老师或家长就撤销了这个命令,开始允许他在完成作业后与其他孩子玩游戏,这属于负强化。

但负强化不等同于惩罚。无论是正强化或是负强化，都是当儿童出现某些积极行为时，儿童从教育者或成人那里得到的满足与快乐。而惩罚则是儿童做出某种行为时，教育者或成人剥夺儿童获得的奖励性刺激，或给予厌恶性刺激，给儿童带来消极情绪体验的一种"教育"行为，它只能暂时抑制行为的出现，而不能根除行为，因为惩罚只是让学生明白什么不能做，但不能让学生明白什么能做和应该怎样做。

斯金纳在实验中发现奖励比惩罚更容易激发学习者的积极主动性，让学习者对学习活动产生热爱，更能让他们对自己的能力产生自信，更愿意主动投入到学习的活动中去。因此，他反复强调教育者要尽可能地运用强化的手段鼓励学生热爱学习，慎用惩罚的手段刺激学生。[①]

2. 积极主动原则。斯金纳虽然是个行为主义者，但他认为教育者要提高学习者的学习效果，就必须让学习者了解学习的结果，知道学习会为他们带来的好处，从而吸引学习者积极主动地参与到学习活动中去。

3. 小步子原则。斯金纳认为学习是个体运用以前的知识经验去解决问题，在刺激与反应之间形成稳固的联系的过程，因此他强调教育者在安排学习内容的难度和分量时，尽量地减少各个层次难度之间的差距，方便学生利用原有经验去解决新问题，不断获得成功的体验。

4. 自定步调的原则。在斯金纳看来，学习者的原有知识经验差异很大，需求也各不相同，因此教育者不能为学习者制定统一的学习目标和学习进度，要让每个学习者根据自身的实际来确定学习的方式和步骤，最终完成规定的学习任务。

斯金纳在继承前人研究成果的基础上，大胆实验和创新，创立了颇具时代色彩的新行为主义学习理论，并把它用来研制教学机器，全力推进程序教学改革，对世界许多国家的教育教学改革产生了重大的影响。

(四)班杜拉的社会学习理论

桑代克、斯金纳等人的学习理论是在对动物实验的基础上形成的，无法解释和说明社会上人的行为的习得。美国社会心理学家班杜拉在批判继承斯金纳等人学习理论研究成果的基础上，创立了颇具创新色彩的社会学习理论。

班杜拉认为学习者是生活在特定社会环境中的人，他的行为与他所处的环境密不可分。因此，他认为学习者的学习不是简单地在刺激影响下促使行为发生变化的过程，而是学习者在周围社会环境尤其是成人影响下身心逐步发生影响和变化的过程。在班杜拉看来，学习者主要是通过观察和模仿来学习社会经验的。所谓观察学习（又称替代学习），是指学习者通过对他人行为及其强化性结果的观察和模仿，获得某些新的行为或改变自身原有的一些行为的过程。

班杜拉把观察学习分成注意过程、保持过程、复制过程和强化过程四个阶段。

班杜拉认为强化在学习者的学习中发挥着重要的作用，他把强化分成直接外部强

---

① 瞿葆奎. 教育学文集·教学(上)[M]. 北京：人民教育出版社,1990,P505.

化、替代性强化(观察者看到榜样受强化而自身受到影响)和自我强化三种。他认为自我强化是强化的最高层次,是个体在广泛观察他人行为的基础上,对自身行为进行矫正的过程。

班杜拉的社会学习论重视人的行为的内部原因,强调观察和模仿在社会行为习得中的作用,这丰富和发展了现代学习理论。但这一理论把学习者社会行为的习得看作是模仿的结果,大大地降低了社会行为学习的目的计划性和教育者的指导作用,也是值得商榷的。

三、认知学习理论

认知派的学习理论认为,学习不是个体在外部环境的影响下形成刺激与反应之间的连接,而是学习者主动地参与认知过程,在头脑中构建认知结构,获得认知能力与认知习惯的过程。

(一)赫勒的完形—顿悟学习理论(格式塔学习理论)

赫勒通过对动物的实验来说明他的学习理论观点:

1.学习是通过顿悟过程来实现的

赫勒认为个体的学习不是自身动作的积累或盲目的尝试,而是个体利用自身的智慧和经验对情境进行认知,领悟和把握认知对象各个要素之间的关系的过程。

2.学习的实质就是个体认识构建事物结构的完形的过程

在赫勒看来,事物是存在一定结构的,构成事物各个要素及其关系是决定事物性质和发展方向的关键所在,要把握事物的性质就必须认识事物的结构,因此他强调学习的实质就是个体认识构建事物结构的完形的过程。

赫勒在广泛实验的基础上创立了肯定学习主体的能动作用,重视观察、理解、顿悟在学习过程中作用,强调认知结构重要性的完形—顿悟学习理论,这对于克服行为主义学习理论的机械性、片面性的弊端,促进学习理论的科学化和多样化具有重要的理论意义和重大的现实意义。但赫勒的完形—顿悟学习理论把试误说与顿悟说对立起来也是不对的。实际上,个体的学习既有试误的成分,也有顿悟的因素,它们是个体学习的不同方式或不同类型,个体解决简单问题的时候,往往采用的是顿悟式的学习,而对于较为复杂的问题的解决,则需要进行长时间的试误,才能产生顿悟。

(二)布鲁纳的认知—结构学习理论

布鲁纳是美国著名的心理学家、教育家,他在《教育过程》等著作中系统地阐述了认知—结构学习理论的基本观点。

1.学习包括知识的获得、转换和评价三个过程

布鲁纳依据皮亚杰的认识发生论来分析学习者的学习过程,他认为学习者认识一个新事物,就是要把认识的对象纳入到自身原有的认识系统,并使之发生一定的变化,更好地为当前任务的完成服务。因此,他把学习分成知识的获得、转换和评价三个环节,最终学习者学习的知识与自身原有知识经验结合,为当前任务的完成服务。

2.学习的实质就是个体主动地形成认知结构的过程

在布鲁纳看来,任何事物都存在一定的结构,学习者要认识这个事物,就必须积极主动地参与到认识过程中去,了解和把握事物的认知结构。因此,布鲁纳极力主张让学习者参与到认识过程中去,像科学家那样去运用发现法进行学习,努力致力于认识对象认知结构的发现。

3.认知学习必须遵循的基本原则

布鲁纳认为要促使学生完成探究学习的任务,就必须遵循以下基本学习原则。①

(1)结构原则。在布鲁纳看来,任何事物都存在着一定的结构,学习者学习和掌握了事物的结构,才能把握事物的性质和发展方向。因此,他强调认知发现学习必须把结构学习放在首位,教育者无论让学习者学习任何东西,务必使他们理解学科的基本结构。

(2)动机原则。布鲁纳认为学习者都希望在学习活动中有所收获,能提升自身的素养或能力。因此,他强调教育者一定要调动学习者参与学习过程的积极性,满足学习者主动参与学习过程的动机。他认为教育者不能过于强调外在的奖励、分数等方面的作用,要使学生对学习本身产生兴趣,使他们运用原有知识经验获得新知识的过程中获得成功,体验到作为发现学习者的快乐,不断激发他们主动探究的动机。

(3)程序原则。在布鲁纳看来,学习就是教育者引导学习者逐步地认识事物的结构,不断提高认识能力发展的过程。每一门学科具有一定的认识结构,学习者身心发展也是一个循序渐进的过程,因此他强调教育者在学习过程中要依据学习者身心发展的特点和学科内容的特点要求来确定学习的程序,使学生的学习过程按照一定的程序有条不紊地进行下去,从而不断提高学习的效果和效率。

(4)强化原则。布鲁纳认为教育者要想让学习者喜欢发现学习,就应该让他们看到自身学习的结果,如果学习者能从自身的发现学习中看到自己的成就,就会喜欢发现学习。因此,他极力主张教育者要创设良好的教育环境,让学习者在发现学习中取得成绩,进而激发学习者继续参与发现学习的积极性。

布鲁纳的认知—发现学习理论在广泛继承前人研究成果的基础上,提出了注重发挥学习者主体精神,引导学习者参与探究发现过程,掌握学科的认知结构,不断提高认知发现能力,养成探究发现习惯的学习理论。这一学说丰富和发展了现代学习理论,对当代教育教学改革产生了重要的推动作用。但布鲁纳的学习理论过于强调学科结构的重要性,过于重视调动学习者的主体精神,让学习者运用发现法进行探究学习,但忽视了教育者对学生学习过程的指导作用,忽视了接受学习的价值,这也是具有明显弊端的。

(三)奥苏贝尔的有意义学习理论

美国现代心理学家奥苏贝尔在广泛继承前人关于学习理论研究成果的基础上,对

---

① 瞿葆奎.教育学文集·教学(上)[M].北京:人民教育出版社,1990,P569—574.

学习的方式等问题进行了研究。

1. 学习的性质与分类

奥苏贝尔在借鉴他人学习分类学说的基础上,根据学习者在学习中是否主动地探究知识,把学习者的学习分成接受学习和发现学习;他还根据学习者学习的材料与学习者原有知识结构的关系把学习分成机械学习和意义学习。

奥苏贝尔认为接受学习并不等于机械学习,因为有意义的接受学习并不等于是机械被动的学习,而机械的接受学习才是被动的学习。他还指出,发现学习并不等于有意义的学习,因为如果是缺乏理解的简单发现,充其量只能算作是机械的发现学习,很难说是有意义的学习。

奥苏贝尔在研究中发现,学校课堂中学生学习的主要形式应该是有意义的接受学习,这样的学习处于教育者有目的、有计划的指导之下,学习的内容具有条理性和规范性,便于学生有系统、有计划地学习,因而能使学生在较短的时间内获取系统的、完整的、精确的、便于储存的和巩固的知识,不断完善学习者的知识结构和认知能力结构,促进学习者综合素质的提高。

2. 有意义学习的实质与条件

在奥苏贝尔看来,学习者只有将学习符号所代表的新知识与自身原有认知结构中的观念建立起非人为的和实质性的联系,学习者学习的知识才能对学习者当前和未来的生活产生实质性的影响,这样的学习就是有意义的学习,而不是机械被动的学习。

奥苏贝尔认为,有意义学习的产生具有一定的客观条件(主要是学习材料的性质),也受学习者自身因素(主要指学习者原有的知识经验和认知结构、学习者的学习动机等)。

因此,奥苏贝尔建议教育者要为学习者编写具有时代特色的符合学生认知发展规律要求的教材内容,确保学生学习的材料具有一定的逻辑性,是与学生周围环境具有密切联系的,也是学生能够学习和理解的,不能过于强调理论性和现代化,脱离学生认知的可能性。

奥苏贝尔还强调要使学习者的学习成为有益的学习,教育者就要了解学生身心发展的实际需要,采取有力措施丰富学生的知识经验,完善他们的认知结构,加强所学知识与学习者原有知识经验之间的联系,方便学习者运用原有知识经验去学习新的知识。他还主张教育者要调动学习者参与学习的积极主动性,让他们知道学习知识对他们未来生活的好处,激发他们积极地利用原有知识经验去获取新的知识。

3. 先行组织者技术

奥苏贝尔认为教育者要使学生积极参与有意义学习,就必须在教学中灵活地运用先行组织者技术。在他看来先行组织者(advance organizer)是先于学习任务本身呈现的一种引导性材料,它要比原学习任务本身有更高的抽象、概括和包容水平,并且能清晰地与认知结构中原有的观念和新的学习任务关联。在奥苏贝尔看来,教育者通过实施先行组织者技术,可以有效地加强学习者原有知识经验与所学知识之间的联系,便于学习者运用原有知识经验去学习新的知识,不断增进学习者的学习效果和学习效率。

奥苏贝尔在广泛继承前人研究成果的基础上大胆创新,创建了注重调动学习者主体精神,重视学习者认知能力培养的有意义学习理论,这极大地丰富和发展了现代学习理论宝库,促进了当代教育教学改革。

(四)掌握学习理论

掌握学习理论是美国著名的心理学家、教育家布卢姆在广泛继承前人学习理论研究成果,运用人本主义心理学的成果长期进行教学实验的过程中创立的。

布卢姆在实验中发现,每个学习者都有基本的学习潜力,学习者学业成绩不佳的主要原因不是学习者学习潜力差,他们在学习中不刻苦,而是教育者没有给予学习者足够的学习时间和及时有效的帮助。如果教育者给学习者提供了良好的学习环境、充足的学习时间和及时有效的帮助,每一个学生都能学会课堂上教师教授的材料,取得优异的成绩的。布卢姆在研究中发现,影响学习者学习效果的主要变量有三个,即学习者的认知前提能力、学习者的情感特征和教学的质量等三个因素。这三个因素对学习者学习效果提高的影响度为50%、25% 和 25%。[①] 因此,布卢姆强调教育者要提高学习者的学业成绩,就必须为学习者创设良好的教育环境,尽可能地丰富学习者的知识经验,引导他们掌握学科的基础知识和基本技能,提高他们的认知前提能力;同时,教育者要尽可能地创设良好的环境,让学习者在学习中取得成功和进步,让他们对学习产生自信和兴趣,激发他们主动探究的欲望;布卢姆认为,教育者要想让学习者提高学习成绩,就必须及时了解学习者学习中存在的问题,并及时地进行矫正,使学习者能不断提高学习的效果和学习的效率。

布卢姆掌握学习理论的创立丰富和发展了现代学习理论,对 20 世纪 80 年代以来世界各国教学改革产生了重大的推动作用。

(五)人本主义学习理论

美国人本主义心理学家马斯洛、罗杰斯等人在全面批判性地继承前人学习理论遗产的基础上,经过长期实验,创立了注重发挥学习者主体精神,注重学习者个性培养的人本主义学习理论。

1. 教育者要切实相信学习者

在人本主义心理学家看来,绝大多数身心发展健全的儿童都是具有一定学习潜能的个体,教育者如果能为学习者创设良好的学习环境,为他们提供必要的帮助和建议,他们都能完成学校规定的学习任务,都能在学习中获得一定的进步和成功。因此,人本主义心理学家反复强调,教育者要切实相信学习者,相信他们通过自己的努力能取得成绩,不能因为他们学得慢、学习的效果不理想就歧视他们,对他们进行讽刺挖苦,要切实尊重他们的人格,了解他们对学习的需求和想法,尽可能地满足他们的各种需

---

① 瞿葆奎.教育学文集·教学(上)[M].北京:人民教育出版社,1990,P671—677.

求,促使他们自身对学习产生兴趣和欲望,能积极主动地投入到学习过程中去。

2. 学习者在安全和谐的氛围中学习效果最好

在人本主义心理学家看来,学习者都是带着一定的目的和动机来参与学习的,如果学习者没有明确的目的和动机,学习者学习的效果就会大打折扣。但是如果外界给学习者规定了超出学习者实际能力的学习目标,过于强调竞争和分数,就会使得学习者的学习心态受到严重的影响,也必然影响学习者的学习效果。

因此,人本主义心理学家强调教育者要把学习者当作平等的人来看待,要尽可能地创建民主和谐的学习环境,让学习者在没有教育者发号施令,没有分数和等级评定和鼓励学习者自我发展、自我创造、自我评价的环境中自主学习,这样他们的自主学习能力和自主精神才能得到有效的培养,在学习中才能真正有所进步,有所收获。

3. 让学习者感到有意义的学习最持久、最深刻

人本主义心理学家认为学习者是学习的主体,他们对应该学习什么,什么时候学习,如何学习应该有足够的发言权。完全由成人或教育者指定的没有充分考虑学习者需求的学习对学习者是影响不大的,学习效果肯定也不会好。只有调动了学习者的主体精神,让每一个学习者按照自己的兴趣和需要选择学习内容和方式的学习,才是真正有意义的学习,这样的学习才会对学习者身心发展产生影响,而且这种影响比起那种强制的学习更持久、更深刻。

因此,人本主义心理学家反复强调,教育者要充分相信学习者,要在学习内容、学习方式方面给学习者更多的自由和更多的自主权,尽可能地让学习者按照自己的兴趣和爱好来自主学习,不断提高学习者的综合能力和良好个性。

4. 有意义学习是学习者在活动和交往中进行的

在人本主义心理学家罗杰斯等人看来,教育者直接教授给学习者的东西很少能对学习者的身心发展产生大的持久的影响,唯一能对学习者产生意味深长影响的学习是学习者自己发现的并把它化为已有的知识。因此,人本主义心理学家反复强调,要提高学习者的学习效果,教育者就要摒弃过去的讲解—接受学习模式,要创设良好的学习环境,让学习者在活动与交往中学习,让他们运用自身的经验在解决面临的问题或矛盾中,获得知识,增进对自然、社会、人生的理解与领悟,促使他们创新意识和实践能力的形成。

5. 教师是学习者学习的引导者和顾问

在人本主义心理学家们看来,学习者是学习的主体,他们在学习的过程中发挥着决定性的作用,而教师只是学习者学习环境和学习氛围的创设者,学生学习的引导者和顾问,他应该切实尊重每一个学习者,给每一个学习者及时有效的帮助,但教师不强迫命令学生,不把自己的意见强加给学习者,不给学习者灌输任何知识理念,而只给学习者提供建议,至于学习什么和如何学习是学生自己的事情,完全由学习者自主决定。

从以上简要的介绍可以看出,人本主义心理学家在广泛继承前人学习理论遗产的基础上,经过大量的实验,创立了注重发挥学习者主体精神,注重学习者个性培养的人

本主义学习理论,这一理论的问世从多方面丰富和发展了现代学习理论,对世界各国教学改革产生了重大的推动作用。

但人本主义学习理论过于强调学习者的主体精神,强调教育者要尊重学习者的人格,忽视了教育者在学习过程中的指导作用,过于强调学习者在学习过程中的自由,忽视了学习者在学习中的责任和义务,这也是有明显缺陷的,对世界许多国家教育教学改革也产生了不小的消极作用。

因此,既要看到人本主义学习理论的历史功绩,又要看到其不足,这才是全面的辩证的观点。

(六)建构主义学习理论

建构主义学习理论是行为主义发展到认知主义后的进一步发展,它在发展过程中深受皮亚杰、布鲁纳等人结构主义心理学的影响,后又受到维果茨基等人学习理论的影响,逐步形成了具有较为完整体系的学习理论。

1.知识是个体对世界的一种解释,知识是相对的,发展的

在建构主义者看来,知识是个体对周围世界的认识或看法,是带有主观色彩的东西,并不是对客观现实的客观反映,不是绝对不变的,它要随着时空的变化而发展变化。因此,建构主义者强调,现实世界中不存在一种绝对不变的可以随处可用的绝对真理,在一种情境中适用的知识经验在另一种环境中则可能完全行不通。个体运用所学的知识解决问题必须考虑周围环境的变化,灵活地把所学知识经验加以变通来处理面临的困境。

2.学习是学习者在教育者的指导下运用原有知识经验主动参与的知识建构活动

在建构主义者看来,学习不是学习者在刺激作用下形成条件反射系统的过程,也不是教育者把知识经验灌输给学生的过程,而是学习者在教育者的指导下在特定的环境下运用原有知识经验主动参与的知识建构活动,这样的学习具有情境性、互动性和主动性,他要在教育者的指导下了解要学习的目标和内容,运用以前所学的知识经验在活动与交往中探寻解决问题的思路或方案,通过活动与交往落实解决问题的方案,最终解决面临的新问题,获得某一学科领域的知识经验,不断提高自身的创新意识和实践能力。

3.学生是建构学习的主体

在建构主义者看来,既然学习活动是教育者指导下的学习者的知识建构活动,那么学习者就应该理所当然地是建构学习的主体,因此他们强调教育者要把学习者当作建构学习的中心,切实发挥学习者的主体作用,让学习者积极参与学习的过程,在活动与交往中探究学习。

在建构主义者看来,强调学习者在建构学习中的主体作用,并不是说要彻底否认教育者对学习者的指导作用,而是要让教育者更好地为学生的知识建构服务,如要为学习者创设有利于知识建构的学习环境,为他们提供必要的学习资料和设备,对学习者在学习中提出的疑难问题给予必要的线索或建议,对建构学习中的学生进行鼓励和

强化,引导他们积极投入到建构学习的过程中去。

4.建构学习的内容、方式必须尽可能地个性化

在建构主义者看来,建构学习的主体是青少年学生,他们的身心发展水平差异很大,对学习的需求也各不相同,不存在能够满足所有学习者需要的学习方式。因此,建构主义者强调,教育者要想提高学习者的学习效果,让每一个学习者在学习中都能有所收获,有所进步,就必须对传统的集体化、同步化的学习内容和方式进行改革,要充分考虑学习者的身心发展的特点和个别差异,尽可能地做到学习内容的多样化,学习方式的多样化,让每个学习者根据自身的特点和需求选择学习内容、学习方式和学习进度,切实让每个学习者能在学习中有所进步和收获,成为时代所需要的能力高强的具有个性的人才。

从以上简要的介绍可以看出,建构主义者在广泛继承历史上学习理论遗产,大胆实验的基础上,创立了注重发挥学习者主体精神,注重让学习者在活动与交往中探究学习,重视培养学习者的创新意识和实践能力的学习理论。这一理论的问世,丰富和发展了现代学习理论,对21世纪世界许多国家的教育教学改革产生了重大的影响。

但建构主义学习理论忽视了教育者对学习者的指导作用,忽视了传统学科教材的作用,忽视了讲解—接受学习模式的作用,仅仅让学习者在活动与交往中学习也是不科学的,如果让学习者完全按照这种理论倡导的模式进行学习,肯定无法达到现代社会对人才的基本要求。

因此,既要肯定建构主义学习理论的历史功绩,又要看到其不足。要全面学习和把握建构主义学习理论的精神,并把这种精神用于对传统学习理论进行更新和改造,创建具有时代特色的充满活力的现代学习理论体系,为现代教育改革提供及时有效的指导。

四、现代学习理论发展与改革的动向与趋势

通过对现代学习理论历史与现状的考察,可以发现现代学习理论发展与改革具有以下基本动向与趋势。

（一）现代学习理论的理论基础日益丰富多样化

长期以来,创立学习理论的理论基础主要是哲学认识论和心理学,各国心理学家们把哲学、心理学的研究成果和方法用来指导学习理论的创建与完善,这对于促进学习理论的发展与变革产生了重要的作用。但仅仅用哲学、心理学的成果和方法来创立学习方法还是很不够的。20世纪50年代以后,国外的心理学家们在创建学习理论的过程中,除运用哲学、心理学的研究成果和方法外,还广泛地把生理学(尤其是大脑神经学)、系统论、信息论、伦理学、传播学、控制论等学科的知识和方法运用于学习理论的探究中,这从多方面丰富和发展了现代学习理论的创建,如美国心理学家布卢姆把人本主义心理学、评价学、学习学等学科的知识结合起来研究学习理论,创建了掌握学习理论,而保加利亚心理学家洛扎洛夫运用人本主义哲学、大脑神经学等学科的知识

和方法,经过长期实验创立了暗示教学法,就是典型的例证。

现代学习理论的理论基础日益丰富多样化,为现代学习理论的发展与改革的发展奠定了坚实的基础。

（二）对学习目标的理解日益全面,强调学习目标的整体化

传统学习理论过于强调学习者认知领域的目标,在认知领域中过于强调学习者知识技能的掌握,但对学习者其他领域的目标则严重忽视。进入 20 世纪 50 年代以后,世界各国的心理学家们对学习目标的理解日益全面,认为学习者认知领域的目标、情感领域的目标、品德领域的目标在人的成长与发展都具有无法替代的作用,过于强调学习者认知领域的目标,而忽视学习者其他领域的目标是不对的,认为必须强调学习目标的全面性和整体性,要在学习过程中促进学习者整体素质的提高。

现代学习理论对学习目标的理解日益全面,强调学习目标的全面整体化,标志着现代学习理论科学化、现代化程度进入了一个崭新的阶段。

（三）对学习内容的理解日益全面深刻,强调学习内容的理论化、结构化,加强学习内容与学习者日常生活的联系

进入 20 世纪 50 年代以后,世界各国心理学家、教育家发现学习者学习的内容对学习效果的提高具有重大影响。为了有效地提高学习者的综合素养,各国心理学家、教育家在学习理论改革实验中高度重视学习内容的选择和设计,强调提高学习内容现代化、理论化的水平,把反映现代社会科学技术发展和社会进步的新知识纳入到学习内容中去,并切实加强学习内容与学生周围实际生活之间的联系,让学习者在学习具有时代色彩和生活气息的材料的过程中增长才干,陶冶身心,不断提高综合素养。

（四）把发挥学习者的主体精神放在学习过程的核心地位,注重学习者综合素质的提高

进入 20 世纪 50 年代,世界各国对人才素质的要求越来越高,因此各国心理学家、教育家开始转变观念,把学习者当作学习的主体,开始把发挥学习者的主体精神放在学习过程中的核心地位,让学习者自主确定学习的内容、方式和进度,积极参与知识的产生与发展过程,在活动与交往中运用以前所学的知识经验去获取新的知识,提高解决实际问题的能力,养成勤于探究、勇于实践、善于合作、勇于创新的习惯。

为了有效地提高学习者的综合素质,各国心理学家、教育家还高度重视研究学习者的学习方法,把教会学生学习作为学习过程的核心任务来抓。

（五）注重对传统学习理论的继承与改造

一部学习理论的发展史,实际上就是心理学家、教育家在广泛继承传统学习理论的基础上,根据时代的特点和要求对学习理论进行探究的历史。因此,当代学习理论的发展极其重视对传统学习理论的改造,注重学习和借鉴传统学习理论中的精华部分,并把它作为现代学习理论发展和创新的起点或基础。

现代学习理论在重视继承传统学习理论优秀遗产的同时,还注重根据时代的要求对传统学习理论的知识、观念进行大胆的改造,如更加强调学习环境的创设,注重发挥

学习者的主体精神,强调学习者在活动与交往中学习,注重对学习者进行学习方法的指导,注重培养学习者的创新意识和实践能力,让学习者形成良好的学习习惯和学习技能等。

【本章主要参考文献】

1. 曹日昌.普通心理学(下)[M].北京:人民教育出版社,1987.
2. 彭聃龄.普通心理学[M].北京:北京师范大学出版社,2012.
3. 皮连生.学与心理学[M].北京:高等教育出版社,2009.
4. 邵瑞珍.教育心理学[M].上海:上海教育出版社,1988.
5. 张春兴.教育心理学[M].杭州:浙江教育出版社,1996.
6. 全国十二所重点师范大学编写组.心理学基础[M].北京:教育科学出版社,2002.
7. 施良方.学习论[M].北京:人民教育出版社,2001.
8. 叶一舵.新课程背景下公共心理学教程[M].北京:高等教育出版社,2004.
9. 叶浩生.西方心理学的历史与体系[M].北京:人民教育出版社,2017.
10. 教育部人事司,教育部考试中心.教育心理学考试大纲[M].北京:北京师范大学出版社,2006.
11. 潘菽.教育心理学[M].北京:人民教育出版社,1980.
12. 张大均.教育心理学[M].北京:人民教育出版社,2004.

【本章思考题目】

一、简答题

(1)如何理解和把握学习的涵义?
(2)桑代克倡导的学习原则有哪几条?
(3)人本主义学习理论的基本观点有哪些?
(4)建构主义学习理论的基本观点有哪些?

【本题参考答案】

①知识是个体对世界的一种解释,知识是相对的,发展变化的

建构主义者强调,现实世界中不存在一种绝对不变的可以随处可用的绝对真理,在一种情境中适用的知识经验在另一种环境中则可能行不通。个体运用所学的知识解决问题必须考虑周围环境的变化,灵活地把所学知识经验加以变通来处理面临的困境。

②学习是学习者在教育者的指导下运用原有知识经验主动参与的知识建构活动

在建构主义者看来,学习不是学习者在刺激作用下形成条件反射系统的过程,也不是教育者把知识经验灌输给学生的过程,而是学习者在教育者的指导下在特定的环境下运用原有知识经验主动参与的知识建构活动,这样的学习具有情境性、互动性和主动性,他要在教育者的指导下了解要学习的目标和内容,运用以前所学的知识经验在活动与交往中探寻解决问题的思路或方案,通过活动与交往落实解决问题的方案,最终解决面临的新问题,获得某一学科领域的知识经验,不断提高自身的创新意识和实践能力。

③学生是建构学习的主体,教师是学生建构学习的指导者、引导者和顾问

在建构主义者看来,既然学习活动是教育者指导下的学习者的知识建构活动,那么学习者就应该理所当然地是建构学习的主体,因此他们强调教育者要把学习者当作建构学习的中心,切实发挥学习者的主体作用,让学习者积极参与学习的过程,在活动与交往中探究学习。

在建构主义者看来,强调学习者在建构学习中的主体作用,并不是说要彻底否认教育者对学习者的指导作用,而是要让教育者更好地为学生的知识建构服务,如要为学习者创设有利于知识建构的学习环境,为他们提供必要的学习资料和设备,对学习者在学习中提出的疑难问题给予必要的线索或建议,对建构学习中的学生进行鼓励和强化,引导他们积极投入到建构学习的过程中去。

④建构学习的内容、方式必须尽可能地个性化

在建构主义者看来,建构学习的主体是青少年学生,他们的身心发展水平差异很大,对学习的需求也各不相同,不存在能够满足所有学习者需要的学习方式。因此,建构主义者强调,教育者要想提高学习者的学习效果,让每一个学习者在学习中都能有所收获,有所进步,就必须对传统的集体化、同步化的学习内容和方式进行改革,要充分考虑学习者的身心发展的特点和个别差异,尽可能地做到学习内容的多样化,学习方式的多样化,让每个学习者根据自身的特点和需求选择学习内容、学习方式和学习进度,切实让每个学习者能在学习中有所进步和收获,成为时代所需的能力高强的具有个性的人才。

(5)简要说明有意义学习的条件。

【本题答案】

①有意义学习的材料本身,必须合乎这种非人为的和实质性的标准,即具有逻辑意义;

②学习者必须具有有意义学习的心向,即学习者有意愿参与有意义学习;

③学习者认知结构中必须具有丰富的背景知识,以便与新知识进行联系;

④学习者必须积极主动地使这种具有潜在意义的新知识与认知结构中有关的旧知识发生相互作用。

二、判断下面说法是否正确,并简要说明理由

(1)学习是个体在一定环境的影响下身心发生的变化。

(2)接受学习肯定是无意义的学习,发现学习肯定是有意义的学习。

(3)建构主义者认为知识是个体对客观事物的认识,知识是客观的。

(4)负强化和惩罚在本质上是相同的。

【本题参考答案】

这种说法是错误的。

负强化是对于符合组织目标的行为,撤销或减弱原来存在的消极刺激或者条件以使这些行为发生的频率提高,本质是提高行为反应的概率。惩罚是指当有机体自发做出某种反应后,随机呈现一个厌恶刺激(或不愉快情境),以期消除或抑制此类反应的过程,本质是消除或抑制某些行为反应。二者本质不同。

三、选择题

1.个体在特定环境影响下,由于练习或反复经验而产生的行为或行为潜能的持久的变化被称作是　　　　　　　　　　　　　　　　　　　　　　　　　　　　( )

A.实践　　　　　　B.反应　　　　　　C.学习　　　　　　D.条件反射

2.一位中学教师说她班的学生违犯纪律时,她就对他们大声喊叫,但他们却越来越不像话了,违犯纪律的情况更加频繁。这个班学生违犯纪律行为的增加,可以用行为主义学习理论的( )观点加以解释。　　　　　　　　　　　　　　　　　　　　　　　　　( )

A. 正强化   B. 负强化   C. 给予惩罚   D. 消退

3. 下列心理学家与后面学习理论相匹配的是   ( )

A. 桑代克——顿悟说   B. 斯金纳——发现学习理论；

C. 苛勒——试误说   D. 奥苏贝尔——有意义接受学习理论

4. 强调知识的相对价值,学习者原有知识经验的丰富性和差异性,重视让学习者在活动与交往中学习的理论属于   ( )

A. 建构主义学习理论   B. 人本主义学习理论

C. 精神分析理论   D. 行为主义学习理论

5. 学生会背诵乘法口诀并懂得三三得九,就是 3 个 3 相加之和等于 9,这种学习属于   ( )

A. 信号学习   B. 连锁学习   C. 机械学习   D. 有意义学习

6. 一名学生上课吃东西被老师惩罚,另一名学生看到后,把自己准备吃的东西悄悄收起来,这一广泛学习的现象被心理学家班杜拉称为   ( )

A. 主动学习   B. 观察学习   C. 参与性学习   D. 模仿学习

7. 斯金纳的操作性条件反射在教学中得到广泛应用的是   ( )

A. 结构教学   B. 程序教学   C. 认知教学   D. 情境教学

8. 在西方最早提出先行组织者策略的心理学家是   ( )

A. 斯金纳   B. 布鲁纳   C. 奥苏贝尔   D. 桑代克

9. 学习者通过观察其他人的行为结果来决定自己的行为指向,这是一种典型的   ( )

A. 替代强化   B. 直接强化   C. 自我强化   D. 负强化

10. 学生因上课专心听讲受到老师的表扬而逐步养成了上课专心听讲的习惯,这属于   ( )

A. 经典性条件反射   B. 操作性条件反射

C. 连接反应   D. 习惯成自然

11. 以下心理现象中属于学习的是   ( )

A. 虫子飞进眼睛时不停地眨眼   B. 鹦鹉学舌

C. 小明经常上课走神   D. 小明喝完咖啡后精神好多了

12. 加涅按照学习的结果把学习分为   ( )

A. 信号学习、概念学习、规则的学习、连锁学习、辨别学习

B. 言语信息学习、智慧技能的学习、认知策略的学习、态度学习、运动技能的学习

C. 认知学习、情感学习、动作技能学习

D. 有意义学习、接受学习、机械学习、发现学习

13. 按照学习进行的方式奥苏伯尔把学习的分为   ( )

A. 有意义学习、接受学习   B. 有意义学习、机械学习

C. 接受学习、发现学习   D. 发现学习、机械学习

14. 小老鼠通过尝试和错误进行的"迷宫"问题解决属于   ( )

A. 独立的发现学习   B. 有指导的发现学习   C. 有意义学习   D. 接受学习

15. 建构主义强调知识的特点是   ( )

A. 主观性   B. 客观性   C. 普遍适用性   D. 永恒性

16. 美国心理学家、教育家加涅认为学习的最初阶段是   ( )

A. 习得阶段   B. 领会阶段

C. 保持阶段   D. 动机阶段

17.以下心理学家中不属于认知心理学派的是 （　　）

A.苛勒　　　　　　　B.魏特海默　　　　　C.布鲁纳　　　　　D.斯特菲

18.以下哪一个不是桑代克总结的学习原则 （　　）

A.准备律　　　　　　B.习得律　　　　　　C.练习律　　　　　D.效果律

19.建构主义学习观中教师的角色是 （　　）

A.教学内容的讲授者　　　　　　　　B.学习的设计者

C.学生的指导者与合作者　　　　　　D.教学的决策者

20.有关建构主义和认知主义的区别表述正确的一项是 （　　）

A.认知主义者把教师看成学生学习的设计者,而建构主义者把教师看成学生的帮助者

B.认知主义者强调知识的主观性,建构主义强调知识的客观恒久性

C.对于知识的运用认知主义者强调其应用的普遍性,建构主义强调其情景性

D.对于学习认知主义强调学生的个体经验,建构主义强调知识本身的权威

第十一章　学习动机与学习迁移

【本章课程与教学目标】

1. 使学生理解动机、需要和迁移的概念；

2. 使学生了解动机和迁移的分类，动机的功能；

3. 使学生了解学习动机理论、迁移的历史变迁，能运用所学理论指导学生学习动机的养成，知道如何培养学习者的迁移技能；

4. 使学生掌握知识的概念与分类，了解知识学习的类型；

5. 使学生了解学习策略的含义，了解学习策略的类型。

一、动机的含义及其功能

（一）动机的含义

个体从事任何活动，总要受一定的目的或需要驱使，这个目的或需要就是个体从事活动的动机。从心理学的角度来看，动机(Motivation)是指激发、引起个体活动，引导、维持已发的活动，并促使该活动朝着某一目标进行的内在动力。[①]

个体动机的产生有两个条件，即内在条件——需要和外在条件——诱因。当人们为了生存和发展，必须开展一定的活动时就对周围的环境产生了一定的需要，当个体的需要指向特定的目标时，就产生了动机。

（二）动机的功能

动机是个体活动的内在动力，在个体的生存与发展中具有重大的作用。

1. 激发功能

个体的行为，绝大多数都是由动机激发的，个体如果没有学习动机的驱使，就不会进行主动的学习；个体如果没有交往动机，就不会有主动的交往活动。因此说，动机的一个重要的功能就在于激发的功能，它可以驱使个体从事某项活动。

2. 指向功能

个体的活动要想有一定的效用，就必须具有一定的目标。个体的动机就能促使个

---

①　教育部人事司，教育部考试中心. 教育心理学考试大纲[M]. 北京：北京师范大学出版社，2006，P54.

体的活动指向一定的目标,围绕着目标来开展活动。所以说,动机具有明显的指向功能,驱使着个体为实现目标而不懈地努力。

3.维持和调节功能

个体要实现自身的目标,需要克服诸多的困难,经历诸多磨难,这需要个体对自己的行为进行必要的维持和调节。要实现预定的目的,完成规定的任务就成为了个体维持和调节自身行为的动力,这就是我们所说的动机的维持和调节的功能。

（三）动机的基本结构

一般说来,动机由个体的需要和期望构成。个体的需要是他在发展过程中感到缺陷而力求获得满足的愿望或意向;期望是个体对活动目标所要达到的主观估计,也就是说期望是活动目标在个体头脑中的主观反映。

诱因是使得个体产生活动的需要和期望的直接原因,它是激发个体产生需要或期望的外部刺激因素。换句话来说,诱因能使得个体朝着目标迈进的外在动力。例如,在激发学习者积极性的措施中,教师所提供的奖品、成绩都是积极的诱因,相反,消极的诱因则可以使学习者产生负性行为,即离开或回避某一目标。

因此说,教育者的任务就是创设良好的教育环境,为学习者提供必要的学习诱因,引导学习者产生学习的需要,形成良好的学习动机,为他们学业成绩的提高提供持续不断的动力。

（四）动机的分类

根据动机对活动影响的性质和作用,可以把动机进行分类。

1.内在动机和外在动机

根据动机的引发原因和性质,可以把动机分成内在动机和外在动机。内在动机是指个体对活动本身感兴趣,其动机是由活动本身产生的快乐和满足所引起的,不需要外界因素的介入和干预。如有些学习者喜欢学习就是为了获得更多的知识,不断地充实自己。外在动机是由外在的因素引起的,如有些学生认真学习的目的主要是为了获得家长、老师和同伴的好评。

一般说来,内在的动机的强度大,对个体影响的时间长;而外在的动机影响时间较短,且往往带有一定的强制性。

2.生理性动机和社会性动机

根据动机的起源,可把动机分成生理性动机和社会性动机。生理性动机是个体为了满足自身生存与发展的本能性需要而产生的,具有先天性。而个体的社会性动机是在后天的社会实践中形成和发展起来的,他在改造自然,与他人交往的过程中形成了交往动机、学习动机、成就动机、审美动机等等。

3.近景动机与远景动机

根据动机对个体活动本身作用的关系,可以把动机分成近景的动机与远景的动机。近景的动机是与当前活动直接相关联的,学习者活动的动机就是直接完成活动的任务,这一动机来源于个体对活动组织者、活动的内容或方式,或活动结果的兴趣。例如,学生的求知欲望、对成功的渴望、对某门学科的兴趣或对老师的崇拜等直接影响着学习者近景动机的形成。而远景动机则是把活动与社会的前途与命运相联系,例如中学生在学习中意识到自己的责任和使命,为了自身的前途和地位等属于远景的间接的动机。

4.高尚的动机和卑鄙的动机

根据动机的作用和社会意义,可以把个体的动机分成高尚的动机和卑鄙的动机。高尚动机的核心是利他主义,有利于社会的进步与发展,也有利于自身的发展;而卑鄙的动机的核心是利己主义,不考虑社会的进步和发展,这种动机是自私的、狭隘的,因而也是卑鄙的。

二、学习动机与学习效果之间的关系

现代心理学实验证实,学习动机是影响学习者学习效果的重要因素,学习者只有具有强烈的学习动机,才能为他们的学习提供强有力的动力支持,促进学习者学习效果的提高。

但学习动机对学习效果的影响并不是直接的,而是通过学习者学习行为的改变为中介的。但学习者学习行为的形成与改变不单是受学习者学习动机的影响,还与学习者已有的学习经历、学习习惯、知识经验、个性特点、周围环境等因素密不可分。因此,要分析学习动机与学习效果的影响,必须把学习动机、学习行为、学习效果放在特定的教育环境中进行全面系统的分析,不能简单地下结论。

现代心理学家耶克斯、多德森等人的研究表明,学习者动机的强度是影响学习者学习效果和效率的重要因素。他还发现,学习者的学习动机与学习效果不是简单的线性关系,而是一种倒u字形关系,学习者动机过弱或过强,学习者的学习效率都比较低下,而中等强度的学习动机最有利于学习者学习任务的完成,学习效率也最高。这种现象称为耶克斯—多德森定律。[①]

现代心理学的研究表明,学习者如果对学习活动缺乏兴趣,动机过弱,学习没有目标和动力,学习效率肯定不高。但如果学习者的学习动机过强,机体处于高度的焦虑和紧张状态,注意和知觉、思维的范围和深度都会受到影响,活动效率也会降低。例如,有些学生在较为重大的考试中,太希望取得优异成绩,证明自身的实力和价值,但由于身心高度紧张,往往导致考试成绩不佳。

耶克斯、多德森等人的研究还表明,动机的水平与个体面临任务的性质有密切的关系,比较容易的任务,学习者学习效率随着学习动机的提升而提升;随着学习任务难度的增加,学习者动机水平呈现下降的趋势。也就是说,在难度较大的学习任务中,学习者较低的动机水平有利于学习任务的完成。[②]

因此,教育者要根据学习者面临学习任务的难度,恰当地控制学习者学习动机的

---

① 沈德立,汤国恩.基础心理学[M].上海:华东师范大学出版社,2010,P216.
② 姚本先.心理学[M].北京:高等教育出版社,2005,P138.

强度,帮助学习者优质高效地完成学习任务,不断提升学习者的学习效率和学习效果。

三、学习动机理论

如何看待动机的本质? 如何把握动机在学习者学习过程中的作用? 如何激发学习者的学习动机? 心理学家在分析和研究这些问题的过程中提出了自己的观点和看法,形成了各具特色的学习动机理论。

(一)行为主义的动机强化理论

行为主义心理学家巴甫洛夫、桑代克、斯金纳等人认定学习就是在刺激的影响下个体自身行为习惯发生变化的过程,个体的任何行为都是为了获得某些他们需要的东西,得到某种报偿,这种希望得到的东西或报偿就是动机。因此他们高度重视强化在学习者学习过程中起着重大的作用,认为不断强化可以使个体刺激与行为之间建立联系。因此,他们主张,教育者在学习活动中要让学习者知道学习成功对他们未来的好处,要采取一些外在的手段如奖励、赞扬、分数和名次等,进一步激发学习者的学习动机,促使他们积极主动地投入到学习过程中去。

现代心理学实验表明,强化对学习者的学习行为具有重要影响,如适当的表扬与奖励、取得良好的学习成绩,获得较好的名次等强化手段能增进学习者的学习动机;现代心理学研究还发现,惩罚在学习者学习动机的激发中具有一定的作用,关键在于惩罚的强度要合适,次数要适宜,否则就会影响学习者的学习态度,使其产生严重的消极情绪。因此,行为主义者反复强调教育者要尽可能地合理地运用强化手段,适当地减少惩罚,不断地提升学习者的学习动机水平,改善他们的学习行为和学习效果。

行为主义的动机强化理论高度重视强化在学习者学习过程中的作用,强调运用外在的强化手段来促进学习者改进学习过程,提高学习效果是正确的。但这一理论过于重视学习者学习行为的外部力量,严重忽视了学习者学习行为的自觉性和目的性,不重视调动学习者内部的力量,这显然是有严重缺陷的。

(二)需要层次理论

需要层次理论的创始人为美国心理学家、教育家马斯洛,在他看来,任何人的行为都是在需要的基础上被激发出来的,需要是个体行为的动力。他在《需要与动机》一书中系统地阐述了他的需要层次理论。

马斯洛在调查研究的基础上,把个体的需要分成以下五种:

1.生理的需要(the physiological needs)

他认为个体对生理的需要是自身最基本的需要,包括个体对食物、水、空气、睡眠、性等方面的需要。他说:"无疑,在一切需要之中,生理需要是最优先的。……如果所有的需要都不满足的话,那么,有机体就会被生理需要所支配,而其他的需要简直就不存在了,或者退到隐蔽的地位。"①

---

① 邵瑞珍,皮连生,吴庆麟.教育心理学参考资料选辑[M].上海:上海教育出版社,1990,P341.

2. 安全的需要(the safety needs)

在马斯洛看来,个体的生理需要得到相对满足的话,就会出现对生存和行为安全的需要,可以说,要求稳定、安全,免除恐惧和焦虑是个体活动的动力,"如果这种需要强烈、时间很长的话,也许就可以把他看成几乎是为了安全而活着。"[①]

3. 归属与爱的需要(the love needs)

在马斯洛看来,个体是在群体中生存和发展的,他除了生理需要和安全的需要需要满足外,还需要满足归属与爱的需要,他需要在团体中与同事建立较为亲密的关系,被团体成员所认同。

4. 尊重的需要(the esteem needs)

马斯洛认为个体要想在社会团体中生存和发展,就要在社会团体中有稳定的、牢固的地位,希望得到别人的高度评价,需要自尊自重或为他人所尊重。只有个体尊重的需要得到了满足,才会使人有自信的感情,觉得自己在这个世界上有价值、有实力、有能力、有用处,才会勇敢地探究未知的世界。

5. 自我实现的需要(the needs for self – actualization)

马斯洛认为自我实现的需要是个体的高级需要,包括认知、审美和创造的需要。他说:"说到自我实现的需要,就是指促使他的潜在能力得以实现的趋势。这种趋势可以说是希望自己越来越成为所期望的人物,完成与自己的能力相称的一切事情。"[②]

马斯洛认为个体的以上五种需要是分层次的,按层次逐级递升,绝大多数情况下,只有个体的低层次的需要得到相对满足的情况下,才会向高层次的需求发展。

马斯洛的研究表明,同一个时期,个体会产生多种需要,任何一种需要都不会因为更高层次的需要的发展而消失,就像高档次的人也有衣食住行方面的需要一样。他还发现,虽然每个时期个体都会有多种需要,但每一个时期个体总会有一种需要占支配的地位,不怎么占优势地位的需要则被削弱,甚至被遗忘或否定。[③]

马斯洛认为个体的一种需求尤其是缺失性需要(生理需要、安全需要、尊重与爱的需要等)得到相当满足时,这种需要就不再是个体主导性的需要,他会产生另一优势的需要,"因为已满足的需要再不是积极的推动力了。"[④]但他在研究中发现,个体的生长性需要(如认知的需要、审美的需要和自我实现的需要等)则处于永远无法满足的状态,这成了他追求身心完美的动力。

马斯洛的需要层次理论把需求作为个体行为的动力是有一定道理的,并把个体的需求进行分类,详细揭示各种需求之间的递进关系,对揭示个体行为动机规律具有重要的意义。但该理论过于看重生理性需要在个体行为中的作用,忽视理想、价值观对个体行为的指导作用,这也是有瑕疵的。

---

① 邵瑞珍,皮连生,吴庆霖.教育心理学参考资料选辑[M].上海:上海教育出版社,1990,P343.
② 邵瑞珍,皮连生,吴庆霖.教育心理学参考资料选辑[M].上海:上海教育出版社,1990,P346.
③ 邵瑞珍,皮连生,吴庆霖.教育心理学参考资料选辑[M].上海:上海教育出版社,1990,P354—355.
④ 邵瑞珍,皮连生,吴庆霖.教育心理学参考资料选辑[M].上海:上海教育出版社,1990,P355.

马斯洛的需要层次理论告诉我们,学习者学习动机的激发是一个复杂的问题,需要从多个角度、多个方面去分析。有些情况下,学习者缺乏学习动机的原因很有可能是他们的某些低层次需要(如衣食等方面需要得不到满足,生活在不安全的环境中,或者在家庭、班级中归属与爱的需要得不到满足等),而这些因素会成为学生学习和自我实现的主要障碍。因此,教育者要为学习者创设一个良好的学习环境,既要关心孩子的学习,还要关心孩子的生活,帮助他排除学习与生活中的一切不利因素,让他在班级中感受到教育者和同学对他的关爱与尊重,引导他树立远大理想,为促进自我实现而努力地学习和生活。

(三)成就动机理论

个体天生具有一种愿意探究未知世界,并企图运用自身的力量和经验去解决面临的问题,并取得成功的欲望和需要,这种需要被现代心理学家莫里等人称为成就动机。[1]

最早对个体成就动机进行系统研究的有美国心理学家麦克西兰和阿特金森等人,这一理论的研究者认为,不同个体的成就动机是不大一样的,根据他们对活动目标认识的不同,把他们的成就动机可以分成两类,一类是力求成功的动机,另一类是避免失败的动机。[2]

在阿特金森等人看来,具有力求成功动机的个体,他们参与活动的目标就是要高效率地完成任务,努力地追求成功和由成功带来的快乐情感;而具有避免失败动机的个体,参与活动的目标就是要避免失败和由失败带来的消极情绪。他在调查中发现,这两种人在选择任务时存在着较大的区别。力求成功的个体,一般会选择具有一定挑战性难度的任务,而成功的概率在50%的任务一般是他们乐意选择的,因为这种任务能为他们提供极大的挑战机会,但当他们面临成功机会小于50%的任务时,他们的成功动机会下降。而避免失败的个体,一般会选择难度较小的或难度很大的任务,如果成功的概率低于50%时,他们一般会回避这项任务,因为选择较为容易的任务容易取得成功,使自己免遭失败;他们也会选择难度很大的基本没有成功可能的任务,因为即使失败了,也可以找到适当的借口,得到自己和他人的理解和原谅,从而减少自身的失败感。

这种理论对中小学教育教学改革具有重要的现实意义,为教育教学中的因材施教提供了坚实的理论依据。教育者在教育教学实践中,对力求成功者,要创设具有竞争力的教育环境,为他们安排新颖且具有一定挑战性的学习任务,引导他们通过努力完成任务,不断激发和强化他们的成就动机。而对于力求避免失败的学生,则要尽可能地安排竞争性不是很强的学习环境,布置难度适度的学习任务,对他们经过努力取得的成绩要及时地表扬奖励予以强化,不要在公众场合指责他们的缺点或错误。

---

① 张大均. 教育心理学[M]. 北京:人民教育出版社,2001,P61.
② 教育部人事司,教育部考试中心. 教育心理学考试大纲[M]. 北京:北京师范大学出版社,2006,P61.

（四）成败归因理论

人们在工作与生活中都会经常体验到成功的快乐和失败的沮丧,也会对成功与失败的原因进行总结分析,这就是心理学上所说的对行为成败的归因。国外一些心理学家海德、罗特、维纳等人对个体行为成败的原因进行系统深入的研究,形成了成败归因理论。

海德等人把个体成败的原因分成两大类,即内部原因和外部原因。他所说的内部原因是指参与活动的个体本身的原因,如能力水平、兴趣、态度、性格与努力的程度等;而外部的原因是指参与活动的个体所处周围环境中的因素,如任务的难度、外部的奖赏与惩罚、运气等。

维纳也认为个体成败的原因有内部原因和外部原因,但他强调无论内部原因还是外部原因都有稳定与不稳定之分。在他看来,如果个体行为的结果与过去的结果一致,人们一般会归因于稳定的因素,如任务的难度和能力等;如果个体行为的结果与过去的结果不一致,人们倾向于归因为不稳定的因素,如努力程度和运气等。

维纳还发现,归因会使得个体出现情绪反应,影响个体的行为发展与变化。个体如果把成就行为归结为内部的原因,在成功时会感到满意和自豪,在失败的时候会感到内疚和羞愧;但个体如果把成就归结为外部的原因,无论成功或者失败都不会引起个体剧烈的情绪反应。[①]

总之,现代心理学研究发现,行为归因会导致个体对下一次成就行为结果的预期发生变化,影响个体对后续活动目标、内容的选择,进而影响个体活动的效果。

因此,现代心理学极力主张教育者要切实加强对学习者的归因训练,帮助学习者找出自身学习活动成败的真正原因,引导他们通过自己的努力选择合适的学习任务,采取有效的措施,通过努力克服困难获得成就,培养他们在学习活动中的自信心,克服习得无助感,不断提升自己的学业成绩。

四、学习者学习动机的培养与激发

学习动机是学习者学习活动的动力,它对于学习者的学习行为起着激发、定向、维持和强化的功能。因此,教育者要想促进学习者有效学习,就要切实了解学习者的要求,调动学习者主动学习的积极性,有目的、有计划地培养和激发学习者的学习动机。

（一）教育者要让学习者了解学习的好处和意义

学习者进入学校学习的目的就是要获得他们以前所不知道的科学文化知识,提升自己的能力,成为社会所需要的品德高尚、能力高强的人才。因此,教育者要想激发和培养学习者的学习动机,就要在切实加强对学习者学习目的教育的同时,让他们知道当前学习内容的用途,知道当前的学习会给他们带来哪些现实的和未来的好处,促使他们积极投入到当前的学习当中。例如,教育者在给学习者讲授"光合作用"的时候,

---

① 姚本先.心理学[M].北京:高等教育出版社,2005,P163.

就要让学生知道光合作用给人类和自然界带来的好处,知道如何运用光合作用的原理来改善我们现实的和未来的生活,进而激发他们探索未知世界的动机。

(二)教育者要引导学习者体验学习中的欢乐

一般说来,学习者的学习动机与学习效果之间存在着相互制约和相互影响的关系。学习者具有强烈的学习动机,积极主动参与学习活动,就容易克服学习过程中面临的各种困难和干扰,更容易取得优异的学业成绩。而学习者取得的学业成绩增强了他的学习自信心,又成为他继续努力的动力,促使他继续努力学习。如果学习者经过长期的努力并没有取得预想的学习成绩,就会使得他们对继续学习失去信心,对他们学习动机的培养和激发会产生严重的消极影响。

因此,教育者要想培养和激发学习者的学习动机,就要创设良好的学习环境,帮助学生消除在知识技能方面学习中存在的弊端和害怕学不好的顾虑,加强所学知识与原有知识之间的联系,使他们经过努力克服学习中面临的各种困难,取得令自己满意的成就,让他们体验到成功的欢乐,逐步增强他们的学习自信心,让他们产生愿意主动学习的欲望,积极主动地投入到主动学习的过程中去。

(三)创设问题情景,引导学习者探究学习

青少年学生希望在教育者的指导下获得更多的知识,成为高素质的人才。但他们并不希望用死板的方式接受教师灌输的知识,灌输式的教学方式很难调动学习者学习的积极主动性,不利于学习者学习动机的培养和激发。

因此,教育者要注意创设良好的教育环境,实行以问题为导向的教学,创设问题情景,引导学习者提出问题,并尝试着运用以前所学的知识去分析问题和解决问题,让他们在探究学习的过程中体验到主动学习的欢乐,不断激发和培养学习者主动学习的愿望和动机。

(四)充分利用学习结果对学习者的学习行为进行强化

心理学实验表明,来自学习结果的种种反馈信息,对学习者学习效果的改变和学习动机的养成具有重要的影响。因此,教育者要想培养和激发学习者的学习动机,就要充分利用学习效果对学习者的学习行为进行及时的强化。也就是说,教育者要让学习者及时了解自己在学习中的结果,知道自己在学习中取得的成绩和不足,并要对学习努力、学习成绩优异的学生进行表扬和奖励,对哪些学习不努力、学习成绩不佳的学生提出批评或惩罚。如果教育者不对学习者的学习结果进行奖惩,就会使学习者对学习的欲望下降,不利于学习者学习动机的培养和激发。

但心理学的研究发现,表扬与奖励比批评与指责更能有效地激发学习者的学习动机。因此,教育者要尽可能地多表扬和鼓励学生,不要过于严厉地批评和惩罚那些学习努力不够、学习成绩不佳的学生,要切实尊重学习者的人格,要看到学习者的成绩和进步,帮助他们解决学习中面临的困难和问题,促使他们在原有基础上不断进步,逐步产生愿意学习的欲望。

（五）指导学习者正确地对学习结果进行归因

现代心理学研究表明,学习者对学习结果的归因对他们以后的学习行为和学习动机具有重大的影响。因此,教育者要想培养和激发学习者的学习动机,就要引导学习者对自己的学习结果进行客观的归因,找出自己学业成功或失败的真正原因,促使学习者有针对性解决学习过程中面临的各种问题,逐步提升自身的学业成绩。如教育者指导学习者对自身的学习结果进行归因,如果发现自己学业成绩不佳的主要原因是能力水平方面的原因,就要有针对性地弥补自身在知识技能方面的缺陷,逐步发展自身的能力,为自己学业成绩的提高创造条件;如果学习者发现自身学业成绩不佳的原因是学习努力不够,教育者就要引导学习者把主要的时间和精力放在学习上,争取取得优异的成绩。

总之,教育者要引导学习者对学习的结果进行客观的归因,指导他们经常对自身的学习过程和学习环节进行反思,及时改进学习过程和学习环节,帮助学习者提升学业成绩,进而促使学习者形成强烈的学习欲望和学习动机。

五、知识的概念与分类

现代心理学认为,个体要想完成学习的任务,就必须学习和掌握一定的知识。学习者要学习和掌握知识,就必须了解知识的概念和分类。

（一）什么是知识

从哲学认识论的角度来看,知识是个体在认识世界的过程中获得的经验,它是客观现实在人脑中的主观反映。

从认知心理学的角度来看,知识就是个体通过与周围环境的相互作用后获得的信息及其组织,它是人脑对客观事物的特征与联系的反映,是客观事物的主观表征,既具有客观性,又具有主观性。

（二）知识的分类

根据不同的标准,可以把知识分成多种类型。

1.感性知识与理性知识

根据学习者认识活动反映深度的差异,也就是说根据个体对获得经验的理论概括程度的差异可以把知识分成感性知识和理性知识两大类。

感性知识是人脑对活动的外部表征和外部联系的反映,包括感知和表象两种水平。而理性知识反映的是活动的本质特征和内在的联系,包括概念与命题两种形式。

2.陈述性知识、程序性知识与策略性知识

陈述性知识又叫描述性知识,是个体能用言语进行直接描述的知识,它要回答事物是什么、为什么和怎么样的问题,可用来了解事物的特点和区别别的事物。如中国位于亚洲的东部,国土面积有960万平方公里等,就属于陈述性知识,目前各级学校教学中学习者学习的主要是这类知识。

程序性知识是个体在特定的条件下可以使用的一系列的操作步骤或方法,主要用来解决如何做的问题,因此也称为方法性的知识。

策略性知识主要是关于如何学习和如何思考问题的知识,是关于如何使用前两种知识去学习、组织和解决问题的一般性的方法论方面的知识,只有在策略性知识的指导下,个体的陈述性知识和程序性知识才能被有效地被感知、理解和组织,才能更有效地用来解决面临的问题。

3. 显性知识与隐性知识

哲学家、心理学家迈克尔·珀兰尼等人根据知识是否能有效地表达和有效地转移,把知识分成显性知识和隐性知识。在迈克尔·珀兰尼等人看来,显性知识是个体能以书面文字、图表和数学公式等编码方式加以表述的知识,隐性知识是指个体懂得但难以用言语描述的但对处理问题极其有效的知识经验。[①]

(三)知识学习的类型

1. 根据知识本身的存在形式和复杂程度,可以把知识学习分成符号学习、概念学习和命题学习。

①符号学习

符号学习是指学习单个符号或一组符号的意义,或者说学习符号代表着什么,这类学习主要是词汇的或事件事实的学习,如英语课上英语词汇的学习,历史课上历史事件的学习,地理课上地貌地形和地理位置的学习等,均属于符号学习或事实性知识的学习。

②概念学习

概念学习是指个体掌握概念的一般意义,把握概念的共同特征和本质属性的认识活动。如鸟"无齿有喙""前肢为翼",个体掌握了这两个核心特征,也就把握了鸟的概念了。

③命题学习

命题学习是指个体学习由若干概念组成的句子的复合意义,即学习若干概念之间的关系。如"没有共产党,就没有新中国",学习者要在这一认识活动中认识共产党与新中国之间的关系,这一学习就是命题学习。

2. 根据新知识与学习者原有认知结构的关系,可以把知识的学习分成下位学习、上位学习和并列组合学习三种。

①下位学习

下位学习又称类属学习,就是学习者要把新学习的知识归属到自己原有的知识结构中,并让它们建立起联系的过程。如学生已经知道了关于动物的知识之后,教育者再让学习者学习大象的知识,这种学习就是下位学习。

下位学习又包括派生类属学习和相关类属学习两种。派生类属学习就是学习者

---

① 伍新春.儿童发展与教育心理学[M].北京:高等教育出版社,2013,P207—208.

新学习的内容就是原来习得经验的例子,而相关类属的学习就是新学习的内容与学习者已有的知识经验有关联,但并不完全相同,需要学习者及时调整改造原有认知结构,以便更好地掌握新学习的知识。如学习者已经掌握了爱国行动的含义,现在要让学习者学习讲究卫生、保护环境、善待他人等概念,这些概念不同于"爱国行动",但与爱国行动相联系。

②上位学习

上位学习就是学习者在以前所学知识经验的基础上,学习和掌握概括程度更高的一个概念和名词。如学习者学过大象、老虎、马、猴子等概念后,再学习动物,学习者新学习的内容概括和总结了以往的例子,这种学习就属于上位学习。

③并列组合学习

学习者学习的内容与原来学习的内容处于同一个层次,新知识往往是一些已经学习过的概念经过合理的组合而成,学习者可以运用已有的知识经验去理解新学习的知识,这种学习叫作并列组合学习。如学习者学习了"教育目的的社会制约性"之后,再学习"课程的社会制约性",学习者可以利用已经掌握的"教育目的的社会制约性"的知识去分析"课程的社会制约性",使自己的知识经验得到广泛的迁移。

六、学习策略

(一)学习策略的含义

学习策略一般是与学习者学习如何学习(learning how tolearn)和学习如何认知(learning how to know)紧密相联系的,有人认为学习策略是学习者在学习活动中为了完成学习的任务,制定的有效的学习规则、方法、技巧及调控方式。它既可以是内隐的规则系统,也可以是外显的操作程序与步骤。也有人认为学习策略是个体为了完成学习任务,提升学习的效率和效果,有目的、有计划地制定的关于学习目标、内容、过程与实施等环节的活动方案。

(二)学习策略的内容

教育者要提升学习者的学习效果和学习效率,关键在于教育者引导学习者对认知的内容进行合理的把控和调整,对自身的认知过程进行合理的计划、监督和调整,对自己周围的学习资源进行有效地管控和利用。基于上述理由,我国心理学界普遍认为学习策略包括认知策略、元认知策略和资源管理策略三种。

1.认知策略

学习者要想获得知识,就需要制定一定的策略对学习的材料进行感知,并能对感知的材料进行必要的加工处理,并能把学习的材料保持在头脑中,方便学习者随时使用。学习者的认知策略一般包括复述策略、精细加工策略和组织策略三种。

(1)复述策略

复述策略是学习者为了提升识记信息的效果而对学习的信息进行简单重复识记的策略。采用这种策略,有利于学习者把所学的知识长时间地保存在自己的记忆中。

要提升学习者的识记效果，就需要学习者了解记忆规律，按照记忆规律的要求组织学习者的复习，引导他们有计划地对所学材料进行必要的复述，将所学的材料长久地保存在头脑中。

(2)精细加工策略

学习者要想更好地记住所学的内容，仅仅靠复述是远远不够的，还必须对所学习的材料进行必要的加工处理，以便使学习者所学的知识与头脑中原有的知识经验更好地建立广泛的联系。这种学习策略是学习者在意义理解基础上更高层次的信息加工策略。

需要注意的是，对学习内容的精细加工必须是学习者自己完成的，且必须同学习者学习的内容具有密切的联系，否则这种对学习材料处理策略就不能认定为精细加工材料。

如一个叫张华的学生学习"哥伦布1492年发现美洲"，他在脑海中多次重复"哥伦布1492年发现美洲"，这不是精细加工策略，而只是简单地复述；张华看到"哥伦布是西班牙人，1492年航海来到美洲"，于是想到"哥伦布1492年很可能是由东到西来到美洲的，因为这是由西班牙到美洲的最短航线。"这是精细制作策略，因为它是张华自己发现的，也与学习的材料密切相关。①

常用的精细加工策略主要有联想记忆术、做笔记、提问、编写简单的提纲或结构图、联系学习者周围的实际等。

(3)组织策略

这是学习者在精细加工策略的基础上，对学习的材料进行进一步的编码组织，使所学的知识经验融入学习者原有的知识结构，更有利于学习者识记和理解所学知识，形成更高水平的认知系统的一种学习策略。组织策略和精细加工策略一样，都属于对识记材料的深加工范畴，但组织策略的关键是构建和突出新知识点之间的内在联系，精细加工策略则侧重加强新知识与已有知识经验的联系，方便增进学习者对所学知识的识记。

实践证明，教育者引导学习者对学习材料进行深入的剖析，列出问题的提纲，画出所学材料的结构网络图等是有效提高学习者对所学材料和理解效果的有效途径。

2.元认知策略

学习者要提高自身的认知效果，既要注意选择合理的认知策略，还需要注意寻求合理的方式和策略，以便对自身认知的过程进行及时有效的调节，这就是元认知策略。

元认知是个体对自身认知的认知，元认知策略包括自身对认知过程认知的知识和调节自身认知过程的能力。元认知的知识主要包括学习者对学习者自己的认识、对学习的认识、对学习任务的认识以及对学习策略和方式的认识等。

元认知控制是个体运用自我监督机制确保学习活动的顺利开展完成的机制，它能

① 全国十二所重点师范大学联合编写组.心理学基础[M].北京:教育科学出版社,2002,P241.

让学习者知道什么时间该做哪些事,该如何去做哪些事情,是个体按照预定的任务与目标对自身行为的监督、控制与调节。

元认知控制一般包括计划策略、监督策略和调节策略三个方面。学习者要提升自身对学习行为调控的效果,就要根据自身学习的目的与任务制定较为详尽的控制计划,对自身的学习过程进行全面的监控,并要及时地发现自身学习过程中存在的问题,并及时地对原有的学习计划和学习过程进行调整完善,不断提升学习者的学习效率和学习效果。

3. 资源管理策略

学习者的学习不是在真空中进行的,而是在特定的教育环境中完成的。学习者要提升自身的学习效率和学习效果,就要在重视寻求合理的学习认知策略和元认知策略的同时,重视运用科学的资源管理策略,以便最大限度地利用周围的时间、图书资料和教育者、同学等资源优势,确保自身的学习活动优质高效地进行。

(1)学习时间的管理

学习者要提升自身的学习效率和学习效果,关键在于制定好自身的学习与生活计划,统筹安排好自己的学习与娱乐、休息时间,什么时间做什么事情要有明确具体的安排,并要有重点和顺序,以便切实提高时间的利用效率。

(2)学习环境的布置

学习环境的布置要有利于学习者身心的健康,有利于学习者学习积极性的调动,要本着简单实用、和谐,充分考虑学习者的特点和需求等原则设计具有个性化的学习环境。

(3)学习资料的管理和利用

学习者要提升自身的学习效果,就要有计划地购置学习中必需的学习资料,并要加以妥善的管理和利用,不断提升自身学习资料利用的效果和效率。

要提高学习者的学习效果,学习者还必须有效地利用现代信息技术工具来查询学习所需的各种资料。

(4)要切实加强与教育者、同学和他人的交流

"独学而无友,则孤陋而寡闻"。学习者要提升自身的学习效果,就必须加强与教师、同学和他人的交流,使得自己的学习多方位地获得及时有效的指点和帮助,确保自身的学习建立在高起点的基础之上。如果学习者不注意加强教育者、同学和他人的交流,就会使得自己的学习陷入孤独无助的境地,学习效果和学习效率肯定不高。

七、学习迁移

(一)学习迁移的意义

迁移是指个体已经获得的行为对后续行为的影响。学习迁移是指一种学习对另一种学习的影响。我们平常所说的"触类旁通"、"举一反三"指的就是学习的迁移。

学习迁移是学习过程的重要现象,它在学习者的学习过程中具有极其重要的

作用。

1. 学习迁移有利于提升学习者的学习效果和学习效率

学习者是在原有知识经验的基础上学习新知识的,他们在学习新知识的过程中必须把原有的知识经验迁移到新的学习情境中,才能有效地解决学习中面临的各种问题,不断提升学习的效率和学习的效果。经验表明,能够有效地利用学习迁移规律的学习者,可以在有限的时间内学得更多、更快、更好,并能在适当的情境中主动准确地运用原有知识经验,因而学习效果和学习效率都很高。

2. 学习迁移能促进学习者分析问题和解决问题能力的提升

学习者在学校学习的内容是书本知识,他们学习的最终目的并不是把自己变成储存知识的图书馆,也不是仅仅为了各种考试,而是要把所学的知识技能应用于各种不同的环境中,用于解决实际生活中面临的各种问题。要把学生在学校里所学的知识技能、态度等应用于解决实际问题的情境中,最有效的方式就要通过学习的迁移来实现,离开了学习迁移,学习者在学校获得的知识经验,就无法解决面临的各种实际问题,不利于学习者实际工作能力的提升。因此说,学习迁移是促进学习者实际工作能力提升的有效途径。

(二)学习迁移的分类

1. 正迁移与负迁移

根据学习迁移对学习者学习产生效果的不同,可以把学习迁移划分为正迁移和负迁移。

学习的正迁移是指一种学习对另一种学习产生的积极的促进作用。例如学习者学会骑自行车会对他学习骑摩托车具有积极的促进影响。

学习的负迁移是指一种学习对另一种学习的干扰作用,例如学习者学会骑自行车会对学习骑三轮车产生消极影响,学会 $m(a+b)=ma+mb$ 会影响 $\lg(a+b)$ 的计算,误以为 $\lg(a+b)=\lg a+\lg b$。

2. 一般迁移和特殊迁移

根据学习者学习迁移内容的不同把学习迁移划分为一般迁移和特殊迁移两种。

学习的一般迁移是指一种学习习得的原理、方法等对另一种学习的影响,如数学学习中形成的审题的方法和态度对化学学习中完成审题活动的影响等。

学习的特殊迁移是指一种学习习得的具体的特殊的经验对另一种学习的影响,例如学习者学习初中物理获得的操作技能会对他解决化学学习中遇到的实验问题产生影响。

3. 水平迁移与垂直迁移

根据学习者迁移内容的不同水平,可以把学习迁移分为学习的水平迁移与学习的垂直迁移。

学习的水平迁移是指处于同一概括水平的经验之间的相互影响。这一水平的学习内容之间的逻辑关系是并列的、平行的,如化学中锂、钠、钾等金属元素之间的关系是并列的,它们都处于同一概括水平,学习者学习化学元素锂、钠对学习化学元素的影响就属于学习的水平迁移。

学习的垂直迁移又称为纵向迁移,是指处于不同概括水平之间经验的相互影响。例如学习者在数学学习中先学习数字运算,后转变到字母运算,二者之间的相互影响,学习者掌握一般平行四边形的面积计算会对菱形面积计算的学习产生影响,这都属于学习的垂直迁移。

(三)影响学习迁移的因素

学习迁移是指一种学习对另一种学习所产生的影响。影响学习迁移的因素主要包括以下几个:

1.学习的相似性

不同学习之间存在着相似性,不同学习任务之间相似性的大小和多少会直接影响着学习迁移的产生,一般说来,学习任务之间的共同成分越多将会产生较大的相似性,并导致迁移的产生。学习的相似性既可以是学习材料的,也可以是学习的目标、过程和方式,还可以是学习态度和情感方面的。例如,英语和法语在语音、词汇、语法等方面存在着较大的共同性,在听、说、读、思维等方面存在着一些共同的要求,因此说英语学习和法语学习之间容易产生正迁移。而英语与汉语之间的共同点不多,很难产生正迁移。

2.学习者的知识经验与认知结构

现代心理学研究表明,学习者原有的认知结构的特征直接决定了学习迁移的可能性和迁移的程度。学习者是否具备丰富的背景知识,是否具备较为完备的知识结构,是否具备灵活解决问题的策略和方法等,直接影响着学习者迁移能否产生以及迁移的效果。

3.定势的影响

定势是指个体在先前活动中所形成的并持续影响后续活动的一种心理准备状态。也就是说,个体在先前活动中形成了一定的分析问题和解决问题的方式和习惯,这些方式和习惯会对个体解决当前的问题产生一定的影响。例如,我们学过汉语的人在学习英语的过程中,习惯用汉语的方式和习惯去处理英语学习中的问题,用学习汉语的方式去处理英语学习中的问题,就是定势的影响。

值得注意的是,定势对个体解决问题的影响既可能是积极的,也可能是消极的。一般来说,当问题情景不变时,定势对个体的问题解决具有积极的影响;但当问题情景发生变化时,依然沿用过去的习惯和方式去处理这些新问题时,定势对当前问题解决只能是起到消极的影响了。因此,教育者要引导学习者认识定势对迁移的双重影响,既要考虑充分运用定势去解决面临的问题,又要打破原有僵化的定势,对原有定势进行加工改造,以便灵活地处理这些新问题。

(四)教育者如何运用迁移规律来提升学习者的学习效果

教育者要帮助学习者提升迁移能力,就必须认真贯彻学习的迁移规律,用迁移规律指导中小学的教学改革。

1.教材内容的编选要有利于学习者迁移能力的养成

学习者在学校的学习时间有限,不可能学完所有的知识。要有效地发展学习者的智能,教育者必须对学习者学习的材料进行精心选择,要挑选那些具有广泛迁移价值的内容作为教材的内容,切实加强教材内容与学习者生活之间的联系,充分体现教材内容的结构性、基本性、范例性和生活性,促使学习者对所学内容产生兴趣,帮助他们在学习这些知识的过程中提升自身的学习迁移的能力。

2.合理安排教学程序

实践证明,讲求逻辑顺序的教学有利于学习者迁移能力的形成与提升,而杂乱无序的教学则妨碍学习者迁移能力的提高。因此,教育者要提升学习者的迁移能力,就必须考虑教学程序的严谨性,严格按照学生身心发展的特点和教材内容的逻辑顺序进行教学,切实加强所学知识与原有知识经验之间的联系,方便学习者运用原有知识经验去获取新的知识,也同时促进他们迁移能力的提高。

3.教育者要向学习者讲授学习策略,引导学习者积极主动地学习

要促进学习者有效地进行学习迁移,仅仅讲授迁移的知识是不够的,还必须引导学习者学习迁移的策略和方法,了解学习迁移产生的条件,了解如何提升学习者迁移的效果和效率等,实践证明这是提升学习者学习迁移效果和效率的有效方式。

因此,教育者要提升学习者学习迁移的效果,就要有目的、有计划地向学习者讲授学习策略和方法,提升学习者主动参与学习迁移的积极性,积极主动地把已有知识经验迁移到新的教育情境中去。

【本章主要参考文献】

1.曹日昌.普通心理学(下)[M].北京:人民教育出版社,1987.

2.彭聃龄.普通心理学[M].北京:北京师范大学出版社,2012.

3.皮连生.学与教的心理学[M].北京:高等教育出版社,2009.

4.邵瑞珍.教育心理学[M].上海:上海教育出版社,1988.

5.张春兴.教育心理学[M].杭州:浙江教育出版社,1996.

6.全国十二所重点师范大学编写组.心理学基础[M].北京:教育科学出版社,2002.

7.施良方.学习论[M].北京:人民教育出版社,2001.

8.叶一舵.新课程背景下公共心理学教程[M].北京:高等教育出版社,2004.

9.叶浩生.西方心理学的历史与体系[M].北京:人民教育出版社,2017.

10.教育部人事司,教育部考试中心.教育心理学考试大纲[M].北京:北京师范大学出版社,2006.

11.潘菽.教育心理学[M].北京:人民教育出版社,1980.

12.张大均.教育心理学[M].北京:人民教育出版社,2004.

【本章思考题目】

一、名词解释

①学习动机

②定势

③学习迁移

④成就动机

二、选择题

1. 耶克斯—多德森研究个体动机与行为效率之间的关系,他们发现二者存在着　　　　（　　）

A. 线性关系　　　　　　B. 倒 U 字形关系　　　　C. 正 u 字形关系　　　　D. 平行关系

2. 举一反三、闻一知十、触类旁通属于以下哪种迁移　　　　　　　　　　　　　（　　）

A. 同化迁移　　　　　　B. 顺应迁移　　　　　　C. 重组迁移　　　　　　D. 逆向迁移

3. 有人把自己学业失败的原因说成是运气不好,这种归因属于　　　　　　　　　（　　）

A. 内部的稳定的归因　　　　　　　　　B. 外部的不稳定的归因

C. 外部的稳定的归因　　　　　　　　　D. 内部而不稳定的归因

4. 有些学生学会 $m(a+b)=ma+mb$ 会影响 $lg(a+b)$ 的计算,误以为 $lg(a+b)=lga+lgb$,这种迁移属于　　　　　　　　　　　　　　　　　　　　　　　　　　　　　　　　　（　　）

A. 同化迁移　　　　　　B. 顺应迁移　　　　　　C. 重组迁移　　　　　　D. 逆向迁移

5. 学习者上完汉语拼音课后接着上英语字母课,英语字母的学习对学习者汉语拼音学习的影响被称为　　　　　　　　　　　　　　　　　　　　　　　　　　　　　　　　　　（　　）

A. 倒摄抑制　　　　　　B. 前摄抑制　　　　　　C. 重组迁移　　　　　　D. 逆向迁移

6. 学习"直角三角形是一种特殊的三角形"这种学习属于　　　　　　　　　　　（　　）

A. 词汇学习　　　　　　B. 概念学习　　　　　　C. 概念学习　　　　　　D. 命题学习

7. 耶克斯—多德森研究个体动机与行为效率之间的关系,他们发现二者的关系是　（　　）

A. 动机越低,学习效率越高　　　　　　B. 动机越高,学习效率越高

C. 任务难度不同,其最佳动机不同　　　D 任务难度不同,最佳动机相同

8. 个体为了提升自身的学习效率,自己设计了一个学习时间表,这在学习策略中属于　（　　）

A. 认知策略　　　　　　　　　　　　　B. 精细加工策略

C. 元认知策略　　　　　　　　　　　　D. 资源管理策略

9. 经验类化说强调哪种因素在学习迁移中的作用　　　　　　　　　　　　　　　（　　）

A. 心理官能的发展　　　　　　　　　　B. 两种任务的共同因素

C. 概括化的原理　　　　　　　　　　　D. 对各要素间整体关系的理解

10. 英语老师先教学生蔬菜、水果、肉的英文单词,再教羊肉、猪肉、牛肉、胡萝卜、辣椒、西红柿、杜果、木瓜、香蕉等英文单词,并要求学生把后者放入到前者的类中。这种知识学习属于　（　　）

A. 下位学习　　　　　　B. 上位学习　　　　　　C. 组合学习　　　　　　D. 并列学习

11. 王萍接到高考录取通知书已经十天了,但依然心情愉悦,往常平淡的事情也能让她感到高兴,这种情绪属丁　　　　　　　　　　　　　　　　　　　　　　　　　　　　　　　（　　）

A. 激情　　　　　　　　B. 心境　　　　　　　　C. 热情　　　　　　　　D. 应激

12. 上课时一个老师问学生,把一个正方形的桌子锯掉一个角,还有几个角? 有些学生回答还有三个角,这是受了什么因素的影响　　　　　　　　　　　　　　　　　　　　　　　（　　）

A.功能固着   B.原形启发   C.定势   D.垂直迁移

13.王华为了通过下个月的教师资格证考试,努力学习,精心准备,这种动机属于 （ ）

A.外在远景动机   B.外在近景动机   C.内在远景动机   D.内在近景动机

14.夏丽在学习数字、年代这些材料时,常常赋予其意义,使其更容易记忆,这种学习策略属于

（ ）

A.复述策略   B.计划策略   C.组织策略   D.精细加工策略

15.小刚利用改变物体接触面积大小或光滑程度的方法,来增强或减弱滑板的摩擦力这主要说明小刚能够运用 （ ）

A.元认知   B.描绘性知识   C.情境性知识   D.程序性知识

16.在老师指导下,学生利用图示方式对知识进行归纳整理,以促进自己所学知识的掌握。学生采用的这种学习策略是 （ ）

A.复述策略   B.精加工策略   C.监控策略   D.组织策略

17.在归因训练中,老师要求学生尽量尝试"努力归因",以增强他们的自信心,因为在维纳的成败归因理论中,努力属于 （ ）

A.内部的,不稳定的,可控的因素   B.内部的,不稳定的,不可控的

C.内部的,稳定的,可控的   D.内部的,稳定的,不可控的

18.按照心理学家埃里克森人格发展理论的说法,12—18岁个体心理发展的主要任务是（ ）

A.强化自我同一性   B.培养勤奋感

C.建立同一性   D.获得亲密感

19.李老师在教育学生的过程中,针对学生的不同发展水平、兴趣、爱好和特长,引导学生扬长避短、发展个性,不断促进学生的自主发展。李老师的这种做法适应了个体身心发展的 （ ）

A.顺序性   B.阶段性   C.连续性   D.差异性

20.小军由于"锐角三角形"知识掌握不好而影响了"钝角三角形"知识的掌握,这种现象属于

（ ）

A.纵向迁移   B.横向迁移   C.顺应迁移   D.重组迁移

21.林琳在听课时,经常将学习内容要点以划线的方式在书上作标记,这种学习策略属于 （ ）

A.复述策略   B.调节策略   C.监控策略   D.计划策略

22.赵毅在学习过程中,缺乏独立性,易受同学影响。当他发现自己的意见和同学们不一致时,往往不能坚持己见。这表明他的认知方式属于 （ ）

A.整体型   B.序列型   C.场独立型   D.场依存型

23.丁力有意识地对自己的学习活动进行检查与监控。他所运用的学习策略是 （ ）

A.复述策略   B.精加工策略   C.组织策略   D.元认知策略

24.下列属于元认知策略的是 （ ）

A.设置学习的目标   B.浏览阅读材料

C.阅读时对注意加以追踪   D.分析如何完成学习的任务

25.学习者在掌握金属的一般属性后,再学习铁和铜的属性,这种学习属于 （ ）

A.并列组合学习   B.总结学习   C.类属学习   D.重复学习

26.小张期中考试成绩不佳,但他并没有气馁,而是认真查找自己成绩不佳的原因,找到了努力的方向。小张这种对待挫折的方式属于 （ ）

A.宣泄   B.升华   C.补偿   D.认知重组

27.《红楼梦》一书,人物众多,关系复杂,散见于各章。青年时期的鲁迅为了更好地把握该书的内容,在综合各章的信息后,制作了一章主要人物关系图,这种学习策略在心理学上属于　　　(　　)

A.组织策略中的利用表格　　　　　　B.复述策略中的利用表格

C.精细加工策略中的利用表格　　　　D.组织策略中的利用网络关系

28.下列选项中,不属于正迁移的是　　　　　　　　　　　　　　　　　(　　)

A.数学审题技能的掌握对物理、化学审题技能的影响

B.在学校爱护公物的言行对学习者在校外规范行为的影响

C.外语学习中,学习者词汇的学习对阅读的影响

D.学习者在学习中举一反三

29.(　　)是整合所学新知识之间、新旧知识之间的内在联系,形成新的知识结构的重要策略。

(　　)

A.调节策略　　　B.元认知策略　　　C.精细加工策略　　　D.组织策略

30.学习游泳之前,王华学习了一些与游泳有关的知识,王华对游泳知识的记忆属于　(　　)

A.陈述性记忆　　B.程序性记忆　　C.瞬时记忆　　D.短时记忆

31.小马上课时害怕回答问题,他发现自己坐在教室后排时可减少老师提问的次数,于是,他总坐在教室后排,下列哪种强化方式导致了小马愿意坐在后排?　　　　　　(　　)

A.正强化　　　B.负强化　　　C.延迟强化　　　D.替代强化

32.赵明能根据A>B,B>C,则A>C的原理,推出A、B、C的关系,比如"小张比小李高,小李比小王高,则小张最高。"根据皮亚杰的认知发展理论,赵明的认知发展处于(　　)阶段。(　　)

A.感知运动阶段　　B.前运算阶段　　C.具体运算阶段　　D.形式运算阶段

33.进入初中后,小磊为了赢得在班级的地位和满足自尊需要而刻苦学习,根据奥苏伯尔的理论,小磊的学习动机属于　　　　　　　　　　　　　　　(　　)

A.认识内驱力　　B.自我提高内驱力　　C.附属内驱力　　D.生理内驱力

34.地理老师教学生记忆"乞力马扎罗山"时,为方便学生记忆,将之戏称为"骑着马打着锣"。这种学习策略属于　　　　　　　　　　　　　　　(　　)

A.复述策略　　B.精细加工策略　　C.组织策略　　D.元认知策略

35.小星判断道德问题时,不仅能依据规则,而且能出于同情和关心做出判断,根据皮亚杰道德认知发展理论,小星的道德认知发展处于　　　　　　　　(　　)

A.自我中心阶段　　B.权威阶段　　C.可逆阶段　　D.公正阶段

三、判断正误,并简要地说明理由

1.一般说来,学习者学习动机越强烈,学习者学习的效果越好。

2.学习过程中,定势对学习者的学习起着积极的作用。

【本题参考答案】

①这种说法是错误的。

②心理定式是指重复先前的操作所引起的一种心理准备状态,它使得个体解决问题时受过去经验模式的影响,并影响个体当前问题的解决。在环境不变的条件下,定势使人能够应用已掌握的方法迅速解决问题,这时心理定式对问题解决产生积极影响。而在情境发生变化时,它则会妨碍人采用新的方法,此时定势对问题解决产生消极影响。由此可见,心理定式对问题解决既有消极作用也有积极作用。

3.一般说来,迁移在学习者的学习中起着积极的作用。正因为如此,有些教育家提出了"为迁

移而教"的口号。

4.学习策略实质上就是指学习者的学习方法。

5.习得性无助感与人们对失败的归因有关。

【本题参考答案】

①这种观点是正确的。

②习得无助感是个体在实践活动中产生的感到自己能力低下,无论自己多么努力也不可能成功,进而对自己的一切失去信心的心理状态。但实际上,习得无助感与个体对自己失败的归因有关,如果个体把自己失败的原因归结为内部的、稳定的、不可控的因素,尤其是归结为自身的能力低下,而不是运气、努力程度不够等因素,就使学习者对自己的一切失去必胜的信心,长久下去,就会形成习得无助感。

6.负强化和惩罚在本质上是相同的。

【本题参考答案】

(1)这种观点是错误的。

(2)负强化是撤销厌恶刺激的过程,本质是增加某种期望行为出现的概率;惩罚是当有机体做出某种反应以后,呈现一个厌恶刺激,本质是减少不良行为出现的概率。

(3)因此,题干的说法是错误的。

四、简答题

1.简要说明学习动机的作用。

2.影响学习者学习迁移的因素有哪些?如何帮助学习者提升学习迁移的效果?

3.简述教育者如何组织学生的复习。

【本题参考答案】

(1)复习要及时进行;

(2)要指导学习者理解所学的知识,复习的方式要多样化;

(3)学习者复习活动既要避免无限过度,又要坚持适当超额。超额学习程度达到150%时,效果最佳。

4.联系实际说明培养学习者良好的学习动机的学习策略。

【本题参考答案】

(1)教育者要创设问题情境,运用启发式教学,引起学生的认知矛盾,激发学生的求知欲。

(2)根据作业难度,恰当控制动机水平。

(3)倡导发现学习,使学生具有发现的兴奋感和发现的自信感。

(4)充分利用反馈信息,妥善进行奖惩。

(5)正确指导学生对学习的结果进行归因,促使学生继续努力。

(6)利用原有兴趣、动机的迁移。

五、阅读下列材料,并回答相应问题

贾德在1908年所做的"水下击靶"实验,是经验类化说的经典实验。他以五年级和六年级学生作被试,把他们分为两组。要求他们练习用标枪投中水下的靶子。主试给第一组学生充分解释水的折射原理;而不对第二组学生说明水的折射原理,他们只能从尝试中获得一些经验。在开始投掷练习时,靶子在水下1.2英寸处,两组学生的成绩相同。接着,条件变化了,水下1.2英寸处的靶子被移到水下4英寸处。这时两组学生的成绩便表现了明显的差异:没有了解折射原理的学生,他们投掷水下1.2英寸靶子时的练习不能帮助改进投掷水下4英寸靶子的练习,错误持续发生;而学过

折射原理的学生则迅速适应了水下4英寸的条件。

(1)贾德在该实验基础上,提出了何种学习迁移理论?

(2)该理论的基本观点是什么?

(3)依据该理论,产生学习迁移的关键是什么?

(4)该理论对教学的主要启示是什么?

【本题参考答案】

(1)贾德在该实验的基础上,提出了迁移的概括化理论,也就是经验类化理论。

(2)该理论的基本观点是:迁移不是因为两种学习之间具有共同因素,而是因为学习者在学习中获得了可以适用多种环境的一般原理或规则。学习者对一般原理掌握得越好,则更容易把所学的原理应用于新的环境中。

(3)依据该理论,产生迁移的关键因素是学习者在学习中总结和概括出来的多种学习活动中所共有的经验,学习者对多种活动中经验掌握得越熟练,越有利于学习的迁移。

(4)该理论对中小学教学的启示

①贾德的迁移概括化理论告诉我们,学习者在学习活动中总结和概括出来的一般原理是引起迁移的重要因素,因此教育者要重视基本原理、理论的教学,引导学生准确地理解和掌握基本原理,培养和提高概括能力,充分利用原理和规则的迁移。

②注意教学材料和内容的编排。在教材的编排和教学内容的安排上,不仅要考虑到学科知识本身的性质、逻辑结构和学生的知识经验水平、年龄特征等,还要照顾到教学时间和教法要求,力求把最佳的教材结构展示给学生,方便学生掌握学科的基本原理和基本结构。

③改进教材呈现方式。在教材的呈现上应遵循由整体到细节的顺序,使学生的知识在组织过程中纳入到网络结构中。此外,还应加强教材中概念、原理和各章节之间的联系,使知识融会贯通。

④加强基础知识和基本技能的训练。学习者基础知识和基本技能掌握得越多,运用以前所学的知识技能解决新问题的可能性就越大,学习迁移就越容易产生。

第十二章 中学生个性特征及其培养策略

【本章课程与教学目标】

1.使学生了解个性的含义及其个性的组成部分;

2.使学生掌握影响个性形成的因素及其相互关系;

3.使学生了解人格的意义,掌握如何帮助学习者形成良好的人格;

4.使学生了解个性心理特征的构成因素,掌握气质、性格和能力的特点,把握三者之间的关系。

一、个性的含义及其特征

心理学上所说的个性,指的是人的人格。一般来说,人格是指一个人独特的、稳定的和典型的、本质的心理倾向和个性心理特征的综合。

个性一般包括个性倾向性(包括需要、动机、兴趣、理想和价值观等)和个性心理特征(包括气质、性格和能力)两个方面,它决定着人的精神面貌。

一般说来,人格具有以下基本特征:

1.独特性

人格是个体在遗传、环境和教育的影响下逐步形成和发展起来的,是具有自己特色的产物,人与人的外貌不可能完全相同,人与人的人格也有很大的差异,人们常说:"人心不同,各如其面",就是指人格的独特性。

2.稳定性

人格是个体在长期的实践活动中逐步形成和发展起来的,一旦形成,就具有较大的稳定性,在很长时间内、在不同的环境中都不会轻易发生变化。当然,人格的稳定性也是相对的,在环境和教育的影响下,人格也会发生缓慢的变化。

3.整体性

人格是由气质、性格、能力、认知风格、自我调控等因素构成,这些因素构成了人格的整体,它要受个体的自我意识调控。一个人的言行是他人格的整体反映,人格则指导他的言行。

4. 功能性

人格对个体的生存方式的选择具有决定性影响,在很大程度上决定着一个人的活动方式和活动质量,影响着一个人的前途与命运。在现实生活中面对挫折和困难时,坚强者能发奋拼搏,有一丝机会也要争取胜利,而懦弱者则会一蹶不振,承认失败,接受命运的摆布。

5. 社会性

人是具体社会环境下的人,人格是个体在社会环境和教育影响下逐步形成和发展起来的,是社会文化环境影响下的产物。离开了社会环境,人格就无法形成与发展。

二、人格发展理论

人格是如何形成和发展起来的？影响人格形成与发展的因素有哪些？心理学家通过自己多年的研究,提出了不同的观点,形成了一些具有特色的人格发展理论。

(一)埃里克森的人格发展理论

美国心理学家、教育家埃里克森多年来致力于儿童人格发展研究。在埃里克森看来,儿童人格的发展是一个逐渐形成和完善的过程,必须经历八个顺序不变的阶段,其中五个属于儿童成长和接受教育的时期。[①]

1. 基本的信任感和基本的不信任感(0—1 岁)

这一阶段的任务是发展儿童对周围世界,尤其是对社会环境的基本态度,培养他对周围的信任感。如果儿童的父母对婴儿的照料是适当的、稳定的关切、照料,婴儿就会对父母产生一种信任感,并认为这个世界是安全和可信赖的,反之亦然。

2. 自主感对羞怯感与怀疑(2—3 岁)

这一阶段的发展任务是培养儿童的自主性。这一时期儿童初步尝试独立地处理问题,如果父母允许儿童做他们力所能及的事情,鼓励他们独立探究的愿望,儿童就会形成一定的自主解决问题的能力,形成勇于探究的个性;如果父母过分溺爱或过分指责,儿童就会对自身的能力产生怀疑,并出现一种羞耻感。

3. 自动感对内疚感(4—5 岁)

这一阶段的主要任务是培养儿童的主动性。这一时期由于儿童语言能力和身体活动能力的发展,儿童有可能把他的活动范围扩展到家庭以外,开始尝试着探索新环境,努力去完成各种新任务。如果父母或教育者能够及时解答他们的疑问,倾听他们的看法,对儿童的行为给予适当的鼓励,则儿童的主动性就会得到发展,也能使他们明辨是非。反之,如果父母或教育者对儿童提出的问题感到不耐烦或嘲笑儿童,就会使得他们对自身的行为产生内疚感。

4. 勤奋感对自卑感(6—11 岁)

这一阶段的儿童已经进入学校学习,这一阶段的任务是培养他们的勤奋感。这一

---

① 教育部人事司,教育部考试中心.儿童发展与教育心理学[M].北京:高等教育出版社,2004,P20—21.

时期,如果儿童在学习和活动中不断取得成就并获得成人的鼓励,就会使他们养成乐观、自信的个性;如果教育者的教学不当,或者努力不够,经常遭受挫折,就会让儿童产生自卑感。

5.自我同一性对角色混乱(12—18岁)

这一时期,是个体从儿童向青年转变的时期,儿童在学习和其他活动中对自我进行总体的评价,从而形成我是谁,我将成为社会上的何种人,即产生自我同一性。如果儿童无法正确地认识和评价自己,就难以对人生的道路进行合理的选择,导致角色混乱。

其他的三个阶段有亲密感对孤独感(成年早期);繁殖感对停滞期(成年中期)、自我整合对绝望感(成年晚期)等。

埃里克森的发展阶段理论指明了儿童每个阶段的任务,并给出了帮助儿童解决危机,完成任务的方法,有助于教育者对不同阶段的儿童进行有针对性的教育。这一理论也为学生个性的发展和自我完善提供了必要的理论指导。

(二)弗洛伊德的心理发展阶段理论

弗洛伊德是奥地利著名的生理学家、心理学家,他长期致力于儿童心理学的研究,认为性本能在个体身心发展中具有重要的作用,认为性本能是个体心理发展的动力。

弗洛伊德根据多年的研究把个体的心理发展分成以下几个相互联系的阶段。[①]

1.口唇期(0—1岁)

弗洛伊德认为里本多(性本能)是从口唇期开始的,这一时期儿童用嘴吸吮,获得满足的快感。他与他亲近的人交流,通过用嘴吸吮来获得满足,当他无法用嘴的吸吮获得满足时,当他亲近的人离开他身边的时候,他就会焦躁不安。

2.肛门期(1—3岁)

在弗洛伊德看来,1-3岁的儿童的性兴趣集中于肛门区域,当他们排便的时候自身的肛门区域就后会产生愉快的感觉,他们就会经常以排便为快乐和满足。

3.前生殖器期(3—6岁)

这一时期,儿童进入前生殖器期,他们对男女性器官的差异有了一定的了解,开始出现了男孩依恋母亲,女孩依恋父亲的情感。

4.潜伏期(6—11岁)

这一时期儿童建立起了抵御恋母(父)的情感,儿童的性本能进入了潜伏期,心理发展进入了 一个相对平静的时期。

5.青春期(生殖器期)(12—18岁)

这一时期儿童的胸腺和性器官开始发育,他们产生了性冲动,希望了解异性的秘密,尤其希望满足自身的性冲动,情绪和行为都会出现一些动荡,容易与同伴、成人产生一些冲突。

---

① 林崇德.发展心理学[M],北京:人民教育出版社,2009,P36—38.

弗洛伊德高度重视早期儿童生活经验对儿童心理成长的影响,把性本能看作儿童人格发展的动力有一定的道理。但他仅仅重视个体生物本能在儿童人格发展中的作用,把个体的人格发展过程看作是自身生理本能的成长与发展的过程,但忽视社会性环境在个体人格发展中的作用,这不能不说是一个缺憾。

三、影响个性形成与发展的因素

个性的形成在心理学史上是个颇具争议的话题。一般认为,个性是个体在环境与教育的交互作用中逐渐形成与发展起来的。

(一)生物遗传对个体人格形成的影响

我们知道,遗传素质包括生理特征和心理特征,这两种特征都是人格形成与发展不可缺少的影响因素,个体如果生理特征和心理特征异常,人格的健康发展就失去了可能;心理实验证明,遗传素质对个体人格的形成与发展具有影响,但遗传素质对个体的气质、智力等方面的影响度较大,而对个体的价值观念、动机、性格方面的影响度不及后天社会环境的影响大。现代心理学实验还证明,遗传素质对个性形成的影响离不开环境的作用,它与环境共同影响和促进个体的人格形成与发展。

(二)环境对个体个性形成与发展的影响

环境是指围绕在个体周围对其自身个性发展产生持续影响的外部世界,它包括生物性环境(自然环境)和社会性环境(社会性文化环境、家庭环境)两个方面。

生物性环境(社会的生态环境、气候条件、人口数量等)是影响个性形成与发展的主要因素。如生活在寒冷地区、山区的人们,在长期与恶劣环境斗争、提升生存质量的过程中养成了顽强、乐观的性格。生活在岛国的人们由于生存的需要,必须与外界的人们交流,这就帮助他们形成了谦虚好学的品质。这也说明生物性环境在个体个性的形成与发展中具有重要的影响。

社会性环境(社会制度 、社会文化习俗、价值观)在个性的形成与发展中具有重大影响。个体在与当地民众的交流交往中,当地的社会制度、文化思想、价值观也通过各种方式渗透和影响个体的生活方式,使得自身的价值观、动机、性格、能力逐步地发展与变化,形成特有的个性体系。如生活在农村的个体,更容易接受缓慢的生活节奏,更容易接受别人的领导,但民主的意识较差,不愿意创新求变;而生活在城市中的人们,更喜欢革新与变化,更愿意在工作与生活中发挥自身的积极主动性,更喜欢与周围的人用多种方式交流。

(三)家庭环境对个性形成的影响

个体是在家庭中长期生活的,家庭环境和家庭成员对个体个性的形成与发展长期发挥着影响。生活在社会上的家庭成员是具有一定经济地位和政治地位的人,他们按照自己的目标与意愿来教育自己的子女,使他们身上逐渐具有某种个性品质。

家长是否重视对孩子的教育,以及家长的教养方式对孩子个性的形成具有重要的影响。一般来说,权威型的家长过于干预孩子学习和生活的细节,对孩子看管得过多,造成孩子行为的消极、被动,不利于孩子主动精神和创新意识的形成,做事缺乏自主精神;而对孩子撒手不管,放纵型的家长,则容易造成孩子任性、自私、无礼,不善于关心人,依赖别人,独立性不强;民主型的家长尊重孩子的人格,在教育孩子的过程给孩子必要的指点,但给孩子适度的自由,引导他们自主发展,这样的孩子活泼乐观,自主性强,善于交往,勇于合作,思维活跃,敢于创新。

家庭成员的经济地位和社会地位,家庭成员的文化背景、兴趣爱好,孩子的数量和出生顺序等,都会对孩子个性的形成与发展产生影响。

实验表明,儿童与父母的关系、儿童早期生活经验对自身个性的形成与发展具有重大影响。

实践证实,学校教育在个体个性的形成与发展中居于主导的地位。学校不仅仅是青少年学生获取知识的场所,也是他们在学校教育工作者、同伴等影响下获得社会经验,促进他们身心发展的阵地。学习者在课堂上获得的知识经验、教育者日常生活中的言行会对学习者个性的形成与发展产生潜移默化的影响。

研究还表明,学习者个体与同伴群体的关系在自身人格的形成与发展中作用非常巨大。和学习者与父母的关系相比,学习者与同伴之间的关系更加民主和平等,更有利于学习者与同伴平等地交流意见或看法,让学习者在与同伴的交流学习中看到奋斗的目标与希望,为他们今后的社会交往奠定基础。随着学习者年龄的增长,同伴对学习者的影响会越来越大,甚至在某些程度上超过父母对自己的影响。

(四)自我意识

自我意识是个体关于自我与环境的认识。遗传、环境和教育在个体个性的形成与发展中具有重要的影响,但这些影响只是他们个性形成与发展的外部因素,除了这些外部因素以外,个体的自我意识则是自身发展的动力,它是影响个性发展的重大因素,外部的环境与教育能否发挥影响,关键看个体自己有无主动精神,是否愿意积极利用外在因素在实践活动中来发展和改变自己,成为个性健康发展的人。

因此说,个性的发展是遗传、环境与教育,以及个体的自我意识共同作用的结果,仅仅强调一个方面或因素的作用,忽视其他方面或因素的作用显然是片面的。

四、中学生人格结构

中学生的人格一般由气质、性格、能力、认知风格、自我调控等因素构成。

(一)气质

1.气质的含义及特点

现代心理学认为,气质是指一个人典型的稳定的心理活动的动力特征,表现为个体心理活动发生的强度、心理活动的速度和稳定性以及心理活动的指向性等方面的特征。它与人们日常生活中所说的秉性、脾气、性情等词的含义相近。

一般说来,气质具有以下特点:

①气质的天赋性

现代心理学研究发现,个体的气质在很大的程度上受遗传因素影响,也就是说个体的气质在很大的程度上由遗传因素决定,我们常说一个人的气质往往与父母的气质很有关联性,尤其是双生子在气质上很相近,就是这个道理。

②相对稳定性

由于气质受遗传因素影响,而个体的遗传素质一般情况下是难以改变的,因此个体的气质具有相对的稳定性,在不同的场合、不同的活动中往往表现出同样气质的动力特点。例如,一个性情安定的学习者,在很多场合情绪都比较安定,不容易发火,表现出不紧不慢、安详沉静的特点;而一个容易激动的学习者,在很多场合都容易冲动,不容易控制自己的情绪和言行。由此可见,气质具有相对稳定性。

需要指出的是,气质的相对稳定性是相对的,不是绝对的,它在环境和教育的影响下也可以发生一些缓慢的变化,个体可以对自身原有的气质进行改造和掩饰。如容易激动的人在环境和教育训练的影响下气质可以发生变化,最终成了出色的谈判家、外交家,这样的例子并不少见。

③气质无好坏之分

不同人的气质是有差别的,这种差别主要表现在个体心理活动类型和强度的差异,并不说明个体的成就和智能水平的高低,因此个体的气质没有好坏之分。实践证明,任何一种气质的人,都可以成为品德高尚、有益于社会的人,也可以成为道德败坏、有害于社会、一事无成的人。

2.气质的类型及其特点

(1)体液说与气质类型

早在古代的时候,人们就发现不同的人气质有很大的差异,人的气质具有多种类型。最早提出气质概念的是古希腊学者、医生希波克拉底,他认为人的体内有四种液体,即血液、黏液、黄胆汁和黑胆汁等四种,并根据这四种液体在人身上含量的不同来划分人的气质类型。[①] 古罗马医生盖伦把人的气质分成 13 类,后来人们根据气质的特性和外部表现把人的气质简化为四种类型,即胆汁质、多血质、粘液质和抑郁质等四种。[②]

①胆汁质

人们在生活中发现,具有胆汁质气质类型的人,往往精力较为旺盛,反应极为迅速,情感体验强烈,容易冲动,开朗热情,情绪外向,但急躁容易发怒,处理事情果敢,但往往不考虑后果,办事粗枝大叶,不求甚解,注意力难以从一件事转移到其他事情上去。

②多血质

多血质气质的人活泼好动,反应敏捷,思维快捷,行为灵活,情感丰富多变,喜欢与人

① 李新旺.心理学[M].北京:科学出版社,2003,P180.
② 梁宁建.基础心理学[M].北京:高等教育出版社,2004,P261—262.

交往,容易适应环境的变化,兴趣广泛多变,注意力不容易集中,意志力方面缺乏耐力。

③黏液质

具有黏液质气质的人,往往比较安静、沉着、稳重,反应较为缓慢,思维、言语较为迟缓,行为不灵活,注意力比较稳定且不容易转移。这类人态度比较内向,自我控制力和持久性强,办事比较细致谨慎,但对新环境的适应过程较为缓慢,行为表现坚忍执着,情感不丰富,表情比较淡漠。

④抑郁质

抑郁质的人感受性高,对事物的观察仔细,对刺激较为敏感,但言语、思维缓慢,反应较为迟缓;这类人对事物的体验深刻,多愁善感,情感深刻持久,不易冲动,内向,办事谨慎细致,不愿意冒险,对新环境适应能力差,遇到困难容易退缩,但对力所能及的工作能够忍耐;这类人性格比较孤僻,不善于与人主动交流。

(2)神经系统活动类型与气质类型

苏联心理学家巴甫洛夫认为个体的神经系统活动类型与自身的气质类型关系极为密切,他依据个体神经系统神经过程的强度、平衡性和灵活性等指标把个体的气质划分为以下四种类型:

①强而不平衡型

这类人高级神经活动的兴奋过程强于抑制过程,容易兴奋但难以抑制,这种类型的人又称作不可抑制型,与胆汁质气质的人有很多的相似之处。

②强而平衡且灵活型

这类人高级神经活动的兴奋过程和抑制过程都比较强,而且容易自由转换,能较快地适应环境的变化,反应敏捷、活泼好动,但缺乏耐性。这类人的气质与多血质的人在很多方面有相似之处。

③强、平衡而不灵活

这类人高级神经活动的兴奋和抑制过程都比较强,但二者不容易转换,行为较为沉稳,反应较为迟缓,不容易激动,这类人称作安静型,与黏液质的人在气质上有很多的相似之处。

④弱、平衡而不灵活

这类人感受性高而耐受性低,不容易受外界刺激的影响,可塑性差,对外界的变化反应不灵活,情绪体验深刻,反应速度慢,具有严重的内倾性。

巴普洛夫把个体神经系统活动的特性与气质类型的关系表示为下表:

高级神经系统活动类型与气质类型对应表①

神经系统活动类型	神经活动过程的基本特性			气质类型
	强度	平衡性	灵活性	
不可抑制型	强	不平衡		胆汁质

---

① 梁宁建.基础心理学[M].北京:高等教育出版社,2004,P267.

续表

神经系统	神经活动过程的基本特性			气质类型
活动类型	强度	平衡性	灵活性	
活泼型	强	平衡	灵活	多血质
安静型	强	平衡	不灵活	黏液质
抑制型	弱			抑郁质

（3）气质的意义

气质是个体心理活动的基本方式，它影响个体的活动方式和活动的效率，它为个体的生存方式添加了重要的特色，使得个体生存方式更加丰富多彩。

一般说来，个体的气质没有好坏之分，任何一种气质的人经过努力都可以成为优秀的人才，也可能一事无成。

但个体的气质并不是完美无缺的，有些方面还存在着较大的缺陷，如抑郁质气质的人活动迟缓，不愿意与人交流，胆汁质的人容易冲动，忍耐性差等，这些缺陷如果不及时纠正，会给个体今后的工作带来严重的消极影响。

学习和研究个体的气质，有助于教育工作者了解和把握学习者的气质特点，在教育教学活动中更好地因材施教，不断提升教育教学效果。

（二）性格

1.性格的含义

现代心理学认为，性格是个体在对现实的态度及其相应的行为方式中表现出来的稳定而有核心意义的心理特征，是一个人经常表现出来的对待周围事物和自己的基本特点。

2.性格的特征

一般说来，性格由以下四个方面的特征组成：

（1）性格的态度特征

性格的态度特征，是指个体在对现实生活各个方面的态度中表现出来的一般特征，即个体对社会、他人的态度特征，对待学习和劳动的态度特征，以及对待自己的态度特征。

（2）性格的理智特征

性格的理智特征是指个体在认知活动中所表现出来的心理特征，不同性格的人在认知事物的过程中差异是多方面的，如个体在认知方式和速度、独立性等方面的差异较为明显。

（3）性格的态度特征

性格的态度特征是个体在处理事物时在情绪方面所表现出来的心理特征。不同性格的人在情绪的强度、持久性等方面的差异很大，这对他们的工作和生活也会影响很大。

（4）性格的意志特征

性格的意志特征是指个体在调节和控制自身心理活动中所表现出来的心理特征，

主要表现为自觉性、独立性、坚韧性、果断性等方面。个体性格具有坚强意志特征的人，更容易持久地控制自身的言行，确保原有活动顺利进行，而个体性格中意志薄弱的人，往往犹豫不决，难以坚持到底。

3.气质与性格的关系

气质与性格是个体个性的重要组成部分，二者是有区别的，也是相互联系和相互影响的。

气质与性格的区别主要有：①气质主要受个体遗传因素的影响，而性格主要受后天环境和教育的影响；②气质形成以后，变化较为缓慢，影响也较为持久，而性格的可塑性较大，在环境和教育的影响下也较为容易改变。③气质主要指个体行为的动力特征，因而气质无好坏之分，而性格主要指个体行为的内容，与他人、社会的利益紧密相关，因而性格有好坏之分，如果一味追求自身的利益，严重违背了他人和社会利益，就会受到社会的谴责。如果个体把他人和国家利益放在首位，处处维护他人和国家的利益，则会受到社会的赞许。

性格和气质是相互联系和相互促进的。①气质影响性格的表现方式。具有某种气质的人，其性格的表现往往会受到相应的动力特征的渲染。②气质影响性格的形成和变化的难易。例如，个体如果是黏液质和抑郁质的气质，要形成自制的性格则较为容易，但如果是胆汁质的气质，要形成自制的性格则要困难得多。③性格在一定程度上掩盖或抑制气质的表现，并促进气质的变化，例如具有坚强性格的人，可以在环境和教育的影响下掩盖或抑制气质的表现，促使其冲动、急躁等气质的转变。

4.性格的分类

性格分类的方式很多，如有人根据人的情绪等因素把个体的性格分成ABCD等四种类型。

A型性格的人争强好胜，时间观念和上进心都很强，力求占据领导者的地位，这种人压力比较大，容易紧张、激动，他们患高血压、心脑血管疾病的风险是普通人的2—3倍。

B型性格的人，很满足于现状，知足常乐，生活张弛有度，没有大的情绪波动，所以这类人进入"寿星"行列的概率最高。这就是人们所说的"稀里糊涂，没心没肺，心平气静，觉悟人生。"

C型性格的人对人际沟通过分焦虑，总是忍气吞声，压抑情绪，这样的人最容易得癌症。

D型性格又称"忧伤人格"，最明显的表现是消极忧伤和孤独压抑，这些正是心血管疾病的危险因素。

（三）能力

1.能力的含义

能力是个体顺利完成某种活动所需要的主观条件，是直接影响个体活动效率，并使得活动得以顺利完成的个性心理特征。

2. 能力的分类

个体要完成特定的任务,需要多方面的能力。根据不同的标准,可以把个体的能力划分成不同的种类。

(1)一般能力和特殊能力

一般能力是指人完成各种活动必须具备的基本能力,如观察力、注意力、思考力、想象力等,其中观察力是基础,而思维能力是一般能力的核心。

特殊能力是个体为完成特定的任务所具备的特殊心理特征,例如要成为一位出色的画家需要具备特殊的辨色能力、形象记忆能力和空间想象能力,如果没有这些特殊的能力,绘画活动的完成就会受到严重的影响。

(2)模仿能力和创造能力

根据个体完成活动中模仿成分和创造成分的大小,把个体的能力分成模仿能力和创造能力两大类。

(3)流体能力和晶体能力

美国心理学家卡特尔把一般智力划分为流体能力和晶体能力两大类。他认为流体能力是指个体以生理为基础的,不依赖于文化知识背景而对新事物学习的能力,如注意力、观察力、记忆力等。在他看来,流体能力受个体遗传因素影响较大,较少地受教育与环境的影响,多半不依赖于后天的学习,它的作用主要是帮助个体学习新知识和解决新问题。晶体能力主要是在个体获得知识经验的过程中形成的,主要作用在于处理已经熟悉的、已经接触过的加工过的问题。

卡特尔认为个体的流体能力和晶体能力包含在任何心理活动中,很难把个体的流体能力与晶体能力分开。一般说来,流体能力是晶体能力的基础,晶体能力是在流体能力的基础上发展起来的。[①]

3. 能力发展的差异

个体的能力发展存在着较大的差异,这主要表现在以下几个方面:

(1)能力类型的差异

由于遗传、环境和教育的影响,个体的能力在不同的领域差异很大,就是在同一领域能力类型也有很大的差异。以记忆为例,有些人擅长记忆视觉,有些人擅长记忆表象,在思维方面,有些人擅长形象思维,有些人则喜欢抽象思维等。

(2)能力表现早晚的差异

一般说来,人的才能主要出现在中年时期。人的能力显露的早晚也存在着较大的差异,有些人很早就显露出惊人的能力,称作早慧、神童,有些人的才华显露的则很晚,叫作大器晚成。

(3)能力发展的水平差异

不同的人能力水平是有差异的,有的人能力发展水平很高,叫作能力高的人,也有

---

① 李新旺. 心理学[M]. 北京:科学出版社,2003,P120.

能力发展水平极低的人。造成能力发展水平差异的原因除与遗传因素有关外,还与个体周围的环境与教育,以及个体的努力密切相关。

(4)能力发展的性别差异

不同性别的人在能力发展的水平、类型等领域是有区别的,这已经被现代心理学实验所证实。如男性在动手能力、空间操作能力发展上有优势,而女性在言语能力、数字计算能力等方面有一定的优势。

(四)认知风格

认知风格是个体在长期的实践中形成的使用的信息加工方式,也称为认知方式,它也是人格的主要组成部分。现代心理学实践证明,个体的认知风格主要有场独立型和场依存性型、冲动型和沉思型、同时型和继时型等类型。

1.场独立型与场依存型

场独立型的人在加工处理信息时对内在参照有较大的依赖性,他们在加工处理信息时,主要依据自身已有的经验或标准,与人交往的时候也是依据自己的爱好或标准,很少顾及周围环境和他人的感受;而场依存型的人在加工处理信息时,对外在的参照物有较大的依赖性,他们自身的心理分化能力较差,处理问题往往依赖于周围环境的"场",与别人交往中能够考虑对方的感受。

2.冲动型和沉思型

有些学习者在认知过程中,对外在的刺激反应非常快,但考虑时间仓促,回答得往往不够准确,这种认知方式称作是冲动型;而有些学习者对外在的刺激反应较缓慢,但由于思考得较为仔细,回答得较为准确和全面,这种认知方式称作沉思型。

3.同时型和继时型

现代心理学实验证实,人脑左半球有优势的个体往往表现出继时型的信息加工方式,即学习者在解决问题的时候,能分步骤地分析问题,一个步骤只能考虑一种假设或可能,提出的假设有明显的前后顺序;而右脑具有优势的人一般是同时型认知风格的人,他们在解决问题时,往往喜欢采取较宽广的思维方式,能同时考虑多种假设或可能,因而问题解决方式较为灵活。

4.整体型与序列型

现代心理学研究发现,不同的人在处理信息时方式是不同的,有些人喜欢从材料的整体性来考虑问题,通过研究问题的结构来提出解决问题的假设,这种认知方式称作整体型认知方式;有些人喜欢研究各种信息之间呈现的序列关系,按照材料的序列关系和逻辑联系来一步一步地找出解决问题的方式。

5.聚合型与发散型

现代心理学研究发现,有些人喜欢把研究的问题纳入自身原有的经验系统,利用原有的知识经验去分析问题和解决问题,这种人更擅长聚合型思维方式,在解决常规问题的过程中特别有效。而有些人在思考问题时视角更宽阔,善于提出各种想法或解决问题的假设,这种认知方式称作是发散型的认知方式。

研究表明,聚合思维者思考问题更严谨,但往往兴趣不太广泛,想象力不够丰富,情感不够丰富;发散思维者的兴趣往往比较广泛,想象力丰富,但处理事情喜欢冒险,容易出现失误。

(五)自我调控系统

一般说来,自我调控系统是个体人格的自我控制系统。个体的自我调控系统包括自我认知、自我体验和自我控制三个子系统。自我调控系统的作用是对个体人格的各种成分进行及时有效的调控,保证自身各种活动的顺利进行。[①]

1.自我认知

自我认知就是个体对自己的洞察和理解,包括自我观察和自我评价。个体只有全面客观地认识自己的优点和不足,并能实事求是地评价自己 ,这是个体人格趋于完善的重要标志,也是确保人格能够自我调节和不断完善的重要前提。

2.自我体验

自我体验是个体在自我认知的过程中产生的内心情感体验,当个体认识到自己的种种优点或长处时,会产生较为强烈的自尊感,当认识到自己在诸多方面有很多缺点,在很多方面不如他人时,会产生强烈的自卑感。自我体验可以促使自我认识转化为信念,对自身的言行有指导作用,激励个体发扬优点,不断改进自身的缺点或不足。

3.自我控制

自我控制是个体在自我认知和自我体验的基础上,对自身行为进行控制的过程。

自我控制包括自我监控、自我激励、自我教育等成份,如一个中学生意识到学习对自身发展的重要性,会激发他努力学习,取得优异成绩,让班上的同学和老师看得起他的学习动机,在学习中他会改变过去不专心听讲,不认真作业的习惯,集中全身心的力量去努力学习。

五、教育者如何帮助学习者形成良好的人格

1.激发学习者自我教育的主动性

学习者的人格是在后天的环境和教育活动中形成和发展起来的,外在的环境固然重要,但仅仅是影响人格发展的外部因素,学习者是否有主动参与人格完善活动的意愿,是否主动地参与人格完善的活动,直接影响着学习者人格的形成与完善。因此,教育者要帮助学习者形成良好的人格,就必须让学习者了解完美人格在个体生活与工作中的作用,让他们了解自我教育在人格形成中的意义,调动他们积极参与人格完善自我教育的积极主动性。

2.切实提高学习者的以科学文化素养为核心的综合素质

现代教育教学不仅要让学习者学习和掌握学科的基础知识和基本技能,还要帮助学习者积极参与课内外的教育教学实践活动,让他们在运用所学的知识技能解决各种

[①]　中公教育教师资格证考试研究院. 教育知识与能力[M]. 北京:世界图书出版司,2012,P201—202.

实际问题的过程中形成高强的能力,形成健康完美的个性。因此,教育者要深入了解学习者的人格特征,在教育教学中按照学习者个性心理特征形成与发展规律的要求有计划地开展工作,循序渐进地培养学习者的个性心理特征,促使学习者综合素质不断提升,成为知识渊博、品德高尚,个性优良的人才。

3. 教育者要强化学习者的情感陶冶和行为训练

教育者在学习者的人格教育中,既要帮助学习者掌握人格的知识技能,还要对他们进行必要的情感训练,让他们把所学的知识技能运用于日常生活人格提升的实践活动中,在实践活动中让他们的情感得到陶冶,养成良好的文明礼貌习惯,逐步形成完美的人格。

4. 协调学校教育、家庭教育与社会教育的关系,全面优化育人环境,形成学习者人格养成的合力。学习者的人格是在家庭、学校和社会的长期影响下形成与发展起来的,只有学校教育、家庭教育和社会教育全力支持和积极配合,才能不断提升学习者人格教育的效果。因此,学校教育要充分发挥在学习者人格教育中的主导作用,积极争取学习者家庭、社会的全力配合,努力为学习者人格的形成与发展创造优美的教育环境,实现人格教育的整体化、系统化和一体化,不断提升学习者人格教育的效果。

【本章主要参考文献】

1. 曹日昌.普通心理学(下)[M].北京:人民教育出版社,1987.

2. 彭聃龄.普通心理学[M].北京:北京师范大学出版社,2012.

3. 皮连生.学与心理学[M].北京:高等教育出版社,2009.

4. 邵瑞珍.教育心理学[M].上海:上海教育出版社,1988.

5. 张春兴.教育心理学[M].杭州:浙江教育出版社,1996.

6. 全国十二所重点师范大学编写组.心理学基础[M].北京:教育科学出版社,2002.

7. 施良方.学习论[M].北京:人民教育出版社,2001.

8. 叶一舵.新课程背景下公共心理学教程[M].北京:高等教育出版社,2004.

9. 叶浩生.西方心理学的历史与体系[M].北京:人民教育出版社,2017.

10. 教育部人事司,教育部考试中心.教育心理学考试大纲[M].北京:北京师范大学出版社,2006.

11. 潘菽.教育心理学[M].北京:人民教育出版社,1980.

12. 张大均.教育心理学[M].北京:人民教育出版社,2004.

13. 瞿葆奎.教育学文集·教育与人的发展[M],北京:人民教育出版社,1990.

14. 南京师范大学教育系.教育学[M].北京:人民教育出版社,1984.

15. 王道俊,郭文安.教育学[M].北京:人民教育出版社,2016.

【本章思考题目】

一、名词解释

1.人格 2.气质 3.性格 4.能力 5.认知风格

二、选择题

1. 小李活泼好动，善于交际，思维敏捷，容易接受新事物，兴趣广泛，注意力容易转移，他的气质类型属于　　　　　　　　　　　　　　　　　　　　　　　　　　　　　（　　）

　　A. 多血质　　　　　B. 胆汁质　　　　　C. 黏液质　　　　　D. 抑郁症

2. 李明是一个热爱班级，团结同学，乐于助人和诚实正直的学生，这反映了他具有的性格结构特征是　　　　　　　　　　　　　　　　　　　　　　　　　　　　　　　（　　）

　　A. 态度特征　　　　B. 情绪特征　　　　C. 理智特征　　　　D. 意志特征

3. 人们常说"北方人开朗、豪爽，南方人含蓄、细腻"，根据奥尔皮特的人格理论，上述人们谈及的人格属于　　　　　　　　　　　　　　　　　　　　　　　　　　　　　（　　）

　　A. 共同特质　　　　B. 首要特质　　　　C. 次要特质　　　　D. 中心特质

4. 上初中了，刘俊觉得好像不认识自己了，"我是谁？""我将来要做什么？"这些问题经常困扰她，根据埃里克森的人格发展理论，他的人格发展正处于那个发展阶段？　　　　（　　）

　　A. 亲密感对孤独感　　　　　　　　　　B. 勤奋感对自卑感

　　C. 自我同一性对角色混乱　　　　　　　D. 信任感对不信任感

5. 隐藏图形测验中，要求被试在较复杂的图形中把隐蔽在其中的简单图形分离出来。有些被试能排除背景因素的干扰，从复杂图形中迅速、容易地分离出（知觉到）指定的简单图形。这些被试的认知方式为　　　　　　　　　　　　　　　　　　　　　　　　　　　（　　）

　　A. 整体性　　　　　B. 序列性　　　　　C. 场独立性　　　　D. 场依存性

6. 人的身心发展是由低级到高级、连续的、不可逆的过程。这反映人的身心发展具有　（　　）

　　A. 阶段性　　　　　B. 整体性　　　　　C. 顺序性　　　　　D. 差异性

7. 中学生晓楠极端争强好胜，性格急躁，富有竞争意识，外向，常常处于紧张状态，很难使自己放松，小楠的人格属于　　　　　　　　　　　　　　　　　　　　　　　　（　　）

　　A. A 型人格　　　　B. B 型人格　　　　C. C 型人格　　　　D. D 型人格

8. 小华十分内向，不爱说话，无论是在陌生的环境，还是在家中，都少言寡语，这表明人格具有

　　　　　　　　　　　　　　　　　　　　　　　　　　　　　　　　　　　　　（　　）

　　A. 整体性　　　　　B. 稳定性　　　　　C. 独特性　　　　　D. 功能性

9. 小林诚实内向，谦虚勤奋，且具有亲和力，这些描述说明的个性特征是　　　　　（　　）

　　A. 性格特征　　　　B. 能力　　　　　　C. 气质　　　　　　D. 认知风格

10. 在一次业务学习中，关于青春期后个体自我意识的发展进入什么阶段，教师们讨论激烈，提出了以下四种见解，其中正确的是　　　　　　　　　　　　　　　　　　　　　（　　）

　　A. 生理自我阶段　　B. 心理自我阶段　　C. 社会自我阶段　　D. 经验自我阶段

12. 初中生晓敏在解决问题时，习惯于一步一步分析问题，每步只考虑一种假设或一种属性。提出的假设在时间上有明显的先后顺序，晓敏的认识方式属于　　　　　　　　　　（　　）

　　A. 冲动型　　　　　B. 直觉型　　　　　C. 继时型　　　　　D. 同时性

13. 赵晴在学习过程中，缺乏独立性，容易受其他同学的影响，当她发现自己的意见与同学们不一样时，往往不能坚持自己的意见，这表明该同学的认知方式属于　　　　　　　（　　）

　　A. 冲动型　　　　　B. 直觉型　　　　　C. 场独立型　　　　D. 场依存型

14. 人格的结构中，核心的部分是　　　　　　　　　　　　　　　　　　　　　　（　　）

　　A. 气质　　　　　　B. 性格　　　　　　C. 能力　　　　　　D. 态度

15.方雨认为社会法制应符合社会大众权益,当它不符合时就应该修改。根据科尔伯格理论,他处于道德发展的哪个阶段? （　　）

A.服从与惩罚　　B.社会契约　　C.维护权威或秩序　　D.普遍伦理

16.人们常说:"人心不同,各如其面",这表明人格具有的特性是 （　　）

A独特性　　B.稳定性　　C.综合性　　D.复杂性

17.根据埃里克森的观点,中学生人格发展的主要任务是 （　　）

A.发展勤奋感　　B.培养主动性　　C.形成亲密感　　D.建立自我同一性

18.个体在适应环境的过程中所表现出来的系统的独特的反应方式是 （　　）

A.气质　　B.性格　　C.能力　　D.人格

19.儿童有不知足、不安全、忧虑、退缩、不喜欢与同伴交往等特点,这是在(　　)家庭教养方式下形成的。 （　　）

A.放纵型　　B.权威型　　C.民主型　　D.自由型

20.有些人说话做事慢条斯理,很少激动,这种人的气质属于 （　　）

A.多血质　　B.黏液质　　C.胆汁质　　D.抑郁质

三、判断正误,并简要说明理由。

1.性格和气质决定着人的成败。

2.人的人格主要是由他的先天遗传因素决定的。

3.个体的认知方式决定着他认知的成败。

4.气质和性格都是影响个体工作与生活的重要因素,因此说气质和性格都有好坏之分。

5.性格主要受个体遗传因素的影响,因此很难改变。

四、简答题

1.简要说明人格的基本特征。

2.简要说明埃里克森的人格发展阶段理论。

3.影响个体人格形成与发展的因素有哪些? 它们各起什么作用?

4.个体的气质类型有哪些?

5.简要说明教育者如何帮助学习者形成良好的个性。

第十三章　教学与教学过程

【本章课程与教学目标】

1.使学生了解教学的含义,知道教学与教育、教学与自学、教学与智育的联系与区别;

2.使学生理解教学的意义与任务;

3.使学生了解学生掌握知识的基本阶段及其特点,把握教学过程的基本规律;

4.使学生了解现代教学改革与发展的动向。

一、教学的含义

学校是教师引导学习者学习文化知识,增进综合素质,促进个性发展的地方。教师要按照一定的目的引导学习者学习,教育学上把教育者引导学习者学习的认识活动称为教学。具体来说,"教学是教育目的规范下的,教师的教和学生的学共同组成的一种教育活动。"①构成教学活动的因素有:教师、学生、教学环境、教学内容和教学手段。

在教学活动中,教师有目的、有计划地引导学生掌握人类科学文化基础知识,发展他们的智力和体力,形成全面发展的个性。

二、教学与教育、教学与智育、教学与自学的关系

教学与教育都是为了提高学生素质的培养人的社会实践活动,是部分与整体的关系,教育包括教学和课外活动、社会实践活动等部分,教学是教育的核心部分,是学校实现教育目标的基本途径。

教学和智育既有联系,又有区别。智育是教学的重要组成部分,主要通过教学来完成。但教学与智育具有不同之处,教学不仅是智育的基本途径,也是德育、体育和美育等工作的基本途径,教学不仅要完成智育的任务,还要促使学生品德、身心等方面的和谐发展。而智育任务的完成,除了依靠教学外,还必须重视课外活动、生产劳动、研

---

① 王道俊,郭文安.教育学[M].北京:人民教育出版社,2009,P161.

究性学习等活动来实施。

教学与自学也有很大的不同,教学是教育目的规范下的教师的教和学生的学共同组成的教育活动,既包括教师指导下的学生的接受学习,也包括学生为配合教师的教而进行的预习、复习和独立作业等自学活动。但教学与学生在教学之外的独立自学有严格的区别,教学是教师和学生共同参加的有目的、有计划的教育活动,而自学是学习者自己参与的增进知识技能、促进自身素养提高的学习活动,没有教师有目的、有计划的指导,学习内容和学习进程具有较大的随意性,学习效果和学习效率都难以达到理想的结果。

三、教学的意义

教学是学校教师和学生最主要的工作,在促进学生身心发展的教育过程中具有重大的意义。

1. 教学是学校严密组织起来的传授系统科学文化知识,促使学生身心发展的最有效的方式

教学是学校里教师有目的、有计划地指导学生学习科学文化知识、发展智能、陶冶品德、提升综合素养的教育活动,它是学校里占用师生时间和精力最多的活动,也是师生日常最主要的活动。学校里教师引导学生获取知识,促使他们身心获得和谐发展的方式除教学外,还有课外活动、职业技术教育、生产劳动等等方式。和其他方式相比,教学这种方式最容易发挥教师的主导作用,最有利于学生获取系统的科学文化知识,在智力、品德方面获得最佳发展,促使他们综合素质的提高。

2. 教学是学校实施全面发展教育,实现培养目标的基本途径

学校教育由德育、智育、体育、美育等部分构成,这些部分又体现在一定的教育内容当中,要促进学生的身心发展,教育者就要引导学生系统地学习这些教育内容。由于教学是学校严密组织起来的传授系统科学文化知识、促使学生身心发展的最有效的方式,所以教学是学校实施全面发展教育,实现培养目标的基本途径。[①]

由于教学是学校实施全面发展教育,实现培养目标的基本途径,所以学校各项工作中必须坚持以教学为主,要切实保证教学的中心地位,集中学校的所有资源为教学服务,不断提高教学的质量和效果。

当然,我们说学校各项工作必须坚持以教学为主,并不是说教学唯一,可以忽视学校的其他工作,而是要求学校以教学为中心全面妥善地安排教学和其他教育活动,建立正常的教学秩序,全面提高教学质量。

四、教学的任务

教学是学校的中心工作,通过教学应完成以下任务:

---

① 王道俊,郭文安.教育学[M].北京:人民教育出版社,2009,P163.

1.引导学生掌握科学文化基础知识和基本技能,这是教学中最基本、最主要的任务

科学文化知识是人类经验的高度概括和总结,学习者通过学习这些宝贵的文化遗产,可以在较短时间内高起点地掌握这些人类文化的瑰宝,成为知识丰富、能力高强的人。由于人类文化知识极其丰富庞杂,青少年学生在学校的学习时间非常有限,不可能学习和掌握所有的知识,所以教育者只能引导学习者掌握最基本的科学文化基础知识,因为这些科学文化基础知识是人类文化知识的骨架或基础,具有较强的通用性和稳定性,学生掌握了这些基础知识,有利于获取新的知识,也可以更容易促使知识的迁移,方便学生今后的学习与生活。因此,教师在教学中必须引导学生学习和掌握人类科学文化基础知识,这是教学中最基本的、最主要的任务。

教师在引导学生获取人类文化基础知识的同时,还要引导学生掌握阅读、书写、计算等领域的技能,这是学生学习文化知识,获取人生基本能力的基础。

因此,教育者在教学中要引导学生掌握科学文化基础知识和基本技能,这是教学最基本、最重要的任务,因为教学的其他任务要通过引导学生掌握科学文化基础知识和基本技能来完成,教师和学生只有扎扎实实地完成了教学的"双基"任务,才能确保培养人才的质量规格和学习后劲。正因为如此,世界各国各级各类学校在课程与教学改革中都特别重视基础知识和基本技能的教学,注意引导学生掌握学科的基础知识和基本技能,为学生今后的学习奠定宽厚扎实的基础。

2.发展学生的智力和体力,增进学生的身心健康

要实现教育的目标,教育者就要在引导学生学习科学文化基础知识,掌握牢固基本技能的同时,注意在教学中发展学生的智力和体力,增进学生的身心健康。

所谓智力,是指个体在认识过程中表现出来的认识能力体系,它包括观察力、思考力和动手操作能力等,其中观察力是基础,思维能力是核心。[①] 现代社会迅猛变革,科学技术日新月异,人类知识总量不断增加,知识更新速度大大加快,但学生在校时间却非常有限,难以大量增加。要有效地解决人类知识总量不断增加,知识更新速度加快与学生在校学习时间有限的矛盾,教育者除了在教学中有选择地引导学生掌握牢固的基础知识和基本技能外,主要要靠注重发展学生的智能,帮助他们养成终身学习必备的学习能力和主动求知、勇于探究、勇于实践的良好习惯,为他们获取新的知识、迎接新的挑战奠定智能基础。

由于教学是学校的主要工作,青少年学生在学校的大部分时间都要在课堂中度过,学生身心的健康状况如何主要由教学的性质和强度来决定。因此,教育者在教学中一定要把保护学生的身心健康放在第一位,要切实减轻学生的课业负担,督促学生积极参加体育锻炼活动,减缓学生的学习压力,不断增强学生的体质,确保学生身心健康水平的不断提高。

---

① 王道俊,郭文安.教育学[M].北京:人民教育出版社,2009,P163.

3. 培养学生良好的品德和审美情趣,奠定学生科学世界观基础

青少年学生主要时间是在学校的教室里的教学中度过,他们正处于思想品德和人生观、世界观形成的关键时期,教育者要把青少年学生培养成社会所需要的具有良好道德品质的人,就必须重视在引导学生学习科学文化基础知识的过程中结合教学的实际对学生进行思想品德教育,培养他们的良好品德和审美情趣,帮助他们奠定科学世界观基础。

以上教学的三项任务是相互联系、相互促进的。其中引导学生学习和掌握科学文化基础知识和基本技能是教学各项任务的基础,发展学生的智力和体力则是教学的中心任务,而培养学生良好的品德和审美情趣则能保障教学的方向,为各项任务的完成提供持续不断的动力。

五、教学思想的历史嬗变

正规学校出现以后,专职教育学生的教师为了提高教育学生的效果和效率,开始学习和借鉴其他教师的成功经验,总结自身教学工作中的经验教训,努力改进教学,提出了一些具有创新意识的教学观点,逐步形成了系统化的相对稳定的教学思想体系。根据教学思想形成发展的时间和状态,可把中外教学思想的发展嬗变过程分成以下几个阶段:

(一)教学思想的萌芽阶段

古代社会里,一些政治家、哲学家、教育家在创办私立学校,培养人才的过程中,总结前人和自己在教学工作中的经验教训,提出了改进教学工作的建议,并逐步形成了一些零散的教学思想。

孔丘是我国古代最早创办私学的教育家,《论语》一书记录了他和他的弟子关于政治、经济、文化、教育教学方面的言论。孔子提出教学就是要为社会培养具有良好品德和广泛才能的君子或"士";他认为要提高学校培养人才的质量,就要让学习者学习经过精心选择的具有时代特色的教材,他用了一生的时间和精力修订了《诗》、《书》、《礼》、《易》、《乐》和《春秋》,让学生潜心学习;他在总结自身教学经验的基础上提出了学习和温习(练习)结合、学习和思考结合、启发性原则、因材施教等原则,让学生在读书、讨论和练习中学习和运用知识等原则;他强调教师要热爱学生,学而不厌、诲人不倦,要为人师表,做学生良好表率等。[①] 孔子被后人誉为中国古代最著名的教育家,他是最早运用启发式教学方法进行教学的教育家,他关于教学工作的论述,极大地丰富和发展了我国古代教学思想宝库,对后世中国乃至世界各国的教学改革与发展产生了重大的影响。

《学记》是我国古代第一部系统论述教育教学问题的专著,该书虽然仅有 1229 字,但在广泛继承孔子等人教育遗产的基础上以极其简练准确的语言对教学的作用与

① 董远骞. 中国教学论史[M]. 北京:人民教育出版社,1998,P14—16.

目标、教学的内容和教学的方式、教学原则、教学评价、师生关系等问题进行了系统论述,形成了较为完善的教学思想体系。《学记》的出版传播,促进了我国教学思想科学化的进程,对我国儒家学派教学思想的形成与发展产生了重要影响。我国学者普遍认为《学记》是世界上最早出现的教学论专著。①

在古希腊,曾出现了苏格拉底、柏拉图和亚里士多德等著名教育家。《理想国》一书记录了苏格拉底和柏拉图等人的教育教学思想。苏格拉底认为知识存在于个体的头脑中,学习就是学习者在教师的指导下把头脑中固有的知识导引出来的认识活动,但个体没有哲学家或教师的导引是不可能把知识找寻出来的。他认为教师要用答问法引导学生学习,让学生在教师的导引下通过自己的思考一步一步地获得知识,这种方法称为"苏格拉底问答法"或"苏格拉底产婆术"。苏格拉底的问答法分成苏格拉底式的讽刺、定义和助产术等三个步骤。这种方法有利于调动学习者参与学习的积极主动性,能有效地培养学习者的探究能力。② 西方教育界普遍认为苏格拉底是世界上最早提出启发式教学思想的教育家。③

柏拉图的学生亚里士多德在继承苏格拉底、柏拉图教育思想的基础上提出了教育要适应自然,通过和谐教育培养身心和谐发展新人的教育思想,他主张学生除学习文法、修辞、辩证法外,还要学习算术、几何、天文和音乐,即要学习"七艺",这对后世产生了重大的影响。④

昆体良是古罗马著名的教育家,他在总结古罗马演说家培养工作经验教训的基础上,出版了《论演说家的培养》一书,该书把教学过程分成模仿—接受理论指导—练习等三个环节,主张学习者在学习普通文化课程的基础上学习专业课程,重视练习和实习;他提出在教学中教师要遵循循序渐进、启发性、因材施教等原则,以及实施班级上课制的设想。《论演说家的培养》被西方教育界称为世界上第一部系统论述教育教学问题的专著,该书的出版对西方后世教育教学改革与发展产生了重大影响。正如我国著名的教学论专家田本娜所指出的:"昆体良是希腊、罗马文化融合后西方涌现的第一位教学理论家。他对于教学工作有深入的研究,并提出了许多卓越的见解。他吸取了希腊教学思想的有益成果,继承了西塞罗的教学思想,又力振罗马简朴、勇武、实用的优良传统,是古希腊、罗马教学思想和教学经验的集大成者。尤其在教学论方面,西方古代和中世纪的教育家几乎无人能像昆体良那样给后人以如此深远的影响。……应当说,昆体良为文艺复兴以来西方教学思想的发展奠定了基础。"⑤

但这一时期,教育家们关于教育教学问题的论述往往和哲学、伦理学等问题的论述混杂在一起,缺乏理论的支撑和分析,还没有独立的研究领域和研究的方式,没有形成独立的理论体系,因此只能说是教学思想的萌芽时期。

---

① 董远骞.中国教学论史[M].北京:人民教育出版社,1998,P17—18.
② 田本娜.外国教学思想史[M].北京:人民教育出版社,1994,P21.
③ 曹孚.外国教学思想史[M].北京:出版社,人民教育出版社,1994,P21.
④ 田本娜.外国教学思想史[M].北京:人民教育出版社,1994,P31.
⑤ 田本娜.外国教学思想史[M].北京:人民教育出版社,1994,P40—41.

(二)教学思想的形成时期

进入近代社会,经济发展与社会变革对人才培养提出了新的要求,这促使许多教育家投身于教学研究和教学改革,也使得各国教学思想进入了快速发展和完善的时期。

捷克教育家夸美纽斯(1592—1670)是颇具创新意识的民主教育家,他在代表作《大教学论》中系统地阐述了他的教学思想。他认为教学的目的就是要引导学生获得广博的知识,形成良好的品德和发达的智能;他认为教师要促进学生身心获得发展,就要引导学生学习百科全书式的课程内容;他认为教师在教学中必须遵循自然适应性原则,以及直观性、量力性等原则的要求;他还提出了建立班级上课制的设想。夸美纽斯在教学思想领域的贡献是极其巨大的,他被人们称作是文化教育界的巨人,"教育界的哥白尼。"①

德国教育家赫尔巴特在广泛继承卢梭、裴斯泰洛齐等人教育遗产的基础上,运用伦理学、心理学的研究成果和研究方法研究教学论,撰写了《普通教育学》等著作。赫尔巴特明确指出教学的目标在于促进学生知识的掌握和兴趣的形成;他认为要促进学生品德的形成和智能的发展,就要按照学生身心发展的阶段和顺序为学生编写课程内容;他根据学生身心发展的特点,把教学过程分成明了、联想、系统和方法等四个阶段,他的学生后来把这四个阶段更正为预备、提示、比较、概括和应用等五个阶段,这就是历史上著名的"五段教学法"的由来。赫尔巴特还提出了教学的教育性原则,强调教师必须结合教学内容和学生的实际对学生进行思想品德教育。

赫尔巴特把心理学、伦理学的成果和方法引入到教学论的研究中,使得教学论有了独特的研究内容和研究方法,这就使得教学论从哲学、伦理学中分化出来,成为一门独立的学科。因此说,赫尔巴特是独立的教育学学科(教学论学科)的奠基人,《普通教育学》的问世,标志着教育学(教学论)成为一门独立的学科,赫尔巴特一度被西方誉为"科学教育学之父"。

19世纪中叶以后,赫尔巴特教育学说在世界各国广泛传播,有力地促进了世界各国教育事业的发展。

但赫尔巴特的教育学过于重视教师的作用,过于重视教材的作用,过于重视课堂教学的作用,把学生看作教师的工作对象,要求学生对教师保持一种被动状态,不重视学生主体作用的发挥,忽视课外活动的作用,忽视学生个性的培养,因而受到了不少激进教育家的抨击。他的学说被认为是传统教育学,他则被称为传统教学思想流派的代表人物。②

俄国十月革命胜利以后,社会主义国家苏联于1939年出版了著名教育家凯洛夫等人主编的《教育学》,这是世界上第一部试图运用马克思列宁主义观点来论述教育

---

① 田本娜. 外国教学思想史[M]. 北京:人民教育出版社,1994,P97—98.
② 田本娜. 外国教学思想史[M]. 北京:人民教育出版社,1994,P221.

问题的教育学著作,该书在广泛继承夸美纽斯、乌申斯基等人教育遗产的基础上,运用马克思列宁主义思想和苏联共产党的指示对教育学重大问题进行了系统的探究,形成了重视教师主导作用发挥,重视智育和课堂教学,重视书本知识传授的教育理论体系。① 凯洛夫《教育学》的出版发行,促进了社会主义教育学说在苏联等国家的传播,对世界许多国家尤其是中国的教育改革与发展进程产生了重大的影响。②

但凯洛夫的教育学存在着严重的缺陷,尤其是教学理论忽视心理规律的指导,过于重视教师的主导作用,严重忽视学习者的主体精神;过于重视书本知识的传授,严重忽视学习者智能的培养;过于重视课堂教学,忽视学习者的课外活动,忽视学习者个性的培养等,对学校人才培养质量的提高产生了严重的影响。正因为如此,苏联有人把凯洛夫称作是传统教育学的代表人物。

（三）现代教育思想的形成与发展时期

进入 20 世纪,世界各国经济建设和社会变革的速度大大加快,学校教育进入了快速变革的时期。杜威等教育家在批判继承前人教育遗产,广泛进行教育实验的基础上,创造性地提出了要尊重学生人格,重视学生个性培养的主张,逐步形成了现代教育思想体系。

杜威（1859—1952）是美国著名的实用主义哲学家、教育家,他在代表作《民主主义与教育》、《学校与社会》等著作中系统地阐述了他的实用主义教育教学观。

杜威认为教育即学生本能的生长,教育即生活,因此他认为学生是教学的中心,教师的任务主要是为学生的学习创设环境,引导学生投入到教学过程中去,而不是讲授知识。他说教学的任务不是让学习者学习知识、发展智能,而是要促进学习者本能的生长;他主张教育者要围绕着学生的兴趣或本能来设置课程,创设良好的教育环境,让学习者探究合作学习,注意在活动与交往中培养学习者的民主意识和探究能力。

杜威的教育学说重视儿童的兴趣和需要,强调要加强所学知识与儿童生活之间的联系,注重按照儿童的兴趣和需要来设置教学内容,让儿童按照自己的需要确定教学方式和进度,让儿童在活动与交往中学习,注意学习者探究意识和创新能力、实践能力的培养,这无疑都是正确的。杜威教育学说的问世,促进了教育科学的科学化、现代化进程,有力地推进了世界教育改革与发展的进程。正因为如此,杜威被称作现代教育理论的代表人物。但杜威的教育学说对人类文化遗产在学习者身心发展中的价值严重忽视,对教师在教育教学过程中的指导作用严重忽视,对课堂教学的重要性重视不够,这是有明显缺陷的,它也对后世教育改革与发展带来过严重的消极影响。

杜威倡导的教育学说被认为是实用主义教育学或经验教育学,也有人认为杜威的学说强调以儿童、活动和经验为中心,他被称作是儿童中心主义教育学的代表人物,也被称为现代教育学的代表人物。③

---

① 田本娜.外国教学思想史[M].北京:人民教育出版社,1994,P485—490.
② 董远骞.中国教学论史[M].北京:人民教育出版社,1998,P61.
③ 田本娜.外国教学思想史[M].北京:人民教育出版社,1994,P389—390.

（四）当代教学思想的形成与发展

20世纪50年代以后，在经济建设和社会变革的推动下，世界进入了信息化时代。许多教育家适应时代变革与发展的要求，在对传统教育思想进行批判继承的同时，提出了改进教学，注重学习者创新意识和实践能力培养的主张，并形成了系统化的教学思想。

布鲁纳是美国当代著名的心理学家、教育家，在其代表作《教育过程》一书中依据皮亚杰的发生认识论的观点系统地阐述了他的教学思想。在布鲁纳看来，教学的目标不能仅仅局限于让学习者牢记所学的知识技能，还要注重学生智能的培养；他认为教育者要让学习者智能得到最佳发展，就要引导学生及早学习具有挑战性的教材内容，运用发现法学习，不断提高学习者探究能力，帮助他们形成乐于探究、勇于创新和实践的习惯。布鲁纳的教育学说被称作结构主义课程与教学论，对20世纪60年代美国和许多国家中小学的课程与教学改革产生了重大的影响。①

赞科夫是苏联著名的心理学家、教育家，在其代表作《教学与发展》、《和教师的谈话》中依据维果斯基"最近发展区理论"系统地阐述了他的教学思想。在赞科夫看来，教学的目标不能仅仅满足于让学生掌握教学大纲和教科书中规定的内容，还要注重学生的"一般发展"，教学要走在教学前面，为发展服务，这样才能为学生今后的学习和发展提供强有力的智力支持。他认为教育者要促进学习者的"一般发展"，就要切实调动学习者学习的积极主动性，让学习者尽早学习充满挑战性的高难度的教材内容，积极参与知识的产生与发展的过程，在活动与交往中探究学习，帮助学生形成勤于思考，勇于探究的学习习惯。

法国教育家保罗·朗格朗在其代表作《终身教育导论》中明确指出，必须用终身教育思想改造现有教育制度，学校教育的目标不能仅仅局限于让学习者掌握固定的知识技能，必须在引导学习者掌握终身学习必备的基础知识和基本技能的同时，帮助学习者形成基本的学习能力，养成终身勤于学习、勇于探究、勇于实践的良好习惯。

在保罗·朗格朗和联合国组织的大力推动下，终身教育思想在全球广泛传播，已经成为许多国家教育教学改革的主流指导思想，推动各国朝着教育终身化的目标迈进。

20世纪50年代，美国心理学家、教育家马斯洛在其代表作《动机与人格》一书中提出了个体需要层次理论。因此他强调教育者要尽可能地满足学习者的低层次需要，并要切实尊重学生和关心爱护学生，引导学习者产生高层次的需求，为他们的学习和可持续发展提供源源不断的动力。

20世纪70年代，美国教育家罗杰斯等人在《学习的自由》等著作中提出要用人本主义思想建构教学论，明确指出教育教学的目标就是要促进学习者的自我实现，教育者要以学习者为中心创建能满足学生自我实现要求的多元化课程体系，让学习者在没

---

① 【美】布鲁纳.布鲁纳教育论著选[M].北京:人民教育出版社,1989,P1—12.

有威胁的充满自由和爱的环境中自由地学习,促进其个性全面自由地发展。

当代教育家对教学问题多方位的探究极大地丰富和发展了现代教学思想宝库,为各国教学改革提供了强有力的智力支持和理论导航,有力地推动着当代教学改革朝着现代化、多元化的方向迈进。

六、教学过程及其规律

（一）教学过程的含义

教学过程是教师按照一定社会的要求和青少年学生身心发展的规律,有目的、有计划地引导青少年学生系统地学习和掌握科学文化基础知识和基本技能,发展智力和体力,培养学生良好的思想道德品质,奠定学生科学世界观基础,促进身心健康发展的过程。

构成教学过程的基本要素:教师、学生、教学环境、教学内容和教学手段。

（二）教学过程的本质

1. 教学过程是一种特殊的认识过程

教学过程是教师指导下的学生以掌握间接经验为主的教育活动,教师和学生是认识的主体,学生所要学习的材料即间接经验则是认识的客体(对象),在教师指导下学生循序渐进地学习间接经验是教学过程中的基本活动。由此可以说,教学过程究其本质来说,就是一种认识过程,要受人类认识规律的影响和制约。[1] 但教学过程不同于人类的一般认识过程,具有自身的特殊性。

①间接性。和一般认识过程不同,教学过程中学生不是直接参与实践活动来认识世界的,而是通过学习人类文化科学知识来间接地认识现实世界的。

②引导性。和一般人的认识活动不同,教学过程中学生的认识活动不是独自完成的,是在教师有目的、有计划的指导下进行的,这是教学过程和一般认识过程的重大区别。

③简捷性。由于学生不是直接盲目探究世界,学习的是间接经验,而且学习过程是在有知识有本领的教师指导下的,这样就保证了教学过程的简捷性,能在较短的时间内取得优良的效果。

2. 教学过程也是促进学生身心发展的过程

教学过程是教师指导下的学生逐步地掌握知识,形成良好认识能力的认识过程,它本身不是学生的身心发展过程。

但是,教学过程的目的是促进青少年学生身心的和谐发展,帮助他们成为社会所需要的一代新人。同样地,教学过程虽然不是学生身心发展过程,但它能影响和促进学生身心的发展。道理很简单,学生学习的材料主要是人类科学文化基础知识,这是人类经验和智慧的结晶,学生在有经验的教师指导下学习这些间接经验的过程实际上

---

[1]　王道俊,郭文安.教育学[M].北京:人民教育出版社,2009,P180—183.

就是接触人类智慧成果,促使自身综合素养不断提高的过程。

因此说,教学过程会强有力地影响和促进学生身心的发展,教学过程是促进学生身心发展的过程。

3. 教学过程是教师和学生之间信息交流与反馈的过程

从信息论的原理出发,教学过程是教师和学生之间双向信息交流与反馈的过程,因此这种观点尤其强调要加强教师和学生在教学过程中的交流和反馈,并把加强教学过程中教师与学生之间的信息双向交流看作是完成教学任务,提升教学效果的最重要的因素。

通过对教学过程特点的分析可以看出,教学过程既是教师指导下的学生的特殊认识过程,也是促进学生身心发展的过程,还是教师与学生之间的信息交流与反馈的过程。

(三)学生掌握知识的基本阶段

根据对学生学习和掌握知识过程的分析,可以把学生掌握知识的过程分成以下几个基本阶段:[①]

(1)引起动机,激发学生的求知欲

教育者要让学生参与学习过程,就必须激发学生的求知欲望,使他们产生愿意学习的动机。

(2)感知教材,形成表象

这一阶段,教育者要在调动学习者学习欲望的基础上,引导学生感知教材,形成事物的表象,为他们认识和理解事物奠定基础。

(3)理解教材,形成概念

这一阶段,教师要引导学生在感知教材的基础上,通过分析、比较、概括等方式来把握概念的本质,能够理解和领会所学事物的概念。

(4)巩固知识,发展记忆力

这一阶段,教师要在学生初步理解教材的基础上,引导学生做一些复习的工作,帮助学生把所学的知识熟练地记住,不断提高他们的记忆力。

(5)运用知识,形成技能技巧

这一阶段,教育者要引导学生把所学的知识技能运用于问答问题,解决一些简单的实际问题,帮助学生真正理解知识,让学生在运用所学知识解决实际问题的过程中增长实际能力。

(6)检查学生知识学习的状况

教师要调动学生的学习积极性,帮助学生提高学习的效果,就要在教学过程中定期检查学生知识学习的结果,及时发现问题并予以及时的反馈,不断改进教学,努力提高教学的质量和效率。

---

① 王道俊,郭文安.教育学[M].北京:人民教育出版社,2009,P183—189.

从以上对学生掌握知识基本阶段的分析可以得出如下结论：

（1）学生掌握知识的每个阶段的功能都是教学过程中不可缺少的因素

以上六个阶段在学生掌握知识的过程中都具有独特的功能和作用，都是学生掌握知识不可缺少的因素，忽视任何一个环节都会对教学质量的提高带来不良的影响。

（2）对教学过程的基本阶段的运用要灵活化

学生掌握知识一般要经历以上六个阶段，但教学过程是复杂多变的，必须根据实际情况灵活变通，不能说学生掌握知识必须经历所有的阶段，如学生已经具有了强烈的学习动机，就不需要继续调动学生的学习积极性了；如果学生已经具有了丰富的表象知识，就不必要继续进行教材的感知了。

（3）要注意加强教学过程各个阶段的内在联系

在分析教学过程的阶段时，可以把教学过程分成感知教材等六个阶段，但实际上这六个阶段是有机联系的，而且从一个阶段转化到另一个阶段的时间也是灵活多变的，必须具体问题具体分析，不能简单地套用公式。

七、教学过程中应处理好的基本关系

教学过程是教师和学生共同参与的以掌握间接经验为中介来引导学生认识世界，促进身心发展的教育实践活动，要提高教学的效果，促进学生身心和谐发展，教育者在教学过程中就必须处理好以下基本关系：

（一）要处理好直接经验与间接经验之间的关系

1.学校学生的学习必须以掌握间接经验为主

青少年学生在学校学习的目的就是要在最短的时间内掌握人类文化遗产的精华，成为社会所需要的人才。学习和接受间接经验是青少年学生高起点地继承人类文化遗产的捷径，如果要求青少年学生在学校事事实践，以获得直接经验为主，学生必然无法在短短的十几年间掌握人类文化遗产的精华，也无法掌握现代社会所需要的基本素养。因此说，学校学生的学习必须以间接经验为主。

2.间接经验的学习必须以学习者的直接经验为基础

学习者不是凭空认识世界的，他们是在一定背景知识的基础上去学习和掌握知识的。青少年学生学习的是间接经验（书本知识），这些知识要想被学生所理解和掌握，就必须引导学生直接感知教材，丰富学生相关的背景知识，加强学生所学知识与背景知识之间的联系，促使学生利用背景知识去学习和掌握新的知识。

因此，教师在引导学生学习新的知识时，一定要注意引导学生参加必要的感知活动，丰富学生关于教材的背景知识，加强所学知识与学生背景知识之间的联系，为学生获取新的知识奠定宽厚扎实的基础。

3.教师在教学中既要重视让学生以学习间接经验为主，又要重视让他们获得必要的直接经验，不断丰富他们的背景知识，把二者有机地结合起来，促使他们在短时间内牢固地获得系统的知识技能。正如《基础教育课程改革纲要》中所指出的："改变课程内容难、繁、偏、旧的现状,加强课程内容与学生生活以及现代社会和科技发展的联系,关注学生的学习兴趣和经验,精选终身学习必备的基础知识和技能。"①

(二)要处理好知识传授与学生发展的关系

教学过程是教师指导下的学生系统地学习科学文化基础知识的过程,也是促进学生身心发展的过程。教师要提高教学效果,就要正确地认识和处理好知识传授与学生发展之间的关系。

1.学生知识的掌握是他们发展的基础和前提

学生在学校以学习人类文化基础知识为主,这些人类文化遗产是人类文化经验的概括和总结,是人类在长期探究世界的过程中形成和完善起来的,饱含着丰富的方法论因素,是人类智慧的浓缩和结晶,学生学习和掌握这些人类文化遗产的过程,就是他们利用以前所学知识去思考、归纳、探究的过程,心智得到启迪和陶冶,不断得到升华和进步的过程。正如列宁同志所指出的:"我们不需要死记硬背,但我们需要用基本事实的知识来发展和增进每个学习者的思考力。因为不把学到的知识融会贯通,共产主义就会变成空中楼阁,就会成为一块空招牌,共产主义者也只会成为吹牛家。"②"只有用人类创造的全部知识来丰富自己的头脑,才能成为共产主义者。"③所以说学生知识的掌握是他们身心发展的基础和前提,离开了知识的学习和掌握,学生身心的发展就失去了基础和前提。

2.学生的发展是学生掌握知识的必要条件

学生具备一定的认识能力,身心发展达到一定的水平和层次是他们顺利掌握科学文化知识的必要条件。科学文化知识的学习需要学生观察、思考和探究,没有一定的认识能力,身心发展没有达到一定的水平和层次,学生学习和掌握知识的过程必然会受到影响,学习的效果和效率必然不高。

因此,教师在教学中要引导学生掌握知识,就要注重学生的发展,采取有效的措施提高学生身心的发展水平,这样才能为他们学习和掌握知识创造必要的条件。

3.知识的掌握和学生身心的发展不是简单的正比例关系

实践证明,学生知识的掌握和他们身心的发展不是简单的正比例关系,仅仅让学生记忆大量的知识无助于学生的发展,甚至会伤害他们的发展。教育者只有让学习者在学习科学文化基础知识的过程中,切实调动学习者的主动性,引导他们积极参与学习过程,在观察、思考、动手操作的过程中用以前的知识经验去获取新的知识,并把所学的知识用来分析问题和解决问题,才能有效地发展他们的认识能力,促使他们身心发展水平的不断提高。

4.教师在教学中既要重视学生知识的掌握,又要重视学生的发展,要使教学过程

---

① 钟启泉.为了中华民族的复兴,为了每位学生的发展——《基础教育课程改革纲要》解读[M].北京:人民教育出版社,2009,P5.
② 列宁.列宁选集(第4卷)[M].北京:人民出版社,1995,P348.
③ 列宁.列宁选集(第4卷)[M].北京:人民出版社,1995,P348.

成为教师指导下学习和掌握新知识的过程,同时也成为学生身心发展水平不断提高的过程。正如《基础教育课程改革纲要》中所指出的:"教师在教学过程中应与学生积极互动,共同发展,要处理好知识传授与培养能力的关系,注重培养学生的独立性和自主性,引导学生质疑、调查、探究,在实践中学习,促使学生在教师指导下主动地、富有个性地学习。"①"教师应尊重学生的人格,关注个体差异,满足不同学生的学习需要,创设能引导学生主动参与的教育环境,激发学生的学习积极性,培养学生掌握和运用知识的态度和能力,使每个学生都能得到充分的发展。"②

（三）要处理好教师主导作用与学生主动性的关系

教学过程是教师有目的、有计划地引导学生掌握知识技能,促使其身心获得发展的教育活动。要提高教学效果,就必须正确认识和处理好教师主导作用与学生主动性的关系。

1. 发挥教师的主导作用是保障教学优质高效进行的必要条件

教师是受国家和社会的委派对学生进行教育的专业技术人员,他们具有广博的文化素养,精通所教专业,了解学生身心发展的特点与规律,精通教育教学艺术,能够熟练按照教学规律组织教学,教学过程中学生主动性、积极性的发挥,全依赖于教师的引导;教学工作的方向和进程有赖于教师的指引,教学工作的效率和质量如何主要是由教师工作的质量来决定的。只有全面提高教师的综合素养,切实调动教师教学工作的积极主动性,才能提高教学的质量和效率,培养出更多优秀的学生。如果忽视教师在教学中的作用,那么教学就失去了严密的组织性和指导性,教学工作就无法优质高效地运转,教学质量自然无法得到保障。

因此,要提高教学工作的质量和效率,就必须在教学过程中注重发挥教师的主导作用。

2. 调动学生的积极主动性是保证教学顺利进行的核心因素

教学活动是教育目的规范下的教师的教和学生的学共同组成的一种教育活动,要提高教学工作的质量和效率,除了要调动教师的教学积极性,充分发挥教师的主导作用外,还必须切实调动学生的学习积极性,引导他们积极主动地参与到教学过程中去。道理很简单,学生是教师工作的对象,但也是教学工作的主体,他们是活生生的人,有自己的情感和需求,教师的教对学生来讲确实很重要,它为学生的学习和发展指明了方向,能保证教学的效率。但教师的教无论如何重要,只是学生学习和发展的外因,学生学习的效果和效率如何主要是由学生自己来决定的,如果学生没有学习的动机和需求,教师教得再好也无法提高学生的学业成绩。因此,要提高教学工作的质量和效率,就要在发挥教师主导作用的同时,切实调动学生学习的积极主动性,要在教学工作中给学生适度的自由,

---

① 钟启泉.为了中华民族的复兴,为了每位学生的发展——《基础教育课程改革纲要》解读[M].北京:人民教育出版社,2009,P7.

② 钟启泉.为了中华民族的复兴,为了每位学生的发展——《基础教育课程改革纲要》解读[M].北京:人民教育出版社,2009,P7—8.

拥有更多的知情权和选择权,引导他们积极主动地投入到教学工作中。

3. 在教学过程中既要重视发挥教师的主导作用,又要重视调动学生的积极主动性,把二者有机地结合起来

过于重视教师的主导作用而忽视学生主体作用的教师中心论或过于重视学生积极主动性发挥而忽视教师主导作用的儿童中心论的观点都是错误的,在实际教学中也是非常有害的。

(四)要处理好知识教育与思想品德教育的关系

教学是教师指导下的学生以学习书本知识为主的认识过程,也是学生思想道德品质形成发展的过程,因此教育者必须引导学生处理好知识教育与思想品德教育的关系。

1. 教学中知识教育是学生形成思想品德的基础

学生在教学过程中学习的是书本知识,这些书本知识是人类社会经验的概括和总结,也饱含着人类社会的伦理道德价值观,学生学习和掌握这些文化知识的过程,也就是使得自身受到这些道德价值观的影响和启迪,逐步形成良好道德价值观和一定社会道德品质的过程。因此说,教学中的知识教育是学生形成道德价值观和思想品德的基础,教育者要想引导学习者形成良好的道德价值观和思想品德,必须注重引导学习者加强文化知识的学习,为他们形成良好的道德价值观和思想品德奠定坚实的文化基础。

2. 教学过程中的思想品德教育能促进学生的知识学习

青少年学生是处于身心发展剧烈变化的时期的正在成长的人,该时期也是他们思想道德品质形成的关键时期。他们勤于学习,乐于接受新事物,但经验不足,头脑相对简单,非常容易接受一些不良思想的影响和侵袭,这对他们的成长发展会产生严重的不良影响。教育者如果能在教学过程中结合教学与学生的实际,揭示知识内容的伦理价值,会使学生身心受到启迪和影响,形成良好的道德价值观和道德品质,这会促使学生形成强烈的学习动机和需求,激发他们积极投入到学习过程中,养成主动求知、勇于探索、勇于实践的良好学习品质。

因此说,教学过程中的思想品德教育能保证教学的正确方向,为学生的知识学习提供动力,能有力地促进学生的知识学习。

3. 教学永远具有教育性

教师在教学过程中要重视通过知识教学对学生进行思想道德品质的教育,为学生思想道德品质的形成奠定智力基础。教师在教学中要防止忽视道德价值观教育或脱离教材内容的实际把教学变成了空洞的思想教育的不良倾向。正如《基础教育课程改革纲要》中所指出的:"教师应尊重学生的人格,关注个体差异,满足不同学生的学习需要,创设能引导学生主动参与的教育环境,激发学生的学习积极性,培养学生掌握和运用知识的态度和技能,使每个学生都能得到充分的发展。"①"改变课程过于重视

---

① 钟启泉. 为了中华民族的复兴,为了每位学生的发展——《基础教育课程改革纲要》解读[M]. 北京:人民教育出版社,2009,P8—9.

知识传授的倾向,强调形成积极主动的学习态度,使获得基础知识与基本技能的过程同时成为学会学习和形成正确价值观的过程。"①

（五）要处理好智力活动与非智力活动之间的关系

教学过程是教师指导下学生主动地获取知识,发展认识能力的过程,也是促使学生个性发展的过程,教师要处理好智力活动与非智力活动之间的关系。

1.学生的智力因素和非智力因素都是在他们获取知识的过程中逐步形成和发展起来的。学习者的智力和非智力因素都不是凭空出现的,它是学习者在运用以前所学知识经验去获取新知识的过程中逐步形成和发展起来的,知识的掌握是学习者智力和非智力因素发展的基础。

2.学生智力因素和非智力因素是相互联系、相互影响的。学生非智力因素的形成离不开智力活动,并对学习者智力活动产生促进作用。一般说来,具有强烈的学习动机和顽强意志,勇于探究,不懈拼搏的人,更容易在学习中获取成就,反之亦然。

3.教师在教学工作中要注意创设有利于学生探究发现的教学环境,引导学生运用以前所学的知识探究学习,在探究学习的活动中让学生独立地发现问题和运用以前的知识经验去克服困难,解决问题,培养和提高学生的智能,促使他们良好非智力因素的提升,不断提高学生的综合素养。

八、现代教学改革与发展的动向

通过对世界各国教学改革与发展历程的系统考察,可以发现现代教学改革与发展的基本动向。

（一）指导各国教学改革的理论基础日益宽厚、多元化

20世纪以前,指导各国教学改革的理论基础主要是哲学认识论和宗教神学,由于其理论基础单一,各国教学理论体系的科学性和实用性程度普遍不高,使得各国教学改革的决心和步伐不大,成效也并不显著。

进入20世纪下半叶,生理学、心理学、社会学、文化学、信息技术学等学科迅猛发展,在社会变革中发挥着重大的作用。20世纪下半叶以后,指导各国教学改革的理论基础除哲学认识论外,还有生理学、心理学、社会学、文化学、信息技术学等,这些学科的快速发展,使得指导各国教学改革的理论基础日益宽厚和多元化,也使得现代教学论理论的科学化和现代化程度不断提高,能够为各国基础教育的改革发展提供强有力的理论导航,这促使各国教学改革更加频繁深入地开展。

（二）从重视教师的教向重视学生的学转变

在现代社会,传统的"教师中心说"受到了越来越多的质疑和批判,人们发现学生虽然是教学的对象,但却是学习活动的主体和主人,教师的教固然重要,但只是教学活动的

---

① 钟启泉.为了中华民族的复兴,为了每位学生的发展——《基础教育课程改革纲要》解读[M].北京·人民教育出版社,2009,P5.

外因,真正决定教学的因素是学生的学。因此,现代教学更加关注如何为学生发展服务,注重研究学生身心发展规律,强调"一切为了学生、为了学生一切,为了一切学生",主张按照学生的需要和特点组织教学,这成为当代流行的教学理念和教学行为。

(三)强调教学目标的综合化

长期以来,许多国家的教学过于重视学生知识的掌握和智力的培养,但忽视学习者良好社会责任感和道德品质,以及良好学习情感和意志的培养,造成学校培养出来的学生社会责任感不强,道德品质低下,学习动机不强,创新意识低下,综合素质不高。

进入20世纪下半叶,世界各国在教学改革中开始反思过去教学中的问题,提出了教学要培养全人的目标,即通过教学既要让学习者掌握系统的终身学习必备的科学文化基础知识和基本技能,又要注重他们智力和体力的发展,还要促使他们形成良好的社会责任感和道德品质,成为身心和谐发展的综合素养高的人才。

强调教学目标的综合化,反映了经济发展和社会变革对人才素质要求在不断地提高,也表明各国教育界对教育教学目标的认识在不断提高。

(四)从重视结果向重视过程转变

传统教学过于重视知识的传授,把让学生掌握牢固的知识技能作为教学的中心任务,而对如何调动学生的主动精神,让学生参与教学过程,促进学生智力发展,大力培养学生的创新意识和实践能力则严重忽视。现代教学论的倡导者认为,"我们教一门学科,不是建造有关这门科目的一个现代小型图书室,而是使学生亲自进行像一位数学家思考数学、像史学家思考史学那样,使知识的获得过程体现出来。认识是一个过程而不是一件产品。"[1]因此现代教育家倡导教师在教学改革中不能仅仅关注教学的结果,还要关注教学的过程,教育者要创设良好的教育环境,引导学生积极主动地参与到知识的产生与发展的过程,使他们在运用已有知识经验获取新知识、解决新问题的过程中,获得终身必备的基础知识和基本技能,培养他们勤于学习、独立思考、主动求知、乐于探究的态度和能力,不断提高自身的智力水平和实践能力,帮助学习者养成终身学习的态度、技能和习惯。

(五)注重学习者良好品德和个性的培养

现代社会是一个多元社会,它对学校教学培养出来的人才提出了更高的要求,它要求学习者除掌握系统的科学文化知识、发达的智能、良好的身体素质,还必须具备高尚的道德修养和良好的个性。因此,现代教学强调教学的伦理化和个性化,主张教师要为学习者创设良好的教学环境,并要使教学内容和教学方式、进度能适合每一个学生的特点和需求,方便学习者品德的陶冶和个性的培养,力图通过教学使得学习者成为具有良好的品德和社会责任感,身心和谐发展的有个性的人才。

---

① 华东师范大学教育系,杭州大学教育系.现代西方资产阶级教育思想流派论著选[M].北京:人民教育出版社,1980,P411.

【本章主要参考文献】

1.董远骞.中国教学论史[M].北京:人民教育出版社,1998.

2.李秉德.教学论[M].北京:人民教育出版社,1991.

3.王道俊,王汉澜.教育学[M].北京:人民教育出版社,1989.

4.钟启泉.为了中华民族的复兴,为了每位学生的发展——《基础教育课程改革纲要(试行)》解读[M].上海:华东师范大学出版社,2002.

5.张华.课程与教学论[M].上海:上海教育出版社,2002.

6.田本娜.外国教学思想史[M].北京:人民教育出版社,1994.

7.南京师范大学教育系.教育学[M].北京:人民教育出版社,1984.

8.全国十二所重点师范大学编写组.教育学基础[M].北京:教育科学出版社,2002.

9.教育部人事司,教育部考试中心.教育学考试大纲[M].北京:北京师范大学出版社,2006.

10.瞿葆奎.教育学文集·教学(上)[M].北京:人民教育出版社,1990.

11.陈理宣.教育学原理——理论与实践[M].北京:北京师范大学出版社,2010.

12.袁振国.当代教育学[M].北京:人民教育出版社,2002.

13.余文森.新课程背景下的公共教育学教程[M].北京:高等教育出版社,2005.

14.王策三.教学论稿[M].北京:人民教育出版社,2005.

15.李定仁.教学思想发展史略——历史、现状与发展趋势[M].西宁:青海人民出版社,1993.

【本章思考题目】

一、名词解释

1.教学

2.教学过程

3.教学规律

二、选择题

1.西方启发式教学思想的倡导者,产婆术的创立者是 （ ）

A.柏拉图　　　　B.昆体良　　　　C.苏格拉底　　　　D.夸美纽斯

2.我国第一部教学论专著是 （ ）

A.《论语》　　　　　　　B.《劝学篇》

C.《学记》　　　　　　　D.《新教育大纲》

3.罗森塔尔效应强调哪种因素对学生发展具有重大影响 （ ）

A.教师的知识　　B.教师的能力　　C.教师的人格　　D.教师的期望

4.学生的学习是基于自己的经验,主动接受新的信息,并对其意义进行重构的过程,这一观点属于 （ ）

A.有意义接受学习理论　　　　B.建构主义学习理论

C.信息加工学习理论　　　　　D.联结主义学习理论

5.强调需要在个体身心发展中作用,主张教育者要尽可能地满足学生多方面需求的教育家是 （ ）

A.马斯洛　　　　B.欧文　　　　C.苏格拉底　　　　D.杜威

6.《给教师的一百条建议》的作者是 （ ）

A. 凯洛夫　　　　B. 罗杰斯　　　　C. 爱尔维修　　　　D. 苏霍姆林斯基

7. 西方第一部教学论专著是 （ ）

A.《理想国》　　　　　　　　　　B.《劝学篇》

C.《论演说家的培养》　　　　　　D.《教育漫话》

8. 强调教师中心论的教育家是 （ ）

A. 赫尔巴特　　　　B. 夸美纽斯　　　　C. 罗杰斯　　　　D. 杜威

9. 强调学生是教育教学的中心，教师必须围绕着学生的需求开展工作，为学生服务的教育家是 （ ）

A. 赫尔巴特　　　　B. 爱尔维修　　　　C. 罗杰斯　　　　D. 杜威

10. 强调教师在教学中必须引导学生学习范例式的、基础性的、基本性的知识，不断提高学习者迁移能力的教育家是 （ ）

A. 瓦·根舍因　　　　B. 美纽斯　　　　C. 罗杰斯　　　　D. 杜威

11. 强调反思在教师成长与发展中的作用，认为教师的成长＝经验＋反思的教育家是 （ ）

A. 瓦·根舍因　　　　B. 波斯纳　　　　C. 罗杰斯　　　　D. 杜威

12. 倡导教师要终身学习，做一个终身学习型教师的教育家是 （ ）

A. 瓦·根舍因　　　　B. 保罗·郎格朗　　　　C. 罗杰斯　　　　D. 杜威

13. 创立条件性反射理论，设计教学机器的教育家是 （ ）

A. 斯金纳　　　　B. 波斯纳　　　　C. 罗杰斯　　　　D. 巴普洛夫

14. 认为教师要对学生移情理解，不要忘记自己曾经是个学生，不能强迫命令学生学习的教育家是 （ ）

A. 斯金纳　　　　B. 波斯纳　　　　C. 罗杰斯　　　　D. 爱因斯坦

15. 强调教学要走在发展前面，为学生发展服务的教育家是 （ ）

A. 凯洛夫　　　　B. 赞科夫　　　　C. 苏霍姆林斯基　　　　D. 巴普洛夫

16. 提出"建国君民，教学为先"的教育著作是 （ ）

A.《学记》　　　　B.《论语》　　　　C.《孟子》　　　　D.《理想国》

17. 古希腊最早以雄辩和问答法来教育青少年学生的教育家是 （ ）

A. 苏格拉底　　　　B. 柏拉图　　　　C. 亚里士多德　　　　D. 昆体良

18. "学不躐等"的原则实际上就是 （ ）

A. 启发性原则　　　　B. 因材施教原则　　　　C. 巩固性原则　　　　D. 循序渐进原则

19. 我国最早提出"教学做合一"，注重学习者创新意识和实践能力培养的教育家是 （ ）

A. 陶行知　　　　B. 胡适　　　　C. 鲁迅　　　　D. 叶圣陶

20. 我国最早运用马克思主义观点论述教育教学问题，撰写《新教育大纲》的教育家是 （ ）

A. 陶行知　　　　B. 陈独秀　　　　C. 毛泽东　　　　D. 杨贤江

三、简答题

1. 通过教学应完成哪些任务？

2. 学生掌握知识一般经历哪些阶段？

3. 我国中小学教学过程中的基本规律有哪些？

4. 学校工作为什么必须坚持以教学为主？

四、论述题

1. 联系实际说明如何认识教学过程中学生和教师的关系。

2. 联系实际说明教学中如何认识学生的知识学习与发展之间的关系。

五、阅读下面材料,用所学教育学原理对材料内容判断对错,并说明理由

1. 科学技术的时代意味着:知识正在不断地变革,革新正在不断地日新月异。所以大家一致同意:教育应该较少地致力于传递和储存知识(尽管我们大家要留心,不要过于夸大这一点),而应该更努力寻求获得知识的方法(学会如何学习)。

2. 基础教育尽管是传授基础知识,但它还要人们学会如何感知和理解世界。它必须努力培养人们,尤其是儿童们,具有自学的爱好,而且使他们终身都具有这种爱好。在发展人们观察力、判断力和批判精神的同时,还必须激发他们求知识、提问题和向自己提出疑问的欲望。

3. 未来的学校必须把教育的对象变成自己教育自己的主体。受教育的人必须成为教育他自己的人,别人的教育必须成为这个人自己的教育。自学,尤其是帮助下的自学,在任何教育体系下,都具有无可替代的价值。

4. 实践证明,教学是我国中小学的中心工作。因此,学校领导和教师要全力抓好教学工作,至于学校的其他工作无所谓的,不用全力去管的。

5. 学生在学习中获得的知识越多,能力则越高。

6. 学生的智力是随着他们知识的增加和年龄的增大而逐步发展起来的,因此教师要把主要精力集中于学生知识的学习和掌握上,不必刻意关注学生智力的培养。

7. 教学的质量主要是由教师教的好坏决定的,因此教师必须是教学过程中的决定性人物,学生必须按照教师的安排去学习,对老师的任何指示必须无条件地遵守和服从。

8. 新课程改革倡导以学生为本,这意味着学校各项工作必须以学生为中心,必须按照学生的需求来安排教学工作,不必考虑社会的需求。

六、阅读下面的材料,用所学教育学知识回答下面的问题

1. 沈老师走进教室,发现黑板上有一副嘲弄他的漫画,同学们嬉笑不已,沈老师看后笑着说:"头像画的很逼真,这位画画的同学很有天赋,我为班上有这样的人而感到高兴,建议他多向美术老师请教,充分发挥特长,说不定将来会成为美术家呢。"沈老师停顿一下,接着说:"可是这节课不是美术课,而是作文讲评课,现在我把它擦掉好吗?"沈老师正要去擦,只见一位同学疾步走上讲台,向沈老师深深地鞠了一个躬,然后抢过黑板擦,擦掉了他的"得意之作"。

多年以后,一副赞美老师,反映自己思想转变的美术作品《悟》被选为参加全国美术展的参展作品,作者就是当年在黑板上画漫画的学生。

(1)评析沈老师对"漫画事件"的处理。

(2)谈谈教师在处理课堂上对突发事件的注意事项。

2. 许多小学老师认为,孩子在课堂上就应该老老实实、认认真真地听课,并把那些爱"插嘴"的孩子批评为不懂礼貌、不守规矩。

记者在一所学校听了一位语文教师上的一节公开课《邱少云》,当老师正讲在兴头上时,一名小男孩举起手提问:"老师,为什么蓝蓝的天上没有闪闪的星?为什么邱少云身上带着子弹、手榴弹而不爆炸呢?"老师一时语塞,碍于有人听课便严肃地说道:"书上一直就是这么写的,至于其他的下课再讨论吧。"小男孩只好怏怏地坐下,一节课也没再举手发言。在场的许多教育专家、教师都对该老师对这件事的处理表示异议。

【问题】你认为这个语文教师在课堂教学中的处理是否恰当? 请结合所学的教学理论,谈谈您对这一事件的看法。

【本题的参考答案】

(1)材料中的教学事例表明教师遵循的是传统的教学观,在这种教学观的指导下,教师是课堂的主宰者,学生只能跟着教师学,复制教师讲授的内容。新课程把教学过程看成是师生交往、积极互动、共同发展的过程,如果上述材料中的教师能够遵循这种教学观去积极与学生开展互动,那么不仅有利于创建良好的师生关系,而且能够给学生带来更大的发展。

(2)新的教学观倡导全面发展的教学观。教学不仅要重结论,更要重过程,教师要善于引导,教学的本质在于引导。教学应该更关注人而不仅仅是学科。材料中的教师针对学生的疑问给出的回答严重地挫伤了学生的积极性,没有发挥教师应有的教育机智去化解这些"怪"问题,没能够关注学生的情绪和情感体验。

(3)新课程倡导的教学观认为教师和学生是课程的有机构成部分,是课程的创造者和主体,他们共同参与课程开发的过程。材料中教师的做法体现了传统教学观,这种观点认为教学的过程是忠实而有效地传递课程,教师是既定课程的阐述者和传递者,学生则是课程的接受者。

总之,材料中教师的做法是不妥的,新时代的教师要遵循新的教学观,要引导学生参与教学过程,让他们知其然,也知其所以然。

3.上课前,某校的徐老师刚走到教室门口,教室飞出一个足球,正好从徐老师的头上擦过。

同学们惊呆了,心想:惹大祸了!但事情的发展出乎意料,徐老师并没有严厉斥责踢球的同学,而是回身捡球,然后微笑着走上讲台,说:"好厉害的一脚,踢个正中,得分!不过要练射门功夫,上操场。如果以后还有人在教室踢球,红牌,出教室!"听了徐老师的话,踢球的同学羞愧地低下了头,其他同学会意地笑了。就这样,紧张的气氛得以缓和,同学们轻松愉快地开始上课。

【问题】(1)请评析徐老师应对课堂突发事件所采取的策略。

(2)试说明教师在处理课堂中的突发事件时应注意哪些方面?

【本题的参考答案】

(1)这位教师在处理突发事件时采用的策略具有以下特点:①沉着冷静;②机智果断;③善于启发引导。

(2)教师在处理突发事件时应注意:①处理好教师与当事学生的关系,正确对待当事学生的行为,切实做到以人为本,尊重学生的人格;②处理好其他学生与当事学生的关系,以对其他学生起到很好的教育作用;③要善于随机应变,灵活应对突发事件。

4.有一次,陶行知先生到某大学作演讲。他走上讲台,不慌不忙地从手提箱里拿出一只大公鸡。台下的人都愣住了,不知道陶先生要做什么。陶先生又从箱子里掏出一把米放在讲台上,然后按住大公鸡的头,强迫它吃米,可是大公鸡只叫不吃。陶先生又扳开大公鸡的嘴,把米硬往鸡的嘴里塞,大公鸡拼命地挣扎,还是不肯吃。

过了一会儿,陶先生轻轻地松开手,把鸡放在讲台上,自己向后退了几步。大公鸡渐渐安静下来,然后旁若无人地吃起米来。这时,陶先生开始了他的演讲:"我认为,教育就像喂鸡一样,先生强迫学生去学习,把知识硬灌给他,他是不情愿学的,即使学也是食而不化,过了多久,他还是会把知识还给先生的。但是如果让他自由地学习,充分地发挥他的主观能动性,那效果一定会好得多。"

【问题】(1)你认为学习者不喜欢有些教师讲课的原因何在?

(2)教育者如何让学习者喜欢学习?

【本题参考答案】

(1)学习者不大喜欢有些教师讲课的原因在于教育者没有了解学习者的需求,没有调动学习者学习的积极主动性,没有把学习过程看作是学习者在教师指导下的探究学习过程,把教学过程看作是自己向学生灌输知识的过程,让学习者被动地接受自己无法理解的知识。

(2)教育者要让学习者喜欢学习,关键在于了解学习者的需求,创设有利于学习者主动探究的学习环境,引导他们运用已有的知识经验参与知识的产生与发展的过程,让他们充分体验主动学习获得成功的欢乐,进一步激发他们主动学习的欲望。

第十四章　课程论与基础教育课程改革

【本章课程与教学目标】

1. 使学生把握课程与课程论的含义,知道课程论与教学论的联系与区别;

2. 使学生了解课程的作用与意义;

3. 使学生了解主要课程论的历史发展,把握历史上主要课程论的特点;

4. 使学生了解课程的社会制约性;

5. 使学生了解我国中小学课程的表现形式;

6. 使学生了解国外基础教育课程改革的基本趋势;

7. 使学生把握我国基础教育课程改革的基本内容和要求。

一、课程的含义

关于课程的含义,国内外教育界的解释很多,主要有以下几种:

1. 课程即教学内容或教学科目的总和

这种观点的核心是把课程看作是教学内容的总和,认为课程是教学的组成部分,注重课程要配合教学的进行,为教学服务。

这种观点把课程看作是教学内容的总和,没有看到课程在教育教学过程中的作用和地位。

2. 课程是学校学生应学习的学科总和及其进程与安排

这种观点认为课程不仅仅是教学内容的总和,还包括如何按照教学的要求设计教学内容和通过什么样的进程来实施它。

这种观点强调课程要配合教学,为教学工作服务,但没有考虑到课程自身在教育教学工作中的地位和功能。

3. 课程是学习者在学校内获得的全部教育经验

这种观点认为课程包括学生在教师指导下获得的所有的知识经验,既包括学校教学科目和进程安排,也包括学生参与的活动与感受等。

这种观点高度关注学习者的经验,强调让学习者参与知识的产生与发展的过程,注重学习者创新意识与实践能力的培养。①

根据以上观点的解释,可以看出课程具有以下特点:

①课程不仅包括教学内容,还包括教学内容的设计规划及其进程和安排;

②课程不仅包括教学科目,还包括学生在学校参与的所有的教育活动;

③学生是通过活动与交往来学习课程的,这是学生认识世界的主要方式。

综上所述,课程是学校依据社会变革的要求和青少年学生身心发展规律,为青少年学生学习和发展提供的全部的学习经验,包括教学科目及其进程与安排,以及学生在学校参加的各种活动和交往的总和。

把课程仅仅看作教学内容的观点是片面的。

二、课程论与教学论的联系与区别

教学论是研究教学问题和教学现象,揭示教学规律,指导教学实践的一门社会学科。

课程论一般研究教什么、为什么教和如何教等问题,也就是说课程论是研究课程的目标、内容及其进程安排等问题的一门社会学科。

一般说来,课程论主要研究课程目标、内容和进程安排,教学论则主要研究教学活动的基本规律,以及如何把教学内容让学生掌握,去实现课程目标。所以,课程论与教学论既相互联系,又有区别,不能混为一谈。

三、课程的意义

课程是学校教学工作的核心,它直接影响和决定着教学内容和教学方式的选择,对提高学校的教育教学质量具有重大的影响。

1. 课程是实现学校教学工作整体目标的基本途径

众所周知,教学是实现学校教育目标的基本途径,而教学目标主要体现在课程内容中,并通过学校课程的实施来完成的。课程向人们提供了学校培养人才应该达到的目标,以及为了达到这些目标应该学习的具体教学科目及其进程和安排。因此说,课程是学校全部教学工作的核心,学校的全部工作都要围绕着课程来开展,它是实现学校教学工作整体目标的基本途径。

2. 课程是影响和决定学校培养人才质量的决定性因素

影响和决定学校培养人才的因素很多,但课程的内容和质量则是影响和决定学校培养人才质量的核心因素。道理很简单,教学目标的确定和完成,都要通过课程来实施和完成,例如我们要培养学生的国际眼光和国际视野,就要通过开设外国语、外国历史、外国地理、外国文化等教学科目,引导学生参加一些有意义的教育活动来实现,离开课程这一目标显然是无法实现的。因此说,要提高学校教育教学的质量,关键在于

① 全国十二所重点师范大学联合编写组.教育学基础[M].北京:教育科学出版社,2002,P142.

为学生设置有利于他们可持续发展的课程体系,提高学校课程的标准和质量。

3.课程是制约学校学制长短的重要因素

学校学生在校学习时间多长,主要是由学校的培养目标和学校为实现培养目标所需的课程总量决定的。学生在学校里为了实现培养目标所花费的学习各种课程时间的总和就是学生在学校里必须待的时间,也就是说,课程是制约和决定学校学制长短的重要因素。

四、课程的社会制约性

学校课程是由教育主管部门和社会上的一些教育人士制定的,但学校的课程并不是社会上教育人士随意制定的,它要是受社会各种因素的影响和制约,因此说课程具有社会制约性。

1.课程要受社会生产力的影响和制约

学校教育是社会发展变革的产物,受社会生产力的影响和制约。学校教育必须为社会生产力发展服务,学生应该学习的教育教学内容要反映统治阶级的利益要求,还要考虑社会生产力发展的实际需求,要根据生产力发展的实际确定学校在校学生的人数、学习内容的多少和学习时间的长短。因此说,课程要受社会生产力的影响和制约。

2.课程要受一个国家政治经济制度的影响和制约

课程是学校学生在学校学习的全部知识经验,它直接影响培养人才的方向与素质,它必须服从统治阶级的利益和需求。学校学生学习的这些知识经验既要满足社会生产力发展的要求,也必须符合统治阶级的利益和要求,为统治阶级的利益和需求服务。

3.课程要受青少年学生身心发展规律制约

课程是青少年学生在学校学习的内容及其进程与安排,学校学生学习哪些知识技能、学习多长时间、如何学习等既要受社会的政治经济制度和社会生产力发展水平制约,也要受青少年身心发展规律的影响和制约。如青少年学生在某一阶段应该学习哪些内容,学习的内容总量是多少,每天、每周学习的时间最大量是多少,应该用多少时间学习文化课程,多少时间参加体育锻炼,多少时间参加课外活动等都是要受青少年身心发展的规律和特点制约的,违背青少年身心发展规律制定的课程体系是不科学的,根本无法保证教学的效果,必然影响教学质量的提高。

4.课程要受本国文化传统、地理环境、本民族特点影响

青少年学生是生长在特定教育环境的个体,本国的文化传统、地理环境、本民族的特点对他们身心发展会产生持久的影响,也会对学校课程内容的确定和选择产生重大的影响。如我国藏族地区的儿童在学校学习的时候,要学习本民族语言,还要学习汉语、外国语和其他科学文化课程,所以为藏族地区学生制定课程方案的时候,必须考虑到这一特点。因此,教育者在确定学校课程时,既要考虑社会政治经济制度和社会生产力的要求,了解青少年学生身心发展规律和特点,还要考虑学习者本国的文化传统、

地理环境等因素的影响。

五、课程发展的历程简介

(一)课程的实践历程

进入奴隶社会，专门学校出现以后，一些教师为了切实保证培养人才的质量，需要规范学习者在学校学习的内容，让学习者学习经过精心选择的教学科目，这就是我们现在说的课程。因此说课程是学校教育教学实践的产物。如我国古代教育家孔子在总结前人教育经验的基础上，提出要培养具有高尚品德和实际才能的士或君子，就必须让他们学习"六艺"，即《诗》《书》《礼》《易》《乐》和《春秋》，这是当时最具影响力的课程。由于孔子注重编写具有时代特色的课程，加上教学中注重启发学生思考，善于因材施教，结果他创办的学校培养的人才素质较高，影响力也越来越大，为中国儒家学派的创建奠定了坚实的人才基础。[①]

进入封建社会，我国学校教育逐渐形成了以"四书五经"为核心的课程体系，即通过让学习者学习"四书"（《大学》《论语》《孟子》《中庸》）、"五经"（《诗》《书》《礼》《易》和《春秋》）等课程，成为具有品德优良，能力高强的人才。[②]

在古希腊的雅典，为了培养身心和谐发展的人才，一些教育家如智者派，在培养人才的过程中，提出要让学生学习文法、修辞、辩证法等学科，柏拉图在继承苏格拉底等人教育遗产的基础上，提出学习者要想成为多才多艺的人才，就要在学习文法、修辞、辩证法外，还要学习算术、几何、天文和音乐，即要完整地学习"七艺"，这成了雅典学校课程的核心。

在古罗马，教育家昆体良为了提高培养演说家的素养，在继承古希腊柏拉图等人教育遗产的基础上，提出了让学习者学习希腊文、拉丁文、文法、修辞、阅读、音乐、几何、天文、哲学、历史等课程的设想，并把这一设想应用于培养演说家的教学实践，取得了良好的效果。昆体良被誉为西方课程与教学论的创始人，《论演说家的培养》则被称为西方第一部课程与教学论专著。

中世纪以后，欧洲各级学校的课程内容深受宗教势力影响，宗教团体力图把宗教神学作为学生学习科目的核心，让学生在学习《圣经》等神学课程的过程中接受上帝的指引，成为虔诚的教民。

文艺复兴以后，欧洲各国在人文主义和生产力发展的影响下，课程内容不断丰富多样化，注重学习者身心的全面发展，与社会变革的实际和学习者实际生活的联系也更加紧密。

(二)课程的学科历史

在我国古代，最早提出课程一词的是朱熹，他在《朱子家书》中提出了"宽着期限，

① 董远骞.中国教学论史[M].北京:人民教育出版社,1998,P13.
② 董远骞.中国教学论史[M].北京:人民教育出版社,1998,P21—26.

紧着课程"①的主张;在西方,最早提出课程概念的是英国教育家斯宾塞,课程一词最早出现在他的著作《教育论》一书中,他说:"在制定一个合理课程之前,必须确定最需要知道什么东西,……必须弄清楚各种知识的比较价值。"②

20世纪以后,一些教育家开始将课程作为一个独立的研究领域进行分析研究,并出现了一系列的研究成果,使得课程论成为一门独立的学科。

1918年美国教育家博比特(F. Bottitt)在广泛研究各国课程发展进程的基础上出版了《课程》一书,这标志着课程成为一门独立的研究领域,《课程》也是西方第一部课程论的专著。③

博比特认为教育的目的在于帮助学习者为未来的成人生活做好准备,教育者应该根据社会对未来人才的要求来分析和确定目标,依据目标来选择和编排课程内容。博比特强调依据社会需要确定教育目标,依据目标来确定课程的观点对世界课程论的发展产生了重要的影响。

1924年美国教育家查斯特(R. W. Charters)出版了《课程编制》一书,这也是课程发展进程中很重要的一部著作。在该书中,查斯特明确指出课程的制定必须考虑社会的需求,要依据社会的需求来制定课程的目标,根据目标来选择课程内容。但查斯特认为,课程目标的制定除考虑社会的需求外,还要考虑其他因素的影响,如学习者的需求和兴趣,教育专家的意见和教育的理想等,课程编写者要依据社会的需要、专家的意见和学生的需要制定目标,然后选择课程内容,在选择过程中,必须始终根据目标对课程内容进行评价。④

查斯特的课程理论丰富和发展了当时的课程论,对现代课程论的发展产生了不小的影响。

1949年美国著名教育家泰勒(R. W. Tyler)在长期对中学课程与教学改革状况调查研究的基础上出版了《课程与教学的基本原理》,这被认为是现代课程论的奠基之作,他也被称作现代课程论的创设人。在该书中他认为课程设计的关键是要围绕着四个问题来开展:学校教育应该达到哪些教育目标? 提供哪些教育经验能够实现这些教育目标? 怎样才能有效地组织这些教育经验? 我们怎样才能确定这些教育目标正在得到实现?⑤

泰勒《课程与教学原理》中提出的课程设计思想,强调以目标为导向来选择和组织教育经验,并把评价引入课程编制,这为课程设计提供了切实可行的范式,推动了课程的改革与发展历程,因此有人称泰勒为"现代课程之父",这是符合历史事实的。

---

① 王道俊,郭文安.教育学[M].北京:人民教育出版社,2016,P120.
② 【英】斯宾塞.斯宾塞教育论著选[M].胡毅,王承绪 译,北京:人民教育出版社,1997,P53.
③ 钟启泉.课程论[M].北京:教育科学出版社,1998,P8.
④ 钟启皋.课程论[M].北京:教育科学出版社,1998,P8.
⑤ 钟启泉.课程论[M].北京:教育科学出版社,2008,P11.

六、几种有影响的课程论述评

课程论是以学校课程现象和问题为对象,揭示课程选择和组织的基本规律,指导课程编制和实施的一门教育学科。简言之,课程论主要研究教什么?为什么教?如何教?历史上教育家就课程的目标、内容和进程安排进行了多方面的探讨,形成了多种颇具特色的课程理论。

(一)学科课程论

学科课程论主张,课程要分科设置,分别从有关科学中选取一定的材料,组成不同的学科,分科进行教学,每门学科的知识内容要根据科学性、系统性、连贯性等原则进行编制,既要反映社会政治经济变革的要求,又要顾及学生的可接受性。学科课程论的代表人物有夸美纽斯、赫尔巴特、斯宾塞、凯洛夫等人。

学科课程论的主要观点有:

1.重视通过对成人生活的分析和准备来为儿童选择教材内容;

2.重视教材的逻辑组织,强调教材内容的科学性、系统性和连贯性;

3.强调训练和陶冶的价值,即通过让儿童学习具有智力价值和教育意义的知识来开发他们的智力,陶冶他们的性情,促使他们良好品德的养成。

学科课程论主张按照社会的需求和知识的分类来分科设置课程,注意根据知识的系统性和连贯性来编写教材,注意运用教材内容来发展学生的智能,陶冶学生的个性,这无疑反映了社会对人才的基本要求,是符合人才培养规律要求的,大方向是正确的。但这种课程理论在选择和确定课程内容时,过于强调国家和社会发展的要求,严重忽视学生的兴趣和需要,过于重视让学习者学习和掌握理论知识,不太重视让学生通过实践环节去运用知识,不利于学生创新意识和实践能力的培养。

(二)活动课程论

活动课程论认为分科教学割裂了科学和学生现实生活的联系,不利于学生的发展。它主张课程内容的选择要适合儿童身心发展的需要和接受能力,要以儿童的兴趣和需要为核心来确定课程内容体系,要以活动为中心来组织教学,让儿童在实际活动中学习。这一理论的代表人物有法国教育家卢梭、德国教育家福禄贝尔、美国教育家杜威等人。

活动课程论的主要观点有:

1.重视根据儿童的兴趣和需要来选择教材内容。这一理论的倡导者认为儿童是教育的中心,教育就是生活本身,而不是生活的准备,因此强调教育者不能根据社会的要求来设置课程,而是要根据儿童的兴趣和需要来选择课程内容。

2.重视教材的心理组织,即强调根据儿童认知发展的顺序来设置课程,编排教材内容。

3.重视让儿童"从做中学"。这一理论高度重视活动在儿童身心发展中的价值,主张课程内容的编写要有利于学习者的探究学习,让他们利用原有知识经验去解决实际问题,从做中学。

活动课程论注重根据儿童的兴趣和需要来设置课程,主张让儿童在活动与交往中学习,注重培养学生解决实际问题的能力,这些无疑是正确的。但活动课程论夸大了儿童本能和兴趣的作用,忽视了系统科学文化知识在促进个体身心发展和社会化方面的作用,忽视了教师对学生学习的指导作用,让他们在简单的活动中"从做中学",限制了他们的认识范围,延长了他们的学习时间,影响了他们学习效率的提高,不利于学习者系统地学习和掌握科学文化基础知识,对他们身心的可持续发展产生了严重的消极影响。

学科课程论和活动课程论都从不同的角度来考虑课程的目标、编写等问题,具有一定的合理性,但都没有处理好儿童兴趣和社会需要、知识传授和智能发展等问题。实际上,课程设置必须全面考虑社会政治经济变革的要求,又要考虑儿童的兴趣和需要;既要重视向儿童传授科学文化基础知识,又要注重发展他们的智力和社会实践活动能力,要把二者有机地结合起来。

(三)形式教育论和实质教育论对课程论的影响

形式教育论认为人的心理官能可以单独训练,有些学科内容的学习特别有利于学习者智能的培养,因而特别强调在中小学阶段开设拉丁文、逻辑学、文法、数学等古典学科,以便能在学生学习这些教材内容时训练和发展他们的智能。在形式教育论的倡导者看来,教育者必须把智力的发展看作教育的主要任务,不能急于让学生学习专业知识,因为学生的智力发展了,他们毕业后就能够学习新的专业知识,能够从事各种工作。形式教育论的倡导者是英国教育家洛克。[①]

实质教育论的理论基础是实证主义哲学,它高度评价科学知识在课程与教学中的地位和作用,认为应该以科学知识为核心组织课程,为学生开设现代语言、历史、地理、现代数学、生理学、心理学、物理学、化学、现代外国语等课程,让学生掌握对未来生活有用的科学文化知识,为他们未来的工作和生活奠定宽厚坚实的基础。但这一理论过于强调学科的实用价值,对开设逻辑学、数学、文法等学科重视不够,忽略了学科知识对学生智能训练的价值,认为学生在学习具有实用价值的科学知识的过程中其智能也就发展起来了。[②] 实质教育论的倡导者为英国教育家斯宾塞。

实际上,形式教育论和实质教育论都有一定的合理成分,也都有一定的片面性。教育者在选择和确定课程内容时,既要考虑到学生未来生活的实际需要,让学生掌握基本的科学文化基础知识,又要注意学科知识的训练和陶冶价值,注重学生智能的训练,把二者有机地结合起来,使学生成为既掌握丰富的满足生存的实用知识,又具有高强智能的人。

---

① 王道俊,王汉澜.教育学[M].北京:人民教育出版社,1989,P158.
② 王道俊,王汉澜.教育学[M].北京:人民教育出版社,1989,P158.

（四）结构课程论

美国心理学家、教育家布鲁纳在其代表作《教育过程》等著作中系统地阐述了结构课程论的基本观点。[1]

1. 课程与教学的目标在于促进学习者智能的发展

在布鲁纳看来，教师在教学过程中仅仅让学生掌握牢固的知识固然很重要，但很不够，要想让学生适应现代社会迅猛变革的要求，就必须在引导学生学习知识的过程中促进其智能的发展。因此他强调教育者要把促进学生智能发展放在课程与教学的核心位置，帮助每个学生获得最好的智力发展。

2. 教材的编写要以学科的基本结构为核心

在布鲁纳看来，教育者要促进学习者智能的发展，就要注意使为学习者编写的教材体现科学技术发展的最新成就，不断提高教材内容的理论性，因此他强调教材的编写要以学科的基本结构为核心，引导学生掌握学科的基本结构。

布鲁纳认为学习者掌握学科的基本结构，有利于学习者高质量地理解教材内容，有利于学生牢固地记住所学知识，也有利于所学知识、技能、态度在学习中的迁移。因此，布鲁纳强调教育者无论选教任何课程，务必使学生理解该学科的基本结构。

3. 教材内容的编排要同学生的认知结构和认知方式相一致

在布鲁纳看来，儿童具有独特的认识世界的方式，要使儿童顺利地认识世界，教育者讲授教材内容的方式必须同他们的认识方式和认识结构相一致，要方便儿童的学习。他说教育者给任何阶段的儿童讲授某一学科，其任务就是要按照这个年龄阶段儿童观察和认识事物的方式去阐述那门学科的基本结构，如果教师教学方式得当，学习者可以完成各种富有挑战性的任务，促进他们智能的发展和探究意识的培养。

4. 教材内容的编写要有利于学生的探究学习

在布鲁纳看来，"认识是一个过程而不是一件产品。"[2]"一门课程不但要反映知识本身的性质，还要反映求知者的素质和知识获得过程的性质。"[3]教育者要想促进学生的智能发展，就要在教材的编写中体现一定的难度，要引导学习者在积极参与的探究学习中掌握知识。他主张教育者在教学过程中讲重点和关键，要留下一些难点故意不讲，引导学习者通过自己的探究发现去掌握它，不断提高学习者的智能和学习自信心。

布鲁纳坚持以结构主义心理学为指导，对课程的目标、课程设置、内容编排等问题进行了系统研究，创立了注重学生智能发展，强调教材内容的理论化、结构化，注意引导学生探究发现学习的课程理论。这一理论的问世，极大地丰富和发展了现代课程理论，对 20 世纪 60 年代美国和世界许多国家的基础教育课程改革产生了重大的影响。

但布鲁纳的结构课程论也有明显的弊端，这一理论的理论基础是不完善的，它过于夸大了学生的主体作用，忽视了传统学科教材和教师的作用，夸大了结构性教材和

---

① 田本娜. 外国教学思想史[M]. 北京：人民教育出版社，1994，P465—470.

② 王承绪. 现代西方资产阶级教育思想流派论著选[M]. 北京：人民教育出版社，1980，P411.

③ 王承绪. 现代西方资产阶级教育思想流派论著选[M]. 北京：人民教育出版社，1980，P411.

探究学习的作用,因而在这一理论指导下的课程改革必然遭受挫折。

（五）发展课程论

发展课程论是苏联著名教育家赞科夫在其代表作《教学与发展》、《和教师的谈话》等著作中创建的。[①]

1. 课程与教学的目标在于最大可能地促进学生的一般发展

在赞科夫看来,课程与教学不能仅仅满足于让学习者掌握科学文化知识,还要引导学习者智能发展,形成创新意识和实践能力。用他自己的话来说,就是课程与教学的目标在于最大可能地促进学生的一般发展。

赞科夫眼中的一般发展,不仅仅指学生的智能发展,还包括学生品德、个性的发展。他认为教育者只有提高了学生的一般发展水平,才能使学生今后的学习和生活具有强大的保障,才能更好地适应现代社会迅猛发展和变革的要求。

2. 教材内容的编排要体现一定的理论性和难度

在赞科夫看来,教育者要促进学习者的一般发展,就要为学习者提供具有一定理论性和难度的教材,让他们通过自身的努力去掌握它。教育者如果给学习者提供的教材没有反映现代科学技术发展的最新成果和社会变革对人才的要求,没有一定的理论性和难度,学习者就不会产生强大的学习动力,也不会主动地探究学习。因此,他建议教育者为中小学学生编写的教材要反映现代科学发展的最新成就,具有一定的理论性和难度,吸引学习者主动地探究学习。

当然,赞科夫并非说教材的难度越大越好,而是在学生"最近发展区"允许的范围内,是学生经过努力能够掌握的。

3. 教育者要引导学生在活动与交往中获得一般发展

在赞科夫看来,学生的一般发展不是凭空进行的,是在活动与交往中进行的,具体来说是通过观察活动、思考活动和动手操作活动来实现的。因此,赞科夫强调教育者在选择课程内容时,一定要在重视教材内容理论化和结构化的同时,强化实践教学环节,引导学习者有目的、有计划地参加观察活动、思考活动和动手操作活动,让他们在活动与交往中探究学习,不断提高他们的一般发展的水平。

赞科夫在广泛继承前人教育遗产的基础上,以维果茨基的"最近发展区"理论为指导,大胆创新和实践,创立了注重学生智能培养和个性养成的发展课程论,极大地丰富了现代课程理论体系,对苏联和许多国家的基础教育课程改革产生了重大的影响。

但这一理论也有明显的缺陷,如随意贬低苏联的课程论,对学生牢固地掌握学科基础知识和基本技能的重要性严重忽视,过于强调教材内容的理论性,忽视了学生的兴趣和可接受能力,导致学生课业负担过重,影响了教育质量的提高。

赞科夫提出的课程与教学必须注重学生的一般发展,注意培养学生的创新意识和实践能力的观点是符合现代课程与教学改革的基本方向的。赞科夫发展课程论中存

① 田本娜. 外国教学思想史[M]. 北京:人民教育出版社,1994,P506—524.

在的不足,还应当在课程与教学改革中去解决和完善。

(六)范例课程论

范例课程论是德国教育家瓦·根舍因、克拉夫基等人20世纪60年代在总结德国基础教育改革经验教训的基础上创立的。[①]

1. 课程与教学的目标在于使学生成为基础知识扎实,能力高强的新人

在范例课程论的倡导者看来,课程与教学应当重视引导学生掌握科学文化基础知识,但不能忽视学生智能的培养,因为如果学生智能水平低下,会对学生掌握知识带来困难,也不利于他们的可持续发展。因此,他们强调教育者在课程与教学中既要重视让学习者掌握知识,又要注重学生智能的发展,使学生成为社会所需要的基础知识扎实、能力高强的新人。

2. 教育者要按照基础性、基本性和范例性的原则确定教材内容

在范例课程论的倡导者看来,科学文化知识总量不断增加,学生在校学习时间有限,教育者要促进学生智能的发展,使学生成为基础知识扎实、能力高强的一代新人,就必须按照基础性、基本型和范例性的原则确定教材内容。

(1)基本性原则。这一原则强调基础教育机构的课程与教学要注重让学习者学习和掌握学科的基本概念、基本原理和规律,要用学科的基本结构统帅教材内容,这样做才能不致教材内容过于庞杂,还有利于学生在掌握学科基本结构的过程中智能的发展。

(2)基础性原则。这一原则强调教材内容的编写要适合学生身心发展的特点与规律,要有利于调动学生的学习兴趣,方便学生学习和掌握知识,发展认识能力。

(3)范例性原则。这一原则认为教育者为了避免教材内容面面俱到,过于庞杂,必须在教材中选取具有代表性、范例性的知识内容,使学生能在掌握范例性知识的过程中不断提高他们举一反三、触类旁通的能力。

3. 教育者在课程编写中突出问题意识,注意培养学生解决实际问题的能力

在范例课程论的倡导者看来,教育者要促进学习者实际能力的培养,就不能仅仅让学生学习理论式的教材内容,必须突出教材内容的问题意识,引导学生在研究基础性、范例性问题的过程中,激发他们的探究欲望,增强他们的探究能力。

范例课程论注重让学生在掌握基础知识的过程中培养他们的智能,使学生掌握知识的过程同时也成为智能发展的过程,这是符合现代教学规律和社会变革要求的,它的创立对20世纪60年代德国和许多国家产生了重要影响。范例课程论也成为和结构课程论、发展课程论齐名的世界著名三大课程流派之一。

当然,范例课程论还存在着课程的基础性、基本性、范例性的原则不好把握,在课程与教学中不容易实施等问题,这些弊端或不足有待在课程与教学改革的实践中逐步完善。

---

① 吴式颖.外国现代教育史[M].北京:人民教育出版社,1997,P570—584.

（七）社会改造主义课程论

社会改造主义课程论是活动课程论（儿童中心课程论）的变种，它强调课程设置不应完全以儿童的需要为中心，必须要考虑教育为社会改造和发展服务，认为课程内容必须围绕着当代社会变革与发展中的重大热点问题来组织。这一理论的代表人物有康茨、美国的布拉梅尔德等人。

社会改造主义课程论的基本观点有①：

1. 教育的目的在于为社会改造培养高素质的人才

社会改造主义者认为教育必须考虑儿童兴趣和本能发展的需要，但认为教育不能仅仅考虑儿童的兴趣和本能的需要，还要考虑到社会变革和改造的需要，要通过为社会改造培养能力高强的人才来服务改造社会的伟大使命。

2. 学校要围绕着社会需要和社会问题设置课程

基于改造社会的目的，改造主义者极力强调学校的课程设置要考虑学生尤其是社会变革的需要，要求学校围绕着社会需要和社会问题来设置课程，必须体现理想社会所需要的政治、经济、科学、艺术和人际关系等内容，要以社会问题为核心来组织课程内容。改造主义者所倡导的是以人文学科为主体，以问题为单元的课程体系，实际上是从他们所倡导的"以目标为中心"的教育主张中派生出来的。

3. 要以"问题解决法"和"社会同意法"来组织教学

由于改造主义强调学校要以社会问题为核心来组织学校课程，因此问题解决法和社会同意法成了改造主义教育所倡导的主要的教学方法。改造主义者强调教学中要学生围绕着社会问题从各方面来寻找资料，尝试着在与他人合作中解决社会问题，在问题解决的过程中培养他们的综合能力，不断强化他们的社会危机感和责任感。

社会改造主义者认为教学中除了要运用"问题解决法"外，还要运用"社会同意法"进行教学。在改造主义者看来，社会同意式学习包括证实、交流、协商和行动等四个环节。他们认为社会同意式的学习是学习者自我实现的过程，通过这种方法，一方面能使个人的能力得到充分的发挥，另一方面能使社会本身得到改造。改造主义者所说的"社会同意法"，实际上就是协商法或说服教育法。

社会改造主义课程论主张围绕着社会改造来确定课程内容，为促进社会改造服务，但这一理论夸大了教育的作用，在实际工作中是难以实现其设定的课程目标的。

七、当代课程的基本形式结构

（一）学科课程

学科课程是依据教育目标和青少年学生的身心发展特点从各门专业中选择内容，组成学科，以学科的逻辑顺序制定标准，编写相应的教科书，规定教学顺序、教学时数，分科进行教学的课程，它是各国学校课程的基本形式。

---

① 唐爱民. 当代西方教育思潮[M]. 济南：山东人民出版社，2010，P174—175.

学科课程的优点在于它的知识容量大，能让学生短时间内学到大量的知识，能使学生在掌握知识的过程中发展能力。但它过于重视教师的主导作用，忽视学生主体精神的发挥，忽视学科之间的联系，忽视教学实践环节，忽视学生个性培养的弊端成为了各国教育者抨击的对象。如何对学科课程进行改良，使其更好地在引导学生掌握知识、发展智能、促进个性发展中发挥作用，成为各国课程改革中亟待解决的问题。

（二）活动课程

活动课程又称经验课程，是以儿童从事某种活动的本能或动机为中心组织的课程。

这种课程以儿童的生活经验为中心，突破了传统学科课程的限制，加强了学生学习内容与周围生活的联系，有利于学习者运用已有知识经验去探究学习，重视让学生在活动与交往中学习，有利于学生创新意识和实践能力的培养。但这种课程的实施，不利于学习者掌握系统的科学文化基础知识，对他们今后的学习和生活也会产生严重的不利影响。

（三）综合课程

综合课程又称"广域课程"，它是为了克服学科课程中各门学科互不联系的弊端，把几门相关学科的教学内容组合成一门综合性的学科。

综合课程的开设，有利于学生从联系的、整体的观点去把握现实世界，提高学生综合运用知识的能力。如我国中小学开设的数学，代替了以前的平面几何、三角学、立体几何、代数等，生物学则取代了生理卫生、植物学、动物学，科学则包括物理学、化学和生物学、天文学等。

但综合课程的开设，对教材的编写、教师素质的提高等具有极高的要求，如果教材编写跟不上，教师素质不高，则很难保证综合课程的效果。

（四）核心课程

核心课程是活动课程的变种，它主张以人类社会的基本活动为中心选择内容，编写教材，开展教学活动。如有些国家开设了环境保护、公民等课程，帮助学生掌握社会基本活动中必需的知识技能，形成热爱国家、热爱社会、热爱人类、热爱自然、勇于创新、勇于实践的良好个性。

但这种课程对教材编写和教师素质要求极高，也很容易与思想品德课程混淆。

（五）国家课程、地方课程和校本课程

国家课程是国家教育主管部门为了确保未来国民具备现代社会必需的科学文化素养和一定的思想道德品质，为基础教育阶段全体学生开设的具有强制性的课程。

为了保证国家课程实施的效果，国家教育主管部门根据不同教育阶段的性质和任务，制定各教学科目的课程标准，编写相应的教科书。

国家课程的实施，有利于确保基础教育的教学质量，为全面提高未来公民的科学文化素养和思想道德品质奠定坚实宽厚的基础。

地方课程是地方教育机关依据国家教育方针政策和地方特色,为充分利用地方教育资源,促进地方学校学生个性发展而设计的供学生学习的课程。

地方课程的开设,有利于调动地方教育主管部门的积极性,充分利用地方教育资源,为学生开设各种具有地方特色的课程,有利于学生个性的发展。

校本课程是学校在国家教育政策和地方教育法规的指导下,在全面实施国家课程和地方课程的前提下,为充分利用当地社区和本校教育资源,促进学生个性发展而开设的多样性的,可供学生选择学习的课程。

校本课程的开设,有利于课程在统一化的基础上朝着多样化、弹性化的方向发展,有利于充分利用当地教育资源的优势,调动本校教师参与课程改革的积极性,也有利于学生创新意识和实践能力的培养。

(六)显性课程与隐性课程(潜在课程)

所谓显性课程是在国家教育主管部门制定的课程与教材内容中明确阐述的,并要在考试和测验中考核的正规的知识内容,这些内容通常是官方或主流社会所认同的。

而隐性课程(潜在课程)是指那些难以预期的,伴随着正规教学内容而随机出现的对学生身心发展起到潜移默化影响的那部分内容,通常包括渗透在课程与教材内容、校园文化、社会环境中的文化价值观、态度、习惯、礼仪、信仰等。

学习者在学校期间学习的科学文化知识,接触的社会文化环境都是具有特定价值观的,学生在学习和接触这些文化知识的过程中这些隐性课程对学习者影响是多方面的,既可以产生积极的正面影响,也可以产生消极方面的影响。例如,美国各州中小学的教材是以白人文化的发展为核心和线索的,黑人学生在学习美国历史的过程中,很难产生对本民族文化的自豪感,反而很容易产生民众自卑感,不利于他们身心的健康成长。现在视频中经常出现的社会上层人物的形象和故事,很容易让青少年学生产生仇富心理,也会产生为了个人发展可以不择手段的想法,同样不利于学习者的身心发展。

因此,国家教育主管部门要尽可能地创设有利于社会和谐发展的优良环境,教育者在教育过程中要创设良好的校园文化环境,教育教学中尽可能地考虑各类学生的实际需求,让学生在活动与交往中学习,淡化学生的分数和名次,及时消除学生学习和生活中的疑虑和困惑,让每个学生在学校都能抬起头来走路,促使他们身心的健康成长。

(七)综合实践活动

综合实践活动是国家教育主管部门为了帮助学生了解当地和社会,增强学生的创新意识和实践能力,培养学生的社会责任感和良好品德,为学生开设的注重实践和交往的跨学科的综合课程。综合实践活动包括信息技术教育、研究性学习(教育者引导学生关注社会、经济与科技、生活中的问题,通过自主研究,亲身实践和探究,综合运用所学知识经验去解决问题,不断提高他们解决实际问题的能力,帮助他们养成勤于学习,善于合作,勇于探究,勇于实践、勇于创新的科学人文素养的教育活动)、社区服务与社会实践、劳动与技术教育等。

各国开设综合实践活动的主要目的在于帮助学生消除学科课程中互不联系,对实践活动重视不够,无法适应学生多方面需求,不利于学生个性养成,无法有效地提高学生的创新意识和实践能力的弊端,切实调动学生的积极主动性,加强实践性教学环节,引导学习者自主地选择学习内容,运用以前所学的知识经验去解决实际问题,让学习者在活动与交往中探究学习,培养他们良好的社会责任感和思想品德,不断提高他们的创新意识和实践能力,提高他们对现代信息技术社会的适应能力。

(八)理想的课程、正式的课程、领悟的课程、运作的课程与经验的课程

美国著名课程专家古德莱德认为,课程分五个层次:一是理想的课程,即由研究机构、学术团体和课程专家提出的学校为了实现培养目标应该开设的课程;二是正式的课程,即由教育行政部门规定的课程计划、课程标准和教材;三是领悟的课程,即任课教师所领悟的课程;四是运作的课程,即在课堂上实际实施的课程,在实施中,教师常常会根据学生的反应随时进行调整;五是经验的课程,是学生在课堂学习中实实在在体验到的东西,也即课程经验。①

八、当代国外基础教育课程改革的动向和趋势

(一)课程改革的理论基础日益宽厚、多元化

长期以来,国外课程改革主要受国家的主流哲学和政治经济影响,缺乏科学理论支持,因而各国基础教育课程改革很难可持续进行,影响了各国基础教育课程改革的效果。

进入20世纪下半叶,在社会变革和经济发展的推动下,各国教育变革的速度不断加快,这推动了生理学、心理学、社会学、文化学等学科的发展,特别是建构主义学习理论、多元智能理论、终身教育理论的问世,使得教育工作者能从多方面把握学生身心发展的规律和特点,这为基础教育课程改革提供了强有力的理论支持,有力地推动了基础教育课程与教学改革的进行。

(二)课程目标日益综合化

长期以来,国外基础教育课程目标过于重视学生认知领域的发展,尤其是重视学生系统科学文化知识的掌握,但对学生的情感领域和动作技能领域的发展则严重忽视,忽视学生良好个性和实践能力的培养,造成课程与教学目标片面化,对学习者的可持续发展产生了不利影响。

进入20世纪下半叶,各国在基础教育课程改革中,系统总结以往课程与教学改革的经验教训,在反思中对课程目标的认识日益全面,认为课程与教学的目标既要重视让学习者在认知领域获得发展,还要引导学习者在情感、动作技能领域发展,使他们通过课程与教学成为掌握系统扎实的基础知识,智力高强,具有良好品德和社会责任感,

① 钟启泉.课程论[M].北京:教育科学出版社,1998,P157.

具有创新意识和实践能力的人。

（三）重视课程内容的现代化和结构化、综合化

为了更好地适应信息技术时代对人才素质要求不断提高的新形势,各国在基础教育改革过程中特别重视课程内容的现代化和综合化。所谓课程内容的现代化,就是要大量删除陈旧过时的课程内容,及时把反映现代科学技术发展和社会变革的新成就适当纳入到课程内容中去,尽可能用现代科学最新成就去启迪学生的心智,促进学生身心的发展。

各国在重视基础教育教材内容现代化的同时还特别强调课程内容的理论化和结构化,使学生掌握学科的基本概念、基本定律和原理,为学生学习新的科学文化知识奠定宽厚扎实的基础。

所谓课程内容的综合化,就是要打破传统学科内容联系不多的弊端,切实加强各学科之间的联系,增设综合学科,如用科学课程取代物理学、化学和生物学,用社会学取代历史、地理,增设综合实践活动等学科,便于学生掌握综合知识,不断提高学生综合解决问题的能力。

（四）重视学生智能的培养

为了帮助学生更好地适应经济发展和社会变革的挑战,各国在基础教育课程改革中特别重视学生智能的培养,把强化学生的智能培养作为课程改革的核心目标,采取多种措施来促进学习者智能的发展。各国在各科教材编写中,大量增加了观察、阅读、思考和动手操作等方面的材料,引导学习者通过观察、阅读、思考、动手操作等活动来灵活地掌握知识,提高自身的智能;各国还在各科教学纲要的制定中,大量增加了实验、见习、实习的时间,引导学习者在动手动脑的活动中提高自身的智能。

为了有效地培养和提高学生的创新意识和实践能力,各国在基础教育课程改革中,普遍开设了"综合实践活动"课程,引导学习者在积极主动参与的信息技术教育、劳动与技术教育、研究性学习、社区服务的过程中,运用以前所学知识经验去解决面临的实际问题,促使他们创新意识和综合实践能力的形成与提高。

（五）课程的多样化,注重学生个性的培养和品德的陶冶

为了适应经济建设和社会变革对人才多方面的要求,各国在课程改革中既注意强调颁布国家课程标准,又在课程设置上给予地方和学校更多的自主权,允许地方和学校在执行国家课程标准的基础上开设地方课程和校本课程,给学生在课程学习上更多的自由和选择权,让学生根据自己学生的兴趣和需求来选择一些课程,让学生在丰富多彩的课程学习中增长才干,培养他们的创新意识和实践能力。

为了适应现代社会对人才社会责任感和道德素养要求不断提高的新形势,各国在课程改革中还特别重视学生社会责任感的养成和品德的陶冶。各国力图在各科教材的编写中删除含有宣扬极端民族主义、美化殖民统治、美化战争、宣扬暴力等内容,增添有利于学习者民主、平等思想、社会责任感和道德品质养成的内容,让学生在接触这

些饱含着正义感、体现人世间关爱的材料中受到启迪和教育,养成热爱人类、热爱自然、热爱和平、尊重生命、尊重差异、遵纪守法、勤于思考、平等交往、勤劳节俭等良好美德。

九、我国中小学课程

我国中小学的课程表现为学校课程方案、学科课程标准和教材等三种形式。有人把课程的表现形式称作课程的文本,因此也可以说,我国中小学的课程文本是学校课程方案、学科课程标准和教材。

(一)学校课程方案

学校课程方案是国家教育主管部门根据教育目的和不同层次、不同类型学校的培养目标制定的有关学校教育教学工作的指导性文件,是各级学校教育教学工作的基本要求和工作依据。学校课程方案一般包括以下几个部分:①

1.规定中小学的培养目标;

2.制定学校课程内容难易排列标准;

3.规定教学科目及其任务,即依据教育目的、学校的具体任务和它的修业年限确定学校应该设置的学科,以及各学科应承担的具体任务;

4.规定学科开设顺序;

5.规定各门学科的教学时数;

6.规定学年编制和学周安排。

我国的学校课程方案具有以下特征:

1.强制性。学校课程方案是国家教育主管部门为了保证我国未来公民基本的科学文化素养和思想道德素养制定的中小学教育教学活动方案,我国中小学必须在教育教学工作中不折不扣地加以实施,这一点必须明确。

2.基础性和全面性。我国中小学课程方案的制定的根本指导思想就是为青少年学生身心发展奠定宽厚扎实的基础,必须有利于学生身心全面和谐发展,为他们今后的学习与生活奠定基础。

3.灵活性。我国中小学课程方案是为全国各地的学生制定的学习计划,要面向全体学生,是对未来国民的最低要求,各地教育机构在完成国家制定的学校课程方案的基础上,可以灵活地开展有利于拓宽学生视野,促进学生个性发展和实践能力培养的教育活动。

(二)学科课程标准

学科课程标准是国家教育主管部门根据教育目的和学校课程方案,以纲要的形式规定有关学科内容及其进程安排的指导性文件,它体现了国家对不同阶段的学生在知识与技能、过程与方法、情感态度与价值观等方面的基本要求,规定各门学科课程的性

---

① 王道俊,王汉澜.教育学[M].北京:人民教育出版社,1989,P164.

质、目标、内容框架,提出教学的建议和评价的建议。

学科课程标准包括以下内涵:①

1.它是按学科(或门类)制定的;

2.它规定了各门课程的性质、目标及其内容框架;

3.它提出了指导性的教学原则和评价性建议;

4.它规定了不同阶段学生在知识与技能、过程与方法、情感态度与价值观等方面应达到的基本要求;

5.它不包括教学的难点、重点、教学时间分配等具体内容,把教学的主动权交给学校和教师,有利于教师在教学工作中创造性地发挥;

6.学科课程标准包括前言(课程的性质、课程基本理念、课程标准设计思想)、课程目标(知识与技能、过程与方法、情感态度与价值观)、内容框架与标准及实施建议(教学、评价、教材编写、课程资源的利用的建议)、附录(术语解释、案例)。

学科课程标准代替教学大纲标志着我国基础教育课程价值趋向从精英教育向大众教育转变,课程目标从着眼于学生知识技能的掌握转向学生综合素养的提高,从关注教师教的结果向关注课程实施过程转变,更加关注学习者智能的形成、创新意识和实践能力的提高;课程管理从刚性转向弹性,既强调基本要求,又注重给学校和教师更多的自由和选择权。

(三)教材

教材是学科课程标准的具体化,是教育主管部门根据学科课程标准的要求编写的教学资料。教材的载体既可以是纸质印刷品,也可以是幻灯片、电影胶片、磁盘等电子资料。

教材编排的原则有:

1.在教材内容上必须做到思想性、科学性和效用性的统一;

2.教材内容的编排要做到知识的内在逻辑与教学法要求的统一;

3.教材的编排要有利于学习者的学习。教材的结构要层次分明,文字表达要简练、准确、生动和流畅,总量要符合卫生学、教育学、心理学和美学的要求;

4.教材的编写要满足不同学习者的要求,要体现多样性,要有利于学习者个性的培养;

5.教材内容既要有书本知识,也要有必要的社会实践活动,要重视学习者创新意识和实践能力的培养;

6.在编写教材时要把直线式与圆周式有机地结合起来。

直线式是指一门学科的内容按一定的顺序排列,后面一般不重复前面已经介绍的内容,如历史教材就是根据事件发生的先后时间来编写的。

圆周式(螺旋式)就是对一门学科教材的一些基本理念、基本原理,采取在各个阶

---

① 王道俊,郭文安.教育学[M].北京:人民教育出版社,2016,P141.

段重复出现,逐步扩大范围、加深程度的方式来编排。如数学、外语、语文、物理、化学等课程就是采取圆周式来编排的。

这两种教材的编排方式各有特点,教育者在教材编写时要把这两种方式有机地结合起来。

十、我国基础教育课程改革①

(一)我国基础教育课程改革的指导思想和培养目标

我国基础教育课程改革要坚持以"教育要面向现代化、面向世界、面向未来"和"三个代表"思想为指导,全面贯彻国家的教育方针,扎实推进素质教育。

新课程的培养目标应体现时代要求。要使学生具有爱国主义、集体主义精神,热爱社会主义,继承和发扬中华民族的优秀传统和革命传统;具有社会主义民主法制意识,遵守国家法律和社会公德;逐步形成正确的世界观、人生观、价值观;具有社会责任感,努力为人民服务;具有初步的创新精神、实践能力、科学和人文素养以及环境意识;具有适应终身学习的基础知识、基本技能和方法;具有健壮的体魄和良好的心理素质,养成健康的审美情趣和生活方式,成为有理想、有道德、有文化、有纪律的一代新人。

(二)我国基础教育课程改革的具体目标

1. 改变课程过于注重知识传授的倾向,强调形成积极主动的学习态度,使获得基础知识与基本技能的过程同时成为学会学习和形成正确价值观的过程。

2. 改变课程结构过于强调学科本位、科目过多和缺乏整合的现状,整体设置九年一贯的课程门类和课时比例,并设置综合课程,以适应不同地区和学生发展的需求,体现课程结构的均衡性、综合性和选择性。

3. 改变课程内容"难、繁、偏、旧"和过于注重书本知识的现状,加强课程内容与学生生活以及现代社会和科技发展的联系,关注学生的学习兴趣和经验,精选终身学习必备的基础知识和技能。

4. 改变课程实施过于强调接受学习、死记硬背、机械训练的现状,倡导学生主动参与、乐于探究、勤于动手,培养学生搜集和处理信息的能力、获取新知识的能力、分析和解决问题的能力以及交流与合作的能力。

5. 改变课程评价过分强调甄别与选拔的功能,发挥评价促进学生发展、教师提高和改进教学实践的功能。

6. 改变课程管理过于集中的状况,实行国家、地方、学校三级课程管理,增强课程对地方、学校及学生的适应性。

整体设置九年一贯的义务教育课程。

小学阶段以综合课程为主。小学低年级开设品德与生活、语文、数学、体育、艺术

① 钟启泉.为了中华民族的复兴,为了每位学生的发展——《基础教育课程改革纲要(试行)》解读[M].上海:华东师范大学出版社,2001,P3—13.

(或音乐、美术)等课程;小学中高年级开设品德与社会、语文、数学、科学、外语、综合实践活动、体育、艺术(或音乐、美术)等课程。

初中阶段设置分科与综合相结合的课程,主要包括思想品德、语文、数学、外语、科学(或物理、化学、生物)、历史与社会(或历史、地理)、体育与健康、艺术(或音乐、美术)以及综合实践活动。积极倡导各地选择综合课程。学校应努力创造条件开设选修课程。在义务教育阶段的语文、艺术、美术课中要加强写字教学。

高中以分科课程为主。为使学生在普遍达到基本要求的前提下实现有个性的发展,课程标准应有不同水平的要求,在开设必修课的同时,设置丰富多样的选修课程,开设技术类课程。积极试行学分制管理。

(三)国家课程标准的制定要求

国家课程标准是教材编写、教学、评估和考试命题的依据,是国家管理和评价课程的基础。它应体现国家对不同阶段的学生在知识与技能、过程与方法、情感态度与价值观等方面的基本要求,规定各门课程的性质、目标、内容框架,提出教学和评价建议。

制定国家课程标准要依据每门课程的特点,要结合具体内容,加强德育工作的针对性、实效性和主动性,加强德育工作,引导学生形成正确的世界观、人生观和价值观,形成科学精神、科学态度和科学方法,引导学生创新和实践。

1.幼儿园教育要依据幼儿身心发展的特点和教育规律,坚持保教结合和以游戏为基本活动的原则,与家庭和当地社区密切结合,培养幼儿良好的行为习惯,促进幼儿身心全面发展。

2.义务教育课程标准应适应普及义务教育的要求,让绝大多数学生经过努力都能够达到,体现国家对公民素质的基本要求,着眼于引导学生掌握科学文化基础知识,培养学生终身学习的愿望和能力。

3.普通高中课程应在坚持使学生普遍达到基本要求的前提下,有一定的层次性和选择性,并开设选修课程,以有利于学生获得更多的选择和发展的机会,为培养学生的生存能力、实践能力和创新能力打下良好的基础。

(四)课程实施过程的改革要求

1.教师在教学过程中应把学生看作学习的主体,要与学生积极互动、共同发展,要处理好传授知识与培养能力的关系,注重培养学生的独立性和自主性,引导学生质疑、调查、探究,在实践中学习,促进学生在教师指导下主动地、富有个性地学习。教师应尊重学生的人格,关注个体差异,满足不同学生的学习需要,创设能引导学生主动参与的教育环境,激发学生的学习积极性,培养学生掌握和运用知识的态度和能力,使每个学生都能得到充分的发展。

2.教师要充分运用信息技术来推进教学改革。大力推进信息技术在教学过程中的普遍应用,促进信息技术与学科课程的整合,逐步实现教学内容的呈现方式、学生的学习方式、教师的教学方式和师生互动方式的变革,充分发挥信息技术的优势,为学生的学习和发展提供丰富多彩的教育环境和有力的学习工具。

（五）教材的开发与管理的要求

1.教材编写改革的基本要求

教材改革应有利于引导学生利用已有的知识与经验，主动探索知识的发生与发展，同时也应有利于教师创造性地进行教学。教材内容的选择应符合课程标准的要求，体现学生身心发展特点，反映社会、政治、经济、科技的发展需求；教材内容的组织应多样、生动，有利于学生探究，并提出观察、实验、操作、调查、讨论的建议。

2.课程资源的开发与利用

教育者要积极开发并合理利用校内外各种课程资源。学校应充分发挥图书馆、实验室、专用教室及各类教学设施和实践基地的作用；广泛利用校外的图书馆、博物馆、展览馆、科技馆、工厂、农村、部队和科研院所等各种社会资源以及丰富的自然资源；积极利用并开发信息化课程资源。

（六）课程评价

课程改革要建立促进学生全面发展的评价体系。评价不仅要关注学生的学业成绩，而且要发现和发展学生多方面的潜能，了解学生发展中的需求，帮助学生认识自我，建立自信。发挥评价的教育功能，促进学生在原有水平上的发展。建立促进教师不断提高的评价体系。强调教师对自己教学行为的分析与反思，建立以教师自评为主，校长、教师、学生、家长共同参与的评价制度，使教师从多种渠道获得信息，不断提高教学水平。建立促进课程不断发展的评价体系。周期性地对学校课程执行的情况、课程实施中的问题进行分析评估，调整课程内容、改进教学管理，形成课程不断革新的机制。

（七）课程管理改革

为保障和促进课程对不同地区、学校、学生的要求，实行国家、地方和学校三级课程管理。

教育部总体规划基础教育课程，制定基础教育课程管理政策，确定国家课程门类和课时。制定国家课程标准，积极试行新的课程评价制度。

省级教育行政部门依据国家课程管理政策和本地实际情况，制订本省（自治区、直辖市）实施国家课程的计划，规划地方课程，报教育部备案并组织实施。经教育部批准，省级教育行政部门可单独制定本省（自治区、直辖市）范围内使用的课程计划和课程标准。

学校在执行国家课程和地方课程的同时，应视当地社会、经济发展的具体情况，结合本校的传统和优势、学生的兴趣和需要，开发或选用适合本校的课程。

【本章主要参考文献】

1. 董远骞. 中国教学论史[M]. 北京:人民教育出版社,1998.

2. 李秉德. 教学论[M]. 北京:人民教育出版社,1991.

3. 王道俊,郭文安. 教育学[M]. 北京:人民教育出版社,2016.

4. 钟启泉. 为了中华民族的复兴,为了每位学生的发展——《基础教育课程改革纲要(试行)》解读[M]. 上海:华东师范大学出版社,2002.

5. 张华. 课程与教学论[M]. 上海:上海教育出版社,2002.

6. 田本娜. 外国教学思想史[M]. 北京:人民教育出版社,1994.

7. 南京师范大学教育系. 教育学[M]. 北京:人民教育出版社,1984.

8. 全国十二所重点师范大学编写组. 教育学基础[M]. 北京:教育科学出版社,2002.

9. [日]佐藤正夫. 教学论原理[M]. 钟启泉译,北京:人民教育出版社,1996.

10. 瞿葆奎. 教育学文集·课程[M]. 北京:人民教育出版社,1990.

11. 陈理宣. 教育学原理——理论与实践[M]. 北京:北京师范大学出版社,2010.

12. 袁振国. 当代教育学[M]. 北京:人民教育出版社,2002.

13. 余文森. 新课程背景下的公共教育学教程[M]. 北京:高等教育出版社,2005.

14. 王策三. 教学论稿[M]. 北京:人民教育出版社,2005.

15. 李定仁. 教学思想发展史略——历史、现状与发展趋势[M]. 西宁:青海人民出版社,1993.

【本章思考题目】

一、名词解释

1. 课程

2. 课程论

3. 教学论

4. 学校课程方案

5. 学科课程标准

6. 综合实践活动

7. 教材

8. 形式教育论

9. 实质教育论

10. 潜在课程

11. 校本课程

12. 研究性学习

二、选择题

1. 依据课程等级的不同,美国教育家古德莱德提出了五种类型的课程。据此,由教育行政部门规定的课程方案和教材属于　　　　　　　　　　　　　　　　　（　　　）

　　A. 领悟的课程　　　　　　　　　　B. 理想的课程

　　C. 正式的课程　　　　　　　　　　D. 经验的课程

2. 在西方,范例课程论的代表人物是   (   )

A. 布鲁纳   B. 瓦·根舍因   C. 赞科夫   D. 布卢姆

3. 主张课程的设置和内容的选择要有利于社会改造,为社会改造服务的教育家是   (   )

A. 布鲁纳   B. 瓦·根舍因   C. 赞科夫   D. 康茨

4. 强调课程以外的文化环境、人际关系等因素对学习者身心发展影响的课程论是   (   )

A. 结构课程论   B. 发展课程论   C. 范例课程论   D. 潜在课程论

5. 认为学校课程的设置和内容的选择应当为学习者未来的生活做准备的教育家是   (   )

A. 布鲁纳   B. 洛克   C. 赞科夫   D. 斯宾塞

6. 认为学校的主要任务在于发展学生的智能,不用刻意学习专门化知识的教育理论是   (   )

A. 形式教育论   B. 实质教育论   C. 活动课程论   D. 发展课程论

7. 人本主义课程论的代表人物是   (   )

A. 布鲁纳   B. 罗杰斯   C. 赞科夫   D. 皮亚杰

8. 《课程与教学原理》被公认为现代课程论创建的标志,它的作者是   (   )

A. 泰勒   B. 马斯洛   C. 洛克   D. 皮亚杰

9. 范例课程论提出的课程与教学的基本原则是基础性原则、基本性原则和   (   )

A. 结构性原则   B. 高速度原则   C. 示范性原则   D. 范例性原则

10. 从课程形态上看,当前我国中学实施的"研究性学习"属于   (   )

A. 学科课程   B. 拓展性学科课程

C. 辅助性学科课程   D. 综合实践活动课程

11. 在我国新一轮基础教育课程改革中,要求义务教育课程实行   (   )

A. 六三分段设置   B. 五四分段设置   C. 九年整体设置   D. 多种形式设置共存

12. 某沿海城市在义务教育阶段的学校全面开设海洋教育课程,这种课程属于   (   )

A. 国家课程   B. 地方课程   C. 校本课程   D. 生本课程

13. 我国古代最早提到"课程"一词的教育家是   (   )

A. 孔子   B. 孟子   C. 老子   D. 朱熹

14. 西方最早提出课程一词的教育家是   (   )

A. 洛克   B. 斯宾塞   C. 杜威   D. 罗杰斯

15. 西方第一部课程论的专著是   (   )

A. 《大教学论》   B. 《教育漫话》   C. 《民主主义与教育》 D. 《课程》

16. 暗示教学法的倡导者是保加利亚的心理学家、教育家   (   )

A. 罗杰斯   B. 弗洛伊德   C. 洛扎诺夫   D. 昆体良

17. 依据维果茨基最近发展区理论,创立注重学习者一般发展水平提高的小学实验课程与教学
新体系的教育家是   (   )

A. 布鲁纳   B. 弗洛伊德   C. 赞科夫   D. 昆体良

18. 学校在实施国家课程、地方课程的基础上,依据学校的实际和学生的需要为学生开设的有
利于学生个性养成的课程叫作   (   )

A. 研究性学习   B. 综合实践活动   C. 校本课程   D. 领悟的课程

19. 我国政府颁布的《基础教育课程改革纲要》中规定,从小学(   )为学生开设综合实践活动
必修课程。   (   )

A. 一年级   B. 三年级   C. 六年级   D. 四年级

20. 主张课程的内容和组织应以儿童的兴趣或需要为基础，鼓励学生"做中学"，通过手脑并用以获得直接经验，这反映的课程类型是 （　　）

　A. 学科课程　　　B. 活动课程　　　C. 分科课程　　　D. 综合课程

21. 我国《义务教育课程设计实施方案》规定：小学综合实践活动课程的具体内容由地方和学校根据教育部的有关要求自主研发或选用。该课程属于 （　　）

　A. 国家规定的必修课　　　　　　　　B. 国家规定的选修课

　C. 地方规定的必修课　　　　　　　　D. 学校规定的选修课

22. 我国小学《品德与生活》的教学目标，应随着儿童生活及活动过程的变化和需要不断调整。教学内容应从教科书扩展到儿童生活的各个方面，课堂从教室扩展到家庭、社会以及儿童的其他生活空间。这段话说明该课程具有 （　　）

　A. 生活性　　　B. 综合性　　　C. 开放性　　　D. 活动性

22. 学校课程有多种类型，其中最有利于学生系统掌握人类所取得的经验和科学认识的课程是 （　　）

　A. 学科课程　　　B. 经验课程　　　C. 活动课程　　　D. 隐性课程

23. 美国学者罗杰斯认为，人皆具有先天的优良潜能，教育的作用在于使之实现。由此，他提出了"以学生为中心"、"让学生自发学习"的教学模式。该模式称为 （　　）

　A. 指导性教学模式　　　　　　　　　B. 情景教学模式

　C. 非指导性教学模式　　　　　　　　D. 程序教学模式

24. 学生在小学数学课程中通过测量或拼图学习三角形的内角和为180度，在中学数学课程中通过证明学习三角形的内角和为180度。这种课程内容的组织形式是 （　　）

　A. 直线式　　　B. 螺旋式　　　C. 纵向式　　　D. 横向式

25. 2001年，教育部颁布的《基础教育课程改革纲要（试行）》规定，我国普通高中阶段的课程设置方式是 （　　）

　A. 以分科课程为主　　　　　　　　　B. 分科课程和综合课程结合

　C. 以综合课程为主　　　　　　　　　D. 活动课程和学科课程结合

26. 在一定课程理论指导下，依据培养目标和课程方案，以纲要形式编制的关于教学科目内容、教学实施建议以及课程资源开发等方面的指导性文件是 （　　）

　A. 课程计划　　　B. 课程标准　　　C. 教学方案　　　D. 教学指南

27. 围绕着学生的需要和兴趣，以活动为组织形式的课程类型个属于 （　　）

　A. 学科课程　　　B. 经验课程　　　C. 综合课程　　　D. 融合课程

28. 从课程形态来看，我国中小学开展的研究性学习活动属于 （　　）

　A. 学科课程　　　　　　　　　　　　B. 辅助学科课程

　C. 拓展学科课程　　　　　　　　　　D. 综合实践活动课程

29. 1949年美国学者泰勒出版的《课程与教学的基本原理》中提出了课程编制的"四段论"，形成了著名的"泰勒原理"的课程编制模式，这一模式被称为 （　　）

　A. 实践模式　　　B. 过程模式　　　C. 环境模式　　　D. 目标模式

30. 目前我国普通高中课程设置的主要课程是 （　　）

　A. 分科课程　　　B. 综合课程　　　C. 活动课程　　　D. 探究课程

三、简答题

1. 简要说明课程的含义。

2.如何理解课程的社会制约性。

3.简要说明课程的功能。

4.学科课程与活动课程的特点述评。

【本题参考答案】

学科课程是依据教育目标和青少年学生的身心发展特点从各门专业中选择内容,组成学科,以学科的逻辑顺序体系制定标准,编写相应的教科书,规定教学顺序、教学时数,分科进行教学的课程,它是各国学校课程的基本形式。

学科课程的基本特点:

(1)强调学科的逻辑系统和训练的价值;

(2)强调教师的主导作用的发挥,注重教师对教学过程的领导;

(3)强调训练的价值,主张通过学科知识的教学来增进学习者的分析问题和解决问题的能力;

(4)主张通过课程的学习帮助学习者形成良好的品德和个性。

学科课程的优点很多,但其过于重视教师的主导作用,忽视学生主体精神的发挥,忽视学科之间的联系,忽视教学实践环节,忽视学生个性培养的弊端成为各国教育者抨击的对象。如何对学科课程进行改良,使其更好地在引导学生掌握知识,发展智能,促进个性发展中发挥作用,成为各国课程改革中亟待解决的问题。

活动课程又称经验课程,它打破学科逻辑组织的界限,以学生的兴趣、需要和能力为基础,通过学生自己组织的一系列活动而实施的课程。

活动课程的基本特点:

(1)强调学生的自主性和主动性。

(2)强调通过学生自己的实践活动来获得直接经验。

(3)强调训练学生的综合能力及个性养成。

活动课程也存在着局限性,表现为课程内容及安排往往没有严格的计划,不易使学生获得系统、全面的科学知识和基本技能。

5.布鲁纳结构课程论的基本观点有哪些?

6.范例课程论的基本观点述评。

四、辨析题

1.教材就是教科书。

2.课程就是教学内容。

3.课程论就是研究课程内容的理论。

4.教学大纲和学科课程标准没有什么区别。

5.对学生的培养及全面素质的提高,起关键作用的是教师的学识。

五、论述题

1.当代国外课程改革的动向和趋势有哪些?

2.我国基础教育课程改革的指导思想是什么? 改革的内容有哪些?

3.简要说明我国基础教育课程改革中面临的问题与对策。

六、阅读下面材料,用所学教育学知识回答相应问题

1.一门课程不但要反映知识本身的性质,而且还要反映求知者的素质和知识获得过程。……安排在大学学科内和体现在一系列权威著作中的大量知识,乃是先辈智力活动的结果。把这些学科教给一个人,不是要他把结果牢记心头。确切地说,那是要他参与使知识可以建立起来的这一过程之中。我们教一门学科，不是建造有关这一科目的一个小型的现代图书室，而是使学生亲自进行像一名数学家那样思考数学，像一位史学家那样思考史学，使知识的获得过程体现出来。认识是一个过程而不是一件产品。

(1)通过阅读该材料，你认为作者心目中课程的目标应该包括那些？

(2)你认为教师在课程与教学中应如何发展学生的探究能力？

2.一位在农村学校任教的数学老师在强调"不同名数不能相加"这一定律时，用反问的形式对全班同学说："一头牛和一匹马能 相加吗？"其他同学都回答"不能相加"，只有一名学生脱口而出："等于两头牲畜。"教师勃然大怒，他喝令这名学生站起来，厉声训斥道："你妈和你爸相加能等于两头动物吗？"该学生愤然坐下，全班同学一片哗然。

【问题】你觉得这位老师的做法对吗？ 并说明你的理由。你认为正确的做法应该是什么？

【本题的参考答案】

(1)这位老师的做法不正确。"不同名数不可相加"是数学中的定律，通常学生会说"不能相加"，但这个学生别出心裁，使用另外一个类名，把两个不同的名称统合起来，这表明他的思维具有灵活性、发散性，而且能够独立思考并提出自己的看法。对此，教师不仅不应该批评学生，反而应该就这一点进行鼓励。然而，这位老师对学生进行了批评和讽刺，可能会打消学生的主动性，抹杀学生的创造性，甚至可能会使学生产生厌学情绪和逆反心理，难以再发挥自己的聪明才智。

(2)较为合适的做法应当是：当学生的思维活动和思维成果与教师所设计、安排和期望的不相符时，不能强行将学生的思维过程重新纳入教师设计的轨道，不能以教师的思维成果和教材上的内容去束缚学生的思维，也不能采用粗暴的手段和语言中断学生的思维活动和思维过程。教师要赞赏学生思维中独特与灵活的一面，鼓励学生独立思考，大胆地提出不同的意见。但同时也要强调，数学中所说的"名数"，和我们日常生活中所说的并不相同，有时要限定在某一学科领域之中。教师还要注意，课堂上的教学用语要措辞严谨、表达清晰，不能造成歧义和误解。

3.大学毕业后，曲老师到一所农村中学当历史老师，至今已有八年了。在此期间，有的同事调到条件更好的学校去了，有的则步入了职业倦怠期，有几所条件更好的城区学校想引进他，但他总是拒绝说："我从小在农村长大，明白农村孩子也需要良好的教育，这里的孩子离不开我。"

为了成为一名优秀的历史老师，曲老师经常翻阅各种期刊，以及时了解历史学科及相关学科的新信息，他还经常向经验丰富的教师学习，为了提升自己分析和解决问题的能力，曲老师不断学习教育科学知识，并运用这些新知识、新理念解决了一些教学问题。

曲老师说："台上一分钟，台下十年功，当教师仅靠大学时代所学的知识远远不够。"他坚持每天至少进行一个小时的阅读，多年来从未间断过，他的阅读范围很广，除了研读历史领域的经典著作之外，他还广泛学习法学、地理学、社会学、美学等各个领域的知识。

【问题】请结合材料，从教师观的角度，评析曲老师的行为。

【本题参考答案】

该老师的教育行为符合新课程背景下对教师的相关要求，是值得我们赞赏和学习的。

首先，新课改背景下的教师观强调，教师应该是教育教学的研究者。新课程要求教师应该是一个研究者，在教学过程中要以研究者的心态置身于教学情境中，以研究者的眼光审视和分析教学理论与教学实践中的各种问题，对出现的教学问题进行研究。材料中，曲老师通过阅读各种期刊，了解历史学科信息，提升自己分析和解决问题的能力，不断学习科研方法，解决教学问题。

其次，新课改背景下的教师观强调，教师在对待自我上要不断反思。材料中，曲教师自知大学所学的知识远远不够，每天坚持阅读一小时，也体现了终身学习的教育理念。

再次,新课改背景下的教师观强调,教师在对待与其他教育者的关系上要强调交流与合作,材料中,曲教师经常向经验丰富的教师学习,深刻反思自身的教育教学行为,提升自己的分析和解决问题的能力,体现了合作的教育理念。

因此,教师在教育教学过程中应该积极参与终身学习,善于通过学习来更新自身的教育理念,完善知识结构,提升教育教学能力,运用新课程理念看待教师职业,树立正确的教师观,全面高效地完成教书育人的任务。

第十五章 教学原则与教学方法

【本章课程与教学目标】

1. 使学生了解教学原则的含义，知道教学原则的作用；

2. 使学生把握我国中小学基本教学原则的含义，懂得如何在教学过程中贯彻实施这些原则；

3. 使学生了解当代国外主要教育家倡导的教学原则；

4. 使学生了解教学方法的含义，知道教学方法的分类；

5. 使学生掌握我国中小学常用教学方法的基本要求，了解选择教学方法的基本依据；

6. 使学生了解当代国内外教学方法改革的动向和趋势；

7. 使学生了解教学模式的含义和特点，把握当今主要教学模式运用的基本要求。

一、教学原则的意义

(一)教学原则的含义

教学原则是指导教学过程的一般原理，是教师和学生在教学中必须遵循的基本要求，它是根据教育目的和教学规律制定的，也是教师教学经验教训的概括和总结。

(二)教学原则和教学规律的联系与区别

教学规律是教学内部诸因素之间以及与其外部因素之间的必然联系以及发展变化的必然趋势，它是客观的，不以人的意志而转移的；教学原则是人们根据教育目的和教学过程的规律制定的，是教学规律在教学中的反映，也是教师长期教学经验的概括和总结，因此说教学原则既是客观的，又是主观的。

(三)教学原则的意义

教学原则是人们对教学的基本要求，它既指导教师的教，也指导学生的学。教师在教学中能否自觉地贯彻教学原则，直接关系着教学目标的实现和教学任务的完成，影响着学生积极主动性的发挥，也影响着学生良好学习习惯和终身学习能力的培养。一句话，教育者能否贯彻教学原则，直接关系着教学质量的好坏和教学效率的高低。

二、我国中小学常用教学原则简介

我国中小学教学原则体系包括科学性与思想性相统一的原则、启发性原则、因材施教原则等 7 条常用的教学原则。

(一)科学性与思想性相统一的原则

科学性与思想性相统一的原则,是指教学要以马克思列宁主义、毛泽东思想为指导,在引导学生掌握科学文化基础知识的过程中,结合知识的教学对学生进行思想道德品质教育,把二者有机地结合起来。

教师在贯彻该原则时应注意以下几点:

1. 教育者要切实保证教学的科学性。教育者向学生呈现的知识应该是正确的、准确的和精确的,应该是经得起历史和实践考验的知识,不能把科学上、历史上充满争议的知识让青少年学生学习。

2. 教师要从教材的实际出发深入挖掘教材内容的思想性,使学生在学习这些科学文化知识的过程中身心受到影响和启迪;

3. 教育者要不断提高自身的专业水平和思想道德素养,在教学过程的各个环节对学生进行思想品德教育。

总之,教育者既要引导学生掌握科学文化知识,又要结合知识的教学对学习者进行思想道德品质教育,在教学中不能把知识教育与道德品质教育简单地对立起来,而要把二者有接地统一起来。

(二)理论联系实际的原则

这一原则是指教师在引导学生学习科学文化基础知识的过程中,要加强所学知识与学生周围实际的联系,引导学生主动运用所学知识去分析和解决实际问题,不断提高他们综合解决实际问题的能力。

教师在贯彻这一原则时应注意以下几点:

1. 教师在书本知识的教学中要切实加强与学生周围实际的联系。教师要尽可能地丰富学生的背景知识,加强学生所学知识与周围背景知识之间的联系,方便学生利用背景知识去学习新的知识。

2. 教育者要强化教学实践环节,让学生通过教学实践环节和课外活动运用所学知识技能尝试着去解决实际问题,不断提高他们解决实际问题的能力。

3. 教师在教学过程中既要注重让学生掌握科学文化基础知识,又要引导学生加强所学知识与周围实际的联系,积极参与各种实践活动,帮助他们牢固地掌握所学知识,不断提高他们解决实际问题的本领。

(三)直观性原则

直观性原则是指教师在教学中要让学生通过各种感觉器官,直接感知具体的学习对象和教具,从而使学生获得关于教学对象的初步表象和概念,为学生进一步掌握所学知识奠定基础。捷克教育家夸美纽斯在《大教学论》一书中对直观性原则进行了全面系统的论述，认为直观性原则是教学工作的金科玉律。

教师在贯彻这一原则时应注意以下几点：

1. 教师要依据教学目的、教学内容和学生的年龄特征恰当地选择各种直观手段，不断丰富学生的表象。

2. 教师的讲解与直观相结合。

3. 教师既要重视发挥现代信息技术的优势，又要重视语言直观，帮助学生形成事物的表象，为学生掌握知识奠定宽厚扎实的基础。正如《基础教育课程改革纲要》中所指出的："大力推进信息技术在教学过程中的普遍应用，促进信息技术与学科课程的整合，逐步实现教学内容的呈现方式、学生的学习方式、教师的教学方式和师生互动方式的变革，充分发挥信息技术的优势，为学生的学习和发展提供丰富多彩的教育环境和有力的学习工具。"[1]

（四）启发性原则

启发性原则是指教师要承认学生是学习的主体，在教学中要注意调动学生的积极主动性，引导他们积极主动地参与到知识的产生与发展的过程，在动手动脑的教学活动中掌握科学文化知识，提高他们分析问题和解决问题的综合能力，养成主动求知，勇于探究，勇于实践的科学精神。

孔子曾说过："不愤不启，不悱不发。居一隅而不以三隅反，则不复也。"[2]他认为学生是提高教学效果的关键因素，教师在教学中必须注意调动学习者的积极主动性，如果学生没有主动精神，学习效果肯定不会好。我国教育史学界普遍认为孔子是我国最早提出启发式教学原则并把该原则运用于教学实践的教育家。古希腊教育家苏格拉底则是西方最早把启发式教学原则运用于自身教学的教育家，被西方教育界认为是最早倡导启发式教学原则，并把它运用于教学实践的教育家。

教师在贯彻这一原则时应注意以下几点：

1. 教师要加强学习目的性教育，调动学生学习的积极性，培养学生对所学知识的浓厚兴趣。

教学是教师的教和学生的学组成的一种教育活动，学生是学习的主体，浓厚的动机是学生学习的直接动力。教师要想让学生具有强烈的学习动机，就必须尊重学习者的人格，让他们知道学习某些材料的意义和作用，帮助他们明确学习目的和形成强烈的学习动机。

2. 教师要创设良好教育环境，实行民主教学，引导学生积极参与教学过程，使教学过程成为教师指导下的学生的独立思考和独立探究的过程，让学生运用以前所学知识去获取新知识，不断提高学习者的思考能力。

① 钟启泉. 为了中华民族的复兴，为了每一位学生的发展——《基础教育课程改革纲要（试行）》解读[M]. 上海·华东师范大学出版社，2001，P6.
② 杨伯峻. 论语释义[M]. 长沙:岳麓书社，2009，P74.

教学过程从本质上说,就是教师指导下的学生的知识建构活动,学生是知识建构的主体。因此,教师要想提高学生的综合素养,就要为学生的学习创设良好的教育环境,引导学生运用原有知识经验积极参与知识的产生与发展的过程,让他们体验到探究学习的快乐,在动手动脑的活动中不断提高自身的创新意识和实践能力。

3.教育者要引导学习者把所学知识用来解决实际问题,让学生在做中学,不断提高学生解决实际问题的能力,激发他们探究学习的兴趣。

总之,教师要转变教育观念,切实调动学习者学习的积极主动性,"改变课程过于注重知识传授的倾向,强调形成积极主动的学习态度,使获得基础知识与基本技能的过程同时成为学会学习和形成正确价值观的过程。"①

(五)因材施教原则

因材施教原则,是指教师在教学中要充分考虑学生身心发展的差异和需求的多样性,有的放矢地实行有差别的教学,使每个学生都能够扬长避短,获得最佳的发展,促进学生个性的发展。

教师在贯彻这一原则时应注意以下几点:

1.教师要深入了解学生身心发展的实际,针对学生的特点进行有区别的教学,使每个学生都能有所进步和发展。

2.教师要创造条件,让学生用所学知识解决实际问题,让他们在动手动脑的活动中发展个性,培养实践能力。

3.教师要鼓励学生积极参与课外校外活动,让学生在活动与交往中发展个性。

(六)循序渐进原则

这一原则是指教师在教学中要按照学科的逻辑系统和学生认知的发展顺序来进行,使学生系统掌握科学文化基础知识和基本技能,形成良好的逻辑思维能力。

循序渐进原则在教学中之所以必要,原因有两条,一是因为科学知识本身具有严密的逻辑系统,二是学习者认识能力的发展也是一个由简单到复杂,由低级到高级的不断深化的过程。因此说,教育者只有引导学生循序渐进地学习,才能掌握系统的科学文化基础知识,发展自身的逻辑思维能力。

教师在贯彻这一原则时应注意以下几点:

1.教师在教学中必须按照教材的学科体系系统连贯地组织教学,使学生系统地掌握各门学科的基础知识和基本技能。

2.教师在讲授新知识时,要切实加强新旧知识之间的有机联系,使学生利用原有知识去学习新的知识,使新知识成为原有知识合乎逻辑的发展。

3.教师要善于抓教学的主要矛盾,解决好重点与难点的教学。循序渐进并不意味着教师在教学中要面面俱到,平均使用力量,而是要进行有区别的教学,分清难易,有

---

① 钟启泉.为了中华民族的复兴,为了每一位学生的发展——《基础教育课程改革纲要(试行)》解读[M].上海:华东师范大学出版社,2001,P5.

详有略地进行教学。只有这样,教师才能突出重点,抓住难点和关键,讲深讲透,使学生触类旁通,举一反三,也才能体现教学的系统性。

(七)巩固性原则

这一原则是指教师在教学中要引导学生在理解的基础上牢固地掌握所学知识技能,以有利于知识技能的应用。

教师在贯彻这一原则时应注意以下几点:

1. 教师要实行启发性教学,引导学生对所学知识内容透彻地理解,为他们牢固地记忆知识奠定基础。

2. 教师要指导学生按照自己的特点和记忆规律组织复习。

3. 教师要指导学生在扩充改组和运用知识解决实际问题的过程中巩固所学知识技能。

(八)量力性原则

这一原则是指教师在教学中要充分考虑学生身心发展的实际,教学的难度和进度要适应学生身心发展的可能性,不断促进学生的身心发展。

教师在贯彻这一原则时应注意以下几点:

1. 教师要切实了解学生身心发展的特点,能较为客观准确地把握学生的认知水平和习惯。

2. 教师在教学中教材内容讲授的分量、难度和进度要充分考虑学生的接受能力,要难易、快慢适当,是一般学生经过努力能够完成的。

3. 要了解不同学生的特点和需求,进行有差别的教学,使每个学生在学习上都能有所进步,有所收获。

以上教学原则各有特点和功能,构成了我国中小学教学原则的体系。教师在实际教学中,可以有所选择和侧重,不能机械照搬。

三、国外当代主要教学原则简介

(一)美国教育家布鲁纳倡导的教学原则

美国心理学家、教育家布鲁纳在《教育过程》等著作中系统地阐述了结构主义教学论的教学原则。[①]

1. 结构原则。他认为无论多么复杂的学科知识,都可以归纳为一系列的概念,用最简单的方式表达出来,因此他说教育者要让学生掌握系统的知识技能,促进智力发展,就要引导学习者掌握学科的基本结构。

2. 动机原则。布鲁纳认为教育者要想促进学习者智能的发展,除要引导学习者掌握学科的基本结构外,还要激发学生主动探究的积极性。

---

① 华东师范大学教育系,杭州大学教育系. 西方资产阶级教育思想流派论著选[M].北京:人民教育出版社,1980,P398—392.

3. 程序原则。布鲁纳认为教师在教学中教材内容的呈现要遵循一定的程序,这个程序必须与学生认知发展的特点、顺序相一致,这样才能使学生完成任何具有挑战性的任务,促进学生的智力发展。

4. 强化原则。布鲁纳认为教育者要让学习者及时了解学习的结果,然后给予适当的赏罚,以促进教学的顺利实施。但他反对教育者过于强调外在奖惩,如分数、学习的名次、物质的奖励等,强调要激发学习者对学习内在的兴趣,这样才能使学习者具有强劲持久的学习动力。

(二)苏联教育家赞科夫倡导的教学原则

苏联教育家赞科夫在《教学与发展》、《教学论与生活》等著作中系统地阐述了发展教学论的教学原则体系。[①]

1. 以高难度进行教学的原则

赞科夫认为教学必须具备一定的难度,这样才能吸引学生积极主动地投入学习,全力克服困难,去掌握知识,发展智能。他所说的高难度是指经过学生的努力能够完成的难度,并非是完全超越学生的接受能力,越难越好。

2. 高速度原则

赞科夫认为要让学生掌握具有一定难度的知识,就必须以知识的广度求知识的深度,因此他反对把教学的速度拖得很慢,强调教学要保持一定的速度,使学生在学习大量知识的过程中促进智力的快速发展。

3. 理论知识起主导作用的原则

赞科夫认为教育者要促进学生的智能发展,就要适度地提高教材内容的难度,用现代化、理论化的知识统帅教材内容,让学生掌握所学学科的基本概念、基本原理和基本定律,这样才能使学生把握学科的基本结构,更好地促进学生知识的迁移和综合能力的发展。

4. 使学生理解学习过程的原则

赞科夫强调学生是学习的主体,教育者要想提高教学的质量和效率,就必须让学习者积极参与到学习过程中去,让他们在观察、思考和动手操作的过程中运用以前所学知识经验去获取新知识,促进自身的一般发展。

5. 使全体学生(包括差生)都得到发展的原则

在赞科夫看来苏维埃社会主义国家的教育不能放弃任何人,必须让所有学生掌握知识,获得一般发展,因此他强调教育者在教学中必须贯彻使全体学生(包括差生)都得到发展的原则,让所有学生都能在原有基础上有所进步和发展,成为苏维埃共和国合格的建设者和保卫者。

(三)德国教育家瓦·根舍因的范例教学原则体系

德国教育家瓦·根舍因是范例课程论的创始人,他在系统总结实施范例课程的经

---

① 田本娜. 外国教学思想史[M]. 北京:人民教育出版社,1994,P506—516.

验教训的基础上,提出了范例教学的基本原则。[①]

1.基本性原则。这一理论强调教师要注重让学习者学习和掌握学科的基本概念、基本原理和规律,要用学科的基本结构统帅教材内容,这样做才能不致教材内容过于庞杂,还有利于学生在掌握学科基本结构的过程中智能的发展。

2.基础性原则。这一理论强调教师的教学要适合学生身心发展的特点与规律,要有利于调动学生的学习兴趣,方便学生学习和掌握知识,发展认识能力。

3.范例性原则。这一理论认为教育者为了避免教材内容面面俱到,过于庞杂,必须在教材中选取具有代表性、范例性的知识内容进行教学,使学生能在掌握范例性知识的过程中不断提高他们举一反三、触类旁通的能力。

(四)美国教育家斯金纳倡导的程序教学原则体系

美国现代教育家斯金纳在系统总结自身关于程序教学经验教训的基础上,创立了自身的程序教学原则体系。[②]

1.小步子原则。斯金纳认为教师要想让学生掌握所学知识,就要把知识内容分成若干部分,让学生分步去学会这些知识技能。

2.积极主动原则。斯金纳认为教师要让学习者明白自己是学习的主体,要调动学习者的积极主动性,积极参与程序教学过程中去。

3.及时强化原则。斯金纳认为教育者要提高教学效果,就要让学习者及时了解学习的结果,使学生及时总结经验教训,为他们以后的学习打好基础。

4.自定步调原则。程序教学的倡导者认为,每个学习者的学习基础和学习需求是不一样的,教育者要培养学生的智能和个性,就必须做到因材施教,让学生根据自身的特点和需求,自定目标和步调去自主学习。

国外现代教育家关于教学原则的论述,丰富和发展了现代教学原则体系,有力地推动了各国教学改革的进程。

四、教学方法的意义

(一)教学方法的含义

教学方法是教师和学生为完成教学任务而采用的方法,既包括教师教的方法,也包括学生学的方法,是教师引导学生为获取知识、发展智能、促进身心和谐发展而共同活动的方法。

(二)教学方法的意义

教学方法是教师和学生完成教学任务的桥梁或纽带,教师和学生采取正确合适的教学方法,才能有效完成教学任务,不断提高教学效果和教学质量。

---

① 北京师联教育研究所.东欧三大教学方法原理原则与教学论著选[M].北京:中国环境科学出版社,2006,P101—106.
② 瞿葆奎.教育学文集·教学(上)[M].北京:人民教育出版社,1988,P497.

（三）我国教学方法改革的指导思想

实行启发式，反对注入式；坚持理论联系实际，反对教条主义；坚持灵活多样性，反对单一性。

（四）我国教学方法的分类

我国教学方法分类的方式主要有以下几种：

1. 按照知识的来源分类，把所有的教学方法分成直观的方法（演示、图示、参观）、语言的方法（讲授、谈话、读书指导）和实践的方法（练习、作业和实习等）。

2. 按照教学方法的外部形态和这种形态下学生认识活动的特点把教学方法分成（1）以语言传递信息为主的教学方法（讲授、谈话、读书指导、讨论等）；（2）以直接感知为主的教学方法（演示法和参观法）；（3）以实际训练为主的教学方法（练习法、作业法）；（4）以欣赏阅读为主的教学方法；（5）以引导探究为主的教学方法。①

五、我国中小学常用教学方法及其基本要求

（一）以语言传递为主的教学方法

以语言传递为主的教学方法，是指教师通过口头语言向学生传递知识，指导学生学习、阅读，提高学生认知能力，培养学生自学的态度与技能习惯的教学方法。

教师在运用这类教学方法时要切实注意以下几点：

1. 教师要科学地组织教学内容

教师要提高语言传授的效果，就要对教学内容进行必要的加工整理，使教学内容的讲授具有一定的逻辑顺序，符合学生认知发展规律的要求；同时，教师在运用这类教学方法进行教学时，要认真钻研教材内容，合理组织和安排教学内容，要做到逻辑系统性强、重点难点突出，具有一定的趣味性，符合思想性的要求。

2. 教师的教学语言应当清晰、简练、准确、生动，并富有强烈的艺术感染力

教师主要是运用语言来向学生传授知识，启迪智慧，促进其身心发展的，教师教学语言运用的是否科学、熟练，直接影响着课堂教学的效果和效率。因此，教师一定要注意提高自身的教学语言素养，确保自身的教学语言要清晰、简练、准确、生动，语速适中，语音语调要有变化，抑扬顿挫，并富有强烈的艺术感染力。

3. 教师要创设问题情境，激发学生的思维活动

教师要提高课堂教学的效果，就不能满足于向学生传授现成的知识，而要创设问题的情境，根据教学的需要设计一系列富有启发性和思考价值的问题，引导学生参与到问题的思考和讨论的过程中去，让学生通过自己独立的思考和交流，得出合理的结论。教师在教学中，既要善于创设问题情境，设计一系列富有启发性和思考价值的问题，又要对学生的思考和讨论活动进行引导，充分调动学生参与思考和讨论的积极性，

① 李秉德. 教学论［M］.北京：人民教育出版社,1991,P195.

帮助他们纠正认识中模糊不清或错误之处,不断提高学生的认识水平。

4. 充分发挥现代信息技术的优势,恰当地配合和运用板书

教师要提高自身课堂教学中语言运用的效果,一定要充分发挥现代信息技术的优势,注意恰当地配合和运用板书,一是做到板书布局合理、重点分明,简明扼要;二是板书要符合美学的要求,能吸引学生的注意,能使学生获得美的享受。

（二）以直接感知为主的教学方法

以直接感知为主的教学方法,是指教师通过对实物或直观教具的演示和组织教学性参观等,使学生利用各种感官直接感知各种事物而获得知识的方法,这类方法具有形象性、直观性和真实性等特点。但以直接感知为主的教学方法只有与以语言传递为主的教学方法有机地配合,才能保证教学效果的提高。

教师在运用这类教学方法时要注意做到:

1. 教师在教学活动前要做好充分的准备工作。

教师要提高演示和参观的效果,就要根据学科课程标准的要求和教学任务的需要,切实做好充分的准备工作,明确参观和演示的要求,并吩咐学生做好必要的知识准备和心理准备。

2. 教师要引导学生进行有目的、有重点的观察,并做好资料的记录工作。

3. 教师要引导学生做好总结工作。

演示和参观结束后,教师要引导学生通过答问、练习和讨论等方式,把观察的现象与所学的书本知识联系起来,为学生获得感性知识,验证和理解知识服务。

（三）以实际训练为主的教学方法

以实际训练为主的方法,是教师通过练习、实验、实习等方法,使学生巩固和完善知识,形成技能、技巧,培养解决实际问题能力和习惯的教学方法。

教师在运用这类教学方法时要注意做到:

1. 教师要按照学科课程标准和教学内容的要求对学生实际训练活动进行精心的设计和指导

教师要指导学生事先对所学的书本知识进行复习,让学生掌握必要的书本知识。同时,教师还要引导学生按照既定的计划进行实际训练,并对学生实际训练中出现的问题进行及时的指导。

2. 引导学生积极参与实际训练过程,在动手动脑的活动中增长才干

教师要敢于放手让学生参与实际训练的过程,让学生运用以前所学的知识技能去解决面临的实际问题,在动手动脑的活动中提高他们解决实际问题的能力,养成发现问题和解决问题的习惯。

3. 教师要指导学生及时做好实习总结

实际训练活动结束后,教师要督促学生及时做好实际训练工作的总结,总结经验,发现问题和解决问题,不断提高他们自我检查、自我反馈的习惯和能力。

（四）以引导学生探究发现为主的教学方法

以引导学生探究发现为主的教学方法,是教师通过创设有利于学生探究发现的教育环境,引导学生通过独立的探究和研究活动而获得知识,发展智能,形成创新意识和实践能力的方法。

这类方法对于激发学生的学习兴趣,培养学生分析问题和解决问题的能力,发展学生的创新意识和实践能力具有重大的作用。

但这类方法对教育环境要求较高,要求学生具备相当的知识储备和一定的思维能力,需要必需的教学参考资料和科研素养高超的教师;同时这类方法花费的时间和精力较多,但效果并不明显。因此,这类方法一般在中学高年级的某些学科使用。

运用以探究发现为主的教学方法的基本要求是:

1.教师要依据教材内容的特点和学生的实际,确定探究发现的课题

教师要依据教材内容的特点和学生的实际,把学科中某一章节的内容作为学生进行探究的课题,并把这一课题分成若干可以让学生进行探究的小课题,方便学生在教师指导下进行探究。

2.教师要严密地组织教学,积极引导学生的探究发现活动

学生在课堂上的探究活动,不是自发的、随心所欲的活动,而是在教师有目的、有计划的指导下进行的。教师要为学生营造有利于探究学习的环境,帮助他们找寻必需的书籍资料,启迪他们思维,引导他们通过自己的独立思考提出解决问题的方案,并在实践中验证方案。教师在探究学习的课堂上,要及时发现学生探究学习中面临的困难或问题,并给予必要的指点,这样可以有效地减少发现学习的曲折,让学生以尽可能少的时间和精力获取最大的学习效果。

3.教师要组织学生对探究学习的过程与结果进行分析总结

学生是探究学习的参与者,他们在探究学习中有哪些收获? 在探究学习中还存在哪些问题? 如何改进探究学习? 教师作为探究学习的总设计师和组织者、参与者,要在引导学生开展探究学习的过程中,组织学生对探究学习的过程与结果进行分析总结,帮助学生发现问题和解决问题,不断提高学生探究学习的效果和效率。

（五）以欣赏活动为主的教学方法

以欣赏为主的教学方法,是指教师在教学中要创设一定的教育环境,利用一定的教材内容或艺术形式,使学生通过活动与交往来体验现实生活的真善美,陶冶他们的性情,培养他们正确的审美观和审美能力,促进他们身心和谐发展的方法。

这类方法一般作为以语言传递为主的教学方法的辅助教学方法使用,它与其他方法的有机配合,则能大大地激发学生的良好学习情感,促进学生愉快地投入到教学过程中去,能促进学生非智能因素的形成。

教师在运用以欣赏为主的教学方法进行教学时要注意:

1.教师要激发和引起学生欣赏的动机和兴趣

教师在指导学生对事物进行欣赏前,要简明扼要地介绍事件或作品的创造背景,

作者生平和逸事等,让学生对所学事物或作品有一定的了解,激发学生产生欣赏的动机和需求。

2.激发学生的强烈情感反应

教师要创设良好的教育情景,用形象的语言和其他形式来展现事物或作品的美,让他们产生惊讶、赞叹、钦佩等情感反应,让他们产生丰富的想象。

3.引导学生在活动与交往中学习

美的情感和美的欣赏不能靠外部的传授,而是学习者在活动与交往中形成与发展起来的,因此教师要调动学生学习的积极性,让他们积极参与阅读艺术作品,在活动与交往中感受美、表现美。

4.注意因材施教

教育者在教学中要考虑到学生的特点和需求,尽可能地因材施教,不能用同样的标准要求所有学生,要让所有学生都能有所进步和收获。

六、现代教学方法的特点

通过对现代教学方法的考察研究,可以发现其特点:

(一)强调教学过程中师生的互动性

现代教学方法改革的倡导者认为,教学过程是教师和学生共同参与的过程,要提高教学的效果,就要在教学过程中调动教师和学生双方的积极性,让他们积极参与到教学过程中去,加强教师和学生的交流与互动,使教学过程成为教师与学生积极互动、共同发展的过程。

(二)强调教学方法的多样性

现代教学方法是为教学改革服务的,教学过程中学生的需求是多样的,要完成的任务也是多样化的,单一的教学方法显然是无法满足众多学生多方面需求的。因此,现代教学方法要想为教学改革服务,培养出有个性的人才,必然会出现多样化的特点。

(三)强调教学方法的综合性

各国教学方法改革的实践充分说明,每一种教学方法都有自身的特点和功能,也有一定的局限性,教育者仅仅依靠一种教学方法,就能完成规定的教学任务,全面提高课堂教学效果和教学质量,显然是不可能的。因此,各国教学方法改革的倡导者在强调教学方法多样化的同时,还特别强调教学方法的综合性,加强各种教学方法之间的分工与配合,共同为完成教学任务服务。

(四)强调教学方法的主体性

现代教学方法的倡导者认为教学活动是教师指导下的学生的知识建构活动,学生是学习的主体,教师是学生学习的指导者和引导者,要提高课堂教学的效果,就不能仅仅发挥教师的主导作用,还要充分发挥学生的主体作用,让学生积极主动地参与到学习过程中去,让他们运用以前所学的知识经验自主探究,在活动与交往中自主学习,不断提高学生的综合素养。

(五)强调对传统教学方法的继承与创新的有机结合

现代教学方法改革的倡导者对传统教学方法的弊端进行了全面深刻的抨击,认为它无法调动学生的主体精神,忽视了学生的参与,无法培养学生的创新意识和实践能力。因此,现代教学方法改革的倡导者提出了改革和创新教学方法的新设想,主张创建具有时代特色的现代教学方法体系。

但现代教学方法改革的倡导者认识到,传统教学方法注重教师主导作用的发挥,注重学生基础知识和基本技能的掌握,注重学生良好道德品质和社会责任感的培养,还是有一定道理的,对提高教学质量有一定的借鉴意义,完全否定传统教学方法是行不通的。因此,现代教学方法改革的倡导者极力主张要吸收借鉴传统教学方法的优势,并结合新时代的要求对它进行改造,赋予其新的使命,在继承与创新的过程中共同创建现代教学方法体系,为现代教学改革服务。

七、现代教学方法改革的动向与趋势

通过对当代国内外教学方法改革进程的考察,可以看出现代教学方法改革具有以下动向和趋势:

(一)现代教学方法改革的理论基础日益完善

20世纪50年代以前,教学方法改革的理论基础主要是哲学认识论,人们主要依靠总结一线教师的教学经验来进行教学方法改革的,这就造成了各国教学方法改革进展缓慢,成效不大。

20世纪50年代以后,在现代科学技术等因素的推动下,世界进入了信息技术时代,这有力地促进了生理学、心理学、社会学、文化学的发展,生理学、心理学、社会学、文化学的成果开始大量地应用于教学方法改革的实验中,成为现代教学方法改革的重要理论基础,这使得现代教学方法改革的理论基础日益宽厚完善,有力地推动了现代教学方法改革的进程。

(二)现代教学方法改革与教学实验紧密结合

长期以来,教育工作者主要是依靠总结教育历史上的经验来探寻教学方法的,但这种方法还是具有很多的片面性,不利于培养学生的创新意识和实践能力。

20世纪50年代以后,世界各国教育界在教学方法改革进程中开始注重教学实验,使教学实践为教学方法改革服务。如美国教育家布卢姆主持的"掌握学习"教学实验、赞科夫主持的"教学与发展"实验,直接促进了现代教学方法朝着主体化、多样化、人性化方向变革。

现代教学方法改革与教学实验紧密结合,促进了教学理论在教学实践中的应用推广,克服了传统教学方法中的经验主义、教条主义和空泛化、抽象化等弊端,大大提高了现代教学方法的科学化和理论化水平,保证了现代教学方法的精确性和有效性。

（三）注重充分发挥教学方法在学生智能训练、非认知因素培养中的作用

传统教学方法过于重视学生知识技能的学习,忽视学生智能训练的弊端无法适应现代社会对人才培养的要求。现代教学方法改革的倡导者为了适应现代社会对人才素养要求不断提高的新形势,高度重视现代教学方法在学生智能培养中的作用,强调教学中要给予学生更多的权利和自由,让学生运用以前所学的知识经验探究学习,在动手动脑的过程中探究和获取新知识,促使其智能的发展。

现代教学方法改革的倡导者在实践中发现非智力因素对学习者的学习具有重大的影响和促进作用,因此他们在教学方法改革中除重视学生智能训练外,还特别重视培养学生非智力因素,创设有利于学生探究学习的环境,让学生探究学习,在活动与交往中学习,引导他们形成勤于学习,勇于创新,勇于实践,敢于担当,善于合作与分享等良好品质。

（四）用系统整体的观点看待教学方法改革

20世纪50年代以后,系统科学获得了长足的发展和广泛的应用,这为教学方法改革与发展带来了新的机遇。教育工作者不再是就教学方法改革来谈教学方法改革,而是开始用系统论的观点来指导教学方法的改革。教育工作者首先把教学方法改革纳入整个课程与教学改革的体系内,从课程与教学改革的整个体系中考察教学方法的作用与功能,并把它综合到课程与教学改革的过程中去,探索它如何调整师生的活动,如何最大限度地发挥自身功能,这就使得教育工作者对教学方法的研究更加深化,也有利于教学方法的研究更紧密地为课程与教学改革服务。

与此同时,教育工作者在研究教学方法时,还把教学方法本身看作是一个由诸多方法组成的系统,从各个教学方法之间的联系探究教学方法的特点、功能,以便最大限度地发挥教学方法的功能。

系统科学的发展观在教学方法研究中的应用,有利于人们更全面、更深刻地认识现代教学方法的地位和作用,以及这种作用发挥的内在机制,从而更好地使教学方法为课程与教学改革服务,因而促进了现代教学方法的改革与发展,为课程与教学改革进程提供了巨大的智力保障。

（五）把研究学生的学习方法,培养学生的自学能力放在前所未有的地位

现代教学方法改革的倡导者对传统教学理论过于重视教师的主体作用,过于重视教师教法的研究,忽视学生的主体作用,忽视学生学习方法研究的弊端进行了强烈的抨击,认为这是导致教学过程中学生积极主动性不够,不会学习,教学效果不佳的重要原因。因此,现代教学方法改革的倡导者明确提出要把学生作为教学的主体来看待,切实把教师的教建立在学生的学的基础之上,在切实改进教师教学方式的同时,通过多种途径研究学生的学习过程,注意对学生的学习方法进行有目的、有计划的指导,在帮助学生掌握学科基础知识和基本技能的同时,教会学生掌握学习的基本原理和基本技能,帮助他们提高自学能力,养成自学的技能和习惯。

因此,现代教学方法改革的倡导者高度重视教学中学生主体作用的发挥,把重视研究学生的学习过程,改进学生的学习方法,培养学生良好的学习方法和学习习惯,作为创建现代教学方法体系的前提条件。国内外许多教学方法改革的实验也充分说明了这一点。

(六)现代教学方法的改革与发展注意对传统教学方法的继承与改造

传统教学方法过于重视教师的教,忽视了学生的学,忽视了学生在教学过程中的参与,不利于学生创新意识和实践能力的培养,这些弊端直接影响了培养人才质量的提高。但现代教学方法不是从天上掉下来的,它是在传统教学方法的基础上改革与发展起来的,离开了对传统教学方法的继承与改造,现代教学方法是不可能发展起来的。因此,现代教学方法的改革与发展,还特别注意保留和吸收传统教学方法的精华(如注重发挥教师的主导作用,注意启发学生思考,注意学生基础知识和基本技能的学习,注意把知识教育与思想品德教育的融合)等,并对传统教学方法的缺陷及运用中存在的问题加以改造和发展,赋予其浓厚的时代特色,使其担负起培养具有创新意识和实践能力人才的新使命。由于现代教学方法的改革与发展注意对传统教学方法的精华加以继承和改造,这就使得现代教学方法的基础更加宽厚扎实,生命力更加强大。

八、教学方法的选择和运用

教学的成败在很大程度上取决于教师能否妥善地选择和运用合适的教学方法。教师选择和确定教学方法需要考虑以下几个因素:

1.依据教学的具体目的与任务

教学方法是为教学目的和任务的实现服务的,教学目的和教学任务不同,教学方法就应该有所区别。如教学的目的和任务是传授新知识,就要用讲授法或谈话法,而不能用练习法或实验法;教学的目的如果是要培养学生的创新意识和实践能力,则要用实验法、探究法等。

2.依据本门学科的具体内容和教学法的特点

一般说来,不同学科性质教材的教学,应采取不同的教学方法才能取得良好的效果。如语文、外国语、历史等学科的教学应经常采用讲授法和谈话法,而化学、物理、生物则要经常采用演示法、实验法。因此,教师必须依据本门学科的性质和特点,选择合适的教学方法进行教学。

3.依据学生的年龄特征、个性特征、知识水平和班级状况

学生不仅是教学的对象,也是教学的主体。教师在选择教学方法时除考虑教学目的任务、教材内容特点外,还必须考虑到学生的情况,要依据学生的年龄特征、个性特征、知识水平和班级状况来选择教学方法,这样才能有的放矢,全面提高教学效果。

4.依据教师本身的条件和学校周围环境状况

教师在选择教学方法时,除考虑上述因素外,还必须考虑自身的实际情况(包括业务水平、实际经验、个性特征等)和学校周围的环境状况。

5.依据各种教学方法的职能、使用范围和使用条件

每一种教学方法都有自身的职能、使用范围和使用条件,因此教师要提高课堂教学的效果,就要根据教学的具体实际,创造性地选择一种或多种教学方法进行教学,以最大限度地提高课堂教学的效果。

教师在运用教学方法时应当注意做到以下几点:

1.运用教学方法必须注意坚持以启发式为指导思想

教师要明白,学生不仅仅是教师教学的对象,也是教学的主体,教师只有调动了学生的积极主动性,吸引学生积极参与到教学过程中去,才能完成教学的任务,提高教学质量。离开了学生的积极参与,教师在教学中的任何努力都不会有任何的效果。因此,教师一定要树立学生是学习的主体这一理念,在运用教学时要注意坚持以启发式为指导思想,在教学中要切实调动学生的积极主动性,启发学生积极参与到知识的产生与发展的过程,让学生知其然,也知其所以然,帮助学生在掌握知识的过程中不断提高自身的智能,养成勤于学习,勇于探究,勇于实践的良好品质。

2.运用教学方法要树立系统整体的观点

教师在运用教学方法时,必须从系统整体的观点考虑问题,教学方法的运用必须服务于教学工作的大局。同时,教师要认识到任何一种教学方法都不是万能的,都有自身的特点和局限性,因此教师在教学方法的运用时,必须注意各种教学方法的有机配合,以便充分发挥教学方法的整体性功能。

3.要根据教学工作的具体要求和实际情况灵活地运用教学方法

教学有法,但无定法。教师在教学过程中要综合考虑教学的各种因素,从中选择一种或多种方法进行教学,以便最大限度地取得最佳的教学效果。

九、教学模式

(一)教学模式的含义

教学模式就是在一定的教学思想指导下,围绕着教学活动中的某一主题,形成的相对稳定的、系统化和理论化的教学活动框架和活动程序。教学模式既是教学理论的具体化,又是教学经验的一种系统概括。[①]

教学模式一般由以下几个因素组成:

1.指导思想。任何教学模式都是在一定的教学思想和理论指导下提出来的,例如苏联的合作教学模式是根据社会主义人道主义、民主和发展性教学思想提出来的,建构主义教学模式是根据皮亚杰的"发生认识论"提出来的。教学指导思想是构成教学模式的理论基础,它反映出教育者对教学目标、教学与发展、师生关系等方面的主张,对教学模式的确立具有重大的意义。

2.主题。任何教学模式都有一个鲜明的主题,它犹如一根主线贯穿和主导着整个

---

① 李秉德.教学论[M].北京:人民教育出版社,1991,P256.

模式体系。例如讲解—接受模式的主题是教师主导,讲授是核心。

3.教学目标。教学模式的目标,就是要完成主题规定的任务,它使得主题的任务更加具体化。例如探究—发现教学模式的教学目标是培养学生的探究意识和实践能力,让学生学会学习。

4.教学的支持系统。它是教学所必需的物质条件,包括教室、教具、教材、教学手段、场地等因素。

5.教学程序。教学模式要在教学中发挥作用,就必须拥有一定的程序,也就是指教学过程的阶段或步骤。例如讲解—接受模式的程序一般为:组织教学、检查复习、讲授新课、巩固练习、布置作业,杜威从做中学的教学模式的程序则为情景、问题、假设、解决、验证等五个环节。

6.操作要领。教学模式的操作要领是教师和学生为完成特定的教学任务必须注意遵循的明确化、具体化的要求。如探究—发现教学模式要求教师要为学生创设良好的教育环境,要提供便于探究的结构性教材和相关资料,要注意把知识的学习与探究发现结合,要注意培养学生的探究精神和实践能力等。

7.评价。每个模式的指导思想、内容不同,评价的标准也差异很大。如着眼于学生探究意识培养的探究—发现教学模式与着眼于学生知识掌握的讲解—接受模式的评价标准就有很大的差异,前者侧重于学生探究意识的培养,而后者则重视学生知识的掌握。

(二)教学模式的特点

从以上对教学模式的简要介绍可以看出,教学模式具有以下特征:

1.整体性与简略性

教学模式一般由教学指导思想、主题、教学目标等7个因素组成的教学活动框架或程序,缺少任何一个因素都会影响教学模式的实施效果,因此教学模式具有整体性的特点。

教学模式是教师教学活动的框架或程序,因此它以精练的语言、象征的图像、明确的符号去概括和表达教学过程的程序,这样才能更好地让教育工作者在教学中去操作。

因此,教学模式具有整体性和简略性,是整体性与简略性的统一。

2.个性

任何教学模式都有明确的目的或中心领域,也有具体的应用条件和范围,它不同于其他教学模式,具有很强的个性和针对性,只要选择和运用得当,就能有效地解决教学面临的实际问题。

3.可操作性

教学模式是联系教育理论和教学实践的中介,和教学理论相比,它有安排教学活动的指南以及限定这些活动要求的准则,因而教学模式更容易被理解、把握和运用,具有一定的可操作性。

4.发展性。教学模式是产生于教学实践中并服务于教学实践的,教学实践的发展变革必然要求人们根据实际的变化对教学模式进行补充修正,使之不断丰富完善。

(三)教学模式的类型

根据对各种教学模式的综合考察,可以把教学模式分成以下几种类型:

1.讲解—接受教学模式

这是在传统的课堂教学模式基础上逐渐演化发展起来的一种教学模式,主要用于知识技能的讲授和学习,这一模式的基本程序是:激发学生的学习动机—感知理解教材—巩固知识—运用知识—检查反馈。

这种模式的优势在于能有效地发挥教师的主导作用,便于学生通过教师的讲解理解教材内容,能在最短时间内系统地掌握教学中规定的知识技能,教学效率较高,因而在世界各国教学中广泛流行,影响极大。

但这种模式过于强调教师的主导作用,让教师系统地传授教学大纲中规定的知识技能,但忽视了学生的实际需要和课堂上主动性的发挥,忽视了教学中的因材施教,不利于培养学生的创新意识和实践能力,因而经常受到社会各界的非议。

2.探究—发现教学模式

它是教育者在教学中要为学生创设良好的教育环境,引导学生通过对教材或教学资料的学习产生问题,通过自己的思考提出解决问题的假设并在实践中加以实施和验证,培养学生创新意识和提高学生解决实际问题能力的一种教学模式。

这种教学模式注重发挥学生的主体精神,让学生积极参与教学过程,这确实有利于学生创新意识和实践能力的培养。但这种模式对教学环境和设备、教学资料要求很高,要求教师和学生具有良好的知识储备和能力素养,否则教学效果则很难保证。另外,采用这种教学模式进行教学,需要花费教师和学生很多的精力与时间,但教学效果并不特别明显。

3.自学—指导教学模式

这种模式也称作学导式教学模式,是指教学活动中教师要充分发挥学生的主体作用,使教学过程变成教师指导下的学生自学的过程,把学生的自学与教师的指导有机结合,注意培养学生自主学习能力的一种教学模式。

这种教学模式是我国特级教师魏书生等人提出的,注意把教师的指导和学生的自学结合,有利于培养学生的自学能力和习惯。但这种模式对教学环境和教材资料要求较高,要求教师和学生都要有良好的知识储备和自学能力,否则很难保证教学的效果。

4.情景—陶冶教学模式

这是指教育者在教学活动中要创设一种情感和认知相互促进的教学环境,让学生在轻松愉快的教学气氛中获得知识技能,发展智能,促进个性和谐发展的一种教学模式。如保加利亚教育家洛扎诺夫提出的暗示教学模式就属于这类教学模式。

这种教学模式注重创设良好的教育环境,让学生在轻松愉快的教学气氛下学习,有利于激发学生的学习潜力,促使学生身心和谐发展。但这种教学模式对教学坏境的要求较高,主要适合文科尤其是外国语科目的教学,但对数学、自然学科等科目的教学效果则不太明显。

5.目标—导控教学模式

这种模式也称作目标教学模式,是指教师在教学中以明确的教学目标为导向,把教学内容分成若干小的单元,让学生按部就班地学习,以教学评价为动力,以矫正、强化为核心,给学生充分的学习时间和及时有效的帮助,让绝大多数学生都能掌握教学内容,实现教学目标的一种教学模式。这种模式又叫掌握学习教学模式,创始人为美国教育家布卢姆。

这种模式切实关注学生的需求,注重给学生充分的学习时间和及时有效的帮助,充分发挥评价在促进教学中的作用,有利于帮助绝大多数学生掌握知识技能,全面提高学生的学业成绩。

但这种模式过于侧重学生知识技能的掌握,过于关注智力水平一般的学生,对天才学生重视不够,对学生的创新意识、竞争意识重视不够;此外,这种教学模式的实施,增加了师生教学活动的时间,加重了教师和学生的教学负担。

(四)现代教学模式改革的动向和趋势

现代社会对各级人才的要求不断提高,对学校的教学模式提出了越来越高的要求,使教学模式的改革与发展出现了以下的动向和趋势:

1.教学模式的理论基础更加宽厚扎实

随着哲学、心理学、社会学、文化学、传播学等学科的迅猛发展和研究成果的不断问世,教学模式的理论基础更加宽厚扎实,这就为教学模式的创建和完善奠定了坚实的理论基础。

2.教学模式的多样化

社会对人才的要求是多样化的,教学目标和任务也是多样化的,为了促进学生智能发展,培养具有创新意识和实践能力的人才,仅仅靠某一种教学模式是根本无法实现的。因此,适应教学多样化的特点和要求,各种教学模式应运而生,教学模式呈现出多样化的趋势。

3.教学模式的综合化

任何单一的教学模式都有特定的功能和作用,但也有一定的局限性,不利于学生综合素养的提高。因此,现代教学模式强调各种教学模式的融合,使各种教学模式相互借鉴、学习,重新组合成一种新的综合性的教学模式,使之承担起更多的职能和任务。

【本章主要参考文献】

1.董远骞.中国教学论史[M].北京:人民教育出版社,1998.

2.李秉德.教学论[M].北京:人民教育出版社,1991.

3.王道俊,王汉澜.教育学[M].北京:人民教育出版社,1989.

4. 钟启泉.为了中华民族的复兴,为了每位学生的发展——《基础教育课程改革纲要(试行)》解读[M].上海:华东师范大学出版社,2002.

5. 张华.课程与教学论[M].上海:上海教育出版社,2002.

6. 田本娜.外国教学思想史[M].北京:人民教育出版社,1994.

7. 南京师范大学教育系.教育学[M].北京:人民教育出版社,1984.

8. 全国十二所重点师范大学编写组.教育学基础[M].北京:教育科学出版社,2002.

9. 教育部人事司,教育部考试中心.教育学考试大纲[M].北京:北京师范大学出版社,2006.

10. 瞿葆奎.教育学文集·教学(上)[M].北京:人民教育出版社,1990.

11. 陈理宣.教育学原理——理论与实践[M].北京:北京师范大学出版社,2010.

12. 袁振国.当代教育学[M].北京:人民教育出版社,2002.

13. 余文森.新课程背景下的公共教育学教程[M].北京:高等教育出版社,2005.

14. 王策三.教学论稿[M].北京:人民教育出版社,2005.

15. 李定仁.教学思想发展史略——历史、现状与发展趋势[M].西宁:青海人民出版社,1993.

【本章思考题目】

一、名词解释

1. 教学原则

2. 教学方法

3. 启发性原则

4. 因材施教原则

5. 教学模式

二、简答题

1. 简要说明教学原则与教学规律的关系。

2. 运用启发式原则的基本要求有哪些?

3. 教师运用因材施教原则的基本要求有哪些?

4. 教师运用以语言传递为主教学方法的基本要求有哪些?

5. 教师选择教学方法的基本依据有哪些?

6. 布鲁纳与赞科夫倡导的教学原则各有哪些?

7. 当代国内外教学方法改革与发展的动向有哪些?

8. 教学模式的特点有哪些?

三、选择题

1. 重视直观教学的作用,并把直观教学原则看作是教学的金科玉律的教育家是　　　　　(　　)

A. 夸美纽斯　　　　B. 洛克　　　　　C. 杜威　　　　　D. 泰勒

2. 倡导让学生从做中学,重视学生实际工作能力养成的教育学著作是　　　　　　　　(　　)

A.《大教学论》　　　　　　　　B.《教育漫话》

C.《民主主义与教育》　　　　　　D.《体育之研究》

3. 学生在教师指导下进行数学的实地测算、地理的地形测绘、生物的植物栽培和动物的饲养。上述情况属于下列哪一种教学方法?　　　　　　　　　　　　　　　　　　　(　　)

A. 实验法　　　　　B. 参观法　　　　　C. 演示法　　　　　D. 实习作业法

4.西方教育史上,最早提出目标教学思想的教育家是 （ ）

A.布卢姆 　　　B.泰勒 　　　C.爱因斯坦 　　　D.杜威

5.如果学生要学习的知识内容比较复杂、结构化程度很高,又必须在较短时间加以掌握,他们最宜采用的教学形式是 （ ）

A.发现学习 　　B.接受学习 　　C.合作学习 　　D 互动学习

6.教师不仅掌握了所教学科的定理法则,而且还能分析学生的心理特点与教学策略的密切关系,这主要体现了李老师的哪种教学能力?

A.教学监控能力 　B.教学操作能力 　C.教学认知能力 　D.教学反思能力

7.在教学过程中,张老师经常运用语言的形象描述,引导学生形成所学事物、过程的清晰表象,丰富他们的感性知识,从而使他们正确理解知识和提高认识能力。张老师遵循的教学原则是

（ ）

A.循序渐进原则 　B.直观性原则 　C.因材施教原则 　D.启发性原则

8.各国在基础教育课程改革中,开设研究性学习课程的目的在于 （ ）

A.培养学习者的研究能力 　　　B.培养学习者的创新意识与实践能力

C.减轻学生的课业负担 　　　　D.让学习者幸福

9.赞科夫倡导的教学原则的理论基础是 （ ）

A.维果茨基的最近发展区理论 　　B.杜威的实用主义教育学说

C.皮亚杰的认识发生论 　　　　　D.罗素的人本主义教育学说

10.我国先秦时期,主张有教无类、倡导因材施教的教育家是 （ ）

A.孔子 　　　B.孟子 　　　C.荀子 　　　D.庄子

11.西方教育史上,提出泛智教育和普及初等教育的主张,并对班级授课制做出系统阐述,注重教育适应自然原则,强调直观教学的教育著作是 （ ）

A.柏拉图的《理想国》 　　　　　B.昆体良的《论演说家的培养》

C.夸美纽斯的《大教学论》 　　　D.赫尔巴特的《普通教育学》

12.运用操作性条件反射理论,创建程序教学模式的教育家是 （ ）

A.皮亚杰 　　　　　　　　　　　B.布鲁纳

C.斯金纳 　　　　　　　　　　　D.桑代克

13.根据学习者的思维活动方式来确定学习者学习的步骤与方式,主张学习者围绕着问题进行学习,通过问题解决来促进学习者实际工作能力提高的教育家是 （ ）

A.赫钦斯 　　　B.杜威 　　　C.洛克 　　　D.罗素

14.我国学导式教学模式的倡导者是 （ ）

A.孔子 　　　B.鲁迅 　　　C.陶行知 　　　D.魏书生

15.陈老师在讲"二氧化碳性质"时,讲台上放着两瓶没有标签的无色气体,其中一瓶是二氧化碳,一瓶是空气,怎么区分它们呢?陈老师边说边将燃烧的木条分别深入两个集气瓶中,告诉学生使木条熄灭的是二氧化碳,使木条继续燃烧的是空气,这种教学方法是 （ ）

A.实验法 　　　B.讲授法 　　　C.演示法 　　　D.谈话法

16.罗老师讲解《观潮》这篇课文时,通过播放视频,让学生真切感到钱塘江大潮的雄伟壮观。他在教学中贯彻了 （ ）

A.直观性原则 　　　　　　　　　B.科学性和思想性相结合原则

C.循序渐进原则 　　　　　　　　D.巩固性原则

17.认为学习者是在模仿成人中学习社会经验,学会适应社会的教育家是 （ ）

A.班杜拉 B.杜威 C.卢梭 D.罗素

18.王老师在化学课上讲到元素周期表中的"镭"元素时,向同学们介绍了"镭"的发现者居里夫人献身科学的事迹,同学们深受教育。这体现了哪一教学原则? （ ）

A.理论联系实际的原则 B.科学性和思想性统一的原则

C.启发性原则 D.发展性原则

19.在一堂化学课上,张老师运用分子模型和挂图,帮助学生认识乙醛的分子结构。张老师采用的教学方法是 （ ）

A.实验法 B.练习法 C.作业法 D 演示法

20.把教师看作学生学习的促进者、指导者和顾问,主张教师要尊重学习者的人格,对学习者要移情理解的教育家是 （ ）

A.泰勒 B.桑代克 C.苏格拉底 D.罗杰斯

四、阅读下面的材料,用所学教育学知识判断其正确与否,并简要说明理由

1.教学原则就是教师教的原则,主要是指导教师的教,但对学生的学习没有太大的用处。

2.教学原则就是教学规律的应用,中小学教师在课堂教学中要把教学原则当作教学规律那样对待。

3.教学模式就是教学方法。

4.传统教学方式不利于学习者主动性的发挥,不利于学习者创新意识和实践能力的养成,应该全面废除。

【本题的参考答案】

这种观点是错误的。传统教学方式重视充分发挥教师的主导作用,重视在课堂教学中对学生进行智力训练和品德教育,这对于学习者身心和谐发展是必不可少的。

但传统教学方式过于重视教师主导作用的发挥,忽视学习者主动性的发挥,不让学习者参与教学过程,这不利于学习者创新意识和实践能力的培养,和时代对人才的要求是背道而驰的。

我们既要看到传统教学方式的长处,又要知道传统教学方式的弊端,极度贬低传统教学方式,忽视继承传统教学方式的优点在理论上是站不住脚的,在实践上也是非常有害的。

5.教学的任务就是向学生传授知识。

【本题参考答案】

这种观点是错误的。教学是教育目的规范下的教师的教和学生的学共同组成的一种教育活动。教学中教师要向学习者传授科学文化基础知识,还要发展学生的智力和体力,增进学生的身心健康成长;还要结合教学的实际对学生进行情感、态度和价值观的教育,帮助学生形成良好的品德和个性。仅仅把传授知识当作教学的任务的观点是片面的。

五、阅读下面的材料,并结合教育学知识的学习回答问题

1.王老师是小学三年级的数学教师,在教授"同一平面上两点之间直线最短"时是这样教学的:他先在黑板上取了在同一平面的两个点,并做出这两点间的四条线段,其中包括两点间的直线。接着,请一位学生把这几条线段的距离测量出来,写在线段旁,再让其他学生说出哪一条最短。然后,要学生分组自由讨论几分钟,他逐一辅导各组,当学生不会准确概括时,他会引导学生主动思考,并要学生自己得出结论:两点之间直线最短。最后,他用多媒体制作了一幅图,这幅图中有道题要学生独立完成(题目是:一座房子到河边有三条路走,一条直线和两条弯道,问走哪条路最近?),由学生主动回答,并说明缘由。

(1)王老师在教学中主要遵循了哪几条教学原则？这些教学原则的内涵各是什么？

(2)具体说明贯彻各教学原则的基本要求。

2.某中学的地理课上,一个教师为了使学生理解有关经纬线的意义和概念,对学生说,"在浩瀚的太平洋上,一艘远洋货轮航行中出现了故障,在多方自救无果的情况下,船长拿起了电话向总部求救,假若你是这个船长,你会如何说呀？"

一个学生做打电话状:"哎,总部,我们出事了,快点来救我们。"

"我是总部,请告诉你的位置。"老师追问。

该学生迟疑了,小声回答了一句:"我们在太平洋上。"

他的回答引起了课堂上同学们的哄堂大笑。老师问学生为何发笑。学生们说:"太平洋那么大,该如何去找呀？"一个学生说:"应该报告船的具体位置。"

于是老师把"应该如何在地球上确定具体位置"的问题抛给学生,让学生们探讨。在讨论中,学生们从探讨如何描述自己的座位,到街道门牌号;从电影院的座位号,到平面直角坐标系……,就这样,关于经纬线、经纬网的概念和意义被学生掌握了。

(1)该老师在地理教学中主要贯彻了那个教学原则？结合本案例说明教师在教学中贯彻该原则的基本要求。

(2)在该案例中,地理教师是如何尊重和发挥学生的主体精神的？

3.张老师在生物课上讲解植物吸水的知识时,首先要求同学动手做个实验:将两块萝卜分别浸泡在两个装有浓盐水和清水的烧杯里,浸泡后取出并观察萝卜的变化,结果发现泡过浓盐水的萝卜变蔫了,而泡过清水的萝卜变灵了,张老师用下方示意图显示实验结果:泡过浓盐水的萝卜失去水分,泡过清水的萝卜吸收水分。

张老师接着进一步提问:谁能概括出萝卜什么状态下失水？什么状态下吸水？

根据同学们的回答,张老师总结说明植物吸水的原理:当植物细胞液浓度小于外界溶液浓度时,细胞就失水;反之,细胞则吸水。接着,张老师布置小组讨论:为什么盐碱地一般种不好庄稼？如果你种的植物出现"烧根"现象,你需要追肥还是浇水,为什么？

最后张老师请各小组汇报讨论结果。

(1)张老师在教学中具体采用了那几种教学方法？

(2)具体说明张老师在教学中贯彻了那几种教学原则？

4.于满老师在教"宇宙里有几千万万颗星星"这句话时,一学生问"万万等于多少",结果引来哄笑。有学生说:"万万就等于亿。"于老师随即追问:"既然如此,为什么用'万万'而不用'亿'？"沉默了片刻,有学生认为,用"万万"听起来更响亮,而且"万万"好像比"亿"多。他的回答又引来一片哄笑。但于老师当即予以肯定:"你实际上发现了汉语修辞中的一个规律,字的重复可产生两个效果,一是听得清楚,二是强调数量多。"这时,大家都用钦佩的目光看着那两位学生。

【问题】(1)于老师在教学中运用了哪些教学方法？贯彻了哪些教学原则？(2)请就此教学片断谈谈你的认识。

【本题(2)答案要点】

(1)于老师及时关注课堂教学中的生成性资源,合理、恰当地利用问题或"错误",集中学生注意力,激发学生的学习兴趣,提高教学效益。

(2)对提出问题和解决问题的两位学生,于老师巧妙地寻求答案的"合理性",及时保护了学生的积极性,体现了以人为本的教育思想。

(3)于老师具有扎实的汉语言文字功底,所以能从容应对课堂教学中出现的各种"意外",因学定教,顺学而导,收到了良好的教学效果。

5.多年来,我国的学校教育,甚至干部的理论教育,在教学方法上不善于实行启发式,在不同程度上还是用灌输式或填鸭式,上课听讲义,下课背讲义,考试主要靠死记硬背,受教育者的主动性很不够。这种教学方法主要受陈腐的传统的教学思想束缚。如果不彻底改变这种教育思想和教学方法,即使国家增加很多经费,依然培养不出大量的适应新时代需要的新型人才,特别是第一流的人才。

培养新时代所需要的人才,不能说不要重视传授知识。教育当然需要传授知识,把人类已经获得的知识传授给新的一代。但更重要的是培养学生独立思考的能力,培养学生运用已经获得的知识去解决面临的新问题的能力,培养他们继续获得新的知识,善于总结新的经验,发展新的理论的科学的思想方法。即使是传授知识,也不能是灌输式的或注入式的,而应该是启发式的,使学生知其然,也知其所以然。

【问题】(1)本文作者认为我国教育机构教学方法改革中存在的问题是什么?

(2)本文作者认为我国教育机构教学方法改革中要注意什么?

六、论述题

1.我国中小学教学方法改革的指导思想是什么?结合我国中小学课程与教学改革的实际,说明教师在教学方法改革中应该注意哪些问题?

2.何谓启发式教学原则?联系实际说明教师在教学中应该如何贯彻启发性原则?

3.何谓因材施教原则?联系实际说明教师在教学中贯彻因材施教原则的基本要求。

第十六章　教学组织形式与教学评价

【本章课程与教学目标】

1.使学生了解教学组织形式的概念与作用；

2.使学生了解历史上教学组织形式的发展历程；

3.使学生了解班级上课制的优势及其不足；

4.使学生了解教学工作的基本环节及其要求；

5.使学生了解教学模式的含义及其特点；

6.使学生了解教学策略与教学设计的含义及其特点；

7.使学生了解教学评价的含义、分类及其功能。

一、教学组织形式的含义和作用

教学组织形式是指为完成特定的教学任务,教师和学生按照一定要求,在人员、程序、时间和空间上组合起来进行活动的结构。

教师要引导学生完成规定的教学任务,就必须通过一定的形式在特定的空间和时间与学生联系起来进行活动,这种联系的中介就是教学组织形式。采取合理的教学组织形式,有助于充分发挥教学各个要素的功效,全面提高教学的效果和质量;采取合理的教学组织形式,还有助于实现教学的个性化,有助于学生创新意识和实践能力的培养。

二、历史上曾出现的几种教学组织形式

教学组织形式是历史的产物,它受社会生产力、政治经济制度、课程与教学内容的深度与广度、教学手段等因素制约,随社会的发展变化而变化发展。世界各国历史上曾出现过几种有影响的教学组织形式。

1.个别教学制

个别教学制是指教师对学生讲授知识、布置作业和检查作业、批改作业、谈话都是个别进行的,每个学生学习的内容、进度和效果也会有很大的差异。个别教学最显著的优点在于教师能够根据每一个学生的特点和需要因材施教,能使教学内容的难度和进度适合每一个学生的接受能力,有利于培养学生的个性;但采用个别教学制,一个教师所能教的学生的数量是极其有限的,教学效率低下。它一般适应生产力发展水平不

高,对人才数量要求不急切,课程与教学内容简单,对人才素质要求不高的古代社会的要求。

2. 班级上课制

班级上课制是把一定数量的学生按照年龄和知识、智力水平编成固定的班级,按照周课表和作息时间表,安排教师有计划地向全班学生轮流授课,分别学习规定课程的一种教学制度。

班级上课制最显著的优点在于它的教学效率高于个别教学制,一个教师同时可以教几十个学生;它也比较适合学生身心发展的特点,能有效地发挥学生集体的教育作用,便于学生社会化意识的养成,有利于提高学生的综合素养。但班级上课制注重教学的集体化、同步化、标准化,易于向学生进行集体授课,但难以照顾学生的个别差异,无法有效地对学生进行个别指导,不利于学生个性的培养,不利于学生创新意识和实践能力的提高。

班级上课制是中世纪一些宗教教会的教师在教学实践中创立的,捷克教育家夸美纽斯首次对该制度进行了理论上的阐述,工业革命后在欧洲开始流行开来。我国1862 首次在京师同文馆采用班级上课制进行教学,1902 年后开始在我国各地的学校教学中广泛应用。现在班级上课制仍然是各国教学的基本组织形式。

3. 道尔顿制

1920 年美国教育家柏克赫斯特为了有效地发挥学生的自主精神,培养学生的个性,在美国马萨诸塞州的道尔顿中学创建了一种新的教学组织形式,人们称之为道尔顿制度。在这种制度中,教师只为学生指定教材和自学资料,布置作业,但不为学生讲授教材内容,学生靠自学掌握教材,但有疑难问题可以请教老师,学生掌握了知识内容和完成作业经老师验收合格后再进行下一个单元的学习。

这种制度有利于调动学生的积极主动性,有利于培养学生的个性,有助于他们创新意识的培养。但这种制度完全排斥教师的主导作用,对学校的教学资源要求较高,也要求学生具有较高的求知欲望和学习能力。如果学校教学条件跟不上,学生求知欲望不高,学习能力不佳,学生在没有教师指导下的自学很可能效果极差。

4. 分组教学制

所谓分组教学制,就是在班级上课制的基础上,按照学生的学习能力或学习成绩把他们分成水平不同的小组进行教学。

分组教学制充分考虑学生身心发展水平的差异,有利于教师按照学生身心发展的特点和水平施教,有利于学生个性的培养。但这一方式对学习成绩不佳的学生关注不够,也会对学习成绩不佳的学生在心理方面产生一些消极影响。

5. 特朗普制

这种制度由美国教育家特朗普所创建。这种制度主张把大班上课、小班研究和学生自学有机地结合起来。[①] 目前,这种教学组织形式还不太成熟,尚在实践之中。

---

① 李秉德. 教学论[M].北京:人民教育出版社,1991,P237.

三、我国中小学教学的基本组织形式与辅助形式

（一）班级上课制度是各国中小学教学的基本组织形式

班级上课制，是将学生按年龄和知识程度编成班级，使每一个班级有固定的学生和课程，由教师按照固定的教学时间表对全班学生进行上课的一种教学制度。

班级上课制的优点如下：

1.它有严格的规章制度，如按学生年龄、知识程度编班，学年、学期和学周制度，作息制度，课堂纪律与常规等，因而能使教学工作制度化、规范化和科学化，能保证教学活动周而复始地正常运转并取得良好的效果。

2.以课为单位进行教学比较科学。它把学生45分钟左右时间能够学习和完成的教学内容和任务称作一节课，以课为单位进行教学，老师和学生上完一节课后休息片刻再继续上课，这符合学生认知发展规律的要求，能保证教师和学生精力充沛地投入教学，便于学生循序渐进地掌握各学科的知识，保证教学的质量和效率。

3.能有效地发挥教师的主导作用，使学生的学习在教师有目的、有计划的指导下进行，能最大限度地促进学生的身心发展。

4.有利于充分发挥学生集体的教育影响。由于学生年龄、知识程度相近，因此全班学生在一起上课可以相互讨论，相互切磋，相互影响，共同进步，这也有利于学生在这样的集体环境中养成关心他人和集体、勇于竞争、善于合作、遵守纪律、勇于担当等良好品质。

当然，班级上课制也有一些明显的缺陷：

1.这种教学组织形式以班集体为中心，要求全班学生按照同一进度学习相同的教材，注重教学的集体化、同步化和标准化，易于向学生进行集体教学，但很难照顾到学生的个别差异，不利于培养学生的兴趣、爱好与特长，无法发展他们的个性。

2.这种教学组织形式以教师的活动为中心，让学生以学习书本知识为主，不利于调动学生的积极主动性，学生在课堂上动手动脑的机会很少，因而不利于学生创新意识和实践能力的培养。

为了克服班级上课制的弊端，世界一些国家在中小学教学改革中采取了减少班级学生人数，在继续实施班级教学的同时适当加强小组教学和个别教学等措施，这对强化因材施教、促进学生个性培养具有积极的意义。

（二）教学的辅助形式

在中小学教学工作中，除班级上课制外，还有参观、独立的课后作业、现场教学等教学的辅助形式。

复式教学是一种特殊的教学组织形式，它是指一个教师在同一个教室内对两个以上不同班级的学生轮流上课的一种教学制度。它一般适应每个班学生人数极少，学校教室和教师数量不足的教育环境，一般出现于经济文化欠发达地区的学校中。

四、课的类型与结构

为了确保中小学教学的正常进行,教师必须把课分成一定的类型和结构。

（一）课的类型

一般来说,根据教师在一节课完成任务的数量来划分课的类型。教师在一节课上完成一种教学任务(如新授课、巩固知识课等)的课,叫作单一课;教师在一节课上完成两种以上的教学任务的课,则叫作综合课。

在实际教学工作中,也可以根据教师在教学中采用的教学方法的类型来划分课的类型,如讲授课、练习课、实验课等。

（二）课的结构

课的结构是指一节课的组成部分及各组成部分的顺序、时限和相互关系等。从教师教的角度来看,构成课的基本部分有:组织教学、检查复习、讲授新课、巩固练习和布置作业。

掌握课的结构有助于教师把握各种课的功能与操作过程,以便最大限度地提高教学效果和教学效率。但任何一种课的结构在不同教师实际教学工作中都会有所不同。因此教师应根据实际情况灵活变通,创造性地加以运用,切不可生搬硬套。

五、教学策略

（一）教学策略的含义

教学策略是教师和学生为了实现教学目的,完成规定的教学任务,在教学中依据教学规律和教材内容、学生身心发展特点和教学环境而制定的教学活动方案。

制定合适的教学策略有利于充分发挥教学活动要素的活力,最大限度地帮助教师和学生完成教学任务,不断提高教学效率。

（二）教学策略的基本特征

通过对教学策略的系统考察,可以发现其具有以下特征:

1. 目的指向性。制定教学策略的目的在于解决教学过程中存在的问题,完成教学任务,实现教学目标,提高教学效率。由此可见,教学策略具有强烈的目的指向性,必须为教学目的服务。

2. 综合性。教学策略的本质是师生教学活动的方案,要制定教学活动方案,教育者必须考虑教学目的和任务、课程与教材内容、学生年龄特征、教学组织形式、教学环境与教学媒体等因素,把它们综合地加以系统考虑,因此说教学策略具有综合性。

3. 可操作性。教学策略不是教学原则,也不是在教育思想指导下的教学模式,而是教师为完成教学任务在教学活动中参照执行的教学活动方案,有着明确具体的内容和要求。

4. 灵活性。教师制定教学策略是为了更好地完成教学任务,提高教学效率。制定教学策略必须考虑教师特点、学生需求、课程内容、教学环境等。教师的个性差异很大，课程与教材内容不同，教学任务不同，学生身心发展特点不同，这就决定了教学策略的灵活多样性，只有这样，才能使教学策略为多样化的教学服务。

（三）教学策略的主要类型

根据教学策略的构成因素可以把它分成以下几种类型：

1.内容型教学策略

这种策略主要考虑如何有效地向学习者呈现学习内容，它主张要依据教材内容的性质和逻辑系统为依据，对教学活动的步骤、方式等要素进行全面的安排。

内容型教学策略又分为结构化教学策略和问题化教学策略两种。结构化教学策略主要围绕着让学生掌握系统的学科结构化知识制定教学方案，而问题型教学策略则强调以问题为中心组织教学内容，让学生在解决问题的过程中掌握知识，提高学生解决实际问题的能力。

2.形式型教学策略

形式型教学策略就是以教学组织形式为核心的教学策略，如有些学者根据教学组织形式的不同，把教学策略分成集体教学策略、小组教学策略和个别教学策略；有的学者根据教师和学生在教学中地位的不同把教学策略分成以教师为中心的教学策略和以学生为中心的教学策略两种。

3.方法型教学策略

方法型教学策略是以教学方法和技术为核心的教学策略，如以语言传递为核心的教学策略、以情景陶冶为核心的教学策略、以探究发现为核心的教学策略等。

4.综合型教学策略

这种教学策略不是依据教学过程中的某一要素，而是从完成教学任务，实现教学目的的要求出发，综合考虑教学过程的各个要素而制定的教学策略。

进入 21 世纪以后，教学目标、任务日益综合化，课程与教学内容多样化，教学方式和教学手段迅速现代化，学生的需求多样化，这就决定了制定教学策略的复杂性，必须考虑制定综合型的教学策略，以适应现代教学改革与发展的新要求。

六、我国中小学教学工作的基本环节

我国中小学教师教学工作的基本环节由备课、上课、课后辅导、作业的布置与批改、学业成绩的检查与评定等组成。

（一）备课

1.备课的意义

备课是指教师在上课前要做好充分的准备工作，备好课是教师上好课的前提，不认真备课是无法上好课的。由于社会对学习者综合素养要求不断提高，课程与教学内容不断扩充和更新变化，由于教学对象是身心急剧变化且各不相同的青少年学生，教师上课前只有认真备好课，才能增强教学的预见性，才能更好地处理好课堂教学中面临的各种问题。因此说教师要想上好课,就必须认真备课,长期备课,终身备课。

2. 备课的内容与要求

教师在备课时应切实做好以下几方面的工作:

(1)认真钻研和熟悉教材

钻研教材是指教师要认真钻研学科课程标准、教科书和教学参考资料,以便熟练地全面、正确、准确地把握所教学科内容,达到懂、透、化的程度。[①] 所谓的"懂",就是要弄清楚教材的基本内容,把握其基本思想及其结构;所谓的"透",就是要对教材的内容要深刻地理解和全面地把握,知道教材内容的逻辑体系及其相互关系;所谓的"化",就是要求教师全面理解和把握教材内容及其结构的基础上,能把教材内容融入自己的知识、情感、思想体系。一个经验丰富的教师,应该全面深入地研究和熟悉教材内容,这是备好课的基本要求。

(2)全面深入了解学生

教师要想使自己的教学更切合学生的实际,满足学生多方面的需求,就必须全面深入地了解自己的学生,如所教班级学生的原有知识储备、身体状况、学习欲望、思想品德状况、个性特征、班级纪律和班风等。教师在了解全班学生的基础上对学生的学习情况加以分类,并选择好各类学生的代表,着重对他们在学习中的优缺点进行详细的分析和研究,以便在课堂教学中有的放矢地进行指导,使自己制定的教学方案具有更强的针对性和适应性,并通过提高他们的学业成绩来带动其他同类学生,最终达到使自己所教的全班学生都能在原有基础上得到发展和提高的目的。[②]

(3)考虑教学方法

教师在认真钻研教材和全面深入了解学生的基础上,还必须考虑用什么样的方法和手段来设计教学方案,使教学内容能更好地为学生所掌握,让学生增长知识,发展智能。

教师在考虑上述问题的过程中,还要及时撰写学期(学年)教学工作进度计划、单元计划、课时计划(教案)。

教案的写法没有固定的模式,但教案一般包括教学科目名称,教学日期、教学的重点与难点分析、教学方法、教学进程与安排(组织教学、检查复习、讲授新课、巩固练习、布置作业)等部分。

为了确保教学工作的顺利进行,新教师的教案尽可能地要考虑周全,写得详细具体些,并要在上课前尽可能地多看几遍,对教案的内容要熟悉,最好能把教案的结构和要点牢记在脑海中。

(二)上课

上课是教学工作的中心环节,它是教师完成教学任务,提高教学质量和效率的关

---

①　曲振国. 当代教育学[M]. 北京:清华大学出版社,2006,P184.
②　南京师范大学教育系. 教育学[M]. 北京:人民教育出版社,2000,P478.

键所在。教师在上课前要精心准备,写好课时计划,按照课时计划中制定的教学方案认真地上好自己的每一堂课。

一堂好课没有统一的标准,但一堂好课应当达到以下基本要求:

(1)教学目的明确具体。教学目的明确具体包含两层含义,一是指教师的教学目的要提得明确,要包含知识与技能、过程与方法、情感态度与价值观的目的要求,并要求根据讲授科目的实际把它们具体指标化;二是指上课时教师和学生所有的活动都要围绕着既定的教学目的来进行,不能背离教学目的另搞一套。

(2)教学内容正确。教师要全面深刻地把握教材内容的结构和要点,在课堂上所讲授的内容必须是科学的、正确的、准确的和精确的,并应结合教材内容和学生身心发展的实际深入挖掘教材的思想伦理价值,对学生进行情感态度和价值观的教育,使学生在学习教材内容的过程中身心受到影响与启迪。

(3)教学方法与手段得当。要有效地提高课堂教学的质量和效率,教师在课堂上所用的教学方法和手段应当适合所教学科教学内容和学生年龄特征,也适合教师自身的特点和实际,能有效地发挥自身的优势,能充分利用现代信息技术手段进行教学。

(4)教师能用普通话进行教学,衣着整洁,教态要大方自然,声音要洪亮,语言要清晰、准确、生动,音量适宜,语速适中,语音语调要有变化,富有强烈的艺术感染力,且能根据教学的实际恰当地运用板书和其他现代教学手段辅助教学。

(5)结构紧凑,重点突出,课堂组织严密。教师在课堂教学中组织学生复习、讲授新课、巩固练习等环节结构要紧凑,课堂教学秩序良好,不能松松垮垮,要有严密的组织计划性,按照计划有条不紊地进行;教师在上课时不是平均分配力量,而是要突出重点,突破难点,全面实现教学目标。

(6)师生双方积极性都高。教师的教态要亲切自然,有良好的仪表,在课堂教学中教师自身应当有积极性,要全身心情绪饱满地投入到课堂教学中去;教师不能仅仅满足于讲授教材内容,还要切实调动学生的积极主动性,尽可能地创设有利于学生探究学习的环境,让学生积极参与课堂教学的所有环节,启发他们动口、动手、动脑,吸引他们运用以前所学的知识经验主动地获取新的知识,让他们知其然,也知其所以然,不断提高他们分析问题和解决问题的能力。

教师在上课结束后应及时对自己在上课过程中的得失进行简要的分析,并简要地纪录在课时计划中的课后小结里面。

总之,衡量一堂课的标准不仅要看教师教得怎么样,更主要地要看学生学得怎么样,归根到底要看课堂教学目标是否实现,单位时间内学生的学习质量和学习效果如何。教师在上完课以后应及时与学生进行沟通,了解教学中存在的问题,以便不断改进教学。

有人根据教师教学水平的深度和层次的不同,把教师的讲课水平分成三个

层次：①

1. 记忆水平的授课

所谓记忆水平的授课，是一种低水平的教学，教师对教材没有透彻的理解和把握，不了解学生的特点和需求，在教学中一般会照本宣科，只知道让学生记住教材中的要点或结论，但不知道引导学生参与知识的产生与发展的过程，不会让学生知其然，也知其所以然。

2. 理解水平的授课

这是一种较高层次的授课，在这样的课堂上教师能对教材内容系统深入地理解，能理论联系实际地授课，引导学生按照规定的程序进行观察、思考和练习，完成规定的教学任务。但这种教学过于注重发挥教师的主导作用，对学生主动性重视不够，过于强调知识技能的教学，但对学习者创新意识和实践能力的培养重视不够。

3. 探索水平的授课

这是教师授课的理想境界。在这一阶段，教师自身对教材内容有了全面深刻的理解，且把它们融入自身的知识经验中，能全面了解学生的特点和需求，能按照学生的特点和需要设计教学方案，引导学生积极参与教学过程，使教学过程成为教师指导下的学生运用原有知识经验去主动获取新知识的过程。这一水平的授课，强调师生的参与与合作，强调师生的探究与操作，使得师生在教学中都能有所收获和感悟。

教师要注意对自身的授课进行全面的分析和反思，不断提升自身的授课水平，使得自身的讲课水平早日达到更高的层次。

（三）课后辅导

教师的课后辅导主要有两个方面，一是要结合教学的实际和学生在课堂上的具体情况对学生进行思想教育，帮助学生纠正学习上的错误认识，让他们知道学习知识的好处，促使他们养成遵守课堂纪律常规的习惯，把主要的精力放在学习上，积极投入到学习中去；二是要做好个别学生的辅导和帮助工作。

教师在课后辅导时要注意，要针对学生学习中存在的问题进行答疑，不能重讲一遍。

（四）作业的布置与批改

为了帮助学生理解和掌握教师课堂上讲授的内容，教师应当向学生布置一定数量的作业，并要及时给予批改。

（1）向学生布置的作业应适量。教师向学生布置的作业应该是他们在课后 1 到 2 个小时经过努力能够完成的，不应加重学生身心的负担。

（2）向学生布置的作业应该有代表性、多样化。教师向学生布置的作业不应该面面俱到，要有代表性；同时，教师布置的作业也应该多样化，既要有书面的作业，还要有口头的作业、实际操作的作业，让学生在动手、动口和动脑的过程中，掌握知识，发展智

---

① 王道俊，郭文安.教育学［M］.北京：人民教育出版社，2016，P255.

能,养成分析问题和解决问题的习惯。

(3)各学科作业的分量比例要协调好,不要加重学生的负担。

(4)引导学生在认真阅读教科书,复习教师所讲内容的基础上按时完成作业。

(5)教师要对学生的作业进行及时认真的批改,并督促学生对发现作业中存在的错误进行改正。

(五)学业成绩的检查与评定

学业成绩的检查与评定也是教学工作的重要环节,它对于帮助教师和学生及时了解教学工作中存在的问题,尽早改进学校的教学工作,努力提高教学质量具有十分重要的意义。

1.学业成绩检查的内容与要求

学生学业成绩的检查包括考查和考试。

考查。考查一般指教师对学生的学习情况和学习成绩进行阶段性的检查与评定。考查的方式主要有:口头提问、检查书面作业和书面小测验等。

考试。考试一般是教育主管部门和学校有关部门对学生学业成绩进行的阶段性或总结性的检查与评定,其目的侧重于对学生的学习质量做出全面的评价,发现教学中存在的问题。

考试按考试时间可分为:期中考试、学年考试和毕业考试等。考试按学生在考场活动的方式可分为口试、笔试和实际操作考试等方式。

2.学业成绩的评定

学生考试结束后,教师就要对学生的学业成绩进行评定,总结经验,查找问题,以便及时改进教学。常用的评分标准由百分制和等级制。

教师既要评定学生掌握知识的广度和深度,又要考查学生运用所学知识技能分析问题和解决问题的能力(特别是创新思维能力)的状况。

在学生考试结束后,教师要引导学生共同分析试卷,让学生知道自己在考试中出现了哪些错误,为什么会出现这些错误,如何纠正这些错误,以便帮助学生切实改进自己的学习。

评定学生学业成绩的主要目的是为了帮助了解学生学习的情况,及时改进教学,不断提高学生的学业成绩,而主要不是为了给学生排名次和分等。教师和学生家长要淡化考试的分数和名次的作用,不要伤害学生的自尊心。

七、教学评价

(一)教学评价的含义

教学评价是以参与教学活动的教师、学生、教学目标、课程与教学内容、教学方法、教学环境与设施等为对象,对教学活动整体性功能和效率所作的测量、分析和评定工作。

教学评价一般包括对学生学业成绩的评价、对教师教学质量的评价和课程评价等。

（二）教学评价的意义

教学评价是教学工作的重要环节,它对于帮助教育主管部门和学校了解学校教师和学生教学的真实情况,发现教师和学生教学中的问题,及时改进教学具有重要的意义。

具体来说,教学评价具有以下几种功能或作用:

1. 诊断功能。通过教学评价,可以帮助教师和学生了解教学中取得的成绩及存在的不足,为教育主管部门和学校、教师和学生改进教学工作提供依据。

2. 甄别功能。通过教学评价,可以对评价的对象(如教师和学生)的工作成果和工作效率进行判断,按照一定的标准进行排名或分等。

3. 激励导向功能。教学评价是根据一定的目标或标准对教师和学生的教学活动进行的评价,按照什么样的标准来评价教学,就会为教师和学生的教学提供导向,激励教师和学生朝着教学评价指引的方向去努力。

4. 调节功能。教学评价可以帮助教育工作者发现学校教学中存在的问题或弊端,并及时采取有效的改进措施,不断改进教学工作。

（三）教学评价的分类

教学评价常见的分类方式有以下三种:

1. 根据评价在教学过程中作用不同,可以把教学评价分为诊断性评价(在教学活动开始前进行的评价)、形成性评价(在教学活动中进行的,以帮助改进教学进程和教学效果的评价)和总结性评价(在教学活动结束后进行的评价,以进行等级评定或做出鉴定的评价)。

2. 根据评价者在教学评价中所用的方法和标准的不同,可以把教学评价分成相对性评价(依据参考性常模对教学对象进行的评价,根据被评价者在学生队伍中所处的位置来评判他的成绩的优劣)、绝对性评价(依据课程与教学目标进行的判断学习者是否达到了规定的要求的评价,但不考虑学习者在学生整体队伍中成绩的位置)。

3. 依据评价的主体不同,可以把教学评价分成教师评价和学生自我评价。

（四）教学评价的基本原则

1. 客观公正原则。它是指教学评价必须按照一定的目标和标准来客观公正地实施,要避免主观因素的影响。

2. 计划性原则。教学评价是教学工作的重要一环,必须加强它的计划性,使教学评价按照一定的计划有条不紊地进行。

3. 指导性原则。教学评价应发现教师和学生教学中存在的问题的基础上提出改进教学的建设性意见,帮助被评价者改进工作。

4. 发展性原则。教学评价的目的主要的不应该局限于排名次,分等级,而要着眼于教师和学生的动态发展,能切实激发师生积极投入教学的积极性,不断提高教学的质量和教学的效率。

（五）现代教学评价改革的动向

1.现代教学评价的目标更加完整和科学化

现代教学评价的目标除继续关注师生教学中知识技能的教学外,更加关注教学过程中过程与方法、情感态度与价值观领域目标的实现,评价目标更加全面和科学化。

2.教学评价的功能综合化

现代教学评价不再过于强调评价的甄别分等的功能,而是强调要充分发挥教学评价对于改进教师和学生的教学工作,促进教师和学生共同提高和发展的整体功能。

3.教学评价主体的多元化

长期以来,教学评价的主体是政府教育主管部门和学校,忽视教师和学生、学生家长的参与。现代教学评价强调评价主体应多元化,要让教师、学生和学生家长也参与评价过程,这样才能更好地调动评价主体的积极性,也更容易发挥评价的整体功能。

4.评价方式的多元化、现代化

现代教学评价目标的多样化,主体的多元化,必然要求教学评价的方式也必须多元化,尽可能地满足评价多样化的要求。

20世纪50年代以后,现代科学技术手段在教学评价中开始广泛应用,教学评价方式现代化程度越来越高,这有力地提高了教学评价的科学化水平,提高了教学评价的质量和效率。

【本章主要参考文献】

1.董远骞.中国教学论史[M].北京:人民教育出版社,1998.

2.李秉德.教学论[M].北京:人民教育出版社,1991.

3.王道俊,王汉澜.教育学[M].北京:人民教育出版社,1989.

4.钟启泉.为了中华民族的复兴,为了每位学生的发展——《基础教育课程改革纲要(试行)》解读[M].上海:华东师范大学出版社,2002.

5.张华.课程与教学论[M].上海:上海教育出版社,2002.

6.田本娜.外国教学思想史[M].北京:人民教育出版社,1994.

7.南京师范大学教育系.教育学[M].北京:人民教育出版社,1984.

8.全国十二所重点师范大学编写组.教育学基础[M].北京:教育科学出版社,2002.

9.教育部人事司,教育部考试中心.教育学考试大纲[M].北京:北京师范大学出版社,2006.

10.瞿葆奎.教育学文集·教学(上)[M].北京:人民教育出版社,1990.

11.陈理宣.教育学原理——理论与实践[M].北京:北京师范大学出版社,2010.

12.袁振国.当代教育学[M].北京:人民教育出版社,2002.

13.余文森.新课程背景下的公共教育学教程[M].北京:高等教育出版社,2005.

14.王策三.教学论稿[M].北京:人民教育出版社,2005.

15.李定仁.教学思想发展史略——历史、现状与发展趋势[M].西宁:青海人民出版社,1993.

【本章思考题目】

一、名词解释

1. 教学组织形式
2. 班级上课制
3. 教学策略
4. 教学评价

二、选择题

1. 历史上最早对班级上课制进行理论阐述的教育家是　　　　　（　　）

A. 孔子　　　　　　B. 夸美纽斯　　　　C. 杜威　　　　　　D. 陶行知

2. 我国最早采用班级上课制的教育机构是　　　　　　　　　　（　　）

A. 北京师范大学　　B. 京师同文馆　　　C. 北京大学　　　　D. 岳麓书院

3. 最早创立目标教学模式的教育家是　　　　　　　　　　　　（　　）

A. 布卢姆　　　　　B. 夸美纽斯　　　　C. 杜威　　　　　　D. 马斯洛

4. 一个教师在同一个教室的一堂课上轮流对两个以上不同班级上课的教学组织形式是（　　）

A. 班级上课制　　　B. 个别教学制　　　C. 复式教学　　　　D. 小组教学

5. 首先提出程序教学模式的教育家是　　　　　　　　　　　　（　　）

A. 斯金纳　　　　　B. 夸美纽斯　　　　C. 布鲁纳　　　　　D. 陶行知

6. 根据评价在教学过程中作用不同,可以把教学评价分为诊断性评价、(　　)和总结性评价。

（　　）

A. 形成性评价　　　B. 绝对性评价　　　C. 相对性评价　　　D. 简单性评价

7. 创立暗示教学模式,并最早把它用于外语教学的教育家是　　（　　）

A. 斯金纳　　　　　B. 洛扎诺夫　　　　C. 布鲁纳　　　　　D. 克伯屈

8. 主张把大班上课、小班研究和学生自学有机地结合起来的教学组织形式是（　　）

A. 特朗普制　　　　B. 道尔顿制　　　　C. 班级上课制　　　D. 柏拉图制

9. 我国最早采用班级上课制是在　　　　　　　　　　　　　　（　　）

A. 1862 年　　　　B. 1902 年　　　　C. 1903 年　　　　D. 1840 年

10. 我国最早提出学导式教学模式的教育家是　　　　　　　　（　　）

A. 魏书生　　　　　B. 徐特立　　　　　C. 毛泽东　　　　　D. 杨贤江

11. 讲解—接受教学模式是依据(　　)的教育理论创立的　　　（　　）

A. 赫尔巴特　　　　B. 杜威　　　　　　C. 洛克　　　　　　D. 柏拉图

12. 在西方情景陶冶模式的创立者是　　　　　　　　　　　　（　　）

A. 洛扎洛夫　　　　B. 杜威　　　　　　C. 洛克　　　　　　D. 马卡连柯

13. 讲解—接受教学模式的倡导者是　　　　　　　　　　　　（　　）

A. 凯洛夫　　　　　B. 赞科夫　　　　　C. 杜威　　　　　　D. 洛克

14. 提倡保留某些令人兴奋的系列,引导学习者运用探究发现教学模式进行学习的教育家是

（　　）

A. 凯洛夫　　　　　B. 布鲁纳　　　　　C. 福禄贝尔　　　　D. 洛克

15. 西方最早把评价理论运用教学过程,创立目标教学模式的教育家是　（　　）

A. 泰勒　　　　　　B. 布卢姆　　　　　C. 杜威　　　　　　D. 洛克

16.我国普通高等学校入学考试属于 （　　）

A.绝对性评价　　　　B.相对性评价　　　　C.过程性评价　　　　D.一般性评价

17.我国高等学校的英语四六级考试属于 （　　）

A.绝对性评价　　　　B.相对性评价　　　　C.过程性评价　　　　D.一般性评价

18.重视模仿在个体身心发展过程中的作用,倡导社会学习模式的教育家是 （　　）

A.班杜拉　　　　　　B.泰勒　　　　　　　C.卢梭　　　　　　　D.杜威

19.我国新一轮基础教育课程改革中,课程评价功能更加强调的是 （　　）

A.甄别与鉴定 B.选拔与淘汰

C.促进学生分流 D.促进学生发展,教师提高与改进教学实践

20.学生在小学教学课程中通过测量或拼图学习三角形的内角和为180度,在中学教学课程中通过证明学习三角形的内角和为180度。这说明中小学数学课程内容的组织形式是 （　　）

A.直线式　　　　　　B.螺旋式　　　　　　C.纵向式　　　　　　D.横线式

三、简答题

1.如何理解教学方法的社会制约性?

2.教师应如何备课?

3.一堂好课应该具备哪些标准?

4.简要说明教学评价的功能。

5.教学策略的基本特征有哪些?

6.教学模式的基本特点有哪些?

7.现代教学模式改革与发展的动向和趋势有哪些?

四、辨析下面说法正确与否,并说明理由

1.教学模式就是教学方法。

2.探究—发现教学模式注重学生探究意识和实践能力,因此它应成为中小学教学的基本模式,在教学中广泛应用。

3.一堂好课的核心是教师和学生有积极性,课堂教学的安排能激发学生兴趣,至于学到学不到知识无所谓的。

【参考答案】这种观点是错误的。

①一堂好课的核心标准是教师和学生在课堂教学中能否实现预定的教学目标,也就是实现预定的在知识与技能、过程与方法、情感态度、价值观等领域的目标。如果教师和学生在课堂上没有朝着实现预定的教学目标努力,没有达到预定的教学目标,这样的课应该说是不成功的课。

②课堂上学生知识与技能的学习和掌握是他们在过程与方法、情感态度、价值观方面取得进步的基础,如果教师和学生在课堂上只是追求形式上的热闹,不注意让学生学习和掌握知识与技能,这必然影响学生整体素质的提高。因此说,仅仅考虑学习者的兴趣和需求,忽视学习者知识技能学习的课堂教学是不完整的教学,这样的课堂教学质量必定不高。

4.教学评价最根本的功能在于其甄别和分等的功能,教育者在考试结束后要注意根据学生的考试成绩进行排名和分等,这样有利于调动学习者的学习兴趣,激发青少年学生努力刻苦学习,促使他们学业成绩的提高。

五、阅读下列材料,用所学的教育学原理回答相应的问题

1.学校教育的毛病很多,有一种毛病不大有人想起,说穿了谁都会承认那是毛病。那是什么呢?就是让学生们坐在教室里的椅子上听教师讲说的办法。

坐在那儿听讲,不但不要肢体肌肉活动,而且不要精神心思自由活动,让精神思想被动地跟着教师的讲说活动。可是知能的长进得在相反的情形下才多希望,就是说,精神心思越能自由活动,知能就越有长进,而且在许多方面,必须肢体肌肉与精神心思一致活动,才是真正的长进。唯其活动不息,疲惫与厌倦无从侵袭,生活才能生动活泼。

……假若学校不取这种方法,不取不让学生们坐在那里听老师讲说的方法,学生将受益得多,他们在学校里可以得到更多切实有用的知能,他们出了学校,由于在学校养成的习惯,随时可以得到更多更切实有用的知能。

改革学校的教学方法,就是不要继续光让学生坐在那儿听讲,要让他们在学习的当儿,肢体肌肉与精神心思一致地参加在里头的活动,主导而不被动。

【问题】(1)传统教学模式的弊端是什么?造成的后果是什么?

(2)你认为应当如何改革我国中小学现行的教学模式?

2.李华是个非常敬业的老师,但他在教学中存在这样一种令人尴尬的现象:他讲课不可谓不透、不明、不用功(有时甚至很卖力),课下督促检查不可谓不细、不紧、不认真,而学生也付出了较大的努力,认真地完成老师规定的作业,把老师说的重点全部记住,但不喜欢也没有时间去阅读课外书,也不参加任何课外活动。李华老师和他的学生们满以为会取得较大的收获与提高,可最终结果却不尽如人意,付出和希冀相去甚远。

(1)李华老师在教学中存在哪些不足?

(2你认为李华老师应该从哪些方面改进教学?

3.某教师《思想品德·学会拒绝》的课堂处理如下:在上课前一周,利用闲谈时间,不经意询问学生"在生活中哪些诱惑会影响你的学习?""你有因为抵制不了诱惑而苦恼过吗?"该话题引起学生兴趣,七嘴八舌说个不停。老师进而问:"为了抵制诱惑,你们有没有去了解和学习一些成功人士的做法呢?"同学们静了下来。从他们的眼神里教师发现了学生的好奇心。于是布置预习:你最能成功抵制的诱惑是什么,抵制的方法是什么,什么诱惑使你最难抵制,你最崇拜的人物是谁,他是怎样抵制诱惑的。上课后,教师让学生按最难抵制的诱惑分成小组,进行交流。要求每组讨论出抵制本组最难抵制诱惑的最佳方案,并进行介绍,最后教师点出教学主题"学会拒绝"。

请结合新形势下教师课堂教学中的要求,谈一谈你对该教学案例的认识。

【本题参考答案】

引导学习者提高道德认识能力,形成良好的道德品质,是中小学思想品德课程的重要任务。该课程教师的教学案例主要从课前、课中、课后对学生品德形成加以引导。思想品德课教学的真正魅力在于学生的主动学习,在于教师如何调动学生参与教学的积极性,发挥学生的能动作用。在教学实施中我们要树立促进学生自主学习、主动建构知识的教学观。落实到具体案例中这位教师做好了以下几方面工作:

(1)在主动体验中丰富感知、强化情感。教师在活动设计过程中关注到了学生思维训练、能力发展、情感体验,不再只重所谓的"结果"。设计体现出了开放性和创造性。活动设计,一方面是弘扬主题,另一方面也有引出不同意见的意图,进而了解学生的情感、价值观,体现了新课程理念的新要求,激发了学生个体的自主精神与首创精神。

(2)在合作学习中去粗取精,去伪存真。小组学习的过程不仅仅是一个认知过程,更是一个交往过程。在小组学习的过程中,学生不仅可以互相实现信息与资源交流、不断扩展和完善自我认知,而且可以学会交往、学会参与、学会倾听、学会尊重他人。

(3)在实践中发展能力、健康成长。新课程下的思想品德教学坏境中,教材已不限于固定的义字形式,而是融入生活、联系现实的一种课内教学资源。课堂教学的整个教学活动不能被"神圣化"。教师只是教学活动的组织者、指导者、参与者、赏识者,不是教育教学的垄断者和包办者,学生才是学习的主人。课外实践活动能有效充分地发挥学生的学习主人翁作用,对课内教学与教材作必要有益的补充,促进学生的全面发展。

(4)教师的主要精力应当用于指导学生学习,帮助学生端正学习态度和提高学习技巧,改进学习方法,教会学生观察和思维。培养他们的能力,促进他们智慧的发展。

六、阅读下面这位中学教师撰写的《论语》教案,用所学的教育学知识分析该教案的优点和不足

教学目标

1.理解、运用《论语》中孔子和他的弟子们关于学习、从政和为人处世的名言警句,进一步培养文言文阅读能力。

2.感受孔子光辉人格魅力,提高个人的思想道德修养。

3.联系自身学习实际,体会课文丰富的内蕴,端正学习态度,改进学习方法。

教学重点

1.结合孔子的经历,分析《论语》一书的主要思想内涵。

2.重点欣赏书中孔子关于学习和为人处世等方面的片段并且尽可能背诵。

教学难点

深层理解《论语》内蕴;引导学生取其精华去其糟粕。

教学方法

1.诵读法。本课主要是引导学生去欣赏儒家经典著作之一《论语》,而该经典主要是谈学习态度、方法和思想修养的,语言简练,用意深远。教师指导学生反复诵读,营造背诵课文的气氛,在读中理解、领会其内涵,力争当堂熟读成诵。

2.讨论评点法。教读本文采用评点式,就内容、写法及现实意义评点。在教学过程中,启发学生探究、质疑,调动学习积极性。

教学时数:2

教学过程

第一课时

(一)导入新课

提及"朝圣",我们自然会联想到那跪拜、跋涉着的虔诚的伊斯兰教徒向圣地麦加前行的浩荡壮观情景,还有电影《红河谷》那一老一少一步一拜朝前走令人震撼的一幕。而在我国人们也把到山东曲阜去看孔庙叫作"朝圣",同学们知道它的缘故吗?

作为记录孔子及其弟子言行的《论语》(板书文题),在我国历史上影响很大,为儒家的重要经典。相传,宋朝名相赵普死后,人们在他的书籍里发现只有半部《论语》,所以世有"半部《论语》冶天下"之说。而在国外,据美国《世界日报》报道,全美第7所孔子学院、新英格兰地区第一所孔子学院,于20日在美国麻州大学正式揭牌成立。

今天,让我们走近孔子,走进《论语》,去聆听先哲的教诲。

(二)关于孔子和《论语》的简介

1.孔子在中国是个闻名遐迩、妇孺皆知的人物。老百姓叫他做孔圣人,读书人称他为孔夫子,历代皇帝给他加过许多封号,其中以"大成至圣文宣王"最显赫,以"至圣先师"最为人们所熟悉。孔子是伟大的教育家。他首开私人讲学之风,有教无类,因材施教,教出了一大批有才干的学生。相传有弟子三千,贤人七十二。孔子更是伟大的思想家。他提出了一整套仁学理论,创立了中国思想史上第一个富有人文特色的哲学体系,从而在很大程度上确立了中国哲学的总体面貌,影响了中国人的价值观念和思维方式。

孔子(公元前551—前479),名丘,字仲尼,春秋末期鲁国人。是儒家学派的创始人,公认为世界文化名人之一。他一生周游列国,宣传自己的政治主张,他主张仁义,主张以德服人,反对残暴统治,反对武力征伐,同情人民疾苦,具有一定的开明态度。孔子学说成为封建文化的正统,影响极大。孔子被尊为圣人,并在晚年整理《诗》《书》等古代文献,把鲁国史官所记《春秋》加以删修,成为我国第一部编年体历史著作。

2.《论语》

《论语》是孔子弟子及其再传弟子关于孔子言行的记录,共二十篇。是研究孔子思想的主要依据。其体式归纳起来有:语录体(也可称格言体),仅指明是孔子的话,不写出说话的环境(包括说话的对象),内容大多是关于学习、道德修养、为人处事的一般原则;对话体,记录孔子对弟子(或其他人)的问题所作的回答,它写出了提问者的原话,但没有写谈话的背景;叙事体,其中多少有一点情节,但也往往是以记录孔子的话为主。

南宋时,朱熹把它和《大学》《中庸》《孟子》合为"四书"。

(三)教师讲述孔子二三逸事,鼓励学生及时点评

1.孔子带着弟子去齐国。路上听见有哭声。孔子对弟子说,这人的哭声不像是家里死人。上前问哭者。哭者说,我从小就好学,游遍列国后返回家乡,可双亲已经过世。往而不来者,年也;不可再见者,亲也。说罢哭者就跳河自杀了。孔子对弟子们说,小子们记住此事,要引以为戒。从那以后,孔子的弟子告辞归家的人数达到30%。

2.孔子带弟子去郑国推销自己的政治观点,但是与弟子失散了。孔子独自一人站在东门外。有人对子贡说,东门外有一人焉,其长九尺有六寸,河目隆颡,其头似尧,其颈似皋陶,其肩似子产。可是腰以下,比禹短三寸。如丧家犬一样失意不得志。子贡将这些话告诉孔子。孔子显出高兴的样子,又叹了口气说,他表述的形状未必准确,可我的神色确实是像丧家犬呀!然乎哉!然乎哉!

3.孔子东游路上,见两个小孩儿在争论。一个小孩说,我认为太阳在早晨离我们近,中午离我们远。因为,太阳在早晨像车子的顶篷那样大,而中午则像盘子那样小。另一个小孩儿说,我认为太阳在早晨离我们远,中午离我们近。因为,早晨凉快,而中午热。孔子也不能判断谁说得对。两个小孩说:"谁说你知识渊博?"

4.孔子被围困在陈国与蔡国之间,整整10天没有饭吃。有时连野菜汤也吃不上,真是饿极了。学生子路偷来了一只煮熟的小猪,孔子不问肉的来路,拿起来就吃;子路又抢了别人的衣服来换了酒,孔子也不问酒的来路,端起来就喝。可是,等到鲁哀公迎接他时,孔子却显出正人君子的风度,席子摆不正不坐,肉类搁不正不吃。子路便问:"先生为啥现在与在陈、蔡受困时不一样了呀?"孔子答道:"以前我那样做是为了偷生,今天我这样做是为了讲义呀。"

5.孔子在十七岁上,死了母亲。依照当时的习俗,母亲是应该和父亲合葬的。可是孔子不知道父亲葬在哪儿,他于是把母亲的棺材暂且停在一条叫"五父之衢"的街上。五父是五个老人的意思,衢就是街,如果是现在的北京街名,大概就叫什么"五老胡同"了吧。孔子这时还是一个少不更事的青年,虽然小心谨慎,但人事经验是不多的。他单纯地想到有机会就该出一出头,同时他也觉得自己已经有一些本领了。有一次,鲁国的贵族季氏欢宴名流,这位十七岁的居丧的孔子便穿着孝服跑去了。季氏的家臣阳虎向他喝道:"我们请的是有地位的人,并不招待叫花子。你走吧!"孔子便只好从那家人的院子中退了出来。经过这一番挫折,孔子更发愤读书了。过了三四年,他的知识水平、道德修养和各种才能,一天比一天进步,虽然年轻,却已出了名。由于刻苦学习,孔子逐渐成了博学多能的人。在他住宅的附近有一条街叫达巷,达巷里的一个老百姓就这样说过:"孔子这么渊博,他会的玩意儿我们简直叫不上名堂来。"孔子听见了,便谦虚地说:"我会什么呀?我就会赶车罢了。"原来在这时有六种本领是一个全才的人必须具备的,这就是:礼节、音乐、射箭、赶车、识字、计算。在这六种本领里头,赶车是被认为最低下的,所以谦虚的孔子只承认了这一桩。

(四)学生根据上述故事,谈谈自己的感受,教师引导学生学习孔子的美德,如:积极进取,谦虚好学,不肯向命运低头等等。

(五)请学生结合自己的初中学习,向其他同学推荐《论语》中自己比较喜欢的一些名句并做简要说明:

1.子曰:"学而时习之,不亦说(yuè)乎?有朋自远方来,不亦乐乎?人不知而不愠,不亦君子乎?"

2.曾子曰:"吾日三省(xǐng)吾身:为人谋而不忠乎?与朋友交而不信乎?传不习乎?"

3.温故而知新,可以为师矣。

4.子曰:"学而不思则罔,思而不学则殆。"

5.子曰:"由,诲女知之乎!知之为知之,不知为不知,是知也。"

6.子曰:"见贤思齐焉,见不贤而内自省也。"

7.子曰:"三人行,必有我师焉;择其善者而从之,其不善者而改之。"

8.曾子曰:"士不可以不弘毅,任重而道远。仁以为己任,不亦重乎?死而后已,不亦远乎?"

9.子曰:"岁寒,然后知松柏之后凋也。"

10.子贡问曰:"有一言而可以终身行之者乎?"子曰:"其恕乎!己所不欲,勿施于人。"

11.子曰:"君子坦荡荡,小人长戚戚。"

12.子曰:"敏而好学,不耻下问。"

(六)布置课外作业

1 认真阅读课文,思考:《论语》具体涉及哪些方面的内容,体现了孔子什么观点?

2 课外去查找《论语》,摘录一些你比较有兴趣的语段并背诵。

3 试着去寻找对孔子的不同评价的文字并加以比较。

七、阅读下面材料,并回答相应问题

1.每天批改堆积如山的作业对教师来说是一种责任,也是一种折磨。王老师想,学生完成这些作业肯定也不轻松吧!

一天下午放学前,王老师突然想,让学生自己给自己设计一次作业会怎么样呢?就叫"自设作业"吧。当他把这一想法告诉学生时,学生很惊讶,作业还有自己设计的吗?同学们感到既新鲜又激动。

第二天,王老师带着期盼和不安的心情打开了那一份份作业,着实吃了一惊!有"老师,我考考您",有"小发明介绍",有"诉说我的烦恼",有"我喜欢的名人名言",有主题班会设计方案,有显示个性的硬笔书法,有的干脆是一幅自画像……看着这些丰富多彩的作业,王老师激动不已!这些作业是同学们怀着极大的热情设计的,那里有学生的坦诚和率真,有学生的希望、喜悦、烦恼和困惑,还有他们对美的理解和对是非的判断,这其中闪烁着创造和智慧的火花,是师生之间心与心的交流。

当下午放学前王老师把作业本发下去时,同学们一改以往看也不看便塞进书包的习惯,而是迫不及待地翻开作业本,品位着老师批改的一字一句。借此时机,王老师指导学生把"自设作业"和语文学习结合起来。

以后的日子,"自设作业"竟在许多学生的作业中生了根。王老师发现,学生学习语文的兴趣更浓了。

【问题】请从学生观的角度,谈谈你从材料中获得的启示。

【本题答案要点】

(1)学生是发展中的人,要用发展的观点认识学生。

王老师让学生自己设计自己的作业,学生很惊讶,感到既新鲜又激动。但学生"自设作业"的结果表明了学生是具有主体性的人,他们身上具有巨大的潜能,可以完成原本他们自身和老师认为无法完成的任务。

(2)学生是学习的主体,教师应努力构建学生的主体地位。

王老师让学生自己设计作业,强化和落实了学生的主体地位,表明学生是具有一定主体性的人,是学习活动的主体,但其主体程度较低,范围较窄,在课堂学习和完成作业中学生往往比较被动,因此教师要发挥主导作用,努力构建学生的主体地位,让学生参与课堂学习的一些事务,而不能让他们被动地接受老师的教诲,自身没有一点积极主动性。

(3)学生是独特的人,应使每个学生在原有基础上能够得到完全、自由的发展。

每个学生都有自身的独特性,让学生"自设作业",可以展示出学生独特的内心世界,学生的作业丰富多彩,王老师将其视为一种财富而珍惜开发,指导学生把"自设作业"和语文学习结合起来,可以使每个学生在原有基础上能够得到完全、自由的发展。

2. 刘老师是一位教学经验极为丰富的教师,她在引导学生学习《第一场雪》时,运用各种方式激励学生。学生在质疑时,她就说真是个爱思考的孩子!"学生朗读表现出色,她就说:"老师仿佛置身于雪景中,心中无比轻松愉悦。"大家齐读得好......大家读得不好时,她首先肯定"读得不错,要是不仅能表现出惊讶,还能表现出赞叹的感觉来,就更棒了。"

【问题】(1)评析刘老师对学生课堂表现的评价。

(2)简要说明新课改倡导的教学评价观。

【本题答案要点】

(1)第一,刘老师做到了教学评价的客观性,能让学生感觉教师的评价是合适的。

第二,刘老师做到了教学评价的指导性,通过教师的评价,学生知道自己应该朝向哪个方向努力。

第三,刘老师做到了教学评价的科学性,刘老师在对学生的评价除了适合学生,而且评价也非常正确合理,有利于调动学生参与学习的积极性,引导学生努力投入到学习当中去。

(2)新课改倡导的教学评价具有以下几个特点:

现代教学评价的目标更加完整和科学化。现代教学评价的目标除继续关注师生教学中知识技能的教学外,更加关注过程与方法、情感态度与价值观领域目标的实现,评价目标更加全面和科学化。

教学评价的功能综合化。现代教学评价不再过于强调评价的甄别分等的功能,而是强调要充分发挥教学评价对于改进教师和学生的教学工作,促进教师和学生共同提高和发展的整体功能。

教学评价主体的多元化。长期以来,教学评价的主体是政府教育主管部门和学校,忽视教师和学生、学生家长的参与。现代教学评价强调评价主体应多元化,要让教师、学生和学生家长也参与评价过程,这样才能更好地调动评价主体的积极性,也更容易发挥评价的整体功能。

评价方式的多元化和手段的现代化。现代教学评价目标的多样化,主体的多元化,必然要求教学评价的方式也必须多元化,尽可能地满足评价多样化的要求。

20世纪50年代以后,现代科学技术手段在教学评价中开始广泛应用,教学评价方式现代化程度越来越高,这有力地提高了教学评价的科学化水平,提高了教学评价的质量和效率。

第十七章　课外活动与校外教育

【本章课程与教学目标】

1.使学生把握课外活动的含义,知道广义课外活动与狭义课外活动的联系与区别;

2.使学生了解课外活动的特点与意义;

3.使学生了解课外活动的内容与要求;

4.使学生了解三结合教育的内容与要求。

一、课外活动的含义

课外活动,是指学校教育机构在课堂教学以外有目的、有计划、有组织地对学生进行的灵活多样的以促进学生身心和谐发展的教育实践活动。

也有人把课外活动分为广义的课外活动和狭义的课外活动两种。广义的课外活动既包括学校教育机构在课堂教学以外组织的教育活动,也包括学生参与的由校外社会教育机构和家庭组织的教育活动,而狭义的课外活动指的是由学校教育机构组织,学生在课堂教学以外参与的教育实践活动。

二、课外活动的特点

课外活动和其他教育实践活动一样,都是为了实现教育的目的,促进学生身心的全面和谐发展。但课外活动也具有与其他教育活动不同的特点:

1.自愿性

从活动的性质来说,课外活动不强制要求所有学生必须参加,它是学生根据自己的特点、兴趣爱好、特长和需要自由选择、自愿参加的教育活动。可以说,自愿性(或选择性)是课外活动最显著的特点。

2.活动内容的广泛性

从活动的内容来看,课外活动不受学科课程标准和教科书的限制,根据教育目的的要求和学生的兴趣,由学生、学校、家庭、社会教育机构共同协商来安排活动的计划和活动的内容,只要是符合教育目的和学生身心发展规律要求的,有利于拓展学生的学习视野,有利于他们身心发展的内容都可以纳入到课外活动的内容中去。

3. 活动方式的灵活性

课外活动不像课堂教学那样具有固定的程序和活动模式,它是学生自愿参加的内容极其广泛、教育目标多样的教育活动,要保证课外活动的效果,就不能采用单一的活动方式,必须根据活动的目的和内容来确定课外活动的方式。

4. 实践性

和课堂教学相比,课外活动更侧重于学生已有知识技能在实践活动中的应用,更注重让学生积极参与动手动脑的实践活动,促进学生创新意识的养成和实践能力的不断提高。

5. 自主性

和课堂教学相比,学生在课外活动中具有更多的自由和权利,他们是活动的主人,他们可以根据自己的需要确定课外活动的内容和方式,安排活动的进程,自主地开展教育活动,教师只是学生活动的指导者和引导者,具体活动的实施由学生自己做主。

三、课外活动的意义

课外活动和课堂教学一样,都是学校教学工作的重要组成部分,在实现教育目的,促进学生身心发展的过程中发挥着极其重大的作用。

(一)课外活动有利于促进学生身心全面和谐发展,全面提高教育质量

学生在学校的课堂教学和其他实践活动为他们的身心发展奠定了重要的基础,但学生在课堂上学习的主要是书本知识,他们对所学的书本知识的理解还不深,还不知道如何把所学的知识用到实践活动中。学习者通过积极参与课外活动,利用多种机会接触自然,服务社会,可以进一步巩固、拓宽和加深对所学知识的理解,运用所学知识技能去分析问题和解决问题,这必然会影响学生思想品德、文化和艺术修养、智能水平、健康素养等方面的发展,不断提高学习者的综合素养。

(二)课外活动可以更好地满足学生的多种需要,丰富学生的精神生活,确保学生身心的健康发展

课堂教学具有明确的目的和要求,所有学生必须按照学校规定的时间和要求去学习相关的知识,很难顾及每一个学生的特点和需求。课外活动是学生自愿参加的内容广泛的方式灵活多样的活动,因而能更好地适应每一个学生的特点和需求,满足学生多方面的需求,促进学生个性的发展。

青少年学生是正在成长中的人,他们有求知的需求,也有娱乐、休息、交友的需求,仅仅把他们钉在学校教室的桌椅上,让他们学习书本知识,这样的生活是极其单调的。课外活动是学习者自愿参加的内容广泛、形式多样的教育活动,这可以有力地拓宽学生的活动范围和领域,加强学生与社会、他人的交往与交流,丰富学生的精神生活,让他们按照自己喜欢的方式去活动,因而能调动学生参与活动的积极性,促使他们在活动与交往中提高自身的身心发展水平。

(三)可以有效地培养学生的创新意识和实践能力

和课堂教学相比,课外活动是学生自愿参加的内容广泛、形式灵活的教育活动,它更强调知识技能的运用,更强调让学生在复杂的环境中寻找资料,探寻解决问题的方案,运用所学的知识技能尝试着去解决面临的各种实际问题,因而能更好地发挥学生的主动性和创造性,能使学生在克服困难、解决问题的过程中养成勤于学习、主动探究、勇于创新、勇于合作的科学精神和人文精神,不断提高他们的实践能力。

从以上简要的论述中可以看出,课外活动在帮助学生巩固所学的知识技能,扩宽学生的知识领域,提升学生的道德修养和实际工作能力,促进学生身心和谐发展,形成良好的个性等方面具有重要的意义。仅仅重视学校的课堂教学,忽视学生的课外活动是错误的,对学生的身心和谐发展会产生极大的消极影响。

四、课外活动的任务、内容与要求

(一)课外活动的任务

课外活动的开展要实现教育教学目的,丰富学生精神生活,促进身心全面发展,就必须完成以下任务:

1.巩固、拓宽、加深学生在课堂上所学的基础知识和基本技能,扩展学生的眼界,发展学生对自然、科学、文化艺术等领域的兴趣和才能,在各种活动中培养学生的创新意识和实践能力。

2.促使学生良好品德的养成。青少年学生活泼好动,易于接受新事物。教育者要引导青少年学生参加富有趣味性的课外活动,使他们在活动与交往中感受到劳动的光荣和艰辛,遵守法律法规的重要,知道相互尊重、相互关心和友善相处的好处,逐步养成民主、法制意识,形成良好的社会责任感和高尚的品德。

3.增进学生的身心健康。课外活动是学生自愿参加的内容广泛、形式多样的教育活动,教育者要引导学生在这样愉悦的活动中丰富学生的精神生活,在活动与交往中开阔他们的认知视野,增长才能,结交更多的朋友,增进对社会、他人的了解和理解,让他们的身心获得积极的休息,不断增进学生的身心健康水平。

(二)课外活动的内容与形式

1.课外活动的内容包括以下几个方面:
(1)科学技术活动;
(2)文化艺术活动;
(3)体育与健康活动;
(4)劳动与工艺活动;
(5)社会公益活动。

2.课外活动的形式

根据学习者参加课外活动人数的数量差异可把课外活动分成群体性(集体性)课

外活动、小组活动和个人活动等三种形式。

（三）开展课外活动的基本要求

1. 课外活动必须具有明确的目的性和计划性

组织学生参与课外活动，首先必须确保课外活动具有教育性，活动的内容与方式要符合学生身心发展规律的要求，有利于增进学生的身心健康水平，促进学生身心的健康和谐发展。

课外活动虽然是学生自愿参加的教育活动，但自愿不等于自流放任，学校应与社会教育机构、学生家长等部门加强沟通和协商，制订切实可行的活动计划，确保课外活动按照计划有条不紊地进行，不断提高课外活动的效果。

2. 要充分发挥学生的主动性、独立性和创造性

课外活动是学生自愿参加的教育活动，学生是活动的主体，活动以学生自治、自理为主，要提高课外活动的效果，就必须让学生以主人翁的姿态来组织和参与活动，充分发挥他们的主动性、独立性和创造性，让他们自己通过讨论和协商制定计划与实施方案，自己去克服困难，解决面临的各种问题，不断提高他们独立地分析问题和创造性地解决问题的能力。

3. 课外活动的内容要丰富新颖，形式要多样化，具有科学性、知识性和趣闻性

要吸引活泼好动、喜欢接受新事物、需求广泛的青少年参与课外活动，课外活动的内容就不能陈旧单调，方式单一。要提高课外活动的效果，课外活动的内容必须要丰富新颖，形式要多样化，弥漫着知识性、探究性和趣味性，否则则很难吸引学生，活动的效果也必然很差。

4. 学校要尽可能地赢得社会、学生家长的理解与支持

课外活动是学校主导的学生自愿参加的教育活动，但仅仅依靠学校教育的力量，很难处理好学生课外活动中面临的各种问题。要提高课外活动的效果，学校有关部门必须加强与社会、学生家长之间的联系与协商，促使各方共同创设有利于学生成长的教育环境，处理好学生课外活动中面临的问题，不断提高课外活动的效果。

五、学校教育、家庭教育与社会教育的有机结合

（一）学校教育、家庭教育与社会教育在学生成长中各具功能和特点

学校教育在青少年学生身心发展过程中具有重大的影响，学校教育由于具有明确的目的性和计划性，内容具有基础性和系统性，在受过专业训练的教育工作者指导下进行，因而在青少年学生身心发展过程中起着主导的作用，直接影响和决定着学生发展的方向与效果。

家庭教育和社会教育也是长期影响青少年学生成长的外部环境，为学生的身心发展奠定了重要的基础，对他们的身心成长具有持久的潜移默化的影响。

（二）学校教育、家庭教育与社会教育三者要加强联系,相互支持,相互配合, 形成合力

学校教育、家庭教育与社会教育的目标是一致的,都是为了教育好学生,帮助学生身心健康发展。因此,学校要加强与学生家长、社会教育机构之间的沟通联系,相互理解、相互支持、互相配合,形成教育学生的合力,共同帮助学生进步与发展。

【本章主要参考文献】

1. 董远骞.中国教学论史[M].北京:人民教育出版社,1998.

2. 李秉德.教学论[M].北京:人民教育出版社,1991.

3. 王道俊,王汉澜.教育学[M].北京:人民教育出版社,1989.

4. 钟启泉.为了中华民族的复兴,为了每位学生的发展——《基础教育课程改革纲要(试行)》解读[M].上海:华东师范大学出版社,2002.

5. 张华.课程与教学论[M].上海:上海教育出版社,2002.

6. 田本娜.外国教学思想史[M].北京:人民教育出版社,1994.

7. 南京师范大学教育系.教育学[M].北京:人民教育出版社,1984.

8. 全国十二所重点师范大学编写组.教育学基础[M].北京:教育科学出版社,2002.

9. 教育部人事司,教育部考试中心.教育学考试大纲[M].北京:北京师范大学出版社,2006.

10. 瞿葆奎.教育学文集·课外校外活动[M].北京:人民教育出版社,1990.

11. 陈理宣.教育学原理——理论与实践[M].北京:北京师范大学出版社,2010.

12. 袁振国.当代教育学[M].北京:人民教育出版社,2002.

13. 余文森.新课程背景下的公共教育学教程[M].北京:高等教育出版社,2005.

14. 王策三.教学论稿[M].北京:人民教育出版社,2005.

15. 李定仁.教学思想发展史略——历史、现状与发展趋势[M].西宁:青海人民出版社,1993.

【本章思考题目】

一、名词解释

课外活动

二、选择题

1. 课外活动与课堂教学的共同点是　　　　　　　　　　　　　　　（　）

A. 都是有目的、有计划的教育活动;　　B. 都在校内进行

C. 都重视学生文化知识的学习　　　　　D. 都注意学生的健康

2. 极力说明课外活动的重要性,力图让每一个学生都积极参加各种课外活动的教育家是（　）

A. 洛扎洛夫　　　　　　　　　　B. 苏霍姆林斯基

C. 马卡连柯　　　　　　　　　　D. 列宁

3. "时教必有正业,退息必有居学",这句话出自　　　　　　　　　　（　）

A.《论语》　　　　B.《学记》　　　　C.《朱子读书法》　　　D.《孟子》

4. 中国古代教育史上最早提出"君子不器"的教育家是 （ ）

A. 孔子　　　　　　B. 孟子　　　　　　C. 老子　　　　　　D. 荀子

5. 课外活动最显著的特点是 （ ）

A. 自愿性　　　　　B. 自主性　　　　　C. 主体性　　　　　D. 闲暇性

6. 儿童身心发展存在着关键发展期,某一时期某一方面的发展特别迅速而在其他阶段相对平稳。这一现象体现了儿童身心发展的特点是 （ ）

A. 顺序性　　　　　B. 阶段性　　　　　C. 个别差别差异性　　　D. 不平衡性

7. 世界各国的学制都存在着差异,但在入学年龄、中小学分段等方面却又具有较高的一致性。这说明学制的建立必须考虑青少年学生的特点,受( )的影响与制约。 （ ）

A. 社会政治经济制度　　　　　　B. 生产力发展水平

C. 青少年身心发展规律　　　　　D. 民族和文化传统

8. 陈老师在课堂教学中经常通过提问、课堂作业和书面测验对学生的学习进行及时的测评和反馈。这种教学评价被称为 （ ）

A. 诊断性评价　　　B. 相对性评价　　　C. 终结性评价　　　D. 形成性评价

9. 李老师在语文课上,按照组织教学、检查复习、讲授新教材、巩固新教材、布置课外作业的程序进行教学。这体现了哪一类型课的结构 （ ）

A. 单一课　　　　　B. 综合课　　　　　C. 练习课　　　　　D. 复习课

10. 古希腊哲学家苏格拉底创立了"产婆术"。它体现的主要教学方法是 （ ）

A. 讲授法　　　　　B. 讨论法　　　　　C. 谈话法　　　　　D. 演示法

11. 在教育目的价值取向问题上,主张教育是为了使人增长智慧,发展才能,生活更加充实幸福的观点属于 （ ）

A. 个人本位论　　　B. 社会本位论　　　C. 知识本位论　　　D. 能力本位论

12. 每学期开学前,王老师总是根据自己所教班级人数、课时量以及备课资料知否充分等来安排自己的教学方式与教学进度,根据布勒与布朗的观点,王老师处于教师成长的哪个阶段? ( )

A. 关注生存　　　　B. 关注情境　　　　C. 关注学生　　　　D. 关注自我

13. 老师经常自觉地对自己的讲课过程进行分析,进行全面深入的归纳和总结,不断地改善自觉的教学行为,提高自觉的教学水平,李老师的做法基于下列哪种专业发展方式 （ ）

A. 教学实施　　　　B. 教学研究　　　　C. 自我发展　　　　D. 教学反思

14. 在小学课外活动中,学生摄影小组举办的摄影赛属于 （ ）

A. 游戏活动　　　　B. 学科活动　　　　C. 科技活动　　　　D. 文学艺术活动

15. 陶行知先生说过教师要"捧着一颗心来,不带半根草去",陶行知这句话强调的是教师应具有 （ ）

A. 深厚的教育理论知识　　　　　B. 高尚的教师职业道德

C. 广博的文化科学知识　　　　　D. 较强的教育教学能力

16. 我国古代明确提出"长善救失"、"教学相长"、"不陵节而施"、"臧息相辅"等重要教育思想的文献是 （ ）

A.《论语》　　　　　B.《学记》　　　　　C.《孟子》　　　　　D.《大学》

17. 由于生源存在差异,某中学将学生按入学成绩高低分为快慢班。该学校的做法 （ ）

A. 正确,有利于因材施教　　　　B. 正确,有利于资源配置

C. 不正确,不利于教育公平　　　D. 不正确,不利于均衡发展

18.进入初三,班主任把每周实践活动课用于补数学,中考时,该班数学成绩名列前茅,该老师做法 ( )

    A.正确,是提高学习成绩的有效途径   B.正确,是提高班级声誉的有力措施

    C.错误,不利于学生公平竞争   D.错误,不利于学生全面发展

19.为了改变学生从课本中找标准答案,刘老师经常在课堂上设计一些开放性问题,引导学生自由讨论,探索答案。同事马老师对刘老师说,你这样的做法会使学生思维太发散,将来考试肯定会吃亏的,我从不这么做。下列论述正确的是 ( )

    A.马老师正确,有利于提高学生学习成绩   B.刘老师正确,有利于培养学生创新意识

    C.马老师欠妥,不利于维持课堂秩序   D.刘老师欠妥,不利于保证正常的教学秩序

20.吴老师注意把课堂教学中存在的突出问题归纳、提炼为若干主题进行研究,并发表系列论文,这表明吴老师具有 ( )

    A.良好的教学研究能力   B.良好的课堂管理能力

    C.良好的课程开发能力   D.良好的校本研修能力

三、简答题

1.简要说明课外活动的特点。

2.简要说明课外活动的意义。

3.教育者组织课外活动应注意达到哪些要求?

四、辨析题

1.学生的主要任务是学好文化科学知识,增长才干,为未来的生活做好准备。因此,教育者必须引导学生把主要精力与时间放在学习上,不能让学生参加什么课外活动,参加过多的课外活动就会浪费学生的时间和精力,影响学生学业成绩的提高。

2.学生的智慧出自他们的手指头尖上,要促进学生智慧的发展,就要既重视让学生在课堂上学好各门功课,又要让他们参加自己喜欢的课外活动,让他们动手动脑。

上述的观点正确与否,请你用所学的教育学知识加以判断,并说明自己的理由。

五、阅读下面的材料,用所学教育学知识说明课外活动的意义和实施要求

卡洛斯是个墨西哥裔美国小男孩,英语说得不怎么顺溜。他用英语讲话时,经常会被同学取笑。长期的学校生活使他逐渐学会了在教室里保持沉默。在这个问题上,他甚至跟老师达成了某种默契。他一言不发,把自己埋在课堂活动的喧嚣中,再也不会因为回答不出问题而尴尬;反过来,老师也不会让他回答问题了。老师下这样的决心,其动机相当单纯:她不想看到其他孩子取笑卡洛斯,不想让他蒙羞。但是,老师忽视卡洛斯的存在,实际上就把他给"勾销"了,她的行为是在暗示自己不值得为卡洛斯烦心,也给其他孩子传递了这样一种信息:既然老师都不叫卡洛斯回答问题,那一定是因为他笨。久而久之,连卡洛斯本人都觉得自己确实有点笨。

卡洛斯终于在拆拼课堂(jigsaw classroom)中发现了自我,找回了自信,他所在的阅读小组和班上别的小组一样,正在阅读约瑟夫·普利策的传记。读完之后,全班同学马上就要迎来一场有关约瑟夫·普利策一生经历的测验。普利策的传记太厚了,任何人都不可能在如此短的时间内读完它。所以,各个阅读小组都采取了分工策略——每个组员各读一部分,再将自己了解到的重要信息告诉给小组其他成员。

卡洛斯的任务是了解普利策的中年生活经历,并将所得信息告知本组成员。他发现,其他阅读小组也有同学承担了跟他一样的阅读任务。于是,他们围坐在一张课桌旁,认真地研究普利策先生在中年时代经历了哪些重大事件。在共同学习中,卡洛斯顺利地掌握这部分阅读内容,回到了自己

原来的阅读小组。

　　小组同伴报告完普利策的儿童和青少年时期的经历之后,就轮到卡洛斯发言,报告普利策的中年时代的重大生活经历。他结结巴巴,犹犹豫豫,紧张得要命。组里其他同学不帮忙,反而像早已习惯地那样奚落他,嘲笑他:"啊,你根本就不了解,""你可真是个大笨蛋!""你太笨了,都不知道自己在干嘛!"……

　　每当听到这种嘲讽,在一旁观察的老师和助手就会插嘴,提些建议,例如:"好吧,要是你愿意,要是你觉得有趣那就尽管取笑他好了。但是,这么做没法让你了解普利策的中年生活经历,你得记住,再过一小时,考试就要开始了!"这种提醒让全组成员意识到,羞辱卡洛斯得不到任何好处,相反还可能遭受更大的损失。几天之后,经历几次这样情形,孩子们逐渐明白,要想学到卡洛斯掌握的那部分知识,就只能留心听懂他所讲的东西。

　　孩子们变成了非常友好的采访员,他们不再取笑和忽视卡洛斯,而是想方设法让他把话讲出来,问一些更方便他大声加以解释的问题。卡洛斯也变得更放松了,而放松又改善了他的沟通能力。卡洛斯变得越来越顺利地发言,让小组中每个成员都在接下来的测验中受益,过了几个星期,孩子们得出结论——卡洛斯并不像他们想的那么笨,他们从这位同伴身上看到了一些以前没有看到的东西。大家喜欢上了卡洛斯,卡洛斯也更喜欢上学了,他不再把白人同学当成噩梦,而把他们当成朋友了。

　　六、阅读下面的材料,并回答相应的问题

　　在某学校新教师入职培训中,围绕"什么样的老师是真正的好老师?"这一问题,大家展开了热议。有的说好老师是热爱学生的老师;有的说好老师应该为人师表,还有的说教学好才是好老师……

　　这时,培训教师跟大家分享了一个作家的故事:"小时候,我非常胆小害羞,上课从不主动举手发言,老师也从不主动叫我回答问题。一次我写了一篇名为《每一片叶子都有一个灵魂》的作文。上课时,老师轻轻走到我面前,问我是否愿意和大家分享我的作文。她问话是那么的柔和,那么亲切,让我无法拒绝。我用颤抖的声音读完了作文,她感谢了我。下课了,当我走到教室门口,她建议我养成写日记的习惯,将来也可以从事这方面的工作。这些都做到了。"

　　这个故事引起了大家对于"好老师"的更深层的思考。

　　【问题】(1)结合材料,试分析:什么样的老师才是好老师。

　　　　　　(2)试述教师如何为儿童发展提供适合的教育?

第十八章 德育工作

【本章课程与教学目标】

1. 使学生把握德育的含义和意义;
2. 使学生了解德育的任务和德育的内容;
3. 使学生把握德育过程的基本规律;
4. 使学生了解德育原则和方法的基本要求;
5. 使学生了解国外德育模式的类型、特点及其改革动向;
6. 使学生了解我国中小学德育改革的目标、任务与要求。

一、德育的含义

德育是教育者按照一定社会或阶级的要求,有目的、有计划地、系统地对青少年学生施加思想、政治和道德影响,通过青少年学生积极的认识体验,身体力行,以形成他们的品德和自我教育能力的教育活动。简言之,德育就是教育者有目的有计划地培养学生品德的教育活动,它包括思想教育、政治教育、品德教育和纪律法制教育四个方面。[①]

二、德育的意义

德育,是全面发展教育的重要组成部分,在学生身心发展过程中具有重大的作用。

(一)德育是全面发展教育的重要组成部分,加强德育是学校实现教育目的的需要

我国全面发展教育由德育、智育、体育、美育和综合实践活动等部分组成,其中德育能保证其他各部分沿着教育人、培养人的正确方向发展,防止教育的其他部分陷入功利化的误区,影响教育工作的效果;通过德育让青少年学生在学习的过程中树立远大的理想,形成良好的品德,有利于把学校对教育的要求转化为他们学习和进步的动机,促使他们积极参与学校组织的各种教育活动,进而为智育、体育、美育等工作的开展提供强大的动力,因此说重视德育是历代统治阶级的教育传统,加强德育有助于学

---

① 袁振国.当代教育学[M].北京:教育科学出版社,2004,P217.

校教育目的的全面实现。

（二）加强德育是青少年学生健康成长的需要

中小学是青少年学生长知识、长身体的关键时期,也是他们道德品质形成的重要时期。青少年学生没有太多的社会生活经验,可塑性较强,容易接受外界的教育影响,形成一定的道德观念和道德行为,因而这一时期是对学生进行德育的最佳时期。青少年学生大都具有积极向上的进取精神,他们乐于接受新事物,欢迎变革,但由于他们缺乏知识经验,对问题的看法不是很全面,很容易受社会上一些不良影响的侵袭。

因此,教育者在这一时期加强青少年学生的德育工作,对于帮助青少年学生抵制错误思想的侵袭,树立正确的道德观念,养成良好的道德品质促进他们身心健康成长具有极其重大的现实意义。

（三）加强德育是促进社会文明进步的需要

教育是为社会培养合格公民的宏伟事业,我国经济建设和社会变革的未来取决于未来公民的思想道德素质和教育科学文化素质。加强学校的德育工作,可以有效地提高青少年学生的思想道德素质,促使青少年学生按照国家和社会的要求健康成长,这就为未来社会公民素养的提升奠定了坚实的基础。学校教育如果忽视对青少年学生的德育,那么现代社会公民素养的提高就失去了根基,社会文明和进步就会变成一句空话。

因此说,加强德育有助于实现学校教育的目的,有助于青少年学生的健康成长,有助于社会的文明与进步。忽视德育工作的观点是错误的,也是极端有害的。

正因为德育在保证教育教学工作的正确方向,提升培养人才的思想道德素质,促进社会文明进步方面具有重大的作用,所以重视德育是各国统治者的传统,都把加强学校的德育工作作为一项战略任务长期不懈地抓,任何时候、任何地点都不能放松。

三、德育的任务

我国中小学德育要为教育目的的实现服务,就必须完成以下基本任务:

（1）引导学生丰富和完善他们道德知识,逐步提高他们的道德修养和形成社会主义的道德价值观;

（2）培养学生具有坚定的政治立场,树立辩证唯物主义和历史唯物主义世界观,养成社会主义道德品质;

（3）培养学生良好的道德行为,具备自我教育的能力和习惯;

（4）增进学习者的法律素养,养成遵纪守法的行为习惯。

以上各项任务是相互联系、相互作用的,共同为实现学校教育目标服务。

四、德育内容的选择与确定

（一）德育内容选择与确定的社会制约性

要提高德育的效果,关键在于教育者为学习者选择合适的德育内容。但德育内容不是随意选择和确定的,它要受德育内部和外部诸多因素的影响。

1.教育的目的和德育的任务制约着德育内容的性质

德育工作必须为教育目的的实现和德育任务的完成服务,教育者应该依据德育的任务和目标去选择和确定德育的内容。例如我国德育要培养学生的爱国主义精神,具有良好的社会责任感,热爱劳动,遵纪守法,就要在德育工作中充实爱国主义教育、社会责任感教育、劳动教育、纪律法制教育等方面的内容,否则学校德育工作中预定的任务则无法完成。

2.学生的年龄特征决定了德育内容的深度与广度

青少年学生不仅是德育的对象,也是德育的主体。教育者在选择德育内容的时候,不仅要考虑教育的目的与德育的任务,还要考虑学生身心发展的特点和需求,要依据学生的年龄特征来确定德育内容的深度与广度,使德育内容与学生身心发展的特点、需要协调一致,以便更好地发挥其在教育学生方面的作用。

3.要依据国家当前形势和学生的实际有针对性地选择德育内容

不同时期,国家经济建设和社会变革的方针政策不同,对德育工作的要求也差异很大。教育者要按照国家教育主管部门对德育的要求和青少年学生在思想品德教育方面的实际需要去确定德育的内容,使德育工作具有更强的针对性。

(二)我国中小学德育的基本内容及其编排

1.我国中小学德育的基本内容

要把我国中小学学生培养成有理想、有道德、有文化、守纪律的社会主义现代化事业的建设者和保卫者,就要选择具有时代特色的德育内容对青少年学生进行德育。

国内有些教育学者根据德育内容的属性,把中小学德育的内容分成以下几个方面:[①]

(1)政治教育;

(2)思想教育;

(3)品德教育;

(4)纪律与法制教育;

(5)心理健康教育。

心理健康教育是指学校教育工作者通过对学生进行心理健康知识的教育与训练,培养学生良好的心理素质,预防心理障碍和心理疾病的发生,促进学生身心和谐发展的教育活动。[②]

我国中小学心理健康教育的任务要因人而异。具体来讲:

(1)针对健康的学生而言,心理健康教育的任务是要普及心理健康的知识,帮助学生养成良好的心理素质,预防心理障碍的发生,促使学生心理机能、人格的发展与

---

① 教育部人事司,教育部考试中心.教育学考试大纲[M].北京:北京师范大学出版社,2006,P149—152.
② 教育部人事司,教育部考试中心.教育学考试大纲[M].北京:北京师范大学出版社,2002,P151.

完善。

（2）针对有心理障碍的学生而言，心理健康教育的任务是要帮助学生排除心理障碍，预防心理疾病的发生，提高学生的心理健康水平。

（3）针对少数有心理疾病的学生进行心理咨询和治疗。

我国中小学心理健康教育的内容主要有学习辅导、生活辅导和择校择业指导三个方面。[①] 也有人根据德育内容的性质来划分德育内容，把德育内容具体分成以下几个方面：[②]

（1）爱国主义教育；

（2）革命理想与优秀传统的教育；

（3）集体主义教育；

（4）劳动教育；

（5）纪律法制教育；

（6）人道主义和社会公德教育；

（7）正确人生观和世界观教育。

2. 我国中小学德育内容的改革趋势

要适应我国新时期德育目标和任务改革的新要求，我国中小学德育内容必须进行全面系统的改革。我国中小学德育内容改革出现了以下几个趋势：

（1）德育内容的现代化与科学化

为了更好地适应我国经济建设和社会变革对人才的新要求，我国各地德育改革中极力主张德育内容的现代化与科学化，删去一些过时的不符合时代特色的德育内容，而把具有时代气息的德育内容及时融入中小学德育内容中去，让学习者在学习这些具有时代特色的德育内容中得到启迪和感悟。

（2）强调德育内容的生活化，加强德育内容与学习者生活的联系

德育内容是学习者在德育工作中学习的材料，要提高德育的效果，就必须加强德育内容与学习者日常生活之间的联系，实现德育内容的生活化、趣味化，让学习者在学习这些具有时代性、趣味性的德育材料的过程中受到教育和感化。

（3）强调德育内容的先进性与层次性

我国中小学德育的基本任务是为社会主义国家培养具有一定文化修养和思想道德修养的公民，而高层次的任务则是要把青少年学生培养成热爱社会主义制度，拥护共产党领导的骨干分子。我国中小学德育任务的双重性必然决定了我国中小学德育内容的先进性和层次性。我国中小学德育内容的改革必须注意其广泛性，引导青少年学生学习基本的德育内容，引导他们成为具有一定文化修养和思想品德修养的遵纪守法的公民，同时又要注意德育内容的层次性，引导青少年学生中的积极分子学习具有时代特色的德育内容，为他们成为无产阶级先进分子奠定坚实的基础。

---

① 教育部人事司，教育部考试中心.教育学考试大纲［M］.北京：北京师范大学出版社，2002，P152.
② 王道俊，王汉澜.教育学［M］.北京：北京师范大学出版社，1998，P344—354.

(4)注重对中外传统德育内容进行继承与更新改造

千百年来,中外教育家们在德育过程中,精心挑选优秀的德育内容用来教育青少年学生,这是中外德育工作者留下来的瑰宝,也成为我们进行德育工作的基础。但时代在变革,原来的德育内容中有些已经背离时代的要求,无法在德育工作中发挥作用。因此,要提高我国中小学德育工作的效果,就必须全面继承中外德育内容中的精华,并根据时代的要求对它们进行更新改造,以便创建具有时代特色的充满活力的德育内容体系,更好地完成德育的任务。

3. 我国中小学德育内容的编排方式

德育内容的编排方式有两种:一是直接编排,即把德育内容集中编排在一起,开设专门的思想品德或德育课程,让学生集中接受思想品德教育;二是间接编排,即不开设专门的德育课程,把德育的精神和基本内容融入各科教材内容和学校组织的各种活动中,让学生在学习和生活中接受德育。

为了切实提高青少年学生的思想道德素养,各国中小学德育内容的编排普遍是既重视直接编排一些科目(如修身、思想品德)进入学校课程计划,也注重把德育的内容渗透在其他学科知识内容中,让学生在活动与交往中受到启迪和教育。

我国中小学德育内容的编排方式有阶段性编排(根据某一时期任务和学生的实际编排德育内容)和系统性编排(根据学生思想品德发展特点与顺序进行系统的编排)两种方式。

要发挥德育内容的整体效应,应把以上两种德育内容编排方式有机地结合起来。

五、德育过程及其规律

(一)德育过程的含义

德育过程是教育者根据一定社会的道德要求和青少年学生思想品德形成规律,对青少年学生有目的、有计划地施加教育影响,引导青少年学生积极主动地进行道德认识和道德实践,逐步提高学生的自我修养能力,形成社会主义品德的过程。

构成德育过程的基本要素:教育者、受教育者(青少年学生)、德育的内容和德育的手段。

(二)教育者代表社会向学生提出的道德要求和青少年学生已有道德水平之间的矛盾,它是德育过程的基本矛盾

德育过程中的矛盾是指德育过程中各要素、各部分之间的冲突或对立,包括教育者与受教育者之间的矛盾,教育者与教育内容、方式的矛盾,受教育者与德育内容、德育方式之间的矛盾等。在德育过程中教育者代表社会向青少年学生提出的道德要求与他们已有道德水平之间的矛盾是学生品德发展的基本矛盾,决定和影响着学生思想品德教育的进程与效果,是学生品德形成与发展的基本动力。

（三）我国中小学德育过程的基本规律

我国教育界经过多年探究，认为我国中小学德育过程的基本规律包括以下几个方面:[1]

1. 德育过程是学生知、情、意、行的培养过程

知是道德知识，是学习者对一定社会的道德现象、道德规范的理解和看法，它是人们形成和发展自身道德品质的认识基础，也是自身选择和形成道德行为的理论依据。

情，即道德情感，它是学习者对社会道德观点和行为的情绪态度，是运用道德认识进行道德判断的情绪体验。道德情感是个体在获得道德认识的过程中产生发展的，并对人们的道德认识和道德行为起着激励和调节的作用。

意，即道德意志，是个体为了达到某种道德目的，为了完成道德指向的任务，严格约束自己，通过自身努力克服困难的行为。道德意志是个体形成道德的强大动力，只有发挥道德意志的作用，才能排除道德教育过程中的各种障碍和干扰，取得预定的成绩。

行，即道德行为，是个体在一定道德认识和道德情感的支配下采取的道德行动，是人内在的道德认识和道德情感的外部表现，是衡量个体品德的重要标志。

德育过程中道德认识、道德情感、道德意志和道德行为在个体品德的形成与发展过程中都具有独特的功能与作用，忽视这四个因素中的任何一方面，都会对个体品德的形成带来消极的影响。因此，教育者在德育工作中要注意全面性和顺序性，要全面有序地培养学生品德中的知、情、意、行，对他们教育要晓之以理，动之以情，导之以行，循序渐进地提高学生的道德认识，帮助他们养成良好的道德行为。

同时，教育者还要看到德育环境的复杂性和德育内容、学生个性的多样性，学习者品德形成中知、情、意、行的发展顺序并不是固定不变的，具有多种开端和灵活多样性。因此，教育者在德育工作中必须考虑到学生品德发展不平衡的具体实际，切实加强德育工作的针对性，促使德育工作优质高效地进行。

2. 德育过程是促进学生思想内部矛盾斗争的发展过程

德育过程并不是教育者把社会道德简单地移植学习者的头脑中，变成个体的思想品德，它是学习者在教育者指导下积极参与道德认识和道德实践的结果。在学习者品德形成中，外部因素和内部因素都发挥着重要的作用，但内部因素是起决定性的因素，外部教育的影响要想被学习者理解和接受，并转化为学习者的道德行为，必须经过学习者思想内部的矛盾斗争，使个体自身产生转变行为的动力，并经过自身的努力克服困难障碍，形成良好的道德行为。

因此，教育者向学生进行德育时，要真正把学生看作德育的主体，充分调动学习者主动参与德育的积极性，引导他们积极参与积极的思想斗争，逐步提高他们的思想认识和道德修养，让他们的品德在积极的矛盾斗争中逐步发展完善。

---

[1]　王道俊，郭文安. 教育学[M]. 北京:人民教育出版社,2009,P300—306.

3. 德育过程是组织学生的活动与交往，统一多方面教育影响的过程

青少年学生的思想品德不是凭空出现的，是在活动与交往中形成，又在活动与交往中表现出来，没有活动与交往，就没有个体的思想品德。正因为如此，我们把组织活动与交往看作是德育过程的基础。

因此，教育者要提高德育工作的效果，就要按照德育的目的和任务，以及学生的实际有目的、有计划地设计教育活动，引导学生积极参与活动与交往，让他们在活动与交往中了解道德规范的意义和要求，并逐步形成良好的思想品德。

为了促进学生品德的发展，教育者还要注意尽可能地协调好学校教育、家庭教育与社会教育之间的关系，创设有利于学生身心发展的教育环境，激发学生进步向上的愿望，鼓励他们通过自身的努力克服缺陷，形成良好的思想品德。

4. 德育过程是一个长期的、反复的和逐步提高的过程

学习者思想品德的形成是知、情、意、行从简单到复杂、从低级到高级的矛盾运动过程，绝对不是可以在短期内完成的，要经历长期的、反复的过程，这就决定了德育过程的长期性和复杂性。首先，从教育环境看，学生的品德是在学校、家庭、社会教育多种因素影响下形成和发展起来的，这三种教育因素协调起来非常不容易，任何一方教育工作中的失误都会造成学生品德教育中出现反复，对学生品德形成产生消极作用；其次，青少年学生是正在成长中的人，他们的思想品德具有很大的可塑性和不稳定性，容易受不良思想的影响，使其品德形成与发展出现反复的状况。

这一规律要求我们在教育学生的过程中，要协调好学校教育、家庭教育和社会教育的关系，尽可能为学生创设有利于他们品德形成与发展的教育环境；同时教育者要树立坚定的信心和恒心，正确地对待学生思想品德上的反复，耐心细致地做好学生的品德教育工作，坚持长期抓，抓反复，引导学生在反复中不断进步、不断提高。

六、我国中小学德育原则

(一)德育原则的意义

德育原则是教师在向学生进行德育时必须遵循的基本要求，它是根据教育目的和德育规律制定的，也是人们德育工作经验的概括和总结。

既然德育原则是教师进行德育工作的基本要求，那么教师在进行德育工作中就必须贯彻德育原则，违背德育原则的基本要求必然会影响德育工作的效果和效率。

(二)我国中小学德育工作中常用的德育原则

我国教育工作者在广泛继承苏联教育家马卡连柯等人教育遗产，系统总结我国中小学德育工作的经验教训，依据中小学学生德育规律和我国中小学德育工作的实际，创立了具有中国特色的中小学德育原则体系。

1. 理论与实际相结合的原则

这一原则是指教师在向学生进行德育时，要把思想政治观念和道德规范的教育与参加实际锻炼结合，把提高学生的思想认识和培养道德行为有机地结合起来，使他们

成为道德知识丰富，言行一致的人。

教师贯彻这一原则的基本要求有：

（1）教师要向学生进行马克思主义道德基本理论知识的教育，提高学生的认识水平和思想觉悟。

道德认识是道德行为的基础，教育者要想提高学习者的道德认识，帮助他们形成良好的道德行为，就必须根据德育工作的需要和学生的实际对他们进行基本的道德知识的教育，帮助他们提高道德认识和思想觉悟，为学生品德的成长奠定坚实的理论基础。

（2）教师要引导学生经常参加各种有教育意义的实践活动

教育者既要让学习者学习道德知识，提高他们的思想觉悟，还要引导学习者经常参加各种有意义的实践活动，让学习者把所学的道德知识用来指导自己的言行，在实践活动中理解和把握道德理论的真谛，不断提高自身的道德素养。

（3）教师要以身作则，为学生树立良好的表率

教师是学生学习和生活的指导者、引导者和朋友，是身心正在成长的学生学习和模仿的对象，教师的言行对学生品德的成长具有极其重大的影响。因此，要把学生培养成言行一致，品德高尚的人，教师就要以身作则，时刻严格要求自己，处处做学生良好的表率。

2. 正面教育与纪律束缚相结合的原则

这一原则是指教师在进行德育时，既要坚持用事实、道理和良好的榜样来教育学生，又要用严格的校规校纪来约束他们，要把二者有机地结合起来。这一原则又称为疏导原则。

教师贯彻这一原则的基本要求有：

（1）教师要坚持摆事实、讲道理，循循善诱，以理服人

青少年学生积极向上，乐于接受新事物，但他们不喜欢教师空洞的说教，反感教师强迫他们牢记他们无法理解的道德条规，不喜欢做对他们没有意义的事情。因此，教师在对学生进行德育时要坚持摆事实、讲道理，循循善诱，以理服人，而不是用权威压人。

（2）为学生树立典型，用榜样指引学生成长

青少年学生是正在成长变化的人，他们崇拜榜样，喜欢用榜样的标准来要求自己。因此，教师在向学生进行德育时，要为学生介绍一些英雄人物和榜样的事迹，让学生用榜样的标准来严格要求自己，用榜样来指引他们健康成长。

（3）教师要坚持以表扬、奖励为主，坚持正面教育

青少年学生是身心不断发展变化的一代，他们积极向上，学习和做人都非常努力，也渴望成功，害怕失败。因此，教师在向学生进行德育时要坚持以表扬、奖励为主，坚持正面教育，尽可能少地批评和处罚，要让学生看到自己的成绩和进步，促使他们更加努力地积极向上。

(4)要以严格的校风校纪来约束学生,在监督中帮助学生养成纪律观念

学生喜欢新事物,乐于探究,但自己的意志力薄弱,容易受外界不良思想的侵袭,容易违反学校校风校纪的规定,这对学生良好品德的形成极为不利。因此,教师在进行德育时,既要坚持正面教育,又要用严格的校风校纪来约束学生,加强对学生的纪律监督和必要的处罚,在严格的监督中培养学生的纪律观念,帮助学生形成守纪律、讲规矩的习惯。

3. 发扬积极因素,克服消极因素的原则

这一原则是指教师在进行德育时,要切实了解学生,调动学生参与自我教育的积极性,依靠和发扬他们自身的积极因素,克服消极因素,促使他们品德的健康成长。

教师贯彻这一原则的基本要求有:

(1)教师要一分为二地看待学生

每个学生都有优点,也都有缺点,教师必须能够客观地看待学生,既要看到学生的优点,也要看到他们的缺点,尤其要善于发现学生身上的闪光点,善于激发学生进步向上的积极性,使他们产生积极主动参与教育活动的兴趣。

(2)教师要引导学生通过发扬优点来克服缺点

教师要切实了解学生的优点和缺点,帮助他们自己认识到自身的优点和存在的不足,激励他们积极向上的信心,引导他们发扬优点,克服缺点,在教育活动中取得进步和成绩,并激发他们继续参与提高自身道德素养的教育实践活动。

(3)教师要引导学生客观公正地评价自己,积极进行自我修养教育

青少年学生道德评价能力正处于形成与发展的时期,他们对周围事物和人的评价缺乏统一客观的标准,对自己的评价也很难准确客观。因此,教师要引导学生全面认识自己,善于解剖自己,客观公正地评价自己,并能用严格的标准要求自己,积极开展自我修养教育,不断完善自己的品德修养。

4. 严格要求与尊重信任学生相结合的原则

这一原则是指教师在对学生进行德育时,要把对学生思想和行为的严格要求与对他们的尊重和信任结合起来,使教育者对学生的影响和要求易于转化为学生的品德行为。

最早对严格要求与尊重学生相结合原则进行系统全面论述的是苏联教育家马卡连柯。他说:"要尽可能多地要求一个人,也要尽可能地尊重一个人。"[①]"我们对个人所提出的要求,就表示出对个人的力量和能力方面的尊重;而在我们的尊重里,同时也表示出我们对个人的要求。"[②]他把这一原则运用于指导高尔基工学团的教育实践,在教育实践中获得了极大的成功。

教师贯彻这一原则时的基本要求有:

(1)教师要热爱和尊重学生

---

① 【苏】马卡连柯. 论共产主义教育[M]. 刘长松 译,北京:人民教育出版社,1979,P298.
② 【苏】马卡连柯. 论共产主义教育[M]. 刘长松 译,北京:人民教育出版社,1979,P270—271.

学生是教师进行德育的对象,但他们是活生生的人,教师必须把他们当作平等的人来对待,要切实尊重学生的人格,要相信学生通过自己的努力,能在学业和品德方面取得成绩与进步。教师只有尊重学生和信任学生,才能让学生感受到老师对自己的信心,才能产生进步向善的欲望和动力,否则他们的进步和发展都会成为一句空话。

(2)教师要切实严格要求学生

青少年学生是身心发展急剧变化的人,他们有很多优点,但也有不少的缺点,如果教育者不严格要求学生,他们的优点就会消失,缺点则会不断地增加,这必然影响他们的进步和发展。因此,教师在德育工作中要尊重学生的人格,又要对学生的学习和思想品德教育提出严格具体的要求,并要坚决地贯彻实施到底,督促学生不断进步和提高。

(3)教师要把尊重学生的人格与严格要求学生有机地结合起来

尊重学生的人格与严格要求学生并不矛盾,尊重学生的人格就必须严格要求学生,严格要求学生实际上才是尊重学生。因此,在教育活动中教师必须把尊重学生与严格要求学生有机地结合起来,才能把教师代表社会向学生提出的道德要求转化为学生的道德行为,不断提高学生的品德素养。

5.集体教育与个别教育相结合的原则

这一原则又叫平行教育原则,是苏联教育家马卡连柯提出的。这一原则是指教师在向学生进行德育时,重视教育学生个体,要注意创建学生班集体,充分发挥学生集体在教育学生个体方面的作用,把对学生集体的教育与对学生个体的教育有机地结合起来。

教师贯彻这一原则的基本要求有:

(1)教师要引导学生关心集体,热爱集体,为建设良好的集体而努力。

学生是不能脱离集体而存在的,学生集体不仅是教师工作的对象,也是教育的主体,在教育学生过程中具有重大的影响和作用。因此,教师在教育学生时要把工作的重点放在学生集体的创建上,要引导学生关心集体,热爱集体,为创建巨大影响力的集体而努力。

(2)教师要面向集体,通过集体来教育学生,同时通过个体的转变来影响学生集体。

(3)教师要善于把对学生集体的教育和对学生个人的教育有机地结合起来。

对教师来讲,对学生集体的教育与对学生个人的教育都是德育工作的重要方面,忽视任何一个方面都无法达到德育的效果。因此,教师要想提高德育的效果,就要善于把对学生集体的教育和对学生个人的教育有机地结合起来。

6.因材施教原则

这一原则是指教师在教育学生时要从学生的思想认识和品德发展的实际出发,根据学生的年龄特征和个别差异进行有区别的教学,使每个学生的品德都能在原有基础上有所进步和提高。

教师贯彻这一原则的基本要求有：

(1)教师要深入细致地了解学生的个性特点和内心世界

每一个学生都有自身的个性特点和内心世界,教育者要想教育好学生,就必须深入细致地了解学生的个性特点和内心世界,知道学生原有品德的实际状况和具体需求,这样才能为教育好学生奠定扎实的基础,否则就会无的放矢,影响德育的效果。

(2)根据不同学生的特点有的放矢地进行教育

学生原有的品德基础不同,自身的特点和需求不同,教师在德育工作中采取的方法或对策必然要有所差异,这样才能更有针对性地去教育学生,不断提高德育的效果。

(3)教师要依据学生的年龄特征有计划地进行有区别的教育

不同阶段学生身心发展的特点有较为明显的差异,教师对此必须给予高度的重视,要依据学生的年龄特征有目的、有计划地进行有区别的教育,从而确保德育工作的针对性,不断提高德育工作的质量和效果。

7.教育影响的一致性与连贯性原则

这一原则是指教师在进行德育时,应当有目的、有计划地把来自各方面的教育影响加以合理地组织调节,使其相互配合,前后一贯地发挥作用,以切实保障学生思想品德的健康发展。

教师贯彻这一原则的基本要求有：

(1)组织和健全学校教师集体,使校内教育力量影响一致

要提高德育工作的效果,学校教师必须形成强有力的教育集体,用统一的要求来教育学生。

(2)充分发挥学校教育的主导作用,使学校、家庭和社会对学生的教育能相互配合,相互支持

影响学生思想品德形成发展的因素有学校教育、家庭教育和社会教育三种,要提高学生思想品德素养,就必须按照教育目的的要求把三者有机地协调起来,使这三者相互配合、相互支持。

(3)教育主管部门要督促小学和中学要做好衔接工作,使学校对学生的教育影响无缝对接,且能前后连贯一致

要促使学生品德的健康发展,教育者就要切实加强小学阶段和中学教育阶段的衔接,使学校对青少年学生的德育影响能无缝对接,且能连贯一致,不能前紧后松,影响德育的最终效果。

以上七个原则是教师在德育工作中应该遵循的基本要求,它们共同组成了我国中小学德育原则体系。教师在德育工作中可以有重点地选择运用某一种或几种德育原则进行德育,但不能强调某一原则,却违背其他原则的要求,这必然影响德育工作的效果。

七、德育的途径

德育的途径是指学校为了完成德育任务,实现教育目的,实施德育工作的渠道。

我国中小学德育的途径有以下几种：

1. 政治课(含思想品德课程)和其他各科教学

政治课和其他各科的内容是按照国家的利益和要求编写的,教师通过引导学生学习政治课和其他学科的科学文化知识,可以帮助学生在掌握科学文化知识的同时,对马克思列宁主义的政治观、道德观有初步的认识和理解,对他们道德认识的提高具有重大的影响。因此,政治课和其他各科教学是我国德育工作的基本途径。

2. 课外和校外活动

课外和校外活动中,学生可以把课堂上所学到的道德知识用于自己的实践活动中,进一步加深对道德知识和道德理念的认识,帮助他们提高自身的道德水平。

3. 劳动

劳动是青少年学生认识世界和改造世界的重要方式,也是德育工作的重要途径。劳动能帮助青少年学生拓宽自身的认识视野,培养自身对科学和劳动的兴趣,激发学习者热爱劳动和热爱劳动人民的情感,引导学习者在劳动中不畏困难,形成勇于合作、勇于探究、勇于创新和勇于实践的优良道德品质。

4. 少先队和共青团、学生会活动

少先队、共青团和学生会是青少年学生自己的集体组织,这些组织在学校组织下开展的活动具有强烈的趣闻性和教育性,有利于学生道德知识的扩充,能帮助学生提高道德认识,让青少年学生在活动中提高自身的道德实践能力。

5. 班主任工作

班主任是受学校的委派来教育学生的教育工作者,他的主要任务就是要加强对学生的思想品德教育,引导学生身心和谐发展。因此,班主任工作也是学校德育工作的重要环节。

八、德育的方法

(一)德育方法的意义

德育方法是学校用来提高学生的思想认识,促进学习者品德发展的方法,是在教师的影响下教师和学生共同活动的方法。

德育方法是教师帮助学生掌握德育内容,形成道德认识,提高道德修养的中介。掌握科学的德育方法对于帮助教育者提高德育工作的质量和效率,具有重要的现实意义。

(二)我国中小学常用的德育方法

1. 说服法(语言说理法)

说服法是教师在德育工作中通过摆事实、讲道理,帮助学生提高提高道德认识,形成正确观点的方法。

教师在运用说服法时应注意以下几点：

(1)说服要有明确的目的性

语言说理要想发挥效果,教育者就必须明确自己对学生的说服工作要达到什么样的目的,完成什么样的任务,要紧紧围绕着特定的目的进行说服,不能背离目的另搞一套。

(2)说服要富有知识性和趣闻性

青少年学生渴求新知识,喜欢新颖的东西,对教师空洞无物的说教非常反感。因此,教师要提高自身说服的兴趣,就要使自己说服的内容富有知识性和趣味性,方式要灵活多样化,让学生在接触这些生动、有趣的内容受到启迪和教育,并乐于去践行。

(3)说服要注意把握好时机

各国教育改革的实践说明,学习者在幸福的时刻学习效果较好。因此,教育者要提高自身语言说理的效果,就要切实了解学生,把握好说服的最佳时机,在学生心情合适时对他们进行说服,这样才能拨动学生的心弦,引起他们的情感共鸣,使他们愉快地接受。

(4)教师要以诚待人

教师要想提高说服的效果,关键在于教师对待学生的态度,只有让学生感受到教师的说服是为了帮助他们进步和提高,对他们有用,他们才会乐于接受老师的观点。因此,教师要想提高说服的效果,就不能以权威自居,必须以诚待人,用自己的爱心和诚心去感动学生,让他们乐于和老师交流。

2. 榜样法

榜样法是指教育者以他人的高尚思想、模范行为和卓越成就来影响学生品德形成的一种教育方法。榜样有伟人的典范、教育者的示范和学生中的好样板等。

教师在运用这一方法进行教育时应注意以下几点:

(1)教育者要帮助学生选好学习的榜样

青少年学生希望自己的学习和生活中有明确的目标和能够效仿的典范人物。教师要提高自己德育工作的效果,就要根据德育工作的要求和学生身心发展的实际,为他们选择好对他们人生、学习有启迪价值的英雄人物和自己身边的好样板,作为他们学习效法的好榜样。

(2)教师要引导学生学习和了解榜样的事迹

青少年学生希望自己一生要有所作为,他们对自己了解的英雄人物很崇拜。要激发学生学习榜样的动机,首先就要学习者通过阅读有关资料,访问他人等学习和了解榜样的感人事迹。不让学习者学习了解榜样的事迹,很难激发学习者学习榜样的动机。

(3)要引导学习者切实领会榜样的精神实质

青少年学生羡慕榜样、崇拜榜样,希望按照榜样的言行要求自己,但对榜样的精神实质难以真正把握,容易出现对榜样行为简单的模仿,在行动中容易出现偏差。因此,教师要引导学生在学习榜样事迹的基础上切实领会榜样的精神实质,用榜样的精神去指导自己的言行。

（4）要引导学习者学榜样，见行动

青少年学生崇拜榜样，也希望像榜样那样去学习和生活，但不希望改变自己现在的学习、生活方式，这必然影响学习榜样的效果。因此，教育者要引导学生学习榜样的精神实质，学榜样要见行动，在行动中学习榜样，不断提高自身的道德修养。

3.锻炼法

锻炼法是教师有目的、有计划地组织学生参加一些有教育意义的实践活动，以巩固和加深他们的道德认识，形成良好道德行为习惯的方法。

教师运用这一方法必须注意做到以下几点：

（1）教师要让学生了解锻炼的目的和要求

教师要让学习者参与锻炼活动，就要让他们了解锻炼的目的意义，知道通过锻炼要达到哪些具体的要求。如果学习者不了解锻炼的目的和要求，就很难产生积极参与锻炼的欲望，就会使锻炼成为盲目的应付行为，必然影响锻炼的效果。

（2）要对学生的锻炼过程给予必要的指导和帮助

教师要经常关注学生参与锻炼的过程，对他们在锻炼中出现的问题给予必要的指导和帮助，及时消除他们在锻炼中出现的疑惑，鼓励他们不畏困难，在积极参与的锻炼活动中磨炼意志，形成良好的道德品质。

（3）教师要经常检查学生参加锻炼的情况

教师要对学生锻炼活动进行监督和检查，督促学生认真参与锻炼活动，养成根据一定要求积极参与锻炼的习惯，在锻炼活动中养成良好的道德行为。

4.陶冶法

陶冶法是教育者通过引导学生创设良好的教育环境，让学生在活动与交往中耳濡目染、潜移默化地接受教育影响的方法。

教师在运用这一方法进行教育时应注意以下几点：

（1）教师要引导学生参与良好教育环境的建设

良好的教育环境不是从天上掉下来的，需要人为地加以创设和维护。教师要激发学生参与良好教育环境建设的积极性，如教室的美化布置，校园的广播站、黑板报的建设等，让他们知道校园教育环境建设的重要性，在建设良好教育环境中接受教育影响，能够用行动去维护校园文化环境。

（2）陶冶应与启发说服有机地结合

为了提高良好教育环境对学生陶冶的效果，教育者应该利用多种机会向学生介绍自然环境、艺术作品和人类社会中美好的东西，揭示这些美好东西的真谛，让他们在活动与交往中去感受美，并让他们的身心受到潜移默化的影响。

（3）教育者要以身作则，做学生良好的表率

教师在学校与学生交往、交流的时间最长，对学生的影响最直接、最持久，教师的思想品德、业务素养、个性会对学生个性的成长产生持久的无法比拟的影响。因此，要教育好学生，教师就必须严格要求自己，处处、时时做学生良好的表率，用自身的人格

素养来感化学生,促使学生优良品德的形成与发展。

5.自我修养法

自我修养法是教师引导学生经过自觉学习,自我反思和自我行为调节,使自身品德不断完善和提高的一种教育方法。自我修养包括学习、座右铭、立志、自我批评、慎独等。

教师在运用这一方法进行教育时应注意以下几点:

(1)教育者要培养学生自我修养的兴趣和自觉性

教师要利用各种机会向学生介绍自我修养法在个体品德形成中的重要性和好处,让学生了解名人运用这一方法提高品德修养的经验,让他们具有参与自我修养的兴趣,并能自觉地参与到自我修养的过程中去。

(2)引导学生根据自身制定的道德标准参与自我修养活动

教育者要引导学生根据自身制定的道德标准参与自我修养活动,并能用严格的标准长期指导自己的言行,促使自身道德素养的不断提高。

(3)教师要引导学生把参与自我修养与参加社会实践活动有机结合

道德修养在学生品德形成与发展中具有重要的作用,但自我修养不是要学生脱离社会,闭门思过。教育者在指导学生进行道德修养时,要注意把自我修养与积极参与社会实践活动有机地结合起来,在活动与交往中促进自身道德修养的不断提高。

6.品德评价法

品德评价法,即教育者依据教育目的和德育工作的要求对学生的思想和言行做出评判,以促进他们良好品德形成和巩固,纠正不良品德进而促进中学生的全面发展,实现德育工作目标的方法。

品德评价的类型和方式很多,根据不同的分类标准,可以区分出不同的品德评价方式。

(1)从评价形式看,品德评价法包括口头评价和书面评价,如口头表扬、书面评定等。

(2)从评价的性质看,品德评价法包括肯定性评价和否定性评价,如奖励、惩罚等。

教育者运用品德评价法要遵循以下基本要求

①明确目的,以理服人。无论采用何种评价,班主任必须明确评价的目的。品德评价法是德育工作中行之有效的、强有力的教育方法,也是学校实现其工作目标常用的工作方法。教育者在运用这一方法必须密切注意以下几个方面:在尊重信任中学生的基础上,以说明道理、辨明是非为前提;不能随心所欲、随意滥用,更不能把评价当作发泄个人好恶情感的机会。

②实事求是,公正无私。在品德评价中,中学生最不信服的就是班主任的偏袒和偏信。因此,班主任要深入中学生实际,全面了解中学生的实际情况。同时,坚持是非面前人人平等,该奖该罚以事实为重,不徇私情,不讲情面,使评价具有较高的信度。

③因人制宜、因材施教。为了实现班级的整体目标,班主任在掌握实事求是、公正无私的原则的基础上,要善于对不同层次的中学生提出相应的不同要求,并促使他们在各自的基础上向更高的层次努力。对优秀生要高标准、严要求,不能濒于表扬,对后进生,则要努力挖掘其潜在能力、善于发现其闪光点,并及时给予鼓励和关心。

④发扬民主、激发参与。品德评价的对象是中学生,如何评价、评价是否准确、评价后达到何种效果与评价是否民主、中学生是否参与其过程直接相关。班主任要充分发扬民主,让中学生参与品德评价,重视发挥集体舆论的作用。尤其是阶段性评价,或典型性的奖惩,教师要事先充分征求中学生的意见,与他们共同讨论决定。

⑤对品德评价法的作用要正确地估价。品德评价只是德育过程中的一种起辅助作用的方法,品德评价法要发挥作用,必须与其他德育方法配合使用,对其作用要正确地估价,不能滥用这一方法。

(三)教师选择和确定德育方法的基本依据

教师在选择和确定德育方法时,要注意以下几个问题:

1.要依据德育工作的目的和任务

德育工作的目的、任务是教育者选择和确定德育方法的重要依据,德育的目的、任务不同,德育的方法就要有所区别。如德育的目的和任务是提高学习者的道德认识,教育者就要选择说服教育法,而要帮助学习者形成良好的道德行为习惯,则要选择锻炼法等方法。

2.要依据德育的内容

德育方法的选择和确定必须为特定的德育内容服务,德育内容不同,德育的方法则要有所区别。如对学生进行爱国主义教育,就要运用说服教育法,要对学生进行劳动教育,除要用说服教育法外,更多地还要运用锻炼法,让学生在劳动中接受劳动教育。

3.要依据学生的年龄特征和他们的实际需求

德育方法是为学习者参与德育服务的,因此教育者在组织学生参加德育时,除考虑德育的目的、任务,德育的内容外,还必须考虑青少年学生的年龄特征和他们的具体需求。

九、当代国外德育模式

(一)德育模式的含义

德育模式是在一定的德育思想理论的指导下,教育者经长期德育实践而形成的定型的德育活动结构及其配套的实施策略,它包括德育指导思想、德育活动的结构与程序、实施原则、操作要领等诸因素统一结合构成的德育活动形式。

(二)当代国外德育模式简介

1.道德认知发展模式

这一模式的倡导者为杜威、皮亚杰、柯尔伯格等人。这一模式的倡导者认为儿童道德行为是在道德认识增长和道德判断能力发展的基础上形成的,因此强调教育者应该创设良好的教育环境,有目的、有计划地引导儿童参与道德讨论活动,促进儿童道德判断能力的提升。

(1)杜威的道德教育发展说

杜威在《民主主义与教育》等著作中系统地阐述了他的以个人为中心的道德教育价值观。

①学校道德教育的目的在于帮助学生形成良好的人格

杜威认为学校道德的教育目的就在于帮助学生提升道德认识,形成良好的社会责任感和人格。他说:"一切教育的目的在于形成人格。"①"学校在社会方面的伦理责任必须用最广泛和最自由的精神来解释,这对于儿童训练是相同的,要给予他自制的能力,使他可以自己管理自己,不仅使他能适应正在进行的变化,还要使他有能力形成和指挥这种变化。"②

②儿童的道德素养是在社会生活中逐步发展和完善起来的

在杜威看来,儿童的道德不是在外界的灌输下形成的,而是在特定的社会环境中通过活动与交往中形成与完善起来的。他说:"我们是生而无知和不成熟的,因而处于社会的依赖状态。教学和道德训练,就是成年人逐渐提高幼弱者照料自己能力的过程。"③他把儿童道德素养发展的过程分成三个水平:前道德或前世俗水平(个体的行为受有道德结果的生物和社会性冲动的激发)、行为的世俗水平(个体几乎不加批评地接受其所在团体的标准)和行为的自主水平(行为受个体对一个目的对己是否为善进行思维和判断的指导,不再受制约于团体的标准)。④

③教育者应当引导儿童在积极参加的活动与交往中学习道德规范

深受实用主义哲学影响的杜威高度评价活动与交往在学习者品德形成过程中的作用。他说:"教育并不是一件'告诉'和被'告知'的事情,而是一个主动的和建设性的过程,这个原理几乎在理论上无人不承认,而在实践中又无人不违反。"⑤因此,他极力反对把德育过程看作是教育者把德育规则告知给青少年学生,让他们按照规则要求进行机械训练,在强制的训练中形成道德行为的做法,主张让学习者在活动与交往中体验什么是规则,如何遵守规则,并逐步形成自觉的道德规范和道德行为方式。

杜威的道德教育学说反对把学生当作被灌输的对象,强调以学习者为中心,让学习者在活动与交往中去体验德育理念和德育规则,逐步形成道德认识,养成道德行为。但杜威夸大了学习者本能和活动的作用,排斥教育者对青少年学生有目的、有计划的教育训练是有一定弊端的,并不符合青少年学生道德品德形成规律的要求,是典型的

---

① 【美】杜威.道德教育原理[M].王承绪等译,杭州:浙江教育出版社,2003,P61.
② 【美】杜威.道德教育原理[M].王承绪等译,杭州:浙江教育出版社,2003,P63.
③ 【美】杜威.道德教育原理[M].王承绪等译,杭州:浙江教育出版社,2003,P61.
　　【美】杜威.道德教育原理[M].王承绪等译,杭州:浙江教育出版社,2003,P63.
④ 【美】杜威.道德教育原理[M].王承绪等译,杭州:浙江教育出版社,2003,P16.
⑤ 【美】杜威.道德教育原理[M].王承绪等译,杭州:浙江教育出版社,2003,P61.

个人中心主义道德教育理论。杜威的道德教育学说对西方各国的德育理论的创建产生了重要的影响,为西方道德认知学派理论的发展奠定了理论基础,有力地促进了西方各国学校德育工作的改革与发展进程。

（2）皮亚杰的道德发展学说

皮亚杰对儿童道德认知的研究集中体现在他1932年出版的《儿童的道德判断》一书中。在皮亚杰看来,发展就是个体与周围环境交互作用以及个体对自身经历的建构过程,在儿童道德行为形成与发展过程中,他们对周围社会关系的认识,道德认知和判断是道德品质的核心,因此他强调道德教育要关注儿童的道德认知与道德判断能力的养成。

皮亚杰通过研究发现,儿童的道德认知和道德判断能力是随着他们认知能力的形成而逐步形成和发展起来的。他把儿童道德认知与道德判断能力的发展过程分成三个相互联系的阶段:[1]

①前道德阶段(0—5岁)。皮亚杰认为这一阶段的儿童是凭借动作来思维的,对社会制定的道德规则无法理解,他们处于无道德规则的时期,社会道德规则对他们没有约束力,无法判断行为的对错,他们的行为受行为的结果支配,他们只做成人规定的事情,因为他们想得到成人的奖励或避免成人的惩罚。

②他律道德阶段(5—11岁)。皮亚杰认为这一阶段的儿童非常看重道德规则的作用,认为道德规则是成人制定的、永恒不变的,神圣而不可违背的,他们与成人的关系就是一种权威与服从的关系,把成人说的尤其是老师说的看作是真理。因此,这一时期的儿童严格地从字面的意义去理解规则,把责任和依附于责任的价值看成是固定的,不受内心支配的,个体评价行为的依据是行为的后果而非行为的动机,他们认为服从成人制定的规则就是最好的道德理念,服从成人的意志就是最好的公正。

③自律道德阶段(10—11岁以后)

这一阶段的儿童逻辑思维能力有了一定的发展,他们认为道德规则是人们在特定时期制定的,具有一定的相对性,随着时间和地点的变化也要发生一些改变才行,不能一味地死守规则。这一时期儿童已经能够理解到规则的真实意义,并且能用规则来约束自身的行为。这一时期的儿童对道德行为的判断,除了考虑行为的结果外,还要考虑行为的动机以及当时的具体情境。

皮亚杰认为儿童的道德发展过程就是他们从他律逐步发展到自律的过程。他强调教育者要想促进儿童道德判断能力的发展,就必须为儿童创设良好的社会环境,引导儿童积极参与学习人类科学文化知识的过程,尽可能地加强与社会成员之间的交往活动。

（3）柯尔伯格的道德认知发展理论

这一理论的倡导者是美国的教育家柯尔伯格(1927—1987)。他的代表作是《道

---

[1]　教育部人事司,教育部考试中心.教育心理学[M].北京:北京师范大学出版社,2006,P161.

德发展与道德教育》。柯尔伯格在广泛继承杜威等人道德教育学说的基础上,形成了道德认知发展理论。他认为道德教育的主要目的不是向学生灌输社会道德行为规范,而是提高学习者的道德行为判断能力。

在柯尔伯格看来,儿童的道德判断能力是随着他们认知能力的发展而逐步发展起来的,具有一种永恒不变的顺序。他把儿童道德判断能力发展分成了相互联系的三个水平和六个阶段:①

前世俗水平。柯尔伯格认为这一时期的儿童判断道德行为是根据行为的结果及其与自身的关系来进行的,认为人的道德行为是由外在因素决定的。他认为这一时期儿童道德行为判断形成包括以惩罚和服从为定向的阶段和相对快乐主义为道德定向的阶段。

世俗水平。在柯尔伯格看来,这一水平的儿童从社会的角度来考虑道德行为的价值,认为道德行为的价值在于为他人和社会服务,更好地维护社会既定的秩序。他认为这一水平儿童道德行为判断形成包括以人际关系和谐一致为定向的阶段、社会秩序和法则为定向的阶段。

后世俗水平。他认为这一水平的儿童不但能自觉地遵守某些行为准则,还能意识到法律规则的人为性,并能在考虑所有人的正义和尊严的基础上形成某些超越法律的普遍法则。他说这一水平儿童道德判断形成包括以社会契约和个人权利为定向的阶段和普遍的伦理法则为定向的阶段。

为了有效地培养学习者的道德判断能力,柯尔伯格主张教育者在德育工作中创设教育环境,运用道德两难故事法和公正团体两难故事法,引导学习者通过对这些道德教育的问题进行讨论,澄清疑难,逐步提高学习者的道德认识和道德判断能力。

柯尔伯格创建的儿童道德认知发展模式注重学习者道德认识和道德判断能力的养成,让学习者积极参与德育过程,有利于学习者道德素养的提高。但这一模式忽视对传统德育优秀遗产的继承,对德育过程中传统德育内容重视不够,过于强调学习者道德认知判断能力的提高,忽视学习者道德情感的培养和道德行为的训练,这是明显不科学的,也受到了世界各国教育界的抨击。

2. 体谅模式②

体谅模式或体谅—关心模式形成于 20 世纪 70 年代,倡导者为英国教育家彼得·麦克费尔等人,代表作有《生命线》、《学会关心》等。与道德认知发展模式注重学习者道德认知发展不同,体谅模式认定与人友好相处是人类的基本需要,满足这种需要是教育的首要职责。因此它强调教育者要尊重和信任学生,要创设良好的教育环境,把学习者道德情感的培养置于德育工作的核心地位,设计一系列的人际与社会情境问题启发学生的人际意识与社会意识,引导学生学会关心,学会体谅,养成关心他人、体谅他人的优良品质和习惯。

---

① 教育部人事司,教育部考试中心·教育心理学[M].北京:人民教育出版社,2002,P163.
② 教育部人事司,教育部考试中心.教育学考试大纲[M].北京:人民教育出版社,2002,P163.

　　这一模式深受人本主义教育理论的影响。它强调教育者要尊重学习者的人格,要以学习者为中心设计德育课程的内容和德育的方式,让学习者在积极参与的教育活动中平等友善交往,通过讨论和协商积极解决活动与交往中面临的实际问题,养成设身处地地为他人着想,关心和体谅他人的优秀品质。

　　这一模式的倡导者认定教育即关心,主张教育者要营造关心体谅的教育氛围,为学生树立关心他人、体谅他人的表率。

　　这一模式强调教育者要关心爱护学生,把学习者道德情感的养成作为德育工作的核心,注重以学习者为中心设计课程内容,让学习者在活动与交往中了解他人,关心体谅他人。但这一模式也有一定的弊端,如该模式缺乏坚实的理论基础,过于强调以学习者需要为中心,过于重视情感特征在德育过程中的作用,忽视学习者道德知识在德育过程中的作用等。

　　3.社会模仿学习模式

　　社会模仿学习模式由美国著名的教育家、心理学家班杜拉等人创立。这是班杜拉在吸收了皮亚杰、柯尔伯格道德认知发展阶段理论和行为主义认识论的某些观点,在德育实践中逐步形成的道德教育模式。

　　在班杜拉等人看来,个体的行为不是简单的刺激和反应之间的连接,是个体在具体的教育环境中逐步形成稳定的处理问题和解决问题的方式或习惯。班杜拉等人认为,个体不是独立地生存的,他要生存和发展,就必须与周围的人交往,周围人的言行举止对他自身道德行为具有重要影响,个体正是在模仿学习中促进自身道德形成和发展的。①

　　在班杜拉等人看来,儿童的道德发展是他们参与社会化活动,促使自身社会化的结果,儿童道德判断能力也可以通过他们的社会化学习来形成和发展,教育者引导学习者学习榜样人物的道德行为可以有效地提高学习者的道德判断能力,完善学习者的道德行为。

　　在班杜拉等人看来,学习者的道德行为可以通过有目的、有计划地引导学习者按照榜样人物的标准进行道德训练或参加道德实践活动来形成。因此,班杜拉等人极力主张教育者要为学习者创设良好的教育环境,引导学习者有目的、有计划地参与道德实践活动,在道德实践活动中强化学习者的道德认识,形成良好的稳定的道德行为习惯。

　　班杜拉等人创建的社会模仿学习模式在吸收了他人道德教育模式优点的基础上,创建了注重个体社会模仿学习的道德教育模式,这丰富和发展了现代德育模式,对促进青少年学生的品德发展,提高德育效果具有重要的理论意义和现实作用。但该学说的理论基础还有待完善,该学说的实践信度还不够,在中小学德育实践中很难实施,这也限制了该模式在德育实践中的应用。

---

　　① 教育部人事司,教育部考试中心.教育学考试大纲[M].北京:人民教育出版社,2002,P165—167.

4.价值澄清模式

这一模式的倡导者为美国教育家拉斯思、哈明、西蒙等人,代表作为《价值与教学》等。在拉斯思等人看来,现代社会是一个急剧变化的社会,也是一个多元的社会,不存在一种能够满足所有青少年道德发展需要的道德原则体系,青少年学生在实际活动中需要对道德价值观或道德原则进行选择。

在拉斯思等人看来,每一种道德价值观都有一定的价值或实际意义,但这种价值观对不同的个体来说实际意义是有差异的。因此,他们强调道德教育的任务不是让学习者牢记各种道德观的信条,而是要让学生对道德价值观进行分析和辨别,从而根据自身的需求选择出适合自己特点与需要的价值观。

这一模式把学习者价值观辨析过程分成三阶段七步骤,即选择—赞赏—行为。①

这一模式把学习者看作是德育过程的主体,注意调动学习者的积极主动性,注重引导学习者在实际的道德生活中提高自身的道德判断和道德价值的选择能力,具有较强的可操作性。

但这一模式过于强调学习者的个别差异性,过于强调道德价值的相对性,忽视了人类道德价值的共性,容易导致价值相对主义,造成人类普遍道德价值的缺失;这一模式过于强调道德价值观的判断和选择,但忽视学习者道德实践能力和习惯的养成,这也是值得警惕的。

5.社会行动德育模式

社会行动模式兴起于20世纪70年代欧美各国,主要倡导者为美国教育家佛雷德·纽曼,其代表作是《公民行动教育:对中学课程的要求》《公民行动教育技巧》等。

在佛雷德·纽曼看来,欧美现在流行的德育模式过于偏重学习者道德价值澄清,分析寻找道德价值原则,丰富道德知识和提高道德判断能力,但没有注意调动学习者参与道德行动的积极性,对学习者实施道德行为的训练重视不够,造成学习者不知道如何适应和改变现实社会。

佛雷德·纽曼等人在反思学校德育工作的基础上,强调学校的德育不应过于重视道德知识的传授和道德判断能力的提高,而应该把德育的重点放在培养和提高学习者的行动能力上。在佛雷德·纽曼等人看来,个体是社会环境中的个体,教育者培养和提高学习者的社会行动能力,重点在于培养学习者的环境能力(Environment Competence),特别是培养学习者的公民行动能力。②

纽曼认为,一个合格的公民,应具备三种环境能力,其一是作用于物体的物理能力(如绘画能力、建造能力等);其二是影响他人的能力(培养各种人际关系的能力、形成经济关系的能力等);其三是参与和影响公共事务的能力。他认为,个体参与和影响公共事务的能力是公民的核心能力,因此他强调教育者应把帮助学习者形成参与和影响公共事务的能力作为德育过程的核心目标。

---

① 教育部人事司,教育部考试中心.教育学考试大纲[M].北京:人民教育出版社,2002,P168.
② 教育部人事司,教育部考试中心.教育学考试大纲[M].北京:人民教育出版社,2002,P169—171.

佛雷德·纽曼等人强调,要提高学习者参与和影响公共事务的能力,就要围绕着社会热点问题来设计德育课程内容,引导学生围绕着社会热点问题进行讨论,积极投身和参与社会改良计划活动,让他们在活动与交往中运用所学知识改变社会现状。

社会行动道德教育模式是一种以行动为核心的德育模式,注重学习者道德实践能力的养成,具有重要的创新价值和现实意义。但这一模式的理论基础过于模糊、抽象,亟待完善;此外,这种模式对德育环境要求很高,设计的德育课程内容过于庞杂,需要投入很大的人力、财力和时间、精力等,不容易在普通学校的教育教学活动中实施。

通过对现代西方德育模式的简要介绍,可以得出以下结论:

(1)德育模式具有继承性。任何一种德育模式都不是凭空出现的,而是在广泛地学习和借鉴其他德育模式的基础上逐步地发展和完善起来的。

(2)个性。任何一种德育模式都具有自身的特点、功能和使用范围,也有自身的局限性。

(3)实践性和发展性。德育模式的创建是为完成德育任务,提高德育效果服务的,因此它的实践性很强。由于德育实践是发展变化的,因而德育模式也必须随着德育实践的发展而发展变革。

十、当代学校德育改革的动向和趋势

在信息技术化时代,经济建设和社会变革对人才的要求越来越高,这必然要求中小学的德育工作也要及时进行改革。各国为了提高学生的综合素质,加大了学校德育改革的步伐,德育改革中出现了一系列新的动向和趋势。[①]

(一)对学生品德教育更加重视

各国在学校德育改革与发展的实践中认识到,德育中思想教育和政治教育确实很重要,它们能有效地提高学生的思想觉悟,树立统治阶级宣传的政治观点,形成统治阶级需要的道德品质。但各国在德育实践中发现,品德教育是思想教育和政治教育的基础,没有品德教育奠定坚实的基础,思想教育和政治教育的作用是有限的,也很难在青少年学生身心发展中产生深刻持久的影响。因此,各国普遍在学校德育工作中抛弃过于强调以思想政治教育为核心的道德教育观念,开始把品德教育作为德育的核心,围绕着学生良好品德或德性的养成来开展德育工作。

(二)注重把学生当作德育的主体

传统德育过于强调教师的主导作用,把德育过程当作了教育者向学习者灌输道德知识,督促他们进行道德训练,形成道德行为的过程,这不利于学生自主意识的培养,对学生成长极为不利。各国在德育改革的实践中为了有效地培养学生的自主精神,强调要把学生当作德育的主体,让学生对德育工作有更多的知情权,让他们参与到德育过程中去,淡化道德灌输,重视讨论、实践和反思,促使学生在活动与交往中理解德育

---

① 袁振国.当代教育学[M].北京:人民教育出版社,2004,P230—250.

知识,形成道德理念,养成良好的道德行为习惯。

(三)强调德育内容和德育方式的现代化

现代信息技术极大地改变了人们的生产方式和生活方式,也对教育内容和教育方式的确定提出了新的要求。各国为了提高学校德育工作的效果,开始根据信息技术时代对人才的新要求来改革德育的内容,把体现自由、民主、和谐发展、和平共处、探究等理念的内容充实到德育课程中去,让学生用喜闻乐见的方式去参与德育过程,在活动与交往中提高自身道德素养。

各国学校重视德育内容和德育方式的现代化,提高了德育工作的效率,对提高德育工作的效果产生了积极影响。

(四)强调学校德育的生活化

各国在德育改革与发展中过程中发现,直接把德育内容编排在某一门或几门课程中,用专门的时间对学生进行道德教育效果并不显著,而把德育的内容融入各科课程教材中,让学生在学习各科教材内容和参与教育活动中接受德育的效果则更好些。因此,各国为了提高德育工作的效果,开始重视加强德育内容与学生学习、生活之间的有机联系,让学生用他们喜欢的方式去学习和体验德育知识,在活动与交往中提高学习者的道德认识,形成道德行为。

学校德育的生活化,加强德育内容与学生生活之间的联系,让学生用喜闻乐见的方式参与德育过程,增加了德育工作的乐趣,提高了德育工作的效果。

(五)德育评价方式的多元化与科学化

长期以来,各国德育评价方式片面化,过于重视学生道德知识的掌握,忽视对学生道德情感和道德行为的考察,造成学生思想品德教育效果不佳,效率低下。

为了提高德育工作的效果,各国开始反思传统的德育评价标准和评价模式,注重把定性评价和定量评价结合,建立起能够有效促进学生品德发展,改善德育工作效果的科学化的德育评价体系。

(六)学校德育工作的社会化

学校德育工作不能脱离社会的实际,学校德育工作仅仅依靠学校教育的力量是远远不够的,必须依靠学生家长和社会教育力量的支持和配合才行。为了提高学校德育工作的效果,各国普遍重视切实优化学生周围的物质和文化教育环境,切实加强学校与家庭、社会之间的有机联系,使各种教育学生的力量形成合力,共同来影响和促进学生的健康发展。

各种教育力量相互支持、相互配合,学校德育工作的社会化,为学生品德的形成与发展创造了良好的条件,促进了德育工作的顺利开展,提高了德育工作的质量和效率。

(七)注重对传统德育模式的批判与继承

传统道德理论重视学生思想品德的教育,重视发挥教师的主导作用,让学生通过道德训练形成社会需要的品德,这在诸多方面都有合理的因素,虽然有忽视学生主体作用,过于重视道德灌输,忽视学生创新意识培养等弊端,但它的历史作用则是无法否认的,它依然是现代德育理论形成与发展的基础,离开了对传统德育理论的批判与继承,现代德育理论的形成与发展就会成为一句空话。正因为如此,世界各国德育改革中尤其重视对传统德育的批判和继承,吸收其精华,剔除其糟粕,根据时代变革的新要求对传统道德教育理论进行大胆的更新与改造,使其更好地承担起培养品德优良的有创新意识和实践能力的公民的职责。

各国注重对传统德育的批判与继承,强调在批判继承的基础上创建具有时代特色的现代德育理论,促进了德育理论科学化的进程,为各国学校德育的顺利进行提供了强有力的理论支持,提高了各国学校德育工作的质量和效率。

【本章主要参考文献】

1. 王道俊,王汉澜. 教育学[M]. 北京:人民教育出版社,1989.

2. 钟启泉. 为了中华民族的复兴,为了每位学生的发展——《基础教育课程改革纲要(试行)》解读[M]. 上海:华东师范大学出版社,2002.

3. 唐爱民. 当代西方教育思潮[M]. 济南:山东人民出版社,2010.

6. 戚万学. 学校德育原理[M]. 北京:人民教育出版社,1994.

7. 南京师范大学教育系. 教育学[M]. 北京:人民教育出版社,1984.

8. 全国十二所重点师范大学编写组. 教育学基础[M]. 北京:教育科学出版社,2002.

9. 教育部人事司,教育部考试中心. 教育学考试大纲[M]. 北京:北京师范大学出版社,2006.

10. 瞿葆奎. 教育学文集·德育(上)[M]. 北京:人民教育出版社,1990.

11. 陈理宣. 教育学原理——理论与实践[M]. 北京:北京师范大学出版社,2010.

12. 袁振国. 当代教育学[M]. 北京:人民教育出版社,2002.

13. 余文森. 新课程背景下的公共教育学教程[M]. 北京:高等教育出版社,2005.

14. 易连云. 德育原理[M]. 武昌:武汉大学出版社,2010.

15. 戚万学,唐汉卫. 学校德育原理[M]. 北京:北京师范大学出版社,2014.

【本章思考题目】

一、名词解释

1. 德育

2. 德育过程

3. 说服法

4. 陶冶法

5. 榜样法

二、选择题

1. 班主任赵老师经常运用表扬、鼓励、批评和处分等方式引导和促进学生品德积极发展,这种方法属于 ( )

A. 说服教育法   B. 榜样示范法   C. 情感陶冶法   D. 品德评价法

2. 张老师在工作中，注重以自己高尚品德、人格魅力以及对学生的深切期望和真诚的爱来触动、感化学生，促使学生思想转变。这种德育方法是   ( )

A. 实际锻炼法   B. 品德评价法   C. 个人修养法   D. 情感陶冶法

3. 初二(1)班小王同学在黑板上画了个漫画，并写上"班长是班主任的小跟班"。班主任冯老师看了发现漫画真画出了自己的特征，认为他有绘画天赋。于是请他担任班上的板报和班刊绘画编辑，并安排班长协助他。在班长的帮助下，小王发挥了自己的才能，出色地完成了任务，克服了散漫的毛病，后来还圆了他考取美术专业的大学梦。冯老师遵循的主要德育原则是   ( )

A. 疏导原则   B. 教育影响一致性与连贯性原则

C. 长善救失原则   D. 严格要求与尊重学生相结合原则

4. 中学生小辉因害怕被教师批评而遵守上课纪律。根据柯尔伯格的道德认知发展阶段理论，小辉的道德发展处于哪个阶段？   ( )

A. 相对功利取向   B. 避罚服从取向   C. 寻求认真取向   D. 遵守法规取向

5. 董老师总是希望在课堂上尽可能地满足学生爱与被爱的需要。董老师的做法体现了哪种课堂管理取向   ( )

A. 建构取向   B. 行为取向   C. 认知取向   D. 人本取向

6. 王军写了保证书，决心遵守《中学生守则》，上课不再迟到，但是害怕冷，王军冬天迟迟不肯钻出被窝，以至于再次迟到，对王军进行思想品德教育的重点在于提高其   ( )

A. 道德认识水平   B. 道德情感水平   C. 道德意志水平   D. 道德行为水平

7. 教育者以他人的高尚思想、模范行为和卓越成就来影响学生品德形成的一种教育方法是

     ( )

A. 榜样法   B. 说服法   C. 品德评价法   D. 陶冶法

8. 教师有目的、有计划地组织学生参加一些有教育意义的实践活动，以巩固和加深他们的道德认识，形成良好道德行为习惯的方法是   ( )

A. 榜样法   B. 锻炼法   C. 品德评价法   D. 陶冶法

9. 最早提出严格要求与尊重相结合德育原则的教育家是   ( )

A. 加里宁   B. 马卡连柯   C. 杜威   D. 乌申斯基

10. 在集体中，通过集体、为了集体的原则又称为   ( )

A. 平行教育原则   B. 德行原则   C. 幸福教育原则   D. 实践性原则

11. 现代道德认知发展模式的创立者为   ( )

A. 马卡连柯   B. 柯尔伯格   C. 杜威   D. 加德纳

12. 最早提出体谅德育模式的教育家为   ( )

A. 马卡连柯   B. 柯尔伯格   C. 杜威   D. 麦克费尔

13. "君子博学而日参省乎己，则知明而行无过矣"，荀子这句话体现的德育方法是   ( )

A. 说服教育法   B. 榜样示范法

C. 实际锻炼法   D. 个人修养法

14. 班主任李老师接手一个新班后，针对该班纪律散漫学风懈怠的情况，首先运用板报墙壁等媒介做好舆论宣传，建立良好的班风，同时以真诚的爱感化学生，促使学生积极进取。一个学期下来，该班班风学风焕然一新。李老师运用的主要德育方法是   ( )

A. 个人修养法   B. 榜样示范法   C. 实践锻炼法   D. 情感陶冶法

15.世界各国中小学德育内容的编排方式有系统编排和 　　　　　　　　（　　）

A.间接编排 　　　　B.校外编排 　　　　C.随便编排 　　　　D.国家指定编排

16.我国中小学德育工作的基本途径是 　　　　　　　　　　　　（　　）

A.课外活动 　　　　B.班主任工作 　　　　C.政治课和各科教学 　　D.各科教学

17."寓德育于教学之中,寓德育于活动之中,寓德育于教师的榜样之中,寓德育于学生的自我教育之中,寓德育于管理之中",这是德育过程中(　　)规律的体现。

A.德育过程是学生知、情、意、行的培养过程

B.德育过程是促进学生思想内部矛盾斗争发展的过程,是教育和自我教育相统一的过程

C.德育过程是组织学生的活动与交往,统一多方面的教育影响的过程

D.德育过程是长期的反复的逐步提高的过程

18.我国中小学思想品德教育的实质是 　　　　　　　　　　　（　　）

A.将学生的道德认识转化为道德行为

B.培养学生的道德情感

C.将一定社会的思想品德转化为受教育者个体的思想品德

D.提高学生对客观世界的认识

19.学生王林因不守纪律,又一次被带进办公室,当即受到班主任的训斥:"你又违反纪律了?我跟你说了多少次?你的脸皮实在太厚了!你把家长请来,当面说清楚,你到底准备怎么办?不然,从明天起,你就不要来读书了。"王林低着头离开了办公室。根据上面的材料,你认为要使王林遵守纪律应采用的方法是 　　　　　　　　　　　（　　）

A.说服教育法 　　　B.情感陶冶法 　　　C.榜样示范法 　　　D.实际锻炼法

20."桃李不言,下自成蹊"这句话所体现的德育方法是 　　　　　（　　）

A.情感陶冶法 　　　B.实际锻炼法 　　　C.说服教育法 　　　D.榜样示范法

21.中学生小张认为遵守交通法规是人人应尽的责任与任务。根据柯尔伯格的道德发展阶段理论,小张的道德判断处于 　　　　　　　　　　　　（　　）

A.惩罚服从趋向 　　B.相对功利趋向 　　C.寻求认可趋向 　　D.社会契约趋向

22.中学生小黄在学习时关注的是知识的内容和价值,而不是为了获得分数和奖赏。根据成就目标理论,小黄的目标导向属于 　　　　　　　　　（　　）

A.成绩趋近 　　　　B.成绩回避 　　　　C.掌握趋近 　　　　D.掌握回避

23.中学生小孙近期心里很矛盾,觉得未来的自己应该是一名科学家,但又觉得能力有限,遥不可及。根据埃里克森的人格发展阶段论,当前他的主要发展任务是 　　　　　（　　）

A.获得勤奋感 　　　B.克服内疚感 　　　C.避免孤独感 　　　D.建立统一性

24.中学生晓华和几个同学为了参加全省航模大赛,组成了航模小组。他们为了在大赛中表现出色,达成了共识:牺牲各自的一些课余休息时间,放弃各自的一些爱好,以规范自己的参赛行为。这种情况,小组成员遵循的纪律属于 　　　　　　　　　（　　）

A.教师促成 　　　　B.群体促成 　　　　C.任务促成 　　　　D.自我促成

25.班主任于老师通过委托任务和组织班级活动来对学生进行思想品德教育,他采用的德育方法是 　　　　　　　　　　　　　　　　（　　）

A.榜样示范法 　　　B.品德评价法 　　　C.说服法 　　　　　D.实际锻炼法

26.人们熟悉钳子是钳东西的,很难想到它还能当锤子使用。这种现象是 　　（　　）

A.原型启发 　　　　B.知觉特点 　　　　C.功能固着 　　　　D.知识经验

27.中学生随着身心的迅速发展,开始积极尝试脱离父母的保护和管理,渴望自己的行为像成人,不愿意被当作孩子看待。这说明中学生心理发展具有　　　　　　　　　　　　　　　（　　）

　　A.平衡性　　　　　　B.独立性　　　　　　C.闭锁性　　　　　　D.动荡性

28.孟老师近期工作比较消极,漠视学生的存在,对学生态度麻木,缺乏应有的尊重。依据职业倦怠的特征,孟老师的这些表现属于　　　　　　　　　　　　　　　　　　　　（　　）

　　A.情感枯竭　　　　　B.去个性化　　　　　C.成就感低　　　　　D.知识枯竭

【本题参考答案】

职业倦怠是指个体在长期的职业压力下缺乏应对资源和应对能力而产生的身心耗竭状态。玛勒斯等人认为职业倦怠主要表现在三个方面:一是情绪耗竭,主要表现在生理耗竭和心理耗竭两个方面。如极度的慢性疲劳、力不从心、丧失工作热情、情绪波动大等。二是去个性化,即刻意在自身和工作对象间保持距离,对工作对象和环境采取冷漠和忽视的态度。教师以一种消极的、否定的态度和情感对待学生。三是个人成就感低,表现为消极地评价自己,贬低自己工作的意义和价值。孟老师的表现体现为去个性化,故选B。

29.小强不按时完成作业,妈妈就禁止他看动画片,一旦按时完成就取消这一禁令,随后小强按时完成作业的次数增加了,这属于　　　　　　　　　　　　　　　　　　　（　　）

　　A.正强化　　　　　　B.负强化　　　　　　C.自我强化　　　　　D.替代强化

30.根据皮亚杰的道德发展阶段理论,小学低年级儿童常常认为听父母和老师的话就是好孩子,这是因为其道德发展处于　　　　　　　　　　　　　　　　　　　　　　（　　）

　　A.权威阶段　　　　　B.公正阶段　　　　　C.可逆性阶段　　　　D.自我中心阶段

三、简答题

1.通过德育应完成那些任务?:

2.我国中小学德育内容包括那些方面?

3.我国中小学德育过程的规律包括那些方面?

4.我国中小学德育工作应该遵循哪些原则? 简要说明遵循这些原则的基本要求。

5.我国中小学德育工作中的德育方法有哪些? 运用这些方法的基本要求有哪些?

6.教师应如何选择和确定德育方法?

7.西方主要的德育模式有哪些? 各有哪些特点?

8.简要说明我国中小学心理健康教育的主要内容。

9.联系实际说明加强中小学德育工作的重大意义。

四、辨析题

1.德育就是思想教育。

2.学生的道德教育必须依靠灌输,别无他法。

3.德育过程是对学生知情意行的培养和提高过程,应以知为开端,知情意行依次进行。

4.树大自然直,儿童在年龄小的时候道德出现差错是正常的,到了年龄大的时候自然就改掉身上的毛病了。

5.传统道德教育模式保守、落后,没有任何的功效,必须彻底抛弃。

6.学校德育工作必须以学习者的需求为中心,要依据学生的需要确定德育的内容和德育的方式,不能过于考虑国家和社会的需要。

7.中小学的心理健康教育就是对心理有障碍的学生的教育,对正常的学生影响不大。

8.德育的起点是提高道德认识。

【本题参考答案】

该说法是错误的。

德育过程是培养学生知、情、意、行的过程,德育过程的一般顺序可以概括为知、情、意、行,以知为开端、以行为终结。但由于社会生活的复杂性,德育影响的多样性等因素,德育具体实施过程,又具有多种开端,这可根据学生品德发展的具体情况,或从导之以行开始,或从动之以情开始,或从锻炼品德意志开始,最后达到使学生品德在知、情、意、行等方面的和谐发展,不能武断地认为提高道德认识是德育的起点。

五、阅读下面材料,用所学教育学原理分析教育者该如何对待案例中的学生

某校三年级有位叫王峰的学生,经常迟到、旷课、上游戏厅,甚至打架、敲竹杠,学习成绩就更不说了,门门功课挂红灯,尽管老师多次教育,仍不见好转,还是经常旷课、打游戏,向同学借钱,同学不借就打同学,以至班里同学见了他都躲得远远的。虽然偶尔也有进步,但没过两天又恢复原样,以至老师对他失去了信心。不过,这个学生并不是一无是处,他百米赛跑速度超人,在校运会上,他连续两年获得百米赛跑冠军,为班级争得了荣誉。除此以外,他还特别喜爱画画,象棋也下得非常棒。

六、阅读下面的材料,并回答问题

1. 某小学寒假开学后的教师大会上,校长特别强调了要加强学生德育工作。他说,某日,自己在校门口看到本校高年级某女生抓到某个男生后,狂扇了男生几个耳光,校长赶紧上前制止,并问女生:"你为什么要扇他?"女生瞟了校长一眼,反问:"我能不告诉你吗?"校长说,他当时受到了很大的刺激,把她交给了学校主管学生德育工作的副校长处理。

很多老师听完故事都很失望和无奈。是的,学校生活中有些科任老师也就像这位校长一样,遇到了难教的孩子,都"无奈"、"无能"地交给班主任,认为德育理所当然的是班主任的事。

【问题】① 你怎么看待这件事?

②如果你是这所小学的校长,你会运用哪些德育方法来解决问题?

2. 暑假结束后,我让班长把暑假的作业交上来,但一个叫张明的学生作业一个字也没有写。我问他为啥没有写作业,他支支吾吾地说:"我以为初二不是你教,做不做暑假作业不要紧。"

我非常生气,命令他除要完成当天的作业外,还必须花时间去补写暑假作业。整整一个星期,他在学校连一分钟的自由时间都没有,终于在一周的时间内补写了所有的暑假作业。

开学后的第二周的周一早上,我批阅学生的作业——一则日记。我翻看了一下,竟然发现了张明同学大骂他的作业本(因为他很少交作业的)。我发现他这次居然写了整整两页,这种情况很少见,我迫不及待地读了起来。在日记中,他首先向老师道歉,说自己不该不完成暑假作业。接着叙说了自己一星期来的痛苦。一开始,他觉得老师给自己布置的作业太多,根本不可能完成。可是自己要是不写,老师要批评,家长要打骂自己,不但如此,家长放学后还要被家长逼着干活,他简直走投无路了。每天晚上都躺在床上哭。上周五下午放学后,他跑到校园外的草地上躺了好久,准备跳进水塘一死了之,可终因缺乏勇气,还是垂头丧气地回家去了,避免了一场悲剧。读着读着,泪水涌出了我的眼眶,我激动不已,拿着小张的日记本就往教室跑。

在教室里,我向同学们读着张明写的日记。才读到一半,我已经是泪流满面,嗓子里像被什么东西堵着一样,再也无法往下读了,我只好请该班的班长帮忙。教室里安静极了,只听见同学们抽泣着。我抬头看看孩子们,连几个平时非常顽皮的大男孩都在偷偷地擦眼泪。

日记读完后过了好大一会,我终于抑制住了我激动的心情,流着眼泪向同学们做检讨,向张明同学道歉。我向同学们保证,今后再也不能这么粗心,不能让孩子们受这么多的委屈。最后我还表扬了张明同学,认为有了真实情感,就能写出这么好的文章。

自这次日记事件以后,张明同学好像换了一个人似的,认真听课,自觉地做作业,学习成绩稳步上升。更重要的是,他一扫悲愁之色,露出了少年应有的愉快笑容。

【问题】:这位中学老师在教育工作中运用了哪些德育原则? 结合案例加以说明。这位中学老师在教育工作中的成功之处和教训是什么,请加以简要说明。

3. 晓星经常欺负同学,班上的同学都不愿意跟他交朋友。

在一次课外活动中,其他同学都三五成群地玩着,只有晓星一个人待在角落里,马老师悄悄地走过去,对他说:"咱俩一起玩吧。"晓星生硬地问道:"为什么?"马老师蹲下身来,俯在晓星耳边说:"因为我喜欢你啊!"他们两人玩起了游戏,游戏中,马老师问:"想让大家一起玩吗? 那就大声招呼大家来吧!"因为有老师的参与,同学们很快围拢过来。这一次,晓星和同学们一起玩得很开心。

过后,马老师仔细观察晓星的行为,了解他与同伴相处的困难所在:其实晓星很想和同学们一起玩,就是不知道怎么和他人相处,欺负同学只是想引起老师和同学们的注意而已。

马老师组织开展以"交朋友"为主题的班队活动,在活动中教给晓星与人正确交往的方法,并鼓励班干部与同学们主动与晓星交往。在老师和全班同学的帮助下,晓星逐渐变得不再欺负同学了,也有了自己的好朋友。

【问题】:请从学生观的角度,评析马老师的教育行为。

【本题的参考答案】

马老师的教育行为是正确的,符合现代学生观的要求。

(1)学生是发展中的人,教师要用发展的观点认识学生

学生的身心发展是有规律的。晓星处于少年期这一时期,是非常渴望得到别人的认可和鼓励的。

(2)学生是处于发展过程中的人

学生良好品德是在活动中发展和建立起来的,他们的不足也是在活动与交往中逐步改正的。马老师认为晓星是发展中的人,他的缺点是可以改正的,于是组织了"交朋友"的班队活动,在活动中教给了晓星与人相处的知识与方法,让他在活动中改正了自己的缺点,融入了班集体。

(3)学生是发展的主体

学生是教育活动中具有主体需求的人。从材料中可以看出,晓星是想要和同学们一起玩耍,他有这种交往的需求,但是因为欺负同学使他被孤立,所以老师需要把晓星的交往需求激励出来,并通过班干部主动和他交往的方式去建立这种联系。

(4)学生是独特的人

每个人的发展都是独特的,每个人的问题也都具有自己的个体原因,马老师能够找到晓星问题产生的原因,能够根据实际采取合理的方法教育小马,做到了启发诱导与因材施教,因而教育效果良好。

4. 开学不久,赵老师发现该班的杨明同学在学习和生活中有许多毛病。赵老师心想,像杨明这样的同学缺少的不是批评而是肯定和鼓励。一次,赵老师找他谈话说:"你有缺点,但你也有不少优点,可能你自己还没有发现。这样吧,我限你在两天内找到自己的一些长处,不然我可要批评你了。"第三天,杨明很不好意思地找到赵老师,满脸通红地说:"我心肠好,力气大,毕业后想当兵。老师听了说:"这就是了不起的长处。心肠好,乐于助人,到哪里都需要这种人。你力气大,想当兵,保家卫国,是很光荣的事,你的理想很实在。不过当兵同样需要思想品德好,具有一定的科学文化知识,需要有真才实学。"听了老师的话,杨明高兴极了,脸上露出了微笑。

【问题】:案例中赵老师在教育过程中主要运用了哪些德育原则和方法?

六、论述题

1. 联系实际说明加强中小学德育工作的重要性。

2. 当代德育改革的动向和趋势有哪些?

3. 我国中小学德育工作中存在的问题有哪些? 你认为对策应该是什么?

4. 国内外常用的德育模式有哪些?

5. 当代国外德育模式的发展动向有哪些?

第十九章　班主任与班级管理

【本章课程与教学目标】

1. 使学生了解班级、班级管理的内涵及班集体的作用；
2. 使学生掌握班集体的形成与发展的规律，了解班主任的工作内容及其要求；
3. 使学生了解班级管理的几种模式的特点；
4. 使学生能运用所学知识分析解决班级管理中存在的问题。

一、班级的意义

（一）班级的含义

学校要有效地完成教育学生的任务，就要把学生组织起来，在特定的时间和空间开展活动。班级通常由学校指派的教师引导一群教育年龄、文化程度相近的学生在学校特定的空间内为开展教育教学活动，以完成规定的教学任务，实现学校制定的教育教学目标，促进学生身心发展而形成的教育组织。[1]

（二）班级的功能与意义

班级是学校开展教育教学活动的基本单位，是教师与学生交流与交往的主要场所，是学生接受教师指导，学习科学文化知识，促进自身智能和品德形成与发展的教育园地；它也是学生从事各种集体活动，结交好友，满足自己多方面需求，促进个性形成和社会化的场地。因此，班级（组织）具有满足学生多方面的需求，促进学生身心和谐发展，矫正学生的行为，提升自身的教育科学文化素养和思想道德素养，逐步实现社会化和个性化等功效。[2] 有的学者把班级的功能归纳为：生态功能与归属功能、教导与自主功能、社会化与个性化功能等方面。[3]

（三）班级组织的发展

班级组织是西方工业革命的产物。16 世纪以后，随着生产力的发展和科学技术

---

① 教育部人事司,教育部考试中心.教育学考试大纲[M].北京:北京师范大学出版社,2002,P172.
② 教育部人事司,教育部考试中心.教育学考试大纲[M].北京:北京师范大学出版社,2002,P172.
③ 王道俊,郭文安.教育学[M].北京:人民教育出版社,2016,371.

的进步,西方产业界对劳动者队伍的素质提出了新的要求。为了满足教育对人才数量和质量不断提高的新要求,需要摒弃传统的个别教学制,采用一个教师可以教更多学生,且能提高培养人才质量的教学制度。最早提出"班级"一词的是文艺复兴时期的荷兰教育家埃拉斯莫斯。[①] 16世纪,在西欧一些国家宗教团体创办的学校里,出现了班级组织的尝试,运用班级的形式开展教育教学活动。

17世纪捷克教育家夸美纽斯总结了前人和自己的经验,在《大教学论》一书中提及了班级上课制,他认为一个教师同时教很多学生是可能的,关键在于把教学的时间、科目等巧妙地组织起来,使得学校每个学期、每个周、每天、每个小时都有一定的工作和任务,并对班级组织的意义和实施原则进行了详细的论证。[②]

夸美纽斯《大教学论》的出版发行为班级组织的创建奠定了理论基础,为班级组织的创建做出了重大贡献。18世纪后,班级组织在欧洲许多国家开始确立和推广。

18世纪末19世纪初,英国等地还出现过"导生制"(Monitorial System),也称"相互教学制度"或"小先生制",或"贝尔-兰卡斯特制度"。它是由英国国教会的贝尔(Andrew Bell,1753—1832)和公益会的兰卡斯特(Joseph Lancaster,1778—1838)所开创的一种教学组织形式。它原指在缺乏师资的情况下,由教师选择一些年级较高或年龄较大、成绩优秀的学生充任"导生",作为助手,先让他们接受教学内容,再让他们转教其他学生的一种教学制度。这一制度由于能有效地解决学校师资缺乏,满足更多青少年学生读书的要求,在欧美和亚洲各国流行了较长时间。但该制度下导生的素质和能力不高,很难保证学校的教育教学质量。因而在西方工业革命后逐渐消失。

我国采用班级组织形式始于1862年的京师同文馆,1902年后班级组织形式开始在我国各地学校中普遍推广。

20世纪后,随着学校教育的不断发展,班级逐渐成为学校教育教学的基本单位,并对各级学校教育教学工作的正常运行和学生的发展产生了越来越大的作用。

二、班级管理

(一)班级管理的含义

要提升班级教育学生的质量与效率,教育者就必须把班级有效地加以组织和管理。班级管理是教师根据教育的目的和学校工作的要求,采取一定的手段和措施,带领全班学生,对班级中的各种资源(人、财、物、时间、空间和信息等)进行计划、组织、协调和控制,以实现教育目标,完成教育任务的组织活动过程。[③]

(二)班级管理的内容

班级管理的内容一般包括以下几个方面:

---

① 教育部人事司,教育部考试中心.教育学考试大纲[M].北京:北京师范大学出版社,2002,P173.
② 夸美纽斯.大教学论[M].北京:教育科学出版社,1999,P200—230.
③ 教育部人事司,教育部考试中心.教育学考试大纲[M].北京:北京师范大学出版社,2002,P173.

1. 班级德育管理

把全班学生组织起来,有目的、有计划地对他们进行思想品德教育,是班主任工作的基本职责。加强班级德育管理能保证班级学生沿着健康的方向发展,为全班各项工作的完成提供动力和保证。

2. 班级教学管理

班主任要让学生形成爱学习、守纪律的良好习惯,就要加强教学管理,建立正常的教学秩序,保证教学活动有条不紊地进行下去。

3. 班级体育卫生和课外活动管理

班级体育卫生和课外活动搞得好坏,直接影响着学生的学习质量和教育质量,班主任要引导学习者积极参与班级的体育卫生和课外活动,让学生在活动与交往中提高和完善自身素养。

4. 班级生活指导

学生是最终要走向社会的人,班主任则是学生走上生活道路的引路人。班主任要切实加强对学生的生活指导,教给他们一些必需的生活基础知识和职业预备知识,逐步培养他们适应生活、适应社会的能力,学会与他人共同相处,学会做人。

(三)班级管理的意义

班级管理是学校管理的重要内容,它对于保证班级各项教育活动的顺利进行,促进学生身心的健康和谐发展具有重大的作用。

1. 有助于形成和维持良好的班级秩序,形成优良的班风

班级是学生群体活动的基础,是学生学习和交往的主要场所,班级的秩序和班风,直接决定着班级学生的教育教学环境的好坏,影响着班级学生的教育教学效果。因此,教师调动班级成员参与班级管理的积极性,共同建立良好的班级秩序和形成优良的班风,不仅可以有效地规范学生的言行,调节学生的心境,使学生逐步产生强烈的归属感,激发学生对班集体的责任感和参与感,愿意在集体中追求自己的发展。

2. 有助于实现教育教学目标,提高学习效率

班级组织出现的根本原因是为了更有效地开展教育教学活动,切实提高教育教学的效果和效率。教师加强班级管理,可以有效地优化教育教学环境,最优化地利用各种教育资源,选择最合适的教育教学模式,全面实现学校规定的教育教学目标,不断提高学生的学业成绩和学习效率。

3. 有助于锻炼和提高学生的能力,学会自治自理

班级是学生学习和生活的主要场所,学生是在班级生活中学会人际交往,处理各种交往的问题,养成与人交际能力的。教师调动学生参与班级管理的积极性,引导他们积极参加班级管理的过程,自主地处理班级过程中的各种问题,可以帮助学生逐步成为学习自主、生活自理、工作逐步自治,获得认识社会、适应社会变革与发展的能力,这对于促进学生独立人格的形成与发展是极其重要的。

三、班级管理的几种模式

一般来说,班级管理有常规管理模式、平行管理模式、民主管理模式和目标管理模式等四种。

（一）常规管理模式

这是指班主任按照教育目的和学校工作的要求,引导学生通过制定并履行班级常规制度,去管理班级事务的模式。

要落实班级的常规管理要求,首先班级管理的规章制度要全面和完善,既要有国家教育主管部门关于班集体和学生的管理制度（学生守则、学生日常行为规范、中小学学生体育锻炼标准等）,还要有学校制定的学校常规制度（如考勤制度、奖惩制度等）,还要有本班学生经过讨论制定的班规、值日生制度和考勤制度等）;同时,要引导学生严格落实和执行班级规章制度,让学生在班级规章制度的约束下成长,逐步形成自觉遵守班级规章制度的习惯,提升自主管理的能力。

（二）平行管理模式

班级平行管理是指班主任在管理学生时,要充分发挥班集体的教育作用,要通过对集体的管理来间接影响学生个人,又通过对个人的直接管理去影响集体,从而把对集体和个人的管理有机地结合起来的管理模式。

这一管理模式的倡导者为苏联著名教育家马卡连柯。他认为学生集体不仅是教育的对象,也是教育的主体。教育者要提高对班级学生教育效果,不能轮流教育每一个学生,首先要去影响这个班集体,然后通过这个学生集体和老师一起去影响学生,这样才会产生巨大的教育力量,使得学生个人和集体都受到教育。[1]

班主任在实施平行管理模式时,首先要注意培养具有影响力和凝聚力的班集体,充分发挥班集体的教育功能;其次要通过教育和转化个别学生,促进班集体的管理与发展。总之,这一模式要求班主任把对班集体和个别学生的教育有机结合。

（三）民主管理模式

民主管理模式是指班主任在实施班务管理时要切实调动班级成员的积极主动性,让他们参与班级事务的管理过程,由学生自主管理班级事务的一种管理模式。

这一模式的理论基础是人本主义教育管理理论,代表人物有美国的管理学家梅奥等人。[2]

民主管理模式能够切实调动学生参与班务管理的积极性,使学生认识到自己主人翁的权利和责任,让学生在参与班务管理的过程中受到启迪和教育。

实行班级民主管理的关键在于构建有利于班级民主管理的良好氛围,创建有利于班级民主管理的规章制度,班主任还要有民主的工作作风。

---

[1] 吴式颖.外国教育史教程[M].北京:人民教育出版社,2015,P404—410.
[2] 鲍传友.中小学教育管理[M].北京:高等教育出版社,2014,P43.

（四）目标管理模式

班级目标管理模式是班主任和学生依据教育目的和学校的工作任务要求确定班级管理的总体目标，并把它们分化为班级小组和个人的具体目标，形成具体的目标体系，以目标的实现为核心来推进班级管理，实现班级目标的管理模式。

目标管理模式的创建者为美国管理学家德鲁克，这一理论强调通过目标导控把传统的他控的管理方式转变为强调自我、自我控制的管理方式，切实调动被管理者参与管理的积极性，通过自我调控来实现管理目标。[①]

在班级管理中实施目标管理，关键在于引导学生参与目标的制定与细化的过程，制定的目标是学生经过努力能够达到的，让学生在目标的指引下，实现学生的自我管理。

四、班集体的形成与发展

（一）班集体的基本特征

班级是教师按照一定的教育目的和集体教育教学的要求把一定数量的学生按照年龄和知识程度组织起来的学生群体。但一个班的学生集合在一起还不能算作班集体，因为班集体具有一定的特征：

1. 具有明确的共同奋斗目标

目标是一个集体工作中要达到的目的或结果，它具有很强的导向和激励功能。当班级中的学生具有共同的奋斗目标时，他们在实现目标的过程中就会在认识上和行动上保持一致，相互之间形成一定的依赖性，它是维系师生关系的纽带，是班集体前进的动力所在。

2. 具有一定的组织结构

班级中的成员要成为一个坚强的集体，就要通过一定的班级机构组织起来，按照一定的组织结构建立由班级骨干和积极分子为核心的相应的机构，控制和维系班级成员的关系，从而有效地完成相应的教育教学任务，实现班级制定的奋斗目标。具有一定的组织机构是班集体的基本要求。

3. 具有共同的生活准则

学生群体要成为具有生命力的集体，不仅要有相应的组织机构，还必须要受到相应的规章制度的约束，必须制定一些学生群体完成任务必需的，且得到集体认同的必须遵守的行为准则。共同的准则是学生学习和生活的准绳，班级学生在这一准则的约束下，才能形成健康向上的集体舆论和良好的班风，它对学生集体的形成与发展是极其重要的。

4. 有经常组织成员集体参与的教育活动

学生群体要想成为强有力的班集体，就必须让成员之间加强了解与沟通，这离不

---

① 教育部人事司，教育部考试中心.教育学考试大纲[M].北京：北京师范大学出版社，2002，P176.

开集体成员经常参加的教育活动。因此,要想让学生群体成为班集体,教育者就必须组织学生经常参加集体教育活动,让学生在活动与交往中增进了解和信任,共同为班集体的进步与发展而努力奋斗。

(二)如何组织和培养班集体

在学校教育中,良好的班集体对于学生的健康成长是非常重要的,它有利于帮助学生形成集体主义思想,有利于训练学生的自我教育能力,有利于培养学生的社会交往和适应能力,帮助学生更好地实现社会化进程。任何一个班集体的形成,都不是自发的过程,这是需要扶植和培养的。因此,教师在教育学生时,要采取有效的措施来组织和培养班集体。

1.确立班集体的共同奋斗目标

目标是学生集体发展的方向和动力,一个班集体只有具有了共同的奋斗目标,才能在认识上和行动中保持一致,才能推动班级学生朝着共同的目标去努力奋斗。因此,班主任要精心为学生设计班级的共同奋斗目标。

班集体的奋斗目标应当是学生集体经过自身努力能够达到的,一般分为近期的、中期的和远期的,要由易到难,由近到远,逐步提高。

班主任应善于向学生提出富有吸引力的且切合学生实际经过他们努力能够完成的奋斗目标,并引导全班学生为实现目标而共同奋斗。一个奋斗目标实现后,班主任要及时提出新的奋斗目标,吸引学生继续为实现目标而努力学习和工作。

2.建立班集体的核心队伍

一个班集体要有生命力和战斗力,必须要有一批团结在班主任周围的积极骨干分子,他们是带动班级全体同学实现集体发展目标的核心力量。因此,班主任要从全班学生中挑选出品德优良,遵守纪律,学生中威信高,有奉献精神,具有一定管理能力的学生作为班级的积极分子,以他们为核心组建班级组织,让他们协助班主任负责管理全班学生的学习和生活,在为学生集体服务的过程中磨炼他们,不断提高他们的道德修养和工作能力。

3.建立健全班集体的规章制度,形成正确的舆论和优良的班风

只有建立健全了班集体的规章制度,在班集体中形成了正确的舆论和优良的班风,集体才能具有巨大的教育力量。因此,班主任要引导学生提高对纪律的认识,建立健全班集体的规章制度,用严格的规章制度约束学生和教育学生,督促学生集体形成正确的舆论和优良的班风,让学生在这样的教育环境中接受潜移默化的教育和感化。

4.引导学生经常参加有教育意义的集体活动

活动是集体的生命,没有活动与交往,学生群体是无法变成一个具有凝聚力的集体的。班集体是学生群体通过经常开展集体活动而逐步形成起来的。因此,班主任应根据学校德育工作的要求和班集体的奋斗目标来有计划地组织学生参加各种有教育意义的集体活动,让每个学生在活动与交往中增进了解和信任,使每个学生都能在集体活动中得到锻炼和提高,引导学生集体健康地向前发展。

五、班主任与班级管理

（一）班主任工作的意义

班主任是受学校的委托，来专门对一个特定班级学生进行教育的教师，在促进学生成长中发挥着重大的作用。

1.班主任是班级工作的组织者和领导者，是形成学校统一的教育力量的纽带，是提高学校教育教学质量和效果的关键。

2.班主任是学校教育、家庭教育和社会教育之间的联系者和协调者，能切实保证三者形成教育的正合力，以便最大限度地提高教育的效果。

3.班主任是学生学习和生活的引路人，他具有良好的道德修养，渊博的知识，熟悉学生的特点和需求，能有效地帮助学生解决学习、生活中遇到的各种疑惑问题，帮助学生身心健康发展。

（二）班主任工作的任务

班主任工作的基本任务就是带好班级，教育好学生。具体来说，就是要根据我国教育目的和学校当前的教育任务，协调来自各方面对学生的要求和影响，有组织有计划地组织学生的各种教育活动，对全班学生身心发展的各个方面全面负责，促进全班学生身心全面健康和谐发展。

（三）班主任工作的主要内容

1.了解和研究学生

学生是班主任工作的对象，学生是身心发展特点差异很大且处在不断变化中的青少年，班主任只有深入细致地了解和研究学生，才能对学生身心发展特点和需求有全面的把握，才能指导得法，教育工作才能发挥成效。

了解和研究学生既包括研究学生集体，也包括了解和研究学生个体。其主要方法有：观察法、谈话法、书面材料分析法、调查法和家庭访问法等。

2.组织和培养班集体

班集体不仅是班主任工作的对象，也是教育学生的重要力量。因此，组织和培养班集体是班主任的核心工作，班主任要把组织和培养班集体当作自己工作的重中之重，尽早建立和完善班集体，这样才能更好地发挥集体在教育学生过程中的作用。

3.抓好学生的思想品德教育工作

这是班主任日常的也是首要的任务。班主任要根据教育目的和德育规律的要求，创设良好的教育环境，结合青少年学生身心发展的具体实际，选择灵活多样的方式对学生进行思想品德教育，督促学生形成良好的思想品德素养。

班主任在教育后进学生时，尤其要注意以下几点：

（1）班主任要切实尊重学生的人格，不能歧视学生，也不能讽刺挖苦学生，要切实调动他们参与德育活动的积极性后进生也是人,是具有人格尊严的人,他们进学校的目的也是想获取知识,提升素养,赢得同学和他人的信任。班主任只有尊重后进生的人格,才能调动他们努力进步的积极主动性,为他们的进步提供源源不断的动力。如果班主任不尊重后进生的人格,讽刺挖苦他们,就会使他们产生极度的反感和抵触情绪,很难接受教师的教育和指导,无法提升自身的思想品德素养。

(2)要善于一分为二地对待学生,利用他们的优点去克服他们的缺点

每个学生都有优点,也都有缺点或不足,后进生也是如此,他们的优点是他们在学校里学习和生活进步的基础和前提。班主任要想让学习者不断进步,就要全面了解后进生的优点和缺点,利用他们的优点去克服缺点,引导他们在原有基础上不断进步。

(3)了解后进生学业成绩落后的原因,帮助后进生提高学业成绩,让他们抬起头来走路

后进生一般学业成绩不佳,这也是导致他们在同学中威信不高,不喜欢学校生活的一个主要原因。但后进生学业成绩不佳,并不一定是他们笨,很可能是因为他们心思不在学习上,或者是基础差,学习方法不得当等原因所致。因此,班主任要对后进生学业成绩不佳的原因进行分析研究,采取个性化措施帮助他们不断提升学习成绩,让他们提升自信心,激发他们积极进取、努力向善的积极性。

(4)协调和统一学校教育、家庭教育和社会教育的影响,形成强有力的教育合力

造成后进生思想品德不佳的原因是多方面的,既有学校教育的影响,也有家庭教育和社会教育的影响,仅仅依靠任何一方的力量都是不够的,无法对学生品德转化发挥决定性的影响。因此,要提高后进生思想品德转化的效果,班主任就要协调和统一学校教育、家庭教育和社会教育的影响,形成强有力的教育合力,共同为后进生思想品德的转化服务。

(5)教育者对后进生品德的转化要有充足的信心和耐心,长期抓,抓反复

后进生思想品德的转化是一个异常复杂的长期的过程,绝非一朝一夕可以轻松地完成的。因此,班主任对后进生思想品德的转化的艰巨性和复杂性要有清醒的认识,要对他们品德的转化工作充满爱心、信心和耐心,长期抓,抓反复,直到他们彻底变好。

4.教育学生学好功课

学生在学校的主要任务就是学习科学文化知识,促进自身智能和品德的发展。因此,班主任要把指导学生学好各门课程,不断提高学生的学业成绩作为一项重要任务来抓,切实帮助学生不断提高自己的学业成绩。

班主任在指导学生学习功课时要注意以下几点:

(1)切实加强对学生学习目的和学习态度的教育

班主任要引导学生树立远大的理想,激发学生树立为祖国、为科学而努力学习的志向,端正学习目的,遵守学习纪律,养成严谨认真、勤学好问、独立思考、勇于探究、勇于创新、勇于实践的学习习惯。

(2)切实加强对学生学习坏节的指导,帮助学生掌握良好的学习技能,指导学生

用科学的方法学习

班主任要对学习者的学习环节进行分析研究,对他们学习中存在的问题进行有针对性的指导,帮助他们学会用科学的学习方法学习。

(3)督促学生养成良好的学习习惯

良好的学习习惯是帮助学生提升学习效果和效率的前提和保证。因此,班主任要加强对学生学习环节的指导,帮助和指导学生养成珍惜学习时间,整洁、细致、刻苦,有信心和恒心,勤于思考,勇于尝试等优良的学习品质和学习习惯。

5.组织班会活动

班会是学生集体活动的主要内容,班主任要根据教育目的任务和学生身心发展的需要,来组织好学生的班会。

(1)班会的内容应当丰富多彩,方式要灵活多样化

班会(例会和主题班会)的内容应当丰富多彩,方式要多样化,这样才能调动学生参与的积极性。

(2)应当有目的、有计划地安排班会活动

班会活动的数量和时间安排,应当具有一定的目的性和计划性,要让学生有知情权。

(3)要吸引学生积极参与班会活动

班会活动是学生集体的活动,学生是班会的主体,班主任要调动学生参与班会的积极主动性,让他们在班会活动中锻炼自己,教育自己,促使自身素养的不断提高。

6.组织学生参加劳动、体育锻炼和其他社会活动

班主任要根据学校的安排和要求,有目的、有计划地组织学生参加劳动、体育锻炼和其他社会活动,引导他们身心全面健康发展。

7.协调各方面对学生的教育影响

班主任要协调统一学校教育者对学生的教育影响,协调好学校与家庭、社会对学生的教育影响,共同促进学生的健康发展。

8.抓好班级课堂管理

班级课堂管理是指教师在课堂教学中为了有效地提高课堂教学效率和效果,有目的地创设良好的教育环境,确保课堂教学顺利实施的过程。

(1)课堂管理的模式

现代管理学一般把课堂管理的模式分成行为主义模式、人本主义模式和教师效能模式三种。

①行为主义模式

这种管理模式的倡导者认为,学习者的成长与发展是由外部环境影响和决定的,学习者在课堂上表现出来的不良行为是通过后天的学习获得的,或者是没有学会应该学会的技能或习惯。因此,行为主义模式的倡导者强调教师在课堂管理中应当关注学习者的学习行为,通过适当的措施强化学习者适宜的学习行为并消除他们原有的不适

宜行为。

②人本主义模式

这种管理模式的倡导者认为学生是教育教学活动的主体,他们具有了一定的认识能力,也具备了一定的决策能力和自我调控能力,可以对自己的言行承担必要的责任。因此,这种管理模式强调教育者在课堂管理中要切实关注学习者的需要,让学习者参与课堂管理的过程,发挥他们的积极主动性,让他们和老师一起去处理课堂管理中出现的问题,确保教学活动顺利地实施。

③教师效能管理模式

这种模式的倡导者认为教师课堂管理技能是影响课堂管理效果的核心因素,因此主张提升教师的教学管理技能,从而进一步改善课堂管理的效果。

（2）课堂纪律及其维持策略

课堂纪律是教育者为了维持正常的教学秩序,提高教学的效果,全面协调学生的课堂行为,制定的规范学生课堂行为的准则。

课堂纪律一般可以分成以下几种类型:

①教师促成纪律

指学生集体在教师的帮助下形成的班级课堂行为规范。这类纪律对年龄越小的学生集体发挥的作用越大。随着学生年龄的增长和自我意识的增强,他们对在教师监督下形成的纪律开始有不同的认识,开始反对教师在课堂上过多的干预或限制。

②集体促成纪律

指学生集体在集体舆论和集体压力下形成的班级课堂行为规范,它包括正规群体促成的纪律规范和非正规群体促成的纪律规范两种。在一个良好的班集体中,学生为了维护集体和同学们的利益,即使自己有困难,也会自觉地遵守集体的纪律。

③任务促成纪律

指教育者为了完成特定的教学任务,对学生提出的课堂行为要求。这类纪律对学习者完成当前的任务具有重要的意义。

④自我促成纪律

教育者引导学生了解学习的目标和任务,调动学习者的主动性,使他们能够把外在的要求转化为自身自觉的要求,形成自身的习惯。自我促成的纪律是课堂纪律管理的最终目标,也是学生不断成熟的标志。

教育者适当调整班级学生的规模,及时制定课堂常规和选用课堂教学模式,来帮助学生自觉地理解和遵守课堂纪律,维护课堂教学的正常秩序,确保课堂教学工作的顺利进行。

（3）儿童纪律发展的阶段

国外学者参照柯尔伯格的道德发展阶段理论,把儿童纪律发展水平分成以下四个阶段:

①反抗纪律阶段(4—5岁)。处在这个阶段的儿童有强烈的反抗意识,会经常拒

绝老师在课堂上的管教。因此,这个阶段的教师要耐心地用通俗易懂的语言向学生说明遵守课堂纪律的重要性。

②自我服务阶段(5—7岁)。处在这个阶段的儿童以自我为中心,关心自身行为的后果,关心教师的奖惩。

③人际纪律阶段(7—12岁)。处在这个阶段的学生,以建立融洽的同学关系为行为取向。

④自我约束阶段(12—18岁)。处在这个阶段的学生,能自觉地遵守纪律,对自己的课堂行为进行自我约束。

9. 做好班主任工作的计划与总结

班主任要想确保自身工作的目的计划性,全面提升自身教育工作的效果和效率,就必须做好班主任工作的计划和总结。班主任工作计划分为学期工作计划和具体执行计划(方案)。班主任的工作总结分为全面总结和专题总结。

(四)班主任的素养

班主任是受学校的委派来教育学生的专职教师,班主任工作的好坏直接影响着全班学生的教育效果。班主任要发挥自身的教育影响,就必须具备良好的素质。

1. 高尚的思想品德

班主任是学生在学校接触时间最长,影响最直接的教育工作者,班主任思想品德状况如何直接影响着学生受教育的效果。因此,班主任要想发挥自身的教育影响,就必须具有高尚的人格和良好的思想品德,能时时处处做学生的良好表率。

2. 多方面的兴趣和广泛的才能

青少年学生兴趣广泛,活泼好动,班主任如果具有多方面的兴趣和广泛的才能,才能赢得学生的爱戴与信任,才能与学生有更多的共同语言,易于和学生沟通,更好地组织学生的活动。若班主任知识面狭窄,兴趣爱好不多,沉默寡言,作风霸道古板,缺乏才艺,则很难顺利地与学生沟通,也很难赢得学生的尊重与爱戴。

3. 科学的教育理念和较强的教育能力

班主任是学生学习和生活的指导者、引导者,他担负着教育学生的重大责任,如果自身不相信学生,不能用爱心和耐心去感化学生,不会用灵活多样的方式去处理教育过程中面临的各种问题,那么要完成好教育学生的任务是不可想象的。因此,班主任要切实加强自身的学习和实践,促使自身具有科学的教育理念和较强的教育能力,为提高教育效果创造必要的条件。

4. 较强的组织协调能力和民主的工作作风

班主任工作千头万绪,需要协调好学校教育内部之间,学校与家庭、社会之间的关系,没有良好的组织协调能力是万万不行的。因此,班主任必须注意培养和提高自身的组织协调能力。

班主任的工作方式一般有权威式的、放任式的和民主式的三种。实践证明,过于强调教育者权威的方式和过于强调学生自由,让学生放任发展的方式在教育过程中的效果都不好;而既重视发挥教育者自身的主导作用,又注重给学生一定的自由,让学生积极参与教育活动的民主式工作方式最受学生欢迎,教育效果也最好。

因此,班主任要想提高自身的教育效果,就要对自身的工作方式进行改造,构建具有自身特色的民主式的工作模式,这样才能提升自身在学生心目中的地位和影响力,不断提高自身的工作效果和工作效率。

5.勤于学习,勇于探究,勇于实践

班主任工作的对象是身心发展急剧变化的青少年学生,班主任工作的周围环境在变化,学生、学校和社会对班主任工作提出了越来越高的要求。这就要求班主任不能靠原有知识经验去教育学生,必须具有勤于学习、不断追求新知识、勇于创新、勇于实践的精神,做一个学习型、创新型和实践型的班主任。

【本章主要参考文献】

1. 王道俊,王汉澜.教育学[M].北京:人民教育出版社,1989.
2. 钟启泉.为了中华民族的复兴,为了每位学生的发展——《基础教育课程改革纲要(试行)》解读[M].上海:华东师范大学出版社,2002.
3. 唐爱民.当代西方教育思潮[M].济南:山东人民出版社,2010.
6. 戚万学.学校德育原理[M].北京:人民教育出版社,1994.
7. 南京师范大学教育系.教育学[M].北京:人民教育出版社,1984.
8. 全国十二所重点师范大学编写组.教育学基础[M].北京:教育科学出版社,2002.
9. 鲍传友.中小学教育管理[M].北京:高等教育出版社,2014.
10. 瞿葆奎.教育学文集·德育(上)[M].北京:人民教育出版社,1990.
11. 陈理宣.教育学原理——理论与实践[M].北京:北京师范大学出版社,2010.
12. 袁振国.当代教育学[M].北京:人民教育出版社,2002.
13. 肖宗六.学校管理学[M].北京:人民教育出版社,2008.
14. 易连云.德育原理[M].武昌:武汉大学出版社,2010.
15. 戚万学,唐汉卫.学校德育原理[M].北京:北京师范大学出版社,2014.

【本章思考题目】

一、名词解释

1. 班级
2. 班集体
3. 班级管理

二、选择题

1. 最早使用班级一词的教育家是 (　　)

A.埃拉斯莫斯　　　　B.夸美纽斯　　　　C.昆体良　　　　D.杜威

2. 班主任做好教育学生工作的基础是 (　　)

A.了解和研究学生　　　　　　　　　　B.上课

C.组织和培养班集体　　　　　　　　　D.开好班会

3.最早创立平行教育模式的西方教育家是　　　　　　　　　　　　　　　（　　）

A.埃拉斯莫斯　　　B.马卡连柯　　　　　C.凯洛夫　　　　D.加里宁

4.最早提出目标管理模式的教育家是　　　　　　　　　　　　　　　　　（　　）

A.德鲁克　　　　　B.克伯屈　　　　　　C.布鲁姆　　　　D.杜威

5.班主任工作的中心环节是　　　　　　　　　　　　　　　　　　　　　（　　）

A.了解和研究学生　　　　　　　　　　B.帮助学生学好功课

C.组织和培养班集体　　　　　　　　　D.培养学生的个性

6.班主任工作总结分为全面总结和　　　　　　　　　　　　　　　　　　（　　）

A.专题总结　　　　B.书面总结　　　　　C.系统性总结　　D.概括性总结

7.苏联十月革命胜利后,专门从事流浪犯罪儿童教育,著有《教育诗》、《论共产主义教育》的教育家是　　　　　　　　　　　　　　　　　　　　　　　　　　　　　　　　（　　）

A.克鲁普斯卡娅　　B.加里宁　　　　　　C.马卡连柯　　　D.凯洛夫

8.教师引导学生选择有针对性的格言、箴言作为座右铭以自励、自律,使其获得教益的德育方法是　　　　　　　　　　　　　　　　　　　　　　　　　　　　　　　　　（　　）

A.说服教育法　　　B.个人修养法　　　　C.环境陶冶法　　D.品德评价法

9.“桃李不言,下自成蹊”所体现的德育方法是　　　　　　　　　　　　（　　）

A.榜样示范法　　　B.个人修养法　　　　C.环境陶冶法　　D.品德评价法

10.做好班主任工作的最重要的是　　　　　　　　　　　　　　　　　　（　　）

A.衣着整洁　　　　　　　　　　　　　B.会搞关系

C.以身作则,对学生严格负责　　　　　D.能力高强

11.班主任李老师接手一个新班后,针对该班纪律散漫学风懈怠的情况,首先运用板报墙壁等媒介做好舆论宣传,建立良好的班风,同时以真诚的爱感化学生,促使学生积极进取。一个学期下来,该班班风学风焕然一新。李老师运用的主要德育方法是　　　　　　　　　　（　　）

A.个人修养法　　　B.榜样示范法　　　　C.实践锻炼法　　D.情感陶冶法

【参考答案】D。解析:通过班风真诚的爱感化和影响学生,这属于情感陶冶法。

12.中学生小张认为遵守交通法规是人人应尽的责任与任务。根据柯尔伯格的道德发展阶段理论,小张的道德判断处于　　　　　　　　　　　　　　　　　　　　　　　　（　　）

A.惩罚服从趋向　　　　　　　　　　　B.相对功利趋向

C.寻求认可趋向　　　　　　　　　　　D.社会契约趋向

13.陈老师在教学中经常通过口头提问课堂作业和书面测验等形式对学生的知识和能力进行及时测评与反馈。这种教学评价是　　　　　　　　　　　　　　　　　　　　　　（　　）

A.诊断性评价　　　B.相对性评价　　　　C.终结性评价　　D.形成性评价

14.初二(1)班小王同学在黑板上画了个漫画,并写上“班长是班主任的小跟班”。班主任冯老师看了发现漫画真画出了自己的特征,认为他有绘画天赋。于是请他担任班上的板报和班刊绘画编辑,并安排班长协助他。在班长的帮助下,小王发挥了自己的才能,出色地完成了任务,克服了散漫的毛病,后来还圆了他考取美术专业的大学梦。冯老师遵循的主要德育原则是　　　（　　）

A.疏导原则　　　　　　　　　　　　　B.教育影响一致性与连贯性原则

C.长善救失原则　　　　　　　　　　　D.严格要求与尊重学生相结合原则

15.我国中小学德育工作的基本途径是　　　　　　　　　　　　　　　　（　　）

　　A.班主任工作　　　　B.课外活动　　　　C.班会　　　　D.政治课与各科教学

16.导生制又称为　　　　　　　　　　　　　　　　　　　　　　　　　　（　　）

　　A.班级上课制　　　　B.园丁制度　　　　C.跟班制度　　　　D.小先生制

17.学生能相信并接受他人的观点,从而改变自己的态度与行为,同时将这些观点纳入自己的价值体系,说明其品德发展达到　　　　　　　　　　　　　　　　　　　（　　）

　　A.服从阶段　　　　B.依从阶段　　　　C.认同阶段　　　　D.内化阶段

18.精神分析学派的创始人为奥地利的心理学家　　　　　　　　　　　　（　　）

　　A.弗洛伊德　　　　B.斯金纳　　　　C.纽曼　　　　D.泰勒

19.学生兴趣小组的纪律主要属于　　　　　　　　　　　　　　　　　　（　　）

　　A.教师促成纪律　　　B.群体促成纪律　　　C.任务促成纪律　　　D.自我促成纪律

20.强调德育必须以学习者为中心,让学习者在活动与交往中提高思想认识,形成思想品德的教育家是　　　　　　　　　　　　　　　　　　　　　　　　　　（　　）

　　A.弗洛伊德　　　　B.斯金纳　　　　C.杜威　　　　D.柯尔伯格

三、简答题

1.班主任工作的基本任务有哪些?

2.班集体的基本特征有哪些?

3.班主任应如何组织和培养班集体?

4.简要说明加强班级管理的意义。

5.班级管理有几种模式?各有什么特色?

四、论述题

1.联系实际说明班主任应该具备哪些素养。

2.联系实际说明班主任应如何做好后进生的思想品德教育工作。

五、判断下面说法正确与否,并简要说明理由。

1.班主任是专门负责全班学生进行教育的教师,有了班主任,学校里的任课教师、学生家长就不用为学生的品德教育负责了。

2.学校把一群年龄、知识程度相近的学生放在一个特定的教室里学习,那么这个班集体就随着时间的推移自然地形成了。

3.班主任是由学校聘任的,如果这个班主任工作不热心,所带班级学生学业成绩不佳,学校领导可以随时把这个班主任撤换。

4.班主任的主要任务是帮助学生提升学业成绩,至于其他事情没有什么大不了的,不用特别去管的。

五、阅读下面的材料,并运用所学的教育学和职业道德知识回答相应的问题。

1.学生家长会后,学生家长甲、乙交流教育孩子的体会。家长甲:"还是袁老师刚才说得对,他写不完作业,就不让他睡觉!这一招可真灵,现在他一放下书包一准写作业,看来孩子不爱学习,咱们这些做家长的是该想想办法。"家长乙:"对,还是袁老师有见识,他现在孩子不好好学习,将来就没有前途,对孩子必须用强制手段。家长在管孩子上一定要硬气一点,不要心软。所以,我在家准备了教鞭,立了家规,不听话就请他挨鞭……"

【问题】(1)袁老师做得对吗?用所学的教育学知识对袁老师的做法进行分析。(2)如果你是孩子的班主任,该如何让学生好好学习?

2.广西某地某小学某年级的甲级,是学校有名的乱班,打架成风,一些学生动辄舞棍弄棒,乱打一气。课堂纪律混乱,上课怪叫起哄、爬桌子、翻窗户成了一些学生的嗜好。曾有一青年教师上课时被学生乱起哄气哭了,发誓再也不上这班的课。曾刚是班上有名的"调皮大王",打架时,只要他一挥手,其他人就会蜂拥而上。而曾刚家长对他唯一的办法就是痛打,但曾刚也有优点就是爱劳动,有组织能力。班级同学之间不团结,正气不能抬头,也有少数同学希望好好学习,对班里的现象不满,但敢怒不敢言,怕受那些捣蛋的同学的报复,班级干部软弱无力。班级学习成绩差,是同年级中平均成绩最差的班级。

根据以上情况,如果你担任这个班的班主任,上这个班的语文课,你应如何着手进行工作,改变这个班的面貌?

3.我班有个学生叫黄某。他上课无精打采,要么搞小动作,要么影响别人学习,提不起一点学习的兴趣;下课追逐打闹,喜欢动手动脚;作业不做,即使做了,也做不完整,书写相当潦草……每天都有学生向我告状。于是,我找他谈话,希望他能遵守学校的各项规章制度,以学习为重,按时完成作业,知错就改,争取进步,争取做一个他人喜欢、父母喜欢、老师喜欢的好孩子。他开始是一副爱理不理的样子,后来口头上答应了。可他又一如既往,毫无长进,真是"承认错误,坚决不改"。此时我的心都快冷了,算了吧,或许他是根"不可雕的朽木"。但作为一名教师,不能因一点困难就退缩,不能因一个后进生无法转化而影响整个班集体,必须面对现实!

为了有针对性地做工作,我决定先让他认识自己的错误,树立做个受人喜欢的人的思想。于是我再次找他谈话,谈话中,我问他:"老师为什么会常在课堂上批评你,你知道吗?"他说:"因为我常违反纪律,没有按时完成作业,书写也不工整……""你已经认识了自己的错误,说明你是一个勇于认错的好孩子,但是,这还不够,你觉得应该怎样做才好?想改正错误吗?想做一个受他人欢迎的孩子吗,你要怎样做才好呢?""我今后一定要遵守纪律,团结友爱,认真完成作业……""那你可要说到做到哟!""好!"后来,他无论是在纪律上,还是在学习上,都有了明显的进步。当他有一点进步时,我就及时给予表扬、激励他,使他处处感到老师在关心他。他也逐渐明白了做人的道理,明确了学习的目的,端正了学习态度。

为了提高他的学习成绩,除了在思想上教育他,感化他,我特意安排一个责任心强、学习成绩好、乐于助人、耐心细致的女同学跟他坐,目的是发挥同桌的力量。事前,我先对这个女同学进行了一番谈话:为了班集体,不要歧视他,要尽你自己最大的努力,耐心地帮助他,使其进步。此同学满口答应,并充分利用课余时间或课堂时间帮助他,教育他。有时,这个同学也会产生一些厌烦情绪,说他不太听话,不太乐学……此时,我就跟她说:要有耐心,慢慢来。后来,他取得进步时,除了表扬他,我还鼓励他们说,这也离不开同学们的帮助,特别是某某同学的帮助。在同学们的帮助下,在他自己的努力下,他各方面都取得了不小进步。他学习上更努力了,纪律上更遵守了,甚至自己当起了值日生,劳动也更积极了,成绩也有了很大的进步。为此,我会心地笑了。后来,有一次我找他谈话时,他说:"老师,同学这样关心我,爱护我,帮助我,如果我再不努力,对得起她吗?"我笑着说:"你长大了,懂事了,进步了。我真替你高兴。"

【问题】(1)你如何评价这位班主任的教育艺术?

(2)结合实际说明班主任应如何做好后进学生的教育转化工作。

【本题参考答案】

(1)这位班主任能够切实尊重学生的人格,针对学生的特点,因材施教,帮助学生发扬优点,克服缺点,成为一个品德优良的学生,其教育艺术是符合教育规律要求的,值得充分肯定。

(2)班主任在教育后进生时,应切实注意以下几点:

要切实尊重学生的人格,不能伤害孩子的自尊心,调动他们积极向上的主动性;

一分为二地看待后进生,利用他们的优点去克服他们的缺点;

帮助后进生提高学业成绩,让他们在学校抬起头来走路;

班主任对后进生要有充分的爱心、耐心和恒心,长期抓,抓反复,通过耐心细致的工作来帮助后进生转变进步。

4.著名哲学家黑格尔当年从神学院毕业的时候,他的老师给他写过一则评语:黑格尔,健康状态不佳。中等身材,不善辞令,沉默寡言;天赋高,判断力健全,记忆力强;文字通顺,作风正派,有时不太用功,神学有成绩,虽然尝试讲道不无热情,但看来不是一个优秀的传教士;语言知识丰富,哲学上十分努力。

【问题】(1)请你谈谈这些评语有什么特点?

　　　　(2)你认为应该怎样给学生写评语?

【参考答案】

(1)黑格尔老师的评语,以比较艺术的方式,让学生知道其缺点与不足,这样有利于学生的发展和进步。评语以平静的语气写给学生看,写出"这个人"的核心特质,力求写出"这个人"现有的状况和潜质,以及应该努力的方向。

(2)班主任给学生写评语应具有发展的眼光,通过鼓励的方式与学生交流,对学生的发展和所取得的成绩表示认同,促使学生形成健康的目的和正确认识自我,以更好地把握自己未来的发展。

5.一天中午,六年级的一批孩子正在操场上打篮球,战况激烈。学生Z和学生C从人群中冲了出来,两人拳脚相加,气势凶猛,我见这阵势,就停在十几米外的地方用冷眼瞅着他俩。大概Z同学也看到了我的神态,就慢慢地停止了他愤怒的咆哮。待他俩过来,我默默地看着他俩刚才的动作,直到他们都低下了头,于是我开始说话:"瞧你俩刚才的样子,好像恨不得把对方给吃了!要不要我在全校同学面前安排一次表演赛呀?"两位同学把头埋得更低了,红着脸说:"不要。"我看火候已到,就问他们:"打球时发生碰撞、吃亏或占便宜的事是很正常的,不至于大打出手,有失球星风度,更在同学们面前丢尽面子!我现在不追究谁对谁错,只想问一句,这件事是你们自己处理呢,还是我来处理?"他们互相看了看,说:"自己处理。"于是我让他们商量处理的办法,商量好了再向我汇报。五分钟后,他俩握手言归于好。整个事情的处理用了不到20分钟的时间。

【问题】请你从现代学生观的角度,分析材料中教师的行为。

【本题目的参考答案】

这位老师处理冲突的方法符合以人为本的学生观,所以能够成功地化解冲突。

首先,老师能够客观看待学生之间的小摩擦以及学生出现的问题。学生是发展中的人,难免会犯一些错误,学生之间的矛盾冲突也在所难免,老师要以宽容的心态看待学生的问题。材料中教师"默默看着他俩刚才的动作,直到他们都低下了头",体现了教师的"冷处理"没有激化矛盾,而是为摩擦降了温。

其次,老师能够相信学生,放手让学生自己去处理问题。学生是独立的人,每个学生都是独立于教师的头脑之外,不依教师的意志为转移的客观存在,同时也是责权的主体。教师尊重了学生的主体地位,让学生学会自己处理问题,也学会了为自己的行为负责。

6.某校一班主任在班上发起评最坏学生的活动,要评出全班最坏的3个学生。某14岁小男生小李被评为第3个最坏学生,同学们给他列出了16条罪状。那天放学回家,妈妈发现小李无精打采,一问才知真相。妈妈很愤怒,但她还是冷静地要求班主任收回这次评选结果。班主任却说,这是全班同学的共同呼声,他本来就是最差学生,家长教育不好不能怪老师和学校。还说:"自尊心是自己树立的,不是别人给的。"从此以后,小李就不太想去上学了,总是想方设法找借口逃学,最后,妈妈不得不为他转了学。

【问题】你认为这位班主任的做法正确吗? 试从教师的职业道德规范的角度评析这位班主任的做法。

【本题目的参考答案】

这位班主任的做法是错误的。首先,教师的职业道德规范要求教师关爱学生。关爱学生要求关心爱护全体学生,尊重学生人格,平等、公正对待学生。对学生严慈相济,做学生的良师益友。不讽刺、挖苦、歧视学生,不体罚或变相体罚学生。材料中班主任发起的评选最坏学生的举动本身就没有尊重学生,伤害了学生的自尊心。

其次,职业道德规范要求教师为人师表。为人师表要求知荣明耻,严于律己,以身作则。衣着整洁得体,语言规范健康,举止文明礼貌。班主任要平等对待学生家长,认真听取意见和建议,不以粗鲁言行对待家长。材料中班主任对小李妈妈的言辞不敬,没有虚心听取家长意见,没有尊重家长,最后导致小李对去学校学习失去了兴趣,最后被迫转学。

第二十章　教育研究的基本方法

【本章课程与教学目标】

1. 使学生了解中小学教师从事教育研究的重要性,掌握教育研究中运用的基本研究方法的特点与功能;

2. 使学生能运用基本的研究方法对中小学的教育问题进行分析研究。

一、何谓教育研究?

教育研究是教育工作者在一定思想的指导下,在教育实践活动中通过各种方式或途径,有目的、有计划地对教育现象和教育问题进行探究,总结教育经验教训,探究教育规律的认识活动。

具体来讲,教育研究的目标在于总结教育工作的经验教训,探寻教育发展的基本规律,完善教育科学体系,促进教育实践的高速顺利地得以实施。

教育研究的内容是教师对教育工作中没有完全解决或未知的问题进行探究,因此教育研究需要研究者在广泛继承国内外已有研究成果的基础上大胆探究和创新,不能完全照抄照搬已有的结论。

教育研究的进行需要良好的外部环境和内部环境的支持。教育工作者要顺利地开展教育研究,就必须获得必要的外部支持,并要熟悉教育科学知识,具备一定的探究能力,熟悉教育科学研究的原理和方法。

二、中小学教师从事教育研究的意义

中小学教师参与教育研究活动,对于帮助中小学教师更新教育理念,提高教育教学能力,全面提升教育教学质量具有重要的意义。

(一)中小学教师经常从事教育研究,有利于提高自身的探究能力,为自身的教育教学实践提供及时有效的理论导航

中小学教师经常从事教育科学研究,确实能提高自身的教育探究能力,能有效把握教育教学中的基本规律,了解教育教学研究的最新理论成果,并在先进教育研究成果的指导下开展教育教学实践活动,确保教育教学活动在高起点的基础上进行。

（二）中小学教师经常从事教育研究，有助于提高自身对教育工作的兴趣，帮助他们完善自身的素养

中小学教师长期讲授内容固定的课程，容易产生职业懈怠感，认为自己就是讲课的人，教书匠，对教育教学工作失去新鲜感。如果中小学教师经常从事教育教学研究，对教育目标、课程与教学内容、学生的看法就会发生改观，就能以研究者的身份从事教育教学实践活动，对教育教学工作充满了兴趣。中小学教师通过教育研究，可以不断更新教育理念，完善自身的知识结构，提高教育教学能力，这也使得教师的综合素养不断地提高，使得中小学教师也成为探究型、创新型的新型教师。

三、中小学常见的教育研究方法

（一）观察法

观察法是教育研究者有目的、有计划地通过自身的感官或设备，对处于自然状态的观察对象进行系统观察，从而获取经验事实的一种科学研究方法。

观察法在教育研究中简易可行，也不会对被观察者产生过多的影响；但观察法不能直接确定事物的因果关系，而且观察的取样小，结论不易推广。

观察按照观察的情景条件来分，可分为自然观察法和实验室观察法两种。

观察按照观察者的观察方式分成直接观察和间接观察两种。

按照观察者是否参与被观察者所从事的活动，可把观察分成参与式观察和非参与式观察两种。

根据观察活动活动是否有规律把观察活动分成系统观察和非系统观察两种。

由于观察者是参与式观察的主体，因而能够获得一些较深层次的材料，但不易保证观察资料的客观性；非参与式观察得到的材料比较客观，但易于表面化，不容易获得深层次的资料。

（1）观察法的实施程序

观察者界定研究的问题，明确观察的目的；制定观察提纲，进入观察情景；实施观察，记录观察信息；分析观察资料，得出研究的结论。

（2）观察记录的方法

观察记录的方法主要有描述记录法、取样记录法和行为核对表等。

（二）调查研究法

调查研究法是教育者通过对原始材料的观察，有目的、有计划地搜集研究对象的材料进行分析研究而找出某一事物的发展规律或发展动向的一种研究方法。

1.调查研究法的分类

（1）按照调查对象的选择范围来分类，可以把调查访问法分成典型调查、普遍调查、抽样调查、个案调查和专家调查等。

（2）按照调查的手段来划分，可以把调查访问法分成问卷调查、访谈调查、测验调查和调查表法等。

2.调查研究的基本步骤

调查研究的基本步骤是:确定调查主题—选择调查对象—确定调查的方法和手段—选用调查的工具—制定调查的计划—实施调查—整理调查的资料—撰写调查报告。

3.问卷调查法与访谈法

问卷调查法是指研究者按照一定的要求和程序编制问卷,并以此为依据来收集相关问题的数据的一种研究方法。

问卷调查法的优点在于它适用的范围广,能够快速地收集大样本的信息,收集的信息也容易被数据处理。但该方法无法使研究者了解被研究者的情绪、动机,研究者收集的信息不一定能真实地反映实际情况。

访谈法是研究者通过与被研究者进行有目的、有计划地进行交谈来获取研究资料的研究方法。

访谈法的优点在于其灵活性较强,能够运用谈话提纲灵活地与研究对象进行交谈,获得直接的、可靠的直接信息;但访谈法的样本量有限,无法完全排除外界因素对访谈者的影响,且谈话结果不易量化处理。

(三)历史研究法

历史研究法是教育者运用历史文献资料,从事物发生和发展的过程去考察,以弄清该事物或事件的实质和发展规律的研究方法。

由于教育是一种社会历史现象,对教育发展进程中人物思想和事件的研究,就必须借助历史文献法进行研究。

但这种方法需要收集较多的历史资料,而且需要对收集到的历史资料进行甄别整理,也不易进行精确的量的分析。

(四)实验法

1.实验法的意义

实验法是研究者根据研究目的,运用一定的设备和设施在研究对象所处的环境中引发一定的变化,然后测量这些变化对研究者的行为有何影响的研究方法。

实验法的优点在于它能够对引起事物变化的因素关系进行判断和说明。但实验法在实验室进行时并不能完全适用于真实的环境,在真实环境中进行的实验对实验变量则不易控制。

2.实验法的效度

实验法运用中要注意实验的效度,也就是实验达到目的的程度,包括实验的内在效度和外在效度。实验的内在效度是指实验研究中的自变量和变量的因果关系的真实程度;实验的外在效果即实验结果能够推论到样本总体和其他同类现象的程度,也就是实验结果的普遍代表性和实用性,又被称为实验的生态效度。

3.实验法的分类

实验的环境不同、目的不同,实验的方式也会发生变化。

(1)根据研究的场所和情景可以把实验法分成实验室实验和现场试验。

(2)根据实验的目的和功能把实验研究分成验证性实验和探究性实验。

(3)根据研究者在实验中施加实验的因素的多少把实验分成单因素实验、多因素实验和多变量实验等。

(4)根据实验的控制程度和内外效度的高低可以把实验分成前实验设计(用自然描述的方式,用来识别自然存在的临界变量及其关系)、准实验设计和真实验设计(对于实验中的变量、自变量和无关变量都能得到严格的控制)。

（五）行动研究法

行动研究最早出现在20世纪30年代的美国,代表人物有美国社会学家克里尔、科特·勒温等人。科特·勒温在《行动研究和少数民族问题》一书中,提出了行动研究的概念,认为行动研究就是理论研究工作者与实际工作者紧密结合在一起来解决实际问题的研究方法

20世纪50年代,美国学者考瑞出版了《改进学校实践的行动研究》,这是行动研究学说首次引入到学校教育实践中。20世纪80年代,行动研究被引入到我国,其后在我国教育领域开始传播流行。

教育行动研究是指教育理论工作者与教育实际工作者共同合作,为在教育实践中解决实际问题而进行的一种教育研究的方法。

1.什么是教育行动研究法

教育行动研究的特点简单地说,就是为教育行动而研究,在教育行动中研究,由教育行动者进行研究。

①行动研究的目的在于改进教育行动,教育行动研究的目的就是为了解决实际问题,更好地指导正在进行的教育实践活动。

②在教育行动中进行研究,也就是在具体的教育实践活动中进行研究,而不是在实验室或工作室进行研究。

③研究的主体是实际教育工作者,主要是一线的教师,而不是外部的专家、学者,但强调外部专家、学者与实际工作者的协调合作,问题的解决具有即时性和立即应用性。

2.教育行动研究的优缺点

教育行动研究是为改进教育行动而研究,由教育行动者进行的研究,它的优点有:

(1)它克服了教育理论研究与教育实际脱节的弊端,加强了教育理论研究与教育实践之间的联系。

(2)它立足于让实际教育工作者在教育行动中去研究教育规律,对研究环境要求不高,便于中小学教师在实际工作中开展研究工作。

(3)它强调研究为改进学校工作服务,有利于提高教育教学质量,也有利于教师在行动研究中加强自身的学习和反思,促进自身的专业发展。

3.教育行动研究弊端

(1)它更适合小规模的教育实验研究,不利于解决学校教育教学工作中面临的重

大理论问题。

（2）它对从事研究的实际工作者提出了更高的要求，尤其要求教师掌握现代教育理论和现代教育科研方法，否则行动研究很难深入持久地开展下去。

（3）它需要实际教育工作者花费很多的时间和精力去收集资料信息，并对这些资料进行整理和讨论分析。

（4）它需要教育理论工作者与教育实际工作者的密切合作才能完成，如何实现两者之间的共赢是市场经济条件下的一个新问题。

4.教育行动研究的步骤和要求

教育行动研究是一个螺旋式发展的过程，每一个螺旋发展圈都包括了四个互相联系、互相依赖的环节：计划—行动—观察—反思。以上四环节是不断循环的，每一次循环都有所改进提高。

计划是实际工作者在教育理论工作者的指导下，以事实和调查研究为前提，制定教育行动研究的总体规划和每个步骤的行动方案，尤其是对实际工作中存在问题的分析和解决问题的设想。

行动环节是指行动者在获得了关于背景和行动本身的信息，经过思考并有一定程度的理解后，有目的、负责任、按计划采取的步骤。把计划付诸行动是行动研究的核心步骤。行动阶段包括两个方面：行动及对行动的调整，以保证行动研究的问题得以圆满的解决。

观察主要指对行动过程、结果、背景以及行动者特点的考察，它是行动研究者了解行动研究的问题，提出改进教育行动的基础和前提。

反思是教育行动研究的阶段性总结过程，行动研究者要注意在行动研究过程中，要时刻反思自己的实际教学效果与理想有什么冲突？问题出在哪一方面。综合考虑之后，选出一个最可能的原因，作为下一次实施教学的变量，并力图去弥补这方面的缺陷，使自身的教育理念得以更新，教学水平不断提高，学生素质全面发展。

【本章主要参考文献】

1.董远骞.中国教学论史[M].北京：人民教育出版社,1998.

2.李秉德.教学论[M].北京：人民教育出版社,1991.

3.王道俊,王汉澜.教育学[M].北京：人民教育出版社,1989.

4.钟启泉.为了中华民族的复兴,为了每位学生的发展——《基础教育课程改革纲要(试行)》解读[M].上海：华东师范大学出版社,2002.

5.张华.课程与教学论[M].上海：上海教育出版社,2002.

6.田本娜.外国教学思想史[M].北京：人民教育出版社,1994.

7.南京师范大学教育系.教育学[M].北京：人民教育出版社,1984.

8.全国十二所重点师范大学编写组.教育学基础[M].北京：教育科学出版社,2002.

9.教育部人事司,教育部考试中心.教育学考试大纲[M].北京：北京师范大学出版社,2006.

10. 瞿葆奎.教育学文集·教育研究方法(上)[M].北京:人民教育出版社,1990.

11. 陈理宣.教育学原理——理论与实践[M].北京:北京师范大学出版社,2010.

12. 袁振国.当代教育学[M].北京:人民教育出版社,2002.

13. 余文森.新课程背景下的公共教育学教程[M].北京:高等教育出版社,2005.

14. 裴迪娜.教育科学研究方法[M].合肥:安徽教育出版社,2005.

15. 赵大悌.教育科研能力的培养与提高[M].北京:中国和平出版社,2002.

【本章思考题目】

一、选择题

1. 在教育研究中,通过考察事物产生与发展的过程,揭示其本质和发展规律的研究方法是 ( )

A. 调查法 　　　B. 历史法 　　　C. 实验法 　　　D. 访谈法

2. 在教育调查研究中,为获取相关资料而对一所学校或一个学生进行的专门调查属于 ( )

A. 全面调查 　　B. 重点调查 　　C. 抽样调查 　　D. 个案调查

3. 保加利亚学者洛扎诺夫在20世纪60年代创立的一种利用联想、情境、音乐等强化教学效果的方法是 ( )

A. 纲要信号教学法 　　　　　　B. 探究发现教学法

C. 暗示教学法 　　　　　　　　D. 范例教学法

4. 教育研究者有目的、有计划地通过自身的感官或设备,对处于自然状态的观察对象进行系统观察,从而获取经验事实的一种科学研究方法是 ( )

A. 调查法 　　　B. 实验法 　　　C. 历史法 　　　D. 观察法

5. 教育者通过对原始材料的观察,有目的、有计划地搜集研究对象的材料进行分析研究而找出某一事物的发展规律或发展动向的一种研究方法是 ( )

A. 调查法 　　　B. 实验法 　　　C. 历史法 　　　D. 观察法

6. 教育理论工作者与教育实际工作者共同合作,为在教育实践中解决实际问题而进行的一种教育研究的方法是 ( )

A. 调查法 　　　B. 实验法 　　　C. 历史法 　　　D. 教育行动研究法

7. 邱老师经常梳理教学工作中遇到的问题,并运用教育学、心理学知识分析问题的成因,寻找解决策略,邱老师在这一过程中扮演的主要角色是 ( )

A. 教育教学的研究者 　　　　　B. 行为规范的示范者

C. 心理健康的维护者 　　　　　D. 学生学习的组织者

8. "一个月了,尽管我对某某给予了更多的关心与鼓励。但依然看不到好转的迹象,是方法不对还是……? 看来,我得再找他的父母和原班主任交流,再深入一点,再调整策略。"从钟老师班主任日志的一段话中看出,这表明钟老师 ( )

A. 善于自我反思 　　B. 缺乏探索精神 　　C. 善于引导学生 　　D. 缺乏问题意识

9. 对于课堂上有可能引发争议的问题,高老师总是事先进行试验,检验各种假设,并请教相关学者,这突出体现了高老师具有 ( )

A. 独立自主意识 　　B. 团结协作精神 　　C. 求真务实精神 　　D. 人文关怀意识

10. 一个数学成绩优秀的学生由于某种原因产生了对数学的厌恶,他在离开学校后很可能不会再主动研究数学问题了。这种现象属于 ( )

A.连带学习　　　　B.附属学习　　　　C.正规课程　　　　D.显性课程

11.丁老师在工作中常以自己的想法代替学生的想法,以自己的思维方式推测学生的思维方式。丁老师的行为体现了哪种效应?　　　　　　　　　　　　　　　　(　　)

A.首因效应　　　　B.晕轮效应　　　　C.刻板效应　　　　D.投射效应

【参考答案】D

【答案解析】投射效应,是指以己度人,认为自己具有某种特性,他人也一定会有与自己相同的特性,把自己的感情、意志、特性投射到外部世界的人、事、物上,并强加于人的一种心理。

12.通过检测来评定学生的学业成绩是中学常用的评价方法。在一个测验中,衡量是否达到测验目的,即是否测出了所要测量的东西的指标是　　　　　　　　　　　　　(　　)

A.信度　　　　B.效度　　　　C.难易度　　　　D.区分度

13.老师经常自觉地对自己的讲课过程进行分析,进行全面深入的归纳和总结,以不断改善自身的教学行为,自觉提高自身的教学水平,李老师的做法基于下列哪种专业发展方式　(　　)

A.教学实施　　　B.教学研究　　　C.自我发展　　　D.教学反思

14.将观察法分为系统观察和非系统观察的依据是　　　　　　　　　　　　　(　　)

A.观察条件是否认为控制　　　　　　B.观察活动是否有规律

C.观察者是否直接介入活动　　　　　D.观察内容是否有设计并有结构

15.学生的学习是基于自己的经验,主动接受新的信息,并对其意义进行重构的过程,这一观点属于　　　　　　　　　　　　　　　　　　　　　　　　　　　　　(　　)。

A.有意义接受学习理论　　　　　　　B.建构主义学习理论

C.信息加工学习理论　　　　　　　　D.联传主义学习理论

16.对选聘班主任应当在教师任职条件的基础上突出考查的条件说法错误的是　(　　)

A.作风正派,心理健康,为人师表

B.热爱学生,善于与学生、学生家长及其他任课教师沟通

C.爱岗敬业,具有较强的教育引导和组织管理能力

D.关爱集体

17.教师的教育专业素养除要求先进的教育理念、良好的教育能力外,还要求具有一定的　(　　)

A.交往能力　　　　　　　　　　　　B.教育研究能力

C.教育管理能力　　　　　　　　　　D.学习能力

18.对学生的培养及全面素质的提高,起关键作用的是教师的　　　　　　　　(　　)

A.能力　　　　B.学识　　　　C.态度　　　　D.方法

19.学生在学校各项权利中最主要、最基本的一项权利是　　　　　　　　　　(　　)

A.受教育权　　　B.生命健康权　　　C.人格尊严权　　　D.人身自由权

20.现代教育、素质教育、社会主义新时期的教育最根本的特点是　　　　　　(　　)

A.以升学为最终目的　　　　　　　　B.升学是为了就业

C.以人为核心,以促进人的发展为目的　D.以学生为主体,教师为主导

二、简答题

1.何谓教育研究? 中小学教师从事教育研究的意义何在?

2.中小学开展教育研究的基本方法有哪些? 简要说明这些方法的基本特点和要求。

3.简要说明教育行动研究的特点和意义。

三、阅读下面的材料,并回答问题

1.2008年四川某地地震后,北京某中学接收了来自四川灾区的一些学生到中学学习。这些灾

区学生的到来给北京这所学校带来了一些新的问题。因为从灾区来的学生很多是在农村的小学读书,基础差,入学时的分数很低,同这所学校中北京地区来的学生相比,这些灾区农村学校来的学生在各方面都是落后的,但这些从灾区来的学生在学习上非常刻苦和认真。两个月后,这所学校举行了期中考试,这些灾区来的学生考试成绩进步较为显著,人均考试成绩排名前进了65名,而同班北京学生的成绩排名则倒退了32位,这引起了学校主管教学领导的重视,他们抽调骨干教师对该问题进行研究,力图找出外地灾区学生学业成绩进步的原因。

在该学校主管教学领导的主持下,他们通过调查研究确定了"初中一年级学生学习过程与学习背景研究"的研究课题,提出从初中学生入学前学习背景、入学后的学习观念、学习态度与习惯、学习时间等方面编制问卷,对学生的学习状况进行无记名调查。

这所学校负责该课题研究的老师回收问卷后,发现灾区来的学生和北京的学生在学习的态度与动力等方面具有明显的差异,他们把调查的结果向全体参与问卷调查的学生公布,并同学生进行个别交流,肯定他们的优点,指出他们在学习上应该努力的方向。不久,这个实验班的学生在各方面出现了一些喜人的变化,北京学生和外地学生在学习和生活中的交流增加了,学生在学习上的动力增强了,学业成绩也在不断地提高。

后来,这所学校主管教学的领导把这一实验班的研究成果推广到全校,全校学生的学习风气有了较为明显的改善。

【问题】(1)这所学校老师在研究中运用了那种研究方法?

(2)这种研究方法与以往的问题解决有何不同?为什么它能帮助教师提高自身的素质,也能帮助学校改进教学工作?

2. 任教六年的李老师回忆道:读初二时,新来的语文老师以"春游"为题让我们写一篇作文。我写了一次与爸爸上山采杨梅的经历,由于是自己的亲身经历,所以写的有声有色。这个语文老师对班上的情况不了解,并不知道我是班里最差的学生,在批改完作文后,我的作文成了班上唯一的优秀范文。老师拿着我的作文声情并茂地大声朗读者,我一听是自己的作文,心狂跳起来。语文老师读完以后,就对全班同学说"请写这篇作文的同学站起来。"我在后排怯生生地站了起来,全班的同学以惊奇的目光注视着我,我感到了一种从未有过的自豪。老师在读完了我的作文后,还分析了作文好在什么地方,并给了我几张空白稿纸让我再誊写一遍,然后在班里墙壁上开辟了一个作文园地。我的作文就是作文园里的第一篇范文。由此,我找到了自信,发现自己原来并不是一无是处,我也有很多闪光点。自从那以后,我开始要求自己坚持写周记和日记,并送给老师批改。老师在看完之后要么写一句评语、要么盖上一个"优秀"字样的图案,我非常满足写日记这个习惯从初二开始一直保留至今。现在我的日记本已多达五十多本了。

【问题】请你从学生观的角度,评价材料中语文老师的教学行为。

3. 一位语文教师在作文评讲课上朗读一位学生的作文时,将文中的"神荼郁垒"(分别是两个降伏恶魔的神)的"荼"读成"图",并严正地板书,强调不能与"茶"混淆。该学生当即指正,该不该读"图",应读SHU,与"如火如荼"的"荼"读法不同,并说是爷爷教自己的。这位老师脸上一阵发烧,装出若无其事的样子:"不可能有这样的读法。"另一位学生连忙查新华字典,说上面并无SHU的读音,为老师解了围。后来这位老师在电视节目中看到了这四个字的正确读法,应该是"Shenshuyulu",四个字自己竟然读错了三个,受到强烈的震动。第二天就在全班学生面前作了慎重的订正,并坦诚叙述了自己从不知道的经过,检讨了怕"输面子"的内心活动。学生对此以热烈的掌声。事后好几位学生说:"我们知道您读错了音,但就是不敢向您讲。"这位老师深有感慨,并就此公开发表了题为《为教戒装》的体会文章。

【问题】请你从教师职业道德的角度,评析材料中语文老师教师的教育行为。

第二十一章　中小学心理健康与心理辅导

【本章课程与教学目标】

1. 了解健康、心理健康的含义,把握心理健康的意义和标准;

2. 把握心理辅导的含义,了解心理健康与心理辅导的关系;

3. 了解学生容易出现的几种常见心理障碍的特征及其形成的原因,把握心理辅导的目标;

4. 掌握心理辅导的原则和主要方法。

一、健康的含义

追求健康是千百年来人们生活的重要目标,但对什么是健康却没有统一的看法。很多人认为健康就是身体健壮,没有疾病,能吃能睡,但往往忽略个体的心理问题。

进入 20 世纪下半叶,随着社会生产力的发展和社会变革速度加快,人们对健康的认识更加全面和深入,认为人的健康不仅仅指个体的生理健康,还包括个体的心理健康和社会适应能力完好。如 1946 年联合国世界卫生组织(WHO)在《世界卫生组织宣言》中指出:"健康不仅是没有疾病和虚弱现象,而且是一种在生理上、心理上、社会上完全安好的状态。"[①]1989 年联合国世界卫生组织修订了健康的定义,认为:"健康是一种生理、心理与社会适应都臻于完满的状态,而不仅是没有疾病和摆脱虚弱的状态。健康不仅指没有疾病,而且包括躯体健康、心理健康、社会适应良好和道德健康。"[②]

从联合国卫生组织(WHO)关于健康概念的描述中,我们可以看出健康包含以下几个方面:

1. 身体健康

即个体的身体发育良好,体格健壮,没有重大生理疾病或生理缺陷,身体机能完善。

2. 心理健康

即个体无重大的心理疾病,拥有持续的、积极的心理发展状态;

---

① 姚本先.心理学[M].北京:高等教育出版社,2009,P431.
② 姚本先.心理学[M].北京:高等教育出版社,2009,P431.

3.社会适应程度高

即个体掌握了社会生活的基本知识和基本技能,拥有正确的人生目标,能自觉地遵循社会生活规则,与社会其他成员友善相处。

4.道德健康

即个体道德认知水平高,道德行为符合现代社会道德规范的要求,有社会责任感和担当意识,具有良好的道德认识和良好的道德行为规范。

二、心理健康的含义与标准

（一）心理健康的含义

1946年世界心理卫生组织指出:"心理健康是指在身体、智能以及情绪上能与他人的心理不相矛盾,并将个人心境发展成为最佳的状态。"[①]

从世界心理卫生组织关于心理健康的定义中我们可以得出结论,所谓心理健康,就是个体一种良好的、持续的心理状态与心理过程,它表现为个体具有良好的生命活力,积极的内心体验,良好的社会适应能力,能有效地发挥自身的生理和心理潜能为社会服务。

（二）心理健康的标准

心理健康标准就是根据心理健康的含义制定的个体在心理方面应达到的具体要求。由于确立心理健康标准的依据不同,各国学者对心理健康的标准存在着一些差异,但普遍认为个体心理健康应达到以下几个方面的要求:

1.对现实的有效知觉

也就是说,个体能够有效地认识现实,面对现实和接受现实,主动地去适应现实世界。

2.自知自尊和自我接纳

个体对自己有清晰的客观的认识,具有强烈的自尊心,能制定切合自身特点的任务和目标,扬长避短,主动地去适应生活。

3.较强的自我调控能力

心理健康的个体一般都具有较强的自我调控能力,他能根据自身的实际和周围环境的变化及时调整自己的心态和原有的工作方案,这样做才能更好地适应周围实际变化的要求。

4.与他人建立亲密关系的能力

心理健康的人一般都具有较强的人际交往能力,能与他人进行正常的交往,能与更多的人建立较为亲密的人际关系,从而更有利于自身的工作与生活。

5.人格结构的稳定与协调

心理健康的人一般都具有稳定与协调的人格结构,具有良好的心理倾向和人格特

---

① 广西壮族自治区教育厅.大学生心理健康教程[M].桂林:广西师范大学出版社,2011,P4.

征,具有稳定的行为,并能对自身的行为进行有效的协调和控制。

6. 在工作与生活中充满热情与自信

心理健康的人往往在工作与生活中充满了热情与自信,他感觉工作与生活是快乐的,能充满热情与自信地去工作和生活,这样的人往往能体验到工作与生活的快乐,因而工作效率更高,生活质量更好。

三、中学生心理健康教育的意义

中学心理健康教育是根据教育的目的和中学生身心发展的特点,运用心理教育的方法和手段,培养中学生良好的心理素质,促进他们身心全面和谐发展和素质全面提高的教育活动。

1. 中学生心理健康教育是学校教育工作的重要组成部分,它对于促进学习者身心全面和谐发展,全面提升学生者的综合素质具有重要的现实意义。

中学生正处于长知识长身体的关键时期,这一时期也是他们身心剧烈变化的时期,他们会遇到许多困扰他们的生理的尤其是心理方面的问题,如果这些问题不能得到及时有效的解决,就会对他们造成极大的心理压力,形成心理疾病,影响他们身心的健康发展。加强中学生的心理健康教育,可以促使中学生更好地获得及时有效的心理咨询指导,用科学的方式应对自身面临的心理问题,从而在人生的道路上少走弯路,更好地促进自身身心的健康发展。

2. 加强中学生心理健康教育有助于中学生预防心理疾病,健全人格的养成。

中学阶段是学习者人格形成的重要阶段。通过中学生心理健康教育,可以帮助中学生了解现代社会对高素质人才人格的基本要求,掌握形成健康人格的方法,预防心理疾病,按照现代社会对人才的要求去培养和发展自己的人格,从而促进他们完美人格的形成与发展。

四、中小学心理健康教育的内容与任务

中小学心理健康教育是指学校教育工作者通过对学生进行心理健康知识的教育与训练,培养学生良好的心理素质,预防心理障碍和心理疾病的发生,促进学生身心和谐发展的教育活动。[①]

中小学心理健康教育的主要内容包括:"普及心理健康知识,树立心理健康意识,了解心理调节方法,认识心理异常现象,掌握心理保健常识和技能。其重点是认识自我、学会学习、人际交往、情绪调适、升学择业以及生活和社会适应等方面的内容。"[②]

我国中小学心理健康教育的任务要因人而异。具体来讲:

1. 针对健康的学生而言,心理健康教育的任务是要普及心理健康的知识,帮助学生养成良好的心理素质,预防心理障碍的发生,促使学生心理、技能、人格的发展与

---

① 教育部人事司,教育部考试中心.教育学考试大纲[M].北京:北京师范大学出版社,2002,P151.
② 教育部.中小学心理健康教育指导纲要[N].北京:中国教育报,2012 - 12 - 7,N(3).

完善。

2.针对有心理障碍的学生而言,心理健康教育的任务是要帮助学生排除心理障碍,预防心理疾病的发生,提高学生的心理健康水平。

3.针对少数有心理疾病的学生进行心理咨询和治疗。

五、中学生心理健康教育的原则

1. 面向全体学生的原则

中小学心理健康教育要面向全体学生,考虑到全体学生的共同需要和普遍存在的问题,以绝大多数学生直至全体学生的心理健康水平的提高为学校心理健康教育的立足点和最终目标。所以,中小学心理健康教育要"面向全体学生,通过普遍开展教育活动,使学生对心理健康教育有积极的认识,使心理素质逐步得到提高。"[①]

当然,中小学心理健康教育要面向全体学生,并不意味着不考虑个别学生的实际需要。教育者既要考虑全体学生的实际需求,又要关注和重视中小学生的个别差异,根据不同学生的特点因材施教,使每个学生的心理健康水平得以提高,最终实现全体学生心理素质的提高。

2. 教育性原则

教育性原则是指教育者在心理健康教育中要根据学习者心理发展中存在的实际问题,进行客观的分析,帮助他们端正对问题的看法,建立积极的思维方式,排除各种心理问题的干扰,培养学习者积极进取的精神,提升他们的心理健康水平,促进他们综合素质的不断提升。因此,教育者要始终把教育性原则作为中小学心理健康教育的根本原则。

3. 主体性原则

中小学心理健康教育的目的在于促进青少年学生身心的健康发展,青少年学生是心理发展的主体,因此中小学心理健康教育必须注重发挥学习者的主体作用,让学习者在教育者的指导下积极参与心理健康教育的始终,让他们在活动与交往中认识心理健康教育的真谛,逐步改变自我,完善自我,不断增进自身的心理健康水平。

4. 发展性原则

在实际工作中,中小学生的心理发展中存在着种种的不足或问题。但中小学生是正在成长发展中的人,教育工作者必须以发展变化的眼光对待青少年学生心理发展中的问题,辩证地看待学生心理发展中的缺点或不足,要相信他们,对他们的未来要持乐观肯定的态度,相信他们能通过自身的努力改变自己的缺点或不足,变得更健康更完美。

中小学生心理健康教育同时兼有矫治、预防和发展等三种功能,但中小学心理健康教育还是应该坚持以发展为主,辅助以预防和矫治。中小学心理健康教育不能忽视帮助大多数学生心理健康发展,不能把重心仅仅放在矫治和预防,否则就会影响学生

---

① 教育部.教育部关于加强中小学心理健康教育的若干意见[N].北京:中国教育报,2009−1−31.N(3).

心理的健康发展。

5. 尊重与理解学生的原则

在人本主义者看来,学习者是独立的与教育者一样的个体,他有自己的人格,有自己的尊严,教育者只有尊重学习者的人格和尊严,尊重学习者的个人价值,承认他是与他人一样在人格上是平等的,因此强调教育者必须尊重学习者,理解学习者。教育者只有尊重学习者,转换角度从学习者的角度观察问题、思考问题才能赢得学习者的尊重和理解,才能更好地与学习者进行有效的沟通,帮助学习者解决心理方面的问题,不断提升心理健康教育的效果。

6. 保密性原则

保密性原则是指教育者在中小学生心理健康教育中,有义务有责任对中小学生在心理健康教育过程中的个人信息和谈话内容等予以保密,使得学习者的名誉和隐私权得到道德上的维护和法律上的保障。①

保密性原则是中小学心理健康教育中极其重要的原则,也是鼓励学生畅所欲言和建立相互信任的心理基础,也体现了教育者对学生人格和隐私的最大的尊重。因此,教育者在中小学生心理健康教育中,要对学习者泄露的秘密、隐私等无条件保密,不得以任何理由泄露这些秘密,否则就要承担良心和舆论的谴责,甚至要承担法律的责任。

六、中学心理健康教育的途径

中学开展心理健康教育一般有以下途径:

1. 在学科教学中渗透心理健康教育的内容。按照教育部的要求,"学校应将心理健康教育始终贯穿于教育教学全过程。全体教师都应自觉地在各学科教学中遵循心理健康教育的规律,将适合学生特点的心理健康教育内容有机渗透到日常教育教学活动中。"②

2. 开展心理健康专题教育。根据教育部的部署,各地教育机构可以开设具有地方特色或学校特色的心理健康教育课程。

3. 建立学校的心理辅导室,有针对性地开设心理辅导课程,对个别学生进行心理辅导或咨询。

4. 结合班级、团队活动开展心理健康教育活动。"要注重发挥教师人格魅力和为人师表的作用,建立起民主、平等、相互尊重的师生关系。要将心理健康教育与班主任工作、班团队活动、校园文体活动、社会实践活动等有机结合,充分利用网络等现代信息技术手段,多种途径开展心理健康教育。"③

---

① 姚本先.心理学[M].北京:高等教育出版社,2009,P448.
② 教育部.中小学心理健康教育指导纲要[N].北京:中国教育报,2012-12-7,N(3).
③ 教育部.中小学心理健康教育指导纲要[N].北京:中国教育报,2012-12-7,N(3).

七、中学心理辅导的目标

所谓心理辅导,是指在一种新型的充满人性关切的环境中,学校心理辅导教师运用其专业知识和技能,给学习者以合乎其需要的协助和服务,帮助学习者正确地认识自己,认识环境,依据自身的实际条件,确立有利于社会进步与人生发展的生活目标,克服成长中的心理障碍,增强与维持学习者的心理健康,提升其学习、工作与人际交往等方面能力的教育活动。

中学心理辅导是中学心理健康教育的重要内容,它要达到以下几个目标:

1.引导学习者学会调节和适应。教育者要通过心理辅导,使得学习者更客观地认识自我和周围环境,通过对自己行为的调节,更好地适应周围环境的变化。这一目标是心理辅导的基本目标。

2.引导学习者寻求更高层次的心理健康。教育者在引导学习者学会调节和适应的基础上,要去追求更高层次上的心理健康,逐步达到个人实现。

八、中学生常见的心理障碍及其对策

由于中学生是正在成长中的年轻一代,他们在紧张的学习、生活当中会面临诸多的问题或挑战,容易出现一些心理问题。习惯上,人们用心理困扰、心理障碍和心理疾病等从低到高来说明心理健康问题的严重程度。中学生常见的心理问题一般属于心理障碍问题,属于心理辅导与治疗的适用范围。

(一)焦虑症

焦虑是由于外在压力等原因出现的由紧张、不安、焦急、忧虑、恐惧等交织而成的一种持续紧张不安的情绪状态。

焦虑症的主要表现为躯体僵硬,无法放松,尿频尿急,睡眠出现障碍,睡眠质量不高,过度出汗;在心理方面极度紧张不安,忧心忡忡,难以集中注意,极端敏感,对轻微刺激反应过度,无法及时做出决断。

中学生出现焦虑症的主要原因是学业负担过重,学生家长、学校教师对学习者的期望值过高,学习者过于在乎分数和名次,喜欢争强好胜,学习者在学习或生活上多次出现失败体验等。要缓解学习者的焦虑症状,关键在于营造一个轻松的外在压力不大的学习环境,同时要帮助学习者端正对学习成绩的认识,不要人为给自己制造压力。教育者还要帮助学习者积极克服困难,通过自身的努力获得自己满意的成绩,让成功的喜悦帮助他产生自信,让自信帮助他取得优异的成绩,让优异的成绩缓解他的焦虑。

(二)抑郁症

抑郁症是以持久性的心境低落为特征的神经症,常伴有焦虑、沮丧、压抑、苦闷、躯体不适和睡眠障碍等。

抑郁症的个体最早出现的是焦虑,当一个人确定自己不能对紧张情境进行改变或控制时,抑郁就取代了焦虑成为其主要的症状了。①

抑郁症的表现一般有以下几个方面:②

1. 情绪消极,悲观、颓废、冷漠,对学习、工作和生活失去满足感和乐趣;

2. 思维迟缓、注意力不集中;

2. 认知倾向消极,低自尊,自我效能感低下,总是从消极的方面看待问题,过于责备自己,对自己的未来不抱太大的期望;

3. 动机缺失、极其被动,对任何事情都缺乏热情;

4. 躯体疲劳,严重失眠、食欲不振。

造成个体出现抑郁症的原因是多方面的,既有生物(生理)方面的原因,也有环境因素、心理因素的影响。对个体抑郁症的治疗,要把药物治疗和心理辅导结合起来。在心理辅导的过程中,教育者要帮助学习者端正自我认识,改变过去习以为常的自贬式的思维方式和不适当的归因方式,从新的角度观察自己和周围世界,发展自己对周围世界、未来的更为客观的积极的看法;教育者在心理辅导的过程中,要看到当事人的优点和成绩,对当事人要多鼓励,使他得到更多的情感和心理支持;教育者还要鼓励当事人做一些力所能及的事情,积极地行动起来,在活动中体验到成功和与人交往的快乐,逐步愿意与他人交往交流。

(三)强迫症

强迫症即强迫性神经官能症,包括观念强迫和行为强迫。观念强迫是指个体身不由己地思考他不想思考的问题,强迫行为是指个体反复去做他不执行的动作,如果不这样想,这样做,他就会感到极端焦虑。如个体强迫洗手、强迫计数,反复检查锁门与否等症状,都属于强迫症。

造成强迫症的原因可能包括学习者学习过度紧张,学习者家庭对其学习、生活要求过于苛刻,学习者人际关系较差,个人性格方面胆小怕事,优柔寡断、偏执刻板等。

教育者要帮助学习者消除强迫症,关键在于调动学习者的积极主动性,让他们放弃对无用观念的控制,采取忍受痛苦、顺应自然的态度与方法。例如,对有强迫洗涤症状的人接触他们害怕的"脏"但实际并不脏的东西,坚决阻止他们想要洗涤的冲动,不允许他们洗涤,这样他们的强迫洗涤的症状就会逐步消失。

(四)恐惧症

恐惧症是指个体特定的无实在危害的事物与场景的无理性的惧怕。恐惧症分为单纯性恐惧(对具体事物、具体情境、动作的恐惧)、广场恐惧症(例如害怕空荡荡的广场、宽阔的水面等)和社交性恐惧等。③

恐惧症实际上是个体焦虑情绪的移植。行为主义者认为恐惧的情绪是个体后天

---

① 教育部人事司,教育部考试中心.教育心理学考试大纲[M].北京:北京师范大学出版社,2007,P175.
② 教育部人事司,教育部考试中心.教育心理学考试大纲[M].北京:北京师范大学出版社,2007,P175.
③ 中公教育教师资格考试研究院.中学教师教育知识与能力[M].北京:世界图书出版公司出版社,2006,P221.

习得的,与个体的经历有很大的关联。

教育者要帮助学习者摆脱恐惧,关键在于引导学习者端正对事件或人物的认识,让他们意识到这种恐惧是非正常的,让他们感觉到现实社会中还是好人多,没有人会无缘无故地要伤害他或嘲笑他,同时要帮助他们掌握人与人交往的基本程序和与人交往的基本方法、要求。

教育者要帮助学习者摆脱恐惧,还可以让学习者在一个假想的空间里,模拟产生恐惧的情景,不断重复发生症状的情节,鼓励学习者勇敢地面对这种场面,让学习者通过克服困难体验到成功的欢乐,让他从假想中逐步适应这种产生焦虑紧张的周围环境。

(五)网络成瘾

网络成瘾是指中学生过度或不当地使用网络而导致的对网络极度迷恋的难以抗拒的再次使用网络的痴迷状态。

网络成瘾者自身有一些症状,如头晕、心烦、胸闷,精力差,对除上网外的事情不感兴趣,不愿与家人和同学交流等。

造成学习者网络成瘾的原因是多方面的,如网络自身的诱惑,家庭环境的影响,上网者自身的抗诱惑能力差等。

中学生网络成瘾的治疗主要采用心理治疗,常见的心理干预的方式有:

1.强化干预

教育者要有意地控制学习者的上网时间和上网行为,对上网成瘾的学习者要进行耐心的劝诫,当发现学习者出现了上网行为减少时,就要及时给予口头表扬、奖励等肯定性评价;当教育者发现学习者上网时间、频率增加时,立即要给予处罚,这种处罚既可以是物质性的,也可以是精神上的,如写检查,在操场跑圈等。

2.厌恶干预法

厌恶干预法是指教育者引导学习者采用惩罚性的厌恶措施来减少学习者一些不良行为的一种教育方式,常见的做法有橡皮圈拉弹法,不赞成干预、内隐致敏法等。

3.注意力转移法

中学生正处于长知识长身体的关键时期,他们对有趣味的有意思的活动会产生强烈的兴趣。因此,教育者要想让学习者摆脱网瘾,就要创设优美的教育环境,引导学习者开展丰富多彩的教育活动,让他们在活动与交往中获得快乐和成功,进而摆脱寂寞和痛苦,逐步消除他们的网瘾。

4.替代、延迟满足法

学习者有网瘾,就会在特定的时间产生上网的欲望,教育者要了解学习者上网的时间和地点,尽可能地在他们特别喜欢上网的时间内安排他们参与其他活动,让他们无法像过去那样上网,或逐步减少他们的上网时间,最终实现消除网瘾的目标。

5.学校、家庭和社会协调管理

消除青少年学生的网瘾,不是学校教师能够独立完成的,需要学校、学生家长和社会部门全力协调配合才能够完成。学校、学生家长和社会部门要创设有利于青少年学生学习和生活的教育环境,合理安排学习者的学习、娱乐和生活,引导他们合理安排好上网时间,科学利用网络,杜绝沉迷网络,消除网瘾。

九、中学生心理辅导的内容

中学阶段是学习者身心迅猛发展的时期,教育者要依据学习者身心发展的实际对他们进行有针对性的心理辅导。

(一)学习辅导

学习是中学生的主要任务,也是他们遇到困惑最多的领域之一。教育者对学习者的学习辅导就是要帮助学习者了解中学学习的原理与方法,让他们掌握必备的基础知识和基本技能,激发他们良好的学习动机和情感,形成良好的学习态度和习惯,提升学习者的自学能力,培养学习者良好的自学品质。

(二)人格辅导

中学阶段是学习者人格形成的关键时期,中学生人格辅导是教育者运用教育学、心理学、社会学等学科的知识和技术,帮助学习者了解人格形成的基本规律,能按人格形成的规律和要求健康地开展教育活动。教育者要在自我意识、情绪、人际交往、青春期教育等方面对学习者进行教育,帮助他们形成良好的个性心理,不断提升他们的社会适应能力。

(三)生活辅导

中学阶段是学习者逐步了解社会、了解生活的主要阶段。教育者要通过生活辅导让学习者初步掌握日常生活的基本知识和基本技能,知道如何安排闲暇时间,如何合理地消费,如何与社会上形形色色的人打交道等,帮助学习者形成健康的生活情趣,乐观的生活态度和良好的生活技能。

(四)生涯辅导

生涯辅导是教育者帮助学习者走向职业生涯的准备活动。教育者通过生涯辅导让学习者在了解自身能力、气质和性格等特点的基础上,初步确定自身的人生志向,对自己未来的职业进行选择和准备,为自己今后的工作与生活奠定坚实的基础。

十、中学生心理辅导的基本方法

教育者要提升中学生心理辅导的效果,关键在于要根据心理辅导的需要采用合适的方法。

(一)强化法

1. 何谓强化法

强化法又称为行为疗法,是指教育者运用强化刺激来增进个体某些行为或减少某些行为,来确保青少年学生身心健康的教育方法。例如,某些学生在学习中表现出主动学习、勇于探究的态度、行为,教育者及时地给予鼓励和表扬,他们的学习主动性则会更高;有些学生出现长时间玩手机,不专心学习,教育者及时给予训斥或批评,使他以后不敢长时间玩手机,不专心学习了。

2.正强化与负强化、惩罚

强化有正强化和负强化两种。正强化是教育者实施奖励,给予学习者一个愉快的刺激,从而增强其行为出现的概率。例如,学习者在与他人的交往中表现出不胆怯、大方等品质,教育者对他的行为给予赞许和鼓励,他就会养成与人交往中不胆怯、大方等品质。负强化是指教育者让学习者摆脱一个厌恶的刺激,从而增强学习者良好行为出现的频率。例如,学习者过于沉迷于看电视,做作业拖拖拉拉,不认真,教育者就惩罚他,不让他看电视,当他不再沉迷于看电视,能够保质保量按时完成作业时,教育者就取消禁止他看电视的命令。如果学习者能够做到按时完成作业,教育者就会允许学习者去看电视,否则禁止他看电视的命令还会生效。

在这里,惩罚不同于负强化。负强化是通过厌恶刺激的排除来增进学习者的行为,而惩罚则是通过厌恶刺激的呈现来降低学习者不良行为反应出现的频率。例如,有些学习者喜欢上课东张西望,不专心学习的毛病,教育者就对这些学生进行处罚,要求他们课下抄写课文三遍,这就是惩罚,通过惩罚帮助他逐步改掉上课不认真听讲的毛病。

需要强调的是,惩罚并不能使学习者的行为发生永久性的改变,它只是暂时抑制学习者的某些行为,而不是根除学习者的某些行为。教育者要把惩罚一种行为与强化一种行为有机地结合起来。

3.代币奖励法

代币是一种教育者在心理健康教育中所用的一种象征性强化物,如筹码、小红星、盖章的卡片等。当学习者做出教育者所期待的良好心理行为时。教育者可以发给学习者相当数量的代币作为奖励物。学习者可以用代币兑换有实际价值的奖励物。教育者运用此法可以激励学习者为获取代币而严格要求自己,逐步形成良好的心理行为。

4.消退

当个体做出某种被强化的反应时,没有得到及时的强化,那么个体身上的这类反应在将来发生的概率就会降低,这种现象称作消退。实际上,消退是一种无强化的过程,其作用是降低某种反应在将来发生的概率,以达到消除某种行为的目的。因此,教育者常把消退看作是帮助学习者减少不良行为,消除坏习惯的一种有效的方法。

(二)系统脱敏法

"系统脱敏法"是由交互抑制发展起来的一种心理治疗法,所以又称交互抑制法。当患者面前出现焦虑和恐惧刺激的同时,施加与焦虑和恐惧相对立的刺激,从而使患者逐渐消除焦虑与恐惧,不再对有害的刺激发生敏感而产生病理性反应。[①] 系统脱敏法是南非的精神病学家沃尔普在 1958 年首创,他认为这一方法对消除学习者的焦虑或恐惧极其有效。

系统脱敏法一般包括三个步骤,一是训练学习者松弛肌肉,心态平和;二是建立焦虑等级(由低到高排列);三是让学习者在肌肉放松的状态下,从最低等级开始想象产生焦虑的情境,并逐步转移到现实情境,并能在原来引起焦虑或恐惧的情境中保持放松的状态,逐步消除学习者的焦虑或恐惧状态。例如,一个学习者过分害怕蛇,我们可以让他选看蛇的照片,谈论蛇,再让他远远观看关在笼子中的蛇,再让他靠近笼中的蛇,最后让他摸无毒的蛇,抱起蛇,逐步消除他对蛇的恐惧反应,这就是运用脱敏法消除学习者对蛇的恐惧的实际例子。

(三)认知疗法

认知疗法于 20 世纪 60—70 年代在美国产生,是根据人的认知过程影响其情绪和行为的理论假设,通过认知和行为技术来改变求治者的不良认知,从而矫正并适应不良行为的心理治疗方法。

现代心理学认为,认识过程是个体情感和行为的中介,个体之所以出现情感和行为的异常,是与个体的认识异常有密切关系的。因此,现代心理辅导强调教育者要改变学习者不合理的歪曲的、消极的信念和看法,通过矫正或改变学习者对问题的看法或信念,来改变学习者的情绪和行为。

认知疗法的基本过程是教育者引导学习者(被辅导者)建立求助的动机、适应不良动机的矫正、用新的认知对抗原有认知、改变原有自我的认知,用新的认知来指导自己的行为。

(四)来访者中心疗法

来访者中心疗法的创始人为美国人本主义心理学家罗杰斯。

这一方法强调教育者要充分相信学习者(来访者)的潜力,认为学习者有能力找到应付现实生活中存在问题的方法,无须教育者进行干涉指点;这一理论强调教育者不是专家、指导者,而是学习者的一个具有专业知识技能的伙伴或朋友,教育者要充分相信学习者,要为学习者创设真诚的、充满人性关切的和可以理解的教育环境,让学习者说出自己心中的烦恼和困扰,让他们尝试着找到解决当前困境的办法。

(五)理性—情绪疗法

这一方法又称为情绪的 ABC 疗法,20 世纪 50 年代由美国心理学家艾丽斯创立。

这一理论的倡导者认为个体的情绪是由突发事件引起的,但突发事件并不是引起学习者不良情绪的直接因素,他已有的思想观念会对突发事件做出必要的解释,合理的理念导致个体出现健康的情绪,不合理的理念则导致负面的、不稳定、不健康的情绪

---

① 教育部人事司,教育部考试中心.教育心理学考试大纲[M].北京:北京师范大学出版社,2006,P167.

出现。因此,理性情绪疗法的创立者认为,要消除人们的不良情绪,就要把引发不良情绪的突发事件和人们对突发事件的解释、认识一一列举,帮助学习者排除那些对突发事件不客观、不恰当的认识,树立客观的正确的认识,从而消除原来消极悲观的情绪,形成乐观自信的心态。

以上简要介绍了学校心理辅导中一些基本的方法。这些方法各有功能和特点。教育者在实际的心理辅导中,要根据学校心理辅导的目标与任务,充分考虑学习者的特点和要求,综合运用各种方法,不断提升学习者心理辅导的效果。

【本章主要参考文献】

1. 曹日昌.普通心理学(下)[M].北京:人民教育出版社,1987.

2. 彭聃龄.普通心理学[M].北京:北京师范大学出版社,2012.

3. 皮连生.学与心理学[M].北京:高等教育出版社,2009.

4. 邵瑞珍.教育心理学[M].上海:上海教育出版社,1988.

5. 张春兴.教育心理学[M].杭州:浙江教育出版社,1996.

6. 全国十二所重点师范大学编写组.心理学基础[M].北京:教育科学出版社,2002.

7. 施良方.学习论[M].北京:人民教育出版社,2001.

8. 叶一舵.新课程背景下公共心理学教程[M].北京:高等教育出版社,2004.

9. 叶浩生.西方心理学的历史与体系[M].北京:人民教育出版社,2017.

10. 教育部人事司,教育部考试中心.教育心理学考试大纲[M].北京:北京师范大学出版社,2006.

11. 潘菽.教育心理学[M].北京:人民教育出版社,1980.

12. 张大均.教育心理学[M].北京:人民教育出版社,2004.

13. 田京生,耿增海.心理健康教育读本[M].北京:首都师范大学出版社,2006.

14. 陈理宣.教育学原理——理论与实践[M].北京:北京师范大学出版社,2010.

15. 袁振国.当代教育学[M].北京:人民教育出版社,2002.

【本章思考题目】

一、名词解释

1. 心理健康

2. 心理辅导

二、选择题

1. 某学生近期情绪低落、思维迟缓、活动减少,容易自我否定、甚至产生自杀念头。他的主要问题是 （　　）

    A. 焦虑症　　　　　　B. 强迫症　　　　　　C. 抑郁症　　　　　　D. 恐惧症

2. 心理辅导老师通过帮助李晓明建立焦虑等级,让他想象引起焦虑的情境,进行放松训练,从而缓解他的考试焦虑。这种心理辅导的方法是 （　　）

    A. 强化法　　　　　　　　　　　　B. 系统脱敏法

    C. 理性—情绪疗法　　　　　　　　D. 来访者中心疗法

3.汪娟最近有一个毛病,写作业时总觉得不整洁,擦了写,写了又擦,反反复复。她明知这样做没有必要,就是控制不住。她可能出现了　　　　　　　　　　　　　　　　(　　)

A.抑郁症　　　　　　B.焦虑症　　　　　　C.强迫症　　　　　　D.恐惧症

4.学生张亮在课堂上出现怪异行为时,老师和同学们都不予理睬,他的这种行为便逐渐减少了。这种行为矫正法称为　　　　　　　　　　　　　　　　　　　　　　　(　　)

A.强化法　　　　　　B.系统脱敏法　　　　C.消退法　　　　　　D.惩罚法

5.晓红是韩老师班上的学生,她孤僻、羞涩。当她主动与同学交谈或者请教老师时,韩老师会给予肯定和鼓励。韩老师采用的这种心理辅导方法是　　　　　　　　　(　　)

A.强化法　　　　　　　　　　　　　B.系统脱敏法

C.理性一情绪疗法　　　　　　　　　D.来访者中心疗法

6.中学生反复出现自己不能控制的动作,表现的神经症属于　　　　　　　(　　)

A.恐惧症　　　　　　B.焦虑症　　　　　　C.抑郁症　　　　　　D.强迫症

7.孙斌经常想"人为什么是两条腿",一天想好几次,明知没有必要却又无法控制,以致影响学习和生活。他的心理问题属于　　　　　　　　　　　　　　　　　　　(　　)

A.强迫症　　　　　　B.焦虑症　　　　　　C.抑郁症　　　　　　D.恐怖症

8.晓颖以为做事应该尽善尽美,绝不允许任何差错,因而平时稍有失误就极为焦虑,张老师通过改变认知偏差来帮助她克服这种焦虑,这种心理疏导属于　　　　　　　　　(　　)

A.强化法　　　　　　B.系统脱敏法　　　　C.消退法　　　　　　D.合理情绪疗法

9.小华最近心理方面有好多困扰,心理辅导老师帮助她对错误理念进行了梳理,进而形成了正确的理念,解决了好多压抑在心中的烦恼。心理辅导老师对小华采用的方法是　(　　)

A.行为分析法　　　　　　　　　　　B.系统脱敏法

C.理性一情绪疗法　　　　　　　　　D.来访者中心疗法

10.晓燕近期非常苦闷,一提到学习就心烦意乱,焦虑不安,对老师的教导也有很大的抵触,学习成绩明显下降。晓燕出现的心理问题最可能的是　　　　　　　　　　　　(　　)

A.强迫症　　　　　　B.焦虑症　　　　　　C.抑郁症　　　　　　D.神经衰弱症

11.中学生小阳总认为他是一个完美的人,任何事情会按自己的意愿发展,但是现实往往事与愿违,这让他非常苦恼,希望能得到心理辅导老师的帮助。如果对小阳进行心理辅导,最可行的办法是　　　　　　　　　　　　　　　　　　　　　　　　　　　　(　　)

A.放松训练法　　　　B.系统脱敏法　　　　C.理性情绪法　　　　D.代币强化法

12.晓玲性格内向,平时不敢同老师讲话,遇到疑难问题也没有勇气求教。偶有一次,她向杨老师求教,杨老师耐心解答了问题,并对她的行为及时给予表扬。经过多次这样的教学交往,晓玲学会了主动向老师请教问题。杨老师改变晓玲行为的方法属于　　　　　　　　(　　)

A.强化法　　　　　　B.自控法　　　　　　C.系统脱敏法　　　　D.放松法

13.小马上课时害怕回答问题,他发现自己坐在教室后排时可减少老师提问的次数,于是,他总坐在教室后排,下列哪种强化方式导致了小马愿意坐在后排?　　　　　　　　(　　)

A.正强化　　　　　　B.负强化　　　　　　C.延迟强化　　　　　D.替代强化

14.中学生小艾上学前总是反复检查书包,如果不检查,他就难受,明知该带的文具都带了,就是控制不住,小强这种对待挫折的方式属于　　　　　　　　　　　　　　(　　)

A.抑郁症　　　　　　B.焦虑症　　　　　　C.强迫症　　　　　　D.恐惧症

15.小东每次锁门离家后,明知已锁过门,但总是怀疑门没有锁上,非要返回检查才安心。他的

这种表现属于 （　　）

　　A. 强迫恐惧　　　　B. 强迫焦虑　　　　C. 强迫观念　　　　D. 强迫行为

16. 为了帮助小红消除网瘾,李老师让她在手上戴着橡皮筋,一旦强烈地要求上不了网,就去用橡皮筋弹自己的手臂。李老师在心理辅导中所采用的方法是 （　　）

　　A. 厌恶干预法　　　B. 自控法　　　　　C. 系统脱敏法　　　D. 放松法

17. 中学心理辅导的基本目标是 （　　）

　　A. 学会调节与适应　　　　　　　　B. 学会自制

　　C. 学会放松　　　　　　　　　　　D. 学会发展

18. 小强期中考试失利,但是他没有气馁,而是认真分析了失败原因,找到了问题,确定了新的方向,小强这种对待挫折的方式是 （　　）

　　A. 宣泄　　　　　　B. 升华　　　　　　C. 补偿　　　　　　D. 认知重组

19. 理性—情绪疗法的创立者认为造成学习者心理失调的主要原因是 （　　）

　　A. 不良事件　　　　B. 行为后果　　　　C. 他人的认知　　　D. 不合理的认知

20. 理性—情绪疗法的创始人为 （　　）

　　A. 罗杰斯　　　　　B. 艾力斯　　　　　C. 弗洛伊德　　　　D. 罗素

三、判断正误,并简要说明理由

1. 李政体格健壮,脸色红润,因此说他是一个健康的人。

2. 惩罚就是负强化。

四、简答题

1. 简要说明中学生心理辅导的意义。

2. 中学生心理辅导的目标有哪些?

3. 简要说明中学生心理辅导应该坚持哪些基本原则。

4. 中学生心理辅导中常用的方法有那几类? 各有什么特点?

五、案例分析题

1. 某高中三年级学生刘某,再过几个月就要参加高考了,可是他越来越害怕考试了。每天从家里出来都感觉非常紧张。他平时学习非常刻苦,学习成绩在全班也名列前茅,老师和家长对他的期望值也很高,邻居也经常夸奖他学业成绩好。但他近来上课总是无法集中注意力,有时会觉得脑袋一片空白,这对他近来的学习产生了很大的困扰。

【问题】1. 高中生刘某出现了什么样的心理问题?

　　　　2. 如果你是心理辅导老师,你觉得你应该采用什么方法对小刘进行辅导?

第二十二章　现代西方教育流派的教育思想

【本章课程与教学目标】

1. 使学生了解现代西方主要教育流派教育思想的主要内容,知道其在教育史上的地位和意义;

2. 使学生了解永恒主义、要素主义教育思潮主张的异同;

3. 使学生了解人本主义、建构主义、后现代主义、教育的国际化思潮等的教育思潮的教育思想及其历史意义。

进入 20 世纪,世界西方主要经济强国陆续进入垄断资本主义阶段。西方主要经济强国在致力于经济建设和社会变革的同时,加大了对本国教育的改革力度。在世界西方国家进行教育改革的进程中,一些具有民主思想和社会责任感的哲学家、教育家积极投身教育改革,运用自身的哲学、伦理学、心理学、社会学等学科的知识和方法对教育改革进程中出现的热点问题进行多方位的探究,涌现了一些关注现实问题,注重学生社会责任感培养,重视他们创新意识和实践能力培养的教育思潮。这些新的教育思潮的出现,对 20 世纪世界各国的教育教学改革产生了重大的推动作用。

第一节　改造主义教育思潮

一、改造主义教育思潮的产生与发展

改造主义教育思潮是实用主义教育理论的一个重要分支。它诞生于 20 世纪 30 年代初的美国,二战后获得了较大的发展。

改造主义(Reconstructionism)教育思潮的理论基础就是杜威的实用主义教育哲学。实用主义教育思潮强调教育即生活,学校即社会,主张切实加强教育与社会生活的联系,通过为社会造就民主社会所需要的公民来促进社会的变革与发展,这些观点对改造主义教育思潮的产生与发展产生了重大的影响。

20 世纪 30 年代初,美国陷入了严重的经济危机中,各种社会矛盾纷纷涌现,社会变革与发展变得异常艰难。在这一时期,实用主义教育家杜威的一些弟子如康茨、布

拉梅尔茨、拉格等人在积极参与社会变革的过程中，开始构建教育为社会变革服务的教育学说，出版了《急需一个改造的教育哲学》、《美国通向文化的道路》等著作，使改造主义教育思潮从实用主义教育思潮中分化出来，成为影响力颇大的教育流派。

二、改造主义教育思潮的基本观点

改造主义教育思潮是一个庞杂的教育理论流派，但其教育核心的观点是一致的，即强调教育要参与社会变革的过程，为改造社会服务。

（一）教育的根本目标在于为社会改造服务

在改造主义者看来，教育是人类文化的传承活动，教育的目的不是让学生为未来的生活做好必要的准备，也不是让学生仅仅过好现世的生活，而是要让社会变得更加美好，教育必须为社会的变革和改造服务。正如改造主义教育家康茨指出："进步主义教育要真正成为进步的，就必须从中上层阶级的影响中解放出来，勇敢和果断地面对所有的社会问题，开始努力对付严酷的生活现实，与社会建立一种有机的联系，发展一种现实可行的和可以理解的福利理论，形成关于人类命运的咄咄逼人和富有挑战性的观点，在欺骗和灌输的妖魔面前比今天显得更加镇定。"①美国教育家布拉梅尔德也把教育看作是建设富有、文明、和谐社会的工具，要求教育能够适应社会变革的要求，激发青少年学生的冒险、创新和合作意识，使教育更好地为社会的改造服务。

（二）学校要围绕着社会需要和社会问题设置课程

基于改造社会的目的，改造主义者极力强调学校的课程设置要考虑学生尤其是社会变革的需要，要求学校要围绕着社会需要和社会问题来设置课程，必须体现理想社会所需要的政治、经济、科学、艺术和人际关系等内容，要以社会问题为核心来组织课程内容。改造主义者所倡导的是以人文学科为主体，以问题为单元的课程体系，实际上是从他们所倡导的"以目标为中心"的教育主张中派生出来的。

（三）要以"问题解决法"和"社会同意法"来组织教学

由于改造主义强调学校要以社会问题为核心来组织学校课程，因此问题解决法和社会同意法成了改造主义教育所倡导的主要的教学方法。改造主义者强调教学中要学生围绕着社会问题从各方面来寻找资料，尝试着在与他人合作中解决社会问题，在问题解决的过程中培养他们的综合能力，不断强化他们的社会危机感和责任感。

社会改造主义者认为教学中除了要运用"问题解决法"外，还要运用"社会同意法"进行教学。在改造主义者看来，社会同意式学习包括证实、交流、协商和行动等四个环节。他们认为社会同意式的学习是学习者社会的自我实现的过程，通过这种方法，一方面能使个人的能力得到充分的发挥，另一方面能使社会本身得到改造。改造主义者所说的"社会同意法"，实际上就是协商法或说服教育法。

---

① 唐爱民. 当代西方教育思潮（下）[M]. 济南：山东人民出版社，2010，P175—176.

（四）教师是引导学生参与社会改造的典范

改造主义者反对传统的教师为中心的教育模式,也反对完全让学生自发学习的个人中心主义的教学模式,认为教育者要完成社会改造的任务,就必须调动学生参与社会改造的积极性,劝说他们积极主动地参与社会改造的过程。如布拉梅尔德强调说教育者即是教师,又是公民,他必须说服人们去改造他们所生活的社会,"使他们相信改造主义者的解决方法是正确的而且是迫切需要的"①。

改造主义者眼中的教师,既不会热衷于向学生灌输传统的知识或道德戒条,也不会让学生在生活中盲目地自发学习,而是要用民主协商的方式让学生接受民主社会的理念,去心甘情愿地改造社会。

三、对改造主义教育思潮的评价

改造主义教育思潮实际上是实用主义教育思潮的变种,这一思潮在批判地继承实用主义教育思潮的基础上,提出了教育不能消极地适应儿童需求和现实社会的实际,强调教育要联系社会变革的实际,要积极地参与社会改造的进程,为社会发展与变革服务,促进人类社会发展与进步的不少设想,具有一定的建设意义,对各国教育改革与发展产生了一些影响。

但改造主义教育思潮的理论基础是实用主义哲学,它夸大了教育的社会作用,片面地认为通过教育就能改造现实社会,这是无法实现的梦想。改造主义教育思潮所倡导的教育改革主张在各国教育实践中并没有对教育质量的提高和社会变革产生多大实质性的作用。

第二节 永恒主义教育思潮

一、永恒主义教育思潮的产生过程

永恒主义(Perennialism)教育是现代西方教育流派中倡导复古的一个保守色彩颇浓的教育流派,它产生于20世纪30年代,主要代表人物有美国的赫钦斯(Robrt·M·Hutchins,1899—1977)、艾德勒(Mortiner·J·Adler 1902—2001)、英国的利文斯通(Richard·L ivin stone)和法国的阿兰(Alin ,1868—1951)等人。

20世纪以后,西方主要经济强国陆续进入垄断资本主义阶段。在这一阶段,西方主要经济强国经济危机频繁爆发,经济发展和社会变革中的各种矛盾全面激化,社会冲突不断涌现,公民的文化和道德修养严重滑坡,各种犯罪现象急剧增加。一些资产阶级哲学家、思想家和教育家基于古典实在论,提出了通过重视古典文化课程,让青少年学生在接触古典文化知识的过程中陶冶思想,培养他们高尚道德的思想,进而更好

① 吴式颖.外国教育史教程[M].北京:人民教育出版社,1999,P689.

地迎接现代社会的挑战,挽救现代资本主义社会的各种危机的设想,并逐步形成了永恒主义教育思潮。

二、永恒主义教育思潮的基本观点

(一)教育的目的在于促进学生理智的有效发展

在永恒主义者看来,世界是由无数先验的实在构成的,世界上存在着由永恒的实在构成的永恒不变的真理。对于宇宙中的人来说,其基本特征也就是人性是基本不变的,所谓发展人培养人,也就是促进人的理性的发展。

永恒主义者艾德勒指出:"如果人是理性的动物,在全部历史的时代中,其本性是永恒不变的话,那么不管在什么文化时代,每一种健全的教育方案都必须具有某些永恒不变的特点。"①在赫钦斯看来,教育工作中必须重视学生理智的培养,他说:"一种正确的哲学认为如果人是理性的、道德的和精神的产物,所谓改善人。意味着他们的理性、道德和精神诸力量的最充分的发展。"②"如果教育被正确理解的话,关于理智的培养也会被理解。理智的培养对一切社会的一切人都同样是好事。"③"自由教育的目的在于发展理解和判断的能力。"④

基于对人性教育的重视,永恒主义者对实用主义教育学说中倡导的"适用论"和"直接需求论"提出了批评,认为这样做导致了学生理智能力的下降,造成了社会的混乱。因此永恒主义者极力强调学校教育应该以发展学生的理智能力为核心目标,这样学生才能全面了解和掌握人类文化遗产中的精华,成为有理性和有责任感的公民,以便更好地适应社会的进步和变化,而不是像那样简单地适应当前的生活。

(二)永恒的古典学科应该在普通学校的课程体系中占中心地位

在永恒主义者看来,教育不是生活的复本,而是生活的准备,而教育对学生的最好准备就是不断提高学生的理智能力,而不是让他们学习和掌握大批杂乱无章的使用知识。永恒主义者认为,人类发展进程证明一些由优秀的文化知识构成的优秀学科在个体理智能力培育方面发挥着重大的作用,它们应该构成现代学校课程体系的核心。正如赫钦斯所指出的:"课程应当主要地由永恒学科组成。我们提倡永恒学科,因为这些学科抽绎出我们人性的共同因素,因为它们使人与人联系起来,因为它们使我们与人们曾经想过的最美好的东西联系起来,因为它们对于进一步的研究和对于世界的任何理解是首要的。"⑤"如果有一些永恒课程,凡自愿自称受过教育的人应当掌握,如果这些课程构成我们理智的传统,那么那些课程应当成为普通教育的核心。"⑥

① 吴式颖.外国教育史教程[M].北京:人民教育出版社,1999,P694—695.
② 吴式颖.外国教育史教程[M].北京:人民教育出版社,1999,P694.
③ 王承绪.西方资产阶级教育论选[M].北京:人民教育出版社,1980,P201.
④ 王承绪.西方资产阶级教育论选[M].北京:人民教育出版社,1980,P220.
⑤ 王承绪.现代西方资产阶级教育思想流派论著选[M].北京:人民教育出版社,1980,P201.
⑥ 王承绪.现代西方资产阶级教育思想流派论著选[M].北京:人民教育出版社,1980,P206.

在永恒主义者心目中,永恒学科主要是指经历了时光考验的达到了古典名著水平的书籍,它们是启迪学生智慧的源泉,"是普通教育的基本部分,因为没有它们,要想懂得任何问题或理解当代世界是不可能的。"①因此,他们极力建议要按照学生心智发展的特点来设置学校课程,而不能过于顾及社会和学生的需求,要以人文社会科学为核心设置学校的课程体系,尤其要把古典人文名著引入到学校课程中来,让学生在接触古典名著的过程中,了解和体验古代名人的思想和情感,学习他们的思考方法,不断提高自身的理智能力。

(三)学生应在教师的指导下积极主动地投入到学习中去

永恒主义者认为学校不是学生的游戏场,也不是职业技能训练所,而是学生理智训练的机构。学校教育要完成促进学生理智训练的任务,就要引导学生把主要的精力放在学习人类优秀文化遗产和提高理智能力上,在教师的指导下积极主动地投入到学习过程中去,要认真学习以永恒学科为核心的课程体系,了解和掌握以人文课程为核心的知识内容,逐步提高自身的理智能力。

永恒主义者认为教学不是简单地灌输知识的过程,而是教育者引导学生自我探究知识和发现知识的过程。因此,他们主张教育者要为学生创设良好的教育环境,引导学生在广泛深入研读教材的基础上提出问题,像苏格拉底那样去启发学生去深入思考,让他们通过自己的思考得出结论,逐步提高他们分析问题和解决问题的能力,并使他们在接触和学习古典名著的过程中潜移默化地提高他们的综合素养。

三、对永恒主义教育思潮的评价

永恒主义教育坚持以古典实在论为指导,重视古典人文课程在学生理智发展中的作用,强调以古典人文学科为核心来创建学校课程体系,主张学生要在教师的指导下自主学习,培养具有一定科学人文素养,理智能力高强的人才。这些观点确实具有一定的科学价值和创新意识,丰富和发展了现代教育理论,对世界各国的课程与教学改革具有重要的借鉴意义。

但永恒主义教育关注的重点是社会上少数的精英,过于强调古典永恒学科对学生理智能力的培养,忽视现代社会变革和科技进步对人才培养的影响,忽视自然科学知识和实用技术知识的教育,这显然是错误的和片面的。永恒主义教育思潮对教育的影响主要局限于哲学界和教育理论界,对教育实践所产生的影响是相当有限的。

---

① 王承绪. 现代西方资产阶级教育思想流派论著选[M]. 北京:人民教育出版社,1980,P207.

第三节 要素主义教育思潮

一、要素主义教育的由来

要素主义（Essentinlism）教育思潮是现代欧美新传统教育流派中的一个教育派别，它极力反对实用主义教育强调的儿童中心论，围绕着儿童的需求设置课程，让儿童从做中学等观点，强调人类传统文化在教育过程中的作用，主张学生在教师的指导下系统学习文化科学基础知识。

要素主义教育思潮的代表人物有美国教育家巴格莱（William . Chandier. Bagley 1874—1946）、美国教育家科南特（James. B. Conant）等人。

要素主义教育产生于20世纪30年代的美国，一批美国教育家对实用主义教育思潮在美国泛滥，导致各级学校教育质量急剧下降非常不满，决心改变这种局面。在巴格莱等人的倡导下，美国一些教育家于1938年创立了"要素主义者促进美国委员会"，定期召开学术会议，探究美国教育改革之路。1938年，美国教育家巴格莱发表了《一个要素主义者促进美国教育的纲领》，系统地阐述了要素主义教育的基本观点。

严格地说，要素主义教育并不属于任何一个哲学流派，但它受唯心主义新实在论的影响很大。要素主义者认为，人愈能追求超出已有经验的限制，则人愈能深入地认识客观世界。他们认为种族经验和社会遗产远比个体的经验重要，教育者必须在学校教育中引导学生掌握人类文化的优秀遗产，并把它们作为自身发展的基础。由于要素主义者重视发挥教师的主导作用，重视让学生学习和掌握系统的科学文化基础知识，重视通过课堂教学来训练学生的智能，和赫尔巴特的教育学说有很多的共同之处，因而该学说并称作是新传统教育派。

二、要素主义教育思潮的基本观点

（一）教育的目的在于为社会培养具有良好文化素养的有智慧的公民

在要素主义者看来，学校是受国家的委托为社会培养合格公民的教育机构，现代科技的迅猛发展和社会的剧烈变革对公民的素养提出了更高的要求，要求民主社会的公民具有良好的文化知识，受过系统的智慧训练，能妥善地处理社会生活中各种复杂的人际关系，履行自身的公民职责。

学校教育是通过人类文化的传递来培养学生的，如何在短时间内让学生掌握人类文化的精华，提高学生的智力，让学生形成良好的人格成为学校教育所必须完成的任务。要素主义者认为，真正的教育就是智慧的训练，不注重智慧训练的国家和民族注定是要灭亡的。因此，要素主义者强调教育者必须重视学生智慧的训练，要让学生在学校教育期间接受系统的科学文化基础知识，不断提高他们的智力水平，使他们具有民主社会所需要的各种素养。

在要素主义者看来,每一个学生的遗传素养是有差异的,社会所需求的人才是多样化的,因而强调民主社会的教育必须是多样化的,要有利于学生个性的发展,要注意发现和培养天赋聪颖的学生,使他们的聪明才智更好地为民主国家服务。如美国教育家科南特明确指出:"要利用天才儿童和青年所拥有的人类才能的丰富资源,中小学和学院对天才学生的教育必须加以注意。"①

（二）要以人类文化的共同因素作为课程的核心内容

在要素主义者看来,学校教育要完成为社会培养具有良好文化素养的公民,具有高度智慧和社会责任感的公民,就必须注意引导学生在极其有限的宝贵的学习时间内学习对他们的成长和发展最具价值的东西,而不是让他们去盲目地从做中学。要素主义者认为,个体单凭经验是无法认识世界的,理性是个体认识世界的向导,历史的经验证明"种族经验"和"社会遗产"远比个人的直接经验重要,"个体直接的经验以外的世界知识被认为是普遍教育的要素"②。在要素主义者看来,在人类文化教育的发展进程中,存在着一些经过时光考验的不朽的共同的基本知识经验,它们构成人类文化发展的基本要素,具有客观性和相对稳定性,是影响个体身心发展的基础,是一切人都应当学习的,通过对它们的学习和继承,就能使人们在最短的时间内掌握人们文化遗产的精华,获得良好的智慧。因此他们极力反对实用主义教育思潮在课程设计上过于强调个人兴趣和直接经验,过于强调活动和交往的做法,强调要以人类文化的共同要素作为课程设置的核心,围绕着这些人类文化的共同要素来编排教材内容。正如巴格莱所指出的:"有效的民主要求文化上的共同性,在教育上这意味着要使每一代人拥有足以代表人类遗产最宝贵的要素的各种观念、意义、谅解和理想的共同核心。"③"包括在这些要素在内的一个各门特殊学科的教学计划应当是民主教育制度的核心。"④

要素主义者认为,人类文化遗产的精华存在于经典著作和经典学科中,因此它们应该成为学生学习的主要内容之一。和永恒主义者不同的是,要素主义者认为现代社会是一个科技迅猛发展的社会,是一个剧烈变动的时代,要想让学生适应社会的变化和进步,仅仅让学生流连于古人的书籍,掌握不朽的古典文化知识是远远不够的,学生还要掌握现代社会所必需的文化基础知识,尤其是要学习和掌握本国语、数学、历史、地理、自然科学、外国语、体育、音乐、美术等学科的基础知识,为他们的身心发展奠定坚实宽厚的基础。

要素主义者强调学校的课程设置要根据社会发展和青少年学生成长的需要,要加强数学、自然科学、外国语等基础学科的教学,注重让学生接受全面系统的智力训练,注意培养天才学生,这反映了科技社会对人才的要求,推动了20世纪50年代欧美各国的教育改革进程。

---

① 王承绪.现代西方资产阶级教育思想流派论著选[M].北京:人民教育出版社,1980,P167.
② 王承绪.现代西方资产阶级教育思想流派论著选[M].北京:人民教育出版社,1980,P156.
③ 王承绪.现代西方资产阶级教育思想流派论著选[M].北京:人民教育出版社,1980,P157.
④ 王承绪.现代西方资产阶级教育思想流派论著选[M].北京:人民教育出版社,1980,P158.

（三）教师在教育教学过程中居于核心地位

在要素主义者看来，教育过程的实质就是教育者引导学生系统地学习人类科学文化基础知识，促进他们智慧发展的过程，在这一过程中，教师无疑处于主导的和核心的地位，学生只有服从教师的管教，在教师的指导下学习，才能确保教育教学活动的质量和效率。如果教师在教育教学活动中完全照顾学生的兴趣，让学生在娱乐中学习，必然降低教育教学的效果，影响学生智慧的成长。正如要素主义教育创始人巴格莱所指出的："未成年人必须依赖成年人的教导、教学和训练。"①"成年人对未成年人所负教导和管束的责任，对于延长人类的未成熟期和需要的依赖期具有生物学的意义，人类不知道经历了多少年代才认识到这个责任。"②"一般说来，大家认可的要素应当通过教师所应负责各门学科和各种活动的系统的教学计划来讲授的。"③因此，要素主义者强调必须废弃实用主义教育思潮中的"儿童中心论"，坚持把教师作为学校教育教学过程的中心，切实使教育教学过程处于教师的指导和监督之下，从而有效地提高教育教学的质量和效率。

（四）学校和教师要全面强化对学生的纪律约束

在要素主义者看来，实用主义教育思潮把教育看作是适应学生兴趣的过程，让学生在娱乐中学习是不对的，这听起来很动人，但对学生的发展、对社会的发展都是不利的。要素主义者认为学生的学习过程是一种智慧训练的过程，这种智慧训练的过程必然是学生认真听课、读书、思考、讨论和完成课外作业，需要付出长期艰苦努力的过程。教师者要指导学生完成这样繁重的学习任务，就必须为他们创设良好的教育环境，建立严格的教育教学规章制度，用严格的制度和纪律来督促学生真正认识自己的职责，把主要的精力和实践用在学习普通文化课程上，在刻苦学习的过程中体验学习的欢乐，不断提高他们的文化修养和认知能力。

三、对要素主义教育思潮的评价

要素主义教育思潮重视人类科学文化知识在人的发展中的作用，把教育过程看作是训练学生智慧的过程，主张以人类文化的基本要素作为学校课程设置的核心，强调教师在学校教育教学过程中居于核心地位，主张学生必须在教师的指点下刻苦学习，注意发现和培养天才学生。要素主义教育思潮倡导的这些观点，确实符合教育规律和社会变革的要求，也受到了许多国家政府和民众的支持，成为20世纪50、60年代美国和不少国家教育改革的重要指导思想之一，对美国和许多国家教育的改革与发展产生了持久的影响。

但要素主义者过于重视人类科学文化知识在人的发展中的价值，过于夸大教师的主导

---

① 王承绪.现代西方资产阶级教育思想流派论著选[M].北京:人民教育出版社,1980,P159.
② 王承绪.现代西方资产阶级教育思想流派论著选[M].北京:人民教育出版社,1980,P158.
③ 王承绪.现代西方资产阶级教育思想流派论著选[M].北京:人民教育出版社,1980,P159.

作用,过于强调学校的智力训练和天才教育,忽视学生的学习兴趣,忽视学生的主体作用,这显然是违背教育规律的,也不利于现代社会学生的多元发展,导致学校学生学习兴趣不高,教育质量大幅度下降。正因为如此,要素主义教育思潮被人称为"新传统教育流派"。这一教育思潮20世纪60年代中期以后,其在欧美国家的影响迅速消退。

第四节 新托马斯主义教育思潮

一、新托马斯主义教育思潮的产生与发展

新托马斯主义教育思潮兴起于20世纪30年代的意大利和法国等地,二战后流传到美国,并对美国的教育改革实践产生了一些重大的影响。新托马斯主义教育思潮是一种以基督教的宗教学说为理论基础的教育学说,是依据新托马斯主义哲学为理论依据来分析探究教育问题并构建教育理论体系的一种教育流派。这一流派的主要代表人物是法国天主教神学家马利坦。马利坦是著名的神学家,多年来潜心研究托马斯主义,并提出了改进传统托马斯主义,力图在新时期复活和发展托马斯传统的经院主义哲学,形成了所谓的新托马斯主义哲学,并广泛流行于欧洲大地。

1929年,在欧洲基督教会的强烈支持下,教皇11世发表《青年的基督教教育》,明确提出正确的教育就是基督教教育的主张,这为新托马斯主义教育思潮的诞生奠定了理论基础。在欧洲基督教会的大力支持下,马利坦等一批哲学家、教育家积极投身于批判实用主义教育学说的基础上,全面探究教育问题,并逐步形成了基于新托马斯主义为理论基础的教育理论体系,并在欧美各国广泛传播,对欧美各国的教育改革产生了一定的影响。

20世纪60年代后,新托马斯主义过于注重宗教教育,忽视科学知识在经济建设和社会变革中作用的弊端暴露得越来越明显,其社会影响力不断下降。

二、新托马斯主义教育思潮的基本观点

(一)教育的目的在于培养虔诚的基督教教徒和合格的社会公民

新托马斯主义者认为上帝是造物主,人是上帝按照自身的形象制造出来的,人的本性就是理性与肉体的统一,但人出生以后由于多种原因带有"原罪",这对他们身心的健康成长极为不利。因此,新托马斯主义者强调真正的教育就是基督教教育,也只有依靠基督教教育,依靠基督赎罪,才能使人的灵魂得救,恢复到上帝的养子的超自然状况,即进入天堂,这就是新托马斯主义教育的出发点。

基于上述认识,新托马斯主义者强调"教育的真正目的是培养人"[①],也就是说要培养"虔诚的基督教教徒"和"有用的公民"。在他们看来,"虔诚的基督教教徒"和"有用的公民"两者是不矛盾的,道理很简单,一个好的天主教徒,正因为他的天主教

---

① 上海师范大学教育系.外国教育[M].北京:人民教育出版社,1980,P201.

原则,使他成为更好的公民,爱护他的国家,效忠于每一个合法的政府所构成的政治权威。

新托马斯主义者提出的教育的目的在于培养虔诚的基督教教徒和合格的社会公民,反映了天主教会的要求,也考虑到国家统治者的利益,因而受到了天主教会和西方国家的强有力的支持。

（二）要以宗教精神为核心创设学校的课程

在新托马斯主义者看来,现实社会的诸多不良问题之所以层出不穷,是由于忽视了宗教的作用,背离了上帝的旨意,造成了"人们对于灵魂、道德和宗教的毫无所知。"①因此,他们强调学校要培养虔诚的基督教教徒和合格的社会公民,就必须大力加强学校的宗教教育,要以宗教精神为核心创设学校的课程体系。

新托马斯主义者认为科学知识和宗教并无本质的不可协调的矛盾,它们都是为提高学生的素养服务的。但他们强调科学知识要发挥其作用,就必须以宗教精神为指导,在科学知识的体系中渗透宗教知识的教育。如利奥十三世就指出:"不但必须要在某些固定的时间内对年轻人进行宗教教育,而且必须使所教的每一种其他科目都渗透着基督教的虔诚精神。"②

新托马斯主义者和永恒主义者一样,高度重视人文课程的价值,极力主张以人文学科为核心构建学校的课程体系,让学生在学习文学、艺术、历史等学科的过程中身心得到净化与陶冶,最终成为虔诚的基督教教徒和有用的公民。

（三）教学要有利于学生理智的发展

新托马斯主义者认为真正有价值的教育不是适应今日或未来生活的技能教育,而是对学生身心产生全面影响的博雅教育(liberal education),因为这种教育有利于他的理智能力的发展。因此他们强调教师在教学中要注重学生理智能力的培养。正如新托马斯主义教育家马利坦所指出的:"教育,特别是自由教育,主要地必须培养和解放智力,准备理智成就的发展。"③教育者"真正的任务既不是百科全书式的灌输,也不是我所称为的幼儿园适应;它是基本的自由教育,就是在自然智力阶段,运用自然智力本身的方法,处理普遍认识。"④

新托马斯主义者认为学习者要想在教育教学过程中有所收获,必须认真听从教师的指点,但接受教师的指点不能代替学生的深入思考,学习者要把"深思"作为基本的学习方法,要使他们习惯于通过自己的深入思考来寻求和发现真理,道理很简单,"真正的深思的或掌握真理的学习,如果不发展青年人的批判性的活动,和学习上的渴望和苦恼,其报酬将是发现真理的快乐,那么这种学习就不符合它本身的性质。"⑤

① 王承绪.现代西方资产阶级教育思想流派论著选[M].北京:人民教育出版社,1980,P294.
② 上海师范大学教育系.外国教育[M].北京:人民教育出版社,1980,P289.
③ 王承绪.现代西方资产阶级教育思想流派论著选[M].北京:人民教育出版社,1980,P2288.
④ 王承绪.现代西方资产阶级教育思想流派论著选[M].北京:人民教育出版社,1980,P288.
⑤ 王承绪.现代西方资产阶级教育思想流派论著选[M].北京:人民教育出版社,1980,P288.

（四）要大力加强学校学生的品格教育

在新托马斯主义者看来,现实社会中的诸多弊端,社会上人们信仰的丧失,道德的沦丧等问题都是教育工作中忽视学生品格教育的结果,因此他们极力呼吁大力改进学校的教育工作,改变过于重视知识技能教学而忽视学生身心陶冶的做法,切实重视学生品德的教育,实现道德的再教育和宗教信仰的恢复,要让学生从小就在上帝的指引下养成自由、民主、博爱、守秩序等品德,成为自由社会中虔诚的基督教教徒和遵纪守法的公民。

（五）教会要加强对各级学校教育的控制

新托马斯主义者根据天主教教义,认为教会具有家庭和社会所没有的超自然的权力,能帮助迷失的人们灵魂得救,使他们走上正确的道路,他们认为"教育特别是属于教会的"[1],因而他们强调教会不能对国家的教育事务不管不问,教会要利用自身的影响和地位,加大对家庭教育和学校教育的协调,构建一个以宗教教育为根本的教育体系。

新托马斯主义者宣称,"没有正当的宗教的与道德的教育,每一项的知识的教养都是有害的。"[2]因此他们建议基督教会要加大对各级教育的干预力度,如要禁止天主教教徒的子女进入非天主教学校学习,各级各类学校的组织及其教师、教科书等都要符合基督教教义的精神,要接受教会的严格审查等,使各级各类学校教育都要受基督精神的约束,受教会的指导与管理,然后使宗教真正成为青年人全部训练的基础和顶点。

三、对新托马斯主义教育思潮的评价

新托马斯主义教育思潮是现代西方教育思潮中倡导宗教教育的教育流派,它以天主教教义为依据,来论证教育的目标、教育的内容和教育过程,主张教会要加大对各级各类教育的干预与控制力度,强化学校的宗教教育与品德教育,培养虔诚的基督教教徒和有用的公民。新托马斯主义教育流派的主张反映了基督教教会对现代教育变革的要求和看法,也提出了重视学校学生品德教育的主张,对改进学校工作有一定的借鉴意义。

但新托马斯主义教育力图通过加强学校的宗教教育,使教育成为基督教教会控制人们思想的工具则是难以实现的。道理很简单,"任何宗教教义都不足以支持一个摇摇欲坠的社会。"[3]

由于宗教势力在世界许多国家的影响很大,因而新托马斯主义教育对教育的影响力还将继续持续下去。

---

① 上海师范大学教育系.外国教育[M].北京:人民教育出版社,1980,P291.
② 上海师范大学教育系.外国教育发展史资料[M].北京:人民教育出版社,1980,P291.
③ 上海师范大学教育系.外国教育发展史资料[M].北京:人民教育出版社,1980,P292.

第五节　存在主义教育思潮

一、存在主义教育思潮的产生与发展

存在主义教育思潮是现代西方流行的一个重要的教育思潮,它是以存在主义哲学为其理论依据的。存在主义哲学是 20 世纪资本主义矛盾发展的必然产物。它最早出现在第一次世界大战后的德国,第二次世界大战期间传入法国,其后在世界各地广泛流行。

存在主义哲学是资本主义矛盾激化和发展的必然产物。进入资本主义后期尤其是进入帝国主义阶段以后,资本主义国家的各种矛盾日益尖锐,资本主义国家的统治者加大了对劳动者的剥削和控制,社会贫富不均的现象日趋严重,暴力事件频繁发生,人与人之间的信任感消失,社会对立与敌对的情感则越来越浓,人们的道德信仰消失,道德水准下降,这引起了人们对未来世界的担忧。为了挽救人类社会的未来,一些资产阶级哲学家提出了消除社会和外界对人生存和发展的控制,让人的个性自由自在成长的观点。在这种背景下,产生了注重消除社会和外界对人发展的禁锢,注重研究人的存在的一种哲学观,即存在主义哲学。存在主义哲学家如德国的海德格尔、雅斯贝尔斯,法国的萨特,奥地利的布贝尔,美国的莫里斯、尼勒等人开始运用存在主义哲学观研究教育问题,并逐步形成了存在主义教育思潮。

二、存在主义教育思潮的基本观点

根据对存在主义哲学家、教育家论著的研究分析,可以把存在主义教育观归结为以下几个方面:

(一)教育的目的在于促进学习者的"自我发展"和"自我实现"

在存在主义看来,外在的因素在个性的发展不起任何作用,教育的本质不是教育者按照统治阶级要求把受教育者塑造为一定规格或标准的人才的活动,而是教育者与受教育者之间的灵肉交流活动,以启迪学习者的天性,引导他们个性自我发展的活动。因此,存在主义者反对外界把一个特定的目标强加给学生,教育者应该充分相信学生,要给学生更多的自由和选择,引导学习者在与教育者的平等交流中认识自我,自我发展、自我实现。如法国存在主义者萨特认为:"人只是他自己造成的样子,……这就是存在主义的第一原理,这就叫作主观性。"[1]美国教育家尼勒则宣称:"真正自由和个人的独特性的坚决肯定,是存在主义为今日的教育哲学提出的动人使命。"[2]

因此,存在主义者反复强调,教育的目标不是让学习者获取知识或者接受智力训

---

①　上海师范大学教育系.外国教育发展史资料[M].北京:人民教育出版社,1980,P298.
②　上海师范大学教育系.外国教育发展史资料[M].北京:人民教育出版社,1980,P298.

练,而是要启迪学生的天性,引导他们认识自我,促使他们个性的发展,成为具有社会责任感,敢于对自身行为负责的人,让他们"在发现自我的境遇中进行个人的自由发展。"①

（二）课程与教学内容的选择要有利于学习者身心的和谐发展

在存在主义者看来,"教育是人的灵魂的教育,而非理智知识和认识的堆积。"②他们认为教育活动不仅仅是教育者让学习者学会读书识字,掌握某些谋生的本领,它还包含着要让学习者在与优秀文化作品、伟大人物的交流中获得感悟和启迪,促进他们身心的和谐发展的过程。存在主义者认为现实社会中的诸多问题在于人们对物质世界过于看重,而忽视了人的精神世界,造成了现实社会中人们道德、文化和精神领域的滑坡,道德信仰出现严重的危机。因此,他们强调要促进社会的改良和发展,教育者必须加大对学校课程与教学内容的改革力度,尽早改变课程与教学内容中过于注重自然科学知识和实用职业技术知识,而忽略人文科学知识和宗教知识的现状,使得"课程的全部重点必须从事物世界转移到人格世界"③,切实加强古典人文学科(如希腊语、希腊文学、哲学、历史、音乐史、美术史等)在中小学课程体系中的地位,使学生能够从小就接触世界文明的优秀成果,让他们身心多方位地接受优秀文化的陶冶,"因为历史、哲学、文学和艺术比其他学科更深刻地、直接地表现人的本性与他和世界的冲突",学自然科学的学生必须继续地学习人文学科,以防止他的心灵和同情变得狭窄。④

存在主义者极力主张构建以人文学科为核心的学校课程体系,反对过于重视自然科学和实用技术学科,强调课程体系的均衡性和陶冶价值,以保证学生个性的和谐发展。

在存在主义者看来,学习者是学习的主体,教育者要有效地促进学习者的身心和谐发展,就要在课程与教学内容的选择中给学习者更多的自由和选择,让他们能够按照自己的兴趣和需要选择自身喜欢学习的课程内容,进而促进他们个性的发展。

（三）对话是教育教学的基本方式

在存在主义者看来,教育的本质不是教育者简单地把所谓知识或真理灌输到学生头脑的过程,而是教育者与受教育者心灵交流的活动,如德国存在主义大师雅斯贝尔斯指出:"所谓教育,不过是人对人主体间的灵肉交流活动(尤其是老一代对年轻一代),包括知识内容的传授、生命内涵的领悟、意志行为的规范,并通过文化传递功能的传递,将文化遗产教给年轻一代。"⑤"年轻人都希望受教育,能从师获益、能进行自

---

① 上海师范大学教育系.外国教育发展史资料[M].北京:人民教育出版社,1980,P298.
② 【德】雅斯贝尔斯.什么是教育[M].褚进 译,北京:三联出版社,1991,P44.
③ 上海师范大学教育系.外国教育发展史资料[M].北京:人民教育出版社,1980,P298.
④ 上海师范大学教育系.外国教育发展史资料[M].北京:人民教育出版社,1980,P299.
⑤ 【德】雅斯贝尔斯.什么是教育[M].褚进 译,北京:三联出版社,1991,P3.

我教育,并与人格平等的求知识获智慧的人进行富有爱心的交流。"①因此存在主义者强调教育者在教育教学活动中不能把自己看作教育的权威,不能采用灌输的方式传授知识或真理,要采用苏格拉底式的问答法进行教学,道理很简单,"对话是探索真理和自我认识的途径。"②"真理不能获自个人的孤独思维,而只能获自相互对话。对话是获取真理的必由之路。"③

为了确保教育教学过程中师生之间对话能够顺利实施,存在主义者主张采取小组教学或个别教学,因为集团化教学是倾向于标准化,而不是区别对待,不利于学生个性的形成。

(四)自由与责任的统一:品格教育的基本原则

存在主义者从个性养成的角度出发高度重视个体品格教育的重要性,如布贝尔认为:"名副其实的教育实质上就是品格教育。"④他要求教育者必须重视学习者品格的教育,让他们成为品格完善,敢于为自己行为负责的人。

在存在主义者看来,个体是自由的,不能拿某一个绝对的标准去要求学习者,因为这样做会限制他的权利和自由,不利于他独立自主地做出选择。因此存在主义者否认绝对的统一的道德标准,主张让学生自主选择道德标准。如存在主义者尼勒指出:"个人能接受的价值只有那些是他曾经自由地选择的。"⑤"任何道德体系的目的应当是扩大所有人选择的自由。"⑥

在存在主义者看来,自由和责任是密不可分的,给予个体道德标准选择的自由,则意味着个体必须承担道德标准选择的责任。正如存在主义大师萨特所指出的:"存在主义的核心思想是什么呢?是自由承担责任的绝对性质,通过自由承担责任。"⑦

三、存在主义教育思潮影响与评价

存在主义教育思潮是现代重要的教育思潮,这一思潮以存在主义哲学为理论依据,在深刻批判了传统教育弊端的基础上,提出了重新认识教育的对象,尊重学习者的人格,扩大学习者学习的自由,重视学习者品格养成等建议,这些观点确实丰富和发展了现代教育理论宝库,对现代教育改革产生了重要的推动作用。

但存在主义者夸大了个人主观能动性的作用,而对教育的社会制约性严重忽视,一味强调学习者的自由和选择,忽视学习者的责任和义务,忽视教育者对学习者的指导责任。存在主义教育思潮提出的诸多主张是以自由、自我选择为外衣掩护的,因而也对世界教育改革与发展进程产生了较大的负面影响,是青少年的无政府思想、自由

---

① 【德】雅斯贝尔斯.什么是教育[M].褚进 译,北京:三联出版社,1991,P1—2.
② 唐爱民.当代西方教育思潮[M].济南:山东人民出版社,2010,P131.
③ 【德】雅斯贝尔斯.什么是教育[M].北京:三联出版社,1991,131.
④ 上海师范大学教育系.外国教育发展史资料[M].北京:人民教育出版社,1980,P299.
⑤ 上海师范大学教育系.外国教育发展史资料[M].北京:人民教育出版社,1980,P301.
⑥ 上海师范大学教育系.外国教育发展史资料[M].北京:人民教育出版社,1980,P300.
⑦ 上海师范大学教育系.外国教育发展史资料[M].北京:人民教育出版社,1980,P302.

化思想的形成的理论基础,对现代民主、法制社会的改革与发展产生了严重的消极影响。

因此,既要肯定存在主义教育思潮在推动世界各国教育改革与发展进程中的历史功绩,又要看到其弊端及其负面影响。

由于存在主义者提出的问题正是现代社会人们热切关注且与自身密切相关的,强调个人自由和自我发展,很多人尤其是青少年学生对存在主义的观点非常支持。可以肯定,存在主义教育思潮的影响还将继续持续下去,而且其影响力将持续扩大蔓延。

第六节 分析教育哲学

一、分析教育哲学概述

分析教育哲学是 20 世纪 20 年代后逐步形成与发展起来的一个教育流派,其理论基础为分析主义哲学。20 世纪 50 年代以后,分析主义教育家们把分析哲学的观点和方法,广泛应用于对教育哲学的探讨中,逐步形成了一种影响力颇大并在欧美各国广泛流行的一种教育思潮。

分析哲学家认为哲学的任务不是对社会和人生的重大问题进行形而上学的论辩,而在于对社会的重大问题进行语言的和逻辑方面的澄清,使人们的思想从逻辑上和语言上明晰起来。因此,分析哲学教育家反对传统教育哲学中过于注重理论思辨的做法,极力推崇运用实证的方法和语言分析方法对现实教育领域的基本命题、基本术语进行分析整理,以便更好地消除人们对教育理论、教育观念的误解,引导他们通过深刻的反思活动提高教育理论素养,推动教育改革在更高的起点上进行下去。

分析教育哲学的代表人物有美国的哈迪,英国的奥康纳、彼得斯等人。

二、分析教育哲学的基本观点

分析教育哲学家人数众多,在教育领域的观点也有不小的差异,但其关于教育的基本观点则是一致的。

(一)分析教育哲学的任务在于对教育命题和教育术语进行语言和逻辑方面的清理

在分析哲学家看来,传统教育哲学充斥着大量的无法证实的教育命题,也无法用清晰准确的语言去解释,导致人们对这些教育术语产生误解,如传统教育、现代教育、教育的本质、教学、学术自由、教师主导作用等等,人们对这些术语的理解存在着很大的分歧,这也影响了人们的教育行为。因此,分析主义哲学家强调分析教育哲学的任务就在于运用分析哲学的方法,对教育领域的基本术语、基本概念和基本原理进行语言的和逻辑的分析整理,使得教育科学的术语和概念更加规范、合理,且接受严格的经验验证。如美国分析哲学家谢普勒认为教师教学中过于突出知识要点教学的原因在于他们对"教"(teaching)和"告诉"这两个术语的概念混淆,误认为教学就是告诉学生一些事实,而忽视了教学中对学生学习的指导。如果教师明白了"教学"和"告诉"这两个术语的区别,就会在教学中既重视让学生了解一些基本事实,还要让他们参与基本事实的发现过程,让他们知其然,也知其所以然,不断提高学生的认知能力。[①]

(二)教育者要运用规范、准确的教学语言进行教学

分析哲学教育家认为为了使得学生系统、全面、准确地掌握学科知识的基本概念,教育者必须注意自己的教学语言,要运用规范、准确的教学语言进行教学,让他们接受经过实际验证的知识,全面理解科学知识的基本内涵,尽可能避免让学生接触含混不清的术语或概念,为他们认知能力的发展奠定坚实的基础。

(三)教育理论建设要坚持严格的统一的标准

分析教育哲学认为现实社会中教育理论派别众多,但理论观点缺乏实际经验的支持,理论说服力不强的一个重要原因就在于,教育工作者在教育理论的建设中没有严格地坚持统一的标准,造成概念含义随意变动,逻辑混乱,前后矛盾等等。因此他们强调教育者要创建科学的具有强大生命力的教育理论,就要运用分析哲学的原理和方法对传统的教育理论进行全面的清理,使得教育术语和教育概念更加规范,且接受实际的严格验证,这样的理论才能经受历史的考验,更好地服务于现实和未来的教育变革。

三、分析教育哲学的影响和评价

分析教育哲学大师们在学习和研究传统教育哲学的过程中,发现了传统教育哲学中存在的概念模糊、标准不一等问题,提出了要运用规范的语言和逻辑思维的方式对传统教育哲学进行全面清理等主张,这些主张切切中了传统教育哲学的要害,也促使人们开始对现实教育理论建设和教育改革实践进行全面的反思,对现代教育科学建设和教育改革的进行产生了一定的积极作用,也有利于教育者批判精神和创新思维能力的养成。

但分析教育哲学的理论基础是实证主义哲学,主要依据语言和逻辑分析对教育理论进行一些简单的修补,并不对现实的教育重大问题进行探讨,无法对人们教育改革提供及时有效的指导,因而对教育理论建设和教育改革的影响是极其有限的。同时,分析教育哲学提出了一系列运用语言和逻辑的方法对现代教育理论进行全面分析清理的主张,也使得教育理论、教育概念的标准更加多元,人们也更加难以把握其真谛了。

由于分析教育哲学无法解决现实社会中的教育问题,也无法对现实教育改革提供及时有效的指导,因而这种教育哲学在西方教育界的影响主要限于高等院校,不过是一种学院派的教育哲学,其影响力在20世纪70年代以后迅速下降。

---

① 王承绪.现代西方资产阶级教育思想流派论著选[M].北京:人民教育出版社,1980,P413.

第七节　新行为主义教育思潮

一、新行为主义教育思潮的产生与发展

新行为主义教育思潮是 20 世纪 30 年代在欧美各国兴起的一种教育思潮,代表人物有陶尔曼、赫尔、斯金纳等人。新行为主义教育家对行为主义教育家华生等人优秀教育遗产进行了全面继承,但又对行为主义教育观提出了严厉的批判,认为行为主义过于强调人的行为就是刺激和反应之间的简单连接,忽视人的行为的目的性,忽视了积极强化的作用。新行为主义者自称是目的主义者,并在教育教学研究中引进了"操作性条件作用"和"积极强化"、程序教学等理念,并把它们用来解释学校学生的学习行为,逐步形成了新行为主义教育思潮。

新行为主义教育思潮的最重要的代表人物是美国心理学家、教育家斯金纳,他的代表作有《科学与人类行为》等。他在其论著中系统全面地介绍了新行为主义教育思潮的基本观点,提出了程序教学的思想,积极参与程序教学模式推广活动,被人们誉为"教学机器之父"。

二、新行为主义教育思潮的主要观点

(一)教育的目的在于引导学生形成良好的行为

和行为主义者一样,新行为主义者也认为教育的目的不是向学生灌输抽象的理念,而在于帮助他们形成良好的行为习惯。在新行为主义者看来,学习者天生没有道德观念和行为习惯,他们仅仅依靠个人的本能生存。他们认为教育活动究其本真来说,就是教育者创造一定的条件,引导青少年学生接受一定的刺激,逐步形成良好行为习惯的过程,人的一切行为都是接受外界的刺激并得到及时强化的结果。因此,新行为主义者强调教育者要想让学习者具有良好的品德行为,就要为学习者创造良好的教育环境,让他们及时接受丰富多彩的教育影响,并对他们的成长给予及时有效的指点,引导他们逐步形成良好的行为习惯。

新行为主义者认为传统教育教学目标过于抽象、笼统,在教育教学过程中难以被教师理解和把握,也无法有效在教育教学过程中操作。因此新行为主义者强调要改进教育教学工作,中小学教育教学的目标必须行为化、准确化,要把学生学习某些内容后将能做些什么,用可观察、可测量的行为予以陈述,以便更好地用客观的方式进行测量和评价。

(二)课程与教材内容的设计要有利于学生循序渐进地掌握知识

在新行为主义者看来,教育教学活动是学生在教师指导下循序渐进地获取知识和形成良好行为的过程,如何编写适合学生学习的课程与教材,这是确保教育教学效果的关键所在。因此,新行为主义者强调课程与教材的设计和编排要符合学生认知发展

规律的要求,要由简到繁、由易到难循序渐进地编排课程内容,把教材内容分成若干单元,再把单元分成若干小单元,小单元再分成更小的因素,然后将这些小的因素按照一定的逻辑顺序排列起来,运用现代教学技术把这些内容生动地呈现给学生。

新行为主义者倡导课程与教材内容的结构化、程序化,方便了教师的教和学生的学,也促进了课程与教学内容与现代教学技术的融合,对现代教育教学改革产生了重大的影响。

(三)论程序教学的基本原则

新行为主义者认为教师要确保程序教学的效果,就必须遵循以下基本的教学原则:

1.逻辑性原则(小步子原则)。新行为主义者认为要确保程序教学的顺利进行,教育者必须把课程与教材内容按照一定的逻辑顺序由易到难加以合理地编排,同时教材内容的呈现方式也要符合一定的逻辑性,要有利于调动教师和学生的积极性,有利于教学的有序开展。

2.自主性原则。和传统教学相比,程序教学对学生的要求更高,要求学生根据自己的实际自主地决定学习的速率和步骤,因此学习者不能过于依赖老师,要有自主性,自己对自己的学习负责。

3.及时强化。新行为主义者认为积极的强化对调动学生的学习积极性,提高学生的学习效果具有重大影响。因此,新行为主义者强调教育者要对学生的操作活动和学习结果给予及时有效的强化,让学习者体验成功的欢乐,促使他们更加积极主动地投入到学习过程中去。

4.灵活化原则。在新行为主义者看来,每个学生的学习基础是不一样的,他们的学习动机和需求也有很大的差异,因此不存在统一的教学目标和教学步骤,教育者要根据学习者自身的实际,引导他们确定自己的学习目标和学习方式,不断提高他们的学习效果。

(四)论教育教学过程中民主与自由

新行为主义者反对进步主义教育家提出的给予学生充分的自由的观点,认为教育者给予学生过多的自由就是伤害孩子,因为"没有人能够在没有帮助的情况下从现实中学到很多的东西。"①"自由的学校根本就不是学校。自由学校的哲学是要教师放弃控制。"②"教师应当改进对学生的控制,而不是放弃控制。"③因此,新行为主义者强调教师要充分认识自己在教育教学过程中的责任,加强对学生的管教,让学生更多地认识到自己在学习中的责任,在学习活动中体验学习的欢乐,促使他们更加积极主动地投入到学习活动中。

---

① 田本娜.外国教学思想史[M].北京:人民教育出版社,1994,P445.
② 田本娜.外国教学思想史[M].北京:人民教育出版社,1994,P445.
③ 田本娜.外国教学思想史[M].北京:人民教育出版社,1994,P445.

新行为主义者强调教育者要加强对学生的管教,并不是要完全限制学生在教育教学过程中的权利和自由,教育者要充分相信学生,不能过多地干预学生学习过程中的细节问题,要让学生根据自身的实际自主地决定学习的步骤和学习的进度,在自主学习活动中依靠自学不断提高学习的效果。

三、新行为主义教育思潮的影响与评价

新行为主义教育思潮是 20 世纪 50 年代后兴起的重要的教育思潮,这一思潮在继承行为主义教育思潮成果的基础上,广泛吸收现代科学尤其是心理学研究的最新成果,创造性地创立了重视教学内容程序化、教育教学模式标准化,强调及时强化的现代教育思潮。这一教育思潮的问世,促进了现代教育科学的理论化、心理学化的步伐,加快了现代教育科学与现代信息技术结合的历程,有力地推动了现代教育教学改革的进程,对全球教育现代化进程产生了极其重大的影响。

但新行为主义教育思潮对人的情感因素在教育教学过程中的作用重视不够,过于注重教学的行为和结果,而对教学过程则有所忽视;过于重视学生教学的认知行为,而对学生的非认知因素则重视不够,不太重视学生的创新意识和实际工作能力等等。这都是新行为主义教育思潮的致命弊端。

由于新行为主义教育思潮符合信息技术时代教育教学改革的要求,因而在 20 世纪 50 年代后在欧美乃至全球广泛传播,对世界许多国家的教育教学改革产生了重大的影响。

20 世纪 80 年代以后,欧美许多国家开始对教育教学中过于依靠现代技术手段,忽视教育者与学生人际交往的弊端提出了批评,新行为主义教育思潮开始受到了教育界的抨击,其在欧美教育理论界的影响在下降。

由于全球已经稳健地进入了信息技术时代,教育教学的信息化、程序化是教育教学改革的必然选择,因而强调教育教学与心理学、信息技术结合的新行为主义教育思潮对世界各国教育改革与发展的影响将继续持续下去,其过于注重行为后果,忽视行为动机等弊端将会在实践中逐步得到改善。

第八节　结构主义教育思潮

一、结构主义教育思潮的产生与发展

结构主义(Structuralism)教育思潮是 20 世纪 50 年代后兴起的一种对现代欧美教育改革产生重大影响的教育思潮。该教育思潮的理论基础为结构主义哲学和结构主义心理学。该流派的代表人物有瑞士著名心理学家、教育学家让·皮亚杰和美国著名的心理学家、教育家杰罗姆·布鲁纳等人。

结构主义者认为既然"知识是我们构造起来的一种模式,它使得经验里的规律性

具有了意义和结构。"①"每一个认识活动都含有一定的认识结构",②因而主张教育者在教育教学活动中就要围绕着学科的结构来组织教学。他们认为个体的认识过程就是认识的主体通过各种活动促使自身的认知结构产生和发展的过程,认识是一个过程而不仅仅是一件产品,因而强调教育者要积极参与知识的产生与发展过程,而不能让学生消极被动地接受现成的知识,要让学生在主动探究认识对象结构的过程中不断提高他们的认知能力,形成主动探究知识的情感和习惯。

结构主义教育思潮的代表人物布鲁纳于 1959 年出版的《教育过程》是结构主义教育思潮的代表作。《教育过程》一书在世界各国的出版发行,促进了结构主义教育思潮在世界许多国家的广泛传播,推进了欧美许多国家 20 世纪 60 年代初教育改革的进行。

二、结构主义教育思潮的主要观点

(一)教学要注重促进学生智力的发展

结构主义者认为智力是一个人从事一切活动的基本能力,它决定着个体工作的质量和效率,因此他们强力强调教育者要把学习者智力的培养放在教育教学过程中的核心地位,要在教育教学过程中引导学生掌握系统的知识技能的同时,注重学生智力的培养。正如美国心理学家、教育家布鲁纳所指出的:"我们也许可以把追求优异成绩作为教育的一般目标;但是,应该弄清楚追求优异成绩这个说法是什么意思。它在这里指的是,不仅要教育成绩优良的学生,而且也要帮助每一个学生获得最好的智力发展。"③瑞士著名心理学家、教育家皮亚杰也指出:"教育的主要目标就在于形成儿童的智力的和道德的推理能力。"④

结构主义者还把儿童智力的发展同国家的前途、命运紧密地联系起来。"国家的安全需要最充分地开发全国男女青年的脑力资源和技术技能"⑤,"如果促使所有的学生充分利用他们的智力,就将使我们这个处于工艺和社会异常复杂的时代的民主国家,有更好的生存机会。"⑥

(二)教育者要提高课程与教材内容的现代化、理论化水平

结构主义者认为任何事物都具有一定的结构或骨架,把握了事物的结构也就全面深入地了解和认识了事物。因此,他们认为教育者要在教育教学过程中有效地发展学生的智力,就要全力推进课程与教材内容的现代化、理论化水平,按照结构主义的观点对教材内容进行处理,要引导学生掌握学科的基本结构。正如美国心理学家、教育家

---

① 王承绪.现代西方资产阶级教育思想流派论著选[M].北京:人民教育出版社,1980,P373.
② 王承绪.现代西方资产阶级教育思想流派论著选[M].北京:人民教育出版社,1980,P360.
③ 【美】布鲁纳.教育过程[M].邵瑞珍 译.北京:文化教育出版社,1982,P30.
④ 王承绪.现代西方资产阶级教育思想流派论著选[M].北京:人民教育出版社,1980,P360.
⑤ 【美】布鲁纳.教育过程[M].邵瑞珍 译.北京:文化教育出版社,1982,P30.
⑥ 【美】布鲁纳.教育过程[M].邵瑞珍 译.北京:文化教育出版社,1982,P30.

布鲁纳所指出的："任何观念、问题或知识都可以用很简单的形式表达出来,以便任何一个学生者均能理解。"①教学"与其说是单纯地掌握事实和技巧,不如说教授和学习结构"②。

结构主义者认为学生学习和掌握学科的基本结构具有重要的意义,它有利于学生更容易地理解该学科的基本内容,也易于让学生把所学的知识用简约的方式保持在记忆中,还能促进学生把所学的知识迁移到其他学科的学习中,做到举一反三,学以致用。

因此,结构主义者强调教育者要按照结构主义的观点编排教材内容,切实提高课程与教材内容的现代化、理论化水平,把学科基本结构的教学作为重点和核心,"无论我们选教什么学科,务必使学生理解该学科的基本结构。"③

为了确保课程与教材内容的现代化、理论化水平,结构主义者强调要把各个学科领域中具有远见卓识和非凡能力的科学研究专家吸引到中小学课程设计和教材编写的工作中去,道理很简单,"在设计课程时,只有使用我们最优秀的人士时,才能把学识和智慧的果实带给刚开始学习的学生。"④

（三）教学应该及早进行

从高度重视儿童智力开发的基本要求出发,以皮亚杰的"认识发生论"为理论依据,布鲁纳强调儿童早期教育的重要性,认为教学应该尽早进行。在布鲁纳看来,儿童从一出生,其思维和认识活动便以主体的方式表现出来,并且随着年龄的发展而发展,具有极大的学习潜力。教育者如果能够创设良好的教育环境,使教材内容和教学的方式、教学的进度,与学生的认识能力的特点与发展顺序相吻合,那么他们的早期教育是完全可以获得完满的效果的。他明确指出："任何学科都可以以智育上是正确的方式,有效地教给任何发展阶段的任何儿童。"⑤也就是说,教育者只要把教材内容"翻译"成儿童特定阶段认知结构能够理解的程度,那么多么早期的教育都会取得满意的教学效果。

当然,布鲁纳并不是说小学二年级的学生就可以直接学习高等数学,而是说可以把高等数学的集合论、拓扑论的一些理念渗透到这一时期他们的学习内容和学习活动中,为他们以后学习高等数学奠定坚实的基础。

（四）教育者在教学中要大胆地引导学生采用发现法进行学习

布鲁纳认为传统学校教学中教师向学生讲授教材内容,并督促学生把老师讲授的教材内容要点记住的教学方式难以培养学生的智能,只能培养善于呆读死记的人。教师在教学中要有效地发展学生的智力,就要调动学生的学习积极性,引导他们积极主

---

① 【美】布鲁纳. 教育过程[M]. 邵瑞珍 译. 北京:文化教育出版社,1982,P31.
② 【美】布鲁纳. 教育过程[M]. 邵瑞珍 译. 北京:文化教育出版社,1982,P31.
③ 【美】布鲁纳. 教育过程[M]. 邵瑞珍 译. 北京:文化教育出版社,1982,P31.
④ 【美】布鲁纳. 教育过程[M]. 邵瑞珍 译. 北京:文化教育出版社,1982,P31.
⑤ 【美】布鲁纳. 教育过程[M]. 邵瑞珍 译. 北京:文化教育出版社,1982,P49.

动地参与知识的探究与发现的过程,让他们在探究发现的过程中增进自身的智能。他说:"通晓某一学术领域的基本概念,不但包括掌握一般原理,而且还包括培养对待学习和调查研究的以及对待独立解决难题的态度"①,发现学习并不是说学生要向科学家那样进行高深的科学探究,"而是学生按照自己的方式而不是按照书本的样子,把获知的事物组织起来的一种活动。"②

因此,布鲁纳建议教育者在教学中不能一讲到底,要为学生创设一种良好的学习环境,引导学生参与知识的产生与发展的过程。他极力主张:"在提出一个学科的基本结构时,有可能保留一些令人兴奋的系列,引导学生自己去发现它。"③"一门课程不但要反映知识本身的性质,还要反映求知者的素质和知识获得过程的性质。……我们教一门学科,不是建造有关这门科目的一个小型的现代图书室,而是使学生亲自进行像一名数学家思考数学、像一名史学家思考史学那样,使知识的获得过程体现出来。……认识是一个过程而不是一件产品。"④

基于上述原因,布鲁纳极力主张教师在教学中"应当以引导儿童自己去发现为教学的目标",要灵活地组织教学过程,让学生积极参与知识的产生与发展的过程,让学生在探究的过程中发现事物的规律性,不断提高他们的认识能力,增强对本身能力的自信。

三、结构主义教育思潮的影响及其评价

结构主义者依据结构主义哲学和皮亚杰的认识发生论,在广泛继承杜威实用主义教育学说、要素教育理论等教育遗产的基础上,对教育的目标、课程与教学内容、教学方式进行了全面系统的探究,创立了注重学科建构和学生探究能力培养的结构主义教育思潮,在多方面丰富和发展了现代教育理论宝库,对20世纪50年代末60年代初美国基础教育改革产生了重大的推动作用。

20世纪60年代后结构主义教育思潮在欧美广泛传播,也成为20世纪50年代末美国基础教育改革的指导思想,结构主义教育思潮也被誉为20世纪50年代后最重要的三大课程与教学流派之一。

但结构主义教育思潮的理论基础是不完善的,它夸大了学习者的主观能动性,过于重视课程与教材内容的理论化、结构化,忽视了教材的逻辑体系,轻视教师的主导作用,忽视了讲授法等教学方式的作用,过于重视让学习者通过发现法来探究学习,忽视了学习者的学习兴趣和需要,导致学生学习欲望下降,这些弊端也使得结构主义教育理论的科学价值大打折扣。

20世纪60年代中后期,在结构主义教育思潮指导下的美国基础教育课程与教学

① 【美】布鲁纳. 教育过程[M].邵瑞珍 译. 北京:文化教育出版社,1982,P30.
② 田本娜. 外国教学思想史[M]. 北京:人民教育出版社,1994,P481.
③ 【美】布鲁纳. 教育过程[M].邵瑞珍 译. 北京:文化教育出版社,1982,P39.
④ 王承绪. 现代西方资产阶级教育思想流派论著选[M]. 北京:人民教育出版社,1980,P411.

改革并没有达到改革倡导者的预期,编写的中小学教材难度超出了学生的实际,中小学教育质量严重下降,大批学生因学业成绩差,对学校学习失去了信心而过早辍学。在这种情况下,结构主义教育思潮在欧美许多国家的地位急剧下降,影响力不断降低。

尽管如此,结构主义教育思潮倡导的注重学生智能的培养,课程与教材内容的理论化、结构化,注重让学生参与知识的产生与发展的过程,让学生运用发现法进行学习等观点确实是值得肯定的。

20世纪90年代后,一些心理学家、教育家在充分借鉴结构主义教育家皮亚杰、维果茨基、布鲁纳等人教育遗产的基础上,创立了更加关注教育环境的创设,重视教育者与学习者的交往与合作,注重让学习者利用原有知识经验参与知识的产生与发展过程,注重学生的创新意识和合作精神培养的教育理论,并把这一理论称作建构主义教育理论(constructivism theory)。这一理论由于创设良好的教育环境,重视让学生参与知识的产生与发展过程,注重学生探究能力和合作意识的培养,深受广大教育工作者和学生的欢迎,已经成为不少国家教育教学改革的主流指导思想。

由此可见,结构主义教育思潮对世界各国教育的影响还将持续下去。

第九节　人本主义教育思潮

一、人本主义教育思潮的产生与发展

人本主义教育理念最早出现于古希腊先哲柏拉图、亚里士多德等人的言论中,他们倡导的"以人为本",主张让学习者接受和谐教育(liberal education)、促进身心和谐发展的思想对后世教育的改革与发展产生了深远的影响。

文艺复兴时期,一些深受古希腊人文传统影响的教育家提出了尊重人、重视人个性发展的教育改革主张,这些主张在打破中世界封建教育束缚的过程中发挥了重要的作用。

工业革命以后,各国统治者为了加快教育发展步伐,为经济建设和社会变革培养大量的各级各类人才,采取了班级教学制度教学,注重学生智能的培养等措施,推动了各级教育规模的迅速扩大,培养学生的智能素养也有了明显的提高。但欧美各国教育发展中过于重视学生知识的掌握和智能的培养,过于重视教师的权威而忽视学生学习的自由,轻视学生人格的养成的弊端在20世纪50年代后逐步暴露,各级各类学校培养出来的学生的自主精神和创新意识缺乏,道德素养不高,社会责任感严重缺失,这对不少工业化国家经济的发展和社会变革产生了严重的消极影响。

20世纪50年代后期,一批具有高度社会责任感的哲学家、教育家和心理学家在广泛继承世界教育发展进程中人本主义教育观的基础上,深刻批判了传统教育忽视学习者自由,轻视人文学科教学,忽视学生个性培养的弊端,提出了改革传统教育,为社会培养具有自主精神的创新人才的观点,并逐步形成了具有较为完整体系的人本主义

教育理论,并开始在欧美国家广泛传播。

人本主义交易思潮的代表人物有美国的心理学家、教育家马斯洛、罗杰斯、布鲁姆和苏联心理系学家、教育家赞科夫、巴班斯基、苏霍姆林斯基等人。

二、人本主义教育思潮的主要观点

人本主义教育家在广泛继承存在主义等教育思潮的基础上,提出了改革传统教育理念,加快教育改革的主张。

（一）教育的目的在于培养身心和谐发展的新人

在人本主义教育者看来,传统学校教育过于重视认知领域的教学,过于看重学习者知识的掌握和理智能力的形成,而忽视了学习者品德的养成和人格的完善,导致学习者身心片面发展,影响了学习者综合素养的提高。因此,人本主义教育家强调必须大力纠正传统教育中过于注重智能培养,忽视学生人格陶冶的弊端,要让学习者在获取知识技能的过程中领悟知识的伦理价值,逐步形成良好的社会责任感和高尚的品德,成为身心和谐发展的人,也成为文明幸福的人。人本主义教育家罗杰斯对这种身心和谐发展的新人给出了自己的标准,他说:"这种人是发展的高水平,达到了马斯洛所说的'自我发展'的水平。他敏锐、开拓,充分相信自己有能力建立与环境的新关系,能产生创造性的成果。它不是被动地适应文化,也不是一个遵从者,但他能随时随地与文化环境保持和谐。在某些文化环境中,他可能是不幸福的,但他仍能保持自我,并能最大可能地实现自己最深层的需要。"[1]"只有学会如何学习和如何适应变化的人,只有意识到没有任何可靠的知识唯有寻求知识的过程才可靠的人,才是有教养的人。"[2]

人本主义教育思潮倡导的培养的新人就是具有自主精神和自律精神的身心和谐全面发展的人,而不是科技社会的傀儡或没有自主精神的机器。这种观点反映了现代社会对人才的新要求,代表了未来社会人才培养的发展方向。

（二）要用人本主义精神统帅课程与教材内容

在人本主义看来,传统学校课程设置中过于强调国家和社会对人才的需求,高度重视自然科学,忽视社会科学和人文学科,课程内容中强调科学技术的作用,忽视学习者的兴趣和需求,忽视了人的责任和义务,过于重视知识的理智训练价值而忽视社会科学和人文学科知识对人的情感与品德的陶冶,忽视了人与自然、社会的和谐发展,这些弊端导致了学校培养人才人文精神的严重缺失,缺乏个性,缺乏社会责任感,缺乏同情心,没有自主精神。

因此,人本主义教育家强调要提高学校教育培养人才的质量,就要加大对传统学校课程与教材内容的改革力度,要根据社会变革的需要和青少年身心的实际考虑课程

---

[1] 瞿葆奎. 教育学文集·教学（上）[M]. 北京:人民教育出版社,1988,P716.
[2] 瞿葆奎. 教育学文集·教学（上）[M]. 北京:人民教育出版社,1988,P719.

与教材内容的确定,适度加大社会科学和人文学科的比例,用多元、宽容、理解、爱心等人文主义精神统帅课程与教材内容,让学生在接触人类传统优秀文化遗产的过程中身心受到多方面的启迪,促使他们形成多方面的兴趣和爱好,良好的社会责任感和丰富的内心世界,具有自主精神,敢于为自己的行为负责,成为完成自我实现的人。正如人本主义教育家麦克尼尔所指出的:"人本主义者认为,课程的功能是要为每一个学习者提供有助于个人自由发展的,有内在奖励的经验。……自我实现的人这一理想是人本主义课程的核心。"①

(三)教育过程是教师指导下的学生的自主发展过程

在人本主义者看来,环境和教育只是学习者身心发展的外因,他们知识的获得,智能的培养和品性的养成主要是个体自身内在潜能作用的结果,教育者不可能把有意义的知识技能交给学生,只能创造良好的教育环境,调动学习者的学习积极性,引导学习者参与到知识的产生与发展的过程,让学生对所学的知识经验获得感悟和理解。因此,人本主义者强调教育者要充分尊重和信任学生,指导学生积极主动地参与到教育教学过程去中。如人本主义教育家罗杰斯认为教育者要让学习者积极参与学习过程,就必须尊重和信任学生。他说:"教师首先需要对人予以深信。如果我们不相信人,那么,我们就一定会唯恐学生误入歧途,因而填鸭式地把所选择的知识灌输给学生。如果我们相信每个人都有发展他自己潜力的能力,那么,我们就会允许他有选择自己的学习方式的机会。"②"教师是一个真诚的人。他承认他的感情是他自己的。因此,他不必把自己的情感强加给学生。……要尊重他们,珍视他们,与他们在感情上和思想上产生共鸣。"③

人本主义者强调教育者在教育教学过程中的作用就是要给学习者充分的自由,为学习者创造良好的学习氛围,方便学习者的自主学习。如人本主义教育家罗杰斯指出:"教予他人的任何东西,在我看来相对地似乎是无意义的,对行为只产生些微小或根本不产生有效的影响。……我终于感到,唯一能对行为产生深远影响的学习是自己发现并把它内化为已有的知识。"④"教师的精力集中在创设一种积极向上的气氛和提供各种手段上,他也帮助学生去接触有意义的问题,但他不布置课堂作业或指定阅读材料。他不尽兴讲述或讲解(除非学生有这样的要求)。他不做评价或批评(除非学生有这样的要求)。他不对学生进行考试。他也不去分级。……当教师造成了我所描述的这种态度的气氛时,当教师提供了适合于学生解决问题的课采用的手段时,这种学习的典型进程就水到渠成了。"⑤

---

①　唐爱民. 当代西方教育思潮[M]. 济南:山东人民出版社,2010,P141.
②　瞿葆奎. 教育学文集·教学(上)[M]. 北京:人民教育出版社,1988,P712.
③　瞿葆奎. 教育学文集·教学(上)[M]. 北京:人民教育出版社,1988,P712.
④　瞿葆奎. 教育学文集·教学(上)[M]. 北京:人民教育出版社,1988,P707.
⑤　瞿葆奎. 教育学文集·教学(上)[M]. 北京:人民教育出版社,1988,P712—713.

（四）教师是学生学习和生活的指导者、引导者和顾问

在人本主义者看来,学生的学习过程是他们调动自身的因素积极进行的自主学习活动,教师只是他们学习和生活中遭遇的一个外部因素而已,学生的学习必须由学生自己做主。因此,人本主义者强调教育者必须认识到自己在学生学习过程中的职责,为学生创设良好的学习环境,让他们积极主动地参与到学习过程中去,为他们的学习提供必要的指导性建议。美国心理学家、教育家罗杰斯认为:"教师与学生之间的关系是辅助者和主人(学习的)之间的关系,没有任何权威或长官意志。"[①]埃德·加富尔也指出:"教师的职责现在已经越来越少地传递知识,而越来越多地激励思考;除了他的正式职能以外,他将越来越成为一位顾问,一位交换意见的参加者,一位帮助发现矛盾观点而不是拿出现成结论的人。……如果教师与学生的关系不按照这个样子发展,那就不是真正民主的教育。"[②]

人本主义者认为民主的教育对学校的教师提出了更高的要求,要求他们具有良好的品德、渊博的知识和广泛的才能,同时要尊重和信任学生,能与学生友善地相处,能设身处地地为学生着想,能为学生及时提出建设性的指导意见。

三、人本主义教育思潮的影响和评价

人本主义心理学家、教育家在广泛继承人类已有文化遗产,深入批判传统教育学说弊端的基础上,依据人本主义哲学、人本主义心理学等学科的知识和方法对学校教育的目标、教育过程、课程与教学内容、师生关系等重大问题进行了全面深入的探究,提出了改进学校教育工作的一系列建议,形成了颇具创新意识的人本主义教育理论体系,极大地丰富和发展了现代教育理论,促进了当代教育理论科学化、现代化的步伐,促使各级学校教育朝着人性化、多元化的方向改革与发展。

但人本主义教育理论全盘否定传统教育理论,过于夸大了学习者的主体作用,忽视了系统科学文化知识在学生成长中的作用,忽视了成人教育者对学生学习的教育作用,过于夸大了学习者的自由,而忽视了学习者在学习中的责任和义务……。人本主义教育理论这些弊端,影响了该理论的说服力。

由于人本主义教育提出的一些教育改革强调以人为本,让学生自主学习等主张,颇具创新意义,也符合时代精神,因而受到了教育界和广大民众的欢迎和支持,因而该理论20世纪60年代后在世界各国广泛传播,现在已经成为世界上许多国家教育教学改革的重要指导思想之一。

人本主义教育思潮的传播促进了教育民主化、个性化的进程,促使人们按照人本主义精神改革学校教育,给学习者提供了更多的自由和权利,对学习者给予了更多的人性关切,多方面满足学生的需要,改进了学校人才培养工作,为社会培养了更多的身

---

① 瞿葆奎. 教育学文集·教学(上)[M]. 北京:人民教育出版社,1988,P717.
② 联合国教科文组织. 学会生存——教育世界的今天与明天[M]. 华东师范大学比较教育研究所 译,北京:人民教育出版社,1989,P108.

心和谐健康的人才,促进了现代社会的民主化、多元化改革进程。但人本主义教育思潮的传播,也使得以"学习者为中心"的教育观点在一些地方泛滥,助长了极端个人主义、反权威思想的形成,对民主化社会的和谐产生了较大的消极影响。

因此,对人本主义教育思潮的作用和影响要全面辩证地认识,既要看到人本主义教育思潮在促进教育理论现代化步伐,全面推进各国教育朝着民主化、个性化方向改革方面的积极作用,又要看到其过于强调学习者的作用,过于强调学习者的自由,否认学习纪律和权威助长极端个人主义泛滥等消极作用。

由于现代社会改革不可逆转地朝着民主化、个性化的方向发展,因而人本主义教育思潮对教育的影响将持续下去。

第十节 终身教育思潮

一、终身教育思潮的产生与发展

终身教育的理念或观点在古代一些哲学家、教育家的言论或论著中就已经出现,如我国古代思想家、教育家孔子认为人应当"学而时习之","不知老之将至",他被日本学者称为是"发现和论述终身教育必要性和重要性的先驱"[1],古希腊哲学家、思想家、教育家柏拉图、亚里士多德等人也有终身学习和终身教育方面的论述。这些论述可以说是终身教育思想的萌芽期。

20世纪50年代以后,人类在新技术革命的推动下快速进入了信息技术时代,对教育培养出来的人才提出了更高的要求,要求他们能够及时接受新知识、新信息,能适应时代的进步与变化。但传统教育过于强调让学习者接受固定的知识体系,忽视学习者学习能力培养,很难适应现代社会对人才的新要求。如何创建一种新的注重学习者未来学习能力培养,满足学习者整个人生学习和工作需求的教育制度成为当时世界各国亟待解决的重大问题。终身教育理论就是在这样的社会背景下出现的。

最早对终身教育进行全面系统论述的是法国著名教育理论家和教育实践活动家保罗·郎格朗,他长期担任联合国教科文组织成人教育署的负责人,多年开展扫盲和成人教育,极力主张把传统的成人教育扩展到人的整个一生。1965年在巴黎召开的世界成人教育大会上,他以"何谓成人教育"为题目进行了长篇发言,对传统教育把人的接受教育和工作截然分开提出了批评,认为一个人的教育训练和学习不应该随着学校教育的结束而结束,而应该是个体从摇篮到坟墓,从出生到死亡的持续不断的过程。他主张尽早改革传统学校教育制度,建立把个人的教育教学同他们成人后的工作与生活紧密结合的教育制度,促进个体在终身学习的过程中完善自身,更好地享受文明幸福的生活。

---

① 周蕴石.终生教育[M].哈尔滨:黑龙江教育出版社,1989,P8.

保罗·郎格朗关于终身教育的论述在世界各国引起了巨大的轰动，"郎格朗的终身教育论发表以后，广泛地引起了世界各国的强烈反响。从东方到西方，从发达国家发展中国家，已被作为一种最具影响力的教育思潮进行科学探讨。"在联合国教科文组织的大力支持下，保罗·郎格朗于1970年出版了《终身教育导论》（法文版），这本书很快被翻译成英文、德文、日文、中文等多种文字在世界各地出版发行，对推进终身教育理念在世界各国的广泛传播，促进世界各国教育改革与发展进程产生了重大的影响。《终身教育导论》的问世，标志着终身教育理论的正式诞生。

联合国教科文组织在促进终身教育理念的传播，推进各国终身教育改革与发展的进程中发挥了重大的作用。在联合国教科文组织的大力支持下，埃德加·富尔等人出版了终身教育理论的另一代表作《学会生存——教育世界的今天与明天》一书。该书对终身教育的含义、意义以及如何建立一体化的教育制度、加快教育事业的终身化进行了论述，提出了按照终身教育理念全面推进各国教育事业变革发展，建设终身学习社会的建议。该书的出版发行，对世界许多国家的教育改革与发展产生了重大影响，终身教育理念已经成为世界许多国家教育改革与发展的指导思想。

终身教育理论的观点是在20世纪70年代初传入我国，保罗·郎格朗的《终身教育导论》和埃德加·富尔的《学会生存》成为我国教育工作者的必读书籍。在我国政府教育主管部门的大力支持下，经过我国教育理论工作者长期不懈的广泛宣传，终身教育的理念已经被我国政府领导人和广大民众所接受，"积极发展继续教育，完善终身教育体系，建设学习型社会"①已经成为我国教育改革与发展的指导思想，将持续地对我国教育的改革与发展产生重大的影响。

二、终身教育思潮的基本观点

研究和倡导终身教育理念的教育派别众多，但关于终身教育的基本观点则是一致的。

（一）终身教育产生于经济发展和社会变革的需要

在终身教育思潮的倡导者看来，传统教育理论把人的一生分成接受教育训练和工作生活两个阶段，这是没有道理的，也不利于个人及时地接受新知识、新信息，对个人的可持续发展极为不利。在他们看来，现代信息技术时代对人才提出了更高的要求，要求他们具备浓厚的学习欲望和良好的学习能力，能随时随地地获取最新知识和信息，能在最短的时间内适应时代的变革。终身教育倡导者认为，信息技术时代人的经济收入不断增加，劳动和工作强度大幅度降低，闲暇时间大量增加，人的健康水平不断改善，学习机会和学习环境不断完善，这都为个体的继续学习创造了良好的条件。如果在信息技术时代依然固守传统教育观念，不注意按照终身教育理念对传统教育进行

---

① 胡锦涛.坚定不移沿着中国特色社会主义道路前进为全面建成小康社会而奋斗[N].光明日报,2012-11-8.

改革,那么学校教育所培养的人才势必会知识贫乏,学习能力低下,综合素质不高,这样的人必然难以适应信息技术时代的要求。

因此,终身教育倡导者认为,经济发展和社会变革呼唤终身教育,必须按照终身教育理念对传统教育进行全面改革。在他们看来,"人永远不会变成一个成人,他的生存是一个无止境的完善过程和学习过程。……为了求生存和求发展,他不得不继续学习。"①"教育,不能停止在儿童期和青年期。只要人还活着,教育就应该是继续的。教育,必须以这样的做法,来适应人和社会的连续性的要求。……终身教育所要论述的第一件事,就是教育不再是一个人由初等、中等或大学等任何一个学校毕业之后就算完结了,而应该通过人的一生来进行。"②终身教育"是指贯穿人一生的全面的、持续不断的教育过程,是一个人从摇篮到坟墓所受到的各种教养、教育和训练的总和。"③

总之,终身教育思潮产生于经济发展和社会变革的需要,它强调教育要适应社会的进步和变革,就要改变过于重视学校教育阶段教育的做法,强调教育不应该在学校教育结束时结束,而应该是贯穿于人的整个一生,是一个活到老、学习到老的过程。

(二)终身教育的目的在于为社会培养善于学习、勇于适应变革的完人

终身教育倡导者认为传统教育过于重视学生理智的训练,而忽略了学们生人格的养成,导致学生身心的片面发展,这对未来社会成员的可持续发展和未来的幸福生活造成了极为严重的消极影响。因此,终身教育的倡导者认为对传统教育进行全面深刻的反思,按照现代社会发展变革的要求和青少年身心发展规律为社会培养身心和谐发展的新人。

在终身教育倡导者看来,所谓身心和谐发展的新人就是具有良好的道德品质,具备基本的文化知识素养和良好的智能素质,良好的身体素质和心理学素质的人。正如埃德加·富尔在《学会生存》一书中所指出的:"把一个人在体力、智力、情绪、伦理各方面因素结合起来,使他成为一个完善的人,这就是对教育基本目的的一个广义的界说。"④。

终身教育倡导者认为每一个学习者都是具体的人,因此强调教育必须考虑到每一个学习者的特点,尽可能地使教育适应每一个学习者的特点,为社会培养具有鲜明个性的人才。正如埃德加·富尔所指出的:"每一个学习者的确是一个非常具体的人。他有他自己的历史,这个历史是不能和任何别人的历史混淆的。他有他自己的个性……当我们决定教育的最终目的、内容和方法时,我们又如何能够不考虑这一

① 外国教育丛书编写组. 业余教育的制度和措施[M]. 北京:人民军医出版社,1979,P138.
② 外国教育丛书编写组. 业余教育的制度和措施[M]. 北京:人民军医出版社,1979,P138.
③ 外国教育丛书编写组. 业余教育的制度和措施[M]. 北京:人民军医出版社,1979,P138. 外国教育丛书编写组. 业余教育的制度和措施[M]. 北京:人民军医出版社,1979,P138.
④ 联合国教科文组织. 学会生存——教育世界的今天与明天[M].华东师范大学比较教育研究所 译,北京:教育科学出版社,1996,P195.

点呢?"①

终身教育倡导者认为教育为未来社会培养的人才必须是善于终身学习的人。正如埃德加·富尔所指出的:"人永远不会变成一个成人,他的生存是一个无止境的完善过程和学习过程。事实上,他必须从的环境中不断地学习那些自然和本能所没有赋予他的生存技术。为了求生存和求发展,他不得不继续学习。……这种教育尽管是传授基本知识,但是它还要人们学习如何感知和理解世界。它努力培养人们,尤其是儿童们,具有自学的爱好,而且使他们终身都具有这种爱好。"②

因此,终身教育倡导者强调终身教育的目的在于为社会培养善于学习、勇于适应变革的身心和谐发展的完人。

(三)终身教育的基本原则

终身教育倡导者认为要按照终身教育理念改革传统教育,就必须在各级各类学校的教育教学改革中贯彻以下基本原则:

1. 实用性原则

终身教育倡导者认为要想让学习者热爱终身学习,就必须改变过于重视普通文化课程学习,忽视让学习者掌握实用技术技能的弊端,学校课程与教学内容设计一定要加强与生产劳动与社会生活的联系,要让学习者感受到当前学习的东西对他们未来的学习和生活有用,能为他们带来实实在在的好处,能提高他们未来的生活质量。正如联合国教科文组织负责人所指出的:"对个人或对社会来说,扩大了的教育机会是否会表现为有意义的发展,最终取决于这些教育机会的结果。人们是否实际地学到了什么,即他们是否学到了有用的知识、推理能力、各种技能以及价值观。因此,基础教育必须把重点放在知识的实际获得和结果上。"③

2. 主体性原则

终身教育的倡导者认为,学习过程是教育者创设一定的学习环境,引导学习者积极主动地参与到知识的产生与发展的过程,获取知识,发展智能,促进综合素养不断提高的过程。学习者是学习的主体,教师只是学生学习的指导者和引导者。因此,他们强调教育者要想帮助学生提高学习的效果和效率,就要充分发挥学习者的主体精神,让他们决定学习的目标、内容、方式和进度。正如埃德加·富尔所指出的:"虽然一个人正在不断地受教育,但他越来越不成为对象,而越来越成为主体了。他并不认为,他所受的教育似乎是他的保护人,即那些有权势的人,送给他的礼物或是对他履行的一种社会义务。他是依靠征服知识而获得教育的。这样,他便成为他自己所获得知识的

① 联合国教科文组织. 学会生存——教育世界的今天与明天[M]. 华东师范大学比较教育研究所 译,北京:人民教育出版社,1996,P195.

② 联合国教科文组织. 学会生存——教育世界的今天与明天[M]. 华东师范大学比较教育研究所 译,北京:教育科学出版社,1996,P125.

③ 联合国教科文组织. 学会生存——教育世界的今天与明天[M]. 华东师范大学比较教育研究所 译,北京:教育科学出版社,1996,P199.

最高主人,而不是消极的知识接受者。"①"未来的学校必须把教育的对象变成自己教育自己的主体。受教育的人必须成为教育他自己的人;别人的教育必须成为这个人自己的教育。"②"新的教育精神使个人成为他自己文化进步的主人和创造者。自学,尤其是帮助下的自学,在任何教育体系中,都具有无可替代的价值。"③

3. 个性化原则

在终身教育倡导者看来,传统教育过于重视集体化教学,但严重忽视学习者的具体需求,不利于学习者个性的形成,对他们今后的学习和工作、生活带来了严重的消极影响。因此他们强调要大力改革传统教育教学工作,要尽可能地考虑每一个学习者的具体需求,使教育教学工作的内容、方式和进度尽可能地适应每一个学生的特点,切实做到因材施教。正如埃德加·富尔所指出的:"每一个学习者的确是一个非常具体的人。他有他自己的历史,这个历史是不能和任何别人的历史混淆的。他有他自己的个性……当我们决定教育的最终目的、内容和方法时,我们又如何能够不考虑这一点呢?"④"给每一个人平等的机会,并不是名义上的平等,即对每一个人一视同仁,如目前许多人所认为的那样。机会平等是要肯定每一个人都能受到适当的教育,而且这种教育的进度和方法是适合每一个人的特点的。"⑤

4. 民主化原则

终身教育的倡导者认为,学习者是学习的主体,学习的目标、学习的内容、学习的方式和进度等问题应该让学习者自己来决定,教育者如果过于武断地干涉学习者的学习细节问题,随意干涉学习者的学习自由,就会导致学生自主精神的缺失,不利于他们民主思想的养成。因此,终身教育倡导者强调要尽早改变过于强调教育者作用和地位的做法,要以学习者为核心构建新型的教育教学过程的师生关系,让学习者在教育者的指导下自主学习。正如联合国教科文组织负责人埃德加·富尔所指出的:"我们应使学习者成为教育活动的中心;随着他的成熟程度允许他有越来越大的自由;由他自己决定他要学习什么,他要如何学习以及在什么地方学习和受训。这应成为一条原则。即使学习者对教材和方法必须承担某些教育学上的和社会文化上的义务,这种教材和方法仍应更多地根据自由选择、学习者的心理倾向和他的内在动力来确定。"⑥"如果我们成功地摆脱了传统教育学的束缚,如果在教育过程中允许自由地和持久地

① 联合国教科文组织. 学会生存——教育世界的今天与明天[M]. 华东师范大学比较教育研究所 译,北京:教育科学出版社,1996,P200.
② 联合国教科文组织. 学会生存——教育世界的今天与明天[M]. 华东师范大学比较教育研究所 译,北京:教育科学出版社,1996,P201.
③ 联合国教科文组织. 学会生存——教育世界的今天与明天[M]. 华东师范大学比较教育研究所 译,北京:教育科学出版社,1996,P251.
④ 联合国教科文组织. 学会生存——教育世界的今天与明天[M]. 华东师范大学比较教育研究所 译,北京:教育科学出版社,1996,P195—196.
⑤ 联合国教科文组织. 学会生存——教育世界的今天与明天[M]. 华东师范大学比较教育研究所 译,北京:教育科学出版社,1996,P196.
⑥ 联合国教科文组织. 学会生存——教育世界的今天与明天[M]. 华东师范大学比较教育研究所 译,北京:教育科学出版社,1996,P263.

交换意见,如果交换意见之后又提高了个人对生活的领悟;如果学习者被引导走上了自我教育的途径,简言之,如果学习者从学习的对象变成了学习的主体,教育的民主化才是可能的。"①

终身教育的倡导者认为,要全面贯彻教育的民主化原则,关键在于创建民主和谐的师生关系,让学习者在随意的状态下自主学习。如联合国教科文组织负责人埃德加·富尔指出:"教师的职责现在已经越来越少地传递知识,而越来越多地激励思考;除了他的正式职能以外,他将越来越成为一位顾问,一位交换意见的参加者,一位帮助发现矛盾观点而不是拿出现成真理的人。……如果教师与学生的关系不按照这个样子发展,那就不是真正民主的教育。"②联合国教科文组织负责人雅迪努认为未来教育的师生关系必然是和谐民主的师生关系,他说:"毫无疑问,在未来几十年中,发达国家的师生关系将发生巨大变化。由于学生积极参与自学过程,由于每个学生的创造性都受到重视,指令性和专断性的师生关系将难以维持。教师的权威将不再建立在学生的被动与无知的基础上,而是建立在教师借助学生的积极参与以促进其充分发展的能力之上。这样,教师的作用就不会混同于一部百科全书或一个可供学生利用的资料库。一个有创造性的教师应能帮助学生在自学的道路上迅速前进,教会学生怎样对付大量的信息,他更多是一位向导和顾问,而不是机械地传递知识的简单工具。"③

(四)教育的终身化原则

终身教育的倡导者认为现代社会是个信息技术化时代,知识更新速度大大加快,对人才培养提出了更高的更新的要求。而传统教育把个体的一生分成接受教育训练和工作、生活两个阶段是毫无道理的,也不利于个体工作和生活质量的提高。因此,他们强调要用终身教育的理念对传统教育制度和理念进行全面系统的改造,创建终身教育体系,建设学习化社会,让每一个人能活到老,学习到老。正如埃德加·富尔所指出的:"唯有全面的终身教育才能培养完善的人,而这种人正随着个人分裂的日益严重的紧张状态而逐渐增强。我们再也不能刻苦地一劳永逸地获取知识了,而需要终身学习如何去建立一个不断演进的知识体系——学会生存。"④"我们要学会生活,学会如何去学习,这样便可以终身去吸收新的知识;要学会自由地和批判地思考;学会热爱世界并使这个世界更有人情味;学会在创造过程中并通过创造性工作促进发展。"⑤

---

① 联合国教科文组织. 学会生存——教育世界的今天与明天[M].华东师范大学比较教育研究所 译,北京:教育科学出版社,1996,P200.

② 联合国教科文组织. 学会生存——教育世界的今天与明天[M].华东师范大学比较教育研究所 译,北京:教育科学出版社,1996,P108.

③ S.拉赛克、G.维迪努. 从现在到2000年教育内容的全球展望[M].华东师范大学比较教育研究所 译,北京:教育科学出版社,1996,P105—106.

④ 联合国教科文组织. 学会生存——教育世界的今天与明天[M].华东师范大学比较教育研究所 译,北京:教育科学出版社,1996,P2.

⑤ 联合国教科文组织. 学会生存——教育世界的今天与明天[M].华东师范大学比较教育研究所 译,北京:教育科学出版社,1996,P2.

三、终身教育思潮的影响和评价

终身教育的倡导者在全面深刻地批判传统教育过于重视学校教育阶段教育,忽视学习者主体精神发挥,忽视学生学习能力培养弊端,极力吸收借鉴人本主义教育思潮、结构主义教育思潮和科学教育思潮等教育遗产的基础上,创造性地提出了教育应扩张到人的整个一生,要构建终身教育体系,让每个人都能在终身教育中获取自身需要的知识信息,并能把所获得的知识信息用来促进社会的进步和发展,改善个人的工作和生活质量等观点,形成了体系较为完整的终身教育理论体系。终身教育思潮的形成,丰富和发展了现代教育理论宝库,对当代各国教育改革与发展产生了重大的影响,已经成为世界许多国家教育改革与发展的指导思想,将继续引领世界各国教育的改革与发展。

但终身教育思潮夸大了教育在经济发展和社会变革中的作用,忽略了教育要受本国政治、经济制约,认为通过发展终身教育就能改变本国发展与变革的进程是不现实的。许多教育者也在教育实践中发现,终身教育倡导者提出的构建终身教育体系,建设学习化社会的主张看起来很有创新价值,但要实现这一乌托邦式的宏大理想,则需要花费无法预料的时间和精力。

终身教育思潮的形成与广泛传播是 20 世纪世界教育发展进程中的伟大事件,尽管终身教育理论还不完善,但终身教育思潮倡导的教育民主化、教育个性化、教育的主体化、教育的终身化等观点符合现代教育改革的要求,代表了现代教育发展改革的方向和趋势,它已经成为当代许多国家教育工作者和政府官员的共识,成为许多国家教育改革与发展的重要指导思想,必将推进各国教育朝着教育的民主化、教育的个性化、教育的全民化、教育的终身化发展。

第十一节 后现代主义教育思潮

后现代主义是在 20 世纪 50 年代后在欧美各国广泛流行的一场反对现代主义的文化思潮,并迅速从文学、艺术领域扩展到哲学、教育、政治、经济等诸多领域。一批具有责任心的教育家在深刻批判现代教育弊端的过程中,依据后现代主义精神提出了改革教育的设想,创立了后现代主义教育思潮。

一、后现代主义教育思潮的产生与发展

后现代主义思潮(postmoderniam theory)是 20 世纪 60 年代在法国等地兴起,很快在欧美各国广泛传播的理论思潮。后现代主义思潮出现在 20 世纪的欧美各国,绝对不是偶然的,而是当时政治、经济、历史、文化环境下的必然产物。

20 世纪是世界科学技术迅猛发展的时代,科学技术的迅猛发展和广泛应用促进了经济的发展和社会的进步。但科学技术的发展也给人类带来了两次前所未有的大

灾难。二战以后,各国开始用更大的热情投入到经济建设中去,人们忙于挣钱谋生。但经济繁荣的背后隐藏着资源大量地过度开发和破坏,环境急剧恶化,个人的道德信仰沦丧,各种犯罪现象急剧增加,这使得人们开始对各国推行的加快现代化进程的举措产生了怀疑。二战以后,在经济发展和社会变革的冲击下,传统的社会等级制度面临着巨大的冲击,广大民众要求冲破原有社会等级制度的束缚,创建具有更多话语权,更多平等机会的民主化社会的呼声越来越高。

二战以后,世界各国民主化浪潮席卷世界各国,各国政府在各种压力下采取了提高民众经济收入,适当放宽对民众话语权的限制等措施,这推进了各国经济的发展和民主化进程。

正是在这种背景下,一批激进的哲学家、思想家在批判地继承存在主义、社会改造主义、人本主义、批判主义等思潮遗产的基础上,在深刻批判现代社会弊端的过程中,提出了反思现代主义弊端,改进现有社会制度的一些设想,这些哲学家、思想家反对培根、笛卡尔以来倡导的注重人的主体性,重视人的理性,重视科学知识和客观规律探究等传统,提出了反对绝对权威、去中心、重视体验、求个性等主张,并逐步形成了具有一定理论体系的思潮。

20世纪60年代后,一批激进的后现代主义哲学家、教育家亨利·吉鲁、大卫·格里芬、雅斯贝尔斯等人运用后现代主义观点来反思人类教育的历史和现状,提出了改进教育的主张,形成了后现代主义教育思潮。

后现代主义教育家在批判现代教育弊端的基础上提出了改进教育教学,促进社会改良的主张,言语犀利,说服力很强,因而在世界各国民众中间尤其是在青少年学生中间影响力颇大,并逐渐成为欧美占主流地位的教育思潮之一。

二、后现代主义教育思潮的基本观点

后现代主教育流派众多,但关于教育的目标、课程与教学内容、师生关系的论述则具有极大的相似性。

(一)教育的目的在于为多元社会培养具有批判精神的个体

后现代主义者对现代主义教育思潮中提出的全人教育观进行了全面的批判,认为这样的人是按照社会和权威塑造出来的惟理性的人,重视绝对真理权威的人,是缺乏个性的人,缺乏社会责任感,缺乏爱心,造成现实社会中人际交往冷漠,缺乏信任和关爱,乐于按旧规矩办事,不敢创新,难以适应社会的进步和变化。在后现代主义者看来,现实社会处于不断的变化中,在社会的发展中不存在普遍的规律和绝对的真理,也不存在绝对的权威,因此他们强调教育要培养的是具体的人,是具有批判精神的个体,他能够藐视权威,敢于对传统社会的制度和文化进行批判,并在批判的过程中形成自我。

后现代主义者反对二元论,反对过于强调个体主体性,认为个体只是自然和社会的一部分,个体不能脱离自然和社会而独立地存在。因此他们反对过于强调个体的主体精神,让个体征服自然和社会,认为个体要有生态意识和全球意识,要能尊重文化,尊重差异性,能与自然和人类友善地相处,共同促进自然和人类的可持续发展。

因此,后现代主义者强调教育要为多元社会培养具有批判精神,具有危机意识,能友善地与自然和人类和平相处的具有鲜活个性的人。

(二)课程与教学内容要丰富多样化,要有利于学生批判精神和个性的完善

后现代主义者对现代社会流行的以学生理智能力培养为核心的学校课程体系进行了全面的抨击,认为这种课程体系过多地考虑社会对人才理智能力方面的需求,忽视了学习者自身的多方面需求,忽视了学生个性的养成;这种课程过于强调让学习者被动接受主流社会认定的规律和真理,忽视了学习者在课程内容选择方面的话语权,不利于学习者参与精神和批判精神的培养;因此,后现代主义者认为要教育培养出多元社会所需要的人才,就应该对现代课程理念和课程体系进行全面的清理改造,要用丰富多样化的材料不断填充学校课程与教学内容,更多地关注社会多方面的需求,关注学习者的实际要求,注重学习者伦理道德和生态意识的培养,关注学习者终身学习态度、情感的培养,让他们学会学习,学会做事,学会共同相处,学会生存。

(三)对话和平等交流是教育教学的基本方式

后现代主义者反对二元论,反对绝对的真理,反对权威主义。在他们看来知识信息不是靠教师和权威灌输给学生的,真正有用的知识和信息是教育者和学习者在平等的对话和交流中获得的,因此他们既反对教师在课堂上的灌输式讲授,也反对让学生独自地探究,强调教育者和学习者要加强交流和对话,把对话和平等的交流看作是学校教育教学的基本方式。如后现代主义教育家雅斯贝尔斯指出:"年轻人都希望受教育,能从师获益、能进行自我教育,并与人格平等的求知识获智慧的人进行富有爱心的交流。"①因此他强调教育者在教育教学活动中不能把自己看作教育的权威,不能采用灌输的方式传授知识或真理,要采用苏格拉底式的问答法进行教学,道理很简单,"只有通过人与人的交往,只有了解事务的本性,才能获得真理。"②"对话是探索真理和自我认识的途径。"③"真理不能获自个人的孤独思维,而只能获自相互对话。对话是获取真理的必由之路。"④后现代主义哲学家格里芬也对对话的作用给予了极高的评价,指出:"对话的本质并非用一种观点来反对另一种观点,也不是将一种观点强加于另一种观点之上,而是改变双方的观点达到一种新的视界。"⑤"如果我们有足够的理由对广泛的对话持乐观的态度的话,我们肯定有理由相信,课堂中的道德对话也将是卓有成效的。"⑥

① 【德】雅斯贝尔斯. 什么是教育[M].诸进 译,北京:生活·读书·新知 三联出版社,1991,P2.
② 【德】雅斯贝尔斯. 什么是教育[M].诸进 译,北京:生活·读书·新知 三联出版社,1991,P11.
③ 【德】雅斯贝尔斯. 什么是教育[M].诸进 译,北京:生活·读书·新知 三联出版社,1991,P12.
④ 【德】雅斯贝尔斯. 什么是教育[M].诸进 译,北京:生活·读书·新知 三联出版社,1991,P12.
⑤ 唐爱民. 当代西方教育思潮[M].济南:山东人民出版社,2010,P331.
⑥ 唐爱民. 当代西方教育思潮[M].济南:山东人民出版社,2010,P331.

为了保证学校教育教学活动中对话和交流的效果,后现代主义者强调教育者要注意为学习者创造良好的教育环境,让教育者和学习者在没有外在压力的环境中随意地平等地进行对话和交流。

(四)民主、平等的师生关系是确保教育教学活动顺利进行的前提所在

在后现代主义者看来,现代信息技术的迅猛传播和在教育教学中的广泛应用已经使教育的诸多方面发生了巨大的变革,教师依靠话语霸权来维持自己在教育教学活动的中心地位已经难以维持,教育教学活动中必须考虑学习者的实际需求,教育者必须尊重学习者的人格,使教育教学过程变成教育者与学习者平等地交流和对话的过程。因此,后现代主义者极力反对过于强调教育者作用的教师中心论,也反对过于强调学习者作用的儿童中心论,主张构建新型的民主、平等的师生关系,并把创建民主平等的师生关系看作是确保教育教学活动顺利进行的关键所在。如联合国教科文组织负责人埃德加·富尔指出:"教师的职责现在已经越来越少地传递知识,而越来越多地激励思考;除了他的正式职能以外,他将越来越成为一位顾问,一位交换意见的参加者,一位帮助发现矛盾观点而不是拿出现成真理的人。……如果教师与学生的关系不按照这个样子发展,那就不是真正民主的教育。"①联合国教科文组织负责人雅迪努认为未来教育的师生关系必然是和谐民主的师生关系,他说:"毫无疑问,在未来几十年中,发达国家的师生关系将发生巨大变化。由于学生积极参与自学过程,由于每个学生的创造性都受到重视,指令性和专断性的师生关系将难以维持。教师的权威将不再建立在学生的被动与无知的基础上,而是建立在教师借助学生的积极参与以促进其充分发展的能力之上。这样,教师的作用就不会混同于一部百科全书或一个可供学生利用的资料库。一个有创造性的教师应能帮助学生在自学的道路上迅速前进,教会学生怎样对付大量的信息,他更多是一位向导和顾问,而不是机械地传递知识的简单工具。"②

三、后现代主义教育思潮的影响

后现代主义教育家在系统考察现代教育的成就与弊端,广泛继承社会改造主义、人本主义、批判主义等教育思潮的基础上,深刻反思现代社会教育存在的惟理性主义,忽视学习者情感、态度和价值观的养成,忽视学习者个性培养的诸多弊端,并提出了要建立民主、平等的师生关系,创建丰富多样化的课程体系,让学生在对话和交流中学习,注重学习者批判精神和创新意识培养等建议,这些观点切中了现实教育弊端的要害,反映了多元社会对教育变革的要求,具有重大的理论价值,极大地丰富和发展了现代教育理论宝库,对当代教育的人性化、个性化化、多元化改革产生了重大的推动作用。

① 联合国教科文组织. 学会生存——教育世界的今天与明天[M]. 华东师范大学比较教育研究所 译,北京:教育科学出版社,1996,P108.
② S. 拉赛克、G. 维迪努. 从现在到2000年教育内容的全球展望[M]. 华东师范大学比较教育研究所 译,北京:教育科学出版社,1996,P105—106.

但后现代主义的理论基础是不完善的，带有极大的主观性。这一理论对现代教育遗产更多地采取的是批判，忽略了对其存在重要价值的继承，这就使得后现代主义教育思潮缺乏牢固的根基，这也影响了其理论的说服力；后现代主义者忽视科学文化知识的理智价值，忽视教育者在学习者学习过程中的作用，把教师的作用降到建议者、顾问的地位，这确实有悖教育教学规律的要求。由于后现代主义教育思潮倡导的理念以反传统、反理性中心、反权威等口号颇具诱惑力，因而后现代主义教育思潮的影响力迅速扩大蔓延，这导致了一些学校的教育教学出现了反传统、反权威等混乱局面。

由于现代社会进入了信息技术时代，现代社会正在走向多元社会，改良现代社会的弊端、建设一个富有人情味的多元社会成为现实亟待完成的任务，可以预计后现代主义和后现代主义教育思潮的影响必将持续地发挥其影响，其影响力也会越来越大。

第十二节 国际化教育思潮

世界各国教育改革与发展历程充分表明，世界各国的教育不是绝缘体，而是混血儿，世界各国的教育是在相互借鉴、相互学习的过程中发展壮大起来的。各国的文化教育领域的交往，古已有之，今日更甚。二战结束以后，世界各国在政治、经济、文化教育等诸多领域的交流异常频繁，进入了名副其实的国际化（全球化）时代，对各国原有的政治、经济、文化等诸多领域产生了强烈的冲击。国际化教育思潮是国际化（全球化）时代的必然产物，对世界各国教育的改革与发展产生了重大的推动作用。

一、国际化教育思潮的产生与发展

世界各国的经济、政治和文化等诸多领域的交往早在数千年前就已存在，但那时的交往是零碎的，而不是全面系统的。二战以后，世界各国在信息技术革命的推动下，快速进入了国际化时代，各国在政治、经济、文化教育等诸多领域的交往日趋密切，各国之间相互依赖性大大增强。为了更好地适应经济一体化、政治民主化的新形势，改革各国教育过于封闭的状况，加强各国教育领域的交流与合作，为世界培养具有国际眼光和国际精神的世界各国通用的国际人才成为世界各国具有远见的政治家、教育家迫切需要解决的重大现实问题。正是在这种背景下，英国的社会学家、教育家约翰·唐林森，美国的社会学家、教育家布热津斯基等一些具有远见的教育理论工作者和联合国教科文组织官员根据国际化的要求提出了改革传统教育，全力推进教育国际化进程的一些建议，并逐步形成了国际化教育思潮。

联合国教科文组织在促进教育国际化思潮的形成与传播的过程中发挥了重大的作用。他们利用自身的地位和优势，如召开国际教育会议，出版发行教育书籍的机会，全力促进教育国际化理念的形成与传播，使得各国教育按照国际化的要求进行变革。如联合国教科文组织负责人埃德加·富尔认为各国教育要按照国际化的要求进行改革，要增进各个国家人们的了解和信任。他说："教育有一个使命，就是帮助人们不要把外国人当作抽象的人,而把他们看作具体的人,他们有他们自己的理性,有他们自己的苦痛,也有他们自己的快乐;教育的使命就是帮助人们在各个不同的民族中找出共同的人性。"①联合国教科文组织负责人雅克·德乐尔在《教育——财富蕴藏其中》中强调教育要增进地球村各个角落人们的理解和信任,让他们能够友善地相处,认为"教育的使命是教学生懂得人类的多样性,同时还要教他们认识地球上的所有人之间既具有相似性又是相互依存的。"②并把让不同地域人们友善地相处看作是 21 世纪教育改革与发展的四大支柱之一。

在各国政治家、教育家和联合国教科文组织的大力推动下,教育国际化思潮在世界各国广泛传播,有力地推进了世界各国教育国际化的进程。

二、教育国际化思潮的主要观点

通过对倡导教育国际化思潮教育家论著的研读,可以把教育国际化思潮的基本观点概括如下:

(一)教育要为世界培养具有国际远光和国际理解精神的国际人才

世界各国教育改革与发展的历程表明,任何一个国家的教育都不是绝缘体,而是混血儿,世界各国的教育正是在频繁交往的过程中发展壮大起来的。二战以后,在科学技术革命的推动下,世界进入了国际化时代,各国在政治、经济与文化教育领域的交流与交往不断增加。如何改革传统教育理念,构建适应教育国际化新局面的教育体系成为各国教育界普遍关注的问题。教育国际化思潮的倡导者认为,现代社会已经进入了国际化时代,世界各国教育必须打破原来的封闭状态,不能仅仅按照本国的要求培养人才,要从全球发展变革的要求考虑本国的教育改革,为世界培养具有国际眼光和国际理解精神的世界各国通用的国际化人才。他们认为只有加强世界各国之间的文化交流,用教育国际化的要求改革发展教育,才能拓宽学习者的国际视野,使他们具有国际眼光和国际理解精神,更好地适应国际化时代对人才的要求。

(二)要按照教育国际化的要求改革学校课程与教材体系

在教育国际化思潮的倡导者看来,要推进教育的国际化进程,培养出具有国际视野的各国通用的人才,就必须按照教育国际化的要求对学校传统的课程与教材体系进行全面的改革,要大量地增加外国语、外国地理、外国历史、外国文学等科目的内容和课时数,并要删除极端民族主义、暴力主义、霸权主义等方面的内容,要用多元主义、人本主义、和平主义、国际主义精神来统帅教材内容的编写,让学校的学生在学习符合人本主义精神、国际主义精神教材内容的过程中,体验到各个民族文化的奥妙和精髓,体会到地球村的人们相互依赖和相互关切,逐步形成国际视野和国际精神。

---

① 联合国教科文组织. 学会生存——教育世界的今天与明天[M]. 华东师范大学比较教育研究所 译,北京:教育科学出版社,1996,P191.

② 雅克·德乐尔. 教育——财富蕴藏其中[M]. 联合国教科文组织中文科, 译,北京:教育科学出版社,1996,P10.

（三）要大力加强各国教育领域教师、学生之间的双向交流和合作

在教育国际化思潮的倡导者看来，要促进教育的国际化进程，除了让学生学习有利于国际精神和国际视野的课程与教材内容外，还必须大力加强世界各国教育领域教师、学生之间的双向交流与广泛合作，让不同文化区域的教师、学生在交流与合作中增进了解，加深理解。他们强调世界各国要进一步放宽世界各国教育领域教师、学生的出国教育交流的限制，要让广大的教师、学生在召开国际教育会议、互派留学生、进修生等活动中进一步加强交流与合作。

教育国际化思潮的倡导者认为，世界各国的交流不应是单向的，而应该是双向的，发达国家也应当积极主动地加强与发展中国家的教育交流与合作，除了积极向发展中国家提供必需的教育援助外，也要向发展中国家派遣留学生，学习发展中国家文化教育的独特经验，体会发展中国家文化教育的魅力和精髓。

（四）教育国际化的过程并不排斥教育的民族化

在教育国际化的倡导者看来，世界的国际化是一个必然的趋势，教育的国际化是世界各国不二的选择。但他们强调任何一个国家、一个民族都有自身的特点和需求，教育的国际化并不是要排斥教育的民族化，每一个国家、民族在发展教育中既要充分学习和借鉴国外教育发展与改革的优秀经验，要加强与世界各国教育领域的交流与合作，但发展本国、本民族的教育必须考虑本国、本民族的特点和需求，不能借口教育国际化而排斥本国、本民族文化教育的优秀传统，不能不顾本国社会变革的实际把外国教育的模式、理念照搬到本国，不能借口教育的国际化推行文化教育的霸权主义。因此，教育国际化思潮的倡导者极力建议，要在倡导教育国际化的同时，大力加强各个国家文化传统的教育，要让学生在学习本国语、本国历史、本国地理、本国文学等课程中增进对本国、本民族文化传统的了解，激发他们的民族自豪感，培养他们的爱国意识。

三、教育国际化思潮的影响

20 世纪 50 年代世界各国快步进入了国际化时代，世界各国从没有像今天这样紧密地把命运和未来联系起来了，各国在政治、经济、文化教育等诸多领域的交流与合作空前密切。教育国际化思潮的倡导者顺应时代的要求，在广泛借鉴人本主义、后现代主义教育思潮教育遗产的基础上，提出了按照国际化、人本化精神改革传统教育，全力推进各国教育国际化进程的一系列建议，逐步形成了具有较为完整理论体系的教育思潮。这一思潮的问世，极大地丰富和完善了现代教育理论的宝库，有力地推动了世界各国教育国际化的进程。

世界各国在推动教育国际化的进程中发现，教育国际化思潮重视的是世界各国文化教育的交流与合作，但对如何在推进教育国际化的进程中保持本国、本民族的特色，提防西方文化（尤其是美国文化）对本国文化传统的侵蚀则很少谈及。

教育的国际化是 20 世纪以来世界各国教育领域出现的最伟大的事件，必将对世界各国的文化教育改革与发展带来极其深远的影响。教育国际化思潮还在不断地完

善之中,教育国际化过程中面临的问题必将在教育国际化的实践中逐步得到解决。

【本章主要参考文献】

1. 滕大春. 外国教育通史(第六卷)[M]. 山东:山东人民教育出版社,1994.

2. 滕大春. 美国教育史 [M]. 北京:人民教育出版社,1994.

3. 吴式颖. 外国现代教育史 [M]. 北京:人民教育出版社,1997.

4. 吴式颖. 外国教育史教程 [M]. 北京:人民教育出版社,1998.

5. 王承绪. 现代西方资产阶级教育思想流派论著选 [M]. 北京:人民教育出版社,1980.

6. 联合国教科文组织. 学会生存——教育世界的今天与明天[M]. 华东师范大学比较教育研究所译,北京:教育科学出版社,1996.

7. 瞿葆奎. 教育学文集·日本教育改革[M]. 北京:人民教育出版社,1988.

8. 瞿葆奎. 教育学文集·教学(上)[M]. 北京:人民教育出版社,1988.

9. 瞿葆奎. 教育学文集·美国教育改革[M]. 北京:人民教育出版社,1988.

10. 唐爱民. 当代西方教育思潮[M]. 济南:山东人民出版社,2010.

11. 王承绪. 西方教育论著选[M]. 北京:人民教育出版社,2001.

12. 瞿葆奎. 教育学文集·国际教育展望(上)[M]. 北京:人民教育出版社,1988.

【本章思考题目】

1. 社会改造主义教育思潮的基本观点有哪些？它与实用主义教育思潮有何异同？

2. 永恒主义教育思潮的基本观点有哪些？

3. 简要说明要素主义教育思潮的基本观点。

4. 存在主义教育思潮的基本观点有哪些？

5. 新托马斯主义教育思潮的基本观点有哪些？

6. 分析主义哲学教育思潮的基本观点有哪些？

7. 结构主义教育思潮的基本观点有哪些？

8. 人本主义教育思潮的基本观点有哪些？

9. 简要说明终身教育思潮的基本观点。

10. 后现代主义教育思潮的基本观点有哪些？

11. 国际化教育思潮的基本观点有哪些？

12. 新行为主义教育思潮的基本观点有哪些？

第二十三章　当代教育变革的动向与趋势

【本章课程与教学目标】

1. 使学生了解研究中外教育发展变迁得出的基本结论；
2. 使学生掌握现代教育发展变革的基本动向。

一、中外教育发展变迁的基本规律

世界各国教育在人类社会发展的推动下迅猛发展，为人类社会的发展变革做出了重大的贡献，推动了人类文明的进程，并将继续影响人类社会的今天与明天。

透视人类社会教育改革与发展的历程，可以得出几点简要的结论：

（一）教育是促进国家经济建设和社会变革之本

透析人类社会产生与发展的历史，可以看出教育在传播人类文明，培育人才过程中的巨大作用。从原始社会的氏族国家开始，各个民族、各个国家的统治者为了促进本国经济的发展和社会的进步，都高度重视本国人才的培养和国民的教育，并把她作为国家发展的头等大事来抓，毫无例外。这从古希腊的斯巴达和雅典，19 世纪的德国、日本和沙皇俄国、美国的复兴得到充分的诠释。

进入 20 世纪后，许多国家的领导人更加重视教育在教化民众、培育人才、促进国家的改革与发展等方面的作用，不仅仅是民主国家的领导人罗斯福、丘吉尔、戴高乐、斯大林等对本国教育给予了高度的重视，就连法西斯国家的统治者如希特勒、裕仁天皇、墨索里尼等万恶不赦的人对本国的教育也特别重视，并把它们看作是维护和强化统治阶级统治，实现扩张主义和霸权主义的重要手段。

二战后，世界各国在民主化、多元化思想的指导下，经济建设和社会变革进入了一个崭新的阶段。各国领导人对教育的作用有了新的认识，从民族的振兴、国家发展的战略高度来思考教育的问题，并把教育当作科教兴国的战略措施来抓，采取切实有力措施来推进本国教育事业的发展，全力提高国民的思想道德和文化素养，为国家经济建设和社会变革提供人才支持。

（二）教育理论能够为教育改革与发展提供强有力的理论导航

一部世界教育发展变迁史，就是地球上各个国家关心教育事业的人们探索创造教育奇迹的历史。在漫长的教育发展进程中,关心教育事业的人们系统总结自身教育工作中的经验教训,形成了自身的教育理论或教育学说,这些教育理论尽管说存在着不少的弊端,但对当时的和后来的教育改革与发展产生了重大的影响。如我国古代教育家孔子在教育教学实践中总结自身的教育经验,提出了启发式、因材施教、理论联系实际等教学原则,他的教育学说为我国古代儒家教育学说的创建奠定了基础,对我国和世界的教育教学改革产生了重大的影响。古希腊教育家苏格拉底在广泛继承他人优秀遗产和总结自身教育教学经验的基础上大胆进行教学方法的改革。苏格拉底在自身教育实践中运用一定的方法启迪学生思考,鼓励学生自己探索知识的方法被柏拉图等人总结为苏格拉底产婆术,对后世启发式教学思想的发展产生了重大影响,至今依然在世界各国的教学改革中发挥着重大的作用。

而俄国教育家乌申斯基根据俄国教育变革与发展的实际,提出了教育的民主性原则,强调任何一个国家发展教育必须从本国国情出发,不能脱离本国的实际,这对于后发展国家的教育改革与发展具有极其重大的指导意义。世界教育改革与发展进程中所涌现的教育理论,如赫尔巴特的教育学说、杜威的实用主义教育学说、蒙台梭利的教育学说、保罗·郎格朗的终身教育理论、皮亚杰的结构主义教育学说等都在世界教育改革与发展中依然发挥着重大的作用。

由于世界许多国家重视教育理论的创建,并把所创建的教育理论用来指导本国乃至其他国家的教育改革,这就使得世界许多国家的教育改革与发展建立在一定的教育理论的指导下进行,少走了不少的弯路,提高了教育改革与发展的效果。

(三)交流、借鉴与学习是全力推进各国教育发展的必由之路

世界各国教育改革与发展的历程说明,任何一个国家、地区教育的发展都不能孤立地进行,任何一个国家的教育都不是绝缘体,而是混血儿,世界各国的教育正是在与其他国家的交流与交往中,在通过学习和借鉴其他国家优秀教育成果的基础上发展起来,交流、借鉴和学习是全力推进一个国家教育变革与发展的必由之路。德国、美国、日本等教育强国和我国教育的发展历程充分证明了这一点。

进入21世纪,在新技术革命的推动下,世界进入了交流与交往更加密切的全球化时代。各国的文化教育具有明显的为国家利益服务的特点,但交流、借鉴与学习依然是这一时期各国教育发展的主旋律。

何学习和借鉴其他国家教育发展的历史经验,并把别国的教育经验与本国的教育实际相结合,促进具有本国特色教育的高速发展,成为世界各国尤其是后发达国家亟待解决的难题。

(四)强调教育公平和提高教育质量与效率的协调统一

进入近代以来,世界各国的教育改革与发展进程中面临的突出难题就是要求不断消除教育中的等级限制,不断推进教育的民主化,努力实现教育机会的均等,让更多的劳动阶层子女获得受教育的机会。应该说,从近代以来,世界各国政府都在努力发展经济的过程中,大力发展本国的教育事业,不断扩大教育事业的规模,让更多的适龄儿

童接受基本的教育,这反映了社会变革和经济发展的要求。可以预计,随着经济的发展和社会的变革,教育的民主化和大众化是教育变革的必然趋势。

各国在发展本国经济的过程中,深刻认识到高素质人才在经济建设和社会变革中的重大作用,因而强调在不断扩大教育规模,让更多的人接受基本教育的同时,还特别重视努力完善教育的外部环境和内部环境,不断改进教育工作,努力提高教育质量,为国家的经济建设和社会变革提供高素质的人才队伍支持。

如何既保证教育公平,又重视提高教育效率,不断提高培养人才的质量,这也是世界各国教育改革与发展中无法回避的问题,保证教育公平与教育效率之间的和谐是世界各国教育可持续发展之道。

(五)教育改革永远是无法完成的进行时

教育是人类社会永恒的范畴,又随着社会历史的变化而变化。纵观世界各国教育的发展历程,各个时代、各个国家的人们都力图变革当时的教育,使得教育更好地为本国的经济建设和社会变革服务。但透析世界各国教育发展变化的历程,可以发现任何一个国家在各个时期教育的发展都是不完备的,都具有这样或那样的不足或弊端,无法满足民众对教育不断增长的需求,这就为教育的改革与发展提出了新的需求,促使各个国家的人们采取措施来改革本国原有的教育。

但世界各国每一次的教育改革只是解决了本国教育发展中的一个或若干个教育问题,还有许多新的问题随着经济的发展和社会的变革不断地涌现出来,这就需要继续进行新的教育改革。因此说,世界各国的教育改革永远是无法完成的进行时,教育改革将永远地进行下去。

二、当代教育发展变革的动向与趋势

通过对世界各国教育改革与发展历程的全面系统的考察,可以看出世界各国教育发展变化具有以下的动向或趋势:

(一)教育的民主化

千百年来,世界各国的民众都渴望让自身的子女受到良好的教育,进而改变他们的命运,过上文明幸福的生活。但由于政治、经济等方面原因的制约,这种想法根本无法实现。进入 20 世纪尤其是二战以后,世界各国掀起了政治、经济民主化改革。世界各国民众对教育在个体发展和社会变革中的重大作用的认识越来越清晰,把教育看作是他们子女获得成功的金钥匙,他们希望自己的子女也能获得平等接受教育的机会,进而改变他们的命运,因而强烈地要求各国统治者改变教育领域的等级限制,尽早实现教育的民主化。

在科技革命的推动和民众的压力下,世界各国政府纷纷采取有力措施,取消教育领域中的诸多限制,扩大各级学校教育的规模,让更多的青少年儿童获得受教育的权利,尽可能地满足民众受教育的需求。进入 21 世纪,世界各国教育民主化的进程不断加快,各国教育民主化改革从基础教育向高等教育延伸,许多国家包括一些发展中国家(如印度、巴西、中国等)已经实现了高等教育的大众化。

各国在全力推进教育民主化的过程中,不仅仅停留在入学机会均等的层面上,还强调教育的多元化,满足民众对教育多方面的需求;同时各国在教育改革中还强调教育内容的全面和谐性,教育过程的和教育管理的民主化,教育方法的现代化,努力提高教育质量和教育效率,培养民主社会所需要的建设者和保卫者。

教育的民主化反映了社会生产力发展和民众的需求,这是未来教育发展的必然趋势,可以肯定,在未来的岁月里,世界各国的教育民主化进程必然进一步加快。

(二)教育的多样化和个性化

教育是为社会培养人的一种社会实践活动,教育的对象是素质差异很大的青少年学生,社会对人才的需求是多样的和不断变化的,这一特点必然要求教育的多样化和个性化。

各国在推进教育民主化的过程中,大力推行教育的多元化,尽可能地满足民众对教育的不同需求,让学生根据自身的实际选择不同类型的学校就读,如在高中设立综合高中(设立学术科和职业科)、职业高中,在高等院校设立四年制本科院校、短期大学(社区学院)等。

为了更好地满足教育对人才多样化的需求,各国在推行教育多元化的同时,还强调教育的个性化。为了更好地实现教育的个性化,各国教育主管部门和教育机构普遍重视加强普通文化课程的教学,减少专业课程设置,在中学阶段就为学生大量开设选修课程;各国在教育教学改革中,还重视缩小班级学生规模,采取大班教学、小班辅导和个别指导相结合的教学模式;各国在教育教学改革中,在重视课堂教学的同时,还采取措施加强学生的课外校外实践活动,让学生在丰富多彩的课外校外活动中,拓宽他们的知识面,增进他们的能力,磨炼他们的个性。

总之,教育的多元化和个性化是未来社会变革对人才的基本要求,也是未来各国教育发展与变革的必然趋势。

三、教育的信息化

一部教育史,就是世界各个国家的人们运用各种先进技术手段改进教育教学工作,不断提高教育教学的效率,全面提升培养人才质量的历史。进入 20 世纪以后,世界各国的教育工作者把声、光、电的技术运用到各级学校的教育教学过程中,使培养人才的效率和质量有了长足的进步。20 世纪 50 年代以后,世界各国陆续进入了信息化时代,多媒体和信息技术迅速进入经济建设和社会生活的各个领域,对经济建设和社会生活的各个领域产生了强烈的冲击,也必然对世界各国的教育教学工作产生重大影响,使得世界各国教育按照信息化的要求进行改革。

教育的信息化不仅仅影响教育教学手段的变革,它还直接影响着教育的目标、课程与教学的内容以及编排方式,以及教师与学生的交往方式、教育的管理模式等。教育的信息化,必然引起教育领域的全面改革,对提高教育教学的效率,培养高素质的具有个性的人才具有重要的促进作用。

但对教育信息化的负面作用也要有足够的警惕,要在推进教育信息化的进程中,尽可能地消除师生对教育信息化的过分依赖性,加强对学生社会责任感和网络道德的教育。

四、教育的终身化

教育终身化的思想从古代开始就已存在,但它作为一种教育思潮,则产生于 20 世纪 60 年代,并迅速扩展到教育的各个领域和方面,促进教育领域的全面改革。

终身教育的倡导者是法国教育家、联合国教科文组织的负责人保罗·郎格朗,他在《终身教育导论》中对传统教育理论把人的一生分成两个阶段,前半生接受教育、后半生工作和生活的做法提出了批评,认为教育应该贯穿于人的整个一生,是一个从出生到死亡期间所接受的教育与训练的过程,他建议各国政府和教育机关要创造条件,让学习者在生活的各个阶段都能参与需要的教育训练,从而提高工作效率和生活质量。保罗·郎格朗的观点得到了世界很多教育人士的赞同,很快成为联合国教科文组织和世界很多国家教育改革与发展的指导思想,对世界许多国家的教育改革与发展产生了重大的影响。

在终身教育思潮的冲击下,世界各国的教育目标、教育内容和教育方式、管理模式等和以前相比都产生了重大的变化,更加强调学习者身心的和谐发展,更加注重加强教育内容与学习者实际生活的联系,注重引导学习者参与知识的产生与发展的过程,重视学习者综合素养的培养,为他们今后的学习和发展奠定坚实的基础,而不仅仅是重视他们专业知识的掌握和智力的培养。

在终身教育思潮的冲击下,各国教育制度也发生了重大的变革,更加注重教育制度的弹性化、终身化,更加强调方便个体的终身学习。

可以肯定,教育的终身化是世界各国教育改革与发展的必然趋势,终身教育思想必将继续引导各国教育的改革与发展的进程。

五、教育的国际化与民族化

世界各国教育改革与发展的历程表明,世界上任何一个国家的教育都不是绝缘体,而是混血儿,世界各国的文化教育是在交流与交往的过程中发展壮大起来的。进入 20 世纪特别是二战结束以后,世界各国的政治、经济发展和文化交流日益密切,逐步进入了全球化和国际化时代,这对世界各国的教育产生了重大的影响,促使世界各国的教育朝着国际化的方向变革。

为了使各国教育培养的人才适应国际化的要求,世界各国对学校教育目标进行了修订,提出要培养具有国际眼光和国际视野的世界通用的人才,而不是仅仅培养为一个国家或民族服务的人才。

为了培养具有国际视野和国际眼光的高素质人才,各国普遍加强了外国语、外国文化、外国地理与历史等课程的教学,使学生在学习外国语、外国文化等课程中增进对外国文化的了解,能从他人、他国的角度来看待问题,真正培养他们的国际精神。

为了全面推进教育的国际化进程,各国采取措施加大与外国的文化教育交流的规模,大规模地互派教师和留学生,定期召开国际会议,鼓励各国教学者定期交流等。这些做法大大地推动了各国教育国际化的进程。

各国在全面推行教育国际化的同时,还特别强调教育的民族化。道理很简单,任何一个国家、一个民族都有自身的特点和需求,这个国家的教育应该学习和借鉴国外的教育经验,但无视本国、本民族特点的教育是没有生命力的教育,是不可能为本国经济建设和社会变革提供有效服务的。正因为如此,世界各国在重视推动教育国际化的同时,还尤为重视教育的民族化,强调根据本国的实际、本民族的特点来兴办教育。如美国是全世界教育国际化程度最高的国家,但依然强调外来文化必须美国化,不能脱离美国的实际;日本教育在强调培养世界通用的日本人的同时,念念不忘大和魂的教育,极其重视日本学生民族文化、民族气节和民族精神的教育。

许多发展中国家在推行教育国际化的过程中,也极其重视本国语、本国文化和本国历史等课程的教学,强调学习外国的经验必须与本国的实际相结合,不能简单地将欧美教育模式、学校教育内容移植到本国的教育中,促使外国教育先进经验与本国、本民族的实际有机地结合。

因此,可以充分肯定,未来世界各国教育改革与发展必然要保持国家、民族的特色,同时又是国际化的,要加强与世界各国文化教育的交流与沟通,为全球的经济建设和社会变革服务。

【本章主要参考文献】

【1】滕大春.外国教育通史(第六卷)[M].山东:山东人民教育出版社,1994.

【2】滕大春.美国教育史[M].北京:人民教育出版社,1994.

【3】吴式颖.外国现代教育史[M].北京:人民教育出版社,1997.

【4】吴式颖.外国教育史教程[M].北京:人民教育出版社,1998.

【5】王承绪.现代西方资产阶级教育思想流派论著选[M].北京:人民教育出版社,1980.

【6】联合国教科文组织.学会生存——教育世界的今天与明天[M].华东师范大学比较教育研究所译,北京:教育科学出版社,1996,P191.

【7】瞿葆奎.教育学文集·教育制度[M].北京:人民教育出版社,1988.

【8】瞿葆奎.教育学文集·国际教育展望(上)[M].北京:人民教育出版社,1988.

【9】朱波,王承绪,顾明远.比较教育[M].北京:人民教育出版社,2002.

【10】瞿葆奎.教育学文集·日本教育改革[M].北京:人民教育出版社,1988.

【11】瞿葆奎.教育学文集·苏联教育改革[M].北京:人民教育出版社,1988.

【12】瞿葆奎.教育学文集·国际教育展望(下)[M].北京:人民教育出版社,1988.

【本章思考题目】

一、名词解释

（1）教育的民主化

（2）教育的个性化

（3）教育的信息化

（4）教育的国际化

（5）教育的民族化

二、简答题

1.从中外教育发展历程的探讨中,你可以得出那些结论?

2.中外教育发展历程表明,"中外教育改革是永远无法完成的进行时"。请你谈谈对这句话的理解。

3.为什么说交流、借鉴与学习是世界各国教育发展的必由之路。

4.简要说明现代教育发展变革的动向与趋势。

三、判断正误,并说明理由

1.教育的民主化就意味着让所有适合接受教育的人接受同样的教育,不得在内容和方式上有所区别。

2.教育的国际化就是强调必须按照国际眼光和国际标准处理教育问题,不要过于考虑本国、本民族的特点。

3.教育的个性化就是要充分考虑学习者多方面的需求,不要过于考虑国家和社会的要求。

4.教育的信息化要求教育必须适应信息时代的要求,要利用信息技术的优势改革传统的教育内容的呈现方式和师生交流方式,不断提升教育的质量和效果。

主要参考文献

1. 南京师范大学教育系.教育学[M].北京:人民教育出版社,1990.

2. 钱孝珊.教育学复习指南[M].南京:江苏科技出版社,1990.

3. 全国十二所重点师范大学联合编写组.教育学基础[M].北京:教育科学出版社,2002.

4. 柳海民.教育学概论[M].北京:北京师范大学出版社,2015.

5. 袁振国.当代教育学[M].北京:教育科学出版社,2010.

6. 国务院学位委员会办公室.同等学力人员申请硕士学位教育学学科综合水平全国统一考试大纲及指南[M].北京:高等教育出版社,2005.

7. 杨超有.教育学[M].桂林:广西师范大学出版社,2006.

8. 唐德海,梁庆.教育学基础[M].北京:北京师范大学出版社,2015.

9. 王道俊,王汉澜.教育学[M].北京:人民教育出版社,1999.

10. 王道俊,郭文安.教育学[M].北京:人民教育出版社,2016.

11. 刘建琼.走进新课程——《基础教育课程改革纲要(试行)》解读[M].长沙:中南大学出版社,1999.

12. 王晓平,钟雪.中学教师资格考试——教育知识与能力[M].北京:外语教学与研究出版社,2014.

13. 教育部人事司,教育部考试中心.教育学考试指南[M].北京:北京师范大学出版社,2009.

14. 杨超有.教育学学习指导[M].桂林:广西师范大学出版社,2006.

15. 陈旭远.课程与教学论[M].长春:东北师范大学出版社,2002.

16. 朱慕菊.走进新课程——与课程制定者的对话[M].北京:北京师范大学出版社,2002.

17. 张天宝.新课程与课堂教学改革[M].北京:人民教育出版社,2003.

18. 刘新科.中国传统文化与教育[M].长春:东北师范大学出版社,2002.

19. 鲁忠义.学习心理与教学[M].石家庄:河北人民出版社,2002.

20. 联合国教科文组织国际教育发展委员会.学会生存——教育世界的今天与明天[M].华东师范大学比较教育研究所译,北京:教育科学出版社,1996.

20. 滕大春. 外国教育通史[M]. 济南:山东教育出版社,1994.

21. 赵传江. 教育学教程[M]. 开封:河南大学出版社,2005.

22. 胡德海. 教育学原理[M]. 兰州:甘肃教育出版社,2008.

23. 李继秀. 教师编制考试指导用书——教育理论[M]. 合肥:安徽大学出版社,2008.

24. 特岗教师招聘命题中心. 教育理论综合知识(中学、职中)[M]. 北京:中国经济出版社,2011.

25. 翔高教育教学研究中心. 教育学专业基础综合复习指南[M]. 北京:中国石化出版社,2012.

26. 魏薇,路书红. 中外教育经典案例评析[M]. 济南:山东人民出版社,2005.

27. 教育部《中学教师专业标准(试行)》征求意见稿(全文)2012 年 2 月 10 日,教育部网站.

28. 周海银. 教育知识与能力(中学)[M]. 北京:中国经济出版社,2014.

29. 傅维利. 师德读本[M]. 北京:高等教育出版社,2003.

30. 李晓文,王莹. 教学策略[M]. 北京:高等教育出版社,2000.

31. 马建生. 现代教育制度与思想[M]. 北京:高等教育出版社,2004.

32. 阮成武. 小学教育政策与法规[M]. 北京:高等教育出版社,2004.

33. 魏怡. 教师职业技能训练[M]. 北京:高等教育出版社,2015.

34. 皮连生. 教学设计[M]. 北京:高等教育出版社,2006.

35. 钱焕琦. 学校教育伦理[M]. 南京:南京师范大学出版社,2006.

36. 李学农. 班级管理[M]. 北京:高等教育出版社,2010.

37. 谢兰荣. 中外教育简史[M]. 西安:陕西师范大学出版社,2011.

38. 杨超有. 教师教育新视野[M]. 桂林:广西师范大学出版社,2016.

39. 马建生. 现代教育制度与思想[M]. 北京:高等教育出版社,2004.

40. 吴式颖. 外国教育史教程[M]. 北京:人民教育出版社,2015.

41. 戚万学. 学校德育原理[M]. 北京:北京师范大学出版社,2012.

42. 伍新春. 儿童发展与教育心理学[M]. 北京:高等教育出版社,2004.

43. 【英】怀特海. 教育的目的[M]. 庄莲平译,上海:文汇出版社,2012.

44. 袁振国. 教育原理[M]. 上海:华东师范大学出版社,2001.

45. 田本娜. 外国教学思想史[M]. 北京:人民教育出版社,1994.

46. 曲振国. 当代教育学[M]. 北京:清华大学出版社,2006.

47. 叶浩生. 西方心理学的历史与体系[M]. 北京:人民教育出版社,2014.

48. 徐志刚. 论语通译[M]. 北京:人民文学出版社,2000.

49. 赵大梯,赵小刚. 教育科研能力的培养与提高[M]. 北京:中国和平出版社,2000.

50. 董远骞. 中国教学论史[M]. 北京:人民教育出版社,1998.

51. 黄济,王策三. 现代教育论[M]. 北京:人民教育出版社,2004.

52. 王炳照. 简明中国教育史[M]. 北京:北京师范大学出版社,1994.

53. 王道俊,郭文安.教育学[M].北京:人民教育出版社,2016.

54. 柳海民.教育原理[M].北京:中国人民大学出版社,1999.

55. 徐建平.教育政策与法规[M].重庆:重庆大学出版社,2013.

56. 沈德立.基础心理学[M].上海:华东师范大学出版社,2010.

57. 屈晓兰.小学教育心理学[M].上海:华东师范大学出版社,2016.

58. 傅建明,李勇.教育学基础[M].北京:高等教育出版社,2013.

59. 鲍传友.中小学教育管理[M].北京:高等教育出版社,2014.

60. 贺国庆.外国教育史[M].北京:高等教育出版社,2010.

61. 陈理宣.教育学原理——理论与实践[M].北京:北京师范大学出版社,2016.

62. 梁宁建.基础心理学[M].北京:高等教育出版社,2004.

63. 全国十二所重点师范大学编写组.心理学基础[M].北京:教育科学出版社,2002.

64. 刘佳,陈克宏.普通心理学[M].西安:西安交通大学出版社,2014.

65. 华东师范大学教育系,杭州大学教育系.现代西方资产阶级教育流派论著选[M].
北京:人民教育出版社,1979.

66. 瞿葆奎.教育学文集·教育与教育学[M].北京:人民教育出版社,1990.

67. 瞿葆奎.教育学文集·教育目的[M].北京:人民教育出版社,1990.

68. 瞿葆奎.教育学文集·教育制度[M].北京:人民教育出版社,1990.

69. 瞿葆奎.教育学文集·教师[M].北京:人民教育出版社,1990.

70. 瞿葆奎.教育学文集·教育研究方法[M].北京:人民教育出版社,1990.

71. 瞿葆奎.教育学文集·教育与社会发展[M].北京:人民教育出版社,1990.

72. 瞿葆奎.教育学文集·教育与人的发展[M].北京:人民教育出版社,1990.

73. 瞿葆奎.教育学文集·教学[M].北京:人民教育出版社,1990.

74. 瞿葆奎.教育学文集·课程[M].北京:人民教育出版社,1990.

75. 瞿葆奎.教育学文集·德育[M].北京:人民教育出版社,1990.

76. 瞿葆奎.教育学文集·教育管理[M].北京:人民教育出版社,1990.

77. 瞿葆奎.教育学文集·美国教育改革[M].北京:人民教育出版社,1990.

78. 瞿葆奎.教育学文集·日本教育改革[M].北京:人民教育出版社,1990.

79. 瞿葆奎.教育学文集·苏联教育改革[M].北京:人民教育出版社,1990.

80. 瞿葆奎.教育学文集·国际教育展望[M].北京:人民教育出版社,1990.

81. 王策三,黄济.现代教育论[M].北京:人民教育出版社,2004.

82. 黄济.教育哲学[M].太原:山西教育出版社,2004.

83. 曹日昌.普通心理学[M],北京:人民教育出版社,1979.

84. 潘菽.教育心理学[M],北京:人民教育出版社,1979.

85. 张大均.教育心理学[M],北京:人民教育出版社,2004.

86. 姚本先.心理学[M],北京:高等教育出版社,2009.

附录1:中学教师资格证考试《教育知识与能力》考试大纲[①]

一、考试目标

1.理解并掌握教育教学和心理学的基础知识、基本理论,能运用这些知识和理论分析、解决中学教育教学和中学生身心发展的实际问题。

2.理解中学生思想品德发展的规律,掌握德育原则和德育方法,具有针对性地开展思想品德教育活动的能力。

3.掌握中学生学习心理发展的特点和规律,能指导学生进行有效的学习。

4.理解中学生生理、心理的特性和差异性,掌握心理辅导的基本方法。

5.掌握班级日常管理的一般方法,了解学习环境、课外活动的组织和管理知识,具有设计一般课外活动的能力。

6.掌握教师心理,促进教师成长。

二、考试内容模块与要求

(一)教育基础知识和基本原理

1.了解国内外著名教育家的代表著作及主要教育思想。

2.掌握教育的含义及构成要素;了解教育的起源、基本形态及其历史发展脉络;理解教育的基本功能,理解教育与社会发展的基本关系,包括教育与人口、教育与社会生产力、教育与社会政治经济制度、教育与精神文化等的相互关系;理解教育与人的发展的基本关系,包括教育与人的发展,教育与人的个性形成,以及影响人发展的主要因素——遗传、环境、教育、人的主观能动性等及它们在人的发展中的各自作用;了解青春期生理的变化,包括中学生的身体外形、体内机能、脑的发育、性的发育和成熟。

3.理解义务教育的特点;了解发达国家学制改革发展的主要趋势;了解我国现代学制的沿革,熟悉我国当前的学制。

---

① 教育部考试中心.中小学和幼儿园教师资格证考试大纲(试行)〔N〕.中国教育报,2011-10-25.

4.掌握有关教育目的的理论;了解新中国成立后颁布的教育方针,熟悉国家当前的教育方针、教育目的及实现教育目的的要求;了解全面发展教育的组成部分(德育、智育、体育、美育、劳动技术教育)及其相互关系。

5.了解教育研究的基本方法,包括观察法、调查法、历史法、实验法和行动研究法等。

(二)中学课程

1.了解不同课程流派的基本观点,包括学科中心课程论、活动中心课程论、社会中心课程论等;理解课程开发的主要影响因素,包括儿童、社会以及学科特征等。

2.掌握基本的课程类型及其特征,其中包括分科课程、综合课程、活动课程;必修课程、选修课程;国家课程、地方课程、校本课程;显性课程、隐性课程等。

3.了解课程目标、课程内容、课程评价等含义和相关理论。

4.了解我国当前基础教育课程改革的理念、改革目标及其基本的实施状况。

(三)中学教学

1.理解教学的意义,了解有关教学过程的各种本质观。

2.熟悉和运用教学过程的基本规律,包括教学过程中学生认识的特殊性规律(直接经验与间接经验相统一的规律)教学过程中掌握知识与发展能力相统一的规律、教学过程中教师的主导作用与学生的主体作用相统一的规律、教学过程中传授知识与思想教育相统一的规律(教学的教育性规律),分析和解决中学教学实际中的问题。

3.掌握教学工作的基本环节及要求;掌握和运用中学常用的教学原则、教学方法;了解教学组织形式的内容及要求。

4.了解我国当前教学改革的主要观点与趋势。

(四)中学生学习心理

1.了解感觉的特性;理解知觉的特性。

2.了解注意的分类,掌握注意的品质及影响因素;了解记忆的分类,掌握遗忘的规律和原因,应用记忆规律促进中学生的有效学习。

3.了解思维的种类和创造性思维的特征,理解皮亚杰认知发展阶段论和影响问题解决的因素。

4.了解学习动机的功能,理解动机理论,掌握激发与培养中学生学习动机的方法。

5.了解学习迁移的分类,理解形式训练说、共同要素说、概括化理论、关系转换理论、认知结构迁移理论,掌握有效促进学习迁移的措施。

6.了解学习策略的分类,掌握认知策略、元认知策略和资源管理策略。

7.理解并运用行为主义、认知学说、人本主义、建构主义等学习理论促进教学。

(五)中学生发展心理

1.掌握中学生认知发展的理论、特点与规律。

2.了解情绪的分类,理解情绪理论,能应用情绪理论分析中学生常见的情绪问题。

3. 掌握中学生的情绪特点，正确认识中学生的情绪，主要包括情绪表现的两极性、情绪的种类等。

4. 掌握中学生良好情绪的标准、培养方法，指导中学生进行有效的情绪调节.

5. 理解人格的特征，掌握人格的结构，并根据学生的个体差异塑造良好人格……

6. 了解弗洛伊德的人格发展理论及埃里克森的社会性发展阶段理论，理解影响人格发展的因素。

7. 了解中学生身心发展的特点，掌握性心理的特点，指导中学生正确处理异性交往。

（六）中学生心理辅导

1. 了解心理健康的标准，熟悉中学生常见的心理健康问题，包括抑郁症、恐怖症、焦虑症、强迫症、网络成瘾等。

2. 理解心理辅导的主要方法，包括强化法、系统脱敏法、认知疗法、来访者中心疗法、理性－情绪疗法等。

（七）中学德育

1. 了解品德结构，理解中学生品德发展的特点。

2. 理解皮亚杰和柯尔伯格的道德发展理论，理解影响品德发展的因素，掌握促进中学生形成良好品德的方法。

3. 熟悉德育的主要内容，包括爱国主义和国际主义教育、理想和传统教育、集体主义教育、劳动教育、纪律和法制教育、辩证唯物主义世界观和人生观教育等。

4. 熟悉和运用德育过程的基本规律（包括德育过程是具有多种开端的对学生知、情、意、行的培养提高过程；德育过程是组织学生的活动和交往，对学生多方面教育影响的过程；德育过程是促使学生思想内部矛盾运动的过程；德育过程是一个长期的、反复的、不断前进的过程），分析和解决中学德育实际中的问题。

5. 理解德育原则，掌握和运用德育方法，熟悉德育途径。

6. 了解生存教育、生活教育、生命教育、安全教育、升学就业指导等的意义及基本途径。

（八）中学班级管理与教师心理

1. 熟悉班集体的发展阶段。

2. 了解课堂管理的原则，理解影响课堂管理的因素；了解课堂气氛的类型，理解影响课堂气氛的因素，掌握创设良好课堂气氛的条件。

3. 了解课堂纪律的类型，理解课堂结构，能有效管理课堂；了解课堂问题行为的性质、类型，分析课堂问题行为产生的主要原因，掌握处置与矫正课堂问题行为的方法。

4. 了解班主任工作的内容和方法，掌握培养班集体的方法。

5. 了解课外活动组织和管理的有关知识，包括课外活动的意义、主要内容、特点、组织形式以及课外活动组织管理的要求。

6.理解协调学校与家庭联系的基本内容和方式,了解协调学校与社会教育机构联系的方式等。

7.了解教师角色心理和教师心理特征。

8.理解教师成长心理,掌握促进教师心理健康的理论与方法。

三、试卷结构

模　块	比　例	题　型
教育基础知识和基本原理 中学教学 中学生学习心理 中学德育	68%	单项选择题 辨析题 材料分析题
中学课程 中学生发展心理 中学生心理辅导 中学班级管理与教师心理	32%	单项选择题 简答题 材料分析题
合　计	100%	单项选择题:约30% 非选择题:约70%

四、题型示例

1.单项选择题

(1)1958年我国曾提出过"两个必须"的教育方针。"两个必须"是指　　　　(　　)

A.教育必须为当前建设服务,必须与生产劳动相结合

B.教育必须为阶级斗争服务,必须与社会活动相结合

C.教育必须为无产阶级政治服务,必须与生产劳动相结合

D.教育必须为社会主义建设服务,必须与工农相结合

(2)人在心理活动和行为中表现出的稳定的动力特点是　　　　(　　)

A.人格　　　　　B.性格　　　　　C能力　　　　　D.气质

2.辨析题(判断正误,并说明理由)

(1)美育就是指艺术教育。

(2)负强化等同于惩罚。

3.简答题

(1)我国中学应贯彻哪些基本的教学原则?

(2)教育者如何引导学习者组织有效的复习?

4.材料分析题

(1)阅读下列材料,运用教育与社会发展相互关系的有关理论进行简要评析。

我国著名平民教育家晏阳初在20世纪30年代曾提出过"教育救国"的理论。他

认为中国落后的主要原因是因为当时农民存在贫、愚、弱、私四大病害，只要我们的教育工作者、仁人志士深入到广大农村推行相应的四种教育，即生计教育、文艺教育、卫生教育和公民教育，这样就可以克服上述四大病害，中国自然就富强了。但实践证明，这种设想只是善良的愿望，并未成功，正如毛泽东同志所说，"教育救国"，唤来唤去还是一句空话。

（2）阅读下列材料，回答问题。

李明学习非常用功，平时各科成绩都还不错，但每逢大考前他就非常紧张、烦躁、害怕，前一天晚上睡不好觉，第二天进入考场头脑就一片空白，结果成绩总是不理想。老师与同学都认为，李明的考试成绩与平时的努力程度不相称。

问题：①运用情绪相关知识分析李明同学面临的问题。

②作为教师，你会采取什么措施来帮助他？

附录 2:中小学教师职业道德规范 (2013 年修订)[①]

1. 爱国守法。热爱祖国,热爱人民,拥护中国共产党领导,拥护社会主义。全面贯彻国家教育方针,自觉遵守教育法律法规,依法履行教师职责权利。不得有违背党和国家方针政策的言行。

2. 爱岗敬业。忠诚于人民教育事业,志存高远,勤恳敬业,甘为人梯,乐于奉献。对工作高度负责,认真备课上课,认真批改作业,认真辅导学生。不得敷衍塞责。

3. 关爱学生。关心爱护全体学生,尊重学生人格,平等公正对待学生。对学生严慈相济,做学生良师益友。保护学生安全,关心学生健康,维护学生权益。不讽刺、挖苦、歧视学生,不体罚或变相体罚学生。

4. 教书育人。遵循教育规律,实施素质教育。循循善诱,诲人不倦,因材施教。培养学生良好品行,激发学生创新精神,促进学生全面发展。不以分数作为评价学生的唯一标准。

5. 为人师表。坚守高尚情操,知荣明耻,严于律己,以身作则。衣着得体,语言规范,举止文明。关心集体,团结协作,尊重同事,尊重家长。作风正派,廉洁奉公。自觉抵制有偿家教,不利用职务之便谋取私利。

6. 终身学习。崇尚科学精神,树立终身学习理念,拓宽知识视野,更新知识结构。潜心钻研业务,勇于探索创新,不断提高专业素养和教育教学水平。

---

① 徐建平.教育政策与法规[M].重庆:重庆大学出版社,2013,P191—192.

附录3:中小学班主任工作条例①

第一章 总 则

第一条 为进一步推进未成年人思想道德建设,加强中小学班主任工作,充分发挥班主任在教育学生中的重要作用,制定本规定。

第二条 班主任是中小学日常思想道德教育和学生管理工作的主要实施者,是中小学生健康成长的引领者,班主任要努力成为中小学生的人生导师。

班主任是中小学的重要岗位,从事班主任工作是中小学教师的重要职责。教师担任班主任期间应将班主任工作作为主业。

第三条 加强班主任队伍建设是坚持育人为本、德育为先的重要体现。政府有关部门和学校应为班主任开展工作创造有利条件,保障其享有的待遇与权利。

第二章 配备与选聘

第四条 中小学每个班级应当配备一名班主任。

第五条 班主任由学校从班级任课教师中选聘。聘期由学校确定,担任一个班级的班主任时间一般应连续1学年以上。

第六条 教师初次担任班主任应接受岗前培训,符合选聘条件后学校方可聘用。

第七条 选聘班主任应当在教师任职条件的基础上突出考查以下条件:

(一)作风正派,心理健康,为人师表;

(二)热爱学生,善于与学生、学生家长及其他任课教师沟通;

(三)爱岗敬业,具有较强的教育引导和组织管理能力。

第三章 职责与任务

第八条 全面了解班级内每一个学生,深入分析学生思想、心理、学习、生活状况。

---

① 教育部.中小学班主任工作条例[N].中国教育报,2009 – 9 – 3.

关心爱护全体学生,平等对待每一个学生,尊重学生人格。采取多种方式与学生沟通,有针对性地进行思想道德教育,促进学生德智体美全面发展。

第九条　认真做好班级的日常管理工作,维护班级良好秩序,培养学生的规则意识、责任意识和集体荣誉感,营造民主和谐、团结互助、健康向上的集体氛围。指导班委会和团队工作。

第十条　组织、指导开展班会、团队会(日)、文体娱乐、社会实践、春(秋)游等形式多样的班级活动,注重调动学生的积极性和主动性,并做好安全防护工作。

第十一条　组织做好学生的综合素质评价工作,指导学生认真记载成长记录,实事求是地评定学生操行,向学校提出奖惩建议。

第十二条　经常与任课教师和其他教职员工沟通,主动与学生家长、学生所在社区联系,努力形成教育合力。

第四章　待遇与权利

第十三条　学校在教育管理工作中应充分发挥班主任的骨干作用,注重听取班主任意见。

第十四条　班主任工作量按当地教师标准课时工作量的一半计入教师基本工作量。各地要合理安排班主任的课时工作量,确保班主任做好班级管理工作。

第十五条　班主任津贴纳入绩效工资管理。在绩效工资分配中要向班主任倾斜。对于班主任承担超课时工作量的,以超课时补贴发放班主任津贴。

第十六条　班主任在日常教育教学管理中,有采取适当方式对学生进行批评教育的权利。

第五章　培养与培训

第十七条　教育行政部门和学校应制订班主任培养培训规划,有组织地开展班主任岗位培训。

第十八条　教师教育机构应承担班主任培训任务,教育硕士专业学位教育中应设立中小学班主任工作培养方向。

第六章　考核与奖惩

第十九条　教育行政部门建立科学的班主任工作评价体系和奖惩制度。对长期从事班主任工作或在班主任岗位上做出突出贡献的教师定期予以表彰奖励。选拔学校管理干部应优先考虑长期从事班主任工作的优秀班主任。

第二十条　学校建立班主任工作档案,定期组织对班主任的考核工作。考核结果作为教师聘任、奖励和职务晋升的重要依据。对不能履行班主任职责的,应调离班主任岗位。

<h1 style="text-align:center">第七章　附则</h1>

第二十一条　各地可根据本规定,结合当地实际情况,制定中小学班主任工作的具体实施办法。

第二十二条　本规定自发布之日起施行。

附录4:教育学模拟题(共六套)

教育学模拟题(A)

【总分为100分,考试时间为120分钟】

一、名词解释(每题2分,共10分)

1. 教育学

2. 广义的教育

3. 教学

4. 德育原则

5. 美育

二、选择题(每题1分,共20分)

1. 中国历史上最早专门论述教育教学问题的文献是:　　　　　　　　　　( )

　A.《论语》　　　　B.《大学》　　　　C.《学记》　　　　D.《中庸》

2. 某初中教师李某上课前发现部分学生未完成家庭作业,要求这部分学生完成后再进教室听课。李某的做法　　　　　　　　　　　　　　　　　　　( )

　A. 合法,教师有管理学生的权利　　　B. 合法,教师有教育学生的职责

　C. 不合法,侵犯了学生受教育权　　　D. 不合法,侵犯了学生的人身权

3. 决定教育性质的根本因素是　　　　　　　　　　　　　　　　　　　( )

　A. 社会生产力　　B. 政治经济制度　　C. 上层建筑　　D. 科学技术

4. "近朱者赤,近墨者黑",这句话反映了哪种因素对人的发展的影响?　( )

　A. 遗传　　　　　B. 遗传　　　　　C. 教育　　　　　D. 社会活动

5. 根据一节课上教师完成教学任务的多少,课的类型可分为两大类,即　( )

　A. 自习课和阅读课　　　　　　B. 讲授课和复习课

　C. 活动课和实验课　　　　　　D. 单一课和综合课

6.《学记》中说:"不凌节而施谓之逊",这句话体现了那个教学原则的要求　( )

　A. 循序渐进的教学原则　　　　B. 启发性教学原则

　C. 因材施教的教学原则　　　　D. 巩固性教学原则

7.德育过程是教育者对学生知、情、意、行的培养提高过程,其实施顺序是( )

A. 以知为开端,知、情、意、行依次进行

B. 以情为开端,情、知、意、行依次进行

C. 以情为开端,情、知、意、行依次进行

D. 视具体情况,可有多种开端和顺序

8.小丽的语文成绩很好,庄老师常常鼓励她多阅读,勤写作,力争将来成为一名优秀的作家。小刚学习基础较差,但是篮球打得很好,庄老师鼓励他将来做一名职业运动员,对庄老师的做法,下列评价中不正确的是 ( )

A. 善于因材施教　　　　　　　　B. 注重学生的全面性

C. 善于激发学生自信　　　　　　D. 注重学生的差异性

9.教师自觉地利用环境和自身的因素对学生进行熏陶和感染的德育方法是 ( )

A. 自我教育法　　　B. 榜样示范法　　　C. 实际锻炼法　　　D. 陶冶教育法

10.课外校外活动与课堂教学的共同之处在于,它们都是 ( )

A. 受学科课程计划和学科课程纲要规范的

B. 有目的、有组织、有计划地进行的

C. 师生共同参加的

D. 学生自愿参加的

11.人们常说:"教育有法,但无定法",这句话反映了教师的劳动具有强烈的 ( )

A. 连续性　　　　B. 创造性　　　　C. 长期性　　　　D. 示范性

12.教师的表率作用主要体现在 ( )

A. 言行一致　　　B. 衣着整洁　　　C. 举止得当　　　D. 谈吐文雅

13.小成脸上有一块较大的胎记,小磊经常嘲笑他,还给他起不雅的外号,小成很伤心。对此,老师不恰当的做法是 ( )

A. 要求小磊向小成道歉　　　　　B. 教育小磊要尊重同学

C. 告诉小成尽量远离小磊　　　　D. 帮助小成学会悦纳自己

14.肖老师正朗诵"床前明月光,疑是地上霜",小杰大声问道:"老师,床前怎么能看到月光呢",对此下列做法恰当的是 ( )

A. 批评小杰不经许可就发言　　　B. 装作没听见继续上课

C. 告诉学生不要钻牛角尖　　　　D. 组织学生就此开展讨论

15.《国家中长期教育改革与发展规划纲要(2010—2019年)》提出,推进义务教育的均衡发展,切实缩小校际差距,着力解决择校问题,下列选项不正确的是 ( )

A. 实行县域内老师交流制度　　　B. 减少重点学校

C. 实行县域内校长交流制度　　　D. 加快薄弱学校改造

16.某学校给学生订购校服,校长从中拿回扣,尚未构成犯罪,依照《教育法》的规定,应没收非法所得并对该校长 ( )

A. 给予行政处分　　B. 给予强制措施　　C. 给予刑事处罚　　D. 给予治安处罚

17. 姜老师听到晓成等几个学生说不喜欢自己,更喜欢原来的班主任,因此他对学生总是没有好脸色,动辄斥责或罚跪,这表明姜老师没有做到　　　　　（　　）

　　A. 严格要求学生　　　　　　　　　B. 维护课堂秩序

　　C. 调节自我心态　　　　　　　　　D. 督促学生学习

18. 在数学课上,余老师注重激发学生对所学内容"七嘴八舌"的议论,从中发现他们不懂的问题,然后有针对性地进行讲解,形成一种"问题导向"教学模式,下列对余老师教学行为描述不正确的是　　　　　　　　　　　　　　　（　　）

　　A. 余老师善用信息技术　　　　　　B. 余老师注重改革创新

　　C. 余老师善于教学重构　　　　　　D. 余老师勤于教学反思

19. 数学老师多才多艺,在文体活动方面会给各个班级的同学很多帮助,这说明数学老师具有　　　　　　　　　　　　　　　　　　　　　　　　　（　　）

　　A. 因材施教能力　　　　　　　　　B. 团结协作能力

　　C. 严谨治学精神　　　　　　　　　D. 课堂教学能力

20. 张老师生气时,在学生面前会不自觉地爆粗口,学生很反感,张老师应该　（　　）

　　A. 依然如故,顺其自然　　　　　　B. 无意为之,不必在意

　　C. 逐步改进,尽量避免　　　　　　D. 改变自己,不说脏话

三、简答题(每题 6 分,共 18 分)

1. 如何理解教育的相对独立性?

2. 班主任应如何组织和培养班集体?

3. 教师选择教学方法的基本依据有哪些?

四、判断正误,并简要说明理由(每题 6 分,共 12 分)。

1. 教育方针就是教育目的。

2. 德育就是学校里教师对学生进行的思想教育。

五、阅读下面材料,并用所学教育学原理问答相应的问题(每题 10 分,任选 2 题,共 20 分)

1. 掌握某一学术领域的基本概念,不但包括掌握一般原理,而且还包括培养对待学习和调查研究、对待推测和预感、对待独立解决难题的可能性的态度。……要在教学中培养这些态度,就要求比单纯地提出基本概念有更多的东西。靠什么来完成这样的任务呢?这需要大量的研究工作才能知道。但看来,一个重要的因素是对于发现(discovery)的兴奋感(sense of excitement),即由于发现观念的以前未曾认识的关系和相似性的规律而产生的对本身能力的自信感。曾经从事自然科学和数学课程设计的各方面的人士,都极力主张在提出一个学科的基本结构时,可以保留一些令人兴奋的部分,引导学生自己去发现它。

【问题】①你认为该材料的作者倡导的课程目标包括哪些方面?

　　　　②你认为教师在课程与教学中如何去实现上面所说的课程目标?

2. 某年 12 月 5 日 9 时 45 分,某地发生 4.8 级有感地震,相邻的某市在同一瞬间

震颤。正在给学生讲课的张老师心里一惊："可能是地震。"他镇静地说："请同学们有序离开教室，到教学楼前的空地集合。"学生似乎明白了什么，鱼贯而出，张老师最后一个离开。另一教室的王老师惊喊了一声："地震啦！"就率先冲出教室。

当师生们集中到楼前的空地上，学校领导清点人数时，张老师出现在楼口，镇静地好像什么也没有发生过，同学们一齐欢呼冲上来围住他。事后清查得知：张老师和他的学生全部安然无事，而王老师的那个班，却有三名学生扭了脚，一名学生跑掉了鞋。

【问题】材料中两位老师的做法差异较大，为什么？请你运用所学的教师职业道德规范知识对这一事件进行分析。

【本题的参考答案】

(1)这一事件再一次说明加强教师职业道德修养的重要性。

(2)张老师的行为践行了热爱学生这一教师职业的基本道德规范，而王老师的行为则违背了教师职业道德规范的基本要求。关爱学生这是教师职业的基本道德规范，也是师德的灵魂，在危急关头保护学生生命安全是一个教师永远应该具备的、最基本的素质，任何时候都必须牢记。

(3)张老师的行为践行了关爱学生这一教师职业的基本道德规范，而王老师的行为则违背了关爱学生这一教师职业的道德规范。每一个合格的教师必须切实做到关爱学生，保护学生安全，关心学生健康，维护学生权益。

3.李老师是一名中学美术老师，他常常说："美术课堂不仅要教会学生画画，还应该培养学生更多的能力。"有一次，在和学生聊天时，李老师听说学生家里都有不少闲置的废旧衣物，弃之可惜，留之占地。于是，李老师组织了"变旧为新"创意大赛，号召大家收集家里无用的旧衣物，将其进行改造，这一活动吸引了很多学生和家长参与，有的学生将旧衣服改成符合时尚潮流又具有独特魅力的新衣服；有的学生将旧衣物裁剪成布条、布块，制作成灯笼，小布娃等布艺饰品……学生们给旧衣物赋予了新的功能和价值，制作出缤纷多彩的作品。

在教学中，李老师经常运用绘图技术进行视觉教学，听音乐作画、古诗词意境配画等，他还带学生去郊外写生。每年市里举办美术展览，他都带学生去参观，引导学生仔细观察，用心体会，李老师的美术课成了学生追捧的热门课，他个人也被称为学校最受学生喜爱的"十大明星老师"之一。

【问题】请结合材料，从教育观的角度，评析李老师的教育行为。

七、论述题（每题10分，共20分）

1.联系实际说明教师在教学中贯彻启发性原则的基本要求。

2.我国中小学德育过程的基本规律包括哪些方面？

教育学模拟题(B)

【总分为100分,考试时间为120分钟】

一、名词解释(每题2分,共10分)

1.学制

2.学科课程标准

3.德育方法

4.班级上课制

5.启发性原则

二、选择题(每题1分,共20分)

1.我国第一部以马克思主义观点系统论述教育问题的著作是 ( )

A.杨贤江的《新教育大纲》 B.孟宪承的《教育概论》

C.蔡元培的《对于教育方针之意见》 D.毛泽东的《体育之研究》

2.法国社会教育家利托尔诺倡导的教育起源理论被称作是教育的 ( )

A.心理起源论 B.生物起源论 C.意识起源论 D.需要起源论

3.古希腊雅典的教育比较重视对年轻一代进行 ( )

A.军事体育训练 B.政治哲学教育

C.数学、天文教育 D.多方面和谐发展的教育

4.19世纪末20世纪初,著名的实用主义教育理论的代表人物是 ( )

A.英国的斯宾塞 B.俄国的乌申斯基

C.德国的赫尔巴特 D.美国的杜威

5.教育对政治经济的变革 ( )

A.不起决定性的作用 B.起加速的作用

C.起延缓的作用 D.起延缓或加速的作用

6.在青少年学生的年龄分期中,少年期一般指 ( )

A.10、11—11、12岁 B.11、12—14、15岁

C.13、14—14、15岁 D.12、13—15、16岁

7.教师在课堂上向学生做示范性的实验来说明和印证所传授知识,这种方法是

( )

A.实验法 B.参观法

C.实践活动法 D.演示法

8.在西方近代教育史上,认为教学的主要任务在于训练学生的智力或思维能力,而传授知识则无关紧要的理论被称作是 ( )

A.现代教育理论 B.传统教育理论 C.形式教育理论 D.实质教育理论

9. 长期以来的教学实践证明,中小学学校工作必须做到 （ ）

A. 以教学为主　　　　　　　　B. 教学与科研并重

C. 教学、科研、生产三中心　　　　D. 所有时间必须用于教学

10. 班主任做好班级管理的中心环节是 （ ）

A. 全面了解和研究学生　　　　B. 组织和培养班集体

C. 做好个别学生的教育工作　　D. 与社会教育、家庭教育的沟通与协调

11. 班主任了解和研究学生最简单易行的方法是 （ ）

A. 观察法　　　B. 访问法　　　C. 问卷法　　　D. 调查法

12. 决定教育性质的根本因素是 （ ）

A. 社会生产力发展水平　　　　B. 社会意识形态

C. 社会政治经济制度　　　　　D. 民族文化传统

13. 针对"好学生吃不饱,学困生吃不了"的现象,蒋老师在充分了解学情的前提下,将学生分为三个层次,进行分层教学。蒋老师的做法体现了 （ ）

A. 诲人不倦　　　　　　　　B. 教学相长

C. 循循善诱　　　　　　　　D. 因材施教

14. 某小学对学生评优制度进行了改革,增设了"创造之星""孝心之星"等多项荣誉称号。该学校的做法 （ ）

A. 错误。不利于端正学生的学习态度　B. 错误。不利于促进学生的全面发展

C. 正确。有利于强化学生之间的竞争　D. 正确。有利于促进学生的个性发展

15. 某学校要求教师重视教学科研。卢老师抱怨道:"搞研究有什么用,上课又用不着。"卢老师的说法 （ ）

A. 正确。教师须服从学校的一切安排　B. 不正确。研究有利于教师专业发展

C. 正确。小学教师搞研究没用　　　　D. 不正确。研究对应试帮助不大

16. 《中华人民共和国义务教育法》规定,我国中小学实行 （ ）

A. 校长负责制　　　　　　　B. 校长责任制

C. 党委领导下的校长负责制　　D. 党委领导下的校长责任制

17. 依据《中华人民共和国教师法》的相关规定,教师有下列哪种情形,可以由其所在学校予以行政处分或解聘? （ ）

A. 故意不完成教学任务造成损失的　B. 课余时间无偿为学生补课

C. 教学过程中延长授课时间　　　　D. 学生管理中严厉对待学生的

18. 15 岁的小亮因为家里经济状况不好,放学后到饭店打工,饭店老板了解情况后雇用了他,并为他安排了较为清闲的工作。该饭店老板的做法 （ ）

A. 合法。有助于改善小亮家庭的经济状况

B. 合法。有助于锻炼小亮的自立能力

C. 不合法。任何人不得非法招用童工

D. 不合法。没有取得小亮监护人同意

19. 正在读小学六年级的小刚经常无故旷课。依据《中华人民共和国未成年人保护法》的相关规定,学校应当 （ ）

A. 及时与监护人联系　　　　B. 尊重小刚的选择

C. 及时通报警方　　　　　　D. 予以开除处理

20. 初一班的学生小强因被父母责骂,心情低落,老师发现后对其进行了安慰,但小强在课间还是自伤。下列说法正确的是 （ ）

A. 学生是在学校受伤的,学校应当承担责任

B. 学校对学生有监护义务,应当承担责任

C. 学生行为属于自伤行为,学校不应承担责任

D. 学生受伤发生在课间,学校不应承担责任

三、简答题(每题6分,共18分)

1. 作为一个合格的人民教师,应当具备哪些基本的能力?

2. 简要说明教育对政治经济的促进作用。

3. 教师在运用说服法的过程中应该注意哪些事项?

四、判断正误,并简要说明理由(每题6分,共12分)

1. 教育制度是某一个时期政治家、教育家提出并由政府通过法律手段确定的,具有极大的主观性。

2. 中小学教师的主要任务就是把教育主管部门规定的教学任务完成,让中小学教师从事科学研究既没有必要,也没有多大好处。

六、阅读下面材料,并用所学教育学原理回答相应的问题(每题10分,共20分,任选1题)

1. 叶圣陶先生在一次语文教学改革会议上发言中重点谈了教学方法改革的问题。他说:"说到如何看待'讲',我有个朦胧的想头。教师教任何功课(不限于语文),'讲'都是为了达到用不着'讲',换个说法,'教'都是为了达到用不着'教'。什么叫用不着'讲',用不着'教'?学生入了门了,上了路了,他们能在反反复复的事事物物之间自己探索,独立实践,解决问题了,岂不是用不着给'讲',给'教'了?这是多么好的境界呀!教师不该朝着这样的境界努力吗?"

【问题】①你认为中小学教学的任务应该是什么?

②你认为应该如何改革教学工作?

2. 某日上午,没有完成数学作业的张津津被黄二洲老师叫到讲桌前,然后黄老师向全班下达任务:"每个人去打十棍,谁打得不狠就打谁。"结果,全班有36名学生,除了另外3个没有做完作业的学生外,其余32名学生全部动了手,共打了张津津320棍,黄老师也亲自动手打了两棍。挨打后,张津津疼痛难忍,还被要求坐着听课,直到放学。回家时,她走到家门口就瘫倒了。张母送她就医时发现其臀部大面积红肿,部分已经成了紫红色。几天后,张津津仍只能趴在病床上。张母说,女儿现在每天晚上只能趴着睡觉。"不趴着不中啊,屁股疼。晚上稍微碰着一点,都疼得喊'妈啊,我屁股疼'。"

【问题】从教师职业道德的角度,分析材料中教师行为存在的问题。

【本题答案要点】

(1)黄二洲老师行为违反了教师职业道德行为规范中的"爱国守法"这一职业道德规范。"学生被打322棍"是严重体罚学生、侵害学生人身健康的行为,黄老师的行为严重侵害了学生的健康权,违反了《中华人民共和国未成年人保护法》,违反了《中华人民共和国教师法》中爱国守法这一职业道德行为规范。

(2)黄二洲老师行为违反了教师职业道德行为规范中的"关爱学生"这一职业道德规范。"关爱学生"如教师要关心爱护全体学生,尊重学生人格,平等公正对待学生;对全体学生都要关心、爱护;对学生应严慈相济,不体罚或变相体罚学生;要关心学生健康,维护学生权益,制止有害学生的不良现象,与侵犯学生合法权益的行为做斗争。

(3)黄老师的做法违反了"教书育人"这一教师职业道德行为规范。教师要遵循教育规律,循循善诱,诲人不倦,因材施教;做学生的良师益友;培养学生良好品行;教师对待学生应因势利导,不能采取简单、粗暴的方式解决教育教学问题。

3.周末,我带我班的学生去旅游,在一片野花丛中,同学们纷纷谈论着自己喜欢的花,这时全校闻名的"调皮大王"小强大声说:"老师,我最喜欢的花是荆棘的花,荆棘虽然全身长满了刺,但她的生命力最旺盛,而且还能开出美丽的花儿呢!"他的话遭到一些学生的反驳。

"你们就看到它的刺了!你们仔细看看人家刺中也有花,也值得我们去喜欢呀!"

平时不受欢迎的"调皮大王",见有同学不赞同他,便据理力争。

"刺中有花!刺中有花!"小强的话如一股电流触动了我的神经,赏花与育人不也同样吗?

我激动地走到小强身边,搂着小强的肩对同学说:"小强说得有道理,荆棘虽然浑身是刺,但是它刺中也有美丽的花,我们不能只看到它的刺,就看不到它的花啦。"

我们对待其他同学也应该像赏花一样,特别是对缺点多一些的同学,更应该正确看到他的身上闪光点。"花有千万种,各有缺点。你们说对不对!"说着,他拍了拍小强的肩。我的话赢得了一片掌声,小强也不好意思低下了头。

【问题】:这位班主任的教育行为符合教师职业道德规范的要求吗?你如何评价材料中这位教师的教育行为?

七、论述题(每题10分,共20分)

1.试论述中小学教学中掌握知识与发展智能相统一的规律。

2.联系实际说明加强中小学德育工作的重要意义。

教育学模拟题（C）

【总分为 100 分，考试时间为 120 分钟】

一、名词解释（每题 2 分，共 10 分）

1. 学校教育
2. 教学组织形式
3. 教育机智
4. 榜样法
5. 学制

二、选择题（每题 1 分，共 20 分）

1. 我国全面发展教育的组成部分有　　　　　　　　　　（　　）

A. 德育、智育、体育、美育和劳动技术教育

B. 德育、智育和体育

C. 德育、智育、体育和美育

D. 德育、智育、体育、美育和综合实践活动

2. "万般皆下品，唯有读书高"，反映了我国封建社会教育具有（　　）

A. 阶级性的特点　　　　　　　B. 学校教育脱离了生产劳动的特点

C. 等级性的特点　　　　　　　D. 崇尚书本，呆读死记的特点

3. 我国中小学实施德育的基本途径是　　　　　　　　　（　　）

A. 政治课和各科教学　　　　　B. 课外校外教育活动

C. 社会实践活动　　　　　　　D. 共青团、少先队活动

4. 苏联著名教育家马卡连柯所倡导的平行教育原则是指　（　　）

A. 知行统一的原则　　　　　　B. 教育影响的一致性与连贯性原则

C. 集体教育与个别教育相结合的原则　D. 发扬积极因素，克服消极因素的原则

5. 我国最早颁布的学制是　　　　　　　　　　　　　　（　　）

A. 壬寅学制　　　B. 葵卯学制　　　C. 壬子—葵丑学制　　　D. 壬戌学制

6. 德国教育家赫尔巴特撰写的代表作是　　　　　　　　（　　）

A.《普通教育学》　B.《爱弥儿》　　C.《教育漫话》　　　D.《大教学论》

7. 只要人类社会存在，必然有教育活动，这体现了　　　（　　）

A. 教育的社会历史性　　　　　B. 教育的永恒性

C. 教育的阶级性　　　　　　　D. 教育的继承性

8. 课外校外教育工作的特点是　　　　　　　　　　　　（　　）

A. 自愿性、自主性和自立性　　B. 自主性、自立、自理

C. 自愿性、灵活性和实践性　　D. 自主性、自立性和灵活性

9.班主任工作总结一般可包括 （　）

A.学期总结和学年总结　　　　B.全面总结和专题总结

C.课外总结和校外总结　　　　D.学习总结和思想总结

10.《论演说家的教育》一书的作者是 （　）

A.古希腊的苏格拉底　　　　B.古希腊的柏拉图

C.古罗马的昆体良　　　　D.捷克的夸美纽斯

11.狭义的教育制度是指 （　）

A.国民教育制度　　B.社会教育制度　　C.高等教育制度　　D.学校教育制度

12.德育过程的基本矛盾是 （　）

A.教育者代表社会向学生提出的道德要求与学生道德基础之间的矛盾

B.正确思想与错误思想之间的矛盾

C.道德要求与个人需要之间的矛盾

D.知与不知之间的矛盾

13.我国先秦时期,主张"有教无类",倡导"因材施教"的教育家是 （　）

A.孔子　　　　B.孟子　　　　C.荀子　　　　D.庄子

14.西方教育史上,最早提出"泛智教育"和普及初等教育的主张,并对班级授课制做出系统阐述的著作是 （　）

A.柏拉图的《理想国》　　　　B.昆体良的《论演说家的教育》

C.夸美纽斯的《大教学论》　　　　D.赫尔巴特的《教育学》

15.美国学者孟禄根据原始社会没有学校、没有教师的史实,断定教育起源于儿童对成人的无意识模仿这种观点被称为 （　）

A.交往起源论　　　　B.生物起源论

C.心理起源论　　　　D.劳动起源论

16.教育是新生一代成长的与社会生活延续和发展不可缺少的手段,为一切人和一切社会所必须,并与人类社会始终,它表明教育具有 （　）

A.永恒性　　　B.历史性　　　C.阶段性　　　D.生产性

17.孔子曰:"上好礼,则民莫敢不敬;上好义,则民莫敢不服;上好信,则民莫敢不用情。夫如是,是四方之民襁负其子而至矣,焉用稼!"这段话表明孔子施教内容 （　）

A.责任性　　　　B.脱离社会生产劳动

C.具有全面性　　　　D.结合社会生产

18.一般说来,制约教育发展规模、速度和教育结构的根本性因素是 （　）

A.生产力发展水平　　　　B.政治经济制度

C.人口数量和质量　　　　D.社会意识形态

19.在我国近现代改革中,明确规定将学堂改为学校,实行男女平等,允许初等小学男女同校的学制是 （　）

A. 王寅学制　　　　　B. 葵卯　　　　　　C. 壬子—癸丑　　　　D. 壬戌学制

20. 围绕着学生的需要和兴趣,以活动为组织形式的课程类型个属于　　　　　　（　　　）

A. 学科课程　　　　　B. 经验课程　　　　　C. 综合课程　　　　D. 融合课程

三、简答题（每题6分,共18分）

1. 教师运用讲授法的基本要求有哪些?

2. 一堂好课的标准有哪些?

3. 简要说明教育的文化功能。

四、判断正误,并简要说明理由（每题6分,共12分）

1. 美育就是艺术教育。

2. 每一个学生都是具有独特优势发展领域的个体,学校没有也不可能有差生。

五、阅读下列材料,用所学知识回答以下问题（每题10分,任选2题,共20分）。

1. 现代社会的许多研究表明,人永远都是未完成发展的动物,他要生存就必须终身学习,从他周围的环境中学会他必须学会的一切。

如果学校里的学生在学校生活中没有获得足够的成功的体验,他就会对未来的终身学习失去兴趣。因此,学校教育者必须转变观念,要让学习者在学校的学习中经过自己的努力去取得成绩,让孩子们感受到我也是能独立完成学习任务的人,用成绩的喜悦来激发孩子们继续学习的勇气,这对于他们今后的生活和学习都是大有好处的。

【问题】①中小学教育的教育目标应该包括哪些方面?

②如何让学习者愿意参与未来的终身学习?

2. 一天上午,晓轩突然在教室里大叫起来:"陈老师,我新买的钢笔不见了。"这时,很多同学把怀疑的目光转向小明,有的想要打开他的书包检查,小明一边说"我没拿",一边推开同学们的手,我大概知道是怎么回事了,因为班上同学丢的几件东西都是小明那里找到的,我安慰一下晓轩,然后让大家安静下来,说:"晓轩的钢笔肯定会找回来的,现在大家先安心上课。"

中午,小明悄悄来到办公室,给我一支钢笔,我问他:"这是晓轩的钢笔吗?"他点头。我又问他:"你为什么要拿他的钢笔呢?"他说:"这支钢笔很漂亮。"我说:"东西再漂亮也是别人的,没有经过别人的同意,不能拿别人的东西,你知道吗?"小明惭愧地点点头。

经过调查我发现,小明平时去亲朋好友家里,想要什么东西都可以随便拿,久而之,养成了"顺手牵羊"的坏毛病,就此,我多次跟小明的父母沟通,要求家长不要溺爱孩子,帮助孩子意识到,不是自己的东西不能随便拿。

我还在班上组织班会活动,让大家熟练掌握向别人借东西的礼貌用语。经过老师多方不断的努力,小明终于改变了乱拿别人东西的不良习惯。

【问题】①陈老师在教育过程中运用了什么样的德育原则来教育他的学生的?

②请你从教师职业道德的角度,评析陈老师的教育行为。

3. 苏老师班里有不少留守儿童,经常不能很好地完成作业,她三令五申之后,还是有几个学生没有多大改变,最令他生气的是学习委员晓玲,也有两三次不交作业。

晓玲今天又没交作业,老师把她叫到办公室,厉声责备道:"你怎么也这样?"

晓玲不安地说:"老师,我……""我什么我!今天放学不许回家,不完成作业,你的学习委员也别当了!"

晓玲哭着跑了出去,下午上课时,老师看到晓玲座位空着,便问道:"晓玲呢""她哭着走了,她说不读书了,得回去照顾爷爷。"老师听后惊讶地问:"怎么回事?"晓玲同村的一个学生回答说:"她爷爷腰受伤了,只能躺在床上。"老师后悔没听晓玲解释。

放学后,老师来到晓玲家,只看到躺在床上的爷爷,知道了老师的来意后,老人说:"家里平时就我们爷孙俩,我干活,她做家务,现在我伤成这样,可苦了她了。"眼前的情景让老师既怜悯又自责。

一会儿晓玲回来了,看到老师很诧异,老师说:"我错怪你了,对不起。""老师,我不怪您,可我没法上学了。"老师赶紧说:"学一定要上,有困难,学校领导、老师和同学们都会帮助你的。"晓玲如释重负,笑着对老师说:"谢谢老师,我会好好学习的。"

【问题】请你从教师职业道德的角度,评析苏老师的教育行为。

七、论述题(每题10分,共20分)

1.试论教师主导作用和学生主体作用的关系。

2.如何理解学生的特点?

教育学模拟题（D）

【总分为 100 分，考试时间为 120 分钟】

一、名词解释（每题 2 分，共 10 分）

1. 义务教育

2. 形式教育论

3. 因材施教原则

4. 陶冶教育法

5. 教育机智

二、选择题（每题 1 分，共 20 分）

1. 我国封建社会学校教育的主要内容是 （　　）

A. 礼、乐、射、御、书、数　　　　　　B. 四书、五经

C. 三纲五常　　　　　　　　　　　　D. 四维八德

2. 中小学教学工作的中心环节是 （　　）

A. 上课　　　　B. 讲授新知识　　　　C. 理解教材　　　　D. 培养考试技能

3. 我国学制中把中等教育分成初级和高级两级教育的学制是 （　　）

A. 壬寅—葵卯学制　　　　　　　　B. 壬戌学制、1951 年学制

C. 壬子—葵丑学制　　　　　　　　D. 壬寅学制、壬戌学制

4. 我国中小学德育工作中用以加强学生思想品德修养的方法有 （　　）

A. 讲解、谈话、报告、讨论和参观　　B. 典范、示范和评优

C. 表扬、奖励、批评和处分　　　　　D. 学习、座右铭、立志、自我批评、慎独

5. 要从根本上改变我国教育的落后状况，教育改革的突破口在于 （　　）

A. 教育方法　　　　　　　　　　　B. 课程设置和课程内容

C. 教育体制　　　　　　　　　　　D. 教育管理

6. 我国现代学制始于 （　　）

A. 清末　　　　B. 1937 年以后　　　　C. 教育的阶级性　　　　D. 1951 年

7. 目标教学的创始人是 （　　）

A. 布鲁纳　　　　B. 杜威　　　　C. 皮亚杰　　　　D. 布卢姆

8. 欧洲奴隶社会中斯巴达教育比较重视 （　　）

A. 知识教育　　　　B. 唱歌教育　　　　C. 军事体育训练　　　　D. 美育

9. 世界"幼儿教育之父"是指 （　　）

A. 布鲁纳　　　　B. 杜威　　　　C. 皮亚杰　　　　D. 福禄贝尔

10. 教育在青少年学生身心发展中 （　　）

A. 起主导作用　　　　B. 起促进作用　　　　C. 起延缓作用　　　　D. 起决定作用

11. 终身教育的创始人是 （　　）

　　A. 保罗·朗格朗　　B. 皮亚杰　　　　C. 罗素　　　　　D. 雅斯贝尔斯

12. 在教育目的的问题上,法国教育家卢梭的主张体现了 （　　）

　　A. 社会本位论的思想　　　　　　　　B. 个人本位论的思想

　　C. 社会效率论的思想　　　　　　　　D. 教育无目的的思想

13. 在我国近现代改革中,明确规定将学堂改为学校,实行男女平等,允许初等小学男女同校的学制是 （　　）

　　A. 王寅学制　　　B. 葵卯　　　　　C. 壬子葵丑　　　D. 壬戌学制

14. 围绕着学生的需要和兴趣,以活动为组织形式的课程类型个属于 （　　）

　　A. 学科课程　　　B. 经验课程　　　C. 综合课程　　　D. 融合课程

15. 在一堂化学课上,张老师运用分子模型和柱图帮助学生认识乙醛的分子结构,张老师采用的教学方法 （　　）

　　A. 实验法　　　　B. 练习法　　　　C. 作业法　　　　D. 演示法

16. 根据学生个人成绩在该班学生成绩序列中所处的位置来判定其成绩的优劣,而不考虑其是否达到教学目标的要求,这种教学评价属于 （　　）

　　A. 诊断性评价　　B. 绝对性评价　　C. 总结性评价　　D. 相对性评价

17. 某中学为了对学生进行思想品德教育组织学生观看《建国大业》等爱国主义影片,该校采用的教育方法是 （　　）

　　A. 实际锻炼法　　　　　　　　　　　B. 情感陶冶法

　　C. 说服教育法　　　　　　　　　　　D. 个人修养法

18. 小华认为法律或道德是一种社会契约,根据柯尔伯格的道德发展理论,小华的道德判断属于 （　　）

　　A. 前习俗水平　　B. 习俗水平　　　C. 后习俗水平　　D. 超习俗水平

19. 小林诚实内向,谦虚勤奋,且具有亲和力,这些描述说明 （　　）

　　A. 性格特征　　　B. 能力　　　　　C. 气质　　　　　D. 认知

20. 在思维训练课中,老师让大家列举纽扣的用处,小丽只想到扣衣服,却想不到其他用途,这种现象属于 （　　）

　　A. 功能迁移　　　B. 功能固着　　　C. 功能转换　　　D. 功能变面

三、简答题(每题 6 分,共 18 分)

1. 人民教师学习教育学有何意义?

2. 中小学德育方法选择的依据有哪些?

3. 学生掌握知识经历哪些基本阶段?

四、判断正误,并简要说明理由(每题 4 分,共 12 分)

1. 教师的专业发展是随着时间的推移逐步发展的,新入职的教师不要心急,慢慢地等待着自身的专业也就逐步发展成熟了。

2. 学生的学习成绩与学生的精神状态有密切的关系,只有学习者愿意学习了,且精神状态很好,学生的学习效果才能有保障。因此,教育者不要强迫学生学习,要创设优良的教育环境,让他们按照自己喜欢的方式和时机去学习。

3.教学的任务就是向学生传授知识。

六、阅读下列材料,用所学教育学理论回答问题(每题10分,任选2道,共20分)

1.教师的教是带有临时性质的,因为它的目的在于使学习者得以"自力更生"。提供任何矫正性指示都会带来危险,学习者可能永远依赖教师的指正。教师必须采取使学习者最后能自行把矫正性技能接过去的那种模式。否则,教学的结果势必将造成学生跟着教师转的掌握方式。

【问题】你认为教学的目标是什么?教师应如何教会学习者学习?

2.《中小学教师专业标准(试行)》中都提到了"终身学习"的基本概念,你如何理解?

【本题参考答案】终身学习是指社会每个成员为适应社会发展和满足个体生存发展的需要,贯穿于人的一生的,持续终生的学习过程,它是现代人的学习方式,也是现代人的生存与生活方式。它的特点包括:学习时间具有持续性、终身性,学习对象的全民性,学习内容的广泛性与实用性,方式的灵活多样性。

3.田雨从一所师范大学毕业后,被某中学录用为语文教师,上岗后,她精神饱满,信心十足,相信只要积极学习优秀教师的经验就能够成为一名好教师。在教学中,田雨虚心向老师请教,向同事学习,还经常观看精品课课程,然而,期中教学检查后,她的教学效果并不理想,学生与同事们的对她的评价都很一般,这令田雨十分不解。甚是苦恼,自己是师范院校毕业的,对工作非常敬业,并努力将优秀教师的经验运用到了自己教学中,可为什么就没有取得理想的教学效果呢?她陷入了深深的迷惘中……

【问题】(1)结合材料分析田雨没能取得良好的教学效果的主要原因。

(2)你认为田雨应如何改进教学工作?(10分)

【本题参考答案】

田老师之所以没能取得好的教学效果,其原因主要可以从以下角度来分析:

①从教学规律看,田老师违背了教师主导和学生主体性相统一的规律。该规律强调既要利用教师自身的专业经验指导学生,同时还要激发学生的主观能动性。材料中田老师"师范专业,非常敬业,学习精品课程",都只体现了教师的主导性,但他忽略了学生的主体性,没有调动学习者主动参与学习的积极主动性。

②从教学原则看,他在教学中违背了理论联系实际、因材施教(和量力性)原则。这三个原则,都强调教师的教学应根据学生的身心发展特点,结合每个学生的不同特点因材施教,具体问题具体分析,将好的经验运用到具体教学中。材料中田老师"观看精品课程",向他人请教,但都没有充分考虑自己班学生的特点,只是简单的模仿。

③从效能感角度看,他没能及时激发学生的自我效能感。材料中田老师"精神饱满,信心十足",说明其自我的教学效能感很高,但很可能没有注重激发学生的自我效能感,比如树立学习榜样,培养良好的情绪。

(2)给田老师的教学建议包括:

①根据课程内容不同,选择不同的教学方法。教学方面包括讲授法、讨论法、谈话法、演示法等等。田老师应结合每堂课的具体内容,选择最恰当的教学方法。

②制定合理明确的教学目标。

③理论与实践相结合。

④结合学生身心发展特点,因材施教,量力而行。

⑤建立平等和谐民主的师生关系。

⑥激发学生的学习动机。学习动机是影响学生学习结果的重要因素,田老师应采用正确的方法激发学生的学习动机,比如应创设问题情境,实施启发式教学。

⑦发挥学生的主观能动性。

教师要创设问题情境,引导学习者让他们运用原有知识经验参与知识的产生与发展的过程,知其然,也知其所以然,逐步形成良好的学习兴趣。

七、论述题(每题 10 分,共 20 分)

1.简要说明人民教师应如何爱护学生。

2.联系实际说明现代教育改革与发展的基本动向或趋势。

教育学模拟题(E)

【总分为100分,考试时间为120分钟】

一、名词解释(每题2分,共10分)

1.教育目的

2.美育

3.陶冶教育法

4.德育原则

5.师生关系

二、选择题(每题1分,共20分)

1.捷克著名教育家夸美纽斯在教育领域的代表作是 （　　）

A.《普通教育学》 B.《爱弥儿》 C.《人的教育》 D.《大教学论》

2.制约教育事业发展的根本因素是 （　　）

A.经济基础 B.上层建筑 C.社会生产力 D.社会政治制度

3.实质教育论强调的是 （　　）

A.训练思维能力 B.传授实用的知识

C.传授实用知识与训练思维有机结合 D.发展个性

4.我国班主任工作的中心环节是 （　　）

A.做好个别学生的思想政治教育工作 B.选拔和培养积极分子

C.协调各方面的教育影响 D.组织和培养班集体

5.对我国中小学教育中德育、智育、体育、美育和综合实践活动的正确认识是

（　　）

A.德育为主,全面发展 B.智育为主,全面发展

C.各育优良,平均发展 D.五育并举,全面发展

6.如果学生要学习的知识内容比较复杂,结构化程度很高,又必须在短时间内加以掌握,他们最宜采用的学习形式是 （　　）

A.发现学习 B.接受学习 C.合作学习 D.互动学习

7.教师备课时应做好的三件工作是 （　　）

A.熟悉教学大纲,钻研教材,阅读教学参考资料

B.写好学期教学进度计划,课题计划和课时计划

C.了解教学计划、熟悉教学大纲、钻研教科书

D.了解学生、钻研教材、考虑教学方法

8.暗示教学法的创始人是 （　　）

A.布鲁纳 B.赞科夫 C.洛扎诺夫 D.布卢姆

9. 教学方法是指 （　　）

A. 教师教的方法

B. 学生学的方法

C. 教师教的方法加上学生学的方法

D. 教师和学生为完成教学任务所采用的方法的总称

10. 提出教师是人类灵魂的工程师的教育家是 （　　）

A. 凯洛夫　　　　B. 洛札诺夫　　　　C. 赞科夫　　　　D. 加里宁

11. 在一次业务学习中，关于青春期后个体自我意识的发展进入什么阶段，教师们讨论激烈，提出了以下四种见解，其中正确的是 （　　）

A. 生理自我阶段　　　　　　　　B. 心理自我阶段

C. 社会自我阶段　　　　　　　　D. 经验自我阶段

12. 在归因训练中，老师要求学生尽量尝试"努力归因"，以增强他们的自信心，因为在维纳的成败归因理论中，努力属于 （　　）

A. 内部的，不稳定的，可控的因素　　B. 内部的，不稳定的，不可控的

C. 内部的，稳定的，可控的　　　　　D. 内部的，稳定的，不可控的

13. 作为教学的一部分，课堂管理能够教给学生一些行为准则，并促使学生行为从他律到自律的转变，这说明课堂管理具有 （　　）

A. 维持功能　　　B. 缓冲功能　　　C. 发展功能　　　D. 解释功能

14. 在老师指导下，学生利用图示方式对知识进行归纳整理，以促进自己所学知识的掌握。学生采用的这种学习策略是 （　　）

A. 复述策略　　　B. 精加工策略　　　C. 监控策略　　　D. 组织策略

15. 在一次心理知识测试中，关于短时记忆的容量单位，学生们的答案涉及下列四种，其中正确的是 （　　）

A. 比特　　　　　B. 组块　　　　　C. 字节　　　　　D. 词组

16. 学生在课前借助网络平台观看微视频进行自主学习，课堂上在教师指导下分组讨论，合作探究，这种新型教学组织行为称为 （　　）。

A. 在线课堂　　　B. 网络课堂　　　C. 虚拟课堂　　　D. 翻转课堂

17. "同学们，每到春天校园里百花齐放、姹紫嫣红，花儿为什么会呈现出不同的颜色呢？带着这个问题让我们来学习下面这一课。"张老师所运用的导课方式属于 （　　）

A. 设疑导入　　　B. 温故导入　　　C. 释题导入　　　D. 故事导入

18. 白老师在班会上声情并茂地讲述了钱学森历尽艰辛回到祖国、投身科学的故事，激发起学生强烈的爱国热情。这种班会活动类型属于 （　　）

A. 叙事型　　　　B. 讨论型　　　　C. 表演型　　　　D. 体验型

19. 小刚利用改变物体接触面积大小或光滑程度的方法，来增强或减弱滑板的摩擦力。这主要说明小刚能够运用 （　　）

A. 元认知　　　　B. 描绘性知识　　C. 情境性知识　　D. 程序性知识

20. 如果学生要学习的知识内容比较复杂,结构化程度很高,又必须在短时间内加以掌握。他们最宜采用的学习形式是   (   )

    A. 发现学习   B. 接受学习   C. 合作学习   D. 互动学习

三、简答题(每题6分,共18分)

1. 为什么说教育在人的身心发展中起主导作用?

2. 班级上课制的优点和弊端各有哪些?

3. 我国现阶段的教育方针是什么?

四、判断正误,并简要说明理由(每题6分,共12分)

1. 我国经济建设和社会变革中需要越来越多的高素质的人才,人才的数量和质量决定着未来中国的前途和命运。因此,我国中小学必须把主要精力放在智力发展优异的学生身上,因为只有他们才是中国未来之星。而其他学生则不需要过于费心去教育培养了。

2. 我国中小学教师并不是反对现在进行的课程与教学改革,而是反对不考虑我国中小学课程与教学实际的所谓改革,因为这种改革没有考虑到中小学课程与教学改革需要的外部环境和内部环境,也没有给中小学教师带来任何实质性的好处。

五、阅读下面材料,用所学教育学知识回答相应的问题(每题10分,共3题,任选2题,共20分)

1. 大学之法:禁于未发之谓豫(预);当其可之谓时;不陵节而施之谓孙(顺);相观而善之谓摩。此四者,教之所由兴也。

发然后禁,则扞(hàn)格而不胜;时过然后学,则勤苦而难成;杂施而不孙,则坏乱而不修;独学而无友,则孤陋而寡闻;燕朋逆其师,燕辟废其学。此六者,教之所由废也。

君子既知教之所由兴,又知教之所由废,然后可以为人师也。故君子之教,喻也。道(dǎo)而弗牵,强而弗抑,开而弗达。道而弗牵则和,强而弗抑则易,开而弗达则思。和易以思,可谓善喻矣。

【问题】①这篇文章的作者倡导了哪些教学原则?

②简要说明教师如何贯彻启发性原则?

2. 某校初二女生小芳,上课不遵守纪律,注意力不集中,听课不专心,有时还会发出怪叫声,故意破坏纪律引起他人的注意。当老师批评她或同学责备她时,她不仅毫无羞怯之意,反而感到高兴。平时,小芳和老师、同学们都很少沟通,不愿意交流,有些以自我为中心,她顽皮、好动,喜欢接老师的话茬,而且常常在当面或背地里给同学或老师起绰号,有时还无缘无故地欺辱同学。

当然,小芳也有值得肯定的地方,她性格直率,敢作敢为,勇于承担任务,而且身强体壮,体育成绩好,是运动场上的风云人物,每次运动会都能给班里争光。

【问题】①如果你是班主任,根据材料小芳同学的表现,在对她的教育中,你认为应该贯彻哪些德育原则?运用哪些德育方法?

②结合上述材料简要说明班主任应如何教育后进生？

【本题参考答案】

①这位班主任在教育工作中运用的德育原则主要有以下几条：

发扬积极因素，克服消极因素的原则、因材施教原则、尊重与严格要求相结合的原则。

这位班主任在德育工作中采用的德育方法主要有说服教育法和锻炼法。

②首先，我们需要一分为二看待学生，发扬积极因素，克服消极因素。

其次，以发展的眼光，客观、全面、深入地了解学生，正确认识和评价当代青少年学生的思想特点。

再次，教育者要尊重热爱学生，关心爱护学生，建立和谐融洽的师生关系。尤其是对待后进生，更需要特别的温暖和关怀，切忌伤害学生的自尊心和挫伤学生的积极性，切忌粗暴训斥、讽刺挖苦、甚至体罚。

3. 小辉个子矮小，家境又不好，常常受到同学们的歧视，班主任王老师多次对同学们进行教育，但收效甚微，无奈之下，王老师只好另辟蹊径。

小辉生日的早晨，同学们走进教室，惊艳地发现小辉的课桌上有一个漂亮的盒子，上面写着"天使的礼物"，小辉小心翼翼地打开盒子，惊喜地看到一个生日蛋糕，在同学们生日快乐的歌声中，她愉快地和同学们一起分享蛋糕，同学们边吃蛋糕边猜测这位送礼物的天使是谁，望着同学们那一双双充满期待的眼睛，王老师说道："天使代表着圣洁、善良，专门为人们传播真善美，她是不愿意披露自己姓名的，但她确实生活在我们中间，小辉是咱们班第一个收到天使礼物的人，我相信天使不但会把爱带给小辉，也会带给别的同学，而我们每一个同学也可以成为别人的天使，用自己的爱心，去关心需要温暖的人。"

从那以后，班里的"天使的礼物"经常出现，同学间都能相互关心，平等相处。

【问题】(1)请对王老师设计的这一活动进行评析。

(2)作为班主任，如何引导学生形成良好的班级氛围。

【参考答案】

(1)王老师设计的这一活动符合班级管理对班主任的要求，值得我们学习，作为班主任，必须具备责任意识与移情能力、学习意识与探究能力、团队意识与领导能力。

(2)材料中王老师发现问题后另辟蹊径，①提高认识，打好基础，加强思想教育。②加强行为习惯的训练，抓好若干天使形成个好开端。③培养全班学生的荣誉感与责任感。④恰当地运用各种强化手段。如严格管理，合适奖励，活动强化。班主任本身要有良好的表率和良好的作风。

六、论述题（每题 10 分，共 20 分）

1. 现代国外学制改革的动向和趋势有哪些？

2. 联系实际说明班主任应如何做好后进生的思想教育转化工作。

教育学模拟题（F）

【总分为100分，考试时间为120分钟】

一、名词解释（每题2分，共10分）

1. 教学策略

2. 教学模式

3. 师生关系

4. 班级管理

5. 因材施教原则

二、选择题（每题1分，共20分）

1. 我国古代教育家孔子和他弟子关于政治、文化教育等方面言论的著作是　　　（　　）

A. 《论语》　　　　　B. 《学记》　　　　　C. 《春秋》　　　　　D. 《六艺》

2. 最早提出"白板说"的英国教育家是　　　　　　　　　　　　　　　　　　（　　）

A. 洛克　　　　　B. 夸美纽斯　　　　　C. 赞科夫　　　　　D. 加里宁

3. 提出教师的职业是太阳底下最光辉的职业的教育家是　　　　　　　　　　（　　）

A. 凯洛夫　　　　　B. 洛札诺夫　　　　　C. 夸美纽斯　　　　　D. 加里宁

4. 著名实用主义教育家杜威的代表作是　　　　　　　　　　　　　　　　　（　　）

A. 《教育漫话》　　　　　　　　　　B. 《教育论》

C. 《大教学论》　　　　　　　　　　D. 《民主主义与教育》

5. 最早提出人力资本理论的教育家是　　　　　　　　　　　　　　　　　　（　　）

A. 美国的舒尔茨　　　　　　　　　　B. 苏联的赞科夫

C. 中国的于光远　　　　　　　　　　D. 法国的班杜拉

6. 西方教育史上最早提出教学具有教育性的教育家是　　　　　　　　　　　（　　）

A. 美国的布卢姆　　　　　　　　　　B. 苏联的赞科夫

C. 德国的赫尔巴特　　　　　　　　　D. 英国的洛克

7. 西方教育史上最早提出"四段教学法"的教育家是　　　　　　　　　　　（　　）

A. 美国的布鲁纳　　　　　　　　　　B. 苏联的凯洛夫

C. 中国的孔子　　　　　　　　　　　D. 德国的赫尔巴特

8. 依据埃里克森的人格发现阶段理论，6—12岁儿童人格发展的主要任务是获得

　　　　　　　　　　　　　　　　　　　　　　　　　　　　　　　　　　（　　）

A. 勤奋感　　　　　B. 主动感　　　　　C. 自主感　　　　　D. 自我统一感

9. 赞科夫主张教学应走在学生发展前面，所依据的是　　　　　　　　　　　（　　）

A. 最近发展区域理论　　　　　　　　B. 隐性知识理论

C. 先行组织者理论　　　　　　　　　D. 支架式教学理论

10. 布鲁纳认知主义教学理论提出的教学原则有 （   ）

A. 动机原则、结构原则、程序原则、强化原则

B. 高速度原则、高难度原则、理论知识起主导作用原则

C. 直观性原则、量力性原则、巩固性原则、彻底性原则

D. 及时反馈原则、小步子原则、自定步调原则、积极反映原则

11. 欣欣解决了一个困惑已久的数学难题，心里很高兴，美滋滋地给自己点了个赞。这种情感属于 （   ）。

A. 美感　　　　B. 道德感　　　　C. 理智感　　　　D. 责任感

12. 卢梭自然主义教育理论中的"消极教育"意指 （   ）

A. 教育的作用有限

B. 教育在于等待儿童的自然发展

C. 教育对于儿童发展难以积极作用

D. 教育需遵循儿童天性，防范外界不良影响

13. 上课时小明和小红都没有回答出老师的提问，王老师直接批评了聪明外向但不认真思考的小明，对内向胆小的小红则耐心启发。她遵循的教学原则是 （   ）

A. 启发创造原则　　　　　　　B. 因材施教原则

C. 循序渐进原则　　　　　　　D. 因势利导原则

14. 教育行政部门制定小学教学质量评价标准应依据 （   ）

A. 教学计划　　B. 课程标准　　C. 教学模式　　D. 考试成绩

15. 从实现学校培养目标来看，必修课和选修课之间具有 （   ）

A. 层次性　　　B. 等量性　　　C. 等价性　　　D. 主次性

16. 小学《科学》课程整合了自然科学各学科的内容，这种课程属于 （   ）

A. 融合课程　　B. 广域课程　　C. 核心课程　　D. 合并课程

17. 虽然小明的期末测验成绩不高，但与期中相比有所提高，老师仍颁给他"学习进步奖"。这种评价属于 （   ）

A. 相对性评价　　　　　　　　B. 绝对性评价

C. 个体内差异评价　　　　　　D. 终结性评价

18. 当学校出现传染病时，控制病情传播的首要措施是 （   ）

A. 查找传染病源　　　　　　　B. 救治传染病人

C. 切断传授途径　　　　　　　D. 保护易感人群

19. 李老师为研究近年来我国小学教育的发展状况，需要收集有关数据，最可靠的信息来源是 （   ）

A. 教育论文　　　B. 教育年鉴　　　C. 教育辞书　　　D. 教育著作

20. 最早提出把教育学当作一门独立的学科的西方教育家是 （   ）

A. 洛克　　　　　B. 培根　　　　　C. 康德　　　　　D. 杨贤江

三、简答题（每题 6 分，共 18 分）

1. 教育应如何适应年轻一代身心发展规律的要求？

2.简要说明教育的文化功能。

3.教师劳动的基本特点有哪些?

四、判断正误,并简要说明理由(每题6分,共12分)

1.学习所引起个体行为或行为潜能的变化是短暂的。

【本题参考答案】

这个观点是错误的。从学习心理学的角度来看,学习是人和动物在生活过程中,凭借练习或经验而产生的行为或行为潜能的相对持久的变化。

2.发展独立思考和独立判断的能力,应当始终放在首位,而不应当把获得专业知识放在首位。如果一个人掌握了他的学科的基础理论,并且学会了独立地思考和工作,他必定会找到他自己的道路,而且比起那种主要以获得细节知识为其培训内容的人来,他一定会更好地适应进步和变化。

五、阅读下面材料,用所学教育学原理回答相应问题(每题10分,共3题,任选2题,共20分)

1.初一(2)班学生李小刚对学习毫无兴趣,成绩极差,各科考试很少及格。一次期中数学考试,他一道题也答不上来,就在试卷上写下了这样一段话:"零分我的好朋友你在慢慢地向我靠近零分你是如此多情你把我当着一个无用的人不我不是一个无用的人我是人我也有一棵自尊心再见吧零分"。

数学老师阅卷时,看到这份无标点、别字连篇、字迹潦草的"答卷"后,非常生气地把李小刚叫到办公室,交给了新任班主任梁老师。梁老师问明情况后,并没有直接训斥李小刚,而是耐心地帮助李小刚在他的"杰作"上加了标点,改了错别字,重新组织了那段话:

零分,我的好朋友,

你在慢慢地向我靠近。

零分,你如此多情,

难道你也把我当作一个无用的人?

不,我不是一个无用的人!

我是人,我也有一颗自尊心。

再见吧,零分!

然后,梁老师让李小刚读了这段话,赞叹道:"这是诗,一首很好的诗啊!"

听到这句话,李小刚感到很惊诧。梁老师接着说:"诗贵形象,你这首诗很形象。诗言情,诗言志,从这首诗中可以看出你是个不甘心与零分为伍的人。"

"这是诗?我也能写诗?"

没想到梁老师不但没有批评他,还会如此评价他,李小刚非常激动。

从此,在梁老师的不断鼓励和帮助下,李小刚驱散了心中的阴霾,坚定了学习的信心,端正了学习态度。

两年后,李小刚顺利地考上了高中。

【问题】(1)梁老师成功地运用了哪一德育原则?

(2)结合材料,阐述贯彻该原则的基本要求。

2.布卡斯基先生担任美国某地初中的社会学教师,在学期的前八个星期进行了美国宪法教学,字面上的内容学得差不多了,布卡斯基先生发给学生每人一份"信实教派"给学校的来信,信中称,根据这个教派的教规,向学校提出以下要求:

第一,凡是该教派的学生,都不必按校方要求在体育课、舞蹈课和其他学校活动中,穿球鞋与统一的服装;

第二,学校必须为该教派学生重新安排座位,因为其教规要求未婚男女之间的距离不得少于两英尺;

第三,该教派有自己的"圣日"。在"圣日"不上学,不做作业,不考试,该教派不承认其他宗教节日,所以在其他的节假日,如圣诞节等,他们不放假,学校应为这些学生安排老师上课。

学生们边看边笑了起来。老师也微笑着说:"这个'信实教派'是我虚构的,但是,这些要求可都是他们根据宪法有权提出的。现在,你们就以学校秘书的名义,给这个'信实教派'作出具体答复。三个人一组,明天每个组派一名代表在班上宣读你们写的回信。别忘了,千万要符合宪法中规定的公民权利、义务和宗教自由这些内容,写得不好的话,'信实教派'可是要告你们的。"

第二天上课,一名女学生走上讲台宣读:"我们非常抱歉不能同意你们提出的这些要求。体育课穿球鞋是最基本的保护措施,而在学校活动中穿校服关系到我校的荣誉,在课堂上一定要让男女同学之间的距离达到二英尺以上是难以做到的。我们有提出这些要求的权利,你们怎么敢反对宪法。"她读完了,老师说道:"亲爱的学校办公室秘书,你们不同意我们的请求,根据宪法,是剥夺我们的权利。"学生顿时一片紧张,又有一名女学生走上讲台,她说:"我想先提出一个要求,我可以先请一个律师吗?宪法附加条第六条中规定,公民有权利请律师、辩护人为自己辩护。"老师一怔,然后镇静地说:"现在并没有上法庭,还是先念信吧。"

那位女学生读起信来:"……对来信前两项答复如下:'我们同意你们的要求,但由此引起的一切后果校方无法负责。我们将尽量为'信教'学生安排特殊座位,如果这样难度太大,我们将把男女学生各分一班。很抱歉,我们只能部分地同意第三条要求,我们同意让'信教'学生在'圣日'不必上课,但他们必须在假期后每天留校一个小时补习落下的课程,完成所有作业及考试。我们将尽量安排老师在假期中为他们上课,但加班费应由你们组织支付……"念完之后,全班报以热烈的掌声。那位女学生又对老师说:"现在我可以请律师了吗?"老师点了点头,那位女学生选了一名男生为"律师"。老师说:"你们说在'圣日'后我们的学生必须每天留校一个小时补习,可你们的学生在星期天、圣诞节的假期后额外留校补习吗?你们不用,为什么我们就应该呢?这不公平!""律师"说:"在公立学校,圣诞节等都已成了法定假日,你们的'圣日'才刚刚出现,还没被承认为法定假期。至于补不补习随你们的便,但如果因为没补习落了课,留了级,是你们自己造成的,校方不负任何责任。"老师又说:"如果我们提供给你们老师的加班费不够怎么办?""律师"说:"那就对不起了,这要老师完全自愿,如果老师因报酬不合理不同意加班,我们也没有办法。"老师又说:"那不行啊!我们的孩子要上课啊!我们不承认你们的节日是节日,所以我们得照常上课!"这时那位女生满脸通红说道:"你以为只有你们宗教组织有宪法给的权利吗?难道我们没有吗?我们也有权利在法定节日休息!你们这也不愿意那也不愿意,为什么不办你们自己的学校,守你们自己的教规?我们这里的教师都是基督徒,没有人愿在节日为你们工作!你要告我们?我还要告你们呢!"学生们哄笑喝起彩来,老师也笑了。虽然整个的来信、回信都是模拟的,但学生得到了比"标准答案"更多的收获。

【问题】(1)这位美国教师在教学中采取了哪些教育方法?

(2)你如何评价这位美国教师的教育艺术?

3.肖老师是五年级的教学老师,为了提高作业批改的反馈效果,他问同学们:"大家喜欢用什么颜色来批改你们的作业?红色代表火焰、热烈,紫色代表富贵、权利,蓝色代表大海、和平,绿色代表希望、生命。"同学们几乎异口同声的说:"我们喜欢绿色!老师,您用绿色给我们批改作业吧!""好,就这么定了,那么在作业批改中,你们喜不喜欢打'×'。""不喜欢!"从那以后,肖老师一直坚持用绿色批改作业,且不用"×",改用"?"和批语,这一绿色批改起了不小的激励作用,同学们非常喜欢他批改的作业,不仅纠错能力得到了加强,学习成绩也有了显著的提高。

【问题】(1)请对肖老师的做法做出评析

(2)谈谈教师批改昨夜的基本要求

【本题参考答案】

肖老师的做法体现了新课改的学生观、教学观、教师观,尊重了学生的主体地位,值得赞赏。

(1)从学生观的角度来说,体现了新课改"学生是独立意义的人""学生是发展的人"的学生观。

"学生是独立意义的人"主要体现在:一是学生独立于教师头脑之外不以教师意志为转移,二是学生是权责的主体,三是学生是学习的主体。肖老师让学生自己选择作业批改的颜色,尊重了学生的意见和学生的主体地位。

"学生是发展的人"主要体现在:一是学生是发展的人,二是学生处于发展过程中,三是学生具有巨大的发展潜能。肖老师巧妙地用"?"这一具有发展性思维的方式来对学生进行评价。

(2)从教学观的角度来说,体现了新课改的"从教育者为中心转向学习者为中心"的教学观。

(3)从教师观的角度来说,体现了新课改的"教师是学生的促进者和引导者"的教师观,材料中的教师不仅是知识的传授者,也是学习环境的创设者,学习者学习的参与者和引导者,学生的朋友和学习顾问。

六、论述题(每题5分,共10分)

1.联系实际说明教育目的确定的社会制约性。

2.简要说明孔子的教师观。

后　记

　　各国教育教学改革的实践表明,课程是教育教学的核心,它直接影响和决定着各级各类学校的教育教学质量和培养人才的质量高低。如何为学习者编纂具有时代特色的充满活力的《中学教师教育知识与能力》,是新时期地方师范院校提高教师教育质量的关键。

　　中学教师教育知识与能力是中学教师资格证考试的核心内容,涵盖教育原理、课程与教学论、中外教育史、普通心理学、教育心理学、德育原理、教育法学、教育科研方法、教育管理学、青少年学生心理健康等内容。要把这么多的内容融合在一本完整的著作中,是很不容易的。

　　本书的作者是多年在师范院校工作的教师,长期从事教育学、心理学、教育史、课程与教学论等课程的教学,深知地方师范院校教师教育课程与教学中的问题所在。为了帮助喜欢教师教育的学习者不断提升教育理论素养,增进教育教学能力,笔者系统借鉴他人教育学、心理学等教材改革的经验教训,经过多年的努力,撰写出拙作《中学教师教育知识与能力》,希望该书的出版能为我国师范院校教师教育专业在校大学生、中小学教师提供具有较强的学术性、趣味性和实用性为一体的学习资料,让他们在"随便翻翻"的过程中扩展阅读面,增加教育知识,增进教育能力,为当好合格的人民满意的教师,不断改进自己的教育教学工作提供理论导航。

　　本书系 2016 年玉林师范学院中小学学科教学法教材立项项目"简明教育学学习纲要"的终结成果,2018 年广西高等教育本科教学改革项目"提升地方师范院校在校大学生教育知识与能力的理论与实践"(项目编号:2018XJJG14)的终结成果。该书的出版得到了玉林师范学院科研处、教务处、教育科学学院的大力资助。感谢为该书出版给予大力资助的玉林师院的各位领导和专家。

　　黑龙江人民出版社的孙国志老师,为本书的出版做出的贡献,本书作者将永远铭记。

　　在本书撰写过程中,我们系统地阅读了国内外教育专家大量的教育论著和最新的教育研究成果,他们为本书的撰写提供了强有力的智力支持和理论导航,在此深表谢意。

由于时间仓促,水平有限,本书肯定会有不少的谬误或不足,敬请各位读者提出宝贵的意见。

续润华　梁钊华

2018 年 8 月于玉林师范学院教育科学学院